新世纪高等学校教材
历史学系列教材

北京高等教育精品教材

U0646628

中国史学史

（第3版）

ZHONGGUO
SHIXUESHI

白寿彝 ◎ 主　编

北京师范大学出版集团
BEIJING NORMAL UNIVERSITY PUBLISHING GROUP
北京师范大学出版社

图书在版编目（CIP）数据

中国史学史/白寿彝著. —3 版. —北京：北京师范大学出版社，
2016.6（2024.7 重印）
新世纪高等学校教材. 历史学基础课系列教材
ISBN 978-7-303-18563-4

Ⅰ. ①中… Ⅱ. ①白… Ⅲ. ①史学史－中国－高等学校－教材
Ⅳ. ①K092

中国版本图书馆 CIP 数据核字（2015）第 037021 号

营销中心电话　　010-58808006

ZHONGGUO SHIXUESHI

出版发行：北京师范大学出版社　www.bnupg.com
　　　　　北京市西城区新街口外大街 12-3 号
　　　　　邮政编码：100088
印　　刷：北京虎彩文化传播有限公司
经　　销：全国新华书店
开　　本：730 mm×980 mm　1/16
印　　张：29.25
字　　数：520 千字
版　　次：2016 年 6 月第 3 版
印　　次：2024 年 7 月第 29 次印刷
定　　价：65.00 元

策划编辑：李雪洁　刘东明　刘松弢　责任编辑：赵雯婧
美术编辑：焦　丽　　　　　　　　　装帧设计：焦　丽
责任校对：陈　民　　　　　　　　　责任印制：马　洁　赵　龙

第 3 版前言

习近平总书记指出："历史是最好的老师。""历史是最好的教科书。"①在北京师范大学的百年发展历程中，历史学科一直占有重要地位。经过几代人的不懈努力，今天的北京师范大学历史学院业已成为国内历史教学和科研的重要基地，不仅学术上出精品，而且注重教学改革，更新教学内容与课程体系，完善课程结构。

历史学院的教学改革前后历时 40 余年，启动于 20 世纪 80 年代，深化于 90 年代。80 年代的教学改革由著名历史学家白寿彝先生主持，重点放在教学内容和课程体系方面，因具开创性而获得 1989 年国家级优秀教学成果一等奖。进入 90 年代后，教学改革继续深化。为了加强基础课教学，完善学生的知识结构，并与历史学系进入"国家文科基础学科人才培养和科学研究基地"的教学需求相配合，我院组织教师编写并正式出版了一套历史学专业基础课教材。这套教材涵盖了历史学科各门主干部课程的内容，基本满足了本科阶段历史学专业学生的学习需要，在院内的多轮使用中，得到学生的广泛好评。同时，由于具有精审谨严、结构合理、分量得当、适应面广的优势与特色，这套教材在各高校历史学科也受到较为普遍的欢迎，为很多校外同行所采用。

时至今日，伴随着改革开放步伐的加快，历史学院又在调整自己的战略目标，根据自己的学科优势与特色设计发展之路。按照学校的部署，组建了新世纪历史学教材编辑委员会，在北京师范大学出版社的大力支持与配合下，首先着手对 20 世纪 90 年代编写出版的历史学基础课教材进行修订，力求通过高水平教材的修订与使用，促进教学质量的提高和新的人才培养目标的实现。这次修订，仍坚持以历史唯物主义作为指导思想的原则，结合学术发展与教学改革的需求，加入新的学术成果与教学理念，以顺应当

① 习近平：《以史为镜、以史明志，知史爱党、知史爱国》，载《求是》，2021(12)。

今高等教育和历史学科教育教学的发展趋势，为 21 世纪的大学历史教育提供一套较为新颖、完善且适用面广的基础课教材。考虑到这套教材已具备的特色与优势，所以总体框架上不拟做过多更动。具体而言，原有章、节、目结构大体不变，全书正文前加图片若干，正文中可根据内容需要附插图、地图，每章之后附有若干思考题，全书后附参考阅读书目。

本次修订，虽做了部分更动，一些方面得以完善，但疏漏之处仍在所难免，还望方家不吝赐教。

北京师范大学新世纪历史学教材编辑委员会
2023 年 2 月

目　　录

第一章　先秦时期：中国史学的童年

第一节　远古的传说

一、战胜自然灾害和在生产中取得成功的传说

　　中国史学的历史起源，可以从远古的传说说起。远古，是指有文字记载以前的原始社会时期。远古的传说，是那个时期人们的历史意识的反映。在先秦、汉初旧籍中保存的远古流传下来的传说，尽管是零碎的、难免为后人所加工过的，但也保存了后人无法虚构的一些内容，是远古的人们传述历史的古老形式。无论从历史意识来看，还是从传述历史的形式来看，追本求源，中国史学还是要从远古的传说说起。

　　根据现有的、比较可靠的材料，远古的传说主要是有关氏族社会里英雄人物的故事。其中包含两大类：一类是战胜自然灾害和在生产中取得成功的传说，一类是氏族由来和氏族、部落间原始战争的传说。

　　治水和耕稼的故事是第一类传说中最重要的内容。远古社会，生产力水平低下，治水和耕稼是人们的重要社会活动。在一些以治水和耕稼见长的氏族中，他们的首领以其在这方面对氏族的贡献而受到尊敬。在传说中，有许多氏族都曾流传着治水有功的英雄人物的故事。原在今山西境内居住的金天氏的昧及其子台骀，都是善于治水的人物。台骀"宣汾、洮，障大泽，以处大原"，疏通了汾水和洮水，修起了能够储水的大泽，使太原一带的人得以安居。台骀后来成为汾水之神[①]。原在今山东境内居住的少皞氏的

---

　　①　《左传》，昭公元年。

修和熙，也是能够治水的人物，"世不失职"，受到后人的祭祀。① 原在今河南北部居住的共工氏，也是一个世代相传的能治水的氏族，以发明筑堤防水而一度收到很好的效果。他的氏族首领后土，因善平水土成为社神。共工氏的后裔四岳还协同禹一齐治水，改变了历来筑堤的做法而采用禹的疏导法，获得了更好的效果。②

传说中最杰出的治水英雄人物，是夏后氏的禹。禹的时候，遇到了特大的水患："洪水横流，泛滥于天下。"③禹接受前人总是筑堤堵塞洪水而终致失败的教训，采用疏导的办法，制服了洪水。④ 禹依据自然形势，察看洪水在各种地理条件下为患的情况，分别采用高高、下下、疏导、聚蓄、封崇、决汩、陂鄣的办法处置，取得了成功，使人们得以安居，生产得以恢复。禹在治水中表现出了非凡的毅力和勇敢精神。他"亲自操橐耜，而九（鸠）杂天下之川。腓无胈，胫无毛。沐甚雨，栉疾风"，⑤ 在漫长的岁月中历尽艰辛，"三过其门而不入"。⑥ 禹的治水，是联合了其他氏族共同参加的，这就扩大了夏后氏的影响，也使禹得到了广泛的尊敬。禹的治水所创造的巨大功业，在许多氏族里称道着，流传着。直到春秋时期，人们还在说："微禹，吾其鱼乎！"⑦孔子也反复称颂禹，说他"尽力乎沟洫"，⑧ 重视农田水利的兴修。

女娲补天的故事，也是在不少氏族中广泛流传的治水英雄人物的传说。相传：

> 往古之时，四极废，九州裂，天不兼覆，地不周载，火爁炎而不灭，水浩洋而不息，猛兽食颛民，鸷鸟攫老弱。于是女娲炼五色石以补苍天，断鳌足以立四极，杀黑龙以济冀州，积芦灰以止淫水。苍天补，四极正，淫水涸，冀州平，狡虫死，颛民生。⑨

---

① 《左传》，昭公二十九年。
② 《国语·鲁语上》，又《周语下》，《左传》，昭公二十九年。
③ 《孟子·滕文公上》。
④ 《国语·周语下》。
⑤ 《庄子·天下》。
⑥ 《孟子·滕文公上》。
⑦ 《左传》，昭公元年。
⑧ 《论语·泰伯》。
⑨ 《淮南子·览冥训》。

女娲补天、正极、治水、除害，平定水土，使人们得以安定生活下去，她成为传说中立有大功的女神。有两点可以说明，女娲是中国南方和西南方一些氏族最早传诵的英雄人物。一是较早提到女娲的，是《楚辞·天问》和《山海经》，① 它们都是楚人的作品。二是在西南地区不少民族的神话、传说中，女娲占有重要的位置，可以说是一个基本的主题。在藏族地区，女娲娘娘补天的故事是三大创世神话之一。在仡佬族流传《开天辟地》神话中，也有女神炼石补天的故事。在水族的创世史诗《开天立地》古歌里，歌颂"伢俣"（水语即女娲）是制造人、神、兽和万物的女神，还有"伢俣"用鳌骨撑天四边、支地四角的故事。类似这样的传说还有不少。② 女娲补天的故事称颂治水、除害的女英雄，她又跟"开天辟地"有关系，说明这个传说所反映的历史可能要早于禹的治水。

在传说中，还有羿射九日的故事，反映氏族社会的人们还要跟干旱作斗争。相传，在羿的时候，"十日并出，焦禾稼，杀草木"，人们没有吃的，还有许多妖物为害。羿射下了九个日头，除掉了害人的妖物，人们都很感激他。③ 羿立了这样的大功，就成为神。④ 关于射日的故事，在东南和西南各族中也有广泛的流传。⑤ 女娲补天和羿射九日两个传说，有更多的神话成分，但都是跟人们同自然灾害斗争有关的重要传说。

耕稼的英雄人物，也是在不同的氏族里出现过的。烈山氏的柱，被说成是最早的、出色的耕稼英雄。他"能植百谷、百蔬"，后来成为农神。⑥ 比柱较为后起的周人的始祖弃，比柱的名声更要大得多，关于他的传说也更丰富、更具体。《诗经·大雅·生民》是歌咏弃的长篇史诗。全诗共八章，七十二句。前两章叙述弃的母亲姜嫄怀孕的神异和弃出生的情况。第三章是说弃出生后被遗弃和他受到人们及牛、羊、鸟、兽的爱护而顽强成长起来的经历。接下来的三章是歌颂弃从事耕稼的本领、智慧和收获。最后两章写出了人们对于丰收的喜悦、祭礼的丰盛和上帝对于周人的庇护。弃建立了这样辉煌的功业，后来也成为农神，称作稷或后稷。他在传说中的地

---

① 《楚辞·天问》："女娲有体，孰制匠之?"《山海经·大荒西经》："女娲，古神女而帝者，人面蛇身，一日中七十变。""有神十人，名曰女娲之肠，处粟广之野。"

② 陶阳、钟秀：《中国创世神话》，59～85 页，上海，上海人民出版社，1989。

③ 《淮南子·本经训》。

④ 《淮南子·氾论训》："羿除天下之害，死而为宗布。"

⑤ 陶阳、钟秀：《中国创世神话》，62、81、89 页。

⑥ 《国语·鲁语上》，《左传》，昭公二十九年。

位，差不多是跟禹相等的。①

二、氏族由来和氏族、部落间原始战争的传说

在传说中，关于氏族由来的故事，是广泛地流传于各氏族中的重要内容。因治水而闻名的夏后氏，他的始祖禹相传是从鲧腹中生出来的②；商族是由于其老祖母简狄吞了燕子的蛋，生了契，才开始有了这个氏族。所谓"天命玄鸟，降而生商"③，"简狄在台，喾何宜？玄鸟致贻，女何喜？"④这个"天命"，即上帝之命。周族的始祖弃是姜嫄践巨人迹怀孕所生的。这个巨人迹，即"帝"之迹，而"帝"即上帝。禹、契、弃这三个不同氏族的始祖，后来被尊为夏、商、周三个王朝的始祖。从现存的文献来看，其中反映周人对于先人的传说要更丰富一些。《诗经·大雅》中的《公刘》，是歌颂周的先人公刘的笃实忠厚，以及他团结周人迁居于豳的历程。《绵》，是歌颂先人古公亶父率周人东迁岐下周原的功业。它们包含了更多的历史真实性。

关于氏族、部落间原始战争的传说，黄帝、蚩尤之战是最著名的。在传说里，他们比禹、稷的时代还要早，并且都有很大的神通。相传，"蚩尤作兵伐黄帝，黄帝乃令应龙攻之冀州之野。应龙畜水，蚩尤请风伯、雨师，纵大风雨。黄帝乃下天女曰魃，雨止，遂杀蚩尤"。⑤在传说中，这次原始战争的影响很大：天女魃不得复归，而所居之处不雨。后来被安置在"赤水之北"。应龙杀了蚩尤后又杀死夸父，"乃去南方处之，故南方多雨"。⑥

这些远古的传说在史学上的价值，恰恰在于它是远古的和非史学的，只有它们才能提供关于史学来源的材料。这可以从三个方面来认识：首先，远古的传说不仅反映了氏族社会人们的历史意识，而且或多或少保存了一些真实的历史内容。其次，当人们创造出来文字以后，这些远古的传说经

---

① 《尚书·吕刑》："禹平水土，主名山川。稷降播种，农殖嘉谷。"《诗经·鲁颂·閟宫》："是生后稷，降之百福……奄有下土，缵禹之绪。"《论语·宪问》："禹稷躬稼而有天下。"这都是以禹稷并提。

② 《楚辞·天问》："伯禹腹鲧。"《山海经·海内经》："鲧复（腹）生禹。"

③ 《诗经·商颂·玄鸟》。

④ 《楚辞·天问》。

⑤ 《山海经·大荒北经》。

⑥ 《山海经·大荒北经》。又《大荒东经》："应龙处南极，杀蚩尤与夸父，不得复上。故下数旱，旱而为应龙之状，乃得大雨。"

过后人的加工、整理并记载下来，成为史学家探索、揭示先民初始时期社会历史面貌的重要资料。最后，远古的传说所反映出来的氏族社会人们对于自然、社会、神和人及其相互关系的原始意识，曾在相当长的年代里影响着文明时代史学家的历史观点的发展和史学的面貌。恩格斯认为：物质生产上的进步、城市、史诗、神话，"这就是希腊人由野蛮时代带入文明时代的主要遗产"。① 从史学的观点来看，我们说的远古的传说，可以看作中国史学上最早的一份遗产。

第二节　从卜辞到国史

一、卜辞和金文的记载

现存的关于中国历史的文字记载，以殷周时期在甲骨上刻的卜辞为最早，而习惯上称作金文的宗周青铜器的铭文次之。《尚书》里的一部分篇章和《诗经》里的《雅》《颂》，也是这方面较早的文字记载。到了宗周晚年和春秋时期，则有国史的出现。从卜辞到国史出现的时代，正是中国历史上的奴隶制社会时期。奴隶主的活动是这些记载的主要内容。

卜辞是殷、周奴隶主贵族贞卜的记录，因其刻于龟甲、兽骨之上，而有甲骨文之称。殷代卜辞所反映的年代是自盘庚迁殷以后，从武丁时期到殷的灭亡。因为卜辞反映王家活动，也就反映了与此有关的一些情况，如农事畜牧、年成丰歉、畋猎战争、神祖祭祀、天文历法、王朝世系、国家制度、阶级状况等，而以农事、兵戎、祭祀方面的内容较多。卜辞的字数，有的是以几个字为一片，有的长达一百几十个字。卜辞的记载都是以贞卜的结果和极简单的记事相结合，所记又都以王侯贵族为对象，这表明了它们作为官方文书的性质。

金文因是铸在铜器上的铭辞，故又有铭文和钟鼎文之称。从殷代晚年到战国之末，都有金文的出现，而宗周的金文占有重要的地位。② 周在金文记载中，百字上下以至近于 500 字一篇的，占有相当的分量。宗周奴隶制的

---

① 《家庭、私有制和国家的起源》，《马克思恩格斯选集》，第 4 卷，23 页，北京，人民出版社，1995。

② 郭沫若：《青铜时代》附录《周代彝铭进化观》，北京，人民出版社，1954。

发展和青铜彝器的极盛，推动了金文记载的进步，也丰富了金文记载的
内容。

金文的记载以反映当时的王臣庆赏、贵族纠纷、财产关系为主要内容，
而关于征伐、俘获、锡臣仆、锡土田、锡车马旗服彝器、锡金贝等事的记
载，一般都比较详细、具体。《大盂鼎》《小盂鼎》铭文写出了战争规模之大
和锡臣仆数目之多，反映了当时生产者的奴隶身份和俘获之为奴隶重要来
源的历史现象。《大克鼎》的铭文，记载了王家锡克田多处以及臣妾、器物
等。《散氏盘》铭文写出的封田有十七封之多，反映了当时土地制度的一些
情况。值得注意的是，有的彝器是直接受王命制作的。《周公簋》铭文说：
"用册王令（命），作周公彝。"《禹攸从鼎》铭文记载了周王对贵族纠纷的解决
和处理。《毛公鼎》铭文直接记载着周王的政治性讲话。这些，说明金文记
载作为官方文书的性质。金文记载常于末尾有"其万年子子孙孙永宝用"的
话。这有作为永久性凭证的含义，显示出一定的历史意识。

从卜辞到金文，反映了文字记载由简而繁的发展过程，也反映了历史
记载从不自觉到初步有了自觉意识的发展过程。卜辞中有关祭祀祖先的记
载，涉及殷王朝的世系，已包含了追寻历史的意识。金文中"子子孙孙永宝
用"的观念，反映了希望现实不被未来所遗忘的历史意识。《大盂鼎》铭文里
还有这样的话："我闻殷述（坠）命，惟殷边侯甸，𩁹殷正百辟率肆于酒，故
丧师。"这是讲到殷王朝灭亡的历史教训了。这些，可以看作自觉的历史记
载意识的萌芽。

卜辞、金文在表述形式上，也表现出历史记载的萌芽状态。卜辞有了
形式略具的简单记事。如：

　　　壬子卜，贞王田于𢎥，往来亡灾。丝御。获鹿十一。①

这里所记，有时间、地点、人物和活动。后来发展起来的记事，也还是以
这四者为主要的项目。卜辞记时，一般写得不够清楚，也没有形成规范性
的形式。金文的表述形式显得丰富些，有以记事为主的，也有以记言为主
的。但无论记事、记言，都不是记一时之事、一时之言。金文记时，完全
写出年月日的，要比卜辞多些，但在年月日书写的先后顺序上也没有形成
规范性的形式。其中如《颂鼎》铭文的写法是：

---

① 《殷虚书契》前编，据罗振玉《考释》卷下释文。

　　　　佳三年五月既死霸甲戌，王在周康邵宫。

这在后来的历史记载中，成为一种流行的形式。

　　自觉的历史记载意识的萌芽和历史记载形式的萌芽，是卜辞、金文记载对中国史学之产生的重要贡献。

二、《尚书》和《诗经》

　　《尚书》和《诗经》中的《雅》《颂》，也是殷代和宗周时期的历史记载。它们比卜辞、金文记载有更鲜明的官文书性质，也有更明显的自觉意识。

　　《尚书》汇集了殷、周王朝的训诰和追述古代的史篇。现存有"古文《尚书》"和"今文《尚书》"。古文《尚书》25篇，是后人依托之作，但各篇所记并不完全出于捏造。今文《尚书》28篇，可确认为先秦时代的文献。其中，《虞书》《夏书》共4篇，是春秋战国时人根据相传旧说，综合整理或改写出来的。《商书》5篇，当以《盘庚》写成最早①，也最有文献价值。《周书》有19篇，除《洪范》是战国时作品、《文侯之命》和《秦誓》是东迁后作品、《吕刑》的写作时间待考外，基本上可信为宗周作品者共15篇。

　　《尚书》所记，都是殷、周王朝的大事，不像卜辞、金文的记载那样片段和细碎。《商书》的《盘庚》记盘庚迁殷这件大事，写出了迁殷前后臣民的不安情绪，详细地记录了盘庚三次训诫的话。这是殷代历史上重要的政治文件，对于当时社会生产力的水平、贵族跟"畜民"的对立、统治集团内部的矛盾都有所反映。《周书》的《牧誓》记载了殷、周政权更替之际周武王讨伐殷纣王的气势和经过，反映了殷王的暴虐、周师灭殷的信念及成功的原因。周初八诰——《大诰》《康诰》《酒诰》《梓材》《召诰》《洛诰》《多士》《多方》，记载了关于周之东征、营建洛邑、封树侯国等巩固统治的重要步骤，反映了宗周征服东土、加强对殷民控制的历史过程。《无逸》《君奭》《立政》是统治集团内部的政论之作，也是宗周初年的重要文献。《顾命》，写出了成、康交替时的政治情况。这些记载，对殷、周时期的生产状况、政治统治和意识形态的特点，都有不同程度的反映。

　　在性质上和形式上跟《尚书·周书》相近的，还有《逸周书》中的少数篇

----

　　① 《史记·殷本纪》说《盘庚》是帝小辛时的作品，距事实或相差不远。

章。现今流传的《逸周书》60篇，绝大部分是后人的拟作或依托，只有《世俘解》《克殷解》《商誓解》可信为宗周初年的作品。[①]《世俘解》写武王伐纣及其属国的情况，以及当时的俘获、狩猎和祭祀的情况。《克殷解》详细记载了牧野之战中殷纣王的结局和周武王"革殷，受天明命"的庆典，以及他封武庚、释箕子、迁九鼎、"振鹿台之钱，散巨桥之粟"、封比干之墓等措施。这些，是《尚书·周书》中所没有记载的。

《尚书》中有多处提到"册""典"。《尚书·多士》："惟殷先人，有册有典"。册和典，当是两种官文书，有不同的性质和内容，不同形式的体制，其详情待考。《尚书》中又有多处称"史"或"太史"，如《金縢》称，"史乃册祝"；《顾命》称，"太史秉笔，由宾阶隮，御王册命"；《立政》称，"周公若曰：太史、司寇苏公，式敬尔由狱，以长我王国。兹式有慎，以列用中罚"。史在这里要参与决狱、秉笔等活动，但在很大程度上仍是一种神职。史的这种性质，一直延续到春秋时期。

《尚书》中的《商书》和《周书》各篇在表述形式上略类于金文，而以记言为主。它们所记言词，有时能表述说话者的神情，似较金文为胜。《金縢》《顾命》是《周书》中仅有的以记事为主的两篇，也是《尚书》全书中比较完整的记事文字。《金縢》围绕着金縢藏书、启书的过程，写出了周公的忠贞、遭谗和终于得到谅解，前后六年，首尾完备。《顾命》写出了成王死、康王立的前前后后的细节和庄严肃穆的气氛。这两篇代表了《周书》在文字表述上比较发展的阶段。《尚书》在记时上显得贫乏，只有《洛诰》《召诰》等少数几篇写出了时间，而且也并不都是很明确的。从历史记载的要求来说，在这一点上，《尚书》不如金文。

《尚书》在史学萌芽时期的重要成就，是它发展了金文记载中自觉的历史意识和历史鉴戒观念。《酒诰》写周公告诫康叔说：殷先哲王自成汤至于帝乙，上下"罔敢湎于酒"，故能昌盛；至纣王则"荒腆于酒"，"故天降丧于殷"。他还引用古人的话说，"人无于水监（鉴），当于民监（鉴）"，要康叔经常想到民心这面镜子。《召诰》反复讲到夏、商兴废之史，指出："我不可不监于有夏，亦不可不监于有殷。"《多士》讲殷代兴亡之故；《无逸》讲殷代统

---

① 郭沫若：《中国古代社会研究》，见《郭沫若全集·历史编》第1卷，299页。又顾颉刚：《〈逸周书·世俘篇〉校注、写定与评论》，载《新建设》编辑部编《文史》，1963(2)。刘起釪认为，今传本《逸周书》中有7篇为宗周作品，可备一说（见《中国历史大辞典·史学史卷》"逸周书"条，上海，上海辞书出版社，1983）。

治者的勤、逸跟享国时间长短的关系，反复强调"不知稼穑之艰难"的危险。这种重视历史鉴戒的观念，是人们对于历史和现实的关系之初步的认识，这在后来的史学中不断有所发展。

《诗经》是宗周至春秋时期诗歌的总集。它包括《国风》160篇，《小雅》74篇，《大雅》31篇，《周颂》31篇，《鲁颂》4篇，《商颂》5篇。《国风》按诸侯国编次，内容多以抒情为主，基本上是东迁以后王朝和列国的作品。《雅》《颂》以咏事为主，除《商颂》《鲁颂》为春秋时作品外，基本上都是宗周时作品。《大雅》中的一些诗篇是反映周族某些发展阶段的传说和历史。其中，如《生民》《公刘》《緜》《皇矣》和《大明》，歌咏后稷、公刘、古公亶父建立基业，王季继续经营，直至文王、武王的武功。《下武》《假乐》等篇歌咏成、康以下"率由旧章""绳其祖武"的升平时期。《崧高》《江汉》等篇是咏颂宣王的中兴。《桑柔》《召旻》等篇是感叹、讽刺厉王和幽王时的失政与衰败。这些诗篇，大致反映出了周族兴衰的历史。

《雅》《颂》中还有一些反映当时社会面貌的诗篇。有些是咏农事的，反映了生产关系的一些方面。① 有些是咏封国、征伐、狩猎、习武的专篇，反映了列国诸侯们受民、受疆土、筑城、立庙等封土建国的史实。② 从历史思想来看，《大雅·荡》说的"颠沛之揭，枝叶未有害，本实先拨，殷鉴不远，在夏后之世"，这跟《尚书·周书》重视历史鉴戒的思想和周公对历史经验的总结是一致的。

《雅》《颂》是文学作品。作为史诗来看，它们半是文学，半是历史。它们不记时间，也很少写出地点和人物，一般说得笼统而夸张。但它们对先王功业的歌颂，可以说是对后来史学在传记、纪事本末方面的发展，都包含着创始的意义。中国有不少民族，创作了规模宏大的史诗，这是中华多民族历史的重要文献。

《诗经》中的《国风》，多数是采用民间歌谣加工而成，也有少数是贵族的作品。它们重在抒情，于喜怒哀乐之中也可略见当时的社会生活和阶级矛盾，是反映春秋时期社会风貌的历史画卷。它们的时代，已是早期国史

---

① 《周颂》中的《思文》《臣工》《噫嘻》《丰年》《载芟》《良耜》，《小雅》中的《楚茨》《信南山》《甫田》等篇。

② 《大雅》中的《崧高》《韩奕》《江汉》《常武》，《小雅》中的《出车》《六月》《采芑》《车攻》《吉日》等篇。

兴起的时代了。①

三、周公对历史经验的总结

在中国历史上，西周的建立是划时代的事件。西周时期的物质生产、制度建设、思想成就，对后世都有极深远的影响。文、武、周公被后世视为"圣人"，是同西周的兴盛相关联的。文王奠基，武王灭商，周公对西周的巩固和发展有重大贡献。从《尚书·周书》来看，周公摄政期间及其归政于成王之初，他就当时所发生的一些重大事件而发布的诰文，一方面分析现实所面临的严峻形势，另一方面又总结历史经验教训，并把二者结合起来，进而阐述他本人与诰文训诫对象应当采取的正确的做法。

首先，周公结合一些重大政治事务，在发布诰文时强调总结历史经验的重要性。如康叔就封殷地之前，他训诫康叔说：由于文王"明德慎罚"，上帝很高兴，"乃大命文王殪戎殷"，代替殷来管理它的臣民。周公说："予惟不可不监，告汝德之说于罚之行。"我们不能不认真总结经验教训，我要告诫你怎样施行德政，怎样使用刑罚。周公最后指出：不要丢掉谨慎的作风，记住我的告诫，你和你的后人就能够世世代代地管理好殷的遗民。② 这里指出了"明德慎罚"是周之所以代殷的重要原因，也是一条重要的历史经验。在分析这些问题的过程中，强调了"不可不监"的原则。又如，周公归政于成王的那一年，便东行视察洛邑，同时有诰文之作。周公在讲述了营建洛邑的经过后，便讲到了有关总结夏、殷灭亡的教训的问题，指出："我不可不监于有夏，亦不可不监于有殷……"意思是说，我们不能不以夏为鉴戒，也不能不以殷为鉴戒……他们不敬重德行，才早早地丧失了从上天那里接受的大命。现在成王承受了上天赐予的大命，我希望大家能够思考夏、殷两朝兴亡的原因，接受它们的教训，继承它们的功绩。周公最后说：希望大家都要有忧患之心，这样我们才能够说，我们接受上天的大命，能够像夏朝那样经历久远的年代，不至于经历像殷朝那样的年代。③ 这里提出的"我不可不监（鉴）于有夏，亦不可不监于有殷"的话，是历史上很有名的论

---

① 这里说的"国史"，主要是指各诸侯国之史，跟两汉以后称本朝史为"国史"有所不同，故谓早期国史。

② 《尚书·康诰》，参考王世舜译注本，成都，四川人民出版社，1982。

③ 《尚书·召诰》。

点，反映了西周初年的政治家对历史经验的深刻认识。在周公看来，"天命"不是固定不变的，统治不是一劳永逸的，因此要有忧患之心；有了忧患之心，就能敬德；能够敬德，就能久安，即所谓"受天永命"。这同前面所说"明德慎罚"的思想是完全一致的。

其次，周公还就前朝的一些具体的历史教训发布了诰文。如：

——关于"不腆于酒"。周公指出：我们西土之人不论上下都遵照文王的教导，"不腆于酒"，"故我至于今，克受殷之命"。殷朝的"先哲王"时，上上下下也不敢"崇饮"；后来就不行了，"荒腆于酒"，以至于"庶群自酒，腥闻在上，故天降丧于殷"。这是很严重的教训。如果现在你们发现有"群饮"的人，就不要放过他们，把他们押送到我这里来，我要杀掉他们。你们要听从我的教训，不要让你们治下的臣民"腆于酒"。① 司马迁记商纣王"大聚乐戏于丘，以酒为池，悬肉为林，使男女倮，相逐其间，为长夜之饮"。② 这样的天子，岂有不亡之理；而西周初年强调"不腆于酒"，自是一件大事。

——关于"罔厉杀人"，"勤用明德"。周公认为，要使周的统治"至于万年"，就应长期实行"保民"的政策。从这一政治见解出发，他强调要总结周人兴起时先王所实行的德教的历史经验。③

——关于"四方小大邦丧，罔非有辞于罚"。周公训诫那些不安分的殷朝遗民说，上天不会把大命赐给那些不施行德教的人。凡四方小国、大国的丧亡，都是因为自身有过错而招致丧亡这样严重的惩罚。为了阐明这个道理，周公讲述了"成汤革夏"的原因，是因为夏朝末年的统治者太放纵自己；又讲述了"自成汤至于帝乙"都能"明德恤祀"，把殷朝治理得很好，而帝乙以后诸王就做得很差了，变得骄奢淫逸，招致了丧亡的大祸。这里，周公讲述了夏、殷的兴亡史及其经验教训。④

——关于"君子所其无逸"。周公告诫成王不要陷于淫佚，为此，他举出殷朝的中宗、高宗、祖甲三王和周文王为榜样，认为他们是通达明智之君，应以他们的做法为鉴戒。⑤ 此外，关于用人问题，周公举出夏桀、殷纣

---

① 《尚书·酒诰》。
② 《史记·殷本纪》。
③ 《尚书·梓材》。
④ 《尚书·多士》。
⑤ 《尚书·无逸》。

用人的错误和周文王、武王用人的成功，以此告诫成王要选用贤人来治理国家。① 关于善始慎终的问题，周公告诫周的贵族说，周朝已经建立起来，但是否能顺利发展、长久存在，这都是我不敢预料的，要记住殷朝灭亡的大祸，要时时想到天意和民心。② 周公还反复训诫殷的遗民，给他们分析夏、殷兴亡的历史原因和周兴起的依据，告诉他们其中有必然的道理，要他们懂得同周人和睦相处，否则是要受到惩罚的。③

通观周公的这些诰词，可以看出，这是西周政治统治不断巩固、发展的过程，而举凡重大措施无不与总结历史经验教训相联系。可以这样说，周公从摄政起至还政于成王之初的若干年代，是中国历史上第一次深刻总结历史经验的年代，其思想成果对"成康之治"、西周的繁荣有直接的影响。孔子说："周监于二代，郁郁乎文哉！吾从周。"④可见这种影响之大之远。

周公对历史经验的总结以及与此相关的政治实践，突出地表明了早在3 000多年前，西周的政治家所具有的深刻的历史意识，即对于历史与现实及未来之关系的政治敏感和卓越见解，为后人树立了崇高的榜样，在中国历史上产生了深远而巨大的影响。从政治统治上看，周公成为历代政治家所景仰的典范；从历史观念上看，历史鉴戒思想不仅是中国古代历史观的重要组成部分，而且也是中国古代政治观的重要组成部分；从史学发展上看，《尚书》(尤其是其中的《周书》)所蕴含的历史鉴戒思想，对于后世史家认识历史与现实的关系，进而认识史学与社会的关系，都有深刻而久远的启示。

四、宗周晚年和春秋时期的国史

宗周晚期，社会生产力在发展，社会矛盾在逐步深化，人们对历史记载也提出了新的要求，于是有国史的出现。这里所谓国史，是指周王朝和各诸侯国的史册。当时的国史没有一部流传下来，我们只能从仅有的一些材料中看到它的踪迹。依据这些材料来推断，国史在形式上具备时间、地点、人物、人物活动和活动连续性的记载条件，在内容上主要是对于贵族

---

① 《尚书·立政》。
② 《尚书·君奭》。
③ 《尚书·多方》。
④ 《论语·八佾》。

活动的记录，在书写工具上主要是"书之竹帛"，而不是"镂之金石"。历史记载之有人物活动的连续性，这是国史的一大特点，是它较之于卜辞、金文记载的一大进步，因而更具有史书的性质。书写工具的进步，为历史记载提供了物质上的新的条件。

《左传》庄公二十三年，"君举必书，书而不法，后嗣何观？"又，襄公二十九年，"鲁之于晋也，职贡不乏，玩好时至，公卿大夫相继于朝，史不绝书，府无虚月"。又，昭公元年，"罕虎、公孙侨、公孙段、印段、游吉、驷带私盟于闺门之外，实薰隧。公孙黑强与于盟，使大史书其名，且曰'七子'"。《国语·鲁语上》，"君作而顺，则故之；逆，则亦书其逆也"。《国语·楚语上》，"〔昔卫武公〕在舆有旅贲之规，位宁有官师之典，倚几有诵训之谏，居寝有亵御之箴，临事有瞽史之导，宴居有师工之诵。史不失书，朦不失诵"。这都是说的记本国之事。

《左传》僖公七年，"夫诸侯之会，其德刑礼义无国不记。记奸之位，君盟替矣。作而不记，非圣德也"。这是记本国所参与会盟事。

《左传》宣公十四年，"孔达缢而死，卫人以说于晋而免。遂告于诸侯曰：'寡人之有不令臣达，构我敝邑于大国。既伏其罪矣。敢告。'"又，襄公二十年，"卫宁惠子疾，召悼子曰：'吾得罪于君，悔而无及也。名藏在诸侯之策，曰：孙宁父、宁殖出其君。'"这是记别国见告之事。

从这些记载中，可见当时国史所记，其范围仍不出贵族的活动，而其资料除来源于本国之外，当有来自他国者。

春秋时期国史的表述形式，至少有三种。一种是只记某时有某事发生。如《左传》宣公二年记晋太史书曰"赵盾弑其君"，襄公二十五年记齐太史书曰"崔杼弑其君"。这一形式是自卜辞记事就开始的古老形式。第二种形式是写出史事的过程。如《左传》记王子朝之乱，从昭公二十二年到二十六年，详细地按年月日的顺序一一记载。这不一定是《左传》作者创造出来的，而可能是根据了周王朝的国史。第三种形式是记言，或以记言为主，或记事又记言，这种形式，在《左传》和《国语》中保存有不少国史的痕迹。这后两种形式，都对后来的编年史的体裁起了开创的作用。

周王朝和列国国史，一般都统称为"春秋"，但也有称作别的名称的。《左传》昭公二年记晋国韩宣子至鲁，"观书于大史氏，见《易象》与鲁春秋"。《国语·晋语七》和《楚语上》分别记有"羊舌肸习于春秋""教之春秋，而为之耸善而抑恶焉，以劝戒其心"的话。《墨子·明鬼》还有"周之春秋""燕之春秋""宋之春秋""齐之春秋"的说法。对于春秋时期列国国史的兴起，孟子提出很重要的看法。他说："王者之迹熄而诗亡，诗亡然后春秋作。晋之《乘》、楚之《梼杌》、鲁之《春秋》，一也。"①他是从颂诗的衰落和国史的兴起看出了时势的变化的。他特意举出晋、楚、鲁三国国史来，它们当是国史中最有影响的作品。后来《春秋经》《左传》特详于三国史事，是有其历史原因的。

据《史记》，齐、燕、蔡、陈、宋、卫等国，约在周厉王时期都已有纪年可考，但年复一年、前后相续的历史记载则始于共和元年（公元前841年）。《史记·十二诸侯年表》始于共和元年，当有所据。此后119年是鲁隐公元年（公元前722年）。孔子修《春秋》，始于鲁隐公元年，当即据鲁之春秋。共和元年和鲁隐公元年，似可以说是国史发展过程中有阶段性标志的年代。

春秋时期，国史之外，还出现了世卿的家史。这在当时也是官史，不同于后来的私家所修之史。据说，晋国的史墨（又称史黯）是赵简子的史官②，这是春秋晚期的事。赵盾时，有史官越史援③，这是春秋中期的事。《韩诗外传》卷七记：

> 赵简子有臣曰周舍，立于门下三日三夜。简子使问之，曰："子欲见寡人何事?"周舍对曰："愿为谔谔之臣，墨笔操牍，从君之过，而日有记也，月有成也，岁有效也。"

这是把"君举必书"的国史之法用于世卿的家史，表述的形式以年月日相次。《国语·晋语九》还记有晋国智伯家臣土茁对智伯说的话："臣以秉笔事君。"这虽是战国初年之事，但它或许可以说明家史的出现，是跟世卿的得势有关。

宗周晚年和春秋时期国史的兴起，可以说中国史学经历了漫长的萌芽时期已破土而出了。这个变化的标志，一是初步形成了历史记载的基本形

---

① 《孟子·离娄下》。《左传》襄公三十年记郑子产语，有"《郑书》有之"的话。《郑书》，或是郑之国史，或是国史以外的史籍。

② 史墨（史黯）事见《左传》昭公三十二年、哀公九年、二十年，《国语·晋语九》。韦昭注："史黯，晋大夫史墨，时为〔赵〕简子史。"

③ 《史记·赵世家》。

式，即按时间发展顺序记事的形式①；二是初步确立了"君举必书"记事的原则；三是从认识到历史对于现实的鉴戒作用进而认识到国史的社会作用，以"习于春秋""教之春秋"而"耸善抑恶"；四是史官所记尽管还不超出贵族活动的范围，但贞卜、册祝一类的神职已逐步削弱，历史记载已着重于德刑礼义这些世俗的社会内容了。这对后来史学的发展都是有影响的。

春秋时期史学的发展有两个明显的趋势。一个趋势是，历史记载由王朝而公室、由公室而私家不断下移的扩展倾向。又一个趋势是，历史记载的内容和形式出现多方面发展的倾向。《国语·楚语上》记楚庄王时的大夫申叔时论教导太子说：

> 教之春秋，而为之耸善而抑恶焉，以戒劝其心。教之世，而为之昭明德而废幽昏焉，以休惧其动。教之诗，而为之导广显德，以耀明其志。教之礼，使知上下之则。教之乐，以疏其秽而镇其浮。教之令，使访物官。教之语，使明其德，而知先王之务用明德于民也。教之故志，使知废兴者而戒惧焉。教之训典，使知族类，行比义焉。

韦昭注：世，"谓先王之世系"；令，"谓先王之官法、时令"；语，"治国之善语"；故志，"谓所记前世成败之书"。训典，是古代文献；春秋，当是国史。这些，自不是楚国所特有的，在当时具有一定的普遍性。

这两种趋势，促进了春秋末年和战国时期私人的历史撰述的出现，也促进了多种历史撰述的发展。

第三节　孔子和《春秋》

一、孔子修《春秋》

从春秋末年到战国时期，不少诸侯国先后实行了变法，奴隶制社会向封建制社会过渡的步伐大大加快了。这个时期史学的发展是历史变化在意识形态方面的一个突出反映。春秋末年，孔子开创私人讲学和私人撰史之

---

① 《国语》韦昭注："春秋，纪人事之善恶而目以天时，谓之春秋，周史之法也"（《晋语七》）。"以天时纪人事，谓之春秋"（《楚语上》）。

风，突破了宗周以来学在官府的藩篱。他所修的《春秋》，是现在所知道的第一部私人撰写的历史著作，也是现存的中国史学上最早的编年体史书。在他之后，战国时期出现了多种私人历史撰述，这是先秦时期史学发展最活跃的阶段。

孔子名丘，字仲尼（公元前551—前479年），鲁国陬邑（今山东曲阜东南）人。他出身于没落的贵族家庭，好学，有深厚的文化修养。他周游列国，阐述自己的政治主张而不被采用，但却由此丰富了对于当时社会的了解。他有志于政治活动，曾短期作过鲁国的司寇，始终不能如意。他一生的经历和思想，都反映出当时急剧变动中的社会的特点。

孔子一生中最光辉的成就在于开创了私人讲学。相传他有弟子三千人，其中包含着贵族和非贵族出身的人，后来有不少人成了著名的人物。孔子改变了自有文字以来学在官府的狭隘局面，使学术文化在比较广泛的范围内开放，成为中国教育史、学术史上划时代的杰出人物，在中国历史和世界历史上都有崇高的地位。他对于中国史学的开拓，也使他成为史学史上备受推崇的先驱。他的言论，经他的后学编成《论语》一书，有些也散见于战国时人的著作。

孔子对历史有浓厚的兴趣，具有丰富的历史知识。他自称："述而不作，信而好古。"①他以《诗》《书》、礼乐教弟子，其中包含相当多的历史文献。他又重视文、行、忠、信的教育内容，② 强调历史知识、社会实践和做人原则的结合。他对传统中的尧、舜、禹，尤其是宗周以来至春秋时期的许多政治人物都有所评论。他熟悉夏、殷二朝的制度而格外称道宗周的制度，说："夏礼，吾能言之"，"殷礼，吾能言之"，"周监于二代，郁郁乎文哉！吾从周"。③

孔子依据鲁国国史为记事的中心并参考列国国史而修《春秋》。司马迁对此讲得很清楚，他说：

> 孔子明王道，干七十余君，莫能用，故西观周室，论史记旧闻，兴于鲁而次《春秋》。上记隐，下至哀之获麟，约其辞文，去其烦重，

---

① 《论语·述而》。

② 《论语·述而》。

③ 《论语·八佾》。

以制义法，王道备，人事浃。①

《春秋》资料的来源，以鲁国史为主，但不限于鲁国史的范围。它采用鲁国的纪年，但记载了周王朝和列国在这个时期的大事。

《春秋》记事，起于鲁隐公元年（周平王四十九年，即公元前722年），迄于鲁哀公十四年（周敬王三十九年，即公元前481年）②，共含242年史事，每年都有史事记载。这是中国史学上前所未有的。《春秋》所记内容，主要是周王室和各诸侯国的政治、军事活动，包括朝聘、会盟、战事，以及一些自然现象，包括日食、地震、水灾、旱灾、虫灾。书中也涉及各族关系、城筑、田赋等方面的史事，还记有许多政治人物的丧葬。

《春秋》在表述历史的方法上，严格按照年、月、日顺序逐条记载史事；而于每年之中又有春、夏、秋、冬四时的表述，即使其间无事可记，也要书出"夏四月""秋七月"等③，以示天时变化和人事的关系。在史事记载的时间表述上，《春秋》对后来编年体史书的发展有典范的作用。《春秋》记事简略，每记一事多则三四十字，少则只有几个字。桓公八年春正月己卯、夏五月丁丑条下，各只记了一个"烝"字，十四年秋八月乙亥条下，也只记了一个"尝"字。以《春秋》校战国时人著作中所保存的鲁国史佚文片断，其中有袭用旧史者，有修改旧史者，有删繁就简者，有削而不采者④，这证明司马迁说的孔子"因史记作《春秋》"，"约其文辞而指博"⑤，以去其繁重，是可信的。

从史学发展来看，《春秋》似只是按照一定体例，依据旧史改写的事目。但改写的过程，包含了丰富的创造。

《春秋》本是史书，后来被儒家学派列为经典之一，按《汉书·艺文志》所著录，可称为《春秋经》。战国时期，还出现了一些解释《春秋》的著作。

---

① 《史记·十二诸侯年表》序。又，《孔子世家》："乃因史记作《春秋》。"

② 今传《春秋左传》，《春秋》止于哀公十六年，并记有"夏四月己丑，孔子卒"的话，显然是后人所增。

③ 《春秋》桓公四年、七年两处并脱"秋七月""冬十月"，说明它在流传中有脱文。《春秋》流传中脱漏的情况，参见杨伯峻：《春秋左传注》前言，北京，中华书局，1981。

④ 《韩非子·奸劫弑臣》及《内储说上》《公羊传》庄公七年、《礼记·坊记》所引鲁国史（亦称《鲁春秋》、"不修春秋"）文与《春秋》有关文。

⑤ 《史记·孔子世家》。同篇还有"古者诗三千余篇，及至孔子，去其重，取可施于礼义"的话，亦可证。

二、《春秋》的属辞比事

《礼记·经解》说:"属辞比事,《春秋》教也。""属辞比事而不乱,则深于《春秋》者也。"这是说出了《春秋》在编撰体例和表述要求上的特点。属辞,指遣词造句,缀辑文辞。比事,指排比史事。

《春秋》记二百四十二年的史事,在史事和时间的关系的处理上,是"以事系日,以日系月,以月系时,以时系年"①,逐年编次。《春秋》以记鲁史为主,而包括周王朝及列国在这一时期的大事,这就要求汇集、编次同一段时间里发生在不同地区的史事。这是比事中对史事和空间之关系的处理。比事,还有一层含义,是对诸多史事比其大小、轻重而有所取舍、详略,以便用较少的文字表达出较多的历史情况和论断。这就是所谓"约其文辞而指博"。春秋时期,史事头绪纷繁,《春秋》的比事在对史事处理、史书编撰上做出了开创性的贡献。

《春秋》的属辞,首先是有一定的体例上的要求。同是记战争,有伐、侵、入、战、围、救、取、执、溃、灭、败等不同的写法。同是记杀人,有杀、弑、尽杀、诱杀、歼等不同的写法。同是记人的死亡,有崩、薨、卒等不同的写法。《春秋》的属辞,还有缀辑文辞上的要求,即对于言辞、文采的重视。孔子重视言辞、文采的运用及其在社会实践中的效果,认为:"言之无文,行而不远。"②他尤其重视《春秋》在表述上对文辞的斟酌。司马迁说:"孔子在位听讼,文辞有可与人共者,弗独有也,至于为《春秋》,笔则笔,削则削,子夏之徒不能赞一辞。"③这反映出孔子对历史撰述在文辞要求上的严肃态度。《左传》作者概括《春秋》在这方面的成就是:"《春秋》之称,微而显,志而晦,婉而成章,尽而不汙。"④后来《左传》《史记》都继承、发展了《春秋》在这方面的成就,取得了更大的成功。

春秋时期,朝聘频繁,诸侯纷争,列国间的交往复杂而多变。辞令不仅是政治活动中的需要,甚至影响到政治活动中的得失。孔子修《春秋》而重视文辞,正是这个时代特点的反映。他曾举郑国为例,说明执政的大夫

---

① 杜预:《春秋经传集解·序》。
② 《左传》,襄公二十五年。
③ 《史记·孔子世家》。
④ 《左传》,成公十四年"君子曰"。

们是怎样重视这种辞令的。他说："为命，裨谌草创之，世叔讨论之，行人子羽修饰之，东里子产润色之。"①从草创、讨论、修饰到最后润色，经过四道手续才成为正式文件。子产在列国间政治活动中以擅长辞令而维护了郑国的尊严，并以此受到人们的称赞。他曾辅佐郑伯前往晋国，因不受礼遇而令从人"尽坏其馆之垣而纳车马"；他反驳晋国大夫士文伯指摘的一篇讲话，委婉而不可屈，强硬而不失礼，晋国为之道歉。后来晋国名大夫叔向论及此事时说："辞之不可以已也如是夫！子产有辞，诸侯赖之，若之何其释辞也！"因为子产"善为辞令"，又鼓励周围的人"多为辞令"，故使郑这个小国在对外交往中"鲜有败事"。②

大国之间的交往，辞令也很重要。晋厉公使吕相绝秦之辞，是一篇出色的辞令。它首先回顾了秦、晋友好的历史，接着指出秦国"蔑死我君，寡我襄公，迭我殽地，奸绝我好，殄灭我费滑，离散我兄弟，挠乱我同盟，倾覆我国家"，从而破坏了历史上的和好关系，最后以揭露秦国自称"唯利是视"和诸侯"痛心疾首"为结末。③ 全篇义正词严，有不容反驳的气概。这跟郑子产的委婉陈词相比，另具一种风格，显示出大国之间交往的特有的气势。楚国的观射父，也是善于辞令的。《国语·楚语下》记："楚之所宝者，曰观射父，能作训辞，以行事于诸侯，使无以寡君为口实。"擅长辞令而成为国"宝"，可见其重要的程度。

在诸戎跟诸夏的交往中，辞令显示出特殊的分量。《左传》襄公十四年记戎子驹支驳斥晋国范宣子不允其与会的一段话，从历史讲到现实，证明诸戎之有功于晋国，有理有据，委屈而无怨恨，虽受非礼而无愧色，最后是"赋《青蝇》而退"以明志。他终于争取到"即事于会"的权利。这一篇为诸戎在戎晋关系上的辩辞同吕相绝秦之辞，都是以历史为根据而展开的。以史事与文辞相结合，是春秋时期的政治活动中人们长于辞令的一个特点。《春秋》的属辞比事，是这个特点在史学上的反映。

三、《春秋》尊王道重人事

《春秋》的社会思想的核心是遵周礼。《论语》中论及"礼"的地方有 70 多

---

① 《论语·宪问》。
② 《左传》，襄公三十一年。
③ 《左传》，成公十三年。

处。对礼的阐述，可以说是孔子最重视的问题。他说："周监于二代，郁郁乎文哉，吾从周。"孔子的这个思想贯穿在他修的《春秋》中。鲁国是以遵循周礼著称的诸侯国，鲁国史记事就是以史事跟周礼相结合的。所以晋国韩宣子聘鲁，"观书于太史氏，见《易》《象》与《鲁春秋》，曰：'周礼尽在鲁矣，吾乃今知周公之德与周之所以王也。'"①孔子依鲁史而修《春秋》，继承了尊奉周礼的原则。战国时期多有解释《春秋》的系统的言论。从后来写定的《公羊传》《穀梁传》看，都是以礼解经，当有所本。司马迁说《春秋》"王道备，人事浃"。所谓"王道"，就是周礼或周礼所规定的社会秩序。

礼是秩序，孔子讲得很清楚。他说："礼之用，和为贵。先王之道，斯为美；小大由之。有所不行。知和而和，不以礼节之，亦不可行也。"②"和"，是恰当；但一味追求恰当而不受到一定的制度、秩序的节制，也是不可行的。他认为，治国、使民、立身、做人，都应按照礼的要求，遵循一定的秩序。他说："能以礼让为国乎？何有？不能以礼让为国，如礼何？""上好礼，则民易使也。"他又说："不知礼，无以立也。""君子博学于文，约之以礼，亦可以弗畔矣夫！"③礼所规定的秩序，即是政治秩序、等级秩序，也是伦理秩序、道德秩序。孔子的这个思想，反映在他跟齐景公的对话中：

> 齐景公问政于孔子。孔子对曰："君君，臣臣，父父，子子。"公曰："善哉！信如君不君，臣不臣，父不父，子不子，虽有粟，吾得而食诸？"④

这就是孔子所要维护的社会秩序。所以他认为"礼乐征伐自天子出"是"天下有道"的表现，是合于秩序的；"礼乐征伐自诸侯出"是"天下无道"的表现，是不合于秩序的。⑤ 他甚至愤怒地指斥鲁国的季氏："八佾舞于庭，是可忍也，孰不可忍也！"⑥这反映出孔子在思想上还不能适应当时的社会变动。他开创私人讲学，突破学在官府的贵族传统，从而在学术文化的传播方面摆

---

① 《左传》，昭公二年。
② 《论语·学而》。
③ 分别见《论语》的《里仁》《宪问》《尧曰》《雍也》。
④ 《论语·颜渊》。
⑤ 《论语·季氏》。
⑥ 《论语·八佾》。

脱了礼的桎梏，但在思想上仍眷恋着旧有的秩序。

孔子修《春秋》阐述"王道"，维护周礼所规范的社会秩序。对这一点，孟子讲得很清楚。他说：

世衰道微，邪说暴行有作，臣弑其君者有之，子弑其父者有之。孔子惧，作《春秋》。《春秋》，天子之事也。是故孔子曰："知我者其惟《春秋》乎！罪我者其惟《春秋》乎！"①

孔子是要通过《春秋》来伸张"王道"，如《史记·孔子世家》指出的："吴、楚之君自称'王'，而《春秋》贬之曰'子'。践土之会，实召周天子，而《春秋》讳之曰'天王狩于河阳'。"孔子也要通过《春秋》来斥责"邪说暴行"，如隐公四年书"卫州吁弑其君完"，桓公二年书"宋督弑其君与夷及其大夫孔父"，庄公八年书"齐无知弑其君诸儿"，庄公十二年书"宋万弑其君捷及大夫仇牧"，宣公二年书"晋赵盾弑其君夷皋"，襄公二十五年书"齐崔杼弑其君光"，哀公十四年书"齐陈恒弑其君壬于舒州"。孟子说："孔子成《春秋》而乱臣贼子惧。"②这是有道理的。

《春秋》重人事，是它在历史思想上进步的方面，也是它在史学发展上的一个重大贡献。《春秋》重人事，主要是认真记载了政治上的得失成败。它没有像《雅》《颂》中那样的神灵气氛，也没有像周、齐、宋、燕等国史那样记神灵故事、预言、梦幻。它记水、旱、虫、雨雹、雷电、霜雪、地震等，都是作为与人事有关的自然现象来看待的。③这跟孔子"不语怪、力、乱、神"④的思想是一致的。春秋时期的政治、军事活动如朝聘、会盟、征伐、城筑等，本来都是结合着祭祀活动进行的，但《春秋》却能把人事从神秘的气氛中分离出来。《春秋》在历史表述上，是先秦时期的史籍中最早摆脱天、神羁绊的史书。

《春秋》问世以前，虽已有了一些历史记载，也已有了国史的撰写，但还没有形成能够反映一个历史时期的专书。《春秋》是中国史学史上的创举。

---

① 《孟子·滕文公下》。
② 《孟子·滕文公下》。
③ 《春秋》偶尔也记奇异现象，如僖公十六年记："六鹢退飞，过宋都。"但只是"记异而说不书"（《史记·天官书》）。
④ 《论语·述而》。

第四节　战国时期私人撰述的发展

一、《左传》和《国语》

战国时期，私人撰述进一步发展，出现了多种历史撰述。其中，有解释《春秋》的作品，也有关于春秋时期历史的著作和文献汇编；有关于战国时期史事的辑录；还有萌芽形态的通史性质的撰述。这是先秦时代历史著作较为发展的时期。尽管在"百家争鸣"中史学还不能成为一"家"，但诸子百家历史观点的展开及其在思想论难和社会实践中的运用，反映出史学的社会作用已在较大的范围内被人们所认识。

《左传》和《国语》是战国早期的私人撰述，是记述春秋时期史事最重要的两部史书。《左传》跟《春秋》一样，是编年体史书。它所记史事上限与《春秋》相同，起自鲁隐公元年，下限至鲁哀公二十七年（周贞定王元年，公元前 468 年），比《春秋》下限下延十三年，包括二百五十五年史事。《左传》所记以晋事最多，鲁事、楚事次之，郑事、齐事又次之，卫、宋、周、吴、秦、越、陈之事更次之。《左传》记事比《春秋》详赡，比《国语》连贯，写出了这个时期王室衰微、诸侯争霸、陪臣执国命的历史趋势。《左传》一书相传是与孔子同时的左丘明所作，也有人说是孔子的门人子夏所作，还有人说是战国中期兵家吴起所作，更有人说它是西汉刘歆的伪作。这些说法都没有充分的根据。顾炎武认为："左氏之书，成之者非一人，录之者非一世，可谓富矣。"①这个说法，比较可信。《左传》有 19 万多字（一说 18 万字左右），篇幅是《春秋》的 10 倍。这两部书同为记述春秋时期历史的编年体史书。《春秋》简略，犹如事目编年；《左传》丰腴，所记有血有肉，历史思想也更丰富了。

《左传》在历史编纂上扩大了编年体史书的容量。它在编年记事的总格局中，富于变化，有时着意写出了一件史事的本末原委，有时集中写出一个人物的经历和活动。隐公元年记郑伯克段于鄢一事，是从"初，郑武公娶于申"追叙起，写出了事件发展的全过程。僖公二十三年记晋公子重耳出亡，是从僖公五年"晋人伐诸蒲城"事讲起，写出了重耳近 20 年的流亡经历。

---

① 《日知录》卷四，"春秋阙疑之书"条。

这不仅拓展了编年体史书在记事、记人方面的容量，也有助于弥补一件史事被相关年代中其他史事割裂的缺点。

《左传》写战事、写辞令都很出色。庄公十九年记齐鲁长勺之战，写出了鲁君采纳曹刿的意见，终于以弱胜强的过程，同时揭示了政治与战争的密切关系。僖公二十二年记宋楚泓之战，先写宋襄公两次坐失战机而造成"宋师败绩"，接着写他为自己的错误作辩解，末了写子鱼对他的批评。这是从几个不同的方面写出了宋襄公的愚蠢和固执。僖公二十八年记晋楚城濮大战，先写双方对战争形势的估计，继写晋文公派人稳住曹、卫二国，又命晋军退避三舍以报流亡期间所受"楚君之惠"，最后写出了晋在战役中的具体部署及其战果。这里，作者不仅写出了后发制人的战略思想，也写出了多种战术的具体运用，使人对战事场面有历历在目之感。宣公十二年记晋楚邲之战，成公二年记齐晋鞌之战，十六年记晋楚鄢陵之战，也都写得有声有色。《左传》写战争的多方面表现，反映了春秋时期大国争霸中战争频繁的历史特点和当时战争艺术的水平。

《左传》写辞令，往往都是在列国的政治交往中写出了它的重要性。上文举出的子产相郑伯至晋、吕相绝秦、戎子驹支驳范宣子等事，都是《左传》写辞令的精彩之笔。春秋时期因会盟之盛而有讲究辞令的风气。一些政治人物的辞令之美和贵族风貌，在《左传》中都得到了反映。

《左传》在内容上有一个鲜明的特点，是详细地记载了春秋时期民族交往的活跃和民族组合的进程。它大致写出了诸夏和诸夏以外各族如东夷、南蛮、西戎、北狄的分布与变动的情况，写出了这些古代民族的军事冲突、政治交往、经济文化联系及相互通婚的关系。《左传》襄公四年、十一年记晋国魏绛和戎及其效果，写得酣畅、深沉：

> 无终子嘉父使孟乐如晋，因魏庄子纳虎豹之皮，以请和诸戎……〔晋悼〕公曰："然则莫如和戎乎？"〔魏绛〕对曰："和戎有五利焉。戎狄荐居，贵货易土，土可贾焉，一也。边鄙不耸，民狎其野，穑人成功，二也。戎狄事晋，四邻振动，诸侯威怀，三也。以德绥戎，师徒不勤，甲兵不顿，四也。鉴于后羿，而用德度，远至迩安，五也。君其图之！"公说，使魏绛盟诸戎。修民事，田以时……晋侯以乐之半赐魏绛，曰："子教寡人和诸戎狄，以正诸华，八年之中，九合诸侯，如乐之和，无所不谐，请与子乐之。"

写晋侯的诚恳、魏绛的远见，其实都是在写和戎的政治效果。这是写出了春秋时期各族关系的一个侧面。《左传》重视民族关系的记载，在中国史学之民族史与民族关系史的撰述上有开创性的意义。

《国语》基本上也是记春秋时期史事，而在体裁上是分国记言，不同于《春秋》《左传》的编年记事。上文曾引楚国申叔时所说"教之语，使明其德，而知先王之务用明德于民也"。从他的话中，可知春秋时期已有"语"这种体裁的史书。近人多以《国语》为"国别史"的说法，其实它是分国记言之书，是以政治言论为主的文献汇编。司马迁有"左丘失明，厥有《国语》"的说法①，意谓《国语》为左丘明所撰。此说并不可信。《国语》当是战国早期的私人历史撰述，是汇集周王朝与各诸侯国所录之"语"编纂起来的，当也不是一人一时所完成的。

《国语》共 21 卷，按周、鲁、齐、晋、郑、楚、吴、越顺序编次。这显然是以周王室为时代的标志，而以所记各国与周王室关系的亲疏为编次先后顺序作指导思想。它记事，大多不相连续。所记史事最早者是祭公谏穆王征犬戎事，最晚者是晋国智氏之灭。它所记宗周史事，主要见于《周语上》里的几条，其余基本上是春秋时期史事，而下限记智氏之灭是在周贞定王十六年(亦即晋哀公四年，公元前 453 年)，这已是战国初年了。

《国语》记列国政治言论，以记晋国为最多，几乎占了全书半数；以记郑国为最少，仅载郑桓公为周司徒时与史伯论兴衰一事。《国语》记列国事，起迄首尾各异，且极悬殊。这说明《国语》取材的多途和不具备严谨的体例，反映了明显的文献资料汇编的性质。

《国语》包含了不少有价值的政治见解和历史见解，这使它在先秦的史书中具有鲜明的特色。《周语》记邵公谏厉王弭谤，芮良夫论荣夷公专利，虢文公谏宣王不籍千亩，仲山父谏宣王料民，单穆公谏景王铸大钱与大钟；《鲁语》记曹刿论战，里革论君之过；《齐语》记管仲佐桓公为政的言论；《郑语》记史伯论兴衰；《楚语》记申叔时论傅太子之道，王孙圉使晋论楚国之宝；《越语》记范蠡的言论，都是同政治得失、历史经验教训紧相关联的。《国语》也有着重记述历史事件发展过程的地方。它记晋国史事，始于武公，而于献公时内乱、重耳出奔、文公称霸、悼公复霸、赵魏韩三家共灭智氏等事记载甚详，且首尾连贯，脉络清晰，大致写出了晋国自春秋初年至战国初年共二百余年的历史过程。它记齐桓公谋取霸业的历程，记吴越争霸

---

① 《史记·太史公自序》。

中越之始灭于吴与吴之终灭于越，或层层推进，或曲折起伏，都写出了有关事件的始末原委。像《国语》这样集中写一国之史或一件史事的过程，在《左传》中是不显著的。

《国语》在历史表述上，善于指陈历史形势或对重大历史事件做出历史的总结。《郑语》在记史伯之论"王室将卑""周衰其将至矣"后，作者只用了几句话，就把史伯谈话后的历史形势清晰地勾画出来。《齐语》结尾和《晋语》结尾处，分别写了齐桓公"伯功立"、晋文公"于是乎遂霸"，都是对于历史经验的总结。前者总结了齐桓公外结诸侯、内修政理和在用人方面的经验，后者总结了晋文公如何采取正确的措施使民知义、知信、知礼而达到可"用"的经验。

《左传》和《国语》在历史思想上都反映出战国早期的历史特点。它们不像《尚书》《诗经》那样笼罩着"天命"和"上帝"的神秘气氛，而是面向人间的历史。它们发展了《春秋》重人事的进步思想，但又不像《春秋》那样拘守周礼，而是重视人事的发展和历史人物对社会变动的认识。《国语·周语下》记单襄公跟鲁成公谈论"晋将有乱"。鲁成公问："敢问天道乎？抑人故也？"单襄公说："吾非瞽史，焉知天道。"《左传》昭公十八年记，郑国裨灶要用宝玉祭神求免火灾。子产不同意，他对那些为裨灶帮腔的人说："天道远，人道迩，非所及也，何以知之？灶焉知天道。是亦多言矣，岂不或信。"昭公三十二年记史墨的话说："社稷无常奉，君臣无常位，自古以然。故《诗》曰：'高岸为谷，深谷为陵。'三后之姓，于今为庶。"《左传》能够把这些认识如实地表达出来，是很出色的。

《左传》和《国语》都写出了大量的在历史进程中的人，写出了他们的活动、议论、风貌。这是在以前的历史记载中所没有达到的成就。《左传》和《国语》虽然都记载了一些卜筮、星占、鬼神故事，但在全书中不占重要地位。

《春秋》行世以后，因原文过简，出现了多家的解说。依《汉书·艺文志》所著录，有《公羊传》《榖梁传》《邹氏传》《夹氏传》四家。《公羊》《榖梁》因汉世立为官学，得传于世。邹氏无师，夹氏未有书，其说不传。《公羊传》《榖梁传》在保存史料、阐发史论和宣扬大一统思想方面，各有贡献。

近年，有马王堆汉墓出土的帛书《春秋事语》残卷，所记皆春秋时事，而评论多于记事。其史事多与《春秋》《左传》《国语》《公羊传》《榖梁传》略同，评论则多为诸书所无。这或许是战国中、后期的作品，而传抄于秦末汉初。① 它对于了解先秦时期的历史观点，可以有些帮助。

二、《竹书纪年》《世本》和《战国策》

战国时期的历史撰述，还有《竹书纪年》《世本》和《战国策》，它们都各有自己的特色。

《竹书纪年》是战国后期魏国人所撰写的一部编年史，是现今所知中国史学上最早的具有通史雏形性质的作品。它作为魏襄王（公元前318—前295年在位）的随葬品埋入地下，至西晋初年出土，历时570余年，不为世人所知。

《竹书纪年》的出土，据《晋书·武帝纪》载：咸宁五年（279年）冬十月，"汲郡人不准（人名）掘魏襄王冢，得竹简小篆古书十余万言，藏于秘府"。② 这十余万言的竹简古书，经当时学者束晳、荀勖、和峤、杜预等人整理、研究，得文献75篇，内有7篇简书折坏，不识名题。③ 他们改写成当时流行的隶体文字。其中有《纪年》12篇。④

《竹书纪年》原称《纪年》，也称《古书纪年》《汲冢纪年》，⑤ 北魏郦道元《水经注》征引此书时，以《纪年》与"竹书"连用，于是始有《竹书纪年》之称。它记事，起自夏、殷、周，迄于战国后期。它于宗周、春秋、战国部分，不分记各诸侯国事而独记晋国（起自殇叔：公元前784—前781年在位）。于韩、赵、魏三家分晋后又独记魏国，至魏襄王（哀王）二十年（公元前299年）而止，并称襄王为"今王"。其中，自庄伯十一年后用夏正。全书编年相次，文意近似《春秋》。前人多认为它是魏国史书，并由此可以推见"古者国史策

---

① 《马王堆汉墓出土帛书〈春秋事语〉释文》及张政烺：《〈春秋事语〉解题》，载《文物》，1977(1)。

② 《晋书·束晳传》作太康二年，《隋书·经籍志》作太康元年，今均不取。雷学淇《竹书纪年考证》谓咸宁五年是出土之年，太康元年是上于帝京之年，太康二年是命官校整之年。此可备一说。

③ 《晋书·束晳传》。《隋书·经籍志》记总数为78篇。

④ 《晋书·束晳传》作13篇，与上下文之数不合；《隋书·经籍志》著录为12篇，与《晋书·束晳传》所说总数相符。两《唐书志》则均作14卷。

⑤ 杜预：《春秋左传后序》《晋书·司马彪传》。

书之常"。① 但这书既可用于随葬，就不一定是正式的国史，而是魏国史官的私人撰述。《竹书纪年》开编年记事之通史的先河。它对儒家所传古代史事，颇有异说。② 南宋以后，《竹书纪年》亡佚。③ 后人有多种辑本，而其中以朱右曾辑录、王国维辑校的《古本竹书纪年辑校》为胜。

《世本》也是一部早已亡佚的通史雏形性质的撰述。《汉书·艺文志》著录："《世本》十五篇，古史官记黄帝以来讫春秋时诸侯、大夫。"从今存《世本》佚文来看，它的下限已写到战国之末的秦王政、魏景湣王午、赵王迁，并称赵王迁为"今王"④，可见它是从传说中的黄帝一直写到战国末年的通史。对于《世本》结构上的原貌，现在已难以尽知。从后人所征引来看，它有帝系，本纪，世家，传，谱和氏姓。还有"居"，记都邑宫室；有"作"，记器物制作发明和典章制度创制。⑤《世本》的作者，《汉书·艺文志》笼统地说是"古史官"。今按《世本》佚文称赵王迁为"今王"，很可能是出于赵国史官之手。从它涉及的广泛内容来看，非史官不得及此，但又有超出史官职守范围的方面。这或许是赵国史官的私人撰述。

《战国策》主要是记载战国时期各国辩士的活动及他们的策谋权变，也记载了一些军国大事和社会情况。这是战国时人的作品，也并非出于一人一时之手，大约在战国末年裒辑成编。后经西汉刘向整理、编次，厘为33篇，定名为《战国策》。今传33卷，与刘向校订后篇数相同。

《战国策》按国编次，其顺序是：西、东周各1卷，秦5卷，齐6卷，楚、赵、魏各4卷，韩、燕各3卷，宋、卫、中山各1卷。今传本是根据南宋姚宏注本排列的，是否与刘向校订本相符，已不可知。

刘向《战国策叙录》称：这书原有多种本子，名称和内容都不一致。经过他的校订，"以国为别，以时相次，除去重复，写成定本"；"其事继春秋

---

① 杜预：《春秋左传后序》《晋书·束皙传》《隋书·经籍志二》古史类小序。

② 《晋书·束皙传》举例说："其中经传大异，则云：夏年多殷；益干启位，启杀之；太甲杀伊尹；文王杀季历；自周受命至穆王百年，非穆王百岁也；幽王既亡，有共伯和摄行天子事，非二相共和也。"

③ 《宋史·艺文志二》编年类著录："《竹书》三卷。荀勖、和峤编。"此已佚四分之三。所存四分之一，后亦亡佚。明代出现传本，近人谓之"今本"。王国维著《今本竹书纪年疏证》，以证"今本"之不可用，乃另辑"古本"。

④ 分别见《史记·秦始皇本纪》索隐引，《魏世家》索隐引，《赵世家》集解引。赵王迁元年为公元前235年，下距秦统一仅14年。

⑤ 清人茆泮林辑：《世本》序。

以后，讫楚、汉之起，二百四十五年间之事"。今传本《战国策》所记最晚之事，是《齐策》记齐王建朝秦后的齐人之歌和《燕策》记燕灭后的高渐离事，还不及"楚、汉之起"。

《战国策》也是以记言为主。跟《国语》相比，两书可谓各有千秋，它们以各具特色的笔触反映了以至渲染了不同历史阶段的时代气息。

《战国策》所写辞令，善于铺陈形势，阐述利害，意在打动和说服对方，跟《左传》的写辞令不同。这固然是由于辞令本身的差异，也由于写作时代之不同。《战国策》的表述能与其时代相适应，写出了《左传》《国语》所少有的气势。如《秦策二》记司马错与张仪为伐蜀、伐韩事争论于秦惠王前，最后是司马错分析伐蜀"是我一举而名实两附"、伐韩"未必利也，又有不义之名"。他以得失利害打动了秦惠王，遂起兵伐蜀。"蜀既属，秦益强富厚，轻诸侯。"《赵策三》记秦军围赵都邯郸，魏安釐王出兵救赵而又畏秦不进，并派将军辛垣衍至赵，建议赵王尊秦为帝，以换取秦的退兵。鲁仲连往见辛垣衍，反复陈说"梁未睹秦称帝之害故也，使梁睹秦称帝之害，则必助赵"的道理，终于打动了对方。"于是，辛垣衍起，再拜谢曰：'始以先生为庸人，吾乃今日而知先生为天下之士也。吾请去，不敢复言帝秦。'秦将闻之，为却军五十里。"这里把辩士的说词写得气势逼人，不容有回旋之地。

《战国策》还善于描写人物，而且往往是在记言中显示出人物的精神及思想的变化。如《赵策四》记左师触詟说赵太后事：

> 赵太后新用事，秦急攻之。赵氏求救于齐。齐曰："必以长安君为质，兵乃出。"太后不肯，大臣强谏。太后明谓左右："有复言令长安君为质者，老妇必唾其面。"
>
> 左师触詟愿见太后，太后盛气而揖之。入而徐趋，至而自谢曰："老臣病足，曾不能疾走，不得见久矣，窃自恕。而恐太后玉体之有所郄也，故愿望见太后。"太后曰："老妇恃辇而行。"曰："日食饮得无衰乎？"曰："恃粥耳。"曰："老臣今者殊不欲食，乃自强步，日三四里，少益耆食，和于身也。"太后曰："老妇不能。"太后之色少解。
>
> 左师公曰："老臣贱息舒祺，最少，不肖。而臣衰，窃爱怜之。愿令得补黑衣之数，以卫王宫，没死以闻。"太后曰："敬诺！年几何矣？"对曰："十五岁矣。愿及未填沟壑而托之。"
>
> 太后曰："丈夫亦爱怜其少子乎？"对曰："甚于妇人。"太后笑曰："妇人异甚！"对曰："老臣窃以为媪之爱燕后，贤于长安君。"曰："君过

矣！不若长安君之甚！"

左师公曰："父母之爱子，则为之计深远。媪之送燕后也，持其踵为之泣，念悲其远也，亦哀之矣。已行，非弗思也，祭祀必祝之，祝曰：'必勿使反！'岂非计久长，有子孙相继为王也哉？"太后曰："然。"

左师公曰："今三世以前，至于赵之为赵，赵主之子孙侯者，其继有在者乎？"曰："无有。"曰："微独赵，诸侯有在者乎？"曰："老妇不闻也。"〔曰：〕"此其近者祸及身，远者及其子孙。岂人主之子孙则必不善哉？位尊而无功，奉厚而无劳，而挟重器多也。今媪尊长安君之位，而封之以膏腴之地，多予之重器，而不及今令有功于国。一旦山陵崩，长安君何以自托于赵？老臣以媪为长安君计短也，故以为其爱不若燕后。"太后曰："诺，恣君之所使之！"于是为长安君约车百乘，质于齐，齐兵乃出。

这段文字把赵太后的气派以及她作为一个母亲对幼子的爱怜之情，她在思想上的变化，把触詟作为老臣之谋国的忠诚，以入情入理的劝说转变了太后的想法，都写出来了。《战国策》中像这样的文章，是不少的。这在先秦历史撰述中是独具特色的。

1973年长沙马王堆三号汉墓发现了写战国时期辩士言论的帛书，未标书名，经过整理，凡27章，11 000多字，定名为《战国纵横家书》。其中，第27章所记之事在公元前345年，在本书中为最早年代。第25章为秦王政十二年（公元前235年）事，第26章为秦王政二十二年（公元前225年）事，是本书中年代最晚的。此书的编辑当在秦统一前后，而这部汉初帛书抄本可能写于高祖后期或惠帝之时，上距此书编辑时间只有20年左右。关于这书的编辑者，有人认为，可能是秦的零陵守信。①

《战国纵横家书》在内容上不及《战国策》丰富。它所涉及的史事限于战国中后期，也不及《战国策》那样囊括整个战国时代。但它的27章中有17章不见于《战国策》，因而可据以补订后人对于战国史事的记载。

战国时期还有多种撰述的出现。《山海经》的广采博取，记载山川、道里、物产、风俗、帝王世系、历史人物、奇禽异兽、神话、传说，保存了相当多的可信为很古老的历史资料。《尧典》和《禹贡》，是《尚书》中的两篇，

① 《战国纵横家书》附录，唐兰：《司马迁所没有见过的珍贵史料——长沙马王堆帛书〈战国纵横家书〉》，北京，文物出版社，1976。

但又有独具一格的特点，它们显示出辽阔的地域和"九族既睦""九州攸同""声教讫于四海"的思想和气势，当是现实的历史发展之趋向统一的反映。《仪礼》和《周官》这两部礼书，在一定程度上反映了古代贵族阶层的面貌。在先秦诸子著作中，包含着丰富的历史思想，反映出在学术活动和社会活动中对于历史知识的运用。这些撰述，都从不同的方面影响到后来史学的发展。

第二章　秦汉时期：中国史学的成长

　　秦汉时期是中国史学的成长时期。它的童年过去了，它长大成人并且走向成熟。这一时期产生了中国史学杰出的奠基者司马迁和大史学家班固。刘向、歆父子和荀悦也各在历史文献学和编年史撰述上做出了贡献。

第一节　秦汉史学和秦汉政治

一、秦焚书和秦刻石

　　秦汉时期史学的一个显著特点，是史学与政治的紧密联系。秦皇朝跟史学的关系，很值得注意。从秦始皇的愿望和所采用的手段来说，都表明了史学与政治联系之新阶段的开始，即封建政治权力控制史学，这在中国史学史上是重大的事情。

　　秦皇朝为了推行其严刑峻法、暴虐统治的法家路线，实行愚民政策。秦始皇三十四年(公元前 213 年)，李斯建议：

　　　　古者天下散乱，莫之能一，是以诸侯并作，语皆道古以害今，饰虚言以乱实，人善其所私学，以非上之所建立。今皇帝并有天下，别黑白而定一尊。私学而相与非法教，人闻令下，则各以其学议之，入则心非，出则巷议，夸主以为名，异取以为高，率群下以造谤。如此弗禁，则主势降乎上，党与成乎下。禁之便。臣请史官非秦记皆烧之。非博士官所职，天下敢有藏《诗》、《书》、百家语者，悉诣守尉杂烧之。

有敢偶语《诗》、《书》者弃市。以古非今者族。①

秦始皇焚书是以严酷手段实行文化专制主义，也是封建政治对史学的干预。焚烧秦以外六国史书，禁止谈论《诗》《书》，它们都是史籍或记载历史的资料，这即是以残暴的手段对不利于秦朝统治的历史记载实行干预和禁绝，企图把民众变成没有历史知识、不懂总结历史经验、可以任意摆布的愚民，以达到毫无阻碍地"别黑白而定一尊"、加强专制统治的目的。

秦朝文化专制政策的进一步发展，是次年又在咸阳坑杀儒生460余人。秦始皇大肆任用酷吏钳绝天下人口，实际上意味着他的统治基础更加脆弱。

秦始皇害怕人们利用诸子学说和历史记载"非今"，而他所需要的是"颂今"，颂扬其政治上、文化上的专制统治。秦始皇多次巡行全国，到达一处名山胜地便要刻石颂德，据载于《史记·秦始皇本纪》的刻石铭文，即有秦始皇二十八年泰山刻石，同年又有琅邪刻石，二十九年芝罘刻石，三十二年碣石山刻石，以及三十七年会稽刻石。刻石铭文都是由丞相李斯等大臣撰写，而为秦始皇认可的。其共同的中心内容，是宣扬秦始皇的功绩超越自古以来的帝王，以五德之运来神化他的统治。因此要透过这些封建帝王自我宣扬的官样文章，注意到其中的历史观点。泰山刻石云："治道运行，诸产得宜，皆有法式。大义休明，垂于后世，顺承勿革。""化及无穷，遵奉遗诏，永承重戒。"芝罘东观刻石云："黔首改化，远迩同度，临古绝尤。常职既定，后嗣循业，长承圣治。"会稽刻石云："皆遵度轨，和安敦勉，莫不顺令。""后敬奉法，常治无极，舆舟不倾。"②都是训诫当世和后代永远遵循现有的制度，永远不得改变。秦过去曾经奉行过变革的思想，秦灭六国以前，孝公和商鞅坚持了变革进取的主张，从而奠定了秦国强盛的基础。而现在由于秦取得了全国的统治，历史条件起了变化，秦始皇便把它一脚踢开，反过来要建立永恒的统治秩序，反对变革。所以说"大义休明，垂于后世，顺承勿革"。秦皇朝企图凭借其严刑峻法和思想专制实现"万世不变"的统治，结果反而加速了自己的灭亡。

秦皇朝只存在了短短十四年，也没有留下可观的史书，但是，秦始皇这种用封建政治控制史学和不准史家"非今"的根本性原则，却确实被历代统治者所继承，故其实际的影响又是深远的。只是后代统治者吸取秦朝使用酷烈手段招致灭亡的教训，而改变了思想控制的具体做法。

① 《史记·秦始皇本纪》。
② 《史记·秦始皇本纪》。

二、汉初君臣论历代兴废

秦汉之际巨大而急剧的历史变局，向人们提出了需要回答的深刻课题：为什么强大的秦朝骤然灭亡？为什么不可一世的项羽功败身亡？为什么平民出身的刘邦能取得胜利？当时的政治家、史学家都在思考这些问题。

陆贾著《新语》，便是由于汉初君臣重视总结历代盛衰而在史论上取得的成果。"陆生时时前说称《诗》、《书》。高帝骂之曰：'乃公居马上而得之，安事《诗》、《书》！'陆生曰：'居马上得之，宁可以马上治之乎？且汤武逆取而以顺守之，文武并用，长久之术也。昔者吴王夫差、智伯极武而亡；秦任刑法不变，卒灭赵氏。乡使秦已并天下，行仁义，法先圣，陛下安得而有之？"刘邦君臣这场对话进而总结了秦亡汉兴的教训。陆贾中肯地总结秦朝实行残暴统治导致灭亡的必然性，指出汉朝立国要吸取这一深刻教训，"逆取而以顺守之"，实行宽厚政治，与民休息。陆贾讲到历史转折关头必须实行政策转变的关键问题，使刘邦醒悟过来，郑重要求陆贾著书总结秦亡汉兴以至历代兴衰的教训。于是陆贾著成《新语》12 篇，"每奏一篇，高帝未尝不称善，左右呼万岁。"[①]至东汉初年王充仍对《新语》作了高度评价，称："皆言君臣政治得失，言可采行，事美足观。鸿知所言，参贰经传，虽古圣之言，不能过增。"[②]

生活在文帝时代的贾谊对秦亡教训作了更有系统的总结，以"过秦"为题写了三篇史论，分析秦国由崛起——统一六国——最后灭亡的历史，从中剖析成败兴亡之"理"。他指出，秦的灭亡是实行暴政的结果，"焚文书而酷刑法，先诈力而后仁义，以暴虐为天下始。……故其亡可立待也。"他进而指出，政治成败、人心向背是比什么权位、兵器都要强大得多的东西。统一了天下的秦国比起它以前僻处雍州时岂不更强，而拿陈涉的地位、兵器等来说又根本无法与秦以前的对手山东六国相比，然而"成败异变，功业相反"，为什么呢？结论是："仁义不施，而攻守之势异也。"政治搞坏了，再锐利的武器也敌不住为生存而战的千万起义群众。贾谊"过秦"更突出了"戒汉"的用意。他对人民的处境极为关切，同情下层民众的苦难，对于当前社会矛盾体察特别敏锐，因忧国忧民而"痛哭""流涕""长太息"，斥责剥

---

① 《史记·郦生陆贾列传》。
② 《论衡·案书》篇。

削阶级的奢侈挥霍为"天下之大贼",大声疾呼"残贼公行,莫之或止",① 以期引起人们注意。司马迁记述秦汉历史明显地受到贾谊的影响。

与贾谊同一时代的政论家贾山写有《至言》,揭露秦政暴虐造成"赭衣半道,群盗满山",使民众"力罢不能胜其役,财尽不能胜其求",被迫起义反抗。尤有特色者,贾山分析秦亡的又一重要原因,是君主肆其淫威,堵塞言路,"退诽谤之人,杀直谏之士"。由此总结出"人主不闻其失,则社稷危"②的规律。

由于在汉初半个多世纪中总结秦亡教训一再被尖锐地提出来,并成为决策集团相当一致的认识,所以有效地促进了生产的恢复和发展。经过六七十年的休养生息,社会财富充溢,奠定了武帝时期鼎盛局面的基础。中国历史上第一个强盛的朝代,实跟重视反思历史、总结教训的智慧直接相联系。

三、尊儒和阴阳五行说、谶纬说的流行

封建政权奉行"尊儒"政策始于汉武帝。自秦朝至汉武帝,思想领域中居主导地位的学说经历了曲折的演变,走了"之"字形道路。秦朝实行极端的法家路线的统治,"以法为教""以吏为师",结果很快被人民所推翻。新建立的西汉政权惩于暴秦的教训,由严酷政治转向宽省政治、清静无为。因此,汉初以黄老学说为指导思想,是跟当时经济凋敝、人口伤亡过半、伤残待救的社会现实相适应的。但从思想学说演进的全局看,我们又应注意到,自秦至汉初,儒学始终是一股潜在的力量。战国时代,儒学已成为显学,学派昌盛,在学术上已居特殊的地位,所以李斯的奏语中才将"《诗》、《书》"与"百家语"相对称。至秦,实行焚书坑儒,太子扶苏以"诸生皆诵法孔子"③为谏,可见在秦始皇压制儒学之时,人们却在某种程度上视儒学为正统。汉初,思想控制骤弛,在政治上以黄老学说为指导,在学术思想上则呈多元格局,萧何、曹参、汉文帝、窦太后等权势人物先后提倡

---

① 《陈政事疏》,见《汉书·食货志上》。
② 《汉书·贾山传》所引《至言》。
③ 《史记·秦始皇本纪》。

黄老之学，陆贾著书，则兼有儒家和道家观点①，儒生叔孙通为汉制礼仪，卒为"汉家儒宗"②，贾谊的言论，基本上从儒家立场出发，又糅合了法家观点，晁错则有明显的法家色彩。观其大势，在当时战国子学余波荡漾之中，儒学势力又见逐步增强。所以至文帝、景帝时，朝廷已先后立儒者辕固生、鲁余生、董仲舒为《诗》《礼》《春秋》博士，还有王臧因明《诗》立为太子少傅，并导致了儒学与黄老之学信奉者双方在朝廷上的直接冲突。

因此，武帝时期的尊儒确有其十分深刻的背景。封建统治集团吸取了秦朝苛法虐民以亡的教训，改用标榜仁义礼乐、重视"教化"的儒学作为思想统治的学说，同时因儒学本身长期存在着由潜伏到明显的发展趋势，至此终于走向舞台中心。而武帝尊儒的特点，则是外儒内法、儒法并用，所谓"内多欲而外施仁义""杂王霸道而用之"。既不是对儒学创立的始发点的复归，更不是对前面过程的简单抛弃，思想学说演进的过程构成正—反—合，体现出辩证运动的逻辑。在这种复杂背景下确立的"罢黜百家、独尊儒术"的政策，其意义也具有多重性。我们既要看到儒学有保守性、维护封建统治、提倡森严的等级制度等严重的消极面；看到儒学独尊，开始了专制主义对思想领域的新控制，在以后封建社会中造成种种弊端；同时也应承认，在秦推行极端的法家路线而骤亡、汉初黄老学说的一度适应之后，能够代之而起、成为封建社会长期指导思想的，只有儒家学说，承认它在当时曾起到巩固封建统一国家和促进封建制度成长的历史作用。

汉武帝尊儒，同时摆出重视学术文化的姿态，"建藏书之策，置写书之官，下及诸子传说皆充秘府"。③ 就在这样的政治、学术背景下，出现了董仲舒和司马迁两位大师。董仲舒发挥了春秋公羊学大一统的论点为汉皇朝的统一事业服务，宣扬了三纲的论点为稳定封建统治秩序服务，倡言"天不变，道亦不变"，强调封建统治秩序的永恒。董仲舒把儒学与阴阳五行说结合，宣扬"天人感应""君权神授"，对于后来的正宗史学有很深的影响。司马迁曾从董仲舒问春秋公羊学，他也拥护汉的统一，尊重孔子在历史上的地位，也有历史循环论的观点。但他的历史观中有不少唯物主义因素和朴素的辩证法观点，这跟董仲舒的唯心主义和形而上学是大有区别的。在维

---

① 陆贾主张治国行仁义、重德政，"德布则功兴"，同时主张"道莫大于无为"，见《新语》中《道基》《无为》等篇。

② 《史记·叔孙通列传》赞。

③ 《汉书·艺文志》。

护汉家统治利益上，两人是一致的，而在如何维护这一具体问题上两人有很不相同的看法。董仲舒和司马迁的思想分歧，决定了二人在史学发展上的不同地位。但从汉武帝控制思想的效果说，这两人身上都取得了一定的成功。

武帝采用董仲舒建议，把不符合统治者需要的各家学说都作为罢黜压制的对象，"皆绝其道，勿使并进。邪辟之说灭息，然后统纪可一"。① 这种把儒学作为加强专制统治工具的做法，指明了以后思想文化专制的途径。此后儒学与封建行政权力进一步紧密结合，有过一系列突出的演示。汉宣帝甘露三年（公元前 51 年）举行石渠阁会议，"诏诸儒讲五经同异。太子太傅萧望之等平奏其议，上亲称制临决焉"。② 这次主要平议《公羊》《穀梁》经义异同优劣，有公羊学者严彭祖、申辄，穀梁学者尹更始、刘向等各五人双方辩论，名儒萧望之及博士或官员施雠、欧阳地余、林尊、周堪、张山附、戴圣等十一人引经义平议，宣帝当场裁决。结果穀梁传一派取胜，"由是穀梁之学大盛"。③《汉书·艺文志》著录"议奏四十二篇"，班固自注称："宣帝时石渠论。"这书，今不传。这次会议开创了皇帝亲自对经义异同做出裁决的先例。

至东汉时，明帝即位后，即在明堂隆重举行朝典。"飨射礼毕，帝正坐自讲，诸儒执经问难于前，冠带缙绅之人，圜桥门而观听者盖亿万计。"章帝继位之后，也于建初四年（公元 79 年）"大会诸儒于白虎观，考详同异，连月乃罢，如石渠故事"。④ 此即有名的白虎观会议。东汉明帝、章帝也都仿效汉宣帝，以皇帝、宗师和教主的身份亲身出场，宣扬他们所同意的教义，标志着封建主义对思想的统治达到了强化的阶段，儒学至此成为国教。班固即生活在这一时期，他本人还被指定为白虎观奏议的整理者。儒学国教化，也就是儒学的神化和思想的僵化，一切都以统治者所能承认的教义为准则，必须顶礼膜拜，刻板地服从，这对于此后史学的演进当然产生了消极的影响。

自汉元帝起至东汉章帝白虎观会议止，是西汉统治后期和两汉之际时期。在这约一百三十年间，时代的特点，第一，是阶级矛盾的尖锐。继武帝晚年南阳、齐、燕各地暴动之后，成帝时有颍川、山阳铁官徒的起义，

---

① 《汉书·董仲舒传》。
② 《汉书·宣帝纪》。
③ 《汉书·儒林传》。
④ 《后汉书·儒林传》

广汉郑躬、尉氏樊并的起义，王莽称帝后有绿林、赤眉的大起义。这次大起义，首尾约10年（公元17—27年），在规模的壮大上，在历时的长久上都超过了秦末的大起义。第二，是统治阶级内部矛盾的尖锐，帝室和外戚的矛盾是一个侧面。自元帝起外戚王氏势力已成，成帝时独擅朝政，发展到王莽称帝，而达于极点。第三，是皇朝对学术思想控制的加强，石渠阁、白虎观两次会议之间，还有公元56年光武帝宣布图谶于天下。上述时代特点，助长了阴阳五行和谶纬迷信思想的盛行。这对史学演进的影响是复杂的：一方面，包括史家在内的许多学者不同程度地受到阴阳五行说和谶纬说的影响；另一方面，有识见的史家和学者在唯心思想浊流泛滥的困难条件下，仍坚持史学反映社会状况、总结政治成败的倾向，使先秦以来中国史学好的传统经受了考验并得到发展。

董仲舒"天人感应"的理论，使儒学与阴阳五行说相结合，在当时曾起到巩固封建大一统的作用，然而正是由于董仲舒极力宣扬神秘主义，结果大大助长了两汉之际迷信思想的盛行。董仲舒把《春秋》所记天变灾异任意加以穿凿附会，说成是天有意志、有目的地向人间表示喜怒和实行惩罚："《春秋》之所讥，灾害之所加也。《春秋》之所恶，怪异之所施也。书邦家之过，兼灾异之变"①；"小者谓之灾，灾先常至而异乃随之。灾者，天之所谴也；异者，天之威也。谴之而不知，乃畏之以威"。② 他又用阴阳解释"三纲"："君臣、父子、夫妇之义，皆取诸阴阳之道。""王道之三纲，可求于天。"③即是说，封建等级制度和伦常关系都是天意、阴阳的安排。

董仲舒的阴阳五行灾异思想，以后被眭孟、夏侯始昌、夏侯胜、京房、刘向、翼奉、李寻等所传承。《汉书·艺文志》"六艺略"著录有《灾异孟氏京房》66篇，刘向《五行传记》11卷，许商《五行传记》1篇，"术数略"著录五行31家，652卷；《隋书·经籍志》"五行"著录有京房《风角要占》3卷、《晋灾祥》1卷、《周易占事》11卷，翼奉撰《风角要候》11卷、《风角鸟情》1卷、《风角要占五音图》5卷等，都是这一时期推言阴阳灾异之作。眭孟在昭帝时，因大石自立、僵柳复起，推《春秋》之意，论说"故废之家公孙氏当复兴"。夏侯始昌"明于阴阳"，能预言柏梁台之灾。夏侯胜在昌邑王时，因"天久阴而不雨"，预言昌邑王将被废。元帝时，中书令宦者石显专权，京

---

① 董仲舒：《天人三策》，见《汉书·董仲舒传》。

② 《春秋繁露·必仁且智》。

③ 《春秋繁露·基义》。

房建言："今陛下即位以来，日月失明，星辰逆行，山崩泉涌，地震石陨，夏霜冬雷……《春秋》所记灾异尽备。"以此劝说元帝疏远石显，卒遭石显报复被杀。翼奉也在元帝时，因连年大水灾、饥荒、地震，遂上书称：灾异频仍的原因，是"二后（按，指宣帝王皇后，此时为皇太后，及元帝王皇后）之党满朝，非特处位，势尤奢僭过度"，"阴气太盛"。成帝时，李寻也上书推言灾异，谏请"稍抑外亲，选练左右，举有德行道术通明之士充备天官"。① 在西汉后期，不仅儒臣以灾异言政事成为风气，专权的宦官、外戚集团也引灾异来攻击别人，皇帝也常因"灾异"下诏让臣下议政，或因"灾异"更换大臣。仅成帝一朝，即因日蚀、地震、火灾等"灾异"下诏书达 13 次。又因何武上书言灾异，而擢用辛庆忌。哀帝也因"灾异"用鲍宣言，召用彭宣、孔光、何武，而罢去孙宠、息夫躬等②。而刘向、刘歆分别著有《洪范五行传论》，由于被采入《汉书·五行志》，成为今天所能见到的阴阳五行说的代表性言论。

两汉之际还有谶纬说大肆泛滥。谶又称图谶、谶记，是一种神秘性预言，起源甚早。在古代由于科学知识不发达，不了解自然变化、人事沧桑、国家兴亡的原因，而归结为神秘性的因素所支配。秦始皇时有"亡秦者胡"的说法，就是较早的一种谶言。但在汉代前、中期，一般政治人物和学者都不大引用谶言。至西汉末年，图谶之说大盛，这是当时社会危机加剧、局面动荡的一种反映。此时的谶又大多与纬相杂。纬是对经书的解释，并把这种解释托于孔子，其中虽也包含某些有关天文、历法等自然科学方面的知识，但其主要内容都属神学迷信。而且越沿袭下来，就越发成为神秘杂乱的妖妄之词，并与谶合而为一，故称为谶纬。

西汉成帝时，由于阶级矛盾加剧，社会险象丛生，再度出现了秦始皇末年那种人心动摇的局面，于是政治性的谶言应运而生。齐人甘忠可造了一部《包元太平经》，神秘地预言："汉家逢天地之大终，当更受命于天，天帝使真人赤精子，下教我此道。"③赤精子指汉高祖，因汉代传说刘邦感赤龙而生，甘忠可即据此造谶言。意即赤精子下凡传达天意，汉家要再受命，要有新人当皇帝。当时因刘向以宗室和大儒身份反对这种说法，甘忠可以妖言惑众被治罪，病死于狱中。哀帝时，王莽的势力已成，夺取西汉政权

---

① 《汉书·眭两夏侯京翼李传》。
② 《汉书》中《成帝纪》《辛庆忌传》《彭宣传》。
③ 《汉书·李寻传》。

野心毕露，甘忠可的学生夏贺良看准了这一点，进行投机，他继续鼓吹其师"赤精子下凡，汉家要再受命"的谶语，王莽立即加以利用，胁迫汉哀帝宣布"再受命"，自称"陈圣刘太平皇帝"，这个很怪的称号正隐含天下要归王莽的意思，因为王莽自称虞舜之后，而舜是陈姓。① 以后，谶言便和王莽实现其政治野心的企图同步升级。王莽做了"安汉公"还不满足，就有朝臣奏武功长孟通开井，掘出一块白石，上圆下方，石上写有七个红字："告安汉公为皇帝"。于是王莽做了假皇帝，群臣称他"摄皇帝"。居摄三年（公元 8年），齐郡临淄亭长报告说，有神人给他托梦：天公要摄皇帝做真皇帝，亭中开了一口新井为证。次日一早果然见亭中开有一口百尺深的新井。又有巴郡献来石牛，扶风献来石文。王莽派人去看时，等刮过一阵狂风之后，石牛前留着一幅铜符帛图，上写："天告帝符，献者封侯，承天命，用神令。"于是王莽又假装顺应天命，去掉"摄皇帝"的"摄"字，群臣直称"皇帝"。至此王莽代汉只差正式登基、废掉汉帝称号这最后一个步骤。有个无赖哀章（广汉郡人，当时在长安读书）揣透王莽这种心思，便造谶言施行更大的骗术。他预先造两个铜匮，一个上写"天帝行玺金匮图"，一个上写"赤帝行玺邦传予黄帝金策书"，表示上帝发布命令，赤帝刘邦应该传玺于黄帝。还有天书，说王莽应该做真天子。还有八个大臣的姓名，哀章本人是其中之一。于是王莽应谶言登上天子位，定国号为"新"。哀章任国将，封"美新公"，与封为国师、嘉新公的刘歆，同列上公。②

　　图谶在王莽废汉自立过程中发挥的奇迹般的作用，遂造成当时一种普遍的社会心理：谁符合了图谶，谁才是符合天命的"真命天子"，才无可争辩地得到拥护。在西汉末群雄并起的局面中，刘秀及其周围人物也学到了王莽的这一套，利用制造谶言，把刘秀神化。刘秀正式登上帝位时，就在祭群神的祝文上，堂而皇之写上精心修改过的谶语："刘秀发兵捕不道，卯金修德为天子。""卯金"指"刘"字，明显地表示刘姓称帝早由天意安排，以利于鼓动人心。当时刘秀与割据巴蜀的公孙述之间不只展开军事斗争，还有图谶之争。原因是公孙述也学得王莽、刘秀的法子，他在蜀称帝时也征引谶语。为了取得主动，刘秀对谶语作了有利于自己的解释。他致书公孙述说："图谶所言'公孙'，是指汉皇帝。"这样转手之间，把原来预言公孙氏立为帝的谶语，又被刘秀抢过来变成为他自己服务的法宝，所以他在信末

①　《汉书》中《哀帝纪》及《王莽传》。

②　《汉书·王莽传》。

落款自称"公孙皇帝",演出一场以图谶对图谶之战。

图谶的地位达到顶峰是在建武三十二年(公元 56 年)。此时光武帝年届 62 岁,正月斋戒时夜读《会昌符》,强烈地感受到谶纬对东汉朝廷具有性命攸关的作用。于是诏令虎贲中郎将梁松搜集谶纬中有关"九世受命"的话("九世"指从刘邦至刘秀共九代),他要在晚年大大加以显扬。[①] 原来他因主张节俭不行封禅,这时也决定要学汉武帝的榜样,上泰山祭祀天地。遂在泰山顶上刻石勒铭,向全国宣布由他钦定的 81 篇谶纬,赋予它们以权威的地位。这篇铭文还以近一半的文字,详细地引载谶纬书上有关"九世受命"的神秘性语言[②],并用"河、雒命名,经谶所传","受命中兴","以承灵瑞"一类话,为东汉朝廷加上层层神圣光圈。这就是有名的光武帝"宣布图谶于天下"。称图谶为"经谶",也说明这类妖妄言词,已经取得和儒家"经典"相同的地位。当时有个薛汉即以谶纬为专业,所教弟子达数百人。

由于光武帝的提倡,东汉初几十年间,几乎所有的国家大事都要决定于图谶,包括决定大臣的任命,论定皇帝功德,决定一代礼仪大事等。当时的图谶与儒家经典相依存、相杂糅。明帝亲自裁定的《白虎通义》,就是把儒家经书的说法与图谶杂糅在一起,书中论郊祀、社稷、封禅等典礼都是如此。诚如清代专门研究《白虎通义》的学者庄述祖所说:《白虎通义》一书是"傅以谶记,援纬证经,自光武以《赤伏符》即位,其后灵台郊祀,皆以谶决定,风尚所趋然也。是故书论郊祀、社稷、灵台、明堂、封禅,悉隐括纬候,兼综图书,附世主之好"。[③]

西汉后期和两汉之际阴阳灾异说和谶纬迷信的盛行,造成了思想史上的低潮时期。一方面,这种情况对于学术的发展当然带来不利影响,刘向、刘歆父子著书推言五行灾异之说即为明证。但另一方面,中国史学的优良传统也得到了考验,这一时期有识见的学者继承了孔子和司马迁以来不妄论灾异、重视人事、重视总结政治成败经验的传统,对唯心迷信的邪说作了程度不同的抵制和批判。桓谭在光武帝时任议郎,他上书批驳图谶,说:

---

① 《后汉书·光武帝纪》。

② 其中有《河图赤伏符》曰:"刘秀发兵捕不道,四夷云集龙斗野,四七之际火为主。"《河图会昌符》曰:"赤帝九世,巡省得中,治平则封……帝刘之九,会命岱宗,诚善用之,奸伪不萌。"还有《河图合古篇》曰:"帝刘之秀,九名之世,帝行德,封刻政"等。见《续汉志》第七《祭祀上》。

③ 庄述祖:《白虎通义考序》,见《珍艺宦文钞》卷 5。

"今诸巧慧小才使艺之人，增益图书，矫称谶记，以欺惑贪邪，诖误人主，焉可不抑远哉？"光武帝阅后甚为不悦。后光武帝召群臣议建灵台处所，"帝谓谭曰：'吾欲以谶决之，何如？'谭默然良久，曰：'吾不读谶。'帝问其故，谭复极言谶之非经。帝大怒曰：'桓谭非圣无法，将下斩之。'谭叩头流血，良久方得解。"后贬任六安郡丞，郁郁病死道中①。桓谭不愧是一位敢于公开反对图谶、不怕招来灾祸的有胆有识的人物。

王充也是反对图谶的。他举出"孔子将死，遗谶书曰：'不知何一男子，自谓秦始皇，上我之堂，踞我之床，颠倒我衣裳，至沙丘而亡'"一类谶言，加以批驳说："此皆虚也。案神怪之言，皆在谶记……谶书秘文，远见未然，空虚暗昧，豫睹未有，达闻暂见，卓谲怪神，若非庸口所能言。"②指出谶言都是杜撰出来的诡谲怪诞之说。但是《论衡》中又有多处表示相信天命祥瑞神怪，如讲到汉高祖神怪故事的，就有《吉验》《初禀》《指瑞》《齐世》《宣汉》《恢国》等篇，讲光武、明帝、章帝时的祥瑞也有多处。③ 表明王充也深受灾祥迷信思想的影响，不能超越于时代。

班固在《汉书》的结尾概括了全书的内容，云："凡《汉书》，叙帝皇，列官司，建侯王。准天地，统阴阳，阐元极，步三光。分州域，物土疆，穷人理，该万方。纬六经，缀道纲，总百氏，赞篇章。函雅故，通古今，正文字，惟学林。"说明主要记载政治活动和社会生活的各个方面，而对于当时被奉若神明的谶纬学说根本不提。《汉书·艺文志》著录天下图书，却对当时大量存在的谶纬书摒弃不载。班固还讲诸子出于王官，儒家是诸子之一，孔子是先师、是学者，儒家经典是文化典籍。这些同谶纬把孔子说成是巫师神怪、儒家典籍几乎成为符箓是根本对立的。班固还在《王莽传》中揭穿了王莽制造谶言夺取帝位的欺骗手段，更是对谶纬的妖妄本质的深刻揭露。班固所撰《典引》一篇则为东汉皇朝宣扬的祥瑞符命捧场，用大臣进奏的口气，讲明帝之时"嘉谷灵草，奇兽神禽，应图合谍，穷祥极瑞者，朝夕坰牧，日月邦畿，卓荦乎方州，洋溢乎要荒"④，反映出迷信盛行在班固头脑中打下了深深的时代印记。但这毕竟在班固的作品中只占次要地位。从总体讲，《汉书》继承了《史记》的实录精神，在记载客观历史和反映社会

---

① 《后汉书·桓谭传》。
② 《论衡·实知篇》。
③ 《论衡》中《吉验篇》《讲瑞篇》。
④ 《文选》卷四八，《典引》。

生活上都取得了成功，进一步确立了我国史学的优良传统，成为两汉之际谶纬迷信思想浊流的直接对立物。司马迁和班固这两位汉代的杰出史学家，把中华民族的由来和活动都写进《史记》《汉书》这两部信史之中，这对我国民族文化的发展方向具有极为重大而深远的意义。

第二节 司马迁和《史记》

一、司马迁的家学

司马迁是中国史上以历史学家著称的第一人。他所著《史记》原称《太史公书》。[①] 全书 130 篇，52 万多字。[②] 上起传说中的黄帝，下迄武帝太初年间，《史记正义》称其"合二千四百一十三年"。书中翔实地记载了纷纭复杂的政治兴废，众多的人物活动，反映了丰富的社会生活。无论从涉及时代之远、包括范围之广说，《史记》都是空前的。这是跟当时全国统一的局面相适应的、总结以往全部历史的规模宏大的巨著。

司马迁的史学成就跟他的家学渊源有密切的联系。

司马迁的先世原是周朝的史官。父亲司马谈在公元前 2 世纪后叶官太史令，有二十几年之久。西汉太史令掌管天文历法、记事修史，负责管理国家图书档案和各地上计的文书资料，所以兼懂天文历法等自然科学知识，并因职务的方便，得以广泛接触古今典籍。司马谈是个博学的人，他学天官于唐都，受《易》于杨何，习道论于黄子。他著有《论六家要指》，是继承了《荀子·非十二子》《庄子·天下》《韩非子·显学》批判精神的传统，并接受了《吕氏春秋》总揽百家语之影响的重要论述。他对各个学派有批评也有

---

① 《太史公书》一名，见《史记·太史公自序》，《汉书·司马迁传》同。褚少孙补《史记·龟策列传》称"太史公传""太史公之传"，补《三王世家》称"太史公之列传"。荀悦《汉纪》卷十四称"史记"又称"太史公之记"。《三国志·王肃传》，亦称"史记"。

② 《史记》全书字数，见《太史公自序》。这可说明，《史记》在司马迁时已经成书。《汉书·司马迁传》说："十篇缺，有录无书。"颜注引张晏曰："迁没之后，亡《景纪》、《武纪》、《礼书》、《乐书》、《兵书》、《汉兴以来将相年表》、《日者列传》、《三王世家》、《龟策列传》、《傅靳列传》。"这都是说后来《史记》缺遗的情形。究竟缺遗了哪几篇，学者间的意见不一，尚不易定论。但如《史通·古今正史》所说"十篇未成，有录而已"，却可以说是没有根据的。

肯定，比较中肯地道出阴阳、儒、墨、名、法、道各家之学的短长。他批评阴阳家"使人拘而多畏"，而肯定它"序四时之大顺"；批评儒家"博而寡要，事难尽从"，"累世不能通其学，当年不能究其礼"，而肯定其"序君臣父子长幼之礼"；批评墨家"俭而难遵"，肯定它"强本节用"；批评法家"严而少恩"，肯定它"正君臣上下之分"。司马谈又特别强调各派的贯通融合，认为："'天下一致而百虑，同归而殊途。'夫阴阳、儒、墨、名、法、道德，此务为治者也，直所从言之异路，有省不省耳。"①明言各家学说都是"为治"，只是提法不同，归根结底，都是殊途同归的。对各家学说只要取舍适当，都能为治国服务。西汉国家实现了空前统一，要求学术文化经过相互吸收而进行一番整理总结。司马谈所著，即是以各家学说同归于"治"为指导思想，进行此项总结的尝试。以上两个方面，即对各家学派"一分为二"地加以总结而又主张吸收各家所长的思想，对司马迁产生了深刻的影响。

司马谈向往先人久绝的世业，重视孔子作《春秋》的历史贡献，有志于历史的论述，但没有能及身完成这个志愿。元封元年（公元前110年），汉武帝东巡泰山，行封禅大典。司马谈作为太史令却因病不得参与其事，滞留洛阳，发愤而卒。临终前拉着司马迁的手，哭泣着把著史大事嘱咐给他，说："孔子修旧起废，论《诗》、《书》，作《春秋》，则学者至今则之。自获麟以来四百有余岁，而诸侯相兼，史记放绝。今汉兴，海内一统，明主贤君忠臣死义之士，余为太史而弗论载，废天下之史文，余甚惧焉，汝其念哉！"②司马迁俯首流涕，庄严地接受了这项重托，决心继承父亲的遗愿。

二、司马迁著《史记》③

司马迁字子长，公元前145年（一说公元前135年）生于龙门（今陕西韩城），约卒于公元前90年。

司马迁的时代，正值汉武帝在位。这个时代，一方面是中国境内第一次完成大统一，封建制度由长期的过渡阶段已经进入支配地位，封建专制主义的统治已经树立；另一方面是秦末大起义一直给社会思想留下深刻的

---

① 《论六家要指》，见《史记·太史公自序》。
② 《史记·太史公自序》。
③ 本节，主要根据《史记·太史公自序》和《汉书·司马迁传》，并参考了《史记》中的有关各篇。

影响，而当时社会在有了一时的相对安定之后，又出现了日趋尖锐的社会矛盾。由于前者，司马迁在他的历史学识、历史著作成长的过程中，获得了前人未曾有过的物质的和社会的方便条件；由于后者，他结合自己身世的感受和亲见亲闻而形成了同情下层人民痛苦遭遇，敢于对封建专制统治表示抗议的进步思想。

司马迁 10 岁诵"古文"，后来博通《诗》《书》《易》《礼》《春秋》，以至《秦纪》《世本》《战国策》《楚汉春秋》，并及《禹本纪》《山海经》，还有汉家的档案文书。他于《诗》，兼采鲁齐韩三家之说，于《书》，兼采伏生和孔安国所传，于《春秋》，兼采左氏和公羊。他能读管晏、孙吴、孔孟荀卿、老庄申韩、邹衍、公孙龙以至汉人的论述。他精天文、律历、地理，并知医药、占卜，于公元前 104 年，曾与壶遂等造《太初历》。他喜文学，推重屈原、贾谊、司马相如的词赋，自己也善于词赋①和散文的创作。他于公元前 108 年继父任太史令，这是他得以博览群书的良好机会。《自序》称："于是汉兴，萧何次律令，韩信申军法，张苍为章程，叔孙通定礼仪，则文学彬彬稍进，《诗》、《书》往往间出矣。自曹参荐盖公言黄老，而贾生晁错明申商，公孙弘以儒显。百年之间，天下遗文古事靡不毕集太史公。"这对于他纵观古今学术、熟悉当代政治人物和政治情况、掌握丰富的历史资料，有极大的帮助。他的博学是他著成《史记》的一个重要的源泉。

司马迁 20 岁开始远行，访问了长江中下游地区和今山东河南等地。后来因奉使"西南夷"，又有了第二次远行，一直到了今四川西部和云南西部。在侍奉武帝出巡的时候，他还到过不少地方。据他自述，他游踪所及有长江大河、五湖沅湘、淮泗漯洛，西至四川的离碓，北自龙门至于朔方。他在会稽，探过"禹穴"。在淮阴，访问了韩信的遗迹。在丰沛，访问了萧何、曹参、樊哙、夏侯婴的故居。在沅湘流域，凭吊了屈原自沉的汨罗江。在山东，"讲业齐鲁之都"，"观仲尼庙堂、车服礼器，诸生以时习礼其家"，并访问了孟尝君的故邑。在河南，访问了魏都大梁之墟和侯嬴所看守过的夷门。在北方边塞上，"行经蒙恬所为秦筑长城亭障，堑山堙谷，通直道"。壮阔的游踪，为他打开了眼界、增长了阅历，使他有机会听到过去——特别是秦汉以来著名人物的生动的故事；也使他有机会比较广泛地接触下层群众，并有助于了解各地经济生活、风土特征和地理形势。这是他著成《史记》之又一重要的源泉。

---

① 《汉书·艺文志》有"司马迁赋八篇"。

　　司马迁的家庭是一个中产以下的人家。他幼年曾在农村环境生活，"耕牧河山之阳"。他对于先世的政治经历和史官世职有一种荣誉感，但他父子所面临的情况却是："文史星历近乎卜祝之间，固主上所戏弄，倡优畜之，流俗之所轻。"这使他有某种遭受贱遇的不安。公元前98年，他因为李陵辩解，触怒了武帝，被捕入狱，遭到了难以容忍的侮辱和践踏。按照汉律，纳钱是可以赎罪的，但"家贫，财赂不足以自赎，交游莫救，左右亲近不为一言"，他终于受到了宫刑。这位历史学家从自己的实际遭遇联想到许多无辜被祸、有功受戮的史例，想到"刀锯之余"的人所经常受到的传统性的诟辱。他的不幸，加深了他对封建专制统治的认识，加深了他对封建社会道德、法律和吏治的某些认识，从而对于他的进步思想的成长有重大的影响。

　　司马迁出狱后作中书令，"尊宠任职"。但他对这个官职并不感兴趣，他决心把刀锯余生全部投到《史记》的写作上去。他报任安书说：

　　　　盖西伯拘而演《周易》；仲尼厄而作《春秋》；屈原放逐，乃赋《离骚》；左丘失明，厥有《国语》；孙子膑脚，兵法修列；不韦迁蜀，世传《吕览》；韩非囚秦，《说难》、《孤愤》。《诗》三百篇，大氐贤圣发愤之所为作也。此人皆意有所郁结，不得通其道，故述往事，思来者。……仆窃不逊，近自托于无能之辞，网罗天下放失旧闻，考之行事，稽其成败兴坏之理，凡百三十篇，亦欲以究天人之际，通古今之变，成一家之言。草创未就，适会此祸。惜其不成，是以就极刑而无愠色。仆诚已著此书，藏之名山，传之其人通都大邑，则仆偿前辱之责，虽万被戮，岂有悔哉！然此可为智者道，难为俗人言也。①

"稽其成败兴坏之理"和"究天人之际，通古今之变，成一家之言"，是司马迁对《史记》规定的总的要求。这一要求就是跟武帝尊崇儒术、罢黜百家的文化政策相对立的。他在这里，也毫不掩饰自己的"意有所郁结"，因而要"述往事，思来者"。他已宣称做了万一的准备，不管"俗人"有什么看法，是要把这书藏之名山、传之其人的。这样，如因著史而被杀，也就没有什么后悔的了。他的卓越的进步思想，结合着他的丰富的历史学识的修养和社会实践，使《史记》成为中国封建社会史上稀有的光辉的历史著作。

---

　　① 《汉书·司马迁传》。

三、司马迁成一家之言

司马迁特别重视从总结客观历史进程和研究社会现实情况出发，做到"成一家之言"。《太史公自序》篇末所说"以拾遗补艺，成一家之言，厥协六经异传，整齐百家杂语，藏之名山，副在京师，俟后世圣人君子"，对全书实有画龙点睛的作用。因此以往学者评论说："《太史公书》百三十篇，自名一子。"①"著书最大目的，乃在发表司马氏'一家之言'，与荀卿著《荀子》、董生著《春秋繁露》，性质正同。不过其'一家之言'，乃借史的形式发表耳。故仅以近世'史'的观点读《史记》，非能知《史记》者也。"②可以这样理解："通古今之变"——探究古今历史演变趋势，"究天人之际"——回答"天意"与人事的关系问题，这两项也是"成一家之言"的组成部分；司马迁的核心目的，正是勇于形成自己独立的思想体系，表达对于历史前途的看法，寄托本人进步的社会理想。唯其如此，《史记》所取得的高度成就才为中国史学的发展奠定了基础，并且具有久远的生命力。

《史记》共分五个部分。第一部分是本纪12篇，其中五帝1篇，夏、商、周各1篇，秦及秦始皇、项羽各1篇，汉5篇。第二部分是表10篇，其中三代世表1篇，十二诸侯及六国年表各1篇，秦汉之际月表1篇，汉兴以来各种年表6篇。第三个部分是书8篇，其中7篇综论古今礼、乐、律、历、封禅、河渠及天官所掌而独详于汉，《平准书》1篇专记汉事。第四部分是世家30篇，其中周封诸侯12篇，三晋、田齐、孔子、陈涉各1篇，汉代社稷重臣和王侯事迹12篇。第五部分是列传70篇，其中传说人物1篇，春秋、战国及秦时人物共27篇，汉代人物及史事38篇，并记前代及汉代人物、史事者4篇。

司马迁考察如此久远的历史进程，明确地要做到"通古今之变"。"古"和"今"，代表他要囊括的全部历史，也指明今天是由历史演进而来，不能割断联系；"变"是强调历史长河中治乱盛衰的局面不断变化，治国的办法、人的认识也必须随之发展和改变；"通"则是把历史的变化贯通起来考察，"稽其成败兴坏之理"，总结出发展变化的道理。"通古今之变"，包含着他对历史发展的丰富的辩证观点，跟"天不变道亦不变"的形而上学说教直接相对立。

首先，司马迁根据历史变化提出了阶段性看法，对于时代越近、变化

---

① 章学诚：《文史通义·释通》。自注云："本名《太史公书》，不名《史记》也。"
② 梁启超：《要籍解题及其读法》，见《饮冰室合集》专集第15册。

越大的史事，他记载得越详。在《史记》十二本纪里，夏、商、周各 1 篇，比《五帝本纪》详细。秦写了《秦本纪》，又写了《秦始皇本纪》。汉代是每个皇帝 1 篇（吕后也占 1 篇）。表，三代有 1 篇，记了世系，而无年代。十二诸侯是年表，六国也是年表。楚汉之际变化很大，是月表。汉兴以来则一共有 6 个表。这样记载体现了详今略古的原则。

《史记》十表是最大限度地集中表达古今之变的。其中，如《十二诸侯年表》，是要表达"周室衰微，诸侯专政"，"五霸更盛衰"的历史。《六国年表》是表达"春秋之后，陪臣秉政，疆国相王，以至于秦，卒并诸夏，灭封地，擅其号"的历史。《秦楚之际月表》是表达"秦既暴虐，楚人发难，项氏遂乱，汉乃扶义征伐，八年之间天下三嬗"的历史。《汉兴以来诸侯年表》是表达汉兴以来"诸侯废立分削"的历史。司马迁写每一个表，就是要写这个历史时期的特点，写它在"古今之变"的长河中变了些什么。把这十个表总起来看，却又是要写宗周晚年以来悠久的历史时期内所经历的巨大的变化——由封国建侯走到郡县制度，由地方分权走到中央集权。这跟本纪、世家、列传之写汉初的风云人物由布衣而帝王将相，同样显示了《史记》通古今之变的如椽大笔。

战国时期历史变化错综复杂，司马迁站在新的时代高度俯视，在《六国年表》序中归结为以秦为一方由不断"修政"而变强，六国为另一方因互相矛盾攻战而变弱，导致秦国卒并天下的历史变局。司马迁又说："秦取天下多暴，然世异变，成功大。传曰：'法后王'，何也？以其近己而俗变相类，议卑而易行也。学者牵于所闻，见秦在帝位日浅，不察其终始，因举而笑之，不敢道。此与以耳食无异。悲夫！"他肯定秦统一中国的功业，是"世异变，成功大"。所谓"法后王"，则指秦的统一和制度为后来的封建政权所效法。司马迁在这一点上，嘲笑了那些是古非今的书呆子们，他们太不会看问题了。尽管对秦的帝业还可以有更深刻的分析，但这种历史地观察问题的方法在当时是前无古人的。

其次，司马迁重视推动社会发展的历史变革。由于时势变化，陈旧的政策法令会造成种种弊病，社会要前进，就必须变革旧制，荡涤积弊。司马迁对此有深刻的认识。他一再提出"承敝通变"的命题①，精辟地论述变革

---

① 《平准书》曰："汤、武承弊易变，使人不倦。"《高祖本纪》曰："汉兴，承敝易变，使人不倦，得天统矣。"《太史公自序》讲作八书之旨曰："礼乐损益，律历改易，兵权山川鬼神，天人之际，承敝通变，作八书。"

如何使国家走向强大、社会摆脱困境的历史经验。

在秦建国至统一六国的整个过程中，商鞅变法是关键性事件。司马迁充分肯定商鞅变法的历史意义。在《商君列传》中，他详述提出变法的原委、商鞅先后两次变法的具体内容，写商鞅以历史经验作有力论据，驳倒保守派人物甘龙、杜挚的阻挠，特别是写出商鞅变法所取得的显著效果："行之十年，秦民大悦，道不拾遗，山无盗贼，家给人足。民勇于公战，怯于私斗，乡邑大治。""居五年，秦人富强，天子致胙于孝公，诸侯毕贺。"一举而使秦成为西方强国，称雄于诸侯，逐步蚕食六国而最终兼并天下。对于吴起和赵武灵王两次变法的作用，司马迁也都给予积极的评价。上述三次变法，其他典籍上仅有片断的记载，司马迁却作了系统的整理，构成战国历史的珍贵篇章。

司马迁"承敝通变"的观点，在记述秦亡汉兴这一更大历史变局的有关篇章中体现得更为突出。《史记》宣扬汉的功业，恰恰是根据汉代君臣惩秦之"敝"而在政策上实行了正确的"变"，从这一高度去把握、去论述的。《高祖本纪》赞语对此作了精彩的概括："周、秦之间，可谓文敝矣。秦政不改，反酷刑法，岂不缪乎？故汉兴，承敝易变，使人不倦，得天统矣。"深刻地论述汉朝兴盛的关键和最大的功绩是做到"承敝通变"，扫除秦的积弊，使饱受苦难的人民得以休息。"得天统"，指的就是汉朝的政策转变反映了历史前进的趋势，符合于变化的法则。《吕太后本纪》赞语，则肯定高祖与民休息的政策得到继续执行："孝惠皇帝、高后之时，黎民得离战国之苦，君臣俱欲休息乎无为，故惠帝垂拱，高后女主称制，政不出房户，天下晏然。刑罚罕用，罪人是希。民务稼穑，衣食滋殖。"汉初"承敝通变"，使民众从秦末灾难的深渊中挣脱出来，社会获得巨大的进步。司马迁重视这一意义巨大的变化，他不是从神化皇权或命定论一类的迷信观念出发，而是认真地总结了历史进程本身提供的经验，这就深刻地揭示出秦汉之际历史变局的实质。

《史记》重视推动社会的历史变革和详今略古的处理，都包含着历史进化的观点。此外，《货殖列传》反对老子小国寡民"至老死不相往来"的历史倒退论，而详述"汉兴，海内为一，开关梁，弛山泽之禁"以后商业经济的发达，同样表示这种进步的看法。《五帝本纪》有把黄帝当作传说人物来看待的迹象。《六国年表》说："然战国之权变亦有可颇采者，何必上古？"《高祖功臣侯者年表》说："观所以得尊宠及所以废辱，亦当世得失之林也，何必旧闻？"这也都表示《史记》并不对上古抱有多大的敬意。

最后，司马迁提出历史变化的又一法则："见盛观衰。""承敝通变"总结了符合时势变化要求的变革措施可以使社会走出困境，是根据许多历史经验，尤其是秦汉之际的变化概括而得的。"见盛观衰"则总结出：原来兴盛的局面，由于失去警觉自省，出现问题或决策错误得不到纠正，结果走向反面，造成了种种弊端以至出现危机。普通人习惯了原来的"盛"，看不到或不愿意承认已出现了的不利变化，"盛"的倾向掩盖着"衰"。司马迁善于把握时势的转折，他敏锐地观察到了。《平准书》在记述汉兴70余年封建经济繁荣景象后，指出：

> 当此之时，网疏而民富，役财骄溢，或至兼并豪党之徒，以武断于乡曲。宗室有土公卿大夫以下，争于奢侈，室庐舆服僭于上，无限度。物盛而衰，固其变也。

地主们在封建经济发展中增长了贪纵和腐化，在司马迁看来，这就是一种衰象。这种情况反映到封建政权上，就更会把国家由富庶推向人民困苦和财富衰耗的动荡中了。《平准书》紧接着就指出：

> 自是之后，严助、朱买臣等招来东瓯，事两越，江淮之间萧然烦费矣。唐蒙、司马相如开路西南夷，凿山通道千余里，以广巴蜀，巴蜀之民罢焉。彭吴贾灭朝鲜，置沧海之郡，则燕齐之间靡然发动。及王恢设谋马邑，匈奴绝和亲，侵扰北边，兵连而不解，天下苦其劳，而干戈日滋。行者赍，居者送，中外骚扰而相奉，百姓抗弊以巧法，财赂衰耗而不赡。入物者补官，出货者除罪。选举陵迟，廉耻相冒。武力进用，法严令具。兴利之臣自此始也。

司马迁"见盛观衰"的历史价值，不在于只观一世之盛衰，而在于盛中观衰。他论汉武帝时的整个社会变化是如此。他论儒林，一方面说"自此以来，则公卿大夫士吏斌斌多文学之士矣"，另一方面又指出儒术所以缘饰文法吏事，也同此意。这在方法论上有了矛盾向对立面转化的朴素的认识，在现实生活上还是结合着对时政的抗议的。

"通古今之变"是司马迁光辉的历史思想。他以贯通的、变化的观点考察全部历史直至他所生活的时代，提出对历史演进的阶段性看法，对于时势变化的条件有精到的分析，尤其是重视推动社会前进的历史变革，从曲折复杂的历史进程中总结出"承敝通变"和"见盛观衰"两种变化法则，为丰富古代的历史哲学做出贡献。这说明，他强调"通"和"变"，是有意要探求历史是否存在规律、法则。他所追求的东西，在当时还看得不那么鲜明。尽管如此，两千年前的史学家能达到这一高度，就是很杰出的了。当然他的变化观也存在不科学的看法，如说："三王之道若循环，终而复始。"①又说："一质一文，终始之变也。"②则又接受了当时流行的循环论的错误观点，这也应予指出。

"究天人之际"，是探究天与人间治乱兴衰之间的关系。

在当时，天人关系是一个突出的政治问题，最高统治者以及思想家、史学家都极为重视，并加以探究。汉武帝为了神化皇权统治，有意提倡"天人感应"观点，这从他对董仲舒的几次策问都能反映出来。董仲舒遂依照武帝的旨意加以推衍："臣谨案《春秋》之中，视前世已行之事，以观天人相与之际，甚可畏也。国家将有失道之败，而天乃先出灾害以谴告之，不知自省，又出怪异以警惧之，尚不知变，而伤败乃至。""上承天之所为，而下以正其所为，正王道之端云尔。然则王者欲有所为，宜求其端于天。"③这样，天就是支配帝王和人间的万能的神，天人感应决定着国家盛衰、人间祸福。董仲舒所著《春秋繁露》更是满篇充斥阴阳灾异笼罩人间一切角落之说，助长了唯心主义的蔓延。加上武帝好鬼神，为了求仙，走遍关中各地、天下名山峻岳，耗尽巨量财富。他一次次中方士的圈套，却始终执迷不悟。《六韬·文韬·尚贤》载，武帝时，方士和神巫多聚京师，女巫出入宫中，教宫人埋木偶祭祀免灾。由是盛行巫蛊诅咒之术。天人感应说、方士巫术、淫祀风气三者交互作用，推波助澜，为害甚烈。所以有的学者称汉代是一个"鬼神术数之世界"④，或从另一角度称当时"星占术思想充斥社会"。⑤ 封建社会的上升景象与鬼神迷信气氛并存，时代的光明面与阴暗面相交织。

在这种思想背景下，如何阐释天人关系，直接涉及对政治、社会生活根本问题的看法，也涉及对历史发展根本问题的看法。司马迁提出"究天人之际"的命题，即要针对到底是天命、天意对历史变化和社会生活起支配作

---

① 《史记·高祖本纪》赞。

② 《史记·平准书》。

③ 《汉书·董仲舒传》。

④ 吕思勉：《秦汉史》，下册，810页，上海，上海古籍出版社，1983。

⑤ 薄树人：《试论司马迁的天文学思想》，载《史学史研究》，1982(3)。

用，还是人的力量起支配作用的问题做出回答。

司马迁对"天人感应"的态度，在《天官书》有集中的反映。他对天象有精深的研究，为天文学的发展做出了巨大的贡献，如指出月食现象的发生存在着周期性规律，发现了五大行星运动中的逆行和留的规律，推进了行星运动的研究，等等①。作为太史令，他身兼天文学家、历史学家和祭司三种身份。他的职责之一是监视天象，以揣测所谓天之意向，为朝廷服务。由于科学水平和认识能力的限制，他并不能摆脱占星术的影响，他相信天上和人间确实有对应关系，故说："天则有日月，地则有阴阳。天有五星，地有五行。天则有列宿，地则有州域。"天上星座的构成和分布，也被比附成类似于人间帝王、后妃、文臣、武将的关系。诸如此类都是当时人们的普遍看法，也是司马迁所承认的。司马迁还认为天人相应存在一种"法则"："夫天运，三十岁一小变，百年中变，五百载大变……为国者必贵三五。②上下各千岁，然后天人之际续备。""必察太岁所在，在金，穰；水，毁；木，饥；火，旱。此其大经也。"并归结说："由是观之，未有不先形见而应随之者也。"

因此，司马迁认为"天人感应"确实是存在的，在那个时代有这种思想并不足怪，毋须加以讳饰。司马迁的可贵之处，是他在人们普遍地慑服于天意、神灵的时代，却敢于对感应、灾祥的迷信说法表示保留和怀疑，并且从总体上强调人事起根本作用。他对迷信学说的起源，有所识破，指出一方面是由于当权人物在现实苦闷中寻求精神上的麻醉，即如《天官书》所说，战国"兵革更起，城邑数屠，因以饥馑疾疫焦苦，臣主共忧患，其察祆祥、候星气尤急。近世十二诸侯七国相王、言从衡者继踵，而皋、唐、甘、石因时务论其书传，故其占验凌杂米盐。"另一方面是由于方士之有意捏造，为的是用以猎取禄位。如《封禅书》所说，自"邹衍以阴阳主运显于诸侯"，"怪迂阿谀苟合之徒自此兴，不可胜数也"。《史记》不可能由分析社会根源和阶级根源上彻底解决神秘思想产生和存在的问题，但已揭露了一部分真

---

　　① 其主要贡献还有：提出了现有中国历史上第一个交食周期数据；注意了观测恒星的颜色，关于参宿四的颜色记载引起了当今世界天文学家的惊奇；注意到了恒星的亮度，留下了一个星等概念的原始雏形；记载了好几颗亮度有变化的变星；整理出一份相当完整的星官体系。详见薄树人：《试论司马迁的天文学思想》。

　　② 三五：三指日、月、星三光，五指日晕、月晕、适（一种与太阳有关的自然现象）、云、风这五种"天之客气"。

实的原因。司马迁对占星术士为迎合当权者的需要不断变换手法加以贬责，是他朝着否定占星术走出可贵的第一步。所以最后他这样总结天意与人事何者更为重要："国君强大，有德者昌；弱小，饰诈者亡。太上修德，其次修政，其次修救，其次修禳，正下无之。"①他强调的是国君的行为和政治的清明，把治国的方针（"德"）和办法（"政"）放在最重要的地位，祈祷上天则不是什么好办法。从这一点上，甚至可以说，司马迁实际上否定了天意的作用。

《封禅书》的写作，在当时就具有批判迷信思想盛行的战斗意义。针对着汉武帝好鬼神，《封禅书》通过历史的叙述，揭露了历来鬼神之事的诬妄，而特别揭露了武帝之安于方士们相继不断的欺诈。《封禅书》明言"李少君病死"，但又说"天子以为化去不死"。《五帝本纪》已说过"黄帝崩"，《封禅书》又记武帝相信黄帝骑龙仙去，并且说："嗟乎！吾诚得如黄帝，吾视去妻子如脱屣耳。"武帝"东至海上，考入海方士求神者，莫验，然益遣，冀遇之"。方士使出各种花样，"入海求蓬莱，终无有验"。公孙卿候祠神人，"无有效"，武帝却仍沉溺不醒，"然羁縻不绝，冀遇其真。自此以后，方士言神祠者弥众，然其效可睹矣"。司马迁还特别点明：此篇"论次自古以来用事于鬼神者，具见其表里"。意味深长地指出要识破方士们外表的花样和实际的欺骗是不同的两回事。

尤为重要的是，司马迁一到记述重大历史事件，他就从史实出发，从人事的角度总结成败兴亡的经验，并特别重视人心向背在历史上的作用。这是司马迁论天人关系最为本质的东西。

关于秦汉兴亡、楚汉成败这些汉代人们极感兴趣的大问题，司马迁继承了贾谊以来的进步观点并加以发展。他为陈胜立世家，置于《孔子世家》之后，汉代诸世家之前，以表示其在历史上的特殊地位。篇中着重写出陈涉起义以后，就像一阵风一样迅速地得到各地的响应。篇末还特别指出来："陈胜虽已死，其所置遣侯王将相，竟亡秦。由涉首事也。"《自序》称："秦失其政而陈涉发迹，诸侯作难，风起云蒸，卒亡秦族。天下之端，自涉发难。"这是把陈涉作为开辟历史新时代的人物来看待的，完全从人事的角度论述，也比贾谊等人的看法有更丰富的意义。

楚汉成败的原因，刘邦在灭楚后曾作为问题提出来。王陵归功于刘邦不吝封赏。刘邦则归功于任用三杰。《史记》立《项羽本纪》和《高祖本纪》，

---

① 《史记·天官书》。

吸收了这两种意见，而着意在对待群众的态度上，对照着写出了双方的不同来。于项羽是写他"尝攻襄城，襄城无遗类，皆坑之。诸所过，无不残灭"。写他坑杀秦降卒 20 余万人。写他屠咸阳，烧秦宫室，火三月不灭。写他"阬田荣降卒，系虏其老弱妇女，徇齐至北海，多所残灭。齐人相聚而叛之"。于刘邦却是写他破武关后，约束大家"诸所过，毋得掠卤。秦人喜。秦军解，因大破之"。写他与关中父老约法三章，"秦人大喜，争持牛羊酒食献饷军士"。他"又让不受，曰：仓粟多，非乏，不欲费人"。大家更喜欢了，唯恐刘邦不为王。写他要到南郑的时候，"楚与诸侯之慕从者数万人"。《史记》显然是同意韩信拜将时对形势的分析，而把人心向背作为楚汉成败的一个关键问题来看的。

同时，司马迁又论述人谋在楚汉成败上所起的作用。《刘敬叔孙通列传》说："语曰'千金之裘，非一狐之腋也。台榭之榱，非一木之枝也。三代之际，非一士之智也。'信哉！夫高祖起微细，定海内，谋计用兵，可谓尽之矣。然而刘敬脱辕辂一说，建万世之安，智岂可专耶？"这是把汉之成功跟军事上的胜算和政治上的集思广益密切地联系起来的，这里并没有神意的影子。在汉之成功的反面是楚的失败。《项羽本纪》评论说："及羽背关怀楚，放逐义帝而自立，怨王侯叛己，难矣。自矜功伐，奋其私智而不师古。谓霸王之业，欲以力征经营天下。五年卒亡其国，身死东城，尚不觉寤，而不自责，过矣。乃引'天亡我，非用兵之罪也'，岂不谬哉！"这就有说服力地明白地指出以胜败归于天意的错误了。

《史记》篇章中常常讲到"天"，在不少地方是指时势（在历史变革方面）和际遇（在个人关系方面）。《魏世家》说："天方令秦平海内。"《六国年表》称秦的统一"盖若天所助"。这两个天字，都主要是指时势，其具体的内容就是"世异变，成功大"。《秦楚之际月表》称赞刘邦的成功："岂非天哉！岂非天哉！"这个赞语是从上文"乡秦之禁适足以资贤者为驱除难耳"引出来的，也讲的是时势。在《伯夷列传》中，他还对"天道"公开表示怀疑，他举出古今的一些事例作为天道福善祸淫的反证。他问道："七十子之徒，仲尼独荐颜渊为好学。然回也屡空，糟糠不厌，而卒蚤夭。天之报施善人其何如哉？盗跖日杀不辜，肝人之肉，暴戾恣睢，聚党数千人横行天下，竟以寿终。是遵何德哉？"这不是善恶跟寿夭全不相关吗？他又问："若至近世，操行不轨，专犯忌讳，而终身逸乐，富厚累世不绝。或择地而蹈之，时然后出言，行不由径，非公正不发愤，而遇祸灾者不可胜数也。余甚惑焉，傥所谓天道，是邪非邪？"这不是善恶跟穷通也全不相关吗？一切宗教和有神论都是要麻醉人民以"幻想的幸福",企图以神的灵光遮盖人民对苦难世界的认识。《伯夷列传》的这些诘问恰好就是要戳破这种幻想,揭掉这种灵光。

总括来说,司马迁对天人关系作了极有意义的探究。从主要方面讲,他敢于对天意、灾祥之说表示怀疑,强调人事起着根本性的作用,对于重大历史事件,他总是认真地从人的努力和人心向背去总结成败经验,实际上是做出了人事对历史进程起到支配作用的回答,这在当时迷信盛行的情况下更为可贵。因此,在天人关系上,司马迁也达到了他的时代所能达到的最大高度。

司马迁著史实现了"成一家之言",成为我国史学已经规模完备地成长起来的标志。

"家"本来是社会组织单位的概念,把"家"用到学术领域,称具有独立思想体系的流派为"家",是经过了相当长的过程的。《荀子》《韩非子》《庄子》书中有关学派的评论对此都起过推动作用。① 司马谈论述各家学派,见解更超过前人。他所特别推崇的道家,是融合各家之长、能随时适应客观变化的道家,这与老庄的道家不同。实则表明司马谈要吸收各家之长,而自成一家的抱负。于是至司马迁,便立志要把著史这一家学跟作为独立学派的"家"统一起来。司马迁对此看得格外意义重大,他说:"'自周公卒五百岁而有孔子。孔子卒后于今五百岁,有能绍明世,正《易》传,继《春秋》,本《诗》、《书》、《礼》、《乐》之际。'意在斯乎!意在斯乎!小子何敢让焉。"②这就是说,周公以后五百年,孔子写了《春秋》;现在孔子去世又五百年了,应该继承孔子的事业,这是不可推卸的责任。

上面所谈,司马迁以"通""变"观点总结历史盛衰变化的因果关系,怀疑甚至否定"天意"的安排,重视人心向背和人谋对历史发展的作用,都是构成他独立思想体系的重要组成部分。下面再从文化观点、政治观点和社会观点举出突出的表现。

在文化观上,司马迁跟汉武帝"罢黜百家,独尊儒术"的政策相对立,采取兼容百家学术的态度。司马迁尊重孔子和儒学的历史地位,跟汉武帝、董仲舒神化孔子、利用儒学作为统治思想的工具不同。《史记》对儒家记载甚详,按时代先后,写了《孔子世家》《仲尼弟子列传》《孟子荀卿列传》《儒林

---

① 关于以"家"评论学术流派的演进过程,参见白寿彝:《说"成一家之言"》,载《历史研究》1984(1)。

② 《史记·太史公自序》。

列传》，安排得相当严整。在《儒林列传》篇首，对儒学的发展有概括的说明，反映出学术演进的趋势。他还真心地表达对孔子的景仰："《诗》有之：'高山仰止，景行行止。'虽不能至，然心向往之。"司马迁还高度评价六经，尤其推崇《春秋》，称它是"礼义之大宗"。① 同时，《史记》又极重视对其他学派的记述。如《老子韩非列传》记载有道家，有法家；《孟子荀卿列传》所载除儒家外，还有名家、墨家、法家、阴阳家等；《商君列传》《李斯列传》记载法家。此外，还记载有兵家（《司马穰苴列传》《孙子吴起列传》《白起王翦列传》《乐毅列传》《淮阴侯列传》等），术数家（《日者列传》《龟策列传》等），方技家（《扁鹊仓公列传》），以及文学家（《屈原贾生列传》《司马相如列传》）。司马迁这样做，跟当时官方压制百家的政策是直接对立的，他尊重民族文化的历史发展，因而重视吸收百家学说的长处，承认它们各自的历史地位。他具有拥抱全民族文化的博大胸怀。

在政治观上，司马迁"成一家之言"的表现，是他不去着意地宣扬封建主义，相反，他揭露、谴责了封建统治的弊政，反映出平民阶层的政治理想、政治要求。

当时封建制度还处在上升时期，司马迁并不反对封建制度，但他明确地反对暴虐统治、横征暴敛、严刑峻法，揭露其恶果是民众遭受灾难，社会动荡不安。对封建统治者无穷尽的剥削榨取，从秦始皇到汉武帝，他都反对。《平准书》尖锐地批评武帝大事四夷造成"天下苦其劳"，"财赂衰耗而不赡"。司马迁还有意拿秦朝暴政相类比："于是外攘夷狄，内兴功业，海内之士力耕不足粮饷，女子纺绩不足衣服。古者尝竭天下之资财以奉其上，犹自以为不足也。"显示出他忠实反映时势变化、勇于发表独立见解的精神。

司马迁还深刻地揭露了专制统治下法令的苛刻和执法上枉定人罪的奸险行为。汉律，由最初的约法三章发展到萧何的九章，武帝时竟增益到三百五十九章，大辟四百九条、千八百八十二事，死罪决事比一万三千四百七十二事。《酷吏列传》揭露武帝时赵禹、张汤、义纵、王温舒等好杀伐，多株连，"上以为能"。揭露这些酷吏利用繁密的文网，任意出入人罪。他们凭自己的爱憎断狱："所爱者挠法活之，所憎者曲法诛灭之"。他们更窥伺人主的爱憎断狱："所治即上意所欲罪，予监史深祸者；即上意所欲释，与监史轻平者。"同一列传记载廷尉杜周的言行说："上所欲挤者，因而陷之；上所欲释者，久系待问而微见其冤状。客有让周曰：'君为天下决平，

---

① 《史记·太史公自序》。

不循三尺法,专以人主意指为狱。狱者固如是乎?'周曰:'三尺安出哉?前主所是著为律,后主所是疏为令。当时为是,何古之法乎?'"这不只是揭露酷吏之"善候伺",更重要的是讽刺了封建专制下律令的虚伪。

司马迁进而写出沉重剥削和酷吏为害引起南阳、齐、燕赵等地区一系列农民暴动事件,揭露了专制统治造成社会的动荡。

司马迁关注平民阶层,赞扬他们具有自己的道德。《游侠列传》颂扬舍己为人、扶危救困的道德品质,将这些布衣之侠跟"暴豪之徒"区分开来。又引用"窃钩者诛,窃国者侯,侯之门仁义存"的谚语,讽刺拥有权势的王侯们道德上的虚伪,他们标榜仁义,干的却是窃国的罪恶行为。司马迁评价陈涉起义的伟大功绩:"桀、纣失其道而汤、武作,周失其道而《春秋》作。秦失其政,而陈涉发迹,诸侯作难,风起云蒸,卒亡秦族。天下之端,自涉发难。"①便是表达对平民阶层伟大力量的礼赞。

在社会观上,司马迁重视生产活动,认为经济生产有自己的发展趋势,财富的占有跟人们的社会地位、道德观念相联系,并且主张发展工商业,主张让人们自由获得财富,这些都与当时的官方观点迥然相异。

《货殖列传》是论述社会经济生活的专篇,表明司马迁认识到物质生产对社会生活的重要作用、经济地位对政治关系和社会意识的某种决定性作用。具体来说:第一,它肯定社会经济有自己的发展规律。人们物质生活的需要必然推动社会生产的分工和社会经济的发展,这不是政治力量所能创造出来的。篇中说:

> 故待农而食之,虞而出之,工而成之,商而通之。此宁有政教发征期会哉?人各任其能,竭其力,以得所欲。故物贱之征贵,贵之征贱,各劝其业,乐其事,若水之趋下,日夜无休时,不召而自来,不求而民出之。岂非道之所符,而自然之验邪?

并且指出财富的占有决定了人们的社会地位:"凡编户之民,富相什则卑下之,伯则畏惮之,千则役,万则仆,物之理也。"指出财富的占有情况也决定了人们的道德观念,富有者的道德是维持他们的利益的。"仓廪实而知礼节,衣食足而知荣辱。礼生于有而废于无。故君子富,好行其德;小人富,以适其力。渊深而鱼生之,山深而兽往之,人富而仁义归焉。"司马迁的上

---

① 《史记·太史公自序》。

述进步看法，使他接近了真理的边缘，是中古时代史学思想的珍贵遗产。

《货殖列传》还肯定人们追求财富的合理欲望："富者，人之情性，所不学而俱欲者也。""天下熙熙，皆为利来，天下攘攘，皆为利往。夫千乘之王，万家之侯，百室之君，尚犹患贫，而况匹夫编户之民乎！"他主张让工商业自由发展，他写《货殖列传》即为著名的大工商业者立传，称赞说："布衣匹夫之人，不害于政，不妨百姓，取与以时而息财富。"①这种认识和做法，也是对董仲舒鼓吹的"正其谊而不谋其利，明其道而不计其功"②的唯心论调的有力批判。

总之，司马迁所构建的学说体系有丰富的内容，具有鲜明的进步性和独创性。他做到了"成一家之言"，成为西汉时期进步思想的杰出代表，而《史记》的宝贵价值也远远超出了史学的范围。

《史记》创造了五体配合的恰当的编撰形式，为容纳其进步的思想和丰富的内容提供了合理的载体，这是司马迁在史书体裁形式上也做到了"成一家之言"。

《史记》五种体裁各自起着特定的作用，同时又有意识地使它们互相配合，形成一个完整的体系。本纪主要是采用编年的形式，提挈一代大事，即自序所说"王迹所兴"的记载，兼记帝王本人的事迹。表是用谱牒的形式，厘清错综的史事，如自序所记"并时异世，年差不明，作十表"。书是综合论述的形式，以反映各种社会制度的变化为主，如自序所说"礼乐损益，律历改易，兵权山川鬼神，天人之际，承敝通变，作八书"。世家兼用编年和传记的形式，记载"辅拂股肱之臣"，包括诸侯、勋贵和有突出成就、能世其家的人物。列传是人物传记，记"扶义俶傥，不令己失时，立功名于天下"的人，有专传、合传和类传的不同形式。

司马迁创立这五种体裁都有前人的成就作为凭借。譬如《尚书》中的《金縢》《顾命》已具有纪事本末体的创意；《诗经》中的《生民》《公刘》是歌颂英雄传说的史诗，有传记体的意味；《左传》在编年体史书上有很大的发展；《世本》则记载王、侯、卿、大夫的世系；战国时期的谱牒，成为"表"的来源；《尚书》的《禹贡》《洪范》及其他有关礼制的记载，又是创设书志体的依据。司马迁吸收了上述前人在体裁上的成就，并且把这些尚且比较粗糙和幼稚的东西加以提高和发展，把它们综合起来，形成互相配合的整体，构成一

---

① 《史记·太史公自序》。
② 《汉书·董仲舒传》。

个时代的全史，容量很大，很有伸缩性。所以《史记》在体裁上也是取众家之长，自成一家。过去称《史记》体裁为"纪传体"并不恰当，它实际上是"综合体"。这是司马迁在历史编纂学上集大成的贡献，被称为著史的"极则"①，其影响垂二千年，直至清代。

《史记》运用体裁，不拘成格而富有变化。五个部分所表达的形式并不是各成一套的简单的呆板的形式。本纪虽以编年的形式为主，但秦始皇、项羽、高祖、吕太后四篇本纪都有程度不等的传记形式。列传虽主要是人物传记的形式，但如儒林、游侠、货殖等传都是综合论述而带有传记的形式，匈奴、南越、东越、朝鲜、西南夷及大宛等传都是综合论述并带有纪事本末的形式。表十篇，只有四篇形式相近，其他六篇几乎各有自己的特点。章学诚说，"迁书体圆用神"②，即是指《史记》在体裁运用上灵活处理。如为什么设《秦本纪》和《秦始皇本纪》两篇？因为如果不设《秦本纪》，战国时期的大局就提挈不起来。单独写《秦本纪》，是为了说明秦国在战国时期的地位，提出本时期的重大问题。既然写《秦本纪》，秦在战国以前的发展过程当然要包括进去。所以《秦本纪》前一部分不代表历史时期，后一部分则代表一个历史时期。《秦始皇本纪》则又以新的面目出现了，这是皇帝的本纪，说明历史又进入了一个新的时期。项羽虽不是代表一个朝代的皇帝，但他是反秦时期叱咤风云的英雄，对这一时期起到支配的作用，所以设《项羽本纪》。陈涉虽是平民，但他首倡起义，"诸侯作难，风起云蒸，卒亡秦族。天下之端，自涉发难"。③ 有的人读《史记》往往忽视十"表"。其实，"表"是用少量的文字来反映复杂的历史进程，如《十二诸侯年表》，从千头万绪、错综复杂的历史事实中，理清其盛衰大旨，很不简单。十表的序尤为精华所在，用简短的文句概括了所要说明的时代的历史，对整个形势作了精辟的评论。

《史记》是一部通史巨著，同时它又有重视记述当代史的特点，明确了这一点，对我们改进史学工作很有启发。按年代的分配来说，《史记》专记汉史者有 62 篇，并记前代及汉代者 11 篇。自公元前 202 年刘邦击溃项羽、灭楚之后，到《史记》成书，约 100 年。这 100 年的历史，在全书数量的比重上要比过去的几个历史时代还要多。司马谈的遗言和司马迁的自序，都特

---

① 赵翼：《廿二史劄记》卷一"各史例目异同"条。
② 《文史通义·书教下》。
③ 《史记·太史公自序》。

别表示以汉史为重。这种详今略古的传统，自《雅》《颂》以至《左传》《国语》以来就有了相当长久的历史，《史记》更有意地加以发扬。《史记》的通史性质是经常受注意的，其实它的当代史性质更应该受到注意。《史记》写得最精彩的地方，是在汉史。

《史记》在史料的整理和抉择上，也有优良的方法。自序称其总原则是："厥协六经异传，整齐百家杂语。"他认为经传是比较正确、可靠的，所以要把六经异传综合起来，把它们都吸收到《史记》里面去。"整齐"则有综合排比、批判订正的意思，意味着百家杂语的正确性差一些。如在《五帝本纪》赞中，他指出："百家言黄帝，其文不雅驯，荐绅先生难言之。"认为百家讲黄帝的事迹荒诞不经，不大可靠。《苏秦列传》赞中又说："然世言苏秦多异，异时事有类之者皆附之苏秦。"苏秦是出名的游说之士，因此别人常常把其他游说之士的事迹移植到他的名下。这也是对苏秦传说的批评。可见司马迁对百家杂语是有批判取舍的。

司马迁还利用了大量的档案材料，"绌史记石室金匮之书"。自序中所说"汉兴，萧何次律令，韩信申军法，张苍为章程，叔孙通定礼仪"，所举律令、章程等规章制度，即是石室金匮之书的主要内容。同时他又注重利用调查访问所得材料，与文献记载相印证。如《货殖列传》中关于各地风俗、物产，《游侠列传》对山东、洛阳等地的游侠，都有生动的记载或叙述，都是结合他长期游历的亲身见闻写的。在《齐太公世家》《魏世家》《孔子世家》等篇中，都讲到他亲自调查、访问父老，以补正文献记载的实例。丰富的材料，经过司马迁的综合整理，熔铸于宏篇巨著之中，使《史记》成为名副其实的古代历史文献的总汇。但书中也难免有舛误疏漏之处，如对先秦的一些史事和年代即有误载。

《史记》在历史文学上也有高度成就，为后代史学家开创了很好的范例。

《史记》善于描写人物，它所写的信陵君、侯嬴、廉颇、蔺相如、荆轲、项羽、韩信、樊哙、周亚夫、汲黯、李广等的形象，为后人留下了深刻的印象。他在文学上为传记文学开辟了天地。从史学的角度看，最重要的还在于《史记》善于透过人物的言语、活动和遭遇，去揭示当时的政治情况，去说明、判断历史问题。《孙子吴起列传》《商君列传》是透过吴起、商鞅的一生去说明春秋战国之际楚秦两国在社会变革中的国内矛盾。他们在楚秦的变法都取得不坏的成绩，但也因此而加剧了新兴地主阶级跟旧贵族之间的矛盾，以致他们终以身殉。《李斯列传》是透过李斯一生的际遇和他政治态度的发展，去揭示秦皇朝由兴盛到衰亡的过程及其内在的因素。《淮阴侯列传》和《萧相国世家》，一个写功高多谋的大将以不善于韬晦，终于因遭忌而受族诛；一个写功高而善于自谋的相国在不断设法解除人主猜忌，终于幸而保全首领以殁。这两篇合起来看，就透露出来刘邦灭楚后汉家朝廷内部对大臣猜疑的紧张气氛。

司马迁还善于运用"寓论断于叙事"的手法。这是指作者对于人物的褒贬，不用在篇中特别说出来，而是通过对史事的叙述引导读者自然而然地得出结论。如《项羽本纪》，司马迁同情项羽，他饱含感情地写这个失败的英雄，既赞扬项羽勇猛无前，摧毁秦王朝暴力统治的功绩和精神；也指责他沽名钓誉，头脑庸俗，胸无大志；批评他以强悍自恃，无比残暴。所有这些都是通过项羽本人的事迹来表现的。又如《叔孙通列传》，写的是一个善于与时进退、以面谀得势的人。作者不直接对人物评论，而通过事件本身和当事人的反应来暴露其虚伪。

《史记》擅长写人物的对话，并注重刻画人物说话的口吻，表现其神情风貌。司马迁还善于写场面、写战争，如《项羽本纪》写钜鹿之战、鸿门宴、垓下之战，《淮阴侯列传》写韩信破赵之战，《李将军列传》写李广对匈奴作战，都是脍炙人口、千古传颂的名篇。

通观司马迁《史记》一书在中国史学上的贡献，是巨大的。他提出的"稽其成败兴坏之理"和"究天人之际，通古今之变，成一家之言"，不只是对自己的工作要求，而且提出了历史工作上的中心问题。并且他做出了空前的成就，为此后的历史学者指出了途径、提供了学习的榜样。此后的历史学者究竟做出了什么成绩，司马迁提出来的几个问题和他已达到的成绩就好像是测量器一样可用以测量出其高低来。司马迁之所以成为整个中国封建时代的史学大师，其秘密正在于此。

四、《史记》的续补

司马迁卒后，他的外孙杨恽对《史记》有传布之功。《汉书·司马迁传》载："迁既死后，其书稍出。宣帝时，迁外孙平通侯杨恽，祖述其书，遂宣布焉。"此后，《史记》的巨大成功吸引着许多学者继续司马迁的工作。人们对他所载只止于汉武，太初以后没有记载，感到极大遗憾，希望一代代史家继续写下去，保持历史记载的连续不断。自司马迁以后至东汉初班彪以前，百余年间为《史记》续补者即有 16 人，他们是：褚少孙、刘向、刘歆、冯商、卫衡（即阳城衡）、扬雄、史岑（即史孝山）、梁审、肆仁、晋冯、段肃（又作殷肃）、金丹、冯衍、韦融、萧奋、刘恂。① 褚少孙是元、成间博士，② 他的补作因附于《史记》本文之后而得以流传，共有 12 篇。③ 他在《梁孝王世家》篇末补叙景帝时朝廷中因立太子问题引起的争论，《田叔列传》篇末补叙武帝时田仁敢于刺举任三河太守、倚仗权势作恶的杜周、石庆子弟，故被武帝拔为丞相司直等事，都具有史料价值。再者，冯商所续补，《汉书·艺文志》著录云："冯商所续《太史公》七篇。"④颜师古注："《七略》云，商阳陵人，治《易》，事五鹿充宗，后事刘向，能属文，后与孟柳俱待诏，颇序列传，未卒，病死。"⑤据此，则冯商所续为武帝以后列传。又据《论衡·须颂》篇："司马子长纪黄帝以至汉武，扬子云录宣帝以至哀、平。"则扬雄的续作似也应有相当篇数，惜因未得流传而无从判明其价值。

第三节　刘向、刘歆和典籍校雠

一、刘氏父子生平

西汉成帝时出现了大规模的文献整理工作，刘向、歆奉命校定皇家藏书，开创了大规模校书、大规模缮写定本的范例。这对以后的"校雠学""目录学"有很大的影响。可以说，刘向是中国历史文献学的创始者。他在中国历史文献学史上的地位，有类于司马迁、班固在历史编纂学史上的地位。

刘向（公元前 79 年—前 8 年）⑥字子政，初名更生，是汉宗室。父刘德，昭帝时为宗正，封阳城侯，家产过百万。向年 20，为谏大夫，以通达能属

---

①　刘向以下 15 人据《史通·古今正史》。此外，《通志·总序》讲还有贾逵。又，据《汉书·杨恽传》，言司马迁外孙杨恽"始读外祖《太史公记》，颇为春秋"，或者也有所补作。

②　据《史记·三代世表》褚少孙续补文字《索隐》注。

③　褚少孙续补各篇是：《三代世表》《建元以来侯者年表》《陈涉世家》《外戚世家》《梁孝王世家》《三王世家》《田叔列传》《滑稽列传》《日者列传》《龟策列传》，以上 10 篇均有标出"褚先生曰"。另有《汉兴以来将相名臣年表》及《张丞相列传》，其所续者按其文句也应是褚少孙补作。

④　注引韦昭曰："冯商受诏续《太史公》十余篇，在班彪《别录》。"

⑤　颜注见《汉书·张汤传》赞。

⑥　刘向卒年据钱穆：《刘向歆父子年谱》，载《燕京学报》，第 9 期单行本。

文辞,被宣帝招置左右问对,献赋数十篇。曾对宣帝称说淮南《枕中鸿宝苑秘书》成黄金之术,因方不验,被论罪免官。后待诏受《穀梁传》。甘露三年(公元前51年),参加石渠阁议奏,讲论经义异同。元帝时擢为散骑宗正给事中,时外戚许、史及宦官弘恭、石显弄权,大臣萧望之与刘向计议上奏以罢退之,却遭报复,萧望之自杀,刘向下狱,免为庶人15年。著《疾谗》《摘要》《救危》及《世颂》8篇(均已失传),"依托古事,悼己及同类"。成帝即位,石显以罪免职,向年48岁,授为光禄大夫,后迁中垒校尉。河平三年(公元前26年),诏向领校皇家藏书,撰有《别录》。因王凤兄弟专权,向以宗室遗老,上奏成帝《洪范五行传》及奏事达数十次,大旨在指摘外戚专权将危害汉室,成帝知其意而不能用。另著有《列女传》8篇,是为了讽诫赵皇后、卫婕妤之流"起微贱,逾礼制",故"采取《诗》、《书》所载贤妃贞妇,兴国显家可法则,及孽嬖乱亡"的故事以成书,又编次《新序》《说苑》,采集前人行事和论议,上奏成帝。向居列大夫官前后30余年,年72卒。班固评论他与董仲舒、司马迁、扬雄同是西汉一代"博物洽闻,通达古今,其言有补于世"的人物。

刘歆(?—公元23年)字子骏,刘向少子。成帝时,为黄门郎,时王莽也为黄门郎,两人很投契。河平中,助父校群书,"讲六艺传记,诸子、诗赋、数术、方技,无所不究"。哀帝初即位,时王莽为大司马,举歆宗室有材行,任侍中,迁骑都尉、奉车光禄大夫,贵幸。复领校书事,卒父前业,撰成《七略》奏上。歆因校雠皇家藏书,见古文《春秋左氏传》,大好之。先前学者对《左传》只传训诂,"及歆治《左氏》,引传文以解经,转相发明,由是章句义理备焉"。① 父向好《穀梁》,歆屡持《左传》与相论难,向不能屈。及歆亲近,欲建立《左传》《毛诗》《逸礼》《古文尚书》列于学官。哀帝令歆与五经博士讲论其义,诸博士或不肯置对。歆乃移书太常博士责让之。因遭到名儒师丹等反对,惧诛而求出补吏,历任三郡守。哀帝卒,王莽执政,立古文经博士,任歆为中垒校尉,羲和,京兆尹,封侯。统领儒林史卜之官,考定律历,著《三统历谱》。王莽代汉,歆任"国师"、嘉新公,为"四辅"之一。后谋诛王莽,事泄被迫自杀。

---

① 此两节引文均据《汉书·楚元王传》附《刘向、刘歆传》。

二、刘氏父子的史学思想

刘向、歆的史学思想存在着极大的矛盾性。一方面，作为我国历史文献学的奠基者，他们重视学术文化本身的发展，能对学术的源流做出比较中肯的总结；另一方面，他们生活在西汉后期迷信思想盛行的时代，突出地宣扬阴阳五行说为封建政治服务，在西汉皇室与外戚势力的矛盾斗争中，父子所站立场不同，他们所比附的迷信说法也大相径庭。

刘向早年得淮南《枕中鸿宝苑秘书》，"书中言神仙使鬼物为金之术及邹衍重道延年方"，深受神秘思想的影响。他热诚维护汉家的统治，企图削弱外戚的权力，虽多次丢官也不改变其态度。元帝时，他上封事，论舜及文武周公时的祥瑞和幽厉以后春秋时期的灾异，而归结于"灾异未有稠如今者也"。成帝时上封事，论宗周以来大臣操持国柄之危国，借"王氏坟墓在济南者，其梓柱生枝叶，扶疏上出屋"之异，中言"事势不两大，王氏与刘氏亦且不并立"。这表明刘向宣扬神学迷信的历史观，反映出西汉晚年皇族失势的悲观情绪。

刘向著《洪范五行传论》，是结合当时灾异，对外戚王氏而发。《汉书》本传论其著述的动机："是时帝元舅阳平侯王凤为大将军秉政，倚太后，专国权，兄弟七人皆封为列侯。时数有大异，向以为外戚贵盛，凤兄弟用事之咎。而上方精于《诗》《书》，观古文，诏向领校中五经秘书。向见《尚书·洪范》，箕子为武王陈五行阴阳休咎之应。向乃集合上古以来历春秋六国至秦汉符瑞灾异之记，推迹行事，连传祸福，著其占验，比类相从，各有条目，凡十一篇，号曰《洪范五行传论》，奏之。天子心知向忠精，故为凤兄弟起此论也，然终不能夺王氏权。"《汉书·五行志》保存了刘向《洪范五行传》约 152 条，其中论灾异跟后、妃、君夫人及外戚间关系的约 31 条，论灾异跟君主失势、国家败亡间关系的约 39 条。刘向是站在拥护汉家统治的立场，有意利用阴阳五行说作政治斗争的工具。

刘歆则在政治上拥护王莽，《汉书·五行志》也保存了刘歆论《洪范五行传》的材料，约 73 条，尽管论述对象基本上都在刘向曾经论述的范围内，但解释灾异所指没有一条跟刘向相同的。这正是父子政治态度不同的明证。如解释鲁隐公九年"三月癸酉，大雨，震电；庚辰，大雨雪"，刘向认为这表明君权受到威胁："天戒若曰，为君失时，贱弟佞臣将作乱矣。后八日大雨雪，阴见间隙而胜阳，篡杀之祸将成之也。公不寤，后二年而杀。"刘歆则只讲不正常，是天示罚的意思："当雨，而不当大雨。大雨，常雨之罪也。于始震电八日之间而大雨雪，常寒之罚也。"他根本不往君权削弱方面去讲。又如，解释庄公二十四年，"大水"，刘向认为是象征对后妃不利："哀姜（庄公夫人）初入，公使大夫宗妇见，用幣，又淫于二叔，公弗能禁。臣下贱之，故是岁、明年仍大水。"刘歆则认为象征对国君不利："先是严饰宗庙，刻桷丹楹，以夸夫人，简宗庙之罚也。"从不同的意图出发，各自可以杜撰比附一套为自己服务的说法，这恰恰是唯心主义的特点。

刘向、歆父子在学术上各自包含着深刻的矛盾。刘向宣扬阴阳五行说，助长了两汉之际神秘主义思潮的泛滥，但他一再抨击外戚势力对国家的祸害，在当时又有其合理性。他所著《新序》，以历史故事的形式，希望人君进贤能退谗佞，申明"民可载舟，民可覆舟"，对民要宽厚，否则政权不会长久，省刑罚、"无失民"等道理，并有力地鞭挞统治阶级穷奢极欲，[①] 都有一定的进步性。刘歆宣扬灾异迷信，其《三统历谱》，也杂糅了天意安排的神秘说法，来解释太初历的天文数据，如讲："元始有象一也，春秋二也，三统三也，四时四也，合两为十……"用天人感应之说相附会。但同时，《三统历谱》又有重要的科学价值，它是我国古代流传下来的一部完整的天文著作。它的内容有造历的理论，有节气、朔望、月食（没有日食）及五星的常数和运算推步的方法，还有基本恒星的距离。当代天文学家评价它："可以说含有现代天文年历的基本内容"，"被认为是世界上最早的天文年历的雏形。"[②]刘歆的《世经》，用五行相生（即五德终始）之说附会自伏羲、神农、黄帝以来朝代的嬗递，但《世经》又是流传下来的第一部年代学著作。班固父子评论说："刘氏《洪范论》发明大传，著天人之应。《七略》剖判艺文，总百家之绪。《三统历谱》考步日月五星之度，有意推本之也。"颇能讲出他们学风的特点。下面将论述刘向、歆在典籍校雠上的成就。

三、刘氏父子在典籍校雠上的贡献

西汉成帝时开始的大规模校雠皇家图书的工作，是由于汉初以来多次

---

① 见《新序》杂事三"燕易王时国大乱"章，杂事四"哀公问孔子"章，杂事四"梁尝有献疑者"章，杂事五"颜渊侍鲁定公于台"章。

② 参见陈遵妫：《中国天文学史》，第三册第五编"历法"，上海，上海人民出版社，1984。

访求佚书之后才得以实现的。

司马迁说："秦拨去古文，焚灭《诗》、《书》，故明堂石室金匮玉版图籍散乱。于是汉兴，萧何次律令，韩信申军法，张苍为章程，叔孙通定礼仪，则文学彬彬稍进，《诗》、《书》往往间出矣。"①这是汉初在无力对文化事业多加顾及的情况下，就残存的皇室图书进行的一次整理。至惠帝四年（公元前191 年），"除挟书律"，②正式下令废除秦朝禁止民间藏书的法律，从此之后，"大收篇籍，广开献书之路"。③至文帝、景帝时，朝廷已设立有《书》博士（张生、晁错）、《诗》博士（申公、辕固生、韩婴）、《春秋》博士（胡毋生、董仲舒），④开始兴文讲学，反映出征集典籍已获初步的成绩。

武帝登位，感叹"书缺简脱，礼坏乐崩"，于是"建藏书之策，置写书之官，下及诸子传说，皆充秘府"。⑤

至成帝时，"以书颇散亡，使谒者陈农求遗书于天下。诏光禄大夫刘向校经传、诸子、诗赋，步兵校尉任宏校兵书，太史令尹咸校术数，侍医李柱国校方技"。⑥这次校雠皇家藏书，虽由刘向、任宏、尹咸、李柱国分任，发挥各自专长，但刘向所校门类最多，又负责全部典籍的编目和撰写叙录的工作，所以他是这次校书的总其成者。刘向校书前后历时约 20 年。他撰写的叙录又别集成书，称为《别录》。刘歆继续完成父业，他把父亲的叙录，按照书籍的分类，分别概括为六艺略、诸子略、诗赋略、兵书略、术数略、方技略，另加辑略，成为《七略》一书。可以说，整个校书工作主要完成于刘向，而编目工作主要完成于刘歆。

刘向父子总校群书，为历史文献的整理、分类和系统地论述学术源流提供了范例，奠定了我国历史文献学的基础，贡献很大。

首先是开创了大规模校订文字，整理典籍的内容、篇目次序，最后写成定本的范例。刘氏父子整理著录的书有 13 000 多卷。而经过他们校阅的书远远超过此数。有些书有多种本子，文字不同，内容重复或错乱。刘向校书的本子，有所谓中书（皇家秘藏的图书，颜师古注："中者，天子之书

---

① 《史记·太史公自序》。
② 《汉书·惠帝纪》。
③ 《汉书·艺文志》总序。
④ 王国维：《观堂集林》卷四，《汉魏博士考》。
⑤ 《汉书·艺文志》总序。
⑥ 《汉书·艺文志》总序。

也。言中，以别于外"）、外书、太常书、太史书、臣向书、臣某书等。《汉书·艺文志》说：刘向以皇家所藏古文《尚书》的本子，校欧阳、大小夏侯三家经文，文字异者七百余，脱字数十；用皇家所藏古文《易经》，校施氏、孟氏、梁丘氏三种本子。又如皇家所藏荀子书有 322 篇，经刘向校雠整理，除去重复 290 篇，定著 32 篇，成为流传下来的《荀子》定本。有的是书名不一致，如《战国策》原有六个书名，该书《叙录》说："中书本号或曰《国策》，或曰《国事》，或曰《短长》，或曰《长书》，或曰《修事》。臣向以为战国时游士辅所用之国，为之策谋，定为《战国策》。"

其次，创造了整理文献的优良方法。后人尤为赞扬的有三项。一是广集众本。现存可见的《管子书录》《晏子书录》《列子书录》《孙卿子书录》中，他都讲清楚原来校阅的有多少种本子，各多少篇，"除去重复"，定为若干篇。这说明他不专据一书的慎重态度。二是保存异说。对于记载不同或怀疑后人所记而证据不足、不能作为定论的，他不随便删掉，而作为异说保留下来。如《晏子》的不同本子，有"重而异者"，有"不合经术"者，甚至有"似非晏子言，疑后世辩士所为者"，但"终不敢失"皆予保留。三是开创了写叙录的范例。"叙录"又称"书录"，是内容提要或书目解题，包括：篇目、存佚、流传情况、作者生平、主要内容等。各篇叙录均随书奏上，而把这些单篇合起来编集别行就是《别录》。《别录》原书早佚，今存八篇。[①] 撰写叙录的做法，使读者在阅读全书之前能扼要地了解书的内容特点、流传情况等，用处很大，确是一个创举。后代几部著名的文献学著作，晁公武《郡斋读书志》、陈振孙《直斋书录解题》《文献通考·经籍考》《四库总目提要》，都继承了刘氏父子所开创的传统。

最后，依现存《别录》零篇和《汉书·艺文志》所删存的《七略》的材料来看，刘氏父子对"辨章学术，考镜源流"有出色的贡献。他们发展了学术分类的概念。在司马谈的基础上，将先秦诸子分为十家九流：儒、道、阴阳、法、名、墨（前面这六家与司马谈区分相同，顺序略有调整），加上纵横、杂、农、小说，是为十家（不算"小说家"，则为"九流"）。先秦以来的学术分类至此才完成。十家合起来为"诸子"类。再将诸子以外的典籍分为六艺、诗赋、兵书、术数、方技五类，共为六大类，38 种，603 家。《汉书·艺文志》的六略和各家即按照刘向父子的学术分类来的。这一次系统的分类，对

---

① 这八篇书录为：战国策书录，管子书录，晏子书录，列子书录，邓析子书录，孙卿子书录，韩非子书录，山海经书录。

后世影响达 1 000 多年，传统的四部分类法，就是在此基础上有所合并调整而得出，并被长期沿用的。

刘氏父子还做到了从历史和文化发展的角度，考镜学术源流，摆脱了神学观点的支配，因而具有进步的倾向。在"六艺略"春秋类中，是这样论述孔子修《春秋》的动机和背景的："周室既微，载籍残缺，仲尼思存前圣之业，乃称曰：'夏礼吾能言之，杞不足征也；殷礼吾能言之，宋不足征也。文献不足故也，足则吾能征之矣。'以鲁周公之国，礼文备物，史官有法，故与左丘明观其史记，据行事，仍人道，因兴以立功，就败以成罚，假日月以定历数，藉朝聘以正礼乐。有所褒讳贬损，不可书见，口授弟子。"据此说法，孔子是一个热心于研究古代制度文化的学者，他重视文献的收集、整理和对历史成败教训的总结。在"诸子略"中，又提出了著名的"诸子出于王官论"，称："儒家者流，盖出于司徒之官，助人君顺阴阳明教化者也。游文于六经之中，留意于仁义之际，祖述尧舜，宪章文武，宗师仲尼，以重其言，于道最为高。""道家者流，盖出于史官，历记成败存亡祸福古今之道。""阴阳家者流，盖出于羲和之官，敬顺昊天，历象日月星辰，敬授民时"，等等。诸子是否出于王官，作为一个学术问题自然可以讨论，这里不必深究；刘氏父子的看法意义在于：各家学说都是与国家治理、民众生活直接相关而发展起来的，尽管他们视儒家为独尊，称孔子为圣人，但儒学毕竟是从社会生活中发展起来，是各派中的一派，孔子是人而不是神，不是如谶纬家所编造的"受天命的王"。刘氏父子处在两汉之际神学迷雾弥漫的时代，却能从历史和人事角度论述学术文化源流，其进步意义是很明显的。他们还承认各家皆有其长处："今异家各推所长，穷知究虑，以明其指，虽有蔽短，合其要归，亦六艺之支与流裔。使其人遭明王圣主，得其折中，皆股肱之材已。""若能修六艺之术，而观此九家之言，舍短取长，则可以通万方之略矣。"这跟董仲舒"罢黜百家"，使其灭绝的文化专制思想相比，也显然要进步得多。

班固以《七略》为基础而加以删改，这就是《艺文志》与《七略》的关系。刘氏父子的原著已经佚失，他们的学术成果有赖《艺文志》才得以保存。班固把西汉时期收集到的全部典籍整理为 596 家、13 269 卷。六大门类之下又区分为若干种，共 38 种。对于每一"类"和每一"种"，都写有总论，概述其学术源流，评价其优缺点。这一做法，后来被《隋书·经籍志》所继承，并一直影响到清代学者的目录学著作。班固对《七略》的删改，有的是对篇目和分类的调整。如在诸子类"儒家"中，"入扬雄一家"；在兵书类"兵权谋家"中，"省伊尹、左公、《管子》《孙卿子》《鹖冠子》《苏子》、蒯通、陆贾、淮南王二百五十九种，出《司马法》入礼也"。有的增入，有的删除，有的调整入别类之中。班固还对《七略》原文作改写。① 有的论者称班固"无独断之学，惟依缘他人门户"，并不符合事实。

《艺文志》由于继承了刘氏父子全面著录、学术分类和辨章学术的成就，因而成为后代学者从事目录、辨伪、考证和研究古代学术史的基本依据。清儒金榜说："不通汉《艺文志》，不可读天下书，《艺文志》者，学问之眉目，著述之门户也。"王鸣盛也认为："此志以经为要，考得汉人传经源流、说经家法明析，且分别其是非美恶，俾后学识取途径。"②梁启超则提出《艺文志》是判定先秦古书真伪的根本标准，他说："我们想找三代先秦的书看，除了信《汉志》以外，别无可信。""除汲冢书以外，无论拿着一部什么古书，只要是在西汉以前的，应该以汉志有没有这部书名，做第一个标准。若是没有，便是伪书，或可疑之书。"③这些评论从不同角度讲出《艺文志》的价值，也说明了刘氏父子校雠典籍对后人的宝贵价值。

第四节　班固和《汉书》

一、班固的家学

班固是东汉初大史学家。他所著《汉书》，是继《史记》之后的又一巨著。

班固同司马迁有很多相似之处，他著成《汉书》有深刻的家学渊源。

班固的先祖原住在北方边境。他的七世祖班壹在楼烦（今山西宁武）有马牛羊数千群，是秦汉之际的边地豪富。曾祖班况著籍长安，女儿是成帝的婕妤。大伯祖班伯能说讲《诗》《书》《论语》，辨究不同的经说。他曾任定襄太守，后官至水衡都尉。二伯祖班斿，同刘向校书，受到成帝的器重，赐给他皇家藏书的副本。公元前1世纪20年代，班家是著名的外戚。

---

① 参见曾贻芬、崔文印：《两汉时期历史文献学的初步形成》，载《史学史研究》，1988(2)。

② 《十七史商榷》卷22，"汉艺文志考证"条。

③ 《古书真伪及其年代》，《饮冰室合集》第24册，专集之140，40页。

　　班固的父亲班彪，字叔皮，生于公元 3 年。① 在他读书求学的时代，王莽夺取了汉家政权，建立"新朝"，班家在政治上已不再有重要地位，但在藏书和资产上却很富有。这不仅使班彪有条件受到良好教育，而且因父辈的关系，与当时著名的学者多有交往。班固对此曾追述说："家有赐书，内足于财，好古之士自远方至，父党扬子云以下莫不造门。"②

　　班彪尊奉儒学，"唯圣人之道然后尽心焉"。③ 在王莽新朝灭亡、出现分裂割据局面之时，班彪曾对割据陇右的隗嚣议论形势，认为：王莽末年出现的混乱，根源跟战国形成七雄分立局面大不相同，"危自上起，伤不及下。故王氏之贵，倾擅朝廷，能窃号位，而不根于民"。④ 而刘姓皇帝一统天下的观念却深入人心，各地起兵不约而同地以刘氏旗号作号召。故班彪的结论是，今天称强于一方的豪杰，都无法实行长期的割据。但隗嚣不听从班彪的劝告。于是班彪著《王命论》，论述对时局的看法。这篇言论总的倾向是分析历史时势与迷信思想相混杂。他认为刘邦得天下是天命所归，"神器有命"。班彪写作的当时，各地反抗王莽的势力都以刘氏作号召，或用图谶来欺惑民众，放在这样的历史背景来考察，班彪宣扬天命论固然是落后思想，但又毫不奇怪。同时，班彪又对人事的因素给了足够的重视，从政治成败立论，总结历史的教训，这就是"历古今之得失，验行事之成败"。认为刘邦能取胜的重要原因，是"信诚好谋，达于听受，见善如不及，用人如由己，从谏如顺流，趣时如向赴……英雄陈力，群策毕举：此高祖之大略，所以成帝业也"。这实际上是承认人的努力是取胜的主要方面。相比于班彪讲天命的地方，这些论述无疑更加有力。更重要的是，他写《王命论》用意所在，是劝说众多割据势力拥戴光武，此项正符合当时历史发展的方向。此后，班彪劝河西窦融拥戴光武帝，光武遂得顺利平定西部地区局势。班、窦两个家族也由此发生了密切的关系。⑤

　　东汉初，班彪被辟为司徒掾。他曾建议设置乌桓校尉，管理被允许散居在长城以内的乌桓族人。北匈奴再次派来使者到洛阳朝见，光武帝一时不知如何处置，让三府（司徒、司马、司空）讨论此事。班彪建议接见使者、

---

① 以下凡公元后纪年，均略去"公元"二字。
② 《汉书·叙传》。
③ 《汉书·叙传》。
④ 《汉书·叙传》。
⑤ 以上班彪的言论及所著《王命论》，均见《汉书·叙传》。

予以赏赐，并对使者讲述西汉元帝时呼韩邪单于与汉和好的故事，表达朝廷真诚保持和好的愿望，均被采纳。班彪关注北方边境民族问题的态度对班固也产生了影响。

班彪卒于 54 年。他著有赋、论、书、记、奏事共 9 篇。

班彪在文化史上的主要贡献，并为班固所继承的，是著史事业。他长期居于低微的职位，但"才高而好著述"，认为自褚少孙起，《史记》的续作者"多鄙俗，不足以踵继其书"，于是"乃继采前书遗事，旁贯异闻"，作"后传"数十篇。班彪所撰"后传"，即成为班固撰著《汉书》的先声。现在《汉书》中的《元帝纪》《成帝纪》即班彪原作，《韦贤传》《翟方进传》《元后传》的赞语也都题"司徒掾班彪曰"。《后汉书·班彪传》还保存有一篇班彪对《史记》和其他史书得失的评论。他对《史记》的成就有高度的评价，称司马迁有"良史之材"，同时又批评司马迁对黄老、游侠和货殖的态度不符合儒家正宗思想的要求。[1] 上述两方面观点，都对班固产生了直接影响。

二、班固断代为史

班固字孟坚，扶风安陵（今陕西咸阳东南）人，32 年出生。16 岁入洛阳太学，用功苦读，"九流百家之言，无不穷究，所学无常师，不为章句，举大义而已"。父班彪卒后，他随母回原籍安陵居住，遂决心实现父志，修撰《汉书》。63 年（永平五年），因被人告发"私修国史"，被逮入狱。弟班超驰赴洛阳，上书明帝，陈述父兄著史心志，扶风郡也将书稿送至。明帝见而奇其书，召诣校书部，除兰台令史，参与修撰《东观汉纪》，成列传、载记28 篇。迁郎官，典校秘书，明帝"乃复使终成前所著书"。章帝时，"数入读书禁中，或连日继夜。每行巡狩，辄献上赋颂。朝廷有大议，使难问公卿，辩论于前"。他的官职并不高，但因文章写得好，得到皇帝的喜欢。79 年，章帝会诸儒于白虎观，讲论五经同异。他奉命撰集当时的论议，成《白虎通德论》，或称《白虎通义》，这是皇帝亲临裁决的正宗经学的结集。89 年，他以中护军随大将军窦宪出兵匈奴。92 年，窦宪因罪自杀，他为仇家借机罗织罪名被捕，死于洛阳狱中。[2]

班固写《汉书》，约自 1 世纪 50 年代至 80 年代，经历了 20 余年。全书

---

① 以上引文均据《后汉书·班彪传》。
② 班固生平，据《后汉书·班固传》。

记刘邦起义以至王莽的失败，共分纪、表、志、传四个部分。表和天文志没有及身写好，是由妹昭和扶风马续相继完成的。①

《汉书》创立了一个纪传体断代史的规模。在全书百篇中，十二篇记述了高、惠、高后、文、景、武、昭、宣、元、成、哀、平十二世的大事，作为全书的纲领。在跟《史记》有关的四篇里，增加了许多有价值的内容，也有更详明的年月，有了更多的纲领性。八篇表，有六篇王侯表是分合增减《史记》有关各表而成。《百官公卿表》记秦汉官制和西汉将相大臣的迁免死，《古今人表》分九等谱列远古至秦楚之际的历史人物，都是《汉书》所新创。十篇志，有律历、礼乐、刑法、食货、郊祀、天文、五行、地理、沟洫、艺文。《郊祀志》是承袭《史记·封禅书》而作，记录了祭神求仙的活动，也有对鬼神迷信思想的讽刺。《天文志》和《沟洫志》也承袭了《史记》的一些材料而增加了新的内容。其他七篇，虽有篇名同于《史记》或承袭了《史记》的一些材料，但实际上都可说是新创立的。十志和《古今人表》都不限于西汉年代的断限，而《古今人表》却又是专谱汉以前的人物。七十传，有陈胜、项籍、张耳、陈徐等秦汉之际的起义人物，有韩信、张良、萧何、晁错等汉家将相名卿，有荆燕吴楚等同姓王侯，有窦田王史等外戚，还有经师、文学、说士、行人、清节、循吏、酷吏、货殖、游侠、佞幸、妃后嫔御、国内外民族，最后是王莽传和《叙传》。除了在《史记》原有基础上写的 40 篇外，有 30 篇是新创立的。全书具备西汉 230 年的史事，共 80 余万言。

长期以来，《史记》和《汉书》一直被当作纪传体史书中通史和断代史的代表。《汉书》"断代为史"，以往曾一再受到贬责，主要是着眼于班固这样做反映出他宣扬"汉绍尧运以建帝业"的正宗思想，这确实是有道理的。然而，如果联系到当时反驳尊古卑今的需要和解决历史编纂上的难题来考察，则我们又应承认班固实现了史学发展的新突破。

在当时，撰写一部首尾完备的"汉史"，是时代的需要。《太平御览》卷六〇三《史传》上引《后汉书》："班彪续司马迁后传数十篇，未成而卒，明帝命其子固续之。固因史迁所记，乃以汉代继百王之末，非其义也。大汉当可独立一史，故上自高祖，下至王莽，为纪、表、志、传九十九篇。"（按，这部《后汉书》作者未详）《汉书·叙传》也有类似说法："史臣（司马迁）乃追述功德，私作本纪，编于百王之末，厕于秦、项之列。太初以后，阙而不录，故探纂前纪，缀辑所闻，以述《汉书》。"班固不满意"以汉代继百王之

① 《后汉书·列女传·曹世叔妻》。

末"，固然表现出其正宗思想，但主张"大汉当可独立一史"，客观上又具有破除当时浓厚的复古倒退思想的积极意义。东汉初年，社会上尊古卑今的观点颇为流行。《论衡》书中一再尖锐地批评俗儒"好褒古而贬今""尊古卑今"的偏见。王充批评他们迷信古代达到了是非颠倒的地步："俗好高古而称所闻，前人之业，菜果甘甜；后人新造，蜜酪辛苦。"①他列举倒退历史观的种种表现：一是认为人的相貌、体质、寿命，当今比古代普遍地丑化或退化了；二是认为古人与今人品质道德优劣悬殊；三是认为古今政治功业高下难以相比。这些突出地说明人们头脑中褒古贬今的意识是多么根深蒂固，需要有见识的人物以社会进步的事实加以批驳，廓清迷误。王充提出了与世俗眼光截然相反的看法："大汉之德不劣于唐、虞也。"②那么，俗儒为什么会形成这种颠倒历史的看法呢？王充指出，这是因为儒生们自生下来读的就是记述和颂扬三代的书："朝夕讲习，不见汉书，谓汉劣不若。"所以识古不识今。王充断言："倘汉有弘文之人，经传汉事，则《尚书》、《春秋》也，儒者宗之，学者习之，将袭旧六为七，今上、上王至高祖皆为圣帝矣。"③为了驳倒复古倒退论者，迫切地需要一部记载汉史的著作。若有擅长著述的人修成这样一部记载汉代政治功业的"汉书"，让读书人从小诵习，那么其价值即可与六经相比！王充所言，深刻地反映了时代召唤"汉书"出世。班固恰恰也意识到撰写汉书的需要，并且以艰苦的史学实践做出成功的回答。这是他的一大贡献。

班固断代为史，不仅满足了社会思想前进的要求，同时，他发扬了司马迁在构建史学体系上的创造精神，解决了历史编纂上的困难课题，开创了纪传体史书的新格局。

从褚少孙到班彪，众多学者为《史记》续补，尽管对史学的推进各有不同程度的贡献，但是他们所做的却只限于"续作"。即是说，他们自觉或不自觉地把所做的工作置于司马迁巨大成就笼罩之下，只限于修修补补。他们并未意识到要构建新的史书体系。而这个问题若不能解决，则"保存历史记载连续不断"的目的就不能达到。试看：众多续作者中，除褚少孙所补若干段落因附于《史记》，班彪所续一些内容因包含于《汉书》，因而得到保存外，其他作者所续之篇，都早已湮灭无闻，便是明证。道理很明显，若无

① 《论衡·超奇篇》。
② 《论衡·齐世篇》。
③ 《论衡·宣汉篇》。

一个构建起来的体系，再好的内容也无从依附，无法流布，更不能传世。班固却有气魄创立了著史的新格局。他"断代为史"，在内容上提供了时代所需要的历史教材，在构史体系上则取得了重大突破，使史学从司马迁的巨大阴影下走出来，向前跨进了一大步。《汉书》的体裁，是对《史记》的继承，又是一个影响深远的创造，以后历代修史者对此沿用不改。这意味着班固创立的断代史体裁，恰恰符合中国封建社会演进久远行程中皇朝更迭的周期性特点，所以才被相继沿用垂二千年。

班固完整地记述了西汉一代的历史，继承了《史记》以纪、传、表、志互相配合的体裁特点和司马迁的"实录"精神，在许多问题上提出了很有价值的见解。

《汉书·司马迁传》赞语中，批评司马迁"是非颇谬于圣人，论大道则先黄老而后六经，序游侠则退处士而进奸雄，述货殖则崇势利而羞贱贫，此其所蔽也"。这显然是拿儒学国教化时代的正宗观点，去衡量"独尊儒术"刚刚提出时期的著作而得出的偏颇结论。但我们应当注意，班固更加推崇司马迁的著史才能和品德："然自刘向、扬雄博极群书，皆称迁有良史之材，服其善序事理，辨而不华，质而不俚，其文直，其事核，不虚美，不隐恶，故谓之实录。"如此称赞司马迁具有善序事理的史才，又有直笔无隐的高尚史德，这实际上是尊奉他为史家的楷模。并且表明班固本人同样以"不虚美、不隐恶"写出"实录"式的史书作为自己的治史准则，因而使《汉书》成为一部继《史记》而起的巨著。

前人曾批评《汉书》武帝以前"尽窃迁书"，① 这个批评极其不妥。既然《史记》是"实录"，那么武帝以前的史实正应以之为依据，班固这样做是忠实于历史，未可指摘。况且，即令对武帝以前历史的记述，班固也采集材料作了许多有价值的补充。《惠帝纪》及王陵、吴芮、蒯通、伍被、贾山、东方朔、李陵、苏武诸传，都是新增的篇目，特别是张骞事迹。《史记》是在《大宛列传》叙述的，并非人物传记。《汉书》特为张骞立专传，给他应有的历史地位。班固对西汉前期史实作了许多重要增补，如高帝、文帝、景帝三篇纪中，补充了大量有关社会经济和重要事件、政令的材料。又如，《萧何传》增项羽负约，封沛公于巴蜀为汉王，汉王怒，欲攻羽，萧何力言不可，乃之国。《韩信传》对韩信战功，《王陵传》述吕后王诸吕的复杂经过，

---

① 郑樵：《通志·总序》。

也都有重要补充。① 班固还申明，凡是《史记》所无材料，绝不随便添加，必须确凿有据，方予增补，否则阙疑。② 从班固申明的标准和他对材料的严格审核，确实说明他发扬了司马迁的实录精神。

班固敢于秉笔直书，揭露汉代封建统治的阴暗面。有的学者称赞班固"不为汉讳"，是很中肯的。③ 具体表现有：一，揭露西汉土地兼并的严重。《食货志》载有董仲舒上言，讲汉代仍继续秦朝当年严重兼并的局面，"富者田连阡陌，贫者无立锥之地"，因此建议"限民名田，以赡不足，塞兼并之路"。同篇又载，哀帝即位，师丹辅政，建言："今累世承平，豪富吏民訾数巨万，而贫弱愈困。"所以又提出限田。《哀帝纪》中也载皇帝的诏令承认兼并的严重："诸侯王、列侯、公主、吏二千石及豪富民多畜奴婢，田宅无限，百姓失职，重困不足。"二，揭露诸侯王及外戚集团奢侈纵欲，无法无天。《景十三王传》总结说："汉兴，至于孝平，诸侯王以百数，率多骄淫失道。"并载广川王刘去，"燔烧亨（烹）煮，生割剥人。距师之谏，杀其父子。凡杀无辜十六人，至一家母子三人，逆节绝理"。江都王刘建，纵狼杀人，或将人幽禁活活饿死，"凡杀无辜三十五人"。《外戚传》揭露外戚集团利用裙带关系盘踞高位，"穷富贵而不以功"，骄奢淫逸，凶狠残忍，宫廷后妃之间、外戚之间因争宠争权，互置对方于死地，甚至杀人投毒。三，班固对于即使是他所盛赞的"文景之治"时代，也能不加掩饰地揭示当时的弊政。《贾山传》引其《至言》，谏文帝"功业方就，遂耽逸乐。……日日猎射，击兔伐狐，以伤大业，绝天下之望"。《路温舒传》讲景帝时冤狱遍地，狱吏"上下相驱，以刻为明；深者获公名，平者多后患"。"是以死人之血流离于市，被刑之徒比肩而立，大辟之计岁以万数"。班固对宣帝时吏治修明也是大加赞扬的，同时他对地方豪强作恶多端也如实记载。④ 四，班固还深刻地揭露独尊儒术之后，以儒学进身任官的制度，是打开了为利禄奔竞之门："设科射策，劝以官禄，讫于元始，百有余年，传业者浸盛，支叶蕃滋，一经说至百余万言，大师众至千余人，盖禄利之路然

---

① 《中国史学家评传》上册，《班固》（安作璋撰）。

② 《张汤传》赞语云："冯商称张汤之先与留侯同祖，而司马迁不言，故阙焉。"又《东方朔传》称：朔以滑稽著名，"后世好事者因取奇言怪语附著之。"考核的结果，凡属刘向著录的东方朔的言行才可靠，"世所传他事皆非也"。

③ 冉昭德：《班固与汉书》，见《中国史学史论集》，第一册。

④ 《汉书·酷吏传》。

也。"①他还总结自武帝以来"以儒宗居宰相位"那班人物，如公孙弘、蔡义、韦贤、韦立成、匡衡、张禹、翟方进、孔光、平当、马宫等，都是"服儒衣冠，传先王语"，"持禄保位，被阿谀之讥"②，尖锐地抨击这些以儒学大师进身的显赫人物，都是庸禄自私、巧于饰己、专事谄媚之徒，只能贻误国政。在各人传记中，班固对他们的虚伪、贪婪多所揭露。如公孙弘对武帝专事奉迎，对同僚则设计陷害。匡衡假报所封临淮地界，侵占田地 400 顷。张禹"内殖货财"，"多买田至四百顷，皆泾、渭溉灌，极膏腴上贾"。③《陈万年传》载，身为御史大夫的陈万年，病重时召其子咸至床前，教至半夜，咸睡着了，万年怒不可遏，咸忙"叩头谢曰：'具晓所言，大要教咸谄也。'"对这位大官僚谄媚本质的讽刺可谓入木三分。"独尊儒术"是两汉的国策，班固的这些记载，是从一个重要侧面对西汉政治状况和官场风气所作的严肃批评。

实录精神和历史见识，使班固能够较深入地考察历史进程，对于一些历史问题的阐述，提出了具有唯物主义因素的见解。

藩国问题是西汉史一大课题。司马迁时代，西汉朝廷与藩国斗争的过程尚未结束，过程中矛盾的各个侧面尚未充分暴露，因而他不可能作全面的总结。班固后来居上，他站在新的时代高度，能够俯瞰西汉初至武帝时朝廷与藩国斗争的全过程，从而在《史记》的基础上，对此做出较全面、深入的总结。《诸侯王表》序中肯地论述了藩国势力对西汉国家的危害，又正确地总结了西汉朝廷与藩国势力作斗争所经历的主要阶段，至武帝以后，"诸侯唯得衣租食税，不与政事"，标志着严重的藩国问题得到解决。这些论述提纲挈领，接触到历史的实际情形，向来是后人论述西汉藩国问题最权威的依据。《汉书》贾谊、晁错两传，详载他们向文帝、景帝郑重提出的削藩主张，显然都是班固有意为之，使我们得以窥见当时重大事件的来龙去脉。又在《晁错传》中比《史记》更公正地评价了晁错主张削藩的贡献。晁错明知发起削藩会引来杀身之祸，而毫不动摇，对于这样一个悲剧人物，班固作了公正评价："晁错锐于为国远虑，而不见身害"，"错虽不终，世哀其忠"。肯定晁错为国尽忠，后人世代承认。比较《史》《汉》对晁错的评价即可发现：班固的评价，采用了司马迁的正确部分而纠正了《史记》中自相矛

---

① 《汉书·儒林传赞》。
② 《汉书·公孙弘传》。
③ 《汉书·匡张孔马传》。

盾的见解。①

班固评论武帝时代人才之盛也很精彩，认为这一时期大批人才出现是由历史时势造成的。《公孙弘儿宽卜式传·赞》说，这三个人都出身贫贱，"非遇其时"，能上升到高位吗？当时要做的有两件大事，一是开拓边境，奠定版图，二是需要建立一套礼仪、政治、法律制度。"上方欲用文武，求之如不及"。于是，"群士慕向，异人并出。……汉之得人，于兹为盛"。时代需要大量人才，人才便成批涌现出来。当时各方面都有不平常的人物施展才智，如儒学大师董仲舒、公孙弘、儿宽，荐贤的韩安国、郑当时，制定法令的赵禹、张汤，文学家司马迁、司马相如，理财家桑弘羊，外交家张骞，大将卫青、霍去病等，一共举出十四个方面二十七个杰出人物。依靠这些人物，使武帝时代达到极盛。"是以兴造功业，制度遗文，后世莫及。"班固认为，汉宣帝时代也颇有作为，"纂修洪业，亦讲论六艺，招选茂异"，举出当时在儒学、文章、将相、治民等方面"有功迹见述于世"的人物，如萧望之、刘向、赵充国、龚遂等。总的来讲，班固的论述寓含着时代需要造就了有作为的人物，杰出人物的作为又推动社会前进的可贵认识。

《汉书》还具有一定的人民性。《文帝纪》表彰文帝"敦朴为天下先"，强调文帝以"利民"、"恐烦百姓"为治国标准。文帝的不事征伐，采纳谏议，都是由利民而不扰民的方针所支配，所以在位期间，出现了"海内殷富"的局面。班固推崇武帝的雄才大略，多所设施，奖拔人才，但又批评他连年用兵，造成人力物力的大量损耗，使人民增加了不堪忍受的重负。内容见于《武帝纪》《刑法志》《食货志》《循吏传·序》等篇。对于宣帝时期吏治的循良，班固则由衷地赞扬。书中详细记载：出身贫贱的汉宣帝，"五日一听事"，让丞相及各大臣报告履行职责的情况；又如何重视郡守一级地方官的任用，考察其政绩，了解其实情；对于好的地方官如何郑重赏赐表彰，从中选拔任命为朝廷大臣。这套办法效果明显，出现了一批有名的良吏，在位二十四年，"吏称其职，民安其业"。

班固处在封建专制主义加强思想控制，儒学成为国教的时期，加上谶

---

① 《史记·晁错传》赞并没有肯定他主张削藩的积极作用，相反地，责备他的动机是"为报私雠"，做法是"变古乱常"。这些都是不恰当的。但司马迁毕竟有"实录"精神，故又记了邓公称颂晁错和批评景帝的话，称他建议"削地以尊京师"是"万世之利"，是"忠臣"。在《吴王濞列传》中，司马迁也称赞晁错"为国远虑"。班固纠正了其自相矛盾处，吸收其正确部分，并加以提高。

纬迷信思想盛行，这些又必然给《汉书》深深地打上正宗观念和唯心思想的印记。一是宣扬皇权神授。《高帝纪》中把刘邦的世系从唐、虞、夏、商、周、春秋战国，一直到秦汉之际，都大体编排起来，并申述："汉承尧运，德祚已盛，断蛇著符，旗帜上赤，协于火德，自然之应。"这是通过神化西汉皇权以神化东汉皇权。二是宣扬封建伦理道德，强调等级制度不可逾越。《游侠传》把结宾客、广交游，能形成一种社会势力的人都叫作游侠，而把孟尝君、淮南王安、魏其侯窦婴、效忠于王莽的楼护和陈遵、再三以报自己私仇著名的原涉，同布衣之侠剧孟、郭解等同列，一律谴责他们"背公死党"，说他们废弃了"守职奉上之义"。在《货殖传》中又宣扬封建等级不可逾越，"爵禄奉养宫室车服棺椁祭祀死生之制各为差品，小不得僭大，贱不得逾贵"，且以生产活动归于圣王之教，要求老百姓要"有耻而且敬，贵谊而贱利"。《史》《汉》的《游侠》《货殖》两传，篇名同，篇内的材料也多相同，旨趣却大不一样了。

三、《汉书》的博洽

《汉书》在史学史上的重大影响还在于它的博洽。班固曾以"博物洽闻"推重司马迁、刘向和扬雄。《叙论》中所提出的一项突出的任务，即是要求各方面的淹博贯通。范晔称它"文赡而事详"，颜师古称它"宏赡"，都是从博洽的角度去肯定它的。

《汉书》的十志是最足以表示其博洽的。十志在《史记》八书的基础上加以发展，将书志体完善起来。《史记》开创了书志体并写出光辉篇章，却很不完整，相对来说完整的是《汉书》。班固所依据的典籍、资料要比司马迁丰富，在体例上吸收了司马迁的成果而且加以发展。十志包含了自然的和社会的学问，包含了理论，也包含了技术。自古以来的典章制度，都写进十志了，从而为法律史、经济史、水利工程史、历史地理学、学术史等分支学科，提供了开创性的著作。章学诚说，班书"体方用智"①，是指《汉书》在编纂体例上更加有规矩可寻，更加合理严密，储存了丰富的有用知识，足以启发后人的智慧。这种特点也明显地反映在十志上。这十篇志之中成就最为突出、对后世影响最大的，是《刑法》《食货》《地理》三篇志。

《汉书》未设兵志，有关兵制的内容附在《刑法志》的开头，体现出古代

---

① 《文史通义·书教下》。

"大刑用甲兵"这一观点。班固认为，战争是消灭非正义力量、维护正常秩序的工具，故说："凡兵，所以存亡继绝、救乱除害者也。"从这一原则出发，他认为像齐桓公那样南服强楚、北伐山戎、匡天下以定周室，是最值得称赞的；而像秦始皇那样穷兵黩武，最后引起民众的反抗，终于自取灭亡，是最应该受谴责的。这些论述在今天看来仍有其合理的内核。班固还理出了先秦及两汉兵制演变的主线，体现出"通古今"的特色。

《刑法志》的主要内容是概述秦汉刑法的演变，赞扬已经取得的进步，又据实批评封建皇朝法律的残酷。重点论述汉朝的刑法，总结和肯定有过三次大的进步：汉初约法省刑；宣帝时平议案件，清查全国积案；东汉初打击豪强，使全国冤狱案件大量减少。班固又举出大量事实抨击汉朝法律的苛滥，批评文帝之时"外有轻罪之名，内实杀人"。文帝下诏废除肉刑，却又用笞三百代替劓刑、用笞五百代替砍左趾，结果改治笞刑的犯人多被活活打死！武帝时号称盛世，而实际情形是法律严酷，"禁网浸密"，犯罪案件更多。武帝任命张汤、赵禹一类酷吏定出"见知故纵"一类罪名，锻炼人罪。当时，律令多达 359 章，仅规定砍头之罪就有 409 条，1 882 款，规定同样应判死罪的条文还有 13 472 款。如此繁多的律令条文堆满屋子，连主管的官吏也无法通看一遍。结果是，各地方判案五花八门，有时案情相同，而判罪各异。奸猾的官吏更从中捣鬼，对于欲加包庇的便引用从轻判决的条文，而对欲加陷害的便引用判处死罪的条文，造成无数冤案。正直的人士对此无不感到沉痛。至成帝时，规定处以大辟之罪又增加到一千多条！

以上论述，确已相当深刻地暴露出封建刑法残酷、社会黑暗的实际。篇末又用长段议论，强调刑律不公是关系到封建政治全局的严重问题，提出要根据现实情况，删除繁苛的旧刑律，制定简明而能"便民"的新律令。他总结说，从西汉立国到东汉初年，历时 200 余年，据有案可稽的数字，昭、宣、元、成、哀、平六世之中，每年判处死刑的达到总人口的千分之一，判处长期监禁至砍去脚趾一类重刑的，竟达千分之三以上。东汉初，每年被判处死刑的数以万计，全国的监狱多达 2 000 多所，成批成批的人被冤枉致死。国家要达到政治清明，刑狱如此不平早已成为严重的障碍了。班固还把冤狱众多的原因概括为"五疾"：礼制未立，没有重视教化这一根本问题，未做到防患于未然；判处死刑的太多，其他治罪判刑也太滥；百姓穷困没有活路，只有铤而走险，以致犯法；豪强包庇坏人，等于纵容犯罪；罪案得不到及时揭露，以致卷入人数更多。而为害最大的问题是：治狱风气极坏，把判重罪、多判罪当作狱吏能干的标准。狱吏上下互相驱使，加害于无辜。能够公平执法的人，反而遭祸。"谚曰：'鬻棺者欲岁之疫。'非憎人欲杀之，利在于人死也。今治狱吏欲陷害人，亦犹此矣。"班固这些痛切的言论，表现出他具有敏锐的观察力和对人民的同情心。

继《史记·平准书》这一记载经济史的专篇之后，班固撰成《汉书·食货志》，在内容上和认识上都有重大的发展。班固增写了先秦至汉初的史实，续写了武帝晚年至王莽灭亡一百七八十年间的经济措施和经济状况。他把全志扩充为"食""货"两大部分，解释说："食谓农殖嘉谷可食之物，货谓布帛可衣，及金刀龟贝，所以分财布利通有无者也。二者，生民之本。""食足货通，然后国实民富，则教化成。""食"指农业生产，包括土地问题，"货"指布、丝织品和商业货币，包括商业交换活动。认为这两项是国家富强和社会发展的基础。这也说明对经济活动影响历史的发展，他有更加深刻的认识。因此班固这样概括《食货志》的撰述宗旨："厥初生民，食货惟先。割制庐井，定尔土田，什一供贡，下富上尊。商以足用，茂迁有无。货自龟贝，至此五铢。扬榷古今，监世盈虚。"①指明他要考察的范围，包括民户的编制、土地赋税制度、商业交换、货币制度的演变。"扬榷"，即是考察、论述的意思。他要通过经济生活领域的变化来观察国家的盛衰。这是富有唯物色彩的进步思想。

《食货志》对于重要的制度和在历史上影响较大的政策主张，必求记载明晰，所以为研究古代经济史、土地制度史、商业史、货币史提供了极重要的基本史料。关于古代井田制度，班固综合了《孟子·滕文公》篇、《周礼·大司徒·遂人》篇和《诗经》《小雅·大田》和《豳风·七月》的内容予以记载。其中虽有后人把井田制理想化的成分，但又确实保存着古代村社土地共有、定期分配份地、村社成员在生产活动上互助的遗留。班固论述了战国时李悝"尽地力之教"。李悝的目的是要鼓励农业生产，而他的手段是"平籴"，即调整粮食的收购价格，解决因粮价过低造成农民不愿从事农业生产的问题。主张政府掌握好丰收或歉收的具体年成，大丰收时大量收购农民剩下的粮食，防止粮价下跌；中、下等年成则适当少购；遇灾荒年时政府便有能力粜粮，防止粮价暴涨。用这套办法，"取有余以补不足"，有利于发展生产。"行之魏国，国以富强。"

有关西汉一代，《食货志》相当系统地记载了前后实行的政策、措施和

---

① 《汉书·叙传》。

重要论议，证明生产的状况决定国家的盛衰。汉初经济凋敝，是经过六七十年的休养生息、发展生产，才达到经济富足的局面。文帝时，贾谊上《贵积贮疏》，指出天下"背本趋末"和"淫侈之俗"都很严重，"公私之积犹可哀痛"，要求朝廷重视积贮以改变这种状况，"驱民而归之农，皆著于本，使天下各食其力，末技游食之民转而缘南亩，则蓄积足而人乐其所矣"。晁错也向文帝上《论贵粟疏》，提出："方今之务，莫若使民务农而已矣。欲民务农，在于贵粟；贵粟之道，在于使民以粟为赏罚。"主张招募天下民众，凡是能为国家提供粮食的可以赐爵或赎罪，这样"主用足""民赋少""劝农桑"三个目的都能达到。于是文帝号令民人为国家输送粮食到边境，按其数量分别赐给二等至十八等爵。晁错又建议："边食足以支五岁，可令入粟郡县矣；足支一岁以上，可时赦，勿收农民租。"文帝采纳他的建议，于十二年（公元前168年）下令减收天下田租之半（由汉初实行十五税一减为三十税一）。文帝十三年，又下令免收天下田租。

至武帝初年，财富充溢，国力强盛。"都鄙廪庾尽满，而府库余财。"可是由于武帝连年"外事四夷，内兴功利，役费并兴"，数十年间，耗尽了文、景时期积累的巨量财富，造成国库空虚，"天下虚耗，人复相食"的严重困境。武帝晚年，"悔征伐之事"，实行罢兵力农政策。任命赵过为搜粟都尉，推广代田法，于是提高了粮食产量，且"田多垦辟"。昭、宣时期继续重视农业生产，故又出现"田野益辟""岁数丰穰"的局面，号称"中兴"。

《食货志》又相当系统地保存了自先秦至王莽新朝货币制度沿革的资料。汉初行"荚钱"（三铢），文帝时改铸四铢钱，并准许诸侯王铸钱。武帝元狩四年（公元前119年）实行币制改革，禁止私铸，规定使用皮币、白金及三铢钱。次年改铸五铢钱，规定由上林三官专铸。五铢钱的重量和成色都有保证，私铸者无利可图，币制得到较长时间的稳定。班固还记载了自武帝初铸五铢钱到平帝元始年间，铸钱总数为280亿万余枚。

王莽时屡次改变币制，造成极大混乱。先发行错刀、契刀、大钱三种钱币；旋又废止，改行大钱、小钱；随后又改作金、银、龟、贝、钱、布，称"宝货"，共五物、六名、二十八品。

《食货志》所载证明了：王莽灭亡的根本原因，在于他造成了经济的混乱。王莽实行五均、六莞，任用商人主持其事。他们"乘传求利，交错天下。因与郡县通奸，多张空簿，府藏不实，百姓愈病"。对于王莽发行的五花八门的钱币，人民更毫无信任，都私用汉朝的五铢钱，王莽又加严禁，结果造成"农商失业，食货俱废，民涕泣于市道。坐买卖田宅、奴隶、铸钱抵罪者，自公卿大夫至庶人，不可称数"。

由于《食货志》相当系统地记载了古代至汉朝的经济生活和制度，又用经济领域的变化来解释社会的进程，因而具有极高的文献价值。

《地理志》为《汉书》新创，是历代正史中有关地理方面的名著。其内容可分为三大部分。开头总述全国地理概况。中间正文部分，写西汉政区。以郡为纲，以县为目，具体记载汉成帝元延、绥和年间全国疆域和行政区划。志中的户口数则是汉平帝元始二年（公元 2 年）数字。① 这正是西汉封建国家对全国实行有效管理体制的反映。而《地理志》的创立，即体现出封建国家行政管理的职能，因为从历史的发展看，国家的特点之一，是"按地区来划分它的国民"。② 记载的方法，是先述各郡建置沿革、户口统计，然后逐一列举所属各县，载明境内的山川泽薮，仓储，水利设施，著名历史遗迹，要邑关隘，以至物产、工矿、垦地亩数等。总计记载郡国 103，辖县 1 578（县 1 356，相当于县的道 29，侯国 193）。③ 这样，就做到了把叙述西汉时的地理区划和记载历史遗迹二者结合起来，不仅对于研究西汉历史不可缺少，而且对于阅读先秦典籍、了解上古时代的历史和文化遗产也十分宝贵。所以"不读《汉志》，简直无法从事沿革地理的研究"。④ 还应看到，由于西汉是强盛的朝代，疆域辽阔，所以《汉书·地理志》所囊括的边疆史地材料，又为后代地理志所不及。志中所载，东北有辽东郡、乐浪郡，北方有云中郡、五原郡、朔方郡，西北有河西四郡，西南有益州郡，东南有合浦郡、交趾郡、九真郡、日南郡等，对于研究边疆历史地理有重要价值。如班固所载武帝新开河西四郡（武威、张掖、酒泉、敦煌），可以了解到西汉时河西走廊有良好的水利条件。自武威向西，有谷水、千金渠、羌谷水、弱水、呼蚕水、籍端水等八条河流，发源于祁连山下，灌溉着河西的良田。其中羌谷水流经二郡，注入居延海、蒲昌海、冥泽等内陆大湖。由于利用祁连山雪水灌溉，为河西地区畜牧业和农业的发展提供了条件。故志中称

---

① 钱大昕：《廿二史考异·侯国考》，及周振鹤：《西汉政区地理》，北京，人民出版社，1987。

② 恩格斯：《家庭、私有制和国家的起源》，见《马克思恩格斯选集》，第四卷，170页，北京，人民出版社，1995。

③ 靳生禾：《中国历史地理文献概论》，太原，山西人民出版社，1987。

④ 《中国历史地理文献概论》。

河西"地广民稀,水草宜畜牧,故凉州之畜为天下饶","风雨时节,谷籴常贱"。① 西汉朝廷重视在这一地区实行屯田,在张掖番和设农都尉,在敦煌广至设宜禾都尉,都是管理屯垦的机构。而为了保卫西北边境和对西域的交通,河西四郡一共设置了九个都尉,著名的有北部都尉(休屠城)、居延都尉、阳关都尉、玉门都尉等。由于西汉皇朝的苦心经营,保证了丝绸之路的畅通无阻。

《地理志》末尾部分,综论各地区的物产和习俗,在分析各地区的地理条件对民俗的影响方面很有特色,故被当代地理学者称誉为:"可视为现代区划地理的雏形。"②《史记·货殖列传》在记载各地区物产时,已论及各地物产与民俗的关系。至成帝时,刘向对各个区域作过概述,同时,丞相张禹委托属官朱赣归纳各地区风俗。班固依据上述材料加以补充,整理成文。他参照春秋、战国时期各国旧名,分述秦、魏、周、韩、郑、陈、赵、燕、齐、鲁、宋、卫、楚、吴、粤(越)各地区的概况。他论述天水、陇西、安定、北地、上郡、西河六郡地区,由于迫近强悍的少数民族而形成独特的习俗,说:"修习战备,高上气力,以射猎为先。""汉兴,六郡良家子选给羽林、期门,以材力为官,名将多出焉。"又论及河西四郡,由于保卫边塞的需要,地方长官把练兵习战作为头等大事,"酒礼之会,上下通焉,吏民相亲","有和气之应,贤于内郡。此政宽厚,吏不苛刻之所致也"。这些论述,都与其他篇章相印证并加以深化。

《地理志》显示出开阔的视野,提供了丰富翔实可靠的记载,因而被誉为"集当时全国性地理著述的大成,加以发扬光大"。③ 它记载的特点和方法,被后来的正史地理志视为典范。而后出的地理志,除地名和数目字有所增添外,在体例上绝少超过它。《隋书·经籍志》评论说,《汉书·地理志》的价值可与《禹贡》《职方》相比拟,"是后载笔之士,管窥末学,不能及远,但记州郡之名而已"。④ 认为后代的一些记载,从眼界、学识或记载的内容说,

---

① 历史上有利用《汉志》这一记载在战争中取胜的著名例子。《魏书·崔浩传》载:太武帝将征伐怀有贰心的河西王沮渠牧犍,弘农王奚斤等反对,理由是河西"无水草,大军既到,不得久停"。崔浩反驳说:"《汉书·地理志》称:'凉州之畜,为天下饶。'若无水草,何以畜牧?"太武帝从浩议,遂讨平凉州。"多饶水草,如浩所言。"

② 陈正祥:《中国文化地理》中《方志的地理学价值》一篇,北京,生活·读书·新知三联书店,1983。

③ 陈正祥:《中国文化地理》。

④ 《隋书·经籍志·地理记》。

都无法跟《汉志》相比。

《汉书》对于国内外民族历史的记载，也是可以表示其渊博的一个部分。它在这方面继承了《史记》的传统而有所发展。它合并了《史记》的有关列传而为《西南夷两粤朝鲜传》，于西南夷传增益了史事几乎一半。它承袭了《史记·匈奴列传》，而增益了史事约五分之三，整齐了自远古以至更始末年匈奴的历史。后来史家相继传述，因而匈奴民族历史在汉文载籍中得以保持首尾相当完整的记载。它又创立了《西域传》，记述了今新疆境内各民族、城邦的风土、户口和道路远近，记述了安息、大月氏、大夏、犁轩、条支等中亚、西南亚国家的历史。无论在国内民族史或中亚、西南亚古民族史的研究上，《西域传》都占有重要的文献学地位。

《汉书》承袭《史记》的纪传，同时增多了诏疏或论议。如《汉书》所增董仲舒天人三策、公孙弘贤良对策，这可以说是《史记》作者有意地摈而不取。然如《汉书》所增晁错的募民徙塞下疏、韩安国和王恢关于伐匈奴的辩论，这就可能是由于司马迁的疏漏或当时未能见到，因而未入《史记》。在历史文献搜集上，班固有更方便的条件，他记下了更多的、有时是在历史文献上更重要的东西。

《汉书》记载西汉一代的学术，是丰富的。十志中本来就有很大一部分是对西汉学术某些方面的总结，而《汉书》在传记中也给西汉学人以相当多的篇幅。它给贾谊、董仲舒、司马相如、司马迁、东方朔、扬雄都立了专传。刘向、刘歆的传虽附在《楚元王传》中，篇幅并不算少。《汉书》记载了贾山的《至言》、邹阳的狱中上书、杨王孙的论裸葬、贡禹的奏议和夏侯胜等的论灾异；记载了楚元王、淮南王和河间献王的学术活动；记载了陆贾、蒯通等的著作；还记载了著名政治人物与学术的关系，如晁错学申商，韩安国学韩非，汲黯好黄老以及韦贤、萧望之、张禹、翟方进等的经学。

《汉书》的博洽还表现在另外的两个方面。一个是《汉书》多古字古义。因而东汉末年以后的所谓《汉书》之学，差不多可以说是《汉书》训诂之学。又一个是《汉书》收载文章诗赋，具备多种文体，富于辞藻，为后来文章家所取资。这就是柳宗元所说："由高帝迄于哀平王莽之诛，四方之文章盖烂然矣。史臣班孟坚修其书，拔其尤者，充于简册。"[1]

将《汉书》放在当时社会思想背景和史学发展的纵向来考察，它都是一部卓有成就的巨著。由于有《史》《汉》两部巨著，中国传统史学乃得以树立

---

[1] 《唐柳先生集》卷一九，《柳宗直两汉文类序》。

起其宏大的规模，相当成熟的体裁、体例，在总结历史盛衰、反映社会生活以至叙事能力上均已达到极可称道的高度。

四、《汉纪》的继出和《汉书》的专门之学

继《汉书》成书 120 年之后，荀悦改编的《汉纪》出世。

荀悦（148—209 年），字仲豫，颍川的名族。汉献帝时，荀悦官秘书监侍中。198 年受命，按编年体改编《汉书》，省其烦文。200 年成《汉纪》30 卷。又别著《申鉴》5 卷。[①]

荀悦在《申鉴》卷二说到历史记载的作用："君举必记，臧否成败无不存焉。下及士庶，等各有异，咸在载籍。或欲显而不得，或欲隐而名章。得失一朝而荣辱千载。善人劝焉，淫人惧焉。故先王重之，以嗣赏罚，以辅法教。"这就是明白宣称历史记载是封建统治的工具。《汉纪》选材的"五志"，所谓"达道义""彰法式"不过是宣扬封建统治的义理和法制，所谓"著功勋""表贤能"不过是表扬封建统治阶级的代表人物，所谓"通古今"不过是表达封建统治的兴衰成败。《汉纪·序》说："凡《汉纪》，有法式焉，有监戒焉；有废乱焉，有持平焉；有兵略焉，有政化焉；有休祥焉，有灾异焉；有华夏之事焉，有四夷之事焉；有常道焉，有权变焉；有策谋焉，有诡说焉；有术艺焉，有文章焉。斯皆明主贤臣命世立业，群后之盛勋，髦俊之遗事。是故质之事实而不诬，通之万方而不泥。可以兴，可以治，可以动，可以静，可以言，可以行，惩恶而劝善，奖成而惧败。兹亦有国之常训，典籍之渊林。"全书结尾说："《易》称'多识前言往行以畜其德'。《诗》云：'古训是式。'中兴已前，一时之事，明主贤臣，规模法则，得失之轨，亦足以监矣。撰《汉书》百篇以综往事。庶几来者亦有监乎？"荀悦奉命撰集，当董卓已经失败之后、曹操权力日张、汉室日就衰微的时候，他是拥戴汉室的。他对于王莽谋篡、称帝和失败的过程叙述甚详，不无微意。这里他一再在全书的首尾指出鉴戒之意，可见他编《汉纪》是有明确政治目的的。他说的这些话，申述以史"资治"的意义极为符合这一目的而应采取的内容，对后来的封建史学是有影响的。

关于天人之际的问题，荀悦在《申鉴》卷三说了几条有进步性的议论。如：

---

① 《后汉书·荀淑传》。

> 或问卜筮。曰："德斯益，否则损。"曰："何谓也？""吉而济、凶而
> 救之谓益。吉而恃、凶而怠之谓损。"

这实际上是肯定了具体的人事作用而否定了卜筮的作用。既然无论吉凶都
必须把人事做好，知吉知凶也就没有多大意义了。又如：

> 东方主生，死者不鲜。西方主杀，生者不寡。南方火也，居之不
> 燋。北方水也，蹈之不沉。故甲子昧爽，殷灭周兴；咸阳之地，秦亡
> 汉隆。

这就公然是对天人感应的否定了。但是否天人之际也存在感应的现象呢？

> 或问：五三之位，周应也；龙虎（尾）之会，晋祥也。曰：官府设
> 陈，富贵者值之；布衣寓焉，不符其爵也。狱犴若居，有罪者触之；
> 贞良入焉，不受其罚焉。

这就是说，天人感应的现象也是有的，但不过是碰巧的假象，有如布衣虽
到官府而无爵，贞良虽到狱中而无罪。

但荀悦进步一些的议论也就到此为止。他绝不是一个无神论者。他虽
看到了有神论若干论点的不可信，但却只是要弥补有神论与现实生活之间
所产生的某些矛盾而已。

荀悦在《汉纪》卷六提出了这样的一个问题："灾祥之报，或应或否。故
称《洪范》咎征，则有尧汤水旱之灾。称消灾复异，则有周宣《云汉》'宁莫我
德'。称《易》'积善有庆'，则有颜冉夭疾之凶。善恶之劝，事物之类，变化
万端，不可齐一。是以视听者惑焉。"他提出了这样的问题，并不是为了反
对天人感应说的神学，而是为了解"惑"，为了对天人感应说作辩护。紧接
着，他就提出了天人三势的论点出来。他说："夫事之性有自然而成者，有
待人事而成者，有失人事不成者，有虽加人事、终身不可成者"。他立论的
根据只是两个比喻。一个是以疾病为喻，有"不治而自瘳者，有治之则瘳
者、有不治则不瘳者，有虽治而终身不可愈者"。一个是以人性为喻，说
"上智下愚不移，至于中人可上下"，因而"人有不教而自成者，待教而成

者，无教化则不成者，有加教化而终身不可成者"。其实，疾病现象跟历史现象的性质是完全不同的，是不能够比拟的。性三品说是封建品级在意识上的反映，是地主统治阶级抬高自己、奴视农民的论点；它作为一种论点，本身就是虚构的。

荀悦的天人三势论既把旧有所谓天命仍旧看作天意，又把一般认为人力所可左右而没有明确归之于天命者也作为天命的特殊形式来看。所以他的最后结论是："犹天回日转，大运推移。虽日遇祸福，亦在其中矣。"这在理论上固然是要抬高天的统治地位，实际上却是来了一个掩耳盗铃，自己也未尝不知道并不能解决问题，却装作没有看见。他改编的《汉纪》约十八万多字，不到《汉书》的四分之一，但《汉书》所载西汉灾祥可以说应有尽有。这种态度是跟他的政治立场一致的：他未尝不知道汉室已在日暮穷途，但还是拥护汉室，还是不愿看到汉室灭亡的。

在技术上说，《汉纪》以《汉书》的纪为纲，大量吸收了传的材料，还吸收了一些志表的记载。正如《汉书》发展了《史记》的体例而创立了断代的纪传体，《汉纪》发展了《春秋经》和《左传》的体例而建立了断代的规模具备的编年体。过去，《春秋经》记事不记言，只能表示事件的发生而不能表示其发展的过程。《左传》克服了这样的缺点，但体例庞杂，对于无年月可考或不便分散于年月之下的史事没有做出适当的安排，因而也没能把编年体的规模建立起来。《汉纪》对于主要的史事是一律按照年月日顺序来编排的。它对于无年月可考或不便分散于年月之下的史事，作为补充的记事，用连类列举的方法作了一些安排。例如张良是刘邦的重要谋士，不可不记其生平。但他的生平就不好按年去记，《汉纪》便把这样的记载安排在沛公二年"迁张良于留"之下，这是张良第一次在《汉纪》出现的地方。又如张骞出使西域和西域各国都不可不记。《汉纪》便在武帝元光六年"张骞封博望侯"之下，先记张骞的出使，接着就记西域各国。这一记事方法是《汉纪》在体例上的一个很重要的创造，使它避免了《左传》那样在体例上的庞杂，对于后来的编年史有相当大的影响。①

《汉书》的文章无《史记》的隽永、峭拔、奔放之气，但写得娓娓动人，

———————————

① 以往一向认为《汉纪》系删改《汉书》而成，内容无超出《汉书》者。实际上，它对于《汉书》在内容上是有所增补的，文字上也有所润饰。如《孝成皇帝纪三》卷二六，荀悦补充了谏议大夫王仁劝成帝不要立歌妓的奏疏，此即为《汉书》所无。参见李书兰：《〈汉纪〉补润〈汉书〉例证》，载《史学史研究》，1990(1)。

于从容不迫之中能摹声绘形。《汉纪》局限于篇幅，在这一方面有特殊的困难，但也能斟酌情形，对《汉书》的这一特点有了一定的保留。举《汉书·李广苏建传》为例。传中写汉使任立政至匈奴招李陵的情形：

> 立政等至。单于置酒赐汉使者。李陵，卫律皆侍坐。立政等见陵，未得私语，即目视陵而数数自循其刀环，握其足，阴谕之，言可还归汉也。后陵、律持牛酒劳汉使，博饮，两人皆胡服椎结。立政大言曰："汉已大赦，中国安乐，主上富于春秋，霍子孟、上官少叔用事。"以此言微动之。陵墨不应，孰视而自循其发，答曰："吾已胡服矣。"

这写两人的心情、两人的神态，如见之于眉宇。对这样的描写，《汉纪》并没有采用一个字。同传又写苏武在匈奴的不屈，其中有一段说：

> 律知武终不可胁，白单于。单于愈益欲降之。乃幽武置大窖中，绝不饮食。天雨雪。武卧啮雪与旃毛并咽之。数日不死。匈奴以为神，乃徙武北海上无人处，使牧羝，"羝乳乃得归"。别其官属常惠等，各置他所。武既至海上，廪食不至，掘野鼠去中实而食之。杖汉节牧羊，卧起操持，节旄尽落。

《汉纪》对于这一节生动的描写，却差不多全文都收入了书中。对于同一篇传的不同描写，或取或不取，《汉纪》自也有它的看法。在不多的篇幅中，《汉纪》还能保留一些这样的描写，这是对《左传》遗风的继承。后来袁宏《后汉纪》和司马光《资治通鉴》等编年史书都发展了这一传统。

《汉纪》的出现，扩大了《汉书》的影响。而《汉书》在撰成以后也确实发展成专门之学。

《汉书》成书后即受到普遍的推重，史称："当世甚重其书，学者莫不讽诵焉。"①邓太后临朝时，遍注群经、学生千人的经学大师马融，还"伏于阁下，从（班）昭就读"。这说明当时学术极重专门传授，也证明《汉书》一出世就享有很高的学术地位。至唐司马贞总结说：《汉书》"后迁而述，所以条流

---

① 《后汉书·班固传》。

更明,是兼采众贤,群理毕至,故其旨富,其词文,是以近代诸儒共行钻仰"。① 在东汉末年,已有服虔、应劭等家注解,此后,历代专门研究的学者辈出。《三国志·吴主五子传》载:孙权立孙登太子,张休为太子师傅。"权欲登读《汉书》,习知近代之事。以张昭有师法,重烦劳之,乃令休从昭受读,还以授登。"据此可知三国时代对《汉书》专门之学的重视,并且被看作必读的近代史著作。

---

① 《史记索隐后序》。

第三章　魏晋南北朝隋唐时期：
中国史学的发展

第一节　时代的特点及其对史学发展的影响

一、时代特点与史学发展趋势

魏晋南北朝隋唐时期是中国封建社会的发展时期，也是中国史学成长起来之后走向发展的时期。这700年左右历史的时代特点，在许多方面影响着史学的发展。首先是政治上的变动，出现了或几个封建皇朝并存或南北皇朝对峙的局面，而终于促成了隋唐皇朝的统一和兴盛。在这个过程中，门阀地主形成和发展起来，代替了前一个时期的世家地主，成为在政治上占据主要统治地位的阶层。这种形势推动了皇朝史撰述的发展，出现了"一代之史，至数十家"①的盛况。这种形势也推动了姓氏之学的发展，谱学之书的撰述成为这个时期史学活动的时尚："自隋唐而上，官有簿状，家有谱系。官之选举，必由于簿状；家之婚姻，必由于谱系。"②这两条，是门阀地主政治在史学上的突出反映。

这个时期的另一个重要的时代特点，是发生了民族间的长期斗争，发生了民族的大规模流动和人口的大规模迁移。民族间的长期斗争和民族的大规模流动，使中国北部一度出现了皇朝林立的局面，而不论在北方还是南方，民族杂居的地区都扩大了，民族间的融合都加深了。这个时代特点

①　《隋书·经籍志二》"正史"篇小序。
②　郑樵：《通志·氏族略》序。

反映在史学上，一方面，是推动了各民族政权对"国史"的撰述。《隋书·经籍志二》"霸史"篇记：自西晋永嘉之后，"九州君长，据有中原者甚众"，"其君臣忠义之节，经国字民之务，盖亦勤矣。而当时臣子，亦各记录"。隋唐时期，前人所撰北魏史被承认为"正史"，并在前人所撰基础上新撰《北齐书》和《周书》，也都列入"正史"，扩大了民族史撰述的内容。另一方面，是随着大批劳动人手的南迁和中原先进生产技术的传播，长江以南社会经济面貌发生了很大变化，文化风习也发生了很大变化，从而为历史撰述提供了丰富的新内容。《晋书·食货志》记有关江南水利兴修事；《宋书·州郡志》备载北方人口南迁和侨立州郡的情况；《隋书·地理志》极言扬州之盛，称丹阳"埒于二京，人杂五方"，京口"东通吴、会，南接江、湖，西连都邑，亦一都会也"，而宣城、毗陵、吴郡、会稽、余杭、东阳诸郡则"川泽沃衍，有海陆之饶，珍异所聚，故商贾并凑。其人君子尚礼，庸庶敦庞，故风俗澄清，而道教隆洽，亦其风气所尚也"。同书记荆州说："其风俗物产，颇同扬州"，"南郡、夷陵、竟陵、沔阳、沅陵、清江、襄阳、舂陵、汉东、安陆、永安、义阳、九江、江夏诸郡，多杂蛮左，其与夏人杂居者，则与诸华不别"。"自晋氏南迁之后，南郡、襄阳，皆为重镇，四方凑会，故益多衣冠之绪，稍尚礼义经籍焉。"《通典·食货十》记江南漕运对于关中的重要。同书《州郡十二》记扬州风俗说："永嘉之后，帝室东迁，衣冠避难，多所萃止，艺文儒术，斯之为盛。今虽间阎贱品，处力役之际，吟咏不辍，盖因颜、谢、徐、庾之风扇焉。"《州郡十三》记荆楚风俗说："南朝鼎立，皆为重镇。然兵强财富，地逼势危，称兵跋扈，无代不有。"《元和郡县图志》的江南、剑南、岭南诸篇，记南方的州域疆理、丘壤山川、攻守利害，都详于前人的撰述。总的来看，这时期的许多历史著作，都突出地加重了对南方社会发展进程记载的分量。历史撰述反映在地域上和内容上更加恢宏、更加丰富了。

这个时期还有一个时代特点，是思想领域中的"天下大同""天下一家"观念的形成，它是长时期的民族斗争和大规模的民族融合在意识形态上的反映。这种观念，在当时现实的历史活动和对以往历史的认识与撰述中，都产生了深刻的影响。看到唐初多民族相聚的局面，唐高祖兴奋地说："胡、越一家，自古未有也！"唐太宗晚年总结历史经验，把"自古皆贵中华，贱夷、狄，朕独爱之如一，故其种落皆依朕如父母"，① 看作一条重要的成功决策。这

---

① 《资治通鉴》卷一九四，唐纪一〇，太宗贞观七年；同书卷一九八，唐纪一四，太宗贞观二十一年。

种认识，在唐代的许多历史撰述中有突出的反映。比起秦汉时期的"大一统"思想，它包含了更多的对于多民族国家之历史的自觉意识。

这个时期，中外经济、文化交流有了更大的发展，佛教在中国的传播达到了极盛的程度，这推动了关于中外交通和域外情况的撰述。贾耽的《皇华四达记》和杜环的《经行记》因原书早佚，故其遗文零简尤为人们所推重。佛教僧人在这方面的撰述颇为丰富，《法显传》《大唐西域记》《海内寄归传》《往五天竺国行传》《高僧传》《续高僧传》等都是知名之作。

魏晋南北朝隋唐时期，有不少皇朝（包括十六国时期的一些皇朝）重视以皇家的力量组织官书的撰述，并做出了成绩。秦始皇"焚书坑儒"的思想文化政策，不断遭到后世的批评。汉高祖刘邦终于懂得"居马上得之"、不可以马上治之的道理，使西汉统治得到了巩固。《隋书·经籍志》总序总结了唐初以前这方面的经验教训。唐皇朝统治者在思想文化政策上有比前朝统治者更加清醒的认识，也有更加高明的措施，从而在官书的撰述上取得了前所未有的成就。史载：唐高祖李渊"建义太原，初定京邑，虽得之马上，而颇好儒臣"。唐太宗为秦王时，即于秦府开文学馆，"广引文学之士"；即位后，又于正殿之侧置弘文馆，"精选天下文儒之士"以本官兼署学士；又发展国学，"是时四方儒士，多抱负典籍，云会京师"，高丽、百济、新罗、高昌、吐蕃等统治者"亦遣子弟请入国学之内"。贞观年间的国学，"鼓篋而升讲筵者，八千余人，济济洋焉，儒学之盛，古昔未之有也"。① 唐玄宗时，又增置集贤院，招集学者，召募"儒士及博涉著实之流"。这些措施，对于官书撰述的发展起了积极的作用。所谓"贞观之治"和"开元盛世"，是跟这种思想文化政策分不开的。在史学方面，官书的成就显示了突出的重要性。唐高祖、唐太宗期间，几次下诏修撰前朝史；唐太宗贞观三年（629 年），正式设立史馆于禁中，这是中国历史上有确凿记载的、最早的专职修史机构，不论是前朝史还是本朝史（包括起居注、实录、国史）都从这里撰写出来。中国封建社会的"正史"《二十四史》，有八部撰成于唐朝；自武宗以上，唐代诸帝皆有实录；玄宗时期的起居注多达 700 卷②。没有皇家的组织力量，这是难以做到的。唐代官书也有不少缺点，这是跟优秀的私

---

① 《旧唐书·儒学传》序。

② 《唐语林》卷二，《文学》。《新唐书·艺文志二》"起居注类"著录《开元起居注》三千六百八十二卷"，似有误，不取。

人撰述相对而言的。刘知幾的《史通》和杜佑的《通典》是私人撰述的优秀代表作,刘知幾在史馆就职二十年,杜佑在淮南节度使任上最终完成了他的巨著,也都跟官书撰述所提供的条件有关。总之,官书地位的重要,是这个时期思想文化领域里的一个特点。

以上这些时代特点,都从不同的方面影响着魏晋南北朝隋唐时期史学的发展。

二、史书数量的剧增和种类的丰富

魏晋南北朝隋唐时期,史书在数量上和种类上有很大的发展。这个发展,可以从《隋书·经籍志》同《汉书·艺文志》分别著录的史书的比较中,从《新唐书·艺文志》序提供的数字同《隋书·经籍志》所著录的史书数量的比较中得其大体。

《汉书·艺文志》撰成于 1 世纪末,它以史书附于"《春秋》类",著录西汉人的历史撰述 6 种 343 篇。《隋书·经籍志》成书于唐高宗显庆元年(656年),上距班固去世之年(92 年)凡 564 年,其中前 120 余年是东汉中后期,后 60 余年是隋与唐初,中间约 370 年是魏晋南北朝。《隋志》史部大序说:"班固以《史记》附《春秋》,今开其事类,凡十三种,别为史部。"它称著录史书 817 部,13 264 卷;通计亡书,合 874 部,16 558 卷。[①] 它们约占《隋志》所著录四部书(道、佛二经不计)种数的五分之一弱,卷数的三分之一强。这些史书除极少数是东汉及隋朝人所撰,绝大部分产生于魏晋南北朝时期。

《新唐书·艺文志》序称:宋代以前,"藏书之盛,莫盛于开元,其著录者,五万三千九百一十五卷,而唐之学者自为之书者,又二万八千四百六十九卷"。[②] 如以唐代学者所著书平均分配于四部,史部书应得 7 100 多卷。这是唐朝开国以后大约 100 年间的成就。把这个数字的每年平均数,同魏晋南北朝 370 年间史书著述的每年平均数相比,要多出一倍左右。这是盛唐时期的情况,中晚唐时期可能会有些变化,但也不会相去太远。这说明,隋唐时期史书在数量上的发展又超过了魏晋南北朝时期。

---

① 清人姚振宗:《〈隋书·经籍志〉考证》统计:实在著录 803 部,附亡书 64 部,合计 867 部,其所著录四部书存亡合计 4 757 种,49 467 卷;此数不包括道经、佛经之数。

② 《唐会要》卷三六"修撰"条载:开元九年(721 年),元行冲上《群书四部录》200卷,其所著录 2 655 部,48 169 卷。此数与《新唐志》所说有出入。

这个时期的史书的品种、类别也增加了。南朝梁武帝时阮孝绪撰《七录》，有经典录、记传录、子兵录、文集录、技术录、佛录、道录。阮孝绪考虑到"史家记传，倍于经典"，特"分出众史"，立为记传录。它分"众史"为12类：国史、注历、旧事、职官、仪典、法制、伪史、杂传、鬼神、土地、谱状、簿录。史书不仅成为一个独立的部门，而且必须按其所记内容进行仔细分类，这是史学发展的一个重要标志。在《七录·记传录》的基础上，《隋书·经籍志》史部分史书为13类：正史、古史、杂史、霸史、起居注、旧事、职官、仪注、刑法、杂传、地理、谱系、簿录。这大致确定了中国古代史书分类的原则和方法。刘知幾以"正史"跟"偏记小说"相对，认为"爰及近古，斯道渐烦。史氏流别，殊途并骛"。他说的"近古"，主要指魏晋南北朝。他把"正史"以外的"史氏流别"概括为10类：偏纪、小录、逸事、琐言、郡书、家史、别传、杂记、地理书、都邑簿。① 这也足以表明史书种类的增多和史家视野的开阔。

史书在数量上和种类上的发展，跟史家人才辈出、私人撰史蔚然成风有直接的关系。刘知幾《史通·史官建置》篇称魏晋时的华峤、陈寿、陆机、束晳、王隐、虞预、干宝、孙盛，南朝时的徐爰、苏宝生、沈约、裴子野等，都是"史官之尤美，著作之妙选"。他论北朝史官，于北魏提到崔浩、高闾，于北齐、北周则说"如魏收之擅名河朔，柳虬之独步关右"，"亦各一时也"。私家撰史，魏之鱼豢，西晋之王铨，南朝宋之范晔、齐之臧荣绪、梁之吴均以及北魏之崔鸿，皆为名家。官史、私史是相对而存在的，所谓"尸素之俦，盱衡延阁之上；立言之士，挥翰蓬茨之下"，② 正是私家撰史活跃的原因之一。自唐初设史馆于禁中后，官修史书盛极一时，史官成为士人追求的目标。③ 唐修《晋书》以卷八二为史家立传，正是反映了唐代史家对自身历史地位的新认识。五代时期成书的《旧唐书》在卷七三记姚思廉、颜师古、令狐德棻、邓世隆、顾胤、李延寿、李仁实，在卷一〇二记刘子玄、徐坚、元行冲、吴兢、韦述、萧颖士，在卷一四九记蒋乂父子、柳登父子、沈传师父子"相继修国史、实录"，为时所重。这三篇传记，比较集中地写出了太宗、高宗朝，玄宗朝，以及德宗、宪宗朝的一些史家的活动和风貌，

① 《史通·杂述》。

② 《隋书·经籍志》史部大序。

③ 唐高宗时中书令薛元超说："吾不才，富贵过分，然平生有三恨：始不以进士擢第，不得取五姓女，不得修国史。"（见刘𫗧《隋唐嘉话》卷中）

反映出他们在后人心目中所占有的历史地位。

三、地方史、民族史和关于域外情况的记述

地方史和民族史撰述，以及关于中外交通和域外情况的记述；还有家史、谱牒和别传，通史和笔记的撰述，是魏晋南北朝隋唐时期史学发展趋势中的几个重要方面。

中国史学上关于地方史志的撰述起源很早，至迟在两汉时已有了很多撰述。班固撰《汉书·地理志》时，就曾经使用过当时地方志的材料。① 魏晋南北朝时，地方史志的撰述有了很大的发展。刘知幾《史通·杂述》论郡书说："汝、颍奇士，江、汉英灵，人物所生，载光郡国。故乡人学者，编而记之。"又论地理书说："九州土宇，万国山川，物产殊宜，风化异俗，如各志其本国，足以明此一方。"前者以人物为主，侧重记社会；后者以地理为主，侧重记自然、物产。它们的共同点是记一方之史。《隋书·经籍志》杂传类著录，自《蜀文翁学堂像题记》以上，大多属于刘知幾说的郡书；地理类著录诸书，比刘知幾说的地理书要广泛得多。

今存《华阳国志》是这个时期最有代表性的地方史著述。《隋书·经籍志》把它列入"霸史"类，《史通·杂述》把它归于地理书。其实，它兼记一方的历史、地理、人物，涉及民族、风俗、物产，是一部内容丰富的地方史。"华阳"之名取自《禹贡》说的"华阳黑水惟梁州"；《华阳国志》因所记为《禹贡》九州之一梁州地区的历史，故采古义而名之。著者常璩，字道将，生卒年不详。他出生于晋蜀郡江原（今四川崇庆县），成汉李势时官散骑常侍，掌著作；入晋，为桓温参军。据今人考证，常璩撰成《华阳国志》，当在东晋穆帝永和四年（348年）至永和十年（354年）之间。② 《隋书·经籍志》"霸史"类还著录有他的《汉之书》10卷，当撰于成汉时期，入晋秘阁后改称《蜀李书》。

《华阳国志》12卷：卷一至卷四，是《巴志》《汉中志》《蜀志》《南中志》，记梁、益、宁三州的历史概况，以地理建置、自然状况为中心，详述各州郡的山川、交通、风土、物产、民俗、族姓、吏治、文化以及同秦汉、三

---

① 史念海、曹尔琴：《方志刍议》，21页，杭州，浙江人民出版社，1986。

② 刘琳：《华阳国志校注·前言》，成都，巴蜀书社，1984。

国、两晋历代皇朝的密切关系。每卷之下都有"总叙"，然后分叙各郡，总共为 33 郡。卷五至卷九，分别是《公孙述刘二牧志》，记公孙述、刘焉、刘璋事；《刘先主志》《刘后主志》，记刘备、刘禅事；《大同志》，记三州在西晋时期的史事，起于魏之破蜀，迄于晋愍帝建兴元年（313 年）三州大部为李雄所据；《李特雄期寿势志》，记"李氏自起事至亡"，六世 42 年史事，迄于晋穆帝永和三年（347 年）。这几卷，是关于三州自东汉末年至东晋初年的编年史；用汉、蜀汉、两晋纪年而黜李氏纪年，仅记其建元、改元事。卷一〇（上、中、下）至卷一一，是《先贤士女总赞》（上、中、下）和《后贤志》，前者记蜀郡、巴郡、广汉、犍为、汉中、梓潼诸士女 300 余人，皆晋以前人物，后者记两晋时期三州人物 20 人。卷一二是《序志并士女目录》。《目录》所收凡 401 人，其中有大约三分之一不见于卷一〇和卷一一所记；《序志》略仿《史记·太史公自序》和《汉书·叙传》，阐述了撰述旨趣、所据文献和各卷目录提要，但未叙述著者本人家世，这可能跟他先事李氏、后为晋臣的经历有关。

　　《华阳国志》在编撰上有自成体系的格局，它把三州地区的历史面貌、政治变迁、不同时期的人物传记由远而近、由广而微地编纂成一书，集中记述了东晋初年以前梁、益、宁三州（包括今四川、云南、贵州三省以及甘肃、陕西、湖北三省部分地区）的历史，堪为这个时期地方史撰述中的杰作。常璩撰《华阳国志》的旨趣，既有史学上的考虑，也有政治上的考虑。他在《序志》中开宗明义说："巴、蜀厥初开国，载在书籍，或因文纬，或见史记，久远隐没，实多疏略。"他称道陈寿撰的《益部耆旧传》，但认为它"三州土地，不复悉载"。又说《汉书·地理志》"颇言山水"，但"历代转久，郡县分建，地名改易，于以居然辨物知方，犹未详备"。又说"李氏据蜀，兵连战结，三州倾坠，生民歼尽"；"桑梓之域，旷为之野"，"惧益遐弃，城陴靡闻"，担心家乡的历史遭到湮没的命运。他说自己是"方资腐帛于颠墙之下，求余光于灰尘之中，蠲灭者多。故虽有所阙，犹愈于遗忘焉"。这些，都是从史学上着眼的。从政治上考虑，他是要以本书证明："夫恃险凭危，不阶历数，而能传国垂世，所未有也。故公孙、刘氏以败于前，而诸李踵之覆亡于后。天人之际，存亡之术，可以为永鉴也。"因此，他撰本书的目的是"所以防狂狡，杜奸萌，以崇《春秋》贬绝之道也；而显贤能，著治乱，亦以为奖劝也"。总之，浓郁的桑梓情感和明确的政治借鉴交织成他的撰述旨趣。

常璩撰《华阳国志》有三个方面的资料来源：一是皇朝史，如《汉书》《东观汉记》《汉纪》《三国志》；二是有关巴、蜀、南中的地方史志，如谯周《三巴记》、陈寿《益部耆旧传》、魏宏《南中八郡志》等；三是作者本人考察搜集的资料，其中当包括他撰写《汉之书》(《蜀李书》)时所积累的资料。此外，他也参考了《史记》和先秦文献。《华阳国志》在编撰体例上受《史记》《汉书》影响最大；前四卷脱胎于《汉书·地理志》，但在局部叙述上要比前者来得丰富；中间五卷，仿照《史》《汉》本纪和荀悦《汉纪》；"先贤""后贤"叙人物，形同纪传体史书的列传，"先贤"赞语效法《汉书》的"赞曰"；末卷《序志》，已如上述，《士女目录》可能是受到《汉书·古今人表》的启发。这反映出常璩在历史编纂上的良好的修养。常璩在历史观上是矛盾的。一方面，他批评世俗流传，说是"蜀王蚕丛之间周回三千岁"的谬说，指出："太素资始，有生必死；死，终物也。自古以来，未闻死者能更生当世；或遇有之，则为怪异，子所不言，况能为帝王乎?"这是多么明朗的唯物思想和无神论倾向！但另一方面，他接着又说："帝王者统天理物，必居土中，德膺命运"，"天命不可以诈诡而邀，神器不可以侥幸而取也"。① 这虽是对于割据称雄的批评，但他以"天命"作武器，就显得苍白无力了。《华阳国志》各卷后论，称为"撰曰"，雕琢字句而内容空泛，反映出常璩在历史思想上的贫乏。

刘知幾称赞《华阳国志》"详审"而能"传诸不朽，见美来裔"②，指出了《华阳国志》在历史编纂上的成就。隋唐以下，史家修史，多有参据，也足以证明它在史学上的价值。

魏晋南北朝时期出现的地方史很多，但存者寥寥，且又真伪难辨，残缺不全，唯《华阳国志》历 1 600 余年独放异彩，使今人阅后可以想见中国古代西南地区文明发展的进程。

同地方史撰述发展相关联的，是民族史撰述的发展。中国史学上关于民族史撰述的专篇，始于司马迁的《史记》，它把环绕中原的民族，尽可能地展开一幅极为广阔而又井然有序的画卷。《匈奴列传》《南越尉佗列传》《东越列传》《西南夷列传》《大宛列传》，按地区分别写出北方、南方、东南、西南、西北的民族历史。把这五个专篇合起来，可以说是一部相当完整的民

---

① 《华阳国志》卷一二，《序志》。
② 《史通·杂述》。

族史，其中有些记载是超越当时和今日国境范围的。① 这在民族史撰述上具有开创性的意义。其后，《汉书》《东观汉记》、谢承《后汉书》、司马彪《续汉书》、华峤《汉后书》、陈寿《三国志》都有记述民族史的专篇；随着民族内部和民族之间的重新组合，专篇内容也不断有所变化。范晔《后汉书》比较晚出，它在继承、综合前史的基础上，写出了魏晋南北朝时期"正史"撰述中最有分量的民族史专篇，可以同《史记》《汉书》的有关专篇相衔接。

这一时期的史家还写出了许多当代民族史著作，但它们多是以皇朝史或"国史"的形式出现的。崔鸿的《十六国春秋》和魏收的《魏书》是其中最有代表性的，可惜前者已散亡，只有节本和辑佚本流传，已不可窥其全貌了。《魏书》在民族史记述上有一个鲜明的特点，就是它还记述了拓跋部以外的鲜卑族的历史，记述了鲜卑族以外的其他各族的历史，涉及东北、西北、西域、北方许多民族，显示出在民族史记述上的开阔的视野。它在反映这个时期北部中国诸民族的重新组合和融合方面，是具有总结性的著作。

魏晋南北朝时期史家的民族史记述，还包含在大量的地方史撰述和地理书中。如上面讲到的《华阳国志》，它关于西南民族史的记述即很丰富。在卷一至卷四中，它不但记载了 30 多个少数民族或部落的名称和分布，而且对其中一些主要的部族或部落如巴（尤其是其中的"板楯蛮"）、蜀、氐、羌、叟、濮、夜郎、哀牢等的历史、传说、风俗及其同中原皇朝的关系，作了较多的叙述，有很多记载是其他史籍中所未见的。还有一些记载，如果对其作深入的研究，可能对说明有关民族的族源、迁徙历史，提供有价值的线索和根据。② 《隋书·经籍志》地理类小序引《周官》之意，说："夏官职方，掌天下之图地，辨四夷八蛮九貉五戎六狄之人，与其财用九谷六畜之数，周知利害，辨九州之国，使同其贯。"这是强调了地理书中关于民族情况的记载。又说到晋挚虞所著《畿服经》170 卷，"其州郡及县分野封略事业，国邑山林水泉，乡亭城道里土田、民物风俗，先贤旧好，靡不具悉"；"齐时，陆澄聚一百六十家之说，依其前后远近，编而为部，谓之《地理书》。任昉又增陆澄之书八十四家，谓之《地记》。陈时，顾野王抄撰众家之言，作《舆地志》"。这几部大书都已佚亡，但从上述记载中，可以得知它们是包含了不少民族史方面的记述的。此外，如周处的《风土记》、盛弘之的

---

① 白寿彝总主编：《中国通史》，第 1 卷（导论），6～7 页，上海，上海人民出版社，1989。

② 刘琳：《华阳国志校注·前言》，成都，巴蜀书社，1984。

《荆州记》、谯周的《三巴记》、常宽的《蜀志》《蜀后志》）等，虽多言一方，但也具有相同的性质。

隋唐时期，人们对于民族关系和民族史的认识，具有超越前人的开阔视野和新的境界。隋炀帝时，裴矩撰《西域图记》一书，认为隋代是"混一诸夏""无隔华夷"的时代；若对少数民族历史"有所不记，无以表威化之远也"。这是在宣扬隋朝的强大，但他重视民族史撰述确是出于自觉的要求。裴矩用"寻讨书传，访采胡人，或有所疑，即详众口"的方法，记西域44国的历史、地理、社会风俗，并"依其本国服饰仪形，王及庶人，各显容止，即丹青模写"；又"别造地图，究其要害。从西顷以去，北海之南，纵横所亘，将二万里"。① 此书虽已不存，但从这篇序文中仍可看出作者对当时西域各族社会历史的深入了解。

唐初史家不仅承认少数民族政权历史为"正史"的内容，而且也撰写这样的"正史"，这是他们在民族史撰述上的新贡献。《晋书》载记对于石勒、慕容廆、慕容德、赫连勃勃等十六国统治人物也都有一些很好的评论。杜佑《通典·边防典》共16卷，可以看作当时一部翔实的民族史和域外情况的撰述。杜佑提出的"古之中华，多类今之夷狄"②的见解，从文明发展进程上来看待华夷关系，是历史进化思想在民族关系上的反映。晚唐时期，民族史撰述有所增多，内容主要集中在两个方面：一是关于中原与"四夷"的关系史，二是关于少数民族地区的社会历史。李德裕的《异域归忠传》、高少逸的《四夷朝贡录》属于前一类著作；后一类著作以关于云南地区的社会历史撰述最为突出，主要有韦齐休的《云南行记》、李德裕的《西南备边录》、窦滂的《云南别录》和《云南行记》、徐云虔的《南诏录》、卢携的《云南事状》、达奚洪的《云南风俗录》、樊绰的《蛮书》（一作《云南志》），大多撰于武宗至僖宗年间。这些著作大都亡佚，幸存下来而流传至今的只有《蛮书》10卷。

樊绰在懿宗咸通年间任安南从事，是蔡袭的幕僚，他在咸通四年（863年）的一次事变中得以生还，撰成此书。《蛮书》各卷的内容是："云南界内途程"，记当时由内地进入云南的交通；"山川江源"，记云南境内的主要山脉河流的名称、方位或流向及其他自然条件；"六诏"，记六诏的由来及其与唐的关系；"名类"，记云南境内其他各族概况；"六睑"，记云南各州概况；"云南城镇"，记云南主要城镇的建置、布局、兵防，以及居民、交通、

---

① 《西域图记序》，见《隋书·裴矩传》。
② 《通典·边防典》序。

自然形势；"云南管内物产"，记农时、耕种方法、手工技艺、物产及其分布；"蛮夷风俗"，记云南各族的服饰、仪容、婚俗、节日、度量、房舍、丧俗、葬式、语言；"蛮夷条教"，记南诏的政治制度和军事制度；"南蛮疆界接连诸番夷国名"，记与南诏毗邻地区的概况。这是一部包括云南历史和现状、自然和社会的内容丰富的著作，而书中关于唐朝与南诏之关系史的叙述则占有极突出的位置，是一部珍贵的民族史著作，多为后人所引据。

　　前面讲到，"正史"中的民族史专篇，有的已超越当时或今日国境的范围。这就涉及对当时或今日域外情况的记述了。其中，有的是很有价值的记载，如《三国志·魏书》的"倭人"传，约 2 000 字，是关于日本古代史的重要资料，迄今为中外学者所重视。① 值得注意的是，魏晋南北朝时期关于中外交通和域外情况的记述，是跟佛教盛行和大量的中国僧人西行"求法"有关。据《高僧传》《续高僧传》《出三藏记集》记载，从西晋始建到刘宋灭亡的 200 年间，西行求法的僧人日益增多。其中得以生还的僧人往往把自己的经历记载下来，成为这个时期很重要的关于中外交通和域外情况的记述。如东晋兴元三年（404 年），僧人智猛、昙纂等 15 人离长安，经西域、越葱岭，至罽宾（今克什米尔）、迦维罗卫（今尼泊尔南境）、华氏城（今印度巴连弗）等地。刘宋元嘉元年（424 年）智猛、昙纂返回凉州。智猛先在凉州译经，后入蜀写出《游行外国传》，《隋书·经籍志》地理类有著录，惜其书早佚。又如著名僧人法显（约 337—约 422 年）所写的《佛国记》，是中国现存最早的有关中外交通的记录，它记述了印度、巴基斯坦、尼泊尔、斯里兰卡等国的历史、宗教，以及中国同这些国家的交通情况，成为世界文明史上的宝贵文献。其后，南朝梁时僧人慧皎著《高僧传》，据《佛国记》的内容写成《释法显传》收入本书。沈约撰《宋书·夷蛮传》，记"师子国""天竺迦毗黎国"等与宋的交往，记"倭国"与宋的交往等，反映了中国与外域联系的发展。

　　隋唐时期，在关于中外交通和域外情况的撰述中，贾耽的《皇华四达记》和杜环的《经行记》，是很重要的成果。《旧唐书·贾耽传》主要记述了贾耽在地理学上的成就。贾耽的治学方法同裴矩有相似之处。杜环是杜佑的族子，在唐军与大食军战于怛罗斯一役中被俘，后辗转回国，乃著《经行记》。杜佑《通典·边防九》数次引用《经行记》，成为后人了解唐代中亚各国的重要文献。上述二书虽久佚，但唐代学者的世界眼光却永不磨灭。关于

_____

　　① 　周一良：《〈三国志〉解题》，载《史学史研究》，1989(4)。

中外交通和域外情况的撰述，佛教僧人有突出的贡献。《大唐西域记》《大唐西域求法高僧传》《海内寄归传》《往五天竺国行传》都是知名之作。其中玄奘的《大唐西域记》被称为"东方三大旅行记"之一，在世界文明史上享有盛誉。

四、家史、谱牒和别传

家史、谱牒和各种名目的别传的大量涌现，都是这个时期社会历史的特点在史学上的突出反映，都是门阀的政治要求和意识形态在史学上的表现形式。

刘知幾《史通·杂述》篇说："高门华胄，奕世载德，才子承家，思显父母。由是纪其先烈，贻厥后来，若扬雄《家谍》、殷敬《世传》、《孙氏谱记》、《陆宗系历》。此之谓家史也。"这里，刘知幾道出了家史的性质，它主要出自"高门华胄"，它的作用是"思显父母""贻厥后来"。但他举出的扬、殷、孙、陆四例，是把家史同谱牒合而论之的。《隋书·经籍志》以家史入"杂传"类（因家史多以"家传"为名），而以"谱系"自为一类。今从《隋志》，分而论之。

《隋书·经籍志》杂传类自《李氏家传》以下，至《何氏家传》止，共著录家史29种，多为两晋南北朝人所撰，如《王朗王肃家传》《太原王氏家传》、江祚《江氏家传》、裴松之《裴氏家传》、曹毗《曹氏家传》、范汪《范氏家传》、纪友《纪氏家传》、明粲《明氏世录》、王褒《王氏江左世家传》等。南朝梁人刘孝标《世说新语注》引用家传8种，其中《荀氏家传》《袁氏家传》《李氏家传》《谢车骑家传》、《顾恺之家传》五种《隋书》未著录。[1] 这34种家史，基本上都已不存，其中少数几种在《世说新语注》中也只存片言只语。但是，《宋书》和《魏书》的列传，往往以子孙附于父祖而传，一传多至三四十以至五六十人，从中不难窥见这种家传的形式。

《隋志》在家传中还著录了明岌《明氏家训》一种，说明"家传""家训"有内在的联系。《明氏家训》所记内容，已不可详论。从今存北齐颜之推所撰《颜氏家训》来看，"家传"重在讲家族历史，"家训"重在讲家门风教。炫耀家史和重视家风，对于每一个具体的"高门华胄"来说，正是"纪其先烈，贻厥后来"的两个相互配合的方面。颜之推在《颜氏家训·序致》篇开宗明义地写道："吾今所以复为此者，非敢轨物范世也，业以整齐门内，提撕子孙。

---

① 叶德辉：《〈世说新语注〉引用书目》，上海，上海古籍出版社，影印本，1982。

未同言而信，信其所亲；同命而行，行其所服。""吾家风教，素为整密。……故留此二十篇，以为汝曹后车耳。"颜之推长期生活在南朝，后入北齐，从他的这些话中，可以看出当时南北门阀地主所以如此重视家史撰述的社会原因，以及这些家史撰述又怎样反转过来影响当时的社会风气。

　　家史的另一种表现形式是家谱，它是谱牒的基本构成因素。但谱牒之书往往并不限于一门一姓，有一方之谱，也有全国性或一个皇朝统治范围内的总谱。这是谱牒同家史的一个区别。它们的另一个区别，是家史都撰自私门，而有影响的一方之谱和全国总谱多出于官修。《隋书·经籍志》谱系类著录的谱牒之书，有帝谱、百家谱、州谱、家谱共 34 种，是属于这个时期所具有的特定意义的谱牒之书，其实际上的数量自然比这要大得多。仅《世说新语注》引用谱书 46 种，就有 43 种不见于《隋志》著录，可见佚亡的或失于著录的数量之大，从而可以推见魏晋南北朝谱牒撰述之盛。

　　谱牒撰述之盛导致了谱学的产生和发展。东晋南朝谱学有两大支脉，一是贾氏谱学，一是王氏谱学，而后者源于前者。贾氏谱学的奠基者是东晋贾弼之。萧子显《南齐书·文学·贾渊传》记："先是谱学未有名家，渊祖弼之广集百氏谱记，专心治业。"晋孝武帝太元年间（376—396 年），贾弼之在朝廷支持下，"撰定缮写"成书，并经其子匪之、孙渊"三世传学"。此书包括"十八州士族谱，合百帙七百余卷，该究精悉，当世莫比"。这就是《姓系簿状》一书，是为东晋南朝谱学之渊薮。刘宋时，王弘、刘湛"并好其书"。弘为太保，"日对千客，不犯一人之讳"；湛为选曹，始撰《百家谱》"以助铨序"。①萧齐时，王俭重新抄次《百家谱》，而贾渊与之"参怀撰定"；贾渊亦自撰《氏族要状》15 篇及《人名书》。其后，贾渊之子执撰《姓氏英贤》100 篇和《百家谱》；贾执之孙冠，承其家学，亦有撰述。这都是王氏之学兴起以后的事了②。王氏谱学兴于梁武帝时。尚书令沈约指出：东晋咸和（326—334 年）至刘宋初年，晋籍精详，"位宦高卑，皆可依案"；后来由于晋籍遭到篡改，使"昨日卑细，今日便成士流"。他认为，"宋、齐二代，士庶不分，杂役减阙，职由于此"。梁武帝乃以王僧孺知撰谱事，改定《百家谱》。王僧孺乃"通范阳张等九族以代雁门等九姓。其东南诸族别为一部，不在百家之数"，撰成《百家谱》30 卷。他还集《十八州谱》710 卷，撰《百家

---

①　《南史·王僧孺传》。
②　《新唐书·儒学中·柳冲传》。

谱集抄》15 卷、《东南谱集抄》10 卷。①

　　谱牒撰述之盛和谱学的兴起，有深刻的社会原因："魏氏立九品，置中正，尊世胄，卑寒士，权归右姓已。其州大中正、主簿，郡中正、功曹，皆取著姓士族为之，以定门胄，品藻人物。晋、宋因之，始尚姓已。然其别贵贱，分士庶，不可易也。于时有司选举，必稽谱籍，而考其真伪。故官有世胄，谱有世官，贾氏、王氏谱学出焉。"②这表明，凡"品藻人物""有司选举"、划分士庶，都以谱牒为据；而谱牒又须"考其真伪"，故有谱学之兴。此外，门阀士族之间的联姻，也往往要互相考察谱牒，以保证门当户对。这两个方面结合起来，就是："官有簿状，家有谱系；官之选举，必由于簿状；家之婚姻，必由于谱系。"③这种社会现象一直持续到唐代，也成为史学发展中的一种特殊表现形式。

　　唐代跟魏晋南北朝时期一样，是门阀地主占统治地位的时代。重视谱牒和礼书，是这个时代的两个特点。唐代谱牒之学承魏晋南北朝之余绪，亦曾盛行一时，谱学家代有其人，官私谱牒屡有制作，成为唐代史学上一个重要现象。私家撰述，姑且不论。官修谱牒，其荦荦大者有：《氏族志》100 卷，唐太宗时高士廉、岑文本等撰。《姓氏录》200 卷，唐高宗时孔志约、杨仁卿等撰。《姓族系录》200 卷，唐玄宗时柳冲、陆蒙先、徐坚、刘知幾等撰。这是盛唐时最重要的三部全国总谱。其后还有：《百家类例》10 卷，唐肃宗时贾至撰。《元和姓纂》10 卷，唐宪宗时林宝撰。《皇室永泰谱》（一作《永泰新谱》《皇室新谱》）20 卷，唐代宗时柳芳撰；《续皇室永泰谱》10 卷，唐文宗时柳璟撰。《皇唐玉牒》110 卷，唐文宗时李衢、林宝撰。这些书，尚存的仅有《元和姓纂》。唐代重谱牒，郑樵有中肯的论断："自隋唐而上，官有簿状，家有谱系。官之选举，必由于薄状；家之婚姻，必由于谱系。……此近古之制，以绳天下，使贵有常尊、贱有等威者也。所以人尚谱系之学，家藏谱系之书。"④可以认为，谱牒之学在唐代的兴衰，反映出了唐代门阀政治的命运和社会风气的演变。

　　按刘知幾的说法，别传是以"类聚区分"的形式出现的。《隋书·经籍志》杂传类著录中的高士、逸士、逸民、高隐、高僧、止足、孝子、孝德、

①　《南史·王僧孺传》。
②　《新唐书·儒学中·柳冲传》。
③　《通志·氏族略》序。
④　《通志·氏族略》序。

孝友、忠臣、良吏、名士、文士、列士、童子、知己、列女、美妇等传，都属于别传。但别传也不限于"类聚区分"、多人合传，也有单个人的传记称为别传的。《世说新语注》引用个人别传 80 余种（《隋志》均未曾著录）。前者更多地反映出当时的以"名教"观念为中心的社会道德观念，后者则反映出门阀士族人物的言行，它们都是这个时代的特点在史学上的表现。

五、通史撰述和历史笔记

在《史记》以后的数百年间，通史撰述甚为寥落，而断代为史的皇朝史撰述则风靡一时。南北朝时，梁武帝曾命史学家吴均等撰《通史》600 卷，北魏元晖也曾召集史学家崔鸿等撰《科录》270 卷。这两部书都是通史，但都没有流传下来。隋末陆从典试图"续司马迁《史记》，讫于隋"①，但他并未实现这个著述计划。盛唐史学家中，有不少人具有通变的历史思想。虞世南撰《帝王略论》5 卷，其序称："暨乎三代，则主有昏明，世有治乱，兴亡之运，可得而言。其明者可为规范，昏者足为鉴戒。以其狂瞽，请试论之。"这是一本历史通论，是中国史学上较早的历史评论专书。② 李延寿撰《南史》《北史》共 180 卷，"以拟司马迁《史记》"。③ 睿宗、玄宗时人韩琬曾撰《续史记》130 卷④，萧颖士亦曾"起汉元年，讫隋义宁，编年，依《春秋》，为传百篇"。⑤ 这两部通史，前者尊《史记》，为纪传体；后者崇《春秋》，为编年体。它们都不曾流传下来。

中晚唐时期，中国史学上的通史撰述有了很大发展，取得不少新成就。概括说来，这个时期的通史撰述的新成就有三个特点：一是体裁多样，二是出现了有影响的著作，三是开拓了历史撰述的新领域。这不仅是唐代史学上的重要成就，也是中国史学发展过程中具有转变风气之重大意义的成就。为便于浏览，兹将这一时期的通史著作列表如下：

---

① 《陈书·陆琼传》。

② 《帝王略论》卷五，已佚。今有残卷两种：一为敦煌本（伯 2636 号）；一为日本镰仓时代抄本，现藏日本东洋文库。

③ 《北史·序传》。

④ 《新唐书·艺文志二》"正史"类。

⑤ 《新唐书·萧颖士传》。

书　　名	撰者	卷数	成书年代	体裁	存佚情况
建康实录	许嵩	20		编年	存
统　　载	韩潭	30	贞元十三年（797）	传记	佚
通　　典	杜佑	200	贞元十七年（801）	典制	存
高氏小史	高峻	60		纪传	佚
通　　历	马总	10		编年	佚前3卷 存后7卷
大　统　纪	陈鸿	30	元和六年（811）	编年	佚
统　　史	姚康	300	大中五年（851）	编年	佚

据上表，从许嵩至陈鸿，都是中唐时人，其所撰各书，多成于德宗、宪宗两朝；唯姚康是中晚唐之际人，所撰《统史》则成于晚唐。这些撰述，除《建康实录》是贯通三国吴、东晋、宋、齐、梁、陈六朝历史的著作外，其余多是贯穿古今的通史。韩潭的《统载》，"采虞、夏以来至于周、隋，录其事迹始终者六百六十八人为立传"。[①] 杜佑的《通典》，是上起黄帝、下迄中唐的制度史。高峻的《小史》，"一以《太史公书》为准"，[②] 钞节历代史而成，间或也有撰述，下限至于德宗、顺宗时期。姚康的《统史》，"上自开辟，下尽隋朝，帝王美政、诏令、制置、铜盐钱谷损益、用兵利害，下至僧道是非，无所不载，编年为之"。[③] 以上四书，分别是传记体、典制体、纪传体、编年体，它们的共同特点则都是通史。在一段不太长的时间里，史学家们能够在通史撰述方面取得这样突出的成就，这在中晚唐以前的史学发展上是不曾有过的。这些成就对于发扬中国史学的通史家风、推动后世史学继续发扬"会通"之旨，具有重要的影响和作用。

刘知幾《史通·杂述》篇说："偏记小说，自成一家。而能与正史参行，其所由来尚矣。"他说的"偏记小说"，包含10项，其中"小录""逸事""琐言""别传""杂记"等，近于历史笔记一类的撰述。这类撰述，从内容上看可以补充正史，从形式上看可以丰富史书的体裁。刘知幾的高明处，是他已经认识到这类撰述在史学发展上的价值。

可以认为，唐代历史笔记的发展跟唐代小说笔记的发展在进程上颇相

---

① 《册府元龟》卷五五六，《国史部·采撰二》。

② 《史略》卷四。

③ 《旧唐书·宣宗纪》。

近，即它们各按照自己的特点发展而达到较成熟的阶段。鲁迅认为唐代小说笔记作者"始有意为小说"，他引用胡应麟说的"作意""幻设"来证明这就是小说"意识之创造"。① 从历史笔记来看，它们的作者也逐步形成了一种"以备史官之阙"的意识，即作史的意识，从而提高了它们在史学上的价值。有的研究者认为：

> 我们可以说唐代是笔记的成熟期，一方面使小说故事类的笔记增加了文学成分，一方面使历史琐闻类的笔记增加了事实成分，另一方面又使考据辩证类的笔记走上了独立的发展的路途。这三种笔记的类型，从此就大致稳定下来。②

从史学的观点来看，上述概括是符合历史笔记或历史琐闻笔记的发展趋势的，而对有的作品来说，还要作具体分析。有一点是应当注意到的，即在唐代笔记的发展中，晚唐实为重要的阶段；而晚唐笔记的勃兴，对于五代以至于两宋以后笔记发展有直接的影响。

唐代的历史琐闻笔记，因其作者的身份、见识、兴趣、视野的不同而具有各自的特点和价值。但这些书说人物，论事件，讲制度，旁及学术文化、生产技艺、社会风情、时尚所好等，都或多或少可以从一个方面反映历史的面貌。在现存的唐代历史琐闻笔记中，张鷟的《朝野佥载》（6卷，原系20卷）、刘𫗧的《隋唐嘉话》（3卷，亦称《国朝传记》《国史异纂》）、刘肃的《大唐新语》（13卷，亦作《大唐世说新语》）、封演的《封氏闻见记》（10卷）、李肇的《国史补》（3卷，亦称《唐国史补》）、韦绚的《刘宾客嘉话录》（1卷）、李德裕的《次柳氏旧闻》（1卷）、郑处诲的《明皇杂录》（2卷）、赵璘的《因话录》（6卷）、李绰的《尚书故实》（1卷）、张固的《幽闲鼓吹》（1卷）、范摅的《云溪友议》（3卷，一作12卷）、郑綮的《开天传信记》（1卷）、高彦休的《唐阙史》（2卷）等，是有代表性的。

这些历史笔记，大多是唐人记唐事，比较真切。如《隋唐嘉话》记南北朝至开元间事；《朝野佥载》主要记唐初至开元时事，而以记武则天时事最多；《国史补》记开元至长庆年间事；《因话录》记玄宗至宣宗朝事；《幽闲鼓

① 鲁迅：《中国小说史略》，见《鲁迅全集》，第9卷，70页，北京，人民文学出版社，1981。

② 刘叶秋：《历代笔记概述》，76页，北京，中华书局，1980。

吹》《云溪友议》《唐阙史》等书记唐末事。如上文所说，这些书的作者不少都具有为正史拾遗补阙的意识，从而增强了记事的严肃性和真实性。李肇《国史补》序说：

> 《公羊传》曰："所见异辞，所闻异辞。"未有不因见闻而备故实者。昔刘餗集小说，涉南北朝至开元，著为《传记》。予自开元至长庆撰《国史补》，虑史氏或阙则补之意，续《传记》而有不为：言报应，叙鬼神，征梦卜，近帷箔，悉去之；纪事实，探物理，辨疑惑，示劝戒，采风俗，助谈笑，则书之。

这篇序文可以看作历史琐闻笔记之走向成熟的标志。他如刘肃说的所记"事关政教，言涉文词，道为师模，志将存古"①，李德裕强调所记"以备史官之阙"，"惧其失传"②，郑綮说的"搜求遗逸，传于必信"③；以及僖宗时进士林恩撰《补国史》10卷，意在"补"国史，赵璘以《因话录》名书是说明其所"录"皆有"因"等，都反映出了作者之自觉的史学意识。这种意识对于指导他们的撰述方向，从而确定他们的撰述成果在史学发展中所处的位置，是很重要的。

这些历史笔记所记虽不及正史系统、全面，但在揭示时代特点和社会风貌方面，因少有拘谨、言简意赅而具有独特的价值。《隋唐嘉话》记李守素"尤精谱学，人号为'肉谱'"，虞世南又说可称他为"人物志"（卷上）；记薛元超说"平生有三恨"，即"始不以进士擢第，不得娶五姓女，不得修国史"；记高宗"以太原王，范阳庐，荥阳郑，清河、博陵二崔，陇西、赵郡二李等七姓，恃其族望，耻与他姓为婚，乃禁其自姻娶。于是不敢复行婚礼，密装饰其女以送夫家"（卷中）。这些记载，对于反映盛唐时期的门阀风气，是很重要的史料。晚唐时期的历史笔记有一个共同特点，即它们在客观上不是在为唐皇朝唱赞歌，而是为它的腐败、衰落唱挽歌。《国史补》中的"汴州佛流汗""韦太尉设教""王锷散财货""御史拢同州"等条，写出了中唐时期文武官吏的贪赃枉法、贿赂公行的丑恶行径；而"京师尚牡丹""叙风俗所侈"等条，则活画出德宗朝及其以后贵族生活的奢靡和腐败；此外，如

---

① 《大唐新语》序。
② 《次柳氏旧闻》序。
③ 《开天传信记》序。

关于藩镇跋扈、宦官专权、官僚队伍膨胀的记载，都从比较深刻的意义上揭露了这个时期的社会问题和历史特点。玄宗开元、天宝之际，实为唐代历史的重大转折，其中盛衰得失，引起后人的许多回味和反思。《次柳氏旧闻》《明皇杂录》《开天传信记》等书多触及这方面的内容。尤其是《开天传信记》虽只写了开元、天宝时期 32 件史事，但却把玄宗开元年间的励精图治、盛世景象，天宝年间的奢侈享乐、政事腐败，以及玄宗在安史乱后做了"太上皇"的忧思惆怅和政治上的失落感，都反映出来了。

唐代的历史笔记的文献价值，后来因在司马光撰《资治通鉴》时被广泛采用而得到相当的发挥。高似孙《史略》卷四"通鉴参据书"条，列举多种。胡三省说："盖唐中世之后，家有私史。……《考异》30 卷，辩订唐事者居太半焉，亦以唐私史之多也。"①中唐以后，唐代官修史书的效能大减，私家撰史得到新的发展机会。这里说的"私史"，多是指私家所撰写的历史笔记。这些笔记，有的还没有完全摆脱神仙志怪的影响，但这毕竟不是它们的主要倾向。诚然，即使是小说、故事一类的笔记，也与史学有一定的关系。近人陈寅恪以韩愈主持修撰的《顺宗实录》与李复言的《续玄怪录·辛公平上仙》条"互相发明"，证明宦官"胁迫顺宗以拥立宪宗"及"宪宗又为内官所弑"的事实，从而说明："李书此条实乃关于此事变幸存之史料，岂得以其为小说家言，而忽视之耶？"②又如段成式所著《酉阳杂俎》20 卷、续集 10 卷，虽有不少神仙志怪的记载，但它却也包含了一些社会史、科技史和中外文化交流史的内容，历来受到中外学人的重视。

第二节　皇朝史撰述的兴盛(上)

一、皇朝史撰述的兴盛

魏晋南北朝隋唐时期，皇朝史撰述出现了兴盛的局面。

自《史记》奠定了纪传体史书的基础，《汉书》开皇朝史撰述的先声，继而又有《东观汉记》和《汉纪》的行世，于是后世史家极重视皇朝史的撰写。

---

① 《资治通鉴》卷二五〇咸通元年七月，胡三省注。

② 《〈顺宗实录〉与〈续玄怪录〉》，见《金明馆丛稿二编》，上海，上海古籍出版社，1980。

魏晋南北朝时期，由于众多政权的割据和频繁更迭，出现了大批的皇朝，虽兴替匆匆，然皆各修其史。这是这一时期史家撰写皇朝史出现高潮之史学上的和历史上的原因。这个高潮的具体表现就是《隋书·经籍志二》"正史"篇小序说的"世有著述，皆拟班、马，以为正史，作者尤广。一代之史，至数十家"。所谓"正史"，《隋书·经籍志》仅限于《史记》和历代纪传体皇朝史范围；刘知幾《史通·古今正史》篇则自《史记》《汉书》以下，不论纪传、编年，凡记一代皇朝之史皆称"正史"。此处为叙述方便，取《史通》之意，但以"皇朝史"作为概括。

关于东汉史撰述。经东汉数代史家努力撰写的《东观汉记》，是东汉史的最早撰述，但它是一部没有最终完成的著作。三国以下，撰东汉史者，沛然蜂起。其所撰11种是纪传体东汉史，还有两种编年体东汉史，以上13种东汉史，大多遗佚，今存的只有范晔《后汉书》、司马彪《续汉书》中的八志30卷和袁宏《后汉纪》。清人姚之骃、孙志祖、王谟、章宗源、黄奭、汪文台、王仁俊等致力于已亡诸家东汉史的辑佚工作，以汪文台《七家后汉书》辑本最有价值。① 今人西北大学周天游在前人的基础上，再作爬梳，重加整理，撰成《八家后汉书辑注》，于"七家"之外增补张莹《后汉南记》一家，书末附录八家后汉书著者传略、历代著录、评论、诸家辑本序跋及索引，颇可参考。②

关于三国史撰述。最早当是三国史家所撰之本国史，其后有晋朝史家所撰各国史，而以三国为一史者，则有晋陈寿《三国志》。以上，共14种。自《三国志》出，诸家三国史尽废，以致散佚无存。南朝宋人裴松之兼采众书，作《三国志注》，保存了丰富的三国史事，为世所重，乃与本书共存，流传至今。

关于晋史撰述。魏晋南北朝时期，所谓"一代之史，至数十家"者，以晋史撰述为最。今可考者，共有23种，出于晋人所撰12种，出于南朝宋、齐、梁三朝史家所撰11种。其中纪传体12种，另外11种是编年体。这23种晋史存在两个明显的问题：一是其中有些属于未完成稿，一是其中绝大多数所记皆非晋代全史，或只记西晋，或仅述东晋，或兼记两晋而又不及

① 《七家后汉书》所辑佚文，包含谢承、薛莹、司马彪、华峤、谢沉、袁山松、张璠七家，附失氏名后汉书一卷，凡二十一卷。有周天游点校本，石家庄，河北人民出版社，1987。
② 《八家后汉书辑注》，上海，上海古籍出版社，1986。

其终。臧荣绪《晋书》是比较完整的晋史，但又未能包含与东晋并存的十六国史。其后，唐初重修《晋书》而诸家晋史皆废而不传，这同它们本身存在的缺陷是相关的。清人汤球、黄奭致力于已亡诸晋史的辑佚工作，颇有成绩。今有南开大学乔治忠采汤、黄二人所辑佚文中之编年体部分，合为《众家编年体晋史》一册，并作校注，刊行于世，足可参考。①

关于十六国史撰述。《隋书·经籍志》史部"霸史"篇小序说："自晋永嘉之乱，皇纲失驭，九州君长，据有中原者甚众。或推奉正朔，或假名窃号，然其君臣忠义之节，经国字民之务，盖亦勤矣。而当时臣子，亦各记录。"这里主要就是指十六国史撰述。唐初史家从正宗观念出发，认为十六国君主"推奉正朔""假名窃号"，故将其史列为"霸史"。然其余诸语，所论还是中肯的。刘知幾《史通·古今正史》篇，仍以十六国史入"正史"，这是他的卓识。从今天的观点来看，十六国史撰述，无疑当是这个历史时期的"正史"撰述的一部分。十六国史多数是当时人及北朝人所作，少数为东晋南朝人所撰，清代及近人所考，大致相近，其数凡 29 种，多分记十六国各朝史事，通记十六国史事者以崔鸿《十六国春秋》最为知名。《魏书·崔光传》《北史·崔光传》所附崔鸿传，记其撰述经过甚详。刘知幾评其书曰："考核众家，辨其同异，除烦补阙，错综纲纪，易其国书曰'录'，主纪曰'传'，都谓之《十六国春秋》"。② 由此可见，《十六国春秋》是反映十六国史事的一部总结性著作。唐修《晋书》中的"载记"，颇参考其书。自宋以后，十六国诸史皆散失无存。清人汤球有《十六国春秋辑补》，庶可窥其一斑。

关于南朝史撰述。南朝宋、齐、梁、陈朝代短促，但史家修史之风盛行，除撰有相当数量的东汉、晋史外，于南朝史亦颇多著述。其中宋、齐史各 7 种，梁史 5 种，陈史 3 种，共 22 种；今存者，仅沈约《宋书》、萧子显《齐书》（后人称《南齐书》）2 种，其余尽散失，有的则还可从其他文献中略见其佚文。

关于北朝史撰述。北朝历北魏、东魏、西魏、北齐、北周五朝，其关于这一时期的历史撰述，经历了坎坷的道路，故修史之风不及南朝为盛。北魏初年，邓渊等受命著《国记》，得十余卷，"编年次事，体例未成"，乃

---

① 《众家编年体晋史》校注本，收编年体晋史 12 种（比上文所举多出裴松之《晋纪》1种），晋起居注 2 种，不明著者之晋纪遗文 1 种，凡 15 种。天津，天津古籍出版社，1989。

② 《史通·古今正史》。

中辍。太武帝拓跋焘时，命崔浩（？—450年）等撰成《国书》30卷。后又命崔浩、高允、张伟等"续成前纪"，"至于损益褒贬，折中润色，浩所总焉"。崔浩应是北魏史撰述的创始人。他接受著作令史闵湛、郗标的建议，以《国书》刊石写之，以示行路，从而因"尽述国事，备而不典"获罪，于太平真君十一年（450年）受诛："清河崔氏无远近，范阳卢氏、太原郭氏、河东柳氏，皆浩之姻亲，尽夷其族。"崔浩监秘书事，故"其秘书郎吏已下尽死"，"同作死者二十八人"。① 这就是后史常说到的"崔浩国史案"。以后，北魏皇朝关于本朝史的撰述便无太大举动。直至北齐天保时，魏收等撰成纪传体《魏书》130卷，才有比较完整的北魏史问世，并流传至今。这同当时的南朝史撰述之盛比起来，实在显得过分寥落。这也是魏晋南北朝时期的皇朝史撰述高潮中的一个例外。

这个时期，同皇朝史撰述相关联的，还有历朝起居注的撰写。《隋书·经籍志》史部"起居注"类小序说："起居注者，录纪人君言行动止之事。"它萌发于两汉而盛行于两晋南北朝。《隋书·经籍志》著录的44部起居注有41部是两晋南北朝所出。其中，《晋起居注》多达317卷（原注：梁有322卷），《后魏起居注》为336卷。由于起居注"皆近侍之臣所录"，自是撰述皇朝史重要依据之一。隋唐以后，"实录"为盛，起居注的重要性就减弱了。从这个意义上说，起居注的盛行，也是魏晋南北朝时期皇朝史撰述高潮的一部分。尽管它们都已散失，但它们在史学发展上的作用是应当肯定的。

魏晋南北朝时期撰述皇朝史的高潮，一方面表明史学在封建社会意识形态领域中的作用更加重要了；另一方面也表明史学所反映出来的历史文化传统，即使在纷争割据时期，仍然是联结人们思想的纽带，不论是人们对于《史记》《汉书》的推崇，还是对于《春秋》《左传》和《汉纪》的仰慕，都有力地证明了这一点。

二、陈寿和《三国志》

《三国志》是唯一兼记魏、蜀、吴三国史事而又保存至今的著作。著者陈寿（233—297年），字承祚，西晋巴西安汉（今四川南充北）人。早年师事著名学者谯周，在蜀国官至散骑黄门侍郎，入晋任著作郎、治书侍御史。太康元年（280年）西晋灭吴后，陈寿开始撰《三国志》，约经10年，撰成全

---

① 《魏书·崔浩传》《史通·古今正史》。

书 65 卷。"时人称其善叙事，有良史之才"；司空张华"深善之，谓寿曰：'当以晋书相付耳。'"①陈寿撰《三国志》与司马彪撰《续汉书》大致同时，但他比司马彪早卒约 10 年。他们是西晋最有成就的两位史家。

《三国志》记事，起于东汉灵帝光和末年（184 年）黄巾起义，迄于西晋灭吴（280 年），不仅仅限于三国时期（220—280 年）的史事，故与《后汉书》在内容上颇有交叉。从《三国志》看陈寿的史才，首先是他对三国时期的历史有一个认识上的全局考虑和编撰上的恰当处置。三国鼎立局面的形成，三国之间和战的展开，以及蜀灭于魏、魏之为晋所取代和吴灭于晋的斗争结局，都是在纷乱复杂中从容不迫地叙述出来。在编撰的体例上，陈寿以魏主为帝纪，总揽三国全局史事；以蜀、吴二主史事传名而纪实，既与全书协调，又显示出鼎立三分的格局。这种体例上的统一和区别，也反映在著者对三国创立者的称谓上：对曹操，在《魏书》中称太祖（曹操迎献帝至许昌后称公、魏公、魏王），在《蜀书》《吴书》中称曹公；对刘备，在《蜀书》中称先主，在《魏书》《吴书》中均称名；对孙权，在全书中一概称名。此外，在纪年上，著者虽在魏、蜀、吴三书中各以本国年号纪年，但也注意到以魏国纪年贯串三书，如记蜀后主刘禅继位、改元时书曰"是岁魏黄初四年也"②，记孙亮继位、改元时书曰"是岁于魏嘉平四年也"。③ 这些都表明陈寿对于三国史事的总揽全局的器识和在表述上的精心安排。他以一部纪传体史书兼记同时存在的三个皇朝的历史，这是"正史"撰述中的新创造。

陈寿的史才，还在于他善于通过委婉、隐晦的表述方法贯彻史家的实录精神。他先后作为蜀臣和蜀之敌国魏的取代者晋的史臣，对于汉与曹氏的关系、蜀魏关系、魏与司马氏的关系，都是在历史撰述中很难处理的大问题，但陈寿却于曲折中写出真情。如他写曹操"将迎天子，诸将或疑，荀彧、程昱劝之，乃遣曹洪将兵西迎"④，写得很含蓄；而在《魏书·荀彧传》中，就荀彧的话说出了"奉迎天子都许"的政治目的，即效法晋文公纳周襄王、汉高祖为义帝缟素的故事。《魏书·文帝纪》写曹操死，曹丕嗣位为丞相、魏王，"改建安二十五年为延康元年"，暗示了曹丕急于称帝的迫切心情。又如在《蜀书》中称先主、后主，以及对诸葛亮治蜀的高度评价，以寄

①　《晋书·陈寿传》。

②　《三国志·蜀书·后主传》。

③　《三国志·吴书·三嗣主传》。

④　《三国志·魏书·武帝纪》。

托对于故国的情怀。而关于魏晋禅代事,《魏书·三少帝纪》中只写了"如汉魏故事",但在《曹爽传》和《夏侯尚传》中却揭示曹氏政权向司马氏政权过渡中的尖锐斗争。在这些重大历史问题的记述上,《三国志》不失为一部信史。但由于陈寿承袭了晋人王沉《魏书》的若干记载,故对魏晋间事于晋难免有所回护,这是《三国志》的缺点,不是它的主流。

陈寿的史才还突出表现在叙事简洁。全书以《魏书》30卷叙魏事兼叙三国时期历史全貌,以《蜀书》15卷、《吴书》20卷分叙蜀、吴史事兼三国之间的复杂关系,而无冗杂之感,反映出陈寿对史事取舍的谨慎和文字表述的凝练。有人评论《三国志》"练核事情,每下一字一句,极有斤两"。① 这个评论是中肯的。如上述记魏晋禅代事只写"如汉魏故事"五个字。如写曹操、刘备心态:"曹公从容谓先主曰:'今天下英雄,惟使君与操耳。本初(按袁绍字本初——引者)之徒不足数也。'先主方食,失匕箸。"② 又如写袁绍的浅薄和曹操的深谋:"袁绍与韩馥谋立幽州牧刘虞为帝,太祖拒之。绍又尝得一玉印,于太祖坐中举向其肘,太祖由是笑而恶焉。"献帝都许昌,以曹操为大将军、袁绍为太尉,"绍耻班在公下,不肯受。公乃固辞,以大将军让绍"。③ 这两件事,寥寥几笔,把人物的气质高下、风貌各异写得淋漓尽致。陈寿还善于通过写人物的对话指陈形势、论辩是非,如以荀彧同曹操的对话分析了曹操与袁绍双方的形势,以王粲同曹操的对话分析了曹操、袁绍、刘表三方的形势,以诸葛亮同刘备的对话估量了形势的发展和刘备应采取的对策等,都写得精彩、凝练。

陈寿在撰述旨趣上推重"清流雅望"之士、"宝身全家"之行的士族风气,所以他对制订"九品官人法"的陈群赞美备至,对太原晋阳王昶长达千余字的戒子侄书全文收录。后者起首几句是:"夫人为子之道,莫大于宝身全行,以显父母。此三者人知其善,而或危身破家,陷于灭亡之祸者,何也?由所祖习非其道也。夫孝敬仁义,百行之首,行之而立,身之本也。孝敬则宗族安之,仁义则乡党重之,此行成于内,名著于外者矣。"④陈寿的这种旨趣为时人所称赞,认为他的《三国志》"辞多劝诫,明乎得失,有益风

---

① 刘熙载:《艺概》卷一。

② 《三国志·蜀书·先主传》。

③ 《三国志·魏书·武帝纪》。

④ 《三国志·魏书·徐胡二王传》。

化"。① 陈寿的"有益风化"跟司马彪强调"顺礼"、袁宏提倡"名教"有相通之处，只是前者更着重自身和家族的利益罢了。陈寿的史论在这方面表现得很突出。魏晋南北朝时期门阀士族重礼法、门风、名教，这有长久的历史根源。

陈寿在历史观上有浓厚的神秘色彩和天命思想，他用符瑞图谶、预言童谣来渲染魏、蜀、吴三国君主的称帝，用"天禄永终，历数在晋"②来说明晋之代魏的合理性，他断言"神明不可虚要，天命不可妄冀，必然之验也"。③ 这种推重"清流雅望"和宣扬天人感应的政治观点和历史观点，是陈寿史学中的消极因素。陈寿还撰有《益部耆旧传》10 篇；《古国志》50 篇，被誉为"品藻典雅"；又编定诸葛亮言论行事为《诸葛氏集》24 篇，凡 14 000 余字。这些都亡佚了。

《华阳国志·后贤志》记陈寿早年"治《尚书》、《三传》，锐精《史》、《汉》。聪警敏识，属文富艳"。这对他后来的史学成就至关重要。晋荀勖、张华称陈寿史才"以班固、史迁不足方也"。④ 南宋叶适说："陈寿笔高处逼司马迁；方之班固，但少文义缘尔，要终胜固也。"⑤这些评价未免过分拔高了《三国志》。清人李慈铭评论陈寿说："承祚固称良史，然其意务简洁，故裁制有余，文采不足。当时人物，不减秦汉之际，乃子长《史记》，声色百倍，承祚此书，暗然无华，范蔚宗《后汉书》较为胜矣。"⑥以三史相较，大抵如是。后人以《史记》《汉书》《后汉书》《三国志》合称四史，认为是《二十四史》中的代表性著作，充分肯定了《三国志》在史学上的地位。《三国志》只有纪、传而无典志，这个缺憾只有留待后人弥补了。

陈寿死后 132 年，南朝宋人裴松之于元嘉六年（429 年）作成《三国志注》。裴松之在《上〈三国志注〉表》中说，他是奉诏"采三国异同以注陈寿《国志》"的，说明皇家对《三国志》的重视。裴松之认为《三国志》"铨叙可观，事多审正。诚浏览之苑囿，近世之嘉史。然失在于略，时有所脱漏"。因此，他作注的主旨是"务在周悉：上搜旧闻，旁摭遗逸"。所注内容主要在四个

---

① 《晋书·陈寿传》。
② 《三国志·魏书·三少帝纪》。
③ 《三国志·蜀书·刘二牧传》。
④ 《三国志·蜀书·刘二牧传》。
⑤ 《习学记言序目》卷二八。
⑥ 《越缦堂日记》咸丰己未二月初三日。

方面，一是"以补其阙"，二是"以备异闻"，三是"以惩其妄"，四是"有所论辩"。《四库全书总目提要》对裴注"综其大致，约有六端"，事实上都没有超出这四个方面。《三国志注》奏上后，宋文帝称善："此为不朽矣。"裴松之注《三国志》，目的在"鸠集传记，增广异闻"，主要是史事上的补阙、存异、惩妄。据清人赵翼统计，裴注所引据书有150余种，并皆注出书名①，近人王仲荦考证其引据书应是210种②，足见裴松之注书用功之勤。《四库全书总目提要》认为：裴注"网罗繁富，凡六朝旧籍今所不传者，尚一一见其厓略。义多首尾完具……故考证之家，取材不竭，转相引据者，反多于陈寿本书焉"。③ 这说明《三国志注》在历史文献学上有重要的价值。裴松之注史的方法，反映了魏晋南北朝时期史注发展一个重要趋向。早在东汉末年，应劭就有《汉书集解》。后西晋杜预作《春秋左氏经传集解》，北魏郦道元撰《水经注》，都是以搜集丰富的文献作注为特色。裴松之之子裴骃撰《史记集解》，也是"采经传百家并先儒之说"而成。④ 其后，刘昭伯父彤集众家晋书注干宝《晋纪》，刘昭集后汉同异以注范晔《后汉书》等，都反映出这一时期史注发展上的风格。裴注称得上是这种风格的代表，这是它在史学上的价值。

裴注所引魏晋人著作，今已十不存一，因此格外为学术界所重视。其注文历来被认为多过陈寿本书数倍。现经研究者细致统计，《三国志》正文为36万多字，裴注为32万多字，正文比注文多出4万余字。⑤ 宋人叶适批评有人提出重修《三国志》的论点，认为裴注所载"皆寿书之弃余也"⑥，固然偏颇；但今人也有提出裴注价值远在原书之上的说法，亦属失当。《三国志》作为反映三国时期的历史著作，是裴注无法代替的；裴注也正因有《三国志》的存在作为比较才更显出其价值的重要。这可谓离则两伤，合则双美。

---

① 《廿二史劄记》卷六，"裴松之《三国志注》"条。

② 《魏晋南北朝史》下册，887页，上海，上海人民出版社，1980。

③ 《四库全书总目》卷四五，史部正史类一。

④ 见《史记集解》序。

⑤ 参见王廷洽及崔曙庭文，载《上海师院学报》，1983(4)、《古籍整理研究学刊》，东北师范大学，1985(3)、《华中师范大学学报》，1990(2)。

⑥ 《习学记言序目》卷二八。

三、司马彪《续汉书》八志、袁宏《后汉纪》和范晔《后汉书》

这是魏晋南北朝时期诸家东汉史中流传至今的三种著作。

《续汉书》，西晋司马彪（？—约306年）撰。司马彪，字绍统，在晋武帝泰始年间（265—274年）任秘书郎，后转秘书丞。他认为："汉氏中兴，迄于建安，忠臣义士亦以昭著，而时无良史，记述烦杂……安、顺以下，亡缺者多。"于是他"讨论众书，缀其所闻，起于世祖，终于孝献，编年二百，录世十二，通综上下，旁贯庶事，为纪、志、传凡八十篇①，号曰《续汉书》"②。这是一部完整的东汉史著作，后纪、传散亡，仅存八志：律历志3篇，礼仪志3篇，祭祀志3篇，天文志3篇，五行志6篇，郡国志5篇，百官志5篇，舆服制2篇，凡三十篇③。从内容上看，百官、舆服二志，是《史》《汉》所没有的。然舆服志的撰写，东汉末年董巴、蔡邕已有创议，百官志则取资于皇家"故簿"。至于郡国志，谢承《后汉书》已立为志目，实由《汉书·地理志》而来。尽管如此，《续汉书》八志还是被誉为"王教之要，国典之源，粲然略备，可得而知矣"。④

《续汉书》八志在撰述思想上有三个特点。第一，是注重考察典章制度的变化。如其《郡国志》序称："《汉书·地理志》记天下郡县本末，及山川奇异，风俗所由，至矣。今但录中兴以来郡县改异，及《春秋》、'三史'会同征伐地名，以为《郡国志》。"一是注意到东汉以来的变化，二是注意到读史的需要。其《百官志》序称："班固著《百官公卿表》，记汉承秦置官本末，迄于王莽，差有条贯；然皆孝武奢广之事，又职分未悉。世祖节约之制，宜为常宪，故依其官簿，粗注职分，以为《百官志》。"这是指出了《百官公卿表》重在记"置官本末"，而《百官志》重在记百官"职分"，即职务禄位与责任范围，说明"表"与"志"的不同，而后者更详于官制的变化。其《舆服志》因是首创，故不独仅记东汉，而是通记"上古以来"车服制度的演变，"以观古今损益之义"。

第二，是强调以"君威""臣仪""上下有序"为核心的"顺礼"等级秩序。

①　《隋书·经籍志》作八十三卷；《新唐书·艺文志》作八十三卷，录一卷。
②　《晋书·司马彪传》。
③　分八志为三十篇，系南朝梁人刘昭所为。
④　刘昭《后汉书注补志序》。

司马彪认为"夫威仪，所以与君臣、序六亲也。若君亡君之威，臣亡臣之仪，上替下陵，此谓大乱。大乱作，则群生受其殃，可不慎哉！故记施行威仪，以为《礼仪志》"。① 这个思想，当是从东汉末年的历史中总结出来的。他还认为："故礼尊尊贵贵，不得相逾，所以为礼也。非其人不得服其服，所以顺礼也。顺则上下有序，德薄者退，德盛者缛。"② 这显然是适应正在形成的门阀制度的需要，故"顺礼"是带有鲜明的时代特点的。

第三，是推崇"务从节约"的政治作风。司马彪批评汉武帝在官制上"多所改作，然而奢广，民用匮乏"；推崇东汉光武帝的"中兴"，说他"务从节约，并官省职，费减亿计，所以补复残缺，及身未改，而四海从风，中国安乐者也"。③ 他还批评秦始皇、汉武帝的大规模封禅活动，是违背"天道质诚"的，认为："帝王所以能大显于后者，实在其德加于民，不闻其在封矣。"④

《续汉书》八志在撰述思想上是把对历史的考察和现实的需要结合起来了，这反映出当时史家的一个共同的思想趋向。

南朝梁人刘昭注范晔《后汉书》，惜其诸志未成，"乃借旧志，注以补之"。唐太宗有《咏司马彪〈续汉志〉》诗，其中四句是："前史殚妙词，后昆沉雅思。书言扬盛迹，补阙兴洪志。"⑤ 这都反映出后人对《续汉书》八志的评价。

司马彪还著有《九州春秋》10卷，记东汉末年事；又据《汲冢纪年》，列举谯周《古史考》中凡百二十二事为不当"，均散亡。司马彪的史学思想的核心是"教世"。他说："先王立史官以书时事，载善恶以为沮劝，撮教世之要也。"⑥《续汉书》八志可以说是很鲜明地表明了他的这个史学主张。

《后汉纪》30卷，编年体东汉史，东晋袁宏（328—376年）撰。袁宏，字彦伯，善作咏史诗，以寄其风情。他任大司马桓温府记室，"专综书记"。为人"强正亮直，虽被温礼遇，至于辩论，每不阿屈，故荣任不至"。⑦

袁宏对西晋陈寿所撰《三国志》甚推重，他自称："余以暇日常览《国

---

① 《后汉书·礼仪志》序。
② 《后汉书·舆服志》序。
③ 《后汉书·百官志》序。
④ 《后汉书·祭祀志》后论。
⑤ 《全唐诗》卷一。
⑥ 《晋书·司马彪传》。
⑦ 《晋书·文苑传》。

志》，考其君臣，比其行事，虽道谢先代，亦异世一时也。"本着这样的认识，他撰了一篇《三国名臣颂》，借评论三国名臣抒发对于历史的见解。他认为："百姓不能自牧，故立君以治之；明君不能独治，则为臣以佐之。"①他把君臣关系视为致治的关键，而维系君臣关系的核心便是"名教"。这个思想，也突出地反映在他的《后汉纪》一书中。

　　袁宏生活的年代，已有多种东汉史著述行世。他说到撰《后汉纪》的起因和经过是："予尝读后汉书，烦秽杂乱，睡而不能竟也。聊以暇日，撰集为《后汉纪》。……前史阙略，多不次叙，错谬同异，谁使正之？经营八年，疲而不能定。"袁宏撰集时参考、"缀会"的诸家东汉史有：《东观汉记》、谢承《后汉书》、司马彪《续汉书》、华峤《汉后书》、谢沉《后汉书》等。其中司马彪、华峤二家，《文心雕龙·史传》《史通·古今正史》均有好评，似不应斥为"烦秽杂乱"者。至于"前史阙略""错谬同异"，诸史相比，当是可能的。袁宏的撰述兴趣在编年而不在纪传，所以他在参阅前史的基础上，又吸收了起居注、名臣奏、诸郡耆旧先贤传等文献，仿荀悦《汉纪》撰集此书。历时八年，最后以张璠《后汉纪》补东汉末年事，全书乃成。其记事，起于"王莽篡汉"，终于"魏以河内之山阳，封汉帝为山阳公"；正式纪年，起更始元年（23 年），终建安二十五年（220 年）。全书各以 8 卷记光武事和灵、献事，篇幅占全书一半以上。内容上的这种轻重详略安排，反映了作者着意于写出东汉皇朝的兴起和衰亡。

　　《后汉纪》在编撰方法上除具有编年记事的基本要求外，还有自身的特点，这就是它吸收了传记体记人的优点，以容纳众多的人物的言行。具体说来，就是在记事的同时，把与此事有关的、时间相近的一些人物连带着写出，或把一人发生于不同时间但可表明此人基本面貌的言行集中写出，此即袁宏称作"言行趣舍，各以类书"的方法。如卷一写王莽末年的社会动乱和刘秀政治活动的开始，就连带写出 20 多个与此有关的人物。又如卷三十记建安十三年（208 年）八月"壬子，太中大夫孔融下狱诛，妻子皆弃市"一事，接着便集中写出孔融的身世和一生中几件大事，说他"年十三丧父，哀慕毁瘁，杖而后起，州里称其至孝"；说他为北海太守时，"崇学校庠序，举贤贡士，表显耆儒"，"其礼贤如此"。全书皆类此。这是在编年体史书中把记事和写人结合起来，事因人而丰满，人依事而益显。这是袁宏对编年体史书在编撰方法上的发展。

————————

　　①　《晋书·文苑传》。

袁宏的"言行趣舍，各以类书"的编撰方法，写出了众多人物，目的是借以"观其名迹，想见其人"，为贯彻"通古今而笃名教"的撰述思想服务的。对于前人撰述，袁宏尤其推崇荀悦，说他"才智经纶，足为嘉史，所述当也，大得治功已矣"；但又说他"名教之本，帝王高义，韫而未叙"。故袁宏"因前代遗事，略举义教所归，庶以弘敷王道、前史之阙"。① 可见《后汉纪》之突出名教思想，正是袁宏主旨所在。袁宏对名教的本质作了这样的说明："夫君臣父子，名教之本也。然则名教之作，何为者也？盖准天地之性，求之自然之理，拟议以制其名，因循以弘其教，辩物成器，以通天下之务者也。"他进而认为："天地，无穷之道；父子，不易之体。夫以无穷之天地，不易之父子，故尊卑永固而不逾，名教大定而不乱，置之六合，充塞宙宇，自今及古，其名不去者也。"②这就是说，名教的核心是君臣、父子关系，这种关系是天地、自然所决定的，是无穷的、不变的，人们都应当恪守这种关系。而名教的根本作用是"以统群生"，故其与治乱盛衰有极大关系。③ 这种作用，一是通过"风化"发挥出来，即"立君之道"要本于"有仁有义"，弘扬"崇长推仁"的"自然之理"，倡导"出乎情性"的"爱敬忠信"之风，从而使人们"服膺名教"。④ 二是要有制度的约束，"王者之兴，必先制礼，损益随时，然后风教从焉"。⑤ 这就把名教同风化、礼法结合起来了。但是，恪守名教的人也是有区别的："称诚而动，心理为心，此情存乎名教者也。内不忘己以为身，此利名教者也。情于名教者少，故道深于千载；利名教者众，故道显于当年。"⑥袁宏并没有把名教完全理想化，所谓"利名教者众"的看法，说明他还是讲求实际的。袁宏生活在东晋统治集团内部矛盾、斗争日益发展的年代，他借撰述东汉史来阐发名教思想，是有他的一番深意的。

《后汉纪》作为编年体东汉史，是一部成功的历史著作。往前，它追踪荀悦《汉纪》。《史通·六家》篇说："为纪传者则规模班、马，创编年者则议拟荀、袁。"往后，它无愧范晔《后汉书》，故"世言汉中兴史者，唯范、袁二家而已"。⑦

---

① 以上均见《后汉纪》序。

② 《后汉纪》卷二六。

③ 《后汉纪》卷三〇。

④ 《后汉纪》卷三、二二。

⑤ 《后汉纪》卷一二。

⑥ 《后汉纪》卷二三。

⑦ 《史通·古今正史》。

　　范晔(398—445年)字蔚宗，南朝宋顺阳(今河南淅川东)人。善文章，精音乐，宋文帝时以才学为用，官至太子詹事。他撰《后汉书》始于宦途中元嘉九年(432年)左迁宣城太守之时。元嘉二十二年(445年)，被人告发与谋立大将军彭城王刘义康为帝一案有牵连，以谋反罪入狱，被杀，时年48岁。其时，上距司马彪之卒约140年、袁宏之卒约70年。范晔在狱中作《与诸甥侄书》，阐说了他的为人、治学和撰写《后汉书》的一些重要情况，是一篇具有自序性质的文献，故《宋书·范晔传》全文收录了它。范晔治学，重在"至于所通解处，皆自得之于胸怀"。认为："文患其事尽于形，情急于藻，义牵其旨，韵移其意"；主张"情志所托，故当以意为主，以文传意"。他的治学态度和为文主张，在《后汉书》中有比较全面的反映。他撰《后汉书》的全部计划，是要写成纪10卷、志10卷、传80卷，合为100卷。但他只完成了纪、传部分的90卷就被捕入狱了。

　　范晔自己说："本未关史书，政恒觉其不可解耳。既造《后汉》，转得统绪。"①后人说他是"不得志，乃删众家后汉书为一家之作"。又说他撰述中"至于屈伸荣辱之际，未尝不致意焉"。② 这可能考虑到他身为庶子和宦途播迁的境遇，但范晔所谓"政恒觉其不可解"的话，似不必限于从个人境遇上去理解。范晔所提出的问题，还在于从历史上去寻求关于现实政治中存在问题的答案。范晔撰《后汉书》时，至少有10种汉晋史家所著后汉史作为参考。范晔自称他的《后汉书》虽"博赡"不及班固《汉书》，但"整理未必愧也"；而其"杂传论，皆有精意深旨"，"至于《循吏》以下及'六夷'诸序论，笔势纵放，实天下之奇作。其中合者，往往不减《过秦》篇。尝共比方班氏所作，非但不愧之而已"。可见，范晔虽是据众家后汉史撰《后汉书》，而他撰述目标却是以"最有高名"的《汉书》为参照的。他对于材料的整理之功和对于史事的评论精深，是《后汉书》的两个特点。

　　范晔删削众家后汉史，在材料整理上博采诸家。《后汉书》中提到的有《东观汉记》和华峤《汉后书》，范晔称为"前史"。还有许多是他没有提到的。如其《党锢传》，可能来自司马彪《续汉书·党锢传》；其循吏、酷吏、宦者、儒林、文苑、独行、方术、逸民、列女等类传可能来自谢承《后汉书》之同名的类传；其"六夷"传，包括东夷、南蛮、西羌、西域、南匈奴、乌桓、鲜卑等，可能是分别参考了谢承、司马彪、华峤三家后汉史中有关的传。

---

　　① 《宋书·范晔传》，下引本传，不另注。
　　② 《南史·范泰传》。

而范晔在整理材料中对历史人物传记的编次上，则更多地受到袁宏《后汉纪》"言行趣舍，各以类书"的方法的影响。其余同卷人物，往往"不拘时代，而各就其人之生平以类相从"；有的以"治行卓著"，有的以"深于经学"，有的以"著书恬于荣利"，有的以"和光取容，人品相似"，有的以"立功绝域"，有的以"仗节能直谏"，有的以"明于天文"，等等。① 总之，范晔对众家东汉史的"整理"之功，更便于反映出东汉时期各类人物的事迹和风貌。

范晔的历史评论，是《后汉书》的精华所在。

第一，他对东汉时期的治乱得失问题提出了自己的看法。他论王莽、东汉之际的形势说："传称'盛德必百世祀'，孔子曰'宽则得众'。夫能得众心，则百世不忘矣。观更始之际，刘氏之遗恩余烈，英雄岂能抗之哉！然则知高祖、孝文之宽仁，结于人心深矣。"② 他指出"得众心""结于人心深矣"对于政治上的成功的极端重要性，无疑是深刻的见解。他论"中兴之业，诚艰难也"，认为光武"闭玉门以谢西域之质，卑词币以礼匈奴之使"是明智之举。③ 范晔尤其称道光武对"中兴二十八将"的安置，认为光武吸取西汉初年分封异姓诸侯王的教训，"鉴前事之违，存矫枉之志"，仅以少数功臣"与参国议，分均休咎，其余并优以宽科，完其封禄，莫不终以功名、延庆于后"，也是明智之举。论末总结说："崇恩偏授，易启私溺之失；至公均被，必广招贤之路，意者不其然乎！"④ 这是把不同的政策上升到理论认识的高度了。范晔在《皇后纪》序论中，也指出了东汉"皇统屡绝，权归女主，外立者四帝，临朝者六后，莫不定策帷帟，委事父兄，贪孩童以久其政，抑明贤以专其威。任重道悠，利深祸速"的弊端。⑤ 在《宦者列传》的序和论中，范晔一方面分析宦官和外戚勾结的原因，另一方面又分析了宦官得势的种种不同情况，以及造成"纲纪大乱""败国蠹政""忠贤所以智屈，社稷故其为墟"的严重后果。凡此，都是着眼于政治得失所作的历史评论。

第二，范晔的人才论具有深刻的认识价值。他认为一是政策得法，即"知能任使"，"士得用情"；一是各方面人才得尽其用，即"英能承风，俊乂

---

① 赵翼：《廿二史劄记》卷四，"《后汉书》编次订正"条。赵翼认为，《后汉书》的"不拘时代""以类相从"是受了《史记》、《汉书》的影响，自有一定道理；但作为晚出的东汉史，它无疑受到《后汉纪》之"言行趣舍，各以类书"更多的影响。

② 《后汉书》卷一二。

③ 《后汉书》卷一八。

④ 《后汉书》卷二二。

⑤ 《后汉书》卷一〇上。

咸事"。根据这一认识，他对顺帝时的人才辈出赞叹不已，而对桓帝时的人才政策则认为"可为恨哉"。①

第三，范晔的历史评论还表明了他在历史观上的朴素唯物倾向。他批评佛教"好大不经，奇谲无已"，"故通人多惑焉"。② 他批评种种方术"斯道隐远，玄奥难原，故圣人不语怪神，罕言性命"；方术怪诞之论"纯盗虚名，无益于用"，不过是有人"希之以成名"的工具罢了。③ 他对武帝"颇好方术"，光武"尤信谶言"，桓帝"修华盖之饰"，都持批评的态度。他极少讲"天命"，即使讲到了，也是有所保留的。他说："天命符验，可得而见，未可得而言也。然大致受大福者，归于信顺乎！"④他是把顺乎天、信乎人结合在一起来看待的。这虽多少带有一点折中的色彩，但范晔总的思想倾向不是折中的，所以直到临死前还说："天下决无佛鬼！"

第四，范晔的历史评论，显示出他对东汉时期学术史的兴趣和见解。如他论道术，一方面说它"有补于时，后人所当取鉴"，另一方面指出"然而其敝好巫，故君子不以专心焉"。⑤ 他论经学，指出"及东京，学者亦各名家。而守文之徒，滞固所禀，异端纷纭，互相诡激，遂令经有数家，家有数说，章句多者或乃百余万言，学徒劳而少功，后生疑而莫正"，批评经学的烦琐、误人；同时指出"郑玄括囊大典，网罗众家，删裁繁诬，刊改漏失，自是学者略知所归"的成就。他论史学，肯定"司马迁、班固父子，其言史官载籍之作，大义粲然著矣"。"迁文直而事核，固文赡而事详。若固之序事，不激诡，不抑抗，赡而不秽，详而有体，使读之者亹亹而不厌，信哉其能成名也"，对迁、固作了比较，并给予班固很高的评价；但不同意班固对司马迁的批评，认为班书"论议常排死节，否正直，而不叙杀身成仁之为美，则轻仁义、贱守节愈矣"。⑥ 这个评论在史学史上有很大的影响。他论应奉、应劭父子说："应氏七世才闻，而奉、劭采章为盛。及撰著篇籍，甄纪异知，虽小道，亦有可观者焉。"⑦他把王充、王符、仲长统三位唯物思想家合传，说王充《论衡》"释物类同异，正时俗嫌疑"，王符《潜夫论》

① 《后汉书》卷六一。
② 《后汉书·西域传》后论。
③ 《后汉书·方术列传》。
④ 《后汉书》卷七五。
⑤ 《后汉书》卷三〇下。
⑥ 《后汉书》卷四〇下。
⑦ 《后汉书》卷四八。

"指讦时短，讨谪物情，足以观见当时风政"，说仲长统所著《理乱篇》《损益篇》《法诫篇》都"有益政者"。① 范晔对蔡邕之死深寄同情，引郑玄的话说："汉世之事，谁与正之！"其论则称："执政（按指王允——引者）乃追怨子长谤书流后，放此为戮，未或闻之典型。"②至于《儒林列传》序，不啻就是一篇东汉经学史概要，而其后论一方面肯定了经学对东汉世风的影响，另一方面又是对走向末路的东汉经学的尖锐批评，反映出他对经学所持的一贯的批判精神。

《后汉书》的其他类传如党锢、循吏、酷吏、文苑、独行、逸民、列女以及"六夷"等传的序、论，如范晔所说，都写得"笔势纵放"，颇多精彩之处。《循吏列传》序概述了东汉一朝循吏简史，认为循吏的特点是"仁义笃诚，使人不欺"，"可以感物而行化"，做到"明发奸伏，吏端禁止"，"移变边俗"等。同循吏相对的是酷吏。《酷吏列传》的序、赞表明范晔对酷吏政治的朴素辩证认识。他一方面认为酷吏的出现是政治统治中不可避免的，酷吏的特点是"肆情刚烈，成其不桡之威"。他们敢于"揣挫强势，摧勒公卿"的执法精神"亦为壮也"，故能"厌快众愤"；但毕竟手段严酷，"末暴虽胜，崇本或略"。这个评价自然不如对循吏的称颂，但范晔也没有完全否定酷吏的作用，认为前者是本，后者是末，他们的关系，是为政之中的本末关系。范晔对于历史人物的看法是取兼容态度的，并不持偏激之见。他推崇忠义、进取的人生，但也承认"性尚分流，为否异适"的历史现象③，故作《独行列传》。他的这个认识，在《后汉书·逸民列传》序中阐述得十分明确，他认为，种种隐逸之人"或隐居以求其志，或回避以全其道，或静己以镇其躁，或去危以图其安，或垢俗以动其概，或疵物以激其情。然观其甘心畎亩之中，憔悴江海之上，岂必亲鱼鸟乐林草哉，亦云性分所至而已"。可见他对于社会中之所以会出现"逸民"，以及"逸民"的不同心理与目的，是很理解的。《后汉书》"六夷"传的序、论，分别论述周边各民族、各地区同三代、秦汉的关系，而尤着意其与东汉联系的密切。他写道："自中兴之后，四夷来宾，虽时有乖畔，而使驿不绝，故国俗风土，可得略记。东夷率皆土著，喜饮酒歌舞，或冠弁衣锦，器用俎豆。所谓中国失礼，求之四夷者也。凡

① 《后汉书》卷四九。
② 《后汉书》卷六〇下。
③ 《后汉书·独行列传》序。

蛮、夷、戎、狄总名四夷者，犹公、侯、伯、子、男皆号诸侯云。"①这段话所确定的基本看法，反映出了他对各族关系的认识，大致上是继承了司马迁的思想传统，是难能可贵的。《后汉书·循吏列传》以下各传诸序、论，有一个共同的特点，即纵向论历史演变，横向评得失利害，以陈述史事为目的，以总结经验为归宿，有吞吐古今之志，无矫揉造作之意，此即其所谓"笔势纵放"之特点。

范晔的史论，言深意远，用词典雅，笔势纵放，在史学史上是不多见的。

魏晋南北朝时期，注史之风极盛。范晔《后汉书》行世后约五六十年，南朝梁人刘昭即为其作注。刘昭惜《后汉书》诸志未成，又据范晔"遗书自序，应遍作诸志"的计划，乃移司马彪《续汉书》志"注以补之"，合为 130卷②，"世称博悉"③。但二书仍系单行，直至宋真宗乾兴元年（1022 年）以后，范书、马志方合刻行世，流传至今，成为《二十四史》中的优秀著作之一。

四、沈约、萧子显和魏收的皇朝史撰述

南北朝时期撰述并流传至今的还有关于南北朝的三部皇朝史，即沈约的《宋书》萧子显的《南齐书》和魏收的《魏书》。《宋书》《南齐书》记述南朝宋、齐皇朝的史事，包含的年代约占南朝历史的半数；《魏书》记述北朝北魏和东魏两个皇朝的史事，包含的年代约占北朝历史的四分之三。它们的著者是在范晔之后这时期很有成就的史家。

沈约（441—513 年），字休文，南朝吴兴武康（今浙江德清县西）人，历仕宋、齐、梁三朝，史家一般称他是梁朝人。沈约出身门阀士族，所谓"江东之豪，莫强周、沈"的说法，足见其家族地位的显赫。沈约在宋泰始初年20 多岁时开始撰《晋书》，至齐永明六年（488 年）得 120 卷④，自称"条流虽

① 《后汉书·东夷列传》序。
② 范晔《后汉书》90 卷，连同子卷为 100 卷；《续汉书》志由刘昭厘为 30 卷，故合为 130 卷。
③ 见《梁书·文学传》及刘昭《后汉书注补志序》。
④ 《梁书·沈约传》记为 110 卷，今从《自序》。

举，而采掇未周"。① 齐建元四年（482 年）奉诏撰国史，为《齐纪》20 卷。梁天监年间，撰《高祖纪》（《梁武纪》）14 卷。沈约一生，于晋、宋、齐、梁四朝史均有撰述，所存者仅《宋书》。

沈约奉诏撰《宋书》，是在齐永明五年（487 年）春天，次年二月即表上《宋书》纪、传 70 卷。所记起于东晋安帝义熙之初，终于宋顺帝升明三年（479 年），包括东晋末年及刘宋一代史事。这是沈约撰述《宋书》的第一阶段。这一阶段，主要是编辑前人的撰述成果。早在宋文帝时科学家何承天即以著作郎身份撰国史，起草了纪、传和《天文》《律历》《五行》等志，但人物列传只写到宋武帝时期的一些功臣。其后，又有山谦之、苏宝生相继撰述。宋孝武帝大明六年（462 年），徐爰续作宋史，在前人撰述的基础上，写成国史 65 卷，上起东晋末年，下迄大明时期。沈约对于《宋书》纪、传的撰述，一是补叙了宋前废帝永光以后十余年史事，二是确定了"立传之方"，对晋宋之际的人物列传有所取舍。沈约撰述《宋书》的第二个阶段，是写成八志 30 卷。他在《自序》中只是说到"所撰诸志，须成续上"。从《宋书》志避梁武帝及其父的名讳来看，它的撰成很可能是在梁武帝时期了。八志中，《天文》《律历》《五行》《州郡》是在前人旧稿基础上写成；《礼》《乐》《符瑞》《百官》出于沈约新撰。

《宋书》在反映时代特点方面是很突出的。第一，在列传中创立了家传的形式。以往"正史"列传，很少附记传主后人、亲属；而《宋书》改变此例，开以子孙之传附于父祖之传的先声。如《宋书》卷四二《刘穆之传》，后面就附有"长子虑之""虑之子邕""穆之中子式之""式之子瑀""穆之少子贞之""穆之女婿蔡祐"等人的传；卷七七《沈庆之传》，后面附有"子文叔""庆之弟劭之""庆之兄子僧荣""僧荣子怀明""庆之从弟法系"等传。这种家传式的列传，在《宋书》里是不少的。这是魏晋南北朝时期门阀地主居于统治地位，社会风气崇尚家族史和谱系之学在历史编纂上的反映。第二，在类传中首创《孝义传》。标榜"孝行""孝廉"，这反映了魏晋统治者提倡"以孝治天下"的遗风犹存。《孝义传》序及后论说："夫仁义者，合君亲之至理，实忠孝之所资"，"汉世士务治身，故忠孝成俗"，但《宋书》撇开了忠而大讲其孝，说明了它自身的矛盾。第三，创《索虏传》以记北魏及南北战争、通好、和议、互市的史事，这是南北分裂的政治局面在史学上的反映。《索虏传》后论从历史、政治、军事、地理等几个方面，分析了南北局面的形成，反映了史

---

① 《宋书·自序》。下引自序不另注。

学家对于这一重大现实问题的重视。

《宋书》的志在文字的分量上几乎占了全书的一半，是司马彪《续汉书》八志之后的重要著作。第一，八志中的《律历》《礼》《天文》《五行》《州郡》等志，都是从曹魏讲起，是《宋书》志的创始者何承天"以续司马彪《汉志》"的主旨；《乐》从秦汉讲起，《符瑞》叙自上古，《百官》通叙秦汉魏晋至宋官制沿革流变。何承天、沈约于志中接续前史、贯通古今的思想，反映了中国史学的优良传统。《宋书》志仰包曹魏、囊括两晋，弥补了陈寿《三国志》无书志的缺憾和当时诸家晋史尚无定本的不足，在史学上有不可低估的成就。近人余嘉锡指出这是"史家之良规"，"理固宜然"。① 第二，《宋书》志之首有一篇《志序》，概述志的源流和本书各志的缘起，反映了 6 世纪初中国史家对于制度史研究之重要性的一些理论认识，是一篇难得的作品。它指出："汉兴，接秦坑儒之后，典坟残缺，耆生硕老，常以亡逸为虑。刘歆《七略》、固之《艺文》，盖为此也。"又说："漳、滏、郑、白之饶，沟渠沾溉之利，皆民命所祖，国以为天，《沟洫》立志，亦其宜也。"这都是很有意义的见解。第三，《宋书》诸志中有许多具有科学价值和历史价值的记载，如《律历志》详细记载了杨伟的景初历、何承天的元嘉历、祖冲之的大明历以及他与戴法兴的长篇论难，是我国历法史上的重要文献。《乐志》以乐随世改的撰述思想，叙述歌舞乐器的缘起和演变，同时汇集了汉魏晋宋的一些乐章、歌词、舞曲，具有独创风格，为前史乐志所不及。《州郡志》记载了汉魏以来区域建置的变动，尤其写出了东晋以来北方人口南迁和侨置郡县的具体情况，是一篇反映人口迁移和区域变动的重要地理文献，等等。《宋书》的志都写得丰满而有序，在"正史"的志中颇具特色。

《宋书》在历史观上的突出的特点，是宣扬天命、佛教、预言。它记载了诵观音经千遍即可免灾的故事。② 《符瑞志》相信"有受命之符，天人之应"，《天文志》《五行志》多有此类记载。这反映了沈约的神秘主义的唯心史观。《梁书》本传记他建议萧衍行禅代之事的话："天文人事，表革运之征，永元以来，尤为彰著。谶云'行中水，作天子'，此又历然在记。"这可见神秘主义的唯心史观的主要目的，是在于为统治者的统治编织神圣的外衣。在这一点上，《宋书》更甚于《三国志》，而愈益衬托出《后汉书》的光辉。

沈约同时代人中有不少史学家，《齐书》撰者萧子显是其中留下了著

---

① 《四库提要辨证》卷三，"宋书"条。

② 《宋书·王玄谟传》。

作的。

萧子显（487—537年），字景阳，南朝南兰陵（今江苏武进西北）人，是齐高帝萧道成的孙子。他十几岁时，萧齐被萧梁所取代。梁武帝萧衍的父亲萧顺之是萧道成的族弟，萧子显是比萧衍晚一辈的人，但他们很早就分支了。在梁朝，萧子显以自己的才华、风度和谈吐的出众，受到梁武帝的礼遇和信任，官至吏部尚书，后出为吴兴太守。他一生写了五部史书：《后汉书》100卷，《晋史草》30卷，《齐书》60卷，《普通北伐记》5卷，《贵俭传》30卷。他同沈约一样，重视东汉以来的历史。这些著述除《齐书》外都亡佚了。

萧子显撰《齐书》是得到梁武帝的同意的。他撰《齐书》是在天监年间（502—519年），也就是在萧子显三十一二岁以前。后人为区别萧子显《齐书》和唐初李百药《齐书》，称前者为《南齐书》，后者为《北齐书》。萧子显撰《南齐书》，可以参考的文献资料还是不少的。早在宋明帝时，檀超和江淹奉诏修本朝史，他们制订了齐史的体例，但没有完成修撰工作。此外，还有熊襄的《齐纪》、吴均的《齐春秋》和江淹的《齐史》十志。萧子显的撰述，在体例上"本〔檀〕超、〔江〕淹之旧而小变之"，在内容上兼采诸家成果，著成《南齐书》60卷。它包括帝纪8卷，除追叙萧道成在刘宋末年的政治活动外，主要记萧齐皇朝（479—502年）23年间的史事。志8篇11卷，或上承刘宋，或起自萧齐，断限明快，但内容单薄。列传40卷，改前史循吏、良吏为《良政传》，佞幸、恩幸为《幸臣传》，文苑为《文学传》，隐逸为《高逸传》；而以《魏虏传》记北魏史事，这在性质上同于《宋书·索虏传》。另有《序录》1卷，已佚。全书今存59卷。萧子显作为齐的宗室、梁的宠臣，所以他在《南齐书》中一方面要为萧道成回护，另一方面又要替萧衍掩饰。他写宋、齐之际的历史，当然不能直接写出萧道成的篡夺之事，只能闪烁其词，微露痕迹；他写齐、梁之际的历史，则用很多篇幅揭露齐主恶迹，以说明萧衍代齐的合理。这是他作为齐之子孙、梁之臣子的"苦心"，也反映出他在史学上的局限。

《南齐书》部帙不大，包含的年代又很短，竟然也撰有八志，确乎难得，这包含了江淹首创之功。其中，《礼》《乐》《州郡》《百官》《舆服》等略述萧齐一代典章制度和民俗风情，颇多参考之处。而《天文》《祥瑞》《五行》等则竭力宣扬天人感应和星占、谶语、梦寐的灵验，甚至不惜编造出崔灵运"梦天帝谓己曰：'萧道成是我第十九子，我去年已授其天子位'"这样的谎言，来证明齐之代宋实属天意。这使《南齐书》在历史观上带着浓厚的唯心主义色彩。

《南齐书》的一些列传的写法，显示了萧子显在历史表述上的才华。例如，他于《褚渊传》，先写褚渊在宋明帝时受到信任，而在宋明帝临死，则写他也参与"谋废立"，违背宋明帝的旨意；于《王晏传》，先叙其与齐高帝、齐武帝的密切关系，继而写其在齐武帝死后也参与"谋废立"的事；于《萧谌传》，先说其受到齐武帝、郁林王的信赖，后写其在协助齐明帝夺取郁林王皇位的政变中竟然领兵充当前驱；于《萧坦之传》，先烘托其受到郁林王的特殊信任，以至"得入内见皇后"，后写他成了废郁林王而拥立明帝的关键人物，等等。萧子显在写这些事件和人物时，都不直接发表议论，而是通过前后史事的对比来揭示人物的品格。清代史家赵翼评论说："此数传皆同一用意，不著一议，而其人品自见，亦良史也。"①

萧子显死后 17 年，即 554 年（梁元帝承圣三年，北齐文宣帝天保五年），北齐魏收撰成《魏书》。

魏收（505—572 年），字伯起，小字佛助，钜鹿下曲阳（今河北晋县西）人，历仕北魏、东魏、北齐三朝。他出使过梁朝，也接待过梁朝派到东魏的使臣徐陵。② 他与温子升、邢子才齐誉，"世号三才"。魏收在北魏末年节闵帝普泰元年（531 年）就被委以"修国史"，这时他才 26 岁。东魏时，他担任过一些重要官职，并始终兼任史职。北齐天保二年（551 年），他正式受命撰述魏史。文宣帝高洋对他说："好直笔，我终不作魏太武诛史官。"③高洋之父高欢当年左右东魏朝政时，也对魏收说过："我后世身名在卿手，勿谓我不知。"这说明高欢、高洋父子看重历史撰述，也说明魏收在他们心目中的分量。

魏收撰《魏书》，可以直接继承、借鉴的文献主要是：北魏初年邓渊所撰《代记》十余卷（太祖拓跋珪时）；崔浩编年体《国书》，一称《国记》（太武帝拓跋焘时）；李彪改编年体为纪、表、志、传综合体国史，未成书（孝文帝时）；邢峦、崔鸿、王遵业等撰孝文帝以下三朝起居注（宣武帝、孝明帝时）；元晖业撰的《辨宗室录》30 卷（北魏末年）；其余就是当时还能见到的有关谱牒、家传等。魏收与房延祐、辛元植、刁柔、裴昂之、高孝幹等"博总斟酌"，历时三年余，撰成《魏书》131 卷：帝纪 14 卷、列传 96 卷，于天保

---

① 《廿二史劄记》卷九。

② 《北齐书·魏收传》、《陈书·徐陵传》。

③ 《北齐书·魏收传》，下引本传，不另注。

五年(554年)三月表上；十志20卷，例目1卷，于同年十一月表上。例目已佚，今存130卷。参与撰写十志的除魏收外，还有辛元植、刁柔、高孝幹、綦母怀文。魏收在表上十志时指出："其史三十五例，二十五序，九十四论，前后二表一启焉。"例目已佚，其史例亦不可知。二十五序，俱存，见于《皇后传》、诸类传及十志。九十四论，今存九十三论①，以卷七十四《尔朱荣传》后论文字最多。二表皆佚，今仅存《前上十志启》，编于诸志之首。上述例、序、论、表、启，"皆独出于收"。②

　　《魏书》最重要的成就，在于它是中国封建社会历代"正史"中第一部以少数民族上层集团为统治者的封建皇朝的皇朝史。十六国时期，曾经出现了许多记述北方各个割据皇朝史事的专书，但不论是皇朝本身的规模还是有关历史撰述的规模，都无法与北魏及《魏书》相比拟。《魏书》记述了中国北方鲜卑族拓跋部从4世纪后期至6世纪中期(即北魏道武帝至东魏孝静帝)的历史，内容包括它的发展兴盛、统一北方、走向封建化和门阀化的过程，以及北魏早期与东晋的关系和北魏、东魏与南朝宋、齐、梁三朝关系的发展。这使它在"正史"中具有非常突出的特色。从中国历史发展来看，《魏书》不仅是西晋末年以来中国北方各少数民族历史进程的生动记录，而且是这个时期中国民族组合与融合新发展的历史总结。

　　《魏书》在编撰上是经过精心设计的。如以《序纪》追叙拓跋氏的远祖上至20余代的史事，虽未可尽信，但大致阐述了拓跋氏的历史渊源。如它称东晋皇朝为"僭"，是说明北魏是正宗皇朝；称宋、齐、梁为"岛夷"，是说明北魏是中原先进文化的继承者。前者是从政治上着眼的，后者是从文化传统上考虑的，二者有不同的含义。还有，它在诸志中或追叙两汉魏晋沿革，或引两汉魏晋制度为依据，也是为了表明北魏在典章制度上同先前这些皇朝的连贯性。《魏书》在反映南北朝时期的历史特点方面也很突出：它的列传具有比《宋书》更为突出的家传色彩，有的传竟列举五六十人之多。新增《官氏志》和《释老志》，前者首叙官制、后叙姓族，是反映北魏统治封建化、门阀化的重要文献；后者主要叙述了佛教在中国传播的过程，详细记载了它在北魏的兴衰史，同时还简述了道教的发展。重姓族，崇佛教，这是当时南北朝共同的社会风尚和历史特点。魏收在《前上十志启》中说，

---

　　① 中华书局点校本《魏书》，在卷八八、九二、九三、九四之后，均有"史臣曰"，并注明"阙"，其中或有讹误，注以备考。

　　② 《北史·魏收传》。

这两篇志是"魏代之急""当今之重"，说明他在反映这种风尚和特点方面的自觉性。

魏收在历史观上同沈约、萧子显有相似之处。《魏书·序纪》记拓跋氏先人诘汾与"天女"相媾而得子，是为"神元皇帝"。其后论又说："帝王之兴也，必有积德累功博利，道协幽显，方契神祇之心。"《太祖纪》又载，献明贺皇后"梦日出室内，寤而见光自牖属天，欻然有感"，孕而生太祖道武皇帝。这都是以神话传说来编织"天命"的理论。《释老志》固然是一篇很有价值的历史文献，但也宣扬了非佛致祸和道家预言的灵验。这些都是《魏书》中的消极因素。

《魏书》撰成后，曾经在北齐统治集团中引起激烈的争论。有人说它"可谓博物宏才，有大功于魏室"，"此谓不刊之书，传之万古"。也有人说它"遗其家世职位"，或是"其家不见记载"，甚至还有人说它记事"妄有非毁"，是一部"秽史"。北齐皇帝高洋、高演、高湛都相继过问此事，十几年中魏收两次奉命修改《魏书》，所改仅限于个别门阀人物的先世。可见这场纷争，不过是因《魏书》宣扬门阀而又未尽如门阀之意而引起的，以此把它诬为"秽史"，是没有道理的。隋唐时期，重撰元魏史者甚多，但千载而下，诸家尽亡而《魏书》独存，说明它确是一部有价值的皇朝史。

第三节　皇朝史撰述的兴盛(下)

一、历史意识的强化和史馆的设立

隋朝与唐朝，统治集团的历史意识进一步强化了，这在历史撰述和历史思想上都有明显的表现。隋文帝在撰史方面首先过问的一件事情，就是命魏澹"别成魏史"。而魏澹所撰《魏书》"以西魏为真，东魏为伪"，隋文帝"览而善之"。[①] 这是通过改撰魏史，为西魏、北周争得合理地位，而最终是为隋朝争得合理地位。隋文帝在撰史方面过问的另一件事情，是在开皇十三年(593年)下了一道诏书："人间有撰集国史、臧否人物者，皆令禁绝。"[②]这表明皇家垄断"撰集国史、臧否人物"的决心，魏晋南北朝以来私人修史的势头

① 《隋书·魏澹传》《史通·古今正史》。
② 《隋书·高祖纪下》。

受到了扼制。这是中央集权的重建和强化在修史方面最直接的反映。

"《汉书》学"的兴盛，从另一个方面反映出隋朝统治者历史意识的强化。梁、陈以来，《汉书》地位日显，而"《史记》传者甚微"。隋统一后，发扬了南朝这个传统，"《汉书》学"走向高潮，成了"国学"。当时，刘臻"精于《两汉书》，时人称为'汉圣'"。① 杨汪受业于刘臻，刘臻反而说"吾弗如也"。杨汪后为国子祭酒，炀帝"令百僚就学，与汪讲论。天下通儒硕学多萃焉，论难蜂起，皆不能屈"②，为一时之盛举。但隋朝"《汉书》学"的泰斗，还要推萧该、包恺二人。史称：大业年间，"于是《汉书》学者以萧、包二人为宗匠。聚徒教授，著录者数千人"。③ 他们关于《汉书》的著作，"为当时所贵"，"甚为贵游所礼"。④ 这样的盛况，在经学史、佛学史上并不鲜见，在史学史上却是空前的。《汉书》因具有皇朝史典范的性质而有此殊荣，而"《汉书》学"出现如此盛况，自是统治集团提倡的结果。正宗观念、垄断修史、推崇《汉书》，这种历史意识的强化，反映了政治统治上的要求。在这方面，唐初统治者比隋朝统治者要高明得多。

武德五年（622年），唐高祖根据令狐德棻的建议，诏修梁、陈、魏、齐、周、隋六代史。诏书指出：史官的职责是"考论得失，究尽变通"，史学应起到"裁成义类，惩恶劝善，多识前古，贻鉴将来"的作用。魏、齐、周、隋、梁、陈六代都"自命正朔"，"至于发迹开基，受终告代，嘉谋善政，名臣奇士，立言著绩，无乏于时"；然诸史未备，遂令人惋惜。诏书对撰述六代史提出了总的要求："务加详核，博采旧闻，义在不刊，书法无隐。"⑤这道诏书，反映出了唐高祖的政治家气度：他是激烈的政治斗争的胜利者，但他并没有去指斥前朝的错误，而是充分肯定它们的历史地位。他重视周、隋的历史，但也没有排斥梁、陈，显示出对于史学工作有一种开阔的视野。这次修史工作没有取得具体成果，但它却为唐初修撰前代史确定了宏大的规模。

贞观三年（629年），唐太宗复命诸大臣撰写梁、陈、齐、周、隋五代

---

① 《隋书·刘臻传》。

② 《隋书·杨汪传》。

③ 《隋书·包恺传》。

④ 《隋书·萧该传》。

⑤ 《旧唐书·令狐德棻传》，据《唐大诏令集》卷八一于文字略有订正。又见《唐会要》，卷六三《史馆上·修前代史》。

史，以房玄龄、魏徵"总监诸代史"，以令狐德棻主修周史并"总知类会梁、陈、齐、隋诸史"。① 这是武德年间修史工作的继续。经众议，北魏史有魏收《魏书》和魏澹《魏书》二家，"已为详备，遂不复修"。为实现这次修史计划，这一年，唐太宗对修史机构作了重大改革，正式设立史馆，并"移史馆于禁中"，"自是著作郎始罢史职"。② 宰相负责监修，后称监修国史，成为定制。修撰史事，以他官兼领，称兼修国史；或以卑品而有史才者任之，称直史馆；凡专职修史者，称史馆修撰。此后，历代修史机构大致袭用此制。唐代以下修史工作绵延不断，史馆起了重要作用。

贞观十年（636 年），五代史同时修成。唐太宗十分高兴，他勉励史臣们说：

> 朕睹前代史书，彰善瘅恶，足为将来之戒。秦始皇奢淫无度，志存隐恶，焚书坑儒，用缄谈者之口。隋炀帝虽好文儒，尤疾学者，前世史籍，竟无所成，数代之事，殆将泯绝。朕意则不然，将欲览前王之得失，为在身之龟镜。公辈以数年之间勒成五代之史，深副朕怀，极可嘉尚！③

这一段话，阐述了唐太宗对史学的社会功用的认识，尤其是史学与政治关系的认识，阐述了唐初统治者在对待史学的态度上跟秦、隋皇朝的区别。隋、唐统治集团在历史意识强化方面是一致的，在对待修史工作的具体措施上却并不相近，这从一个侧面反映出了他们在文化政策上的得失。贞观年间，唐太宗还诏修《五代史志》、重撰《晋书》；史家李延寿秉承家学，着手撰写《南史》《北史》。至唐高宗时，这些撰述都已完成，显示出官修皇朝史的重大成就。

二、五代史纪传和《五代史志》

唐太宗贞观十年撰成的"五代史"包括：

《梁书》56 卷：帝纪 6 卷，列传 50 卷。姚思廉（557—637 年）撰。

---

① 《旧唐书·令狐德棻传》。
② 《旧唐书·职官志二》。
③ 《册府元龟·国史部·恩奖》。

《陈书》36 卷：帝纪 6 卷，列传 30 卷。姚思廉撰。

《齐书》50 卷：帝纪 8 卷，列传 42 卷。李百药(565—648 年)撰。后人为区别于萧子显《齐书》，称之为《北齐书》。

《周书》50 卷：帝纪 8 卷，列传 42 卷。令狐德棻(583—666 年)、岑文本(594—644 年)、崔仁师撰，其史论多出于岑文本之手。

《隋书》55 卷：帝纪 5 卷，列传 50 卷。魏徵(579—642 年)、颜师古(581—645 年)、孔颖达(574—648 年)等撰，其史论皆魏徵所作。魏徵还撰写了梁、陈、齐三史帝纪总论。

五代史各在不同程度上继承了前人成果，姚思廉、李百药都有家学传承，《周书》《隋书》具有更明显的官史性质。在诸史作者中，大致说来，魏徵长于史论，姚、李长于史文，令狐德棻长于史例。五代史在南北关系的处理上，大致采取了同等看待的态度，这跟《宋书》《南齐书》称北朝为"索虏"，《魏书》称南朝为"岛夷"，是一个很大的变化，反映了在政治统一条件下政治家和史学家对南北朝历史的新认识。五代史虽各自独立，但对所记历史内容也有一个全局的安排。对于梁朝、陈朝与少数民族及外域的联系，《梁书》专立《诸夷传》叙述，《陈书》则散见于纪、传之中；在这个问题的处理上，《北齐书》同《陈书》相似，《周书》跟《梁书》相近。《梁书》所记"海南诸国"、《周书》所记突厥、稽胡，都是极重要的历史内容。梁、陈、齐三史都有魏徵撰写的总论，反映出对前代史评价上的总认识。

五代史在编次上讲究以类相从的方法，除各类传外，其他列传也有不少是略按"义类""类会"编次的。因各朝年代短促，年代与"类会"之间的关系便于安排，容易做到眉目清晰。但是，五代史在表述上却出现了明显的程式化的趋向。它们的帝纪，于朝代更替之际，详载新朝"受命"的各种诏策、玺书，讳恶溢美。它们的列传，必首列传主姓名、郡望、祖、父官职，继而依次叙述幼年生活，性格、相貌、风度，历任官品，行事、文章，有的最后还写出饰终诏书、封赠、谥号、子孙官职、著述名称。像《史记》《汉书》《后汉书》《三国志》中那种气势恢宏的帝纪，生动激越的列传，已难得见到。在门阀意识支配下，纪传体史书逐渐失去原先的活力。从局部来看，五代史中也有少数写得精彩的片断。《梁书》的《韦叡传》写合肥之役和邵阳之役，《康绚传》写堰淮之役，《昌义之传》写钟离之守，《周书》的《韦孝宽传》记玉壁之守，《王罴传》记荆州之守、华州之镇，都写得有声有色，是五代史中少见的佳作。

五代史的历史思想，从它们的史论中反映得最为鲜明。其成就以《隋书》史论价值最高，《周书》《梁书》次之，《陈书》《北齐书》又次之。《隋书》史论全面地总结隋朝得失存亡之故，深刻地分析了"高祖之所由兴，而炀帝之所以灭"的原因，是在于"安民"和"虐民"的区别。它从历史比较中得到一个重要结论："隋之得失存亡，大较与秦相类。"这是很有启发性的历史见解。它指出隋朝之亡"起自高祖，成于炀帝"的发展过程，包含了朴素辩证思想的成分①。《循吏传》后论提出的"所居而化，所去见思"，可以看作对各级官吏"立身从政"的要求；《隋书》卷六六后论提出的"大厦云构，非一木之枝，帝王之功，非一士之略。长短殊用，大小异宜，櫺梲栋梁，莫可弃也"的人才思想，具有历史认识和现实借鉴的价值。魏徵所写的这些史论同他为梁、陈、齐三史所写的总论一样，都贯穿着阐述得失存亡之故的思想，他在唐初的政治家中具有比别人更突出的历史感。

五代史记述了梁、陈相继，齐、周并立，以及隋朝统一南北、由兴而亡的历史，有不可忽视的历史价值。有些记载还具有文献方面的价值。《梁书·范缜传》载范缜的《神灭论》，《北齐书·杜弼传》记邢邵同杜弼"共论名理"、在形神关系上的论难，是思想史上极为重要的文献。《周书》卷三八记柱国大将军、大将军元欣等13人名单，是军事制度史方面的重要资料。《陈书·何之元传》载何之元《梁典·序》；《隋书·李德林传》载李德林与魏收论史书起元的往还书信，《魏澹传》载魏澹《魏书》义例，《许善心传》载许善心《梁史·序传》，《裴矩传》载裴矩《西域图记·序》等，是有关史学的重要文献。

五代史只有纪、传而没有志。贞观十七年(643年)，唐太宗诏褚遂良监修《五代史志》，当时亦称"《隋书》十志"。②永徽元年(650年)，高宗复命令狐德棻监修，首尾14年，至显庆元年(656年)成书，由长孙无忌奏进。参与撰述的有于志宁、李淳风、韦安仁、李延寿等。《五代史志》包括10篇共30卷，其志目、卷帙、编次如下：

志目	礼仪	音乐	律历	天文	五行	食货	刑法	百官	地理	经籍
卷帙	7	3	3	3	2	1	1	3	3	4

《五代史志》综叙梁、陈、齐、周、隋五朝典章制度，与"五代史"纪传相配合。当时亦称《隋志》，故叙隋朝典制独不称朝代名而详记其年号。《五

---

① 《隋书》卷七〇，后论及《高祖纪》《炀帝纪》后论。
② 《北史·序传》。

代史志》是自《史记》八书、《汉书》十志以来最重要的史志著作。首先，它综合并囊括了除前史符瑞志以外的全部内容，是"正史"书志撰述以来的一次总结性成果。其次，它反映出撰述者对于天道、人事在认识上的逻辑发展。《五代史志》前五志即礼仪、音乐、律历、天文、五行，是以天道为中心，讲尊天敬神、天人感应，强调天礼、地礼、人礼"所以弥纶天地，经纬阴阳，辨幽赜而洞幾深，通百神而节万事"。① 这是为君权神授和现实的上下长幼之序制造理论根据和神秘的纱幕。这五志中也包含一些社会史内容和科学史资料，但都笼罩上一层神秘的幽光。跟这个认识体系相对应的是它的后五志，即食货、刑法、百官、地理、经籍等志，它们以人事为中心，记述了五个朝代的经济制度、法律制度、职官制度、区域建置和唐初皇家所藏以前历代典籍存亡及学术流变。这是按经济、政治、文化的逻辑建立起来的又一个认识体系。这个认识体系虽然还不能完全摆脱"天道"的影响，但在具体阐述上已经把天道撇在一边而着重于人事的分析了。这种还不得不讲天道，但把天道和人事分别开来看待的历史认识，在历史观上是一个很大的进步。这跟五代史中的帝纪多载"受命"诏策，而在有关列传中则写出政权更迭的残酷真相，实有异曲同工之妙。最后，《五代史志》中的《经籍志》，是以目录书出现的学术史专篇，它精炼地概括了唐初以前的文化典籍和学术流变，是继刘向、刘歆之后一次更大规模的历史文献整理之总结性成果。它按经、史、子、集四部分类著录历代文献，以道、佛作为附录，这就奠定了古代文献分类的基础，影响所及，直至明清。它以史书居四部第二位，下分正史、古史、杂史、霸史、起居注、旧事、职官、仪注、刑法、杂传、地理、谱系、簿录 13 类，从文献分类上确立了史书的独立性和部类的区分，在史学史上有重大的意义，至宋、元、明、清而未有根本性质的变化。《经籍志》著录四部书，一般包含书名、卷帙、作者所处朝代、职官、姓名、本书存亡情况。其所著录书，"大凡经传存亡及道、佛，六千五百二十部，五万六千八百八十一卷"。《经籍志》有总序 1 篇，四部、道、佛大序 6 篇，四部各类小序 40 篇，道、佛小序 1 篇，共有序文 48 篇。它们结为一个整体，综论学术源流，是《汉书·艺文志》之作为学术史萌芽的新发展。序文阐述了文献与社会的关系、学术流变、学风得失，以及各具体部类的发展轮廓，撮其精要，论其短长，大致都写得清晰、精炼。其史部大序写道：

---

① 《隋书·礼仪志》。

　　夫史官者，必求博闻强识、疏通知远之士，使居其位，百官众职，咸所贰焉。是故前言往行，无不识也；天文地理，无不察也；人事之纪，无不达也。内掌八柄，以诏王治，外执六典，以逆官政。书美以彰善，记恶以垂戒，范围神化，昭明令德，穷圣人之至赜，详一代之臺臺。

这是对史家修养和史学功用的很高的要求。序文中有不少独立的见解，为后世历代学术思想研究者所重视。

　　《五代史志》的各志，尤其是它的后五志，从不同的方面和范围反映了社会的风貌和时代的特点，其中于经济、地理、历法、乐舞等方面，都提供了重要的新材料，反映出文明发展的新进程。《五代史志》在撰述思想上不只是有兼容南北的明确要求，而且有上承两汉的自觉意识，显示出一种细致爬梳和宏大气度相结合的格局。《五代史志》的多方面成就，是"正史"书志发展的新阶段，也为独立的典制体史书的问世提供了思想上和撰述上的条件。

三、新修《晋书》和《南史》《北史》

　　贞观二十年（646 年），唐太宗下达《修晋书诏》，"令修国史所更撰《晋书》"。诏书称赞了《史》《汉》以下至"五代史"历代正史，但对唐以前多种晋史却不满意。两晋、南朝时期出现了 26 种晋史著述，至唐初尚存 18 种。这些书，只有一二种兼具两晋史事，大多不是完全意义上的晋史。《修晋书诏》批评它们或者"烦而寡要"，或者"劳而少功"，或者"滋味同于画饼""涓滴埋于涧流"；有的"不预于中兴"，有的"莫通于创业"，有的只是"略记帝王"，有的仅仅"才编载记"。① 历来对唐太宗诏令重修晋史有种种说法，其实主要原因在诏书中已讲得十分清楚了："虽存记注，而才非良史，事亏实录。"

　　重修《晋书》以房玄龄、褚遂良为监修，参与撰述的有许敬宗、令狐德棻、敬播、李淳风、李延寿等 21 人。令狐德棻被参撰者"推为首"，他和敬播在制订《晋书》体例上起了重要作用。新修《晋书》以南朝齐人臧荣绪

————————
　　①　《唐大诏令集》卷八一。

(415—488 年)所撰《晋书》为蓝本，采诸家晋史及晋人文集予以补充，重新撰定。刘知幾特别强调它"采正典与杂说数十余部，兼伪史十六国书"。① 这反映了新修《晋书》在所取文献上和内容上的特点。贞观二十二年（648 年），新修《晋书》撰成，包括帝纪 10 卷、志 20 卷、列传 70 卷、载记 30 卷，叙例、目录各 1 卷。叙、目已佚，今存 130 卷。据宋人称，因唐太宗为宣、武二帝纪及陆机、王羲之二传写了后论，故全书曾总题为"御撰"。

《晋书》记事，起于泰始元年（265 年），迄于元熙二年（420 年），含西晋 4 帝、东晋 11 帝共 156 年史事，并追叙晋室先人司马懿、司马师、司马昭在东汉末年和曹魏时期的活动，还包括了大致跟东晋同时存在的北方十六国史事。《晋书》对于这样纷繁的历史格局都能从容地表述出来，显示了唐初史家的组织力量和创造才能。《晋书》的成就，首先在于它写出了两晋历史的全貌，弥补了以往诸家晋史的缺憾。因其"参考诸家，甚为详洽"，② 在内容上也很充实。因此，《晋书》问世后，"自是言晋史者，皆弃其旧本，竞从新撰焉"。③《晋书》的成就还突出地表现在它对民族关系在历史撰述上的处理。它继承了《东观汉记》所用的"载记"体例，创造性地以其记十六国君臣事迹、国之兴废，并着眼于僭伪，不再渲染华夷。这跟南北朝史家撰史互以对方之史为"传"且以"索虏""岛夷"相称，不仅有表述上的区别，更有认识上的发展：它同"五代史"在处理南北关系上是一致的，反映了隋唐统一后"天下一家"的思想。载记中颇有写得精彩的篇章。关于石勒的两卷，写他斩祖逖部下降者继而送首于祖逖，写他"与乡老齿坐欢饮，语及平生"，写他"常令儒生读史书而听之"及所发论议，写他在宴请高句丽使者筵席上对汉高、韩、彭、光武、曹操、司马懿父子的评价及自认"当在二刘之间"的谈话，都写得酣畅、淋漓。关于苻坚的两卷，写他登龙门、游霸陵而与臣下论前人得失，写他劝课农桑、兴修水利，写他广修学官、亲临太学，写他的淝水之败，长安之失，也都极有声色。

《晋书》的 10 篇志是天文、地理、律历、礼、乐、职官、舆服、食货、五行、刑法，写出了两晋的典章制度。天文、律历写得充实、有序，是《五代史志》中天文、律历二志的姊妹篇。《地理志》的总叙写出了历代地理建置的沿革流变，也写出历代封国、州郡的等级、宽狭，以及户、口增减情况，

---

① 《史通·古今正史》。
② 《旧唐书·房玄龄传》。
③ 《史通·古今正史》。

是一篇很有价值的地理总论；它的正文两卷详载两晋州、郡、县的建置，每州有小序一篇，述其由来及所统郡、县、户之数。其他各志，也都写得井然有序。郑樵说："本末兼明，惟《晋志》可以无憾。"①这是对《晋书》志这个特点的肯定。

《晋书》同"五代史"比较起来，据事直书是其优点，不像后者那样采取纪、传不同处置的写法，这跟晋史距唐年代久远有关。这是一方面。另一方面，"好采诡谬碎事以广异闻"，②是其缺点。总的来看，如宋人叶适所说：《晋书》"叙事虽烦猥无刊剪之功，然成败得失之际，十亦得七八。史臣语陋，无一可采，然予夺亦不差"。③从主要方面来看，这个评论大致是公允的。《晋书》撰成后，次年，唐太宗就去世了。但他在《修晋书诏》中说的"大矣哉，盖史籍之为用也"，却成为中国史学史上永久的名言。

《晋书》成书后 11 年即唐高宗显庆四年（659 年），李延寿秉承家学撰成《南史》《北史》二书。李延寿，字遐龄，出于陇西李氏，世居相州（今河南安阳）。其父李大师（570—628 年），字君威，"少有著述之志，常以宋、齐、梁、陈、魏、齐、周、隋南北分隔，南书谓北为'索虏'，北书指南为'岛夷'。又各以其本国周悉，书别国并不能备，亦往往失实。常欲改正，将拟《吴越春秋》，编年以备南北"。④李大师在唐初作了一些撰述上的准备，不久就去世了，临终以为没齿之恨。李延寿决心继承父业，利用史馆提供的条件，经过多年的准备，以宋、齐、梁、陈、魏、齐、周、隋八代正史为依据，参考杂史 1 000 余卷，用 16 年工夫撰成南、北二史。南、北二史经令狐德棻订正后上奏高宗，高宗为之写序，惜序文已佚。《南史》，起宋永初元年（420 年），迄陈祯明三年（589 年），包括宋、齐、梁、陈四代 170 年史事，编为本纪 10 卷、列传 70 卷，合计 80 卷。《北史》，起魏登国元年（386 年），迄隋义宁二年（618 年），包括魏、齐、周、隋四代 232 年史事，编为本纪 12 卷、列传 88 卷，合计 100 卷。两书共 180 卷。李延寿在上书表中说它们是"以拟司马迁《史记》"而作。

李延寿撰《南史》《北史》，在撰述思想上继承了李大师的主旨；在具体撰述上并未采取"编年以备南北"的形式，而有所变通。第一，他是"抄录"

---

①　《文献通考·经籍考十九》。

②　《旧唐书·房玄龄传》。

③　《习学记言序目》卷三二，《晋书二·总论》。

④　《北史·序传》。

和"连缀"旧史,"除其冗长,捃其菁华",这是一个隐括和改编的过程。第二,他"鸠聚遗逸,以广异闻",博采正史所没有的杂史资料以充实旧史,这跟新修《晋书》有相似之处。第三,是"编次别代,共为部秩",即以宋、齐、梁、陈四代之史为《南史》,魏、齐、周、隋四代之史为《北史》。李延寿删削旧史,得失两存;所补遗逸,也有当与不当之分。后人见仁见智,多有聚讼。从今天的认识来看,李大师、李延寿父子从隋唐统一的局面出发,重新看待南北朝的历史,试图改变以往历史撰述中不尽符合历史实际的设想和做法,是《南史》《北史》的基本撰述思想,是值得称道的。首先,二史以南北对峙代替了以往史书中的华夷对立,故于八代皇朝均立本纪,这跟"五代史"的思想是一致的;但二史通叙南朝史和北朝史,带有纠正南北朝时期所出"正史"的目的,故仍有特殊的意义。其次,二史纠正了八书中的不少曲笔,更多地写出了历史的真相,于"禅代"背后的权谋和杀机,显贵的聚敛和懦弱,以及对权臣的种种溢美,都有相当的揭露,或作改写与删削。

《南史》《北史》因部帙紧凑、文字简约而广泛流传。司马光评论二史说:"李延寿之书亦近世之佳史也。虽于讥祥诙嘲小事无所不载,然叙事简径,比于南北正史,无烦冗芜秽之辞。窃谓陈寿之后,唯延寿可以亚之也。"①《新唐书》称赞二史说:"其书颇有条理,删落酿辞,过本书远甚。"②

从纪传体史书的发展来看,《南史》《北史》的出现,固然有反映时代要求的积极方面,即在统一局面下重新认识南北朝的历史,这是《南史》《北史》的思想精髓。但是,它们只是集旧史而成,马、班、陈、范的创造性的历史撰述思想已难得在二史中表现出来,纪传体史书的生命力呈现出走向衰竭的状态。还有一点,也限制了《南史》《北史》不可能有重大的创造,这就是它们带着深刻的门阀意识的烙印。二史的列传,也反映出门阀地主之"家传"的特色。史学的发展面临着新的转折。

隋唐皇朝时期,主要是唐皇朝时期,官修史书曾一度显示出人才上的优势、文献上的优势和组织工作上的优势,从而取得了令人瞩目的成绩,在中国史学上占有重要的地位。在后起的历代皇朝中,官修史书也还发挥着一定的作用,但它的创造性终究是很有限的。史学的创造性发展,在很大程度上是由具有"自得之学"的私家撰述来推动的。这是中国古代史学发

---

① 《文献通考·经籍考十九》。
② 《新唐书·令狐德棻传》附《李延寿传》。

展中的辩证法则，也是一个基本规律。

四、附论　吴兢和《贞观政要》

唐代史家关于本朝史的撰述，是这个时期皇朝史撰述的一个重要方面，其成果为后人撰写唐史提供了宝贵的文献资料。对本朝史撰述颇多贡献的唐代史家吴兢，还独立著有《贞观政要》一书，对反映贞观年间的君臣风貌和政治决策，有重要的价值和深远的影响，故附此论述。

吴兢（670—749 年），汴州浚仪（今河南开封）人，曾被唐人誉为"当今董狐"。吴兢生于唐高宗总章三年（670 年），① 他的一生，经历了唐高宗、武则天、唐中宗、睿宗、玄宗五朝，正是处于"贞观之治"之后，唐皇朝继续兴盛发展的时期。他从少年时代起，就能够专心致志地读书。《新唐书·吴兢传》说他"少励志，贯知经史"，《旧唐书·吴兢传》称赞他"励志勤学，博通经史"。吴兢一生读了许多书，他不仅是一个史学家，而且也是一个藏书家。吴兢曾经把家里的藏书编了一个目录，题名《吴氏西斋书目》。丰富的藏书，对他一生的史学事业的发展，是一个很重要的条件。

吴兢在武则天长安年间（701—704 年）担任史官以后，兢兢业业，忠于职守，参与了朝廷的一系列撰史活动。其间，他同刘知幾结成知己。当时，刘知幾"与徐坚、元行冲、吴兢等善，尝曰：'海内知我者数子耳！'"②可见，吴兢同刘知幾的友谊是很深厚的。

吴兢勤于著述，一生撰写了许多历史著作和其他著作③，而流传于后世并有很大历史影响的，主要就是《贞观政要》了。《贞观政要》的成书与进呈，约在玄宗开元后期或开元、天宝之际。吴兢在《上〈贞观政要〉表》中说："臣愚比尝见朝野士庶有论及国家政教者，咸云：若陛下之圣明，克遵太宗之故事，则不假远求上古之术，必致太宗之业。故知天下苍生所望于陛下者，诚亦厚矣！"④这几句话所反映出来的社会背景，颇不像是开元前期、中期的

---

① 《旧唐书·吴兢传》记：吴兢卒于玄宗天宝八年（749 年），"时年八十余"。《新唐书·吴兢传》记：吴兢卒时，"年八十"。综观二说，知吴兢当生于唐高宗总章三年（670年）。下引凡未注明出处者，均见新、旧《唐书》本传。

② 《新唐书·刘子玄传》。

③ 见《新唐书·艺文志二》正史类、杂史类、起居注类、目录类，《艺文志三》兵书类、医书类，《艺文志四》总集类。

④ 《全唐文》卷二九八。

所谓"开元盛世",而倒很像是开元后期的政治环境。吴兢在《上〈贞观政要〉表》中还说:"昔殷汤不如尧舜,伊尹耻之;陛下倘不修祖业,微臣亦耻之。"此种口气,只有那些具有相当地位和影响的地方官员和朝廷官员,才有可能对皇帝这样说话。吴兢在开元末年至天宝初年从邺郡太守、相州长史入为恒王傅,由一个地方官员升为恒王李瑱(后改名李真)的老师。恒王李瑱是唐玄宗第二十七子,"授右卫大将军,加开府仪同三司"①,地位是很显赫的。《贞观政要》一书很可能是吴兢在这个时期最后写成和进奏的。②

《贞观政要》是一部按照专题写成的政治史,它记述了唐太宗贞观年间的政治和历史。

吴兢著《贞观政要》的目的,在他写的《贞观政要》序和《上〈贞观政要〉表》中,说得十分清楚。吴兢在《贞观政要》序中写道:

> 太宗时政化,良足可观,振古而来,未之有也。至于垂世立教之美,典谟谏奏之词,可以弘阐大猷,增崇至道者,爰命不才,备加甄录,体制大略,咸发成规。于是缀集所闻,参详旧史,撮其指要,举其宏纲,词兼质文,义在惩劝,人伦之纪备矣,军国之政存焉。凡一帙一十卷,合四十篇,名曰《贞观政要》。庶乎有国有家者克遵前轨,择善而从,则可久之业益彰矣,可大之功尤著矣,岂必祖述尧、舜,宪章文、武而已哉!

这里,充分显示了吴兢对唐太宗时期的政治的仰慕,认为那时的"政化","良足可观,振古而来,未之有也"。在他看来,唐太宗君臣"垂世立教"的美德、"典谟谏奏"的词理,都是可以"弘阐大猷,增崇至道"的,因而具有"焕乎图籍,作鉴来叶"的作用,既能使历史生光,又能作未来鉴戒。这些,便是吴兢撰《贞观政要》的出发点。他的根本目的,是"庶乎有国有家者克遵前轨,择善而从,则可久之业益彰矣,可大之功尤著矣",希望唐代的统治者都能以太宗君臣为楷模,那么天下就可以长治久安了。

吴兢在《上〈贞观政要〉表》中,把他的这个目的说得更清楚。他写道:

---

① 《旧唐书·玄宗诸子传》。

② 关于《贞观政要》的成书及进呈年代,史学界众说纷纭,迄无定论。本书所持见解,参见瞿林东:《〈贞观政要〉成书的年代》,载《史学史资料》,1980(3)。

　　　　仍以《贞观政要》为目，谨随表奉进。望纡天鉴，择善而行，引而伸之，触类而长之。……伏愿行之而有恒，思之而不倦，则贞观巍巍之化可得而致矣！

　　显然，吴兢认为他所处的时期的政治，已远远比不上唐太宗时期的政治了；他已经感到了一种衰颓的趋势和潜在的危机，因此，他以耿直而诚恳的心情，向唐玄宗提出了这样的希望。如果说，吴兢在开始编撰《贞观政要》一书的时候，主要还是出于对"贞观之治"的向往和钦慕的话，那么，当他完成此书、作序上表的时候，主要的思想倾向已经转到现实政治方面了。他所作的序和所上的表，就充分地证明了这一点。人们从《贞观政要》一书不仅可以看到"良足可观"的"贞观之治"，而且还可以触到开元天宝之际的历史的脉搏。

　　《贞观政要》共 10 卷 40 篇，因是"随事载录，用备劝戒"，所以每篇都有一个中心，每卷大致也有一个中心，如为君之道、求贤纳谏、历史鉴戒、教戒太子、道德规范、正身修德、学术文化、刑法贡赋、征伐安边、善始慎终，等等。它的总的宗旨是："词兼质文，义在惩劝，人伦之纪备矣，军国之政存焉。"

　　于《君道》篇，吴兢"缀集"了唐太宗君臣关于"草创""守成""兼听""偏信""知足""知止""居安思危"等议论，中心是如何巩固统治的问题。吴兢所处的历史时期和社会环境，使他感到这个问题的特殊重要性，他希望唐皇朝永远保持兴盛、强大、富庶、安定，这是很自然的。他首先抓住这样一个带有根本性的问题，作为《贞观政要》开卷的第一篇，说明他是一个很有见地的史家。

　　于《任贤》篇，吴兢列举了房玄龄、杜如晦、魏徵、王珪、李靖、虞世南、李勣、马周等人的事迹，一方面固然是歌颂唐太宗的知人善任、爱才重贤，另一方面也高度评价了这些人在创立和巩固唐皇朝过程中的巨大作用。这是包含着不把一个皇朝的兴起完全归于一人一谋的见解，而是看到众人的智慧和力量。

　　于《君臣鉴戒》篇，吴兢表达了他对于总结历史经验教训的重要性的认识。而这些历史经验教训，又多是从政治、经济中去加以总结的，并以此来说明皇朝的治乱、安危。从而表明了著者并非是用"天命"的转移来证明政权的转移，而是强调了对于人事的重视。在《灾祥》篇中，吴兢引用了虞世南的"妖不胜德，修德可以销变"、魏徵的"但能修德，灾变自销"的话，也都是上述思想的反映。

在《文史》篇，吴兢列举了唐太宗的"史官执笔，何须有隐"的观点，以及褚遂良、刘洎的"君举必书"的认识。吴兢多年担任史职，被誉为"当今董狐"。上述唐太宗等人的一些观点，引起了他的强烈共鸣。他提倡直书，反对曲笔，于此也看得十分清楚。

此外，吴兢在第八卷中，列《务农》篇为本卷之首，而以《刑法》《赦令》等篇次之，是很有见地的编排，反映了他对农事的重视。于第九卷中，他赞扬唐太宗慎征伐、主和亲、重安边的种种政绩，当然并不完全是出于对以往历史的一种美好的回忆，也是出于对现实的希望和寄托。再者，太子是"储君"，是皇帝的继承人，事关重大，所以吴兢在第四卷中编撰了《太子诸王定分》《教戒太子诸王》等篇，反映了他对这个问题的重视。吴兢以《慎终》篇为全书之末，其目的仍是希望帝王们兢兢业业，"慎始敬终"。

以上这些，都从不同的侧面直接地或间接地反映了吴兢的历史观点和政治观点的积极因素，表明他是一个有见识的、正直的史家。

由于《贞观政要》是一本政治历史书，所以它受到最高统治集团的重视，把《贞观政要》作为座右铭来看待。唐宣宗李忱是唐代后期比较突出的一个君主，他曾经"书《贞观政要》于屏风，每正色拱手而读之"①。可见《贞观政要》一书在统治集团政治生活中的重要地位。

《贞观政要》一书在历史编纂学上是有独特成就的。吴兢是"缀集所闻，参详旧史"，按照专题分类，记述一朝的历史。这与起居注、实录、国史均有所不同。用这种体例写历史，在吴兢之前是很少见的。"贞观之治"为唐代以后历代统治者景仰和讴歌，这当然是因为"贞观盛世"在历史上占有重要地位的缘故，同时，也是和《贞观政要》一书在历史编纂学上的特点及其得以长期流传分不开的。

《贞观政要》在史料学方面也具有相当重要的价值。这是因为：第一，唐代起居注、实录、国史多已不存，《贞观政要》是现存记载唐太宗贞观年间历史较早的一部史书；第二，吴兢长期担任史官，可以接触实录、国史和其他重要文献，他的《贞观政要》也因此保存了较多的贞观年间的重要史实；第三，比《贞观政要》晚出的《旧唐书》《新唐书》《资治通鉴》等书所记贞观年间史事，有许多方面也都不如《贞观政要》详尽。鉴于上述原因，《贞观政要》就成了反映唐代贞观年间政治历史的一部极其重要的文献。

---

① 《资治通鉴》卷二四八，宣宗大中二年。

第四节　史学理论的发展——刘知幾和《史通》

一、刘知幾著《史通》

盛唐时期，杰出的史学批评家刘知幾写出了《史通》一书。这是中国古代史学上一部划时代的史学批评著作。《史通》的问世，标志着中国史学进入到一个更高的自觉阶段，是史学思想发展和史学理论建设的新转折，对后世史学的发展产生了深远的影响。

刘知幾（661—721 年），字子玄，徐州彭城（今江苏徐州）人。他于高宗永隆元年（680 年）举进士而入仕，武则天长安二年（702 年）开始担任史官，撰起居注。历任著作佐郎、左史、著作郎、秘书少监、太子左庶子、左散骑常侍等职，并兼修国史。长安三年，与朱敬则等撰《唐书》80 卷；中宗神龙时（705—707 年），与徐坚等撰《武后实录》；玄宗开元二年（714 年），与柳冲等撰《姓族系录》200 卷；开元四年，又与吴兢撰成《睿宗实录》20 卷，重修《则天实录》30 卷、《中宗实录》20 卷。其间，他因不满于武则天和唐中宗时史馆修史的紊乱和监修贵臣们对修史工作的横加干涉，曾在中宗景龙二年（708 年）毅然辞去史职，"退而私撰《史通》，以见其志"。他的私人撰述还有《刘氏谱考》3 卷、《刘氏家史》15 卷和一些诗文。《史通》是他的代表作，流传至今；《史通》传本以清人浦起龙《史通通释》流传最广。今人赵吕甫作《史通新校注》，反映了《史通》研究的新成果。刘知幾的其他撰述，多已不存。

刘知幾的史学批评意识，得力于他在史学上的修养。他自称："自小观书，喜谈名理，其所悟者，皆得之襟腑，非由染习。……其有暗合于古人者，盖不可胜纪。始知流俗之士，难与之言。凡有异同，蓄诸方寸。"①这说明他在史学批评上有多年的积累。他还受启示于当时修史的实践，这也是他撰写《史通》的直接动因。刘知幾深沉地写道：

> 既朝廷有知意者，遂以载笔见推。由是三为史臣，再入东观。每惟皇家受命，多历年所，史官所编，粗惟纪录。至于纪、传及志，则

---

① 《史通·自叙》，下同。

皆未有其书。……凡所著述，尝欲行其旧议。而当时同作诸士及监修贵臣，每与其凿枘相违，龃龉难入，故其所载削，皆与俗浮沉。虽自谓依违苟从，然犹大为史官所嫉。嗟乎！虽任当其职，而吾道不行；见用于时，而美志不遂。郁怏孤愤，无以寄怀。必寝而不言，嘿而无述，又恐没世之后，谁知予者。故退而私撰《史通》，以见其志。

这里，最重要的一句话是"凡所著述，尝欲行其旧议"。所谓"旧议"，即是他多年积累的对于以往历史撰述的一些"得之襟腑"的独到见解。他试图按照这些见解，撰写包含纪、传、志的唐史。但他的这个希望屡屡受挫。刘知幾是一个有远大抱负的史家，他的志向是"其于史传也，尝欲自班、马以降"，以至唐初史家所撰诸正史，"莫不因其旧义，普加厘革"。当时史馆，对于他实现这样的目标，是不可超越的阻力，他终于发出了"吾道不行""美志不遂"的感叹！这就更加促使他决心把批评的意识变成批评的行动。他上书监修国史萧至忠等，备言国史之修面临着"五不可"：史官泛滥，簿籍难见，权门干预，十羊九牧，坐变炎凉，以致"头白可期，而汗青无日"。① 可见此时的史馆跟太宗、高宗时相比，实有天壤之别。刘知幾感叹之余，愤然辞去史职，写出了千古名作《史通》。

《史通》20卷，包括内篇10卷39篇，外篇10卷13篇，合52篇。内篇的《体统》《纰缪》《弛张》3篇亡于北宋以前，全书今存49篇。内篇是全书的主要部分，着重阐述史书的体裁、体例、史料采集、表述要求和撰史原则，而以评论纪传体史书体例为主。外篇论述史官制度、正史源流，杂评史家、史著得失，并略申作者对于历史的见解。

《史通》以《六家》《二体》开篇，从史书的内容和形式阐述了史学的起源；以《史官建置》《古今正史》勾勒了史学发展大势，以《杂述》概括了史学的多途发展。这五篇，是对史学发展之历史的清理。它的《载言》《本纪》《世家》《列传》《表历》《书志》《论赞》《序例》《题目》《断限》《编次》《称谓》《序传》等篇，是关于史书表现形式的理论，而以论纪传体史书的结构、体例为主。它的《采撰》《载文》《补注》《因习》《邑里》《言语》《浮词》《叙事》《核才》《烦省》等篇，是关于史书编撰方法和文字表述要求的理论。它的《品藻》《直书》《曲笔》《鉴识》《探赜》《模拟》《书事》《人物》等篇，是关于历史认识和撰述原则的理论。《辨职》《自叙》《忤时》三篇，是阐说作者的经历、撰述旨趣和对史学社会功

① 《史通·忤时》。

用的认识。《点烦》是对《叙事》的补充。外篇中的其余各篇，杂评前史得失，以证上述诸说。

刘知幾撰述《史通》的目的，是"伤当时载笔之士，其义不纯。思欲辨其指归，殚其体统"。他是志在总结历史撰述中的得失利弊，通过历史的回顾和理论的分析，提高史家的认识，推动史学的发展。他自称此书"商榷史篇，下笔不休"[①]，"多讥往哲，喜述前非"[②]。这两句话，概括《史通》全书的精髓在于史学批评。

二、《史通》的史学批评理论

《史通》对于历史撰述所作的历史回顾和理论分析，贯穿着一条史学批评的主线。从《史通》各篇的编次和涉及的问题来看，它的史学批评理论是有自身的逻辑体系的。这个体系可以概括为：体裁、体例，编撰方法，表述要求，撰述原则，史书内容，史学功用。这几个方面，可以看作《史通》的史学批评的几个大范畴，而在每一个范畴中还有一些比较具体的原则和标准。现对这个体系的顺序略作变通，并简述其理论要点。

——关于史书内容。这是史家对客观历史的认识和概括，用刘知幾的话说，就是"记言之所网罗，书事之所总括"。《史通·书事》篇引用荀悦和干宝的论点并加以概括："昔荀悦有云：'立典有五志焉：一曰达道义，二曰彰法式，三曰通古今，四曰著功勋，五曰表贤能。'干宝之释五志也：'体国经野之言则书之，用兵征伐之权则书之，忠臣烈士孝子贞妇之节则书之，文诰专对之辞则书之，才力技艺殊异则书之。'于是采二家之所议，征五志之所取，盖记言之所网罗，书事之所总括，粗得于兹矣。"荀悦所谓"五志"重在表达撰述思想和撰述的社会目的；干宝的解释则偏重于撰述内容。刘知幾说"粗得于兹"，表明他并不认为他们所说就已经全面了，所以他接着上文继续写道："然必谓故无遗恨，犹恐未尽者乎？今更广以三科，用增前目：一曰叙沿革，二曰明罪恶，三曰旌怪异。何者？礼义用舍，节文升降而书之；君臣邪僻，国家丧乱则书之；幽明感应，祸福萌兆则书之。于是以此三科，考诸五志，则史氏所载，庶几无缺。求诸笔削，何莫由斯！"这里补充的"三科"，除"旌怪异"外，其余两科，一是关于典章制度的沿革，

---

① 《史通》原序。
② 《史通·自叙》。

一是关于国家盛衰存亡之故，都是历史的重要内容，显示出刘知幾的卓识。可见，刘知幾对史书的内容提出更广泛的认识，还提出了"记言之所网罗，书事之所总括"这个理论上的命题，从而触及史家主观意识同客观历史存在之关系这个重要问题了。

——关于撰述方法。在这个问题上，刘知幾尤其强调史家应谨慎地对待采撰。所谓"采撰"，其核心是史家要严肃地审查和采辑文献。刘勰《文心雕龙·史传》篇曾批评一种史学现象："俗皆爱奇，莫顾实理，传闻而欲伟其事，录远而欲详其迹"，致使史书出现"诬矫"、不实。《史通·采撰》篇进而指出："史文有阙，其来尚矣"，只有"博雅君子"才能"补其遗逸"，故应慎于对待"史文有阙"的问题。同时又指出：自古以来，"征求异说，采摭群言，然后能成一家，传诸不朽"，这是优秀史家成功之途。左丘明"博"而"洽闻"，司马迁、班固"雅"能"取信"，正是他们采撰的成功之处，这里，包含着刘知幾对于采撰的辩证认识。刘知幾认为，自魏晋南北朝以来，史籍繁富，文献渐多，好处是"寸有所长，实广见闻"；流弊是"苟出异端，虚益新事"。他进而概括采撰失误的三个方面原因。其一，是"郡国之记，谱牒之书，务欲矜其州里，夸其氏族"。这是狭隘的地方观念和门阀观念的反映，史家未能"明其真伪"而"定为实录"。其二，是轻信"讹言"与"传闻"，以致事同说异，"是非无定"。其三，是没有注意到时间因素的影响："古今路阻，视听壤隔，而谈者或以前为后，或以有为无，泾、渭一乱，莫之能辨。而后来穿凿，喜出异同，不凭国史，别讯流俗。"这几方面，是从地域的因素、门阀的因素、传闻异说的因素和时间的因素，阐明史家应当慎于采撰。《史通·杂述》篇进一步申述了刘知幾关于采撰理论的辩证认识。他在称赞"五传""三史"之后写道：

> 荛蕘之言，明王必择；蒭菲之体，诗人不弃。故学者有博闻旧事，多识其物，若不窥别录，不讨异书，专治周、孔之章句，直守迁、固之纪传，亦何能自至于此乎？且夫子有云："多闻，择其善者而从之"，"知之次也"。苟如是，则书有非圣，言多不经，学者博闻，盖在择之而已。

这种对待采辑文献的辩证认识，是刘知幾史学批评理论极光彩的部分。

——关于体裁、体例。《史通》因善言史书体例而历来备受推崇。它是把体例作为史学批评的一个重大问题来看待的。《序例》篇一字千钧地写道：

"夫史之有例，犹国之有法。国无法，则上下靡定；史无例，则是非莫准。"
刘知幾认为，体例不止是形式问题，对于史书体例、结构的选择和处置，
也跟史家对撰述内容的取舍和思想见解有关，故体例跟"是非"是有关系的。
他推崇《春秋》"始发凡例"，《左传》"科条一辨"；称赞干宝《晋纪》"远述丘
明，重立凡例"，范晔《后汉书》"纪传例"的"理切而多功"，萧子显《齐书·
序例》"义甚优长"。刘知幾关于史书体例之理论的新贡献，在于他从以往史
学发展中，总结出来关于史书体例的理论体系。首先，他提出了从总体上
把握史书外部形态的特点及相互间的区别的理论。《史通·六家》篇说："古
往今来，质文递变，诸史之作，不恒厥体。权而为论，其流有六……今略
陈其义，列之于后。"所谓"诸史之作，不恒厥体"，是从变化的观点来看史
书的"体"的。"六家"，指《尚书》《春秋》《左传》《国语》《史记》《汉书》。这是
综合了体裁和内容两个方面提出来的。《二体》篇紧接着说："既而丘明传
《春秋》，子长著《史记》，载笔之体，于斯备矣。"这里讲的"体"就不包括史
书内容而只是指它的外部形态了，即编年体和纪传体两种史书体裁。《六
家》《二体》及《杂述》所论"自成一家"的 10 种"偏记小说"，构成了《史通》在宏
观方面的史书体例理论。而其所论编年、纪传两种体裁的"长"与"短"得失
两存的认识，在中国史学上有长久的影响。其次，他对纪传体史书的内部
结构作了理论上的概括，阐述了各种体例在一部史书中所处的位置及相互
间的关系。这在《本纪》《世家》《列传》《表历》《书志》《论赞》《序例》等篇，论
之甚详。这是自《史》《汉》以来，对"正史"体例所作的最全面的总结。在这
些论述中，刘知幾对前史的批评，有许多中肯的见解，也提出了一些新的
设想。《论赞》篇批评说："每卷立论，其烦已多，而嗣以赞，为黩弥甚。"
《书志》篇提出增立都邑志、氏族志、方物志。《载言》篇提出"宜于表、志之
外，更立一书"，"题为'制册[书]'、'章表书'"，以保存重要的文献。这都
是很有价值的见解。刘知幾对前史的批评，也有一些并非妥帖的论点。《表
历》篇认为，以表为文，"载诸史传，未见其宜"；《本纪》篇批评司马迁以项
羽人"本纪"；《世家》篇批评《陈涉世家》为不当；《书志》篇批评前史书志"皆
未得其最"等。这曾引起后人的不少批评。

　　——关于文字表述。《史通·叙事》篇说："夫史之称美者，以叙事为
先。"刘知幾推崇《春秋》的"属词比事之言"、《尚书》的"疏通知远之旨"，进
而把"意指深奥，诰训成义，微显阐幽，婉而成章"作为叙事的"师范"和"规
模"。这是他关于文字表述的总论。在具体原则上，刘知幾提出："夫国史
之美者，以叙事为工；而叙事之工者，以简要为主。"简要的标准是："文约

而事丰，此述作之尤美者也。"可以认为，这是刘知幾从史学审美意识来看待史书的文字表述，进而看待史文的简要原则。换言之，"美""工""简要"这三个概念的含义，反映出他对史文的美学要求。从审美意识来看待史书的文字表述，还有更深一层的含义，这就是"用晦之道"。"晦"与"显"，这是存在优劣不同、层次差别的。刘知幾指出："显也者，繁词缛说，理尽于篇中。"人们读后，思想上没有波澜、涟漪。"晦也者，省字约文，事溢于句外"，人们读后回味无尽，追寻不已。他的结论是："晦之将显，优劣不同，较可知矣。"关于"用晦"的具体要求，刘知幾说："夫能略小存大，举重明轻，一言而巨细咸该，片语而洪纤靡漏，此皆用晦之道也。"刘知幾的史文审美要求还有一个重要方面，即史书记述"当时口语"应"从实而书"、不失"天然"，反对"妄益文彩""华而失实"。他嘲笑有的史家"怯书今语，勇效昔言"之不可取，提倡"事皆不谬，言必近真"①的叙事之风。刘知幾关于史文文采的辩证思想是：一方面强调"史之为务，必藉于文"，要重视史文的文采；另一方面反对"虚加练饰，轻事雕彩""体兼赋颂，词类俳优"的文风，以避免走上"文非文，史非史"的歧路。②

——关于撰述原则。刘知幾的史学批评理论在这方面具有非常鲜明的特色，他提出了"直书"和"曲笔"两个范畴，用以区分史家撰述心态、品格和社会效果的迥异。《史通》的《直书》《曲笔》两篇，首先从人的"邪正有别，曲直不同"，探讨"直书"与"曲笔"产生的社会根源，这是很深刻的见解。其次，是从史学的历史考察上可以看出："古来唯闻以直笔见诛，不闻以曲词获罪。"这是揭示了曲笔终究不能根绝的历史原因。这些情况的出现，还有社会的多种原因，如皇朝的更替，政权的对峙，等级的界限，民族的隔阂，都可能成为"直书"与"曲笔"分道的缘由。直书同曲笔的对立之所以成为史家的撰述原则，因为它从根本上决定着史书的价值和命运。刘知幾反复指出，直书产生"实录"，其社会影响是"令贼臣逆子惧"；曲笔制造"诬书"，其社会影响是"使忠臣义士羞"。他从史学自身的价值观和史学的社会价值观出发，热情地赞颂历史上那些"直书其事""务在审实""无所阿容"的史家，说他们的"遗芳余烈，人到于今称之"；他激烈地批评那些制造"谀言""谤议""妄说""曲词"的人，认为他们所作"安可言于史邪？"这里，他把史家应当遵循的撰述原则作了清晰的阐述。

---

① 《史通·言语》。
② 《史通·叙事》。

　　——关于史学功用。《史通》在很多地方讲到史学功用问题，讲得比较集中的是《辨职》篇，还有《直书》《曲笔》《自叙》《史官建置》等篇。刘知幾在这方面的史学批评思想，反映出他对于历史、史学、社会相互间的关系比前人有更深刻的见解。《史官建置》篇说：

> 苟史官不绝，竹帛长存，则其人已亡，杳成空寂，而其事如在，皎同星汉。用使后之学者，坐披囊箧，而神交万古，不出户庭，而穷览千载，见贤而思齐，见不贤而内自省。若乃《春秋》成而贼子惧，南史至而贼臣书，其记事载言也如彼，其劝善惩恶也如此。由斯而言，则史之为用，其利甚博，乃生人之急务，为国家之要道。有国有家者，其可缺之哉！

清人浦起龙《史通通释》在这段话的后面释曰："末总括其功用。"这是很准确的诠释。在这段话中，刘知幾提出了两个问题，一是史家和史书的关系，一是史书和社会的关系。前一个问题是说明因有"史官不绝"，才有"竹帛长存"，这是史家的历史贡献。后一个问题是阐述史学为什么有"用"、有"利"，是"急务"和"要道"。刘知幾认为，因"竹帛长存"，虽人亡而事在。这是说明史书可以储存过往的历史。后人通过学习、研究史书，可以"神交万古""穷览千载"，从中受到教育和启示，产生"内省"和"思齐"的愿望与行动。正因为这样，史学便包含着极广泛的社会功用，成为"生人（民）之急务""国家之要道"。在刘知幾以前，有不少史学家、思想家、政治家都讲到过史学的社会作用，但像刘知幾这样从理论上进行阐述还不曾有过。刘知幾强调史学的教育作用（即唤起人们的"内省"与"思齐"意识），是他论史学功用的鲜明特色。如果从史学批评的角度来看，刘知幾是从三个层次上分析了史学功用的不同情况。《史通·辨职》篇说：

> 史之为务，厥途有三焉。何则？彰善贬恶，不避强御，若晋之董狐、齐之南史，此其上也。编次勒成，郁为不朽，若鲁之丘明、汉之子长，此其次也。高才博学，名重一时，若周之史佚、楚之倚相，此其下也。苟三者并阙，复何为者哉？

这里讲的"史之为务"同上文讲的"史之为用"是同一个含义。这里所说的"上也""次也""下也"，是提出了对史家及其所尽职责产生的社会作用和历史作用的评价标准。"彰善贬恶,不避强御"是一种崇高的献身精神;"编次勒成,郁为不朽"是以传世之作产生长久的历史影响;"高才博学,名重一时",是史家在其所处的时代发挥了积极作用。三者虽有差别,但都符合"史职求真"的标准;如果"三者并阙",则无以言"史职"。这里,反映出了刘知幾的史学功用思想,也反映出了他的史家价值观。

《史通》一书所具有的史学批评理论体系,在刘知幾所处的时代是空前的;就是在其身后千余年的史学发展中,亦不曾因岁月流逝而冲刷掉它的影响。刘知幾同时代的著名学者徐坚评价《史通》说:"居史职者,宜置此书于座右。"①

三、刘知幾论"史才三长"

《史通》的史学批评理论,是围绕着历史撰述和史学功用的一些重要方面展开的。关于这些问题的讨论,大多不能脱离对史家的评价。这是《史通》作为史学批评著作的鲜明特色。但是,它关于史家的许多评论,一般都是结合历史撰述的某个具体问题提出来的。把许多具体的史家凝聚成一个抽象的史家,并对其作总体性评论,这是刘知幾史学批评理论的另一个重要方面。《旧唐书》本传记:

> 礼部尚书郑惟忠尝问子玄曰:"自古以来,文士多而史才少,何也?"
>
> 对曰:"史才须有三长,世无其人,故史才少也。三长,谓才也,学也,识也。夫有学而无才,亦犹有良田百顷,黄金满籝,而使愚者营生,终不能致于货殖者矣。如有才而无学,亦犹思兼匠石,巧若公输,而家无楩楠斧斤,终不果成其宫室者矣。犹须好是正直,善恶必书,使骄主贼臣所以知惧,此则为虎傅翼,善无可加,所向无敌者矣。脱苟非其才,不可叨居史任。自叟古已来,能应斯目者,罕见其人。"
>
> 时人以为知言。

刘知幾明确地指出,只有具备才、学、识"三长"的人,方可成为"史才"。这是他的史家素养论的核心,也是他提出的史家素养的最高标准。

---

① 《旧唐书·刘子玄传》。

从上述引文中刘知幾所作的比喻和说明来看，他说的"才"，主要是指掌握文献的能力，运用体裁、体例的能力和文字表述的能力，上文所说的体裁、体例、文字表述大致属于这个方面。他说的"学"，是指各方面的知识，主要是文献知识，也包括社会知识以至自然知识，上文所说的史书内容、编撰方法都与此有关。他说的"识"，是指史家的器局和胆识，上文所说的撰述原则、史学功用都反映出这种器局和胆识。刘知幾对于史家胆识格外强调，其最高标准是"好是正直，善恶必书"，认为这是"善无可加，所向无敌"的境界。在《史通》中，他以大量的篇幅阐述史书的体裁、体例和文字表述，也多次讲到善恶必书的原则，而其含义之深、口气之重都超过前者。《直书》篇说："史之为务，申以劝诫，树之风声。其有贼臣逆子淫君乱主，苟直书其事，不掩其瑕，则秽迹彰于一朝，恶名被于千载。言之若是，吁可畏乎！"《曲笔》篇说："史之为用也，记功司过，彰善瘅恶，得失一朝，荣辱千载。苟违斯法，岂曰能官。"《惑经》篇批评《春秋》有多处"未谕"，如说："爱而知其丑，憎而知其善，善恶必书，斯为实录。观夫子修《春秋》也，多为贤者讳。……苟书法其如是也，岂不使为人君者，靡惮宪章，虽玷白圭，无惭良史也乎？"在他看来，史学的主要功用在此，史书的历史价值在此，史家的基本素养亦在此。他认为，学者跟良史的区别也就在这里，即所谓"君子以博闻多识为工，良史以实录直书为贵"①。他也主张史家应当博闻多识，但仅做到这一点是不能成为良史的。

刘知幾明确地提出了才、学、识这三个史学理论范畴，阐述了三者之间的联系，把才、学、识作为一个整体看待并确定为史家素养的最高标准。把史家素养问题提到了更加自觉的理论认识高度，对促进史家自身修养和史学进步都有积极的作用，在中国史学批评史上有重要的理论价值。其影响所及则已超出史学范围，清代诗歌评论家袁枚认为："作史三长：才、学、识，缺一不可。余谓诗亦如之，而识最为先；非识，则才与学俱误用矣。"②

刘知幾的史学批评理论也存在着明显的时代局限性，这集中地表现为他极力提倡的直书精神和他始终维护的"名教"观念的矛盾。《史通·曲笔》篇说："史氏有事涉君亲，必言多隐晦，虽直道不足，而名教存焉。"《惑经》篇说："夫臣子所书，君父是党，虽事乖正直，而理合名教。"这样一来，他

---

① 《史通·惑经》。
② 《随园诗话》卷三。

就为"实录直书"在理论的彻底性上打了折扣，即使是在阐扬直书原则时，他也有强烈的"激扬名教"的意识。隋唐时期还是门阀观念极重的时代，刘知幾这样杰出的史学批评家，在思想上和著作上都不可能完全不带有时代的印记。

第五节　典制史的崛起——杜佑和《通典》

一、杜佑著《通典》

中唐时期，杜佑所著《通典》的问世，标志着典制史的崛起，从而改变了古代历史编纂的格局，成为史学发展的一个重大转折。

杜佑(735—812年)，字君卿，京兆万年(今陕西西安)人，出身于名门。杜佑不足 20 岁，以"荫补"入仕，至 78 岁致仕，近 60 年宦途，历玄、肃、代、德、顺、宪六朝。其间，他以任淮南节度使的时间最长，首尾 14 年；以生命的最后 10 年历任三朝宰相的职位最高。杜佑从大历元年(766 年)开始撰写《通典》，至贞元十七年(801 年)成书，历时 36 年，成此巨著。唐宪宗在批准其请求致仕的诏书中称他："岩廊上才，邦国茂器，蕴经通之识，履温厚之姿，宽裕本乎性情，谋猷彰乎事业。博闻强学，知历代沿革之宜；为政惠人，审群黎利病之要。"①这是对他的器局、政绩、人品、学识都做了评价。杜佑是通晓史学的政治家，又是精于政治的史学家，他同时在这两个领域里都获得有重大历史影响的成就。《通典》这部书，也在很大程度上反映了这种双重价值。

《通典》200 卷，分食货、选举、职官、礼、乐、兵、刑、州郡、边防九门。每门之下分若干子目，子目之下又有细目。全书条分缕析，结构严谨。《通典》以历代典章制度的历史演变、得失兴革为撰述的中心，兼记与此有关的言论。其记事上起黄帝，下迄唐玄宗天宝末年，有的记载延至德宗贞元年间，距成书上奏只相隔数年。其所据文献，主要是《五经》、群史，以及历代士人的文集、撰述、论议。《通典》创造了综合性的典制体通史形式，奠定了独立的制度史撰述的基础，扩大了历史研究和撰述的领域。

《通典》在内容上和体裁上最显著的特点，是以制度分门立目，"每事以

---

① 《旧唐书·杜佑传》。

类相从，举其始终，历代沿革废置及当时群士论议得失，靡不条载，附之于事"。① 在《通典》以前，重要的史书体裁有编年体和纪传体。《通典》创立了以典章制度为中心，分门立目、以类相从、叙其始终的典制体。这是在编年体、纪传体之后发展起来的又一种重要的史书体裁。追本溯源，《通典》之作是"统前史之书志，而撰述取法乎《官礼》"②，"正史"的书志和《周官》对《通典》的撰述有更多的启示。不过《通典》的分门立目，既不模仿《周官》，也不因袭"正史"书志。同后者相比，它有两个明显的变化，一是不列律历、天文、五行、祥瑞、舆服、艺文（经籍）方面的内容，二是增加了选举、甲兵、边防三个门类。这反映出作者对于人才选拔、用兵之道和民族关系的重视。

《通典》除分门立目外，还有两个特点，一是讲求会通，二是重视论议。《通典》以"典"跟"通"相连，表明了作者的会通之旨。马端临评论《通典》，说它"肇自上古，以至唐之天宝，凡历代因革之故，粲然可考"。③ 章学诚称它是"以典故为纪纲"的通史，是"史部之通"达于"极盛"的唐宋时期的最早著作。④ 这都是说的《通典》在会通方面的特点和成就。《通典》重视论议，包括它详载历代"群士论议得失"，也包括作者对史事所作的许多评论。《通典》的论议，主要目的在于讨论历代典章制度的因革得失，但它在记言、记事的结合上也有新的创造。章学诚举《通典·礼典》为例，指出：凡"博士经生，折中详议"，"入于正文则繁重难胜，削而去之则事理未备。杜氏并为采辑其文，附著《礼门》之后，凡二十余卷，可谓穷天地之际而通古今之变者矣。……斯并记言、记事之穷，别有变通之法，后之君子，所宜参取者也"⑤。还有一种形式，是在同卷正文之中，叙典章制度与记"群士论议"杂而有之。第三种形式，是把"群士论议"附注于有关正文之下。这反映出了作者对"群士论议"的轻重和处置是有所区别的。《通典》中杜佑自撰的论议，有叙、论、说、议、评、按等名目，大多直接反映作者的历史见解，它们在本书中的价值比"群士论议"更为重要。其中，"说""议""评"也各有不同

---

① 李翰：《通典序》。
② 《文史通义·释通》。
③ 《文献通考·序》。
④ 《文史通义·释通》。
⑤ 《文史通义·书教中》。

的含义①，表明了作者在对待历史评论方面的认真和严谨。

要之，《通典》以分门囊括制度，以会通贯穿古今，以论议指陈得失，开拓了历史撰述的新领域，奠定了中国典制体史书发展的宏伟基础。

二、《通典》关于国家职能认识的新发展

在《通典》一书中，杜佑最重要的思想成果之一，是他在政治思想领域对国家职能的新认识。在这方面，他超过了以前的史家，是当时人们对社会历史认识所能达到的高峰。杜佑的这个认识，集中反映在他写的《通典》自序中：

> 夫理道之先在乎行教化，教化之本在乎足衣食。《易》称聚人曰财。《洪范》八政，一曰食，二曰货。《管子》曰："仓廪实知礼节，衣食足知荣辱。"夫子曰："既富而教。"斯之谓矣。夫行教化在乎设职官，设职官在乎审官才，审官才在乎精选举，制礼以端其俗，立乐以和其心，此先哲王致治之大方也。故职官设然后兴礼乐焉，教化隳然后用刑罚焉，列州郡俾分领焉，置边防遏戎狄焉。是以食货为之首，选举次之，职官又次之，礼又次之，乐又次之，刑又次之，州郡又次之，边防末之。或览之者庶知篇第之旨也。

在"刑又次之"之下，杜佑自注说"大刑用甲兵"，表明了"兵"与"刑"的关系。② 杜佑的这篇序文，清晰地勾画出了当时封建社会的经济、政治结构和与之相适应的思想观念以及它们的相互关系。他认为，"理道"的逻辑思路和实施的具体步骤是：从重视"教化"出发而达到"致治"的目的，应首先以"食货"为基础；在这个基础上制定出选举制度、职官制度、礼乐制度、兵刑措施。礼、乐、兵、刑是职官的几个重要职能，州郡、边防是这些职能在地域上的具体实施。根据这个认识，杜佑把作为"将施有政"的《通典》，

---

① 《通典》卷四二，自注云："凡有经典文字其理深奥者，则于其后说之以发明，皆云'说曰'。凡义有先儒各执其理，并有通据而明者，则议之，皆云'议曰'。凡先儒各执其义，所引据理有优劣者，则评之，皆云'评曰'。他皆同此。"

② 《通典》初撰时，兵、刑合为一门，全书称为八门；定稿进呈时，兵、刑各为一门，全书称为九门。

从内容编次上反映了其逻辑体系，即首先论述经济制度，然后依次论述选举、职官、礼、乐制度，以及用兵之道和刑罚设施，最后论述地方政权的建置和边防的重要。从今天的观点来看，食货是经济基础；选举、职官、礼、乐、兵、刑是讲上层建筑。其中礼、乐的核心是阐述社会的等级秩序和等级观念，既是上层建筑，又是意识形态，是"教化"的主要内容，与兵、刑相辅而行，此即所谓"教化隳然后用刑罚焉"。据此，大致可以认为：《通典》的内容和编次，是把封建社会的经济基础、上层建筑、意识形态依次论述到了。

杜佑把食货置于《通典》各门之首，然后分别论述上层建筑的一些重要方面，这一认识和表述历史的方法，可以说是在根本点上体现了历史和逻辑的一致。他的这一认识和表述历史的理论根据来自《易》《尚书·洪范》《管子》和孔子的有关言论。这些言论前人也曾征引过，杜佑的高明之处是把它们汇集起来作为首先必须研究社会经济制度的理论根据，这是他继承前人而又超出前人的地方。杜佑以"食货为之首"的撰述思想，自然受到历代"正史"中的《食货志》的影响，是历代史家之历史认识发展的必然结果；同时，它又是现实社会的必然产物，是当时时代精神的反映。自"安史之乱"后，整顿经济和改善财政是人们关注的大事。在肃、代、德、顺、宪、穆、敬、文、武等朝的八九十年间，探索经济问题者相继于世。比杜佑略早或大体跟杜佑同时的有刘晏、杨炎、陆贽、齐抗，比杜佑稍晚的有韩愈、李翱、白居易、杨于陵、李钰等。① 其间，一些经济改革活动的进行和经济思想的提出，都是现实的产物。以"食货为之首"所包含的丰富思想，是一个卓越的史学家在历史著作中回答了现实所提出的问题。《食货典》共 12 卷，依次叙述土地制度、乡村组织、赋税制度、户口盛衰，以及货币流通、交通运输、工商业和价格关系。杜佑对于社会经济结构的这种逻辑认识，在他以前的史家中并不多见。

《通典·食货典》以下其余的八门中，职官是最重要的。所谓"行教化在乎设职官"，就是着重强调这一点。"选举"是为了保证职官的素质，"礼乐"是职官的教化职能，"兵刑"是职官的暴力职能，此即所谓"职官设然后兴礼乐焉，教化隳然后用刑罚焉，列州郡俾分领焉，置边防遏戎狄焉"。这里，显然有三个层次，一是选举、职官，二是礼、乐、兵、刑，三是州郡、边防，而职官居于核心地位。这清楚地表明了杜佑对封建国家政权结构及其

---

① 胡寄窗：《中国经济思想史》中册，450 页，上海，上海人民出版社，1963。

职能的认识。这种逻辑认识，在他以前的史家中也是没有先例的。

总之，杜佑对国家职能的认识，不论其自觉程度如何，是体现了他对社会历史的认识之逻辑和历史的一致性的。他之所以能够获得超出前人的成就，从主要的或基本的方面来说，是中国封建社会的经济、政治制度经过将近1 000年的发展已臻于完备，史学家有可能进行系统的总结。此外，前人的思想资料、时代要求的启迪、他本人的学识和器局，也都是不可缺少的条件。

三、杜佑的史学思想和朴素的历史进化观

经邦、致用，是杜佑史学思想的核心。同以前的历史著作比起来，《通典》具有更明确的经世致用的目的。杜佑在《通典》自序中首先落笔说："佑少尝读书，而性且蒙固，不达术数之艺，不好章句之学。所纂《通典》，实采群言，征诸人事，将施有政。"像他这样由史家本人明确地表示，把历史撰述同"将施有政"直接结合起来，在以往的史家中同样是不曾有过的。从唐代史家对史学之社会功用的认识来说，这可以看成是对刘知幾的"史之为用，其利甚博，乃生人之急务，为国家之要道"的史学思想在历史撰述实践上的发展。

杜佑的经邦、致用的史学思想有三个鲜明的特点。第一个特点，是具有勇敢的批判精神。他在《献〈通典〉表》中写道：

> 夫《孝经》、《尚书》、《毛诗》、《周易》、"三传"，皆父子君臣之要道，十伦五教之宏纲，如日月之下临，天地之大德，百王是式，终古攸遵。然多记言，罕存法制，愚管窥测，莫达高深，辄肆荒虚，诚为臆度。每念懵学，莫探政经，略观历代众贤著论，多陈紊失之弊，或阙匡救之方①。

在这里，杜佑以婉转的口气指出儒家经典中有许多空泛的言论而"罕存法制"；同时，又直接批评"历代众贤"，说他们大多局限于指陈"紊失之弊"，很少有"匡救之方"。从他的这种批判精神中，更可以看清楚他为什么"不达术数之艺，不好章句之学"了。

---

① 《旧唐书·杜佑传》。

　　第二个特点，是重实际，讲功效，把对历史的认识转化为现实的实践。杜佑撰《通典》着眼于现实而关注于"理道"。他主张"理道不录空言"，必然认真探讨"礼法刑政"，进而研究"政理"的具体措施。贞元十九年（803年），杜佑入朝为相的第一件事，就是辑录《通典》要点，另成《理道要诀》33篇，编为10卷，上奏德宗，重申"详古今之要，酌时宜可行"之旨①。《理道要诀》是《通典》的简本，从前者的书名，可以看出《通典》的主旨实在于"理道"的"要诀"，在于历史认识之转化为现实的实践。为《通典》作序的李翰自谓"颇详旨趣"，他在序中强调指出："今《通典》之作，昭昭乎其警学者之群迷欤！以为君子致用在乎经邦，经邦在乎立事，立事在乎师古，师古在乎随时。必参古今之宜，穷始终之要，始可以度其古，终可以行于今，问而辨之，端如贯珠，举而行之，审如中鹄。夫然，故施于文学，可为通儒；施于政事，可建皇极。"这一段话，把《通典》意在"经邦""致用"的主旨阐述得十分透辟。"师古"的目的不是复古，而是"随时"；"随时"是为了"立事"，以达到"经邦"最高目标。这就是《通典》"将施有政"的"致用"之旨。

　　第三个特点，是把握了社会的症结、反映了时代的要求。杜佑"经邦""致用"史学思想是时代的产物，也是时代潮流的反映。杜佑青年时代经历的"安史之乱"所造成的唐皇朝政治力量的削弱和财政收入的困难，极深刻地影响着他的思想、学风和撰述旨趣。这在《通典》中有突出的反映。他在讲到"历代盛衰户口"时列举了一些统计数字，以衬托"盛衰"之变。② 建中初年，杜佑上《省官议》，内中写道："当开元、天宝中，四方无虞，编户九百余万，帑藏丰溢，虽有浮费，不足为忧。今黎苗青，天下户百三十万，陛下诏使者按比，才得三百万，比天宝三分之一，就中浮寄又五之二，赋者已耗，而食之者如旧，安可不革？"他在文中还批驳了一些阻碍"省官"的言论。这些都表明，"安史之乱"前后社会的变化，是杜佑经世致用史学思想的社会根源。他的许多见解，既是政治家对历史的卓识，也是史学家对现实的洞察。

　　中唐时期，国势衰弱，社会动荡，这种客观情势把一批有识之士推到了历史潮流的前头。杰出的政治家、军事家、理财家、思想家、文学家和诗人，如陆贽、李吉甫、裴度、郭子仪、李晟、李愬、刘晏、杨炎、韩愈、柳宗元、刘禹锡、杜甫、白居易等，都是杜佑的同时代人。他们的言论、

---

　　① 杜佑：《进〈理道要诀〉表》、《理道要诀·序》，见《玉海》卷五一。
　　② 《通典·食货七》。

行事、著作和作品，大多反映了时代的特点和要求，在思想上有相通之处。杜佑无愧于他的这些同时代的优秀人物，是站在历史潮流前头思考问题的杰出的政治家和史学家。他的"以富国安人之术为己任"①的政治胸襟和《通典》的经世致用史学思想，证明他是这个历史潮流中的史学领域里的先驱。故"其书大传于时"，"大为士君子所称"②，绝非偶然。杜佑"将施有政"的撰述宗旨，《通典》"经邦""致用"的社会目的，充分证明中国史学之具有自觉的和明确的经世致用意识，当自杜佑始，当以《通典》为里程碑。

朴素的历史进化思想是杜佑历史观的核心。杜佑继承了史学史、思想史上的朴素的历史进化思想，同时也提出了一些新的见解，丰富和发展了中国史学上的历史进化思想。杜佑的历史进化思想，一是反对"非今是古"，从人口、地理等物质因素分析历史进化的"势"和"理"；二是主张"变通"和"适时"，以顺应历史进步的趋势。杜佑对于秦、汉、隋、唐以来的政治形势，着重从郡县、封国的利弊分析它们的得失，论证历史的进步趋势。他在《职官典·王侯总叙》中写道：

> 天生烝人，树君司牧。人既庶焉，牧之理得；人既寡焉，牧之理失。庶则安所致，寡则危所出。汉、隋、大唐，海内统一，人户滋殖，三代莫俦。若以为人而置君，欲求既庶，诚宜政在列郡，然则主祀或促矣。若以为君而生人，不病既寡，诚宜政在列国，然则主祀可永矣。主祀虽永乃人鲜，主祀虽促则人繁。建国利一宗，列郡利万姓，损益之理，较然可知。

在这一段文字的分析中，他从人口庶寡、政治的安危以及"利万姓"和"利一宗"等三个方面，论证了"列郡"代替"建国"的进步性。杜佑还辩证地指出："立法作程，未有不弊之者，固在度其为患之长短耳。"而历史已经证明："政在列国也"，"其患也长"；"政在列郡也"，"其患也短"。自南朝以下，"建侯日削，欲行古道，势莫能遵"。③ 杜佑在《兵典·兵序》中，又从政治、军事上的得失，进一步肯定了秦、汉以来"罢侯置守""以为强干弱枝之势"，"诚得其宜"。同时又指出，"强干弱枝之势"的破坏造成了玄宗后期的社会

---

① 《旧唐书·杜佑传》。
② 《旧唐书·杜佑传》。
③ 以上均见《通典》卷三一，《职官·王侯总叙》。

动乱，是"地逼则势疑，力侔则乱起，事理不得不然也"。① 杜佑一方面指出了发展趋势的不可逆转，另一方面又看到了具体形势的变化也会影响到总的趋势和进程，其中包含着朴素的辩证思想。

杜佑反对"非今是古"的思想，在对待民族问题和人才问题上，也表现得很突出。他在讲到"三代"的"立尸义"时，分析了"中华"与"夷狄"在礼俗上的同源和后来的变化，认为："古之人朴质，中华与夷狄同，有祭立尸焉，有以人殉葬焉，有居巢穴处焉，有不封不树焉，有手抟食焉，有同姓婚娶焉，有不讳名焉。中华地中而气正，人性和而才惠，继生圣哲，渐革鄙风。今四夷诸国，地偏气犷，则多仍旧。"②杜佑是从地理条件不同来说明中华与夷狄在礼俗文明发展进程上产生差别的原因，虽不尽全面，却是很有意义的见解。他从社会心理考察，认为："人之常情，非今是古。"但他根据丰富的历史事实，明确指出："古之中华，多类今之夷狄。"这不仅坚持了历史进化思想，也是对上述错误的社会心理和复古论调的有力批评。关于人才问题，杜佑认为："非今人多不肖，古人多才能，在施政立本，使之然也。"他主张通过"务勤其教"达到培养人才的目的；"若不敦其教，欲求多贤，亦不可及已"。③ 这是强调教育对于培养人才的重要，批评了非今是古的人才观。

杜佑的历史进化思想，还表现在他具有鲜明的"变通"和"适时"的历史见识。他不赞成前人所谓"子产铸刑书，而叔向责之；赵鞅铸刑鼎，而仲尼讥之"的旧说，称颂子产"观时之宜，设救之术，外抗大国，内安疲甿"的政绩，认为把孔子批评"乱制"看作他反对"法度"本身不过是一种"臆说"。④ 杜佑再次批评"滞儒常情，非今是古"的陈词滥调，而肯定"秦皇帝荡平九国，宇内一家……所以尊君抑臣，置列郡县，易于临统，便俗适时"的历史贡献。⑤ 他的这种"观时之宜""便俗适时"的思想，在《通典》中有多处反映："随时立制，遇弊变通，不必因循，重难改作"⑥；"弊而思变"⑦；"随时拯

---

① 《通典》卷一四八。
② 《通典》卷四八，《礼八·立尸义》。
③ 《通典》卷一三，《选举一》序。
④ 《通典》卷一六六，《刑法四·杂议上》。
⑤ 《通典》卷七四，《礼三十四·总叙》。
⑥ 《通典》卷四〇，《职官二十二》卷末附记"省官议"语。
⑦ 《通典》卷一二后论。

弊，因物利用"①。这些，都表明了杜佑历史进化思想中的时代精神和政治实践要求，这跟《通典》的"将施有政"的主旨是相通的。

然而，杜佑的历史进化思想却同他的传统门阀观念发生了冲突，这使前者的发展受到了限制。《通典》以100卷的篇幅记历代沿革礼和开元礼，又以7卷的篇幅记乐，礼、乐合起来超过全书半数。自两汉以下，历代都重礼，这在史书编著中均有所表现。魏晋南北朝隋唐时期，礼更成了区别士庶界限、维护这种新的等级秩序的工具而受到特别重视。所谓"礼仪繁博，与天地而为量，纪国立君，人伦攸始"②，所谓礼可以"弘宣天意，雕刻人理"、"礼亦愈家"③，礼还可"增辉风俗，广树堤防，非礼威严，亦何以尚"④等。礼，成了门阀时代的一个重要的象征。《通典》以礼乐作为"教化"的主要内容，正是这种象征的集中表现。杜佑在论述到盛唐时期的《贞观礼》《显庆礼》《开元礼》这三部礼书时兴奋地写道："百代之损益，三变而著明，酌乎文质，悬诸日月，可谓盛矣！"他表明：《通典》论礼，是为了"振端末，备顾问"⑤。在《通典·礼典》的《礼序》中，杜佑在自注里列举自孔颖达以下至韦绍等60个唐代礼学家的姓名；《通典》的论议，大多集中在《礼典》的沿革礼部分。这都反映出杜佑对于礼的非同寻常的重视，反映出他对于门阀制度的热切留恋。

诚然，在门阀时代，礼对于稳定统治阶级内部的等级秩序，曾经起了一定的作用。但在杜佑所处的时代，门阀地主已经走下坡路了。因此，作为反映门阀地主之历史记录的姓氏之书日渐衰微，而作为反映门阀社会之现实秩序的礼书的价值也日渐缩小。贞元、元和年间，尽管还有人在编撰"新礼"，但实际上只是"具有文而意不在焉，此所谓'礼乐为虚名'也哉"⑥！这种变化，标志着一个时代行将结束，《通典·礼典》似是为这个时代所奏出的一曲悠悠挽歌。

---

① 《通典》卷一八五，《边防一·边防序》。
② 《南齐书·礼志》序。
③ 《晋书·礼志》序。
④ 《隋书·礼仪志》序。
⑤ 《通典》卷四一，《礼一·礼序》。
⑥ 《新唐书·礼乐志》序。

第六节 历史思想领域的成就

一、神灭论与兴亡论

魏晋南北朝隋唐时期的史学，在思想领域方面异常活跃，不论是对历史的认识还是对史学的认识，都提出了许多新问题。关于对史学的认识，有南朝梁人刘勰所撰《文心雕龙·史传》篇，是讨论史学问题较早的专文，这样的专文在唐代逐渐多了起来；盛唐时刘知幾所著《史通》，是讨论史学问题最早的系统著作，它在中国史学发展上产生了深刻的影响。关于对历史的认识，情况要复杂得多。这是一个大变动的时代，也是一个大发展的时代，许多重大历史问题提到了当时的政治家、思想家、史学家面前，在激烈的思想斗争中推动了历史思想的进步。其中以关于神灭论、兴亡论、封建论、民族论、人物论、帝王论这六个方面的问题的讨论和辩难尤为重要。

针对佛教的盛行和有神论思想的泛滥，南朝齐、梁之际的无神论思想家范缜曾与齐竟陵王萧子良作不信因果的辩难，认为富贵贫贱，纯属偶然，非命中注定。其后，他又著《神灭论》，指出："神即形也，形即神也，是以形存则神存，形谢则神灭也。""形者神之质，神者形之用，是则形称其质，神言其用，形之与神不得相异也。"此论一出，"朝野喧哗"。萧子良发动僧俗名流数十人与之辩难而终不能屈，于是"子良使王融谓之曰：'神灭既自非理，而卿坚执之，恐伤名教。以卿之大美，何患不至中书郎，而故乖刺如此，可便毁弃之。'缜大笑曰：'使范缜卖论取官，已至令仆矣，何但中书郎耶！'"[①]在有碍"名教"的压力和高官显位的诱惑面前，范缜显示出了在理论上的坚定信念。有神无神，有佛无佛，是当时思想领域的大论争。在这个论争中，史学家也是壁垒分明的。略早于范缜的范晔，"常谓死者神灭，欲著《无鬼论》"，认为"天下决无佛鬼"。[②] 而与范缜同时的沈约，在梁武帝发动"王公朝贵"60余人撰文围攻范缜时，连续写出了《神不灭论》《难范缜

---

① 《梁书·儒林传》《南史·范云传》附《范缜传》。
② 《宋书·范晔传》。

〈神灭论〉》等文①，申言"神本不灭，久所服膺；神灭之谈，良用骇愕"。这种思想上的分野，也反映在他们所撰的史书当中。把无神论思想真正推进到历史思想领域的，是唐代文学家、思想家、史论家柳宗元。柳宗元的无神论思想的一个明显特征，是要把久已存在的"天命"论从对历史的认识和解释中驱赶出去。他在《天说》一文中，批评了"天可赏罚"的论点，认为："天地，大果蓏也；元气，大痈痔也；阴阳，大草木也。其乌能赏功而罚祸乎！功者自功，祸者自祸，欲望其赏罚者大谬。呼而怨，欲望其哀且仁者，愈大谬矣。"②天地、元气、阴阳都是没有意志的物质，怎么能赏功罚祸呢。他的《天对》一文，回答了屈原《天问》中提出的许多历史问题，认为朝代的兴亡、人事的成败，都跟昏昧无知的"天"毫无关系。③ 柳宗元坚持"天人相分"的理论，指出："夫圣人之为心也，必有道而已矣。非于神也，盖于人也。"④"圣人之道，不穷异以为神，不引天以为高，利于人，备于事，如斯而已矣。"⑤这是用跟人事相联系的"道"排斥了"神"和"天"在历史中的作用。他直言不讳地指出："古之所以言天者，盖以愚蚩蚩者耳，非为聪明睿智者设也。"⑥柳宗元在所著《非国语》67 篇中，约有三分之一的篇幅是批评史家在"天人之际"认识上的错误，认为史家用"天命"、梦寐、卜筮、童谣来解释历史，都是不足取的⑦。在这里，他的无神论思想也反映出更鲜明的历史形式。

兴亡论也是这个时期思想领域讨论的大问题。这一方面是由于魏晋南北朝时期皇朝更迭频繁，另一方面是由于"风行万里"的隋皇朝的骤兴骤亡，从而使这个问题的讨论始终具有突出的现实意义。三国魏人曹冏的《六代论》，论夏、殷、周、秦、汉的历史经验教训，分析曹魏面临的现实问题，指出："观五代之存亡，而不用其长策，睹前车之倾覆，而不改其辙迹；子弟至空虚之地，君有不使之民，宗室窜于闾阎，不闻邦国之政；权均匹夫，势齐凡庶，内无根深不拔之固，外无盘石宗盟之助，非所以安社稷、为百

---

① 严可均校辑：《全梁文》卷二八、二九。

② 《柳河东集》卷一六。

③ 《柳河东集》卷一四。

④ 《柳河东集》卷一六，《天说》。

⑤ 《柳河东集》卷三，《时令论》《断刑论下》。

⑥ 《柳河东集》卷三，《时令论》《断刑论下》。

⑦ 《柳河东集》卷四四、四五。

代之业也。"①作为魏的宗室，曹冏已预感到曹爽、齐王芳将面临"疾风卒至""天下有变"的局面。西晋陆机的《辩亡论》两篇，写出了三国孙吴政权兴亡的历史。作者作为吴国的遗民和名将陆逊的后人，对吴国之亡深致惋惜之情，但他也指出："吴之兴也，参而由焉，孙卿所谓'合其参'者也；及其亡也，恃险而已，又孙聊所谓'舍其参'者也。夫四州之萌，非无众也；大江之南，非乏俊也；山川之险，易守也；劲利之器，易用也；先王之策，易循也；功不兴而祸遭者，何哉？所以用之者失也。"②这里说的"合其参""舍其参"，是指天时、地利、人和这三个因素对于政治兴亡的关系。东晋史家干宝的《晋纪·总论》严肃地剖析了西晋灭亡的原因，认为它"创基立本"不广不深，固是其重要原因，而朝风、政风、世风的"淫僻"，人们"耻尚失所"，则是其败亡的直接原因。他指出："学者以庄、老为宗而黜《六经》，谈者以虚荡为辨而贱名检，行身者以放浊为通而狭节信，进仕者以苟得为贵而鄙居正，当官者以望空为高而笑勤恪。……由是毁誉乱于善恶之实，情慝奔于货欲之途，选者为人择官，官者为身择利。而秉钧当轴之士，身兼官以十数，大极其尊，小录其要，机事之失，十恒八九。而世族贵戚之子弟，陵迈超越，不拘资次，悠悠风尘，皆奔竞之士，列官千百，无让贤之举。……礼法刑政，于此大坏。……'国之将亡，本必先颠'，其此之谓乎！"③这里着重讲了社会风气跟政治得失的关系。这三篇讨论兴亡的文章，文辞都很好，因而被萧统辑入《文选》，有很大的社会影响。隋唐时期，也有许多讨论政治兴亡的名篇。北宋李昉等所编《文苑英华》，内中有三卷为"兴亡"论。所收论议都是隋唐人的撰述。它们是：隋卢思道的《北齐兴亡论》《后周兴亡论》，李德林的《天命论》；唐朱敬则的《魏武帝论》《晋高祖论》《宋武帝论》《北齐高祖论》《北齐文襄论》《北齐文宣论》《梁武帝论》《陈武帝论》《陈后主论》《隋高祖论》《隋炀帝论》，权德舆的《两汉辩亡论》，罗衮的《秦论》上下二首④。同书所收卢照邻的《三国论》，李德裕的《鼎国论》（亦作《三国论》）、《宋齐论》⑤，也都是以讨论兴亡为主旨的。朱敬则在武则天时

①　《文选》卷五二。
②　《文选》卷五三。
③　《文选》卷四九。
④　《文苑英华》卷七五一～七五三。
⑤　《文苑英华》卷七五五、七五六。

曾兼修国史，"尝采魏晋已来君臣成败之事，著《十代兴亡论》"①。《十代兴亡论》原为 10 卷，今存 11 篇，可能是它的一部分遗文，从中仍可看出这位史论家的深刻的历史见解。唐代的史学家、思想家、政治家之论兴亡，一是专讲人事，不再空谈"天命"；一是对现实和历史前途显示出充分的自信，很少回过头去陶醉于对三代、两汉的追寻。这个时期关于兴亡的讨论，有许多精彩的论点，还包含在一些有成就的皇朝史撰述和专史撰述中。

二、封建论与民族论

关于"封建"的讨论，主要是由当时的政治所引起，其核心问题是朝廷跟地方的关系，但这个问题也涉及对于历史的认识，反映出人们的历史思想。秦汉以后，怎样看待"封建"即分封制，始终是一个重大的历史问题。班固略述了西汉分封的历史，但他并没有做出明确的评论，只是向人们提出了一个问题："究其终始强弱之变，明监（鉴）戒焉。"②曹囧、陆机关于兴亡的讨论，虽各有自己的见解，但他们都是主张分封制的。上引《六代论》认为，秦及两汉之亡，都是废封国、立郡县所致。陆机撰《五等论》，极言秦、汉不尊古制之弊，认为分封制是"治"的保证，郡县制是"乱"的根源："五等之君，为己思治；郡县之长，为利图物。"③唐太宗时，令群臣议封建，大致有三种意见：赞成的，反对的，还有主张"分王诸子，勿令过大"的。魏徵、李百药、于志宁、马周、长孙无忌等都持反对意见。魏徵从唐初的经济、政治状况出发，不赞成分封事。于志宁认为"古今事殊"，"宗室、群臣袭封刺史"事，"恐非久安之道"。马周从历史教训考虑，认为分封之制，易生骄逸，"则兆庶被其殃，而国家受其败"。长孙无忌虽在受封之列，也反对分封，上表称："缅惟三代封建，盖由力不能制，因而利之，礼乐节文，多非己出。两汉罢侯置守，蠲除昔弊，深协事宜。今因臣等，复有变更，恐紊圣朝纲纪。"李百药作长篇奏论驳分封事，指出："得失成败，各有由焉。而著述之家，多守常辙，莫不情忘今古，理蔽浇淳，欲以百王之季，行三代之法，天下五服之内，尽封诸侯，王畿千里之间，俱为采地。是则

---

① 《旧唐书·朱敬则传》。《新唐书·艺文志三》"杂家类"著录："朱敬则《十代兴亡论》十卷"。《旧唐书·经籍志上》"杂史"类作《十代兴王论》，误。

② 《汉书·诸侯王表》序。

③ 《文选》卷五四。

以结绳之化行虞、夏之朝，用象刑之典治刘、曹之末，纪纲弛紊，断可知焉。"他批评陆机、曹冏主张分封的说法是谬妄之言；建议唐太宗"以质代文"，不要忙于"定疆理之制，议山河之赏"。① 最后，唐太宗终于罢封建事。在这次涉及现实和历史的反复讨论中，一些史学家参与了，并且阐述了朴素的历史进化的观点，在政治决策中发挥了重要作用。中唐以后，藩镇割据，其势盛于诸侯，柳宗元撰《封建论》，以说明历史而审视现实。《封建论》的理论价值在于，它提出了"不初，无以有封建"和"封建，非圣人意也"这两个前后相关联的论点。作者从人类处于"草木榛榛，鹿豕狉狉"的初始阶段，为了"自奉自卫"必须"假物以为用"到"假物者必争"，从"争而不已"到"听命于能断曲直者"，从"告之以直而不改"到"君长刑政生焉"，一直说到里胥、县大夫、诸侯、方伯、连帅、天子的出现。柳宗元认为，这个发展过程就是"封建"出现的过程，跟所谓"圣人之意"是没有关系的。《封建论》还提出"势"这个历史范畴来与"圣人之意"相对立，这是它的理论价值的又一个方面。柳宗元反复论证，殷周时代实行分封制带有必然的趋势："圣贤生于其时，亦无以立于天下，封建者为之也。岂圣人之制使至于是乎？吾固曰：'非圣人之意也，势也。'"同样，自秦而下，废分封而设郡县，也是一种必然的趋势，"其不可变固矣"②，不能看成是违背了"圣人"的意愿。这样，柳宗元就接近了把历史进程看作一个自然发展过程之认识的边缘，从而达到了这个时期历史思想领域里的最高成就。《封建论》在当时的现实意义，是为唐宪宗等人从政治上和军事上对藩镇势力进行斗争提供了历史的参照和理论的根据。

民族论和民族关系论，也是这个时期极重大的现实问题和历史理论问题。西晋江统著《徙戎论》，强调"《春秋》"之义，即所谓"内诸夏而外夷狄"，对战国、秦汉、三国以来民族关系的发展作消极的看待和评价，主张对于内迁各族，"皆可申谕发遣，还其本域，慰彼羁旅怀土之思，释我华夏纤介之忧"。③ 当时人"服其深识"，而"徙戎"之论对后世影响也很大。唐太宗时，在对待东突厥的安置上引起一场争论：一种主张是"含育之道"，"请于河南处之"；一种主张是强调华夷之辨、族类之别，重申江统"徙戎"之论。唐太

---

①　《资治通鉴》卷一九三，唐太宗贞观五年；卷一九五，唐太宗贞观十三年。吴兢《贞观政要·封建》。

②　以上均见《柳河东集》卷三《封建论》。

③　《晋书·江统传》。

宗采纳了前一种意见。① 《徙戎论》的作用，是从对现实的民族关系的认识，提出了对历史上民族关系的看法，并力图以这种看法来影响现实的处理民族关系的政策。但是，在魏晋南北朝隋唐时期，随着民族斗争的发展、民族关系的密切，不仅"徙戎"的主张在现实中行不通，就是华夷之辨的看法也逐渐遭到人们的否定。这在史家思想和史书编著上都有明显的反映。隋唐之际，李大师已不满于"南书谓北为'索虏'，北书指南为'岛夷'"的修史情况，主张"编年以备南北"。② 这是表明，在历史撰述上要恰当处理南北朝关系，其中自然包含着民族关系。唐高祖"修六代史诏"说："自有晋南徙，魏乘机运，周、隋禅代，历世相仍；梁氏称邦，跨据淮海，齐迁龟鼎，陈建宗祊。莫不自命正朔，绵历岁祀，各殊徽号，删定礼仪。至于发迹开基，受终告代，嘉谋善政，名臣奇士，立言著绩，无乏于时。"③诏书对鲜卑族建立的北魏、北周皇朝，不仅承认它们的历史地位，而且毫无贬词。唐修《晋书》，对《徙戎论》的主张并不采取附和态度，指出："'徙戎'之论，实乃经国远图。然运距中衰，陵替有渐，假其言见用，恐速祸招怨，无救于将颠也。"④这实际上是不同意把西晋之亡归咎于"戎狄"的说法。《晋书·载记》记十六国事，对各族仍不免有微词，但总的认识是肯定其历史存在，有的甚至给予很高的评价。《隋书·经籍志》史部以"戎羯称制，各有国家，实同王者"，批评晋人"党附君亲，嫉彼乱华，比诸群盗"，是"苟徇私忿，忘夫至公，自非坦怀爱憎，无以定其得失"。这些，都是反映了力图从历史事实上严肃地看待各民族历史的态度和思想，具有进步的意义。在这方面，杜佑《通典·边防》序所论，具有更高一层的理论价值。他指出：

> 覆载之内，日月所临，华夏居土中，生物受气正。其人性和而才惠，其地产厚而类繁，所以诞生圣贤，继施法教，随时拯弊，因物利用。三五以降，代有其人。君臣长幼之序立，五常十伦之教备，孝慈生焉，恩爱笃焉。主威张而下安，权不分而法一。生人大赉，实在于斯。……缅惟古之中华，多类今之夷狄。有居处巢穴焉，有葬无封树焉，有手团食焉，有祭立尸焉，聊陈一二，不能遍举。其地偏，其地

---

① 《贞观政要·安边》。
② 《北史·序传》。
③ 《唐大诏令集》卷八一。
④ 《晋书》卷五六后论。

梗，不生圣哲，莫革旧风，诰训之所不可，礼义之所不及，外而不内，
疏而不戚，来则御之，去则备之，前代达识之士亦已言之详矣。

这一段话，是从两个方面说明了华夏跟夷狄的关系。一是华夏、夷狄本无
根本的差别，夷狄的"鄙风弊俗"，华夏原先也是有的。二是华夏、夷狄所
处地理环境的不同，前者"随时拯弊"，后者"莫革旧风"，才出现了发展程
度上的种种差别。这两点，反映出杜佑的朴素历史进化思想，以及在当时
所达到的最为正确的民族理论。杜佑仅仅从地理环境着眼考察，显然是不
全面的。但他的这些理论上的认识，对于《徙戎论》所散布的戎狄"性气贪
婪，凶悍不仁"的种种偏见，是有力的批驳，是历史思想上的重大进步。

三、《人物志》与帝王论

品评人物，是魏晋南北朝时期社会风气的重要特点之一。这同东汉末
年"月旦评"的遗风有关，而更重要的原因是当时"九品官人法"的需要。一
方面是"名节""家风"的提倡，另一方面是选官任使的要求。这两点，使人
们格外看重品评人物，也推动了品评人物理论的发展。这方面的代表性著
作，一是三国时魏人刘邵所著《人物志》①，二是前面已经论述到的范晔《后
汉书》的人物评论。

刘邵是三国魏初人，曾"受诏集五经群书，以类相从，作《皇览》"，又
与人合撰《新律》18 篇，著有《律略论》，还"受诏作《都官考课》"，《法论》《人
物志》是他的代表作。刘邵谙于典制，精于考课，深于品评人物，时人这样
称赞他：

> 深忠笃思，体周于数，凡所错综，源流弘远，是以群才大小，咸
> 取所同而斟酌焉。故性实之士服其平和良心，情静之人慕其玄虚退让，
> 文学之士嘉其推步详密，法理之士明其分数精比，意思之士知其沉深
> 笃固，文章之士爱其著论属辞，制度之士贵其化略较要，策谋之士赞
> 其明思通微，凡此诸论，皆取适己所长而举其支流者也。②

---

① 刘邵：《三国志》作刘劭，今从《隋书·经籍志》及《人物志》所署。
② 《三国志·魏书·刘劭传》。

刘邵这方面的才识，被认为是"非世俗所常有"的。他所处的时代，以及他本人的经历和才识，是他能够写出《人物志》一书的几个重要原因。

《人物志》3卷20篇：卷上包括九征、体别、流业、材理，卷中有才能、利害、接识、英雄、八观，卷下含七谬、效难、释争。《人物志》的主旨是："辨性质而准之中庸，甄材品以程其职任。"①《人物志》品评人物的理论基础，是以先秦朴素唯物思想的五行说与人体的自然本质骨、筋、气、肌、血相配，再与五常即仁、义、礼、智、信相结合，作为判断人物才性的根据。这是认为人的才性出于自然。《人物志》把人才分为三大类，即兼德、兼才、偏才，认为中庸是最高的品评准则，只有"兼德"才符合这一准则。其开篇《九征》即具体论述了人物才性的九种表现，并由此划分出人物才性的高下，这就是：

> 性之所尽，九质之征也。然则平陂之质在于神，明暗之实在于精，勇怯之势在于筋，强弱之植在于骨，躁静之决在于气，惨怿之情在于色，衰正之形在于仪，态度之动在于容，缓急之状在于言。
>
> 其为人也，质素平澹，中睿外朗，筋劲植固，声清色怿，仪正容直，则九征皆至，由纯粹之德也。九征有违，则偏杂之材也。三度不同，其德异称。故偏至之材，以材自名；兼材之人，以德为目；兼德之人，更为美号。是故兼德而至，谓之中庸；中庸也者，圣人之目也。具体而微，谓之德行；德行也者，大雅之称也。一至，谓之偏材；偏材，小雅之质也。一征，谓之依似；依似，乱德之类也。一至一违，谓之间杂；间杂，无恒之人也。无恒、依似，皆风人末流；末流之质，不可胜论，是以略而不概也。

由五行而五常，由九征而三度，由三度而推崇中庸，这是《人物志》品评人物之理论的基本脉络。此外，它还以中庸为准则，剖析了十二种偏才的特点（《体别》）；指出才能无大小之分，而关键在于用其宜，分析了才与能的区别（《材能》）；辨析了英与雄的两种素质的特征，认为"聪明秀出谓之英，胆力过人谓之雄"，只有"兼有英、雄"，才能"成大业"（《英雄》）；讨论了鉴定人物才性的具体方法（《八观》）；指出了品评人物的七种误区（《七缪》）；分析了知人之难与荐人之难的种种原因。

---

① 郑旻：《重刻人物志跋》，见《人物志》评注本附录，北京，红旗出版社，1996。

《人物志》是一部品评人物的理论著作，一般不结合具体的历史人物进行讨论，只有个别的篇章（如《流业》）采取了列举人物的表述方法。其学术思想渊源，兼有儒、道、名、法诸家。① 刘知幾论此书说："五常异禀，百行殊执，能有兼偏，知有长短，苟随才而任使，则片善不遗，必求备而后用，则举世莫可，故刘邵《人物志》生焉。"②这几句话，概括地指出了《人物志》的基本理论和撰述目的。《人物志》对于史学的密切关系，是它第一次从理论上有系统地分析了历史活动中的主体在才性上的种种差异，以及认识这种差异的社会实践意义。《人物志》或许受到《汉书·古今人表》启发，但它在理论上的认识已远远超出了后者。明人郑旻说它："三代而下，善评人品者，莫能逾之矣。"③宋人阮逸称它："王者得之为知人之龟鉴，士君子得之为治性修身之檠栝，其效不为小矣。"④

《人物志》强调人的才性出于自然，具有朴素的唯物思想，但书中对于人的后天培养的作用，以及人在社会生活中会发生变化等问题，所论甚少，这是它的不足之处。

《隋书·经籍志三》著录《人物志》于名家类，其文曰："《人物志》三卷，刘邵撰。"原注："梁有《士纬新书》十卷，姚信撰，又《姚氏新书》二卷，与《士纬》相似；《九州人士论》一卷，魏司空卢毓撰；《通古人论》一卷。亡。"由此可见，关于品评人物的理论，在魏晋南朝，已成风气。又《颜氏家训·名实》开篇写道：

> 名之与实，犹形之与影也。德艺周厚，则名必善焉；容色姝丽，则影必美焉。今不修身而求令名于世者，犹貌甚恶而责妍影于镜也。上士忘名，中士立名，下士窃名。忘名者，体道合德，享鬼神之福祐，非所以求名也；立名者，修身慎行，惧荣观之不显，非所以让名也；窃名者，厚貌深奸，干浮华之虚称，非所以得名也。

这里是在讲"家训"，而且仅限于"名实"，但也可看出作者颜之推品评人物的旨趣。通观全书，其意甚明。由此可见，北朝在品评人物的理论认识上，

---

① 《人物志》译注本附录，钱穆：《略述刘邵〈人物志〉》、汤用彤：《读〈人物志〉》。
② 《史通·自叙》。
③ 《人物志》译注本附录。
④ 《人物志》书首阮逸序。

也有所作为。

　　君主在历史上的作用，以及历代君主对后世的影响，是史学家历来都很重视的问题。虞世南所撰的《帝王略论》采用问答体的通俗形式，比较系统地阐述关于君主的认识。

　　《帝王略论》是一部记帝王之事略、论帝王之贤愚的著作，其价值不在于"略"而在于"论"。它在评论历代君主方面或由此而涉及对其他历史问题的评论方面，不论在见解上还是在方法上，都有理论上的意义。

　　第一，提出了关于"人君之量"的见解。如《通历》记东晋末年桓玄所建"伪楚"及其为刘裕所败的史实后，引《帝王略论》说：

　　　　公子曰：桓玄聪敏有夙智，英才远略，亦一代之异人，而遂至灭亡，运祚不终，何也？

　　　　先生曰：夫人君之量，必器度宏远，虚己应物，覆载同于天地，信誓合于寒暄，然后万姓乐推而不厌也。彼桓玄者，盖有浮狡之小智，而无含弘之大德，值晋室衰乱，威不迫下，能肆其爪牙，一时篡夺，安国治人无闻焉。尔以侥幸之才，逢神武之运，至于夷灭，固其宜也。①

　　这里说的"人君之量"，不只是君主的个人品德方面，它还包含着君主在政治上的远见卓识，以及由这样的远见卓识为指导而制定的种种措施和这些措施所产生的社会效果。只有具备这种气度的君主，才能使"万姓推而不厌也"。虞世南认为，像桓玄这样的"浮狡小智""侥幸之才"，是不能成就大事业的，而遭到毁灭则是理所当然的。

　　"人君之量"是一个很高的道德标准和政治标准。在虞世南看来，不独桓玄这样的人与此无涉，历史上有一些看来还说得过去的君主也不曾达到这样的标准。如他论北周武帝宇文邕，是这样说的：

　　　　公子曰：夫以周武之雄才武艺，身先士卒，若天假之年，尽其兵算，必能平一宇内，为一代之明主乎？

　　　　先生曰：周武骁勇果毅，有出人之才略。观其卑躬厉士，法令严明，虽句践、穰苴亦无以过也。但攻取之规有称于海内，而仁惠之德

　　① 见《通历》卷四所引。

无闻于天下，此猛将之奇才，非人君之度量。①

"人君之度量"不同于种种"奇才"的地方，在于前者应建立在很高的道德素养和政治素养之上，因而能产生影响于社会的"仁惠之德"。在封建社会里，君主具有至高无上的权力。虞世南提出"人君之度量"的看法，尽管带有很重的理想主义的色彩，但他在主观上是希望人君能对自己提出更高的要求。这一点，还是有积极意义的。

同"人君之度量"的见解相关联的，虞世南还评论了"人君之才"与"人君之德"。《帝王略论》在评论汉元帝的时候，讲到了关于"人君之才"的问题：

或曰：汉元帝才艺温雅，其守文之良主乎？

虞南曰：夫人君之才在乎文德武功而已。文则经天纬地、词令典策，武则禁暴戢兵、安人和众，此南面之宏图也。至于鼓瑟吹箫、和声度曲，斯乃伶官之职，岂天子之所务乎！②

人的才华是多种多样的，对于不同身份的人来说，亦要求与之相适应的才华。作为一个君主，其才能应反映在"经天纬地""禁暴戢兵"方面，否则将与身份不相吻合。这是提出了怎样看待"人君之才"的标准。在讲到"人君之德"时，虞世南极力称赞刘备，说："刘公待刘璋以宾礼，委诸葛而不疑，人君之德于斯为美。"③他把尚礼和诚信看作"人君之德"的两个重要方面，这无疑是从儒家传统观念着眼的，但这两条对于当时的李世民和后来的贞观之治，特别对于维系唐太宗统治集团的稳定，或许不无关系。

第二，分别肯定一些君主的历史作用。虞世南对历史上一些君主的评论，往往反映出他的卓越的史识。他对魏孝文帝和宋高祖的评价，就是很典型的例证。下面是关于宋高祖刘裕之评价问题的问答：

公子曰：宋高祖诛灭桓玄，再兴晋室，方于前代，孰可比伦？

先生曰：梁代裴子野，时以为有良史之才，比宋祖于魏武、晋宣。

① 《通历》卷一〇所引。

② 《长短经》卷二，《君德》篇所引，《读画斋丛书》本。按：赵蕤在征引时，将"公子曰"改为"或曰"，"先生曰"改为"虞世南曰"，因避唐太宗李世民讳，故不书"世"。下同。

③ 《长短经》卷二，《君德》篇所引。

观彼二君，恐非其类。

公子曰：魏武一代英伟，晋宣频立大功，得比二人，以为多矣。季孟之间，何为非类？

先生曰：魏武，曹腾之孙，累叶荣显，濯缨汉室三十余年，及董卓之乱，乃与山东俱起，诛灭元凶，曾非己力。晋宣历任卿相，位极台鼎，握天下之图，居既安之势，奉明诏而诛逆节，建瓴为譬，未足喻也。宋祖以匹夫挺剑，首创大业，旬月之间，重安晋鼎，居半州之地，驱一郡之卒；斩谯纵于庸蜀，擒姚泓于崤函，克慕容超于青州，枭卢循于岭外，戎旗所指，无往不捷。观其豁达宏远，则汉高之风；制胜胸襟，则光武之匹。惜其祚短，志未可量也。①

在魏晋南北朝隋唐时期门阀风气很盛的政治氛围中，虞世南这样赞扬"匹夫"出身的宋高祖，不仅要有见识，而且也要有勇气。值得注意的是，在虞世南的时代看历史，西汉开国之君刘邦和东汉中兴之主刘秀，恐怕是最受人尊崇的两位君主了；他把刘裕跟他们相比拟，可以看出他对东晋灭亡的毫不惋惜和对刘宋建立的充分肯定之情。他似乎认识到，晋宋更迭是一个不可遏制的趋势。而他对魏孝文帝的评价是从另一方面予以强调的——

公子曰：魏之孝文，可方何主？
先生曰：夫非常之人，固有非常之功。若彼孝文，非常之人也。
公子曰：何谓非常之人？
先生曰：后魏代居朔野，声教之所不及，且其习夫土俗，遵彼要荒。孝文卓尔不群，迁都瀍涧，解辫发而袭冕旒，祛毡裘而被龙衮，衣冠号令，华夏同风。自非命代之才，岂能至此！②

这是从民族关系上，特别是从"声教"（这大概是今天人们所说的许多个"文化"概念中的一个）方面高度评价了魏孝文帝的汉化措施，并把魏孝文帝称为"非常之人""命代之才"。在当时的历史条件下，作者能够对民族关系有这样的见解，能够对所谓"异族"统治者作这么高的评价，不能不说是一种卓识。

第三，着意于成败得失的总结。《帝王略论》从多方面评论历代君主的

---

① 《通历》卷六所引。
② 《通历》卷八所引。

贤愚、明昏，根本的一条，是着意于对历代政治统治成败、得失的分析和总结。虞世南论秦始皇和秦朝的历史，既注重于政策的当否，又涉及有关人的才能的高下，包揽的面是很宽的——

　　公子曰：秦始皇起秦陇之地，蚕食列国，遂灭二周而迁九鼎，并吞天下，平一宇内，其规摹功业亦已大矣。何为一身几殒，至子而亡乎？

　　先生曰：彼始皇者，弃仁义而用威力，此可以吞并而不可以守成，贻训子孙，贪暴而已。胡亥才不如秦政，赵高智不及李斯，以暗主而御奸臣，遵始皇贪暴之迹，三载而亡，已为晚矣！①

这里着重批评了秦始皇一味任用"威力"的政策，殊不知在"守成"时亦需要以仁义相辅；而这种政策作为贻训，又影响到秦二世的统治。联想到贞观初年唐太宗君臣讨论"教化"问题，魏徵力主教化，而封德彝则提出"秦任法律，汉杂霸道"的先例，以致引起一场争论②；以及唐太宗与大臣探讨"草创与守成孰难"的问题，引起热烈的争论③，可见虞世南的上述评论并不是毫无意义的。他评论的是历史，却包含着对于未来的预见。

　　在总结历代皇朝成败得失的时候，虞世南还能够指出那些获得巨大成功的君主的失误处，绝不因其功业之大而讳言其短。他论汉高祖刘邦是这样说的——

　　公子曰：汉高拨乱反正，为一代英主，可谓尽善者乎？

　　先生曰：汉祖起自卑微，提三尺剑以取天下，实有英雄之度量焉！故班氏《王命论》云……加之以信诚好谋，达于礼爱，见善如不及，用人如由己，从谏如顺流，趋时如响赴，此其所以得天下也。然知吕后之耶（邪）僻而不能正，爱赵王如意而不能全，身没之后，几亡社稷。若无刘章、周勃，吕氏几代汉矣。此之为过，甚于日月之食，岂尽善之谓乎！④

---

① 敦煌本《帝王略论》残卷（伯 2636 号）卷一。
② 范祖禹：《唐鉴》卷三。
③ 《贞观政要·君道》。
④ 敦煌本《帝王略论》残卷（伯 2636 号）卷二。

作者充分肯定了刘邦在政治上的谋略和成功，但也批评了他在对待吕后的"邪辟"上的迁就和无力，以致弄到"几亡社稷"的地步，这是重大的过失，怎么能说他是尽善尽美的人呢！可见在作者看来，所谓明者可为规范、昏者可为鉴戒，二者也不是截然分开的。这里面包含着作者在评论历代帝王时的朴素辩证观点。

第四，重人事而斥天命。中国古代史学家在论述历史事件或评价历史人物时，常常摆脱不了"天命"的束缚；这种束缚的程度，自然因人而异。不过，也确有少数史学家是不相信"天命"的，甚至对"天命"进行指斥。从总的倾向来看，《帝王略论》是属于后一种情形。它关于宋文帝的评价，是涉及对于"天命"的态度的：

> 公子曰：宋文宽仁之君，享国长久，弑逆之祸，为何所由？善而无报，岂非命也？
> 先生曰：夫立人之道，曰仁与义。仁有爱育之功，义有断制之用，宽猛相济然后为善。文帝沉吟于废立之际，沦溺于嬖宠之间，当断不断，自贻其祸，孽由己作，岂命也哉！①

这一段话表明，宋文帝的"弑逆之祸"，并不是不可避免的，恰恰相反，这正是他自己的种种失误所酿造出来的。"沉吟于废立之际，沦溺于嬖宠之间"，这在历代封建君主中是带有普遍性的现象，也是许多次政治动乱、甚至引起朝代更迭的重要原因之一。作者此论，对宋文帝来说固然不错，对后世的封建君主也有借鉴的意义。在讲到南朝宋齐二代"废主"之多的问题时，作者把自己关于"天命"同人事的看法说得更明确了——

> 公子曰：宋、齐二代，废主有五，并骄淫狂暴，前后非一，或身被杀戮，或倾覆宗社，岂厥性顽凶，自贻非命，将天之所弃，用亡大业者哉？
> 先生曰：夫木之性直，匠者柔以为轮；金之性刚，工人理以成器。岂天性哉，盖人事也。惟上智与下愚特禀异气，中庸之才皆由训习。自宋、齐以来，东宫师傅，备员而已，贵贱礼乐，规献无由；且多以

---

① 《通历》卷六所引。

位升，罕由德进。善乎哉?!①

这里，不仅强调了"人事"的作用，而且把"人事"也讲得很具体，很切实，即教育的作用。《帝王略论》着重于论，但它在这里，也从史实上概括了宋、齐二代"废主"之多的原因。这对最高封建统治集团来说，无疑也是一条重要的历史教训。当然，作者对待"天命"，也不是彻底否定的；有时，他还相信"冥数"的存在②，这是他的局限性的表现。

唐太宗所撰《帝范》12 篇，是专给太子阅读的政治读本，但它包含了丰富的历史见解，涉及历代君主治国安邦的得失，因而也是一本根据历史事实写成的帝王论。它的篇目是：《君体》《建亲》《求贤》《审官》《纳谏》《去谗》《诫盈》《崇俭》《赏罚》《务农》《阅武》《崇文》。唐太宗在序文中写道：

> 自轩昊已降，迄至周隋，经天纬地之君，纂业承基之主，兴亡治乱，其道焕焉。所以披镜前踪，博采史籍，聚其要言，以为近诫云尔。③

唐太宗为一代明君，他晚年所写的这部帝王论，自然也包含了他本人的经验教训，从而使这书具有不同于一般君主论的意义所在。

魏晋南北朝隋唐时期的史学在历史思想上的进步，不限于以上这六个方面。这六个方面只是更多地反映了时代的特点，反映了客观历史发展跟史学家思想发展的关系。这在一些有成就的史家那里和有影响的史书当中，都会有不同方面的、突出的反映。

第七节　历史文献学的成长

一、史书部类趋于定型

随着史学的发展以及史学跟社会生活关系的更加密切，人们加强了对

---

① 《通历》卷六所引。
② 《通历》卷七之末"先生曰"。
③ 吴云、冀宇编辑校注：《唐太宗集》，205 页，西安，陕西人民出版社，1986。

于历史文献的整理、研究和使用，从而推动了历史文献学的进步。魏晋南北朝隋唐时期，历史文献学成长起来了。这主要表现在两个方面。一个方面是史书部类趋于定型，另一个方面是史注取得了巨大成就。史书部类的趋于定型，是史书在数量上迅速发展和种类逐渐增多的要求；史注的巨大成就，表明了史学在社会生活中的作用出现了不断扩大的趋势。

史书部类趋于定型，一是看它在整个文献中所占据的部位，二是看它本身内部分类的发展。《汉书·艺文志》以史书附于"六艺略"《春秋》之后，史书在整个文献分类中尚无独立的位置，更不曾有内部的分类。这种情况，在魏晋南北朝隋唐时期不断发生着变化。

在《汉书·艺文志》以后，直到《隋书·经籍志》问世以前，诸家"正史"都没有艺文、经籍之志。史书部类的变化、发展，可以从专门的目录书中加以考察。《隋书·经籍志二》"簿录篇"著录两晋、宋、齐、梁、陈、隋诸家目录书 17 种（专科目录不在此数）；《隋志》失载而见于《新唐书·艺文志二》"目录类"的，有南朝宋人殷淳《四部书目序录》和隋朝王劭《开皇二十年书目》；上述二志均未著录，而见于别处记载的、隋以前的目录书，也还有一些。根据有关文献对这些目录书的介绍，大致可以看出史书部类趋于定型的发展情况。

这个时期最早的目录书是三国时魏国郑默所著《中经》（亦称《魏中经簿》）。西晋荀勖在此基础上著《中经新簿》（亦称《晋中经簿》），特点是"分为四部，总括群书"。四部，是甲、乙、丙、丁；其丙部书，有史记、旧事、皇览簿、杂事。它在文献分类上，已不同于《七略》和《汉书·艺文志》，这是一大变化。另一大变化，是史书独立为四部之一，这是史书与其他文献在分类上的里程碑。东晋李充著《晋元帝书目》，因荀勖四部之法，"换其乙丙之书"，史书升为第二位，"自是厥后，世相祖述"。① 自此，史书在文献整体分类上的位置就确定下来了。南朝宋、齐间人王俭著《七志》，梁人阮孝绪著《七录》，以及隋朝许善心著《七林》，都是对文献作七种分类。《七志》对于史书分类，没有多少意义。《七录》作者阮孝绪因"今史家记传，倍于经典"的事实，特"分出众史，序《记传录》为内篇第二"。② 他说的"内篇"，是指经典、记传、子兵、文集、技术等五录；"外篇"，是指佛、道二录。《七录》继承了李充列史书于第二位的分类法，同时又扩大了荀勖对于史书

---

① 阮孝绪：《七录·序》，见《广弘明集》卷三。

② 《七录·序》。

内部分类的范围，分史书为 12 类，是史书分类上的又一里程碑。《七林》是仿《七录》而作，它的特点是："各为总叙，冠于篇首。又于部录之下，明作者之意，区分其类例焉。"①《七录》和《七林》，在史书分类方法和文献学思想方面，为史书分类更加完备和走向定型，提供了重要的成果。唐高宗显庆元年（656 年），《隋书》十志（即《五代史志》）修成，其中《经籍志》是《七略》《汉书·艺文志》以来最重要的目录书，是对两志之间目录书的总结性成果。《七录》已有经、史、子、集的文献分类思想，《隋书·经籍志》把前人的四部分类法和按经、史、子、集加以部次的思想结合起来，形成了新的文献分类格局。其中史部又分为 13 类，每类均有小序一篇，加上史部大序一篇，共 14 篇序，约 4 100 字。各类小序概说此类史书性质、体例、源流、存佚情况、代表作品；史部大序略述史职要求、史学功用、史官制度。《隋书·经籍志》已超出一般目录书的价值而具有学术史雏形的意义，其史部则具有史学史雏形的意义。至此，史书分类不论在与相关文献之关系的部次上，还是在内部分类的格局上，都基本确定下来。历史文献学在广义的文献学领域里，已卓然自立。

二、史注的突出成就

这是历史文献学成长起来的另一个突出标志。首先，许多重要的历史著作这时都有了注或新注，其中有相当数量的史注名作。《左传》，有西晋杜预的《春秋左氏经传集解》；《国语》，有三国吴人韦昭的《国语解》；《史记》，有南朝宋人裴骃的"集解"、唐代司马贞的"索引"和张守节的"正义"，习惯上统称为"《史记》三家注"；《汉书》，主要有唐代颜师古注；《后汉书》纪传，有唐代李贤等注；《续汉书》志，有南朝梁人刘昭注；《三国志》，有南朝宋人裴松之注。此外，南朝宋人刘义庆所撰《世说新语》，有梁人刘孝标注；三国佚名氏所撰《水经》，有北魏郦道元注等，皆为名家。这些史注都流传下来，对于后人释读、研究和使用丰富的史学遗产，发挥了很大作用，直至今天，它们都还有参考价值。

其次，是出现了多种注史派别和注史方法，为历史文献的整理、研究开辟了广阔的前景。这些派别和方法主要有：

——补充史事。裴松之《三国志注》和刘孝标《世说新语注》，还有唐人

---

① 《隋书·许善心传》。

李善《文选注》，是这方面的名注。裴松之肯定《三国志》"铨叙可观，事多审正"，是"近世之嘉史"，惋惜它"失在于略，时有所脱漏"，于是"采三国异同"为之作注。所注内容是："其寿所不载，事宜存录者，则罔不毕取以补其阙。或同说一事，而辞有乖杂，或出事本异，疑不能判，并皆抄内，以备异闻。若乃纰缪显然，有不附理，则随违矫正，以惩其妄。其时事当否，及寿小失，颇以愚意，有所论辩。"①这一段话，说明作注的宗旨和方法，具有理论的价值。从"补其阙""备异闻""惩其妄""有所论辩"来看，裴注的内容是很丰富的，其着眼点在于对文献的搜求，即所谓"务在周悉，上搜旧闻，旁摭遗逸"。因此，裴注重在具有补充文献的价值。《三国志·魏书·武帝纪》记建安元年曹操"用枣祗、韩浩等议，始兴屯田"，意甚简略。裴注引王沉《魏书》所记，补充了屯田的背景、曹操的屯田令、田官的设置、屯田的效果等史实。又建安九年下记曹操令："河北罹袁氏之难，其令无出今年租赋。"接着说道："重豪强兼并之法，百姓喜悦。"裴注引王沉《魏书》所载曹操令的内容，包含租赋制度的改革办法和征收的具体数量，是中国古代租税史上的重要文献。裴注还有考史和评史方面的价值，这除了它所征引的文献外，也见于裴松之在注中所写的按语。裴注的价值还在于它储存了大量的已佚文献。一般地说，裴注征引文献比较完整，文字也多，如在《三国志·魏书·文帝纪》所记汉献帝禅位诏册之下，注引《献帝传》7 000 余字，以为"补阙"；同时，裴注所引之书多至 210 种。② 由于这两个原因，使裴注保存丰富的文献，总计达 32 万多字，只比正文少 4 万余字。裴注所引魏晋人著作，今已十不存一，这就更加重了它的文献价值。过去有人以裴注贬低原书，说《三国志》应当重作；也有人对裴注价值评价不高，说裴注所载"皆寿书之弃作"。③ 这两种看法都失于片面。《三国志》和裴注是名作和名注的关系，是不能相互替代的。从史注发展来说，《三国志注》开创了新的注史方法，在史学史上是值得重视的。

《世说新语》是一部笔记小说集，原为 8 卷，刘孝标注本为 10 卷，今传本分上、中、下 3 卷。这书分德行、言语、政事、文学、方正、雅量等 36

---

① 裴松之：《上〈三国志注〉表》，见《三国志》，北京，中华书局，点校本，1959。

② 王仲荦：《魏晋南北朝史》下册，887 页，上海，上海人民出版社，1980。按赵翼《廿二史札记》卷六"裴松之《三国志注》"条说，裴注引据书有 150 余种（原文说是 50 余种，误，见王树民校证本，北京，中华书局，1984）。

③ 叶适：《习学记言序目》卷二八。

门，记东汉末年至东晋末年间士大夫的言谈逸事，对于反映魏晋时期门阀地主的思想、生活及清谈放诞的风气，有重要的历史价值。刘孝标仿《三国志》裴松之注，广征博引，采撷文献 400 余种，以注《世说新语》，这就更加提高了它的历史文献价值。清人沈家本（1840—1913 年）辑有《世说新语注所引用书目》，其中经部 35 家，史部 288 家，子部 39 家，集部 42 家，释氏 10 家，凡 414 家。① 这些书，唐修《隋书·经籍志》时，已佚 110 余家，至今所存十不及一，故其所存佚文，尤为珍贵。《世说新语》注也兼有考史、评史的作用，但不如《三国志注》在这方面的作用突出。

萧统所编《文选》（后亦称《昭明文选》）30 卷，是一部文学总集，选录先秦至南朝萧梁的诗文辞赋，不选经、子，史书也只选录少量"综缉辞采""错比文华"的论赞。全书分为 38 类，共 700 余首，是梁、陈、隋、唐时的重要文学读本。唐代先后出现了两个《文选》注本，一是高宗显庆年间的李善（？—689 年）年注本析为 60 卷，一是玄宗开元年间的"五臣注"本。宋人又把它们合为《六臣注文选》。李善注精于"五臣注"，这是两宋以后的普遍看法。《新唐书》称赞李善："淹贯古今"，"为《文选注》，敷析渊洽"，"居汴、郑间讲授，诸生四远至，传其业，号'《文选》学'"。② 南宋尤袤指出："五臣特训释旨意，多不原用事所出；独李善淹贯该洽，号为精详。"③今传《文选注》，大致保存了李善注文的优点，但已非李注原貌。李注重"用事所出"，征引赅博，储存了唐初以前的丰富文献，这跟《三国志注》《世说新语注》是有同样价值的。这三种注，被认为是"六朝唐人书注最浩博者"④。刘知幾指出，"掇众史之异辞，补前书之所阙"，是南朝学人注史的一个特点⑤。齐陆澄的《汉书注》、梁刘昭的《后汉书注》，也是采用搜集同异以为注的方法。

——训释史文。杜预《春秋左氏经传集解》、《史记》三家注、《汉书》颜师古注、《后汉书》李贤等注，是这种注史流派的代表作。它们的特点，是重在训释史文，疏通原著。刘知幾称赞这种史注有"开导后学，发明先义"

---

① 叶德辉：《世说新语注引用书目》，"凡得经史别传三百余种，诸子百家四十余种，别集廿余种，诗赋杂文七十余种，释道三十余种"（见王先谦校订：《世说新语》，上海，上海古籍出版社，影印本，1982。）

② 《新唐书·文艺中·李邕传》。

③ 宋淳熙：《文选》跋。

④ 叶德辉：《世说新语注引用书目》题记，见前引书。

⑤ 《史通·补注》。

的作用，又便于"古今传授"。①《史记》三家注以前，有东晋徐广作《史记音义》13卷，以注音释义为主，"具列异同，兼述训解"。裴骃"集解"即"以徐为本"，又"采经传百家并先儒之说"加以训释。司马贞在此基础上，"探求异闻，采摭典故，解其所未解，申其所未申者，释文演注，又重为述赞"，撰成《史记索隐》。"索隐述赞"兼有提要和评论的性质，这是"索隐"不同于"集解"的地方。张守节作《史记正义》，自谓："评《史》、《汉》诠众训释而作正义，郡国城邑委曲申明，古典幽微窃探其美，索理允惬，次旧书之旨，兼音解注，引致旁通。"②三家注虽不尽相同，且有互补之效，但中心都没有脱离音字释义这个基本方法。从《史记正义》的体例说明"论史例""论注例""论字例""论音例""音字例""发字例""谥法解""列国分野"，可以看出这一派史注的风格和特点，跟《三国志注》《世说新语注》是迥然不同的。

颜师古的《汉书注》是这一派史注中成就最大的。颜注是在已有20多家《汉书》注的基础上所作的，它包含三个方面的内容。第一，是对待旧注：凡恰当可用者，"具而存之，以示不隐"；凡意有未伸者，"衍而通之，使皆备悉"；凡"越理乱真"者，则"匡而矫之，以祛惑蔽"；凡"泛说""芜辞"，"徒为烦冗"者，一概不取；凡旧注阙漏者，则"普更详释，无不洽通"。第二，是对待"六艺"之文：不"追驳前贤"，也不"曲从后说"，而"各依本文，敷畅厥指"。第三，对本书纪传表志所记"时有不同"者，或"笔削未休，尚遗秕稗"，或"后人传授，先后错杂"，都"穷波讨源"，予以甄释。颜师古在《汉书叙例》中给自己作注提出的这些目标和要求，足以说明他的严谨和博洽。颜注有两个突出特点，一是在字音、字义的注解上一丝不苟，功夫坚深；一是不脱离原著，"翼赞旧书，一遵轨辙，闭绝歧路"，反对"竞为该博，多引杂说，攻击本文"。③ 史载：《汉书注》出，"大显于时"；时人称杜预、颜师古为"左丘明、班孟坚忠臣"。④ 这反映出杜预、颜师古注史的成就，也反映出这一史注流派的学术影响。

——以著为注。郦道元《水经注》在这方面取得了重大的成就。《水经》是一部水利史专书。《隋书·经籍志二》地理类著录："《水经》三卷。郭璞注。"《新唐书·艺文志二》地理类著录："桑钦《水经》三卷，一作郭璞撰。"二

---

① 《史通·补注》。
② 《史记集解序》《史记索隐序》《史记正义序》。
③ 《汉书叙例》。
④ 《新唐书·儒学上·颜师古传》。

书提出三种说法。据清人全祖望等考订，认为是三国时人所作。它记述黄河、长江、渭水、沔水、济水、漯水、汝水、淮水等 137 条水流，文字简略，记事止于三国。北魏郦道元为之作注，广搜资料，大加扩充，成《水经注》40 卷。《水经注》共记河流 1 252 条，详细记述了各条河流所经过的山陵、郡县、城市、关津、名胜、祠庙、冢墓等地理情况、建置沿革和有关的历史事件、人物、故事、歌谣以至神话传说。注文共约 30 万字，为原书的 20 倍。其引用书多达 431 种，并收录了不少汉魏时期的碑刻，有很高的文献价值。① 郦道元《水经注·序》说他作书的方法和范围："《大传》曰：'大川相间，小川相属'，东归于海，脉其枝流之吐纳，诊其沿路之所躔，访渎搜渠，缉而缀之。经有谬者，考以附正。文所不载，非经水常源者，不在记注之限。"又说到作书之难和所取态度："川流戕改，殊名异目，世乃不同"，"轻流细漾，固难辨究"，"其所不知，盖阙如也。所以撰证本经，附其枝要者，庶备忘误之私，求其寻省之易"。《水经注》跟《三国志注》《世说新语注》相比，可谓貌似而神异，它具有明确的撰述思想和撰述体系，可以说是一部以注代著或以著为注的历史地理名作。

　　——著者自注。以上几种史注，都是注家注他人之书。自注，是著者自注己书，刘知幾《史通·补注》篇称为"子注"。自注是著者在撰述中对于历史文献的一种特殊的处理方法。这大致有两种情况：一是行文中由此及彼，旁及相关事物，不便书入正文而又可以烘托正文所记者，北魏杨衒之（一作羊衒之）的《洛阳伽蓝记》属于这种情况；一是为简省正文而对正文所做的补充或说明，唐杜佑的《通典》属于这种情况。《洛阳伽蓝记》在流传中正文与注文久已混淆，后人难以复其原貌。《通典》正文约 170 余万字，注文约 20 余万字②，占正文八分之一左右，是《通典》的重要组成部分。

　　《通典》自注约略可分为两类：一类是征引已有注释的历史文献时，酌情将原注连同被征引的部分随文转录，这在《通典》自注中不是主要部分。另一类是杜佑自撰之注，这是《通典》自注中的大宗。这后一类自注，内容丰富，用途亦多。有训释音义的，有注明史事年代和属辞涉及"国讳"的，有申明采撰原则的，有说明某项制度之起始、源流和古今变化的，有考辨史事或保存异说的，有补充或说明正文的，有注中略带评论的。③ 这些自

---

　　① 　杨翼骧说。见《中国历史大辞典·史学史》卷"《水经注》"条。

　　② 　吴枫：《隋唐历史文献集释》，99 页，郑州，中州古籍出版社，1987。

　　③ 　曾贻芬：《论〈通典〉自注》，载《史学史研究》，1985(3)。

注，不仅可以进一步用以考察杜佑的撰述旨趣，而且包含了作者丰富的历史文献学思想和运用历史文献的多种方法，其价值已超出史注的范围。

《通典》是一部巨著，但全书的序言只有 220 余字，不可能对全书的体例一一说明。书首的李翰《通典序》，也只有几句话泛泛地涉及它的体例方面的问题。因此，《通典》自注还有一个重要作用，是说明本书的体例。如其自序之末自注曰："本初纂录，止于天宝之末，其有要须议论者，亦便及以后之事。"这是说明全书所记史事断限之例。又如卷四二，在一首"说曰"之文末了自注曰：

> 凡义有经典文字其理深奥者，则于其后说之以发明，皆云"说曰"。凡义有先儒各执其理，并有通据而未明者，则议之，皆云"议曰"。凡先儒各执其义，所引据理有优劣者，则评之，皆云"评曰"。他皆同此。

这是说明全书"说曰""议曰""评曰"之讨论对象在理论层次上的区别之例，是作者的一个重要创造。它反映出杜佑史论的特色，以及他对不同的历史文献能够注意到从理论上做出不同的判断。

以上是以自注说明全书之例，还有以自注说明全书的一部分之例的。如卷四一，在"第一"之下，于"目录"二字后自注曰："其《沿革篇》所纂前代典实，应指尊极，不同《开元礼》，故不悬阙矣。《历代沿革礼》六十五卷，《开元礼》三十五卷。"这是说明《礼典》中两个部分的区别之例。又如卷一〇六，在"五礼篇目"下自注曰："谨按斯礼，开元二十一年撰毕。自后仪法，续有改变，并具《沿革篇》。为是国家修纂，今则悉依旧文，敢辄有删改。本百五十卷，类例成三十五卷，冀寻阅易周，览之者幸察焉。"这是说明《礼典》中两个部分的联系之例。把这二例结合起来，更可把握作者撰述之意。再如卷一四八，在"兵序"之末、目录之前自注曰：

> 凡兵以奇胜，皆因机而发，但取事颇相类，不必一二皆同，览之者幸察焉。其与《孙子》义正相叶者①，即朱书其目；颇相类者，即与墨书。其法制可适于今之用者，亦附之于本目之末。

这是关于《兵典》标目之例，其中也包含着作者以当时的认识水平对历史文

---

① 叶，音 xié，和洽、相合之意。

献进行分类的思想。《通典》在历史文献学的理论、方法论上有多方面的贡献，这还有待于作深入的研究。

三、文献整理、总集和类书

这个时期的历史文献学还有其他方面的一些成就。一是西晋初年对汲冢出土的古文献的整理、研究，其中《纪年》12 篇在历史文献上具有重要的价值，它说明早在战国时代，中国已有略具雏形的编年体通史的撰述。

二是关于总集和类书的编纂。总集以萧统编的《文选》最有价值，所收诗文多为历代代表之作，从一个方面反映了社会历史面貌。它所收录的史论和史述赞，尽管是从"辞采"和"文华"着眼，但把史论列为总集的一目，对历史文献学的发展还是有积极作用的。晚唐文宗大和年间，裴潾"集历代文章，续梁昭明太子《文选》，成三十卷，目曰《大和通选》，并音义、目录一卷"。① 章学诚对其评价甚高，说它"汇公私之述作"，"以词章存文献"，是"史部之通"的一种形式。② 可惜此书今已不存。类书有隋末唐初虞世南编的《北堂书钞》、唐高祖武德年间欧阳询等编的《艺文类聚》、唐玄宗开元年间徐坚等编的《初学记》，今三书皆存。《北堂书钞》是中国现存最早的一部类书，原有 174 卷，今存 160 卷。全书分为帝王、后妃、政术、刑法等 19 部，851 类，按类排比资料。引书除集部书外，多达 800 余种，而原书今多亡佚，故储存了丰富的文献资料。《艺文类聚》100 卷，分为天、岁时、地、州、郡、山、水等 44 部，720 余目。每目之下，"事居于前，文列于后"，征引唐以前文献 1 431 种，今所存十不一二。《初学记》30 卷，分天、岁时、地、州郡、帝王等 23 部，313 目。每目之下，依次按"叙事""事对""诗文"三个部分采撷文献。《艺文类聚》《初学记》都比《北堂书钞》严谨，而《初学记》在取材精审上又胜于《艺文类聚》。这三部类书因保存了大量的已佚古书中若干资料而备受后人重视，对宋以后类书的发展和校勘、辑佚之学的发展，有很大的推动作用。

三是各种同类性质的文献汇编日渐增多，这跟封建皇朝政治统治的需要和社会风气有直接的关系。《新唐书·艺文志二》故事类著录有《魏名臣奏事》30 卷；刑法类著录有陈寿《汉名臣奏事》30 卷，有《条钞晋宋齐梁律》20

---

① 《旧唐书·裴潾传》。
② 《文史通义·释通》。

卷；谱牒类有王俭《百家集谱》10 卷，王僧孺《百家谱》30 卷、《十八州谱》712 卷等。按文献性质分类汇编，是历史文献整理的基本工作，这个时期有了明显的进展。

魏晋南北朝隋唐时期的历史文献学的成长，为宋元时期历史文献学的发展创造了很好的条件，也提供了丰富的经验。

第四章 宋元时期：中国史学的继续发展

第一节 宋元时期史学的进一步发展

一、宋元时期史学的特点

五代宋元时期是中国封建社会继续发展的时期，是又一次从封建割据到全国统一的时期。在这个时期，先有五代十国，继有辽、西夏、金跟北宋、南宋的分立，后有元的统一。在北宋和南宋的统治下，前一历史时期的门阀地主阶层，在农民起义的打击下瓦解了，代替它的是品官地主。品官地主有政治身份和特权，但所拥有的世袭特权很有限。他们购买和侵占土地，占有土地数量不受法令的限制，但应按规定向国家缴纳赋税。他们向农民征收地租。赋税和地租的区别更清楚。品官地主外，有豪富地主和兼营商业的地主。寺院地主，在元代比较突出。

在两宋国家户籍上，有主户和客户之分。主户分五等，上三等是各类地主。一等户是大地主，称为上户；四、五等是土地不多的自耕农或半自耕农。称为下户的是佃农。客户要向地主缴租，同时要向封建政府缴纳身丁钱和负担徭役。地主和农民的租佃关系具有契约形式。佃农没有完全摆脱封建的人身依附，但在一定条件下，佃农可以徙乡易主，比起以前的依附农民，有较多的自由。无论地主和农民，封建身份的印记趋向淡化，财产性的土地剥削关系趋向显著，这是两宋时期封建生产关系的特点。

宋元时期社会经济有了进一步的发展，生产力发展，科学技术有长足的进步。火药、指南针、印刷术是宋代的发明或在宋代进一步得到推广应用。中外交通联系密切，是秦汉以来中外交往最频繁的时期。东南经济的发展速度超过了北方。到了南宋，长江中下游地区成为全国最富饶地区。中国经济重心南移完成。这些是封建社会进一步发展时期的重要标志。

广大的边区，从东北的部分地区到西北，再到西南，基本上都进入了封建社会，广大边区封建化，汉族和各民族间又经历了一次新的组合，这些是封建社会进一步发展时期的又一个重要标志。

由于阶级矛盾、民族矛盾的发展，农民起义不断爆发，社会危机严重。地主阶级进一步加强皇权的封建专制，以巩固统治。政治舞台上出现了庆历新政、王安石变法等改革运动，以缓和社会矛盾。这些变法、改革没有达到目的，没有收到应有的成效，但对促进人们思考社会问题有一定的意义。

适应地主阶级在思想上加强对人民统治的需要，北宋中期，理学兴起了。理学，有的称为道学，有的称之为新儒学（Neo-Confucianism），它把儒和佛、道结合起来，使儒学有新的发展，更好地为地主阶级服务。理学家认为，"理"是宇宙的本体，先于一切事物而存在；封建纲常名分伦理道德是理的体现，天理支配宇宙万事万物变化，决定社会历史兴衰治乱。南宋朱熹是理学集大成者，是在孔子和董仲舒以后对中国封建社会影响最大的思想家，也是宋代重要的史学家。理学对宋代以后的政治、文化（包括史学）以及社会生活产生了多方面的影响。

宋元时期史学的进一步发展，是当时政治经济变化的反映。中国民族关系的发展、第二次民族重新组合在史学上也反映出来。在这个时期，史书的编撰和历史文献的整理研究，都取得了新的成就。在历史观点上，思想家、史学家由于见解分歧，展开了激烈的辩论。在历史文学上，不少史家是有成就的。辽、金的史学值得进行总结。辽、金统治者特别是辽圣宗、金世宗，他们推崇《贞观政要》《唐书》及《资治通鉴》等史著，强调要从历史中吸取经验教训，作为治国安邦的借鉴。总之，史学各个方面长足的进展，是这个时期史学总的特点。

在史书编撰上，各种体裁、体例的史书都有发展，产生一批有影响的作品。在史书体裁、体例上，在史书内容上，以及取材方面，这些作品各具特色。宋元时期的历史著作，显示出多姿多彩的风貌。

第一，编年体史书比前一时期有很大的发展。官修的《日历》和《实录》是其中一个重要方面。据《宋史》的《艺文志》，《高宗日历》1 000 卷，《孝宗日历》2 000 多卷。《高宗实录》《孝宗实录》，各有 500 多卷。司马光的《资治通鉴》是编年体的巨制，在《通鉴》的影响下，编年体史书有很大的发展。较为重要的作品有李心传的《建炎以来系年要录》、李焘的《续资治通鉴长编》等。

第二，典制体史书的发展。宋初，王溥修《唐会要》《五代会要》。徐天麟撰有《西汉会要》《东汉会要》。马端临的《文献通考》是典制体的巨制，对后世典制体史书的撰写产生深远的影响。宋朝秘书省设会要所，编写宋代历朝会要，多达 3 000 余卷①。这些材料当时没有公布。今天的《宋会要辑稿》是清人徐松从《永乐大典》中集抄出来的。元修的《经世大典》880 卷，从形式上看是类书，但实际内容是典制书。此外还有专科性的典制书。

第三，通史在史书撰述中的地位大大加强。编年、纪传和典制三种重要体裁史书中都有自己的通史。司马光的《资治通鉴》，郑樵的《通志》和马端临《文献通考》三部通史巨制的出现，是宋元时期的代表作。

欧阳修的《五代史记》也是通史性质著作，吕祖谦的《大事记》，是一部编年体的通史，上起接春秋，下至汉武帝征和年间，共 12 卷，是没有完成的著作。与《大事记》有关系的作品是《大事记通释》3 卷，《大事记解题》12 卷。此外，黄震的《古今纪要》等，也是通史性质著作。

第四，古史和当代史的史书增多。前代史的总结和撰写受到重视。古史的增多和史学求通的观念有联系。重要的史书有司马光的《稽古录》、刘恕的《通鉴外纪》、苏辙的《古史》、胡宏的《皇王大纪》、罗泌的《路史》和金履祥的《通鉴前编》等。其中有的著作理学气味较浓。

北宋时期的《旧五代史》和元人修的《宋史》《辽史》《金史》在史学史上有着重要的地位。元人修三史，决定“宋、辽、金各为一史”，这是史学观念上的一个发展。《辽史》的《表》《国语解》，《金史》的《国语解》以及《宋史》的《道学传》等篇目有新意，都反映出社会文化的变动。《金史》叙事简而有要，深得史法。由于三史编修时间短，史实考订不精，特别是《宋史》疏漏的缺点尤其突出。

宋人记录、编修当代史成为一种风气。朝廷设相应的机构记载国家大事。机构设置和名称在不同时期不尽一致，但基本上沿袭下来形成了制度。1. 时政记。有中书时政记和枢密院时政记两种。2. 起居注。起居注官员侍立皇帝身旁，跟从行幸，记载朝廷大事。3. 日历。据时政记、起居注和相关材料，以事系日，以日系月，以月系时，以时系年加以编纂。4. 实录。它是据日历的材料进一步加工修成的。5. 会要。会要载典章制度的有关材

① 王云海：《宋会要辑稿考校·说明》，上海，上海古籍出版社，1986。

料。6. 国史。国史的体裁是纪传体，是根据其他材料进一步修成的。《文献通考》卷一九二《经籍十九》记载宋代修的国史有：太祖、太宗、真宗的《三朝国史》，仁宗、英宗的《两朝国史》和神宗、哲宗、徽宗、钦宗的《四朝国史》。洪迈曾想合九朝三史为一书，但没有做到。另外还有南宋高宗、孝宗、光宗和宁宗的《四朝国史》。由于政治斗争的影响，宋代实录与国史有些不断重修，这是宋代史学引人注意的又一个方面。

宋人撰写当代史重要著作有王偁的《东都事略》、徐梦莘《三朝北盟会编》、李心传的《建炎以来系年要录》《建炎以来朝野杂记》等。此外还有数量很多的杂史、笔记。

第五，新体裁、体例史书出现。重要的作品有袁枢的《资治通鉴纪事本末》，是纪事本末体史书，朱熹和他学生写的《资治通鉴纲目》，是纲目体史书。朱熹的《伊洛渊源录》是学术史性质的作品。

第六，民族史、地方史和域外史有很大的发展。

宋元时期历史文献学比前一时期有显著的发展。治金文献形成为专门的学问，即金石学，目录学、校雠学有较大的发展。文献的辨伪、刊误、纠缪上出现新的局面。古籍的注释及类书、丛书的编纂，是史学发展的一个重要方面，这为史学的研究提供了条件。宋人的辨伪、考订，可以说是开后代考据学的先声。

这个时期史学思想有了进一步发展。在对历史过程的理解上，各种不同的历史观点展开激烈的辩论。我们从中可以看出，宋人力图从"理"的角度把握历史过程，这是历史哲理的思考。在天人关系上，新的见解出现了，天人感应的灾祥说受到进一步的批判。在史学工作作用的理解上，宋人有不同的观点，他们从历史盛衰总结的角度，从史学和经学关系上，从历史的教化作用上，从史学对社会生活的影响上，提出各自的认识。总之，史家从不同的角度讨论史学工作的作用，反映出他们对社会现实的关心，使史学在解决社会问题中发挥作用。两宋史学家很多人又是理学家；有的人虽不是理学家，但思想上和理学有联系。理学对宋代史学产生多方面的影响。

在历史文学上，不少史家是有成就的，许多史家又是著名的散文家。欧阳修文风简洁晓畅、摇曳多姿。司马光的文风严整而又从容，写战争恢宏场面，显示其驾驭文字的能力，曲折有致，有声有色。这些都使他们的史著产生更大的影响，有的篇章成为千百年来人们传诵的名作。

二、民族史、地方史和域外史

三国两晋南北朝隋唐时期是民族重新组合的时期，五代辽宋夏金元时期是民族重新组合的又一个时期，元代是民族重新组合的大时代，其规模超过隋唐。在一定意义上说，元代的民族重新组合包含有世界性的因素。

这个时期的民族史撰述，按地区记进行述作，为主要形式之一，或记述一个地区的一些民族，或记述一个地区的主要民族而兼及其他民族。这是《史记》以来的传统。其次，有的史书以记少数民族政权为主，再及相关史事的，如《辽史》《金史》等。还有，是以时间为序的编年体史书，如《资治通鉴》用很多篇幅记少数民族史事。另外，是以历史事件为主的纪事本末体史书，如《通鉴纪事本末》按照历史大事分目，其中有的是记民族史事。典制体《文献通考》中的《四裔考》25卷，重点是记述境内少数民族的历史活动。

宋元时期关于正统论的争论，除涉及对各个地区建立的政权的看法外，也表现出对少数民族活动地区建立政权的态度。郑樵在《通志·总序》中，批评一些史家为争正统不惜歪曲历史，说："曹魏指吴蜀为寇，北朝指东晋为僭，南谓北为索虏，北谓南为岛夷……似此之类，历世有之，伤风败义，莫大乎此。"元朝修史由于对正统的看法有分歧，修史工作受到影响，迟迟不能展开。有的认为宋是正统，应当立帝纪，辽、金则入载记。有的主张辽、金为北史，宋朝从受周禅到靖康二年，为宋史；建炎以后为南宋史。议论纷纷，莫衷一是。元顺帝至正三年（1343年），右丞相脱脱奏请设局重修三史，决定宋、辽、金"各与正统"，各系其年号。至正四年三月《辽史》修成，十一月《金史》继成。次年十月，《宋史》成书，由继任右丞相阿鲁图进上。三史修成是民族史撰述上的一件大事。

契丹族建立的辽，女真族建立的金，《辽史》《金史》是记载他们活动的专书。党项族，是羌族的一支，建立西夏，正史中没有西夏史，但是《宋史》有夏国传上、下卷，主要记相关的政治大事和夏宋关系。《辽史》以西夏跟高丽合为1卷，称《二国外纪》，主要记夏的习俗和辽夏关系。《金史》关于西夏的记述有1卷，主要记夏金关系。三书记载各有侧重，合起来看，西夏的活动以及西夏和宋辽金的关系得到较好的反映。记载契丹族活动的史书，还有署名为叶隆礼写的《契丹国志》等。有关金的历史专著还有题名宇文懋昭的《大金国志》等。刘祁的《归潜志》和元好问的《壬辰杂编》，对于研究女真族的历史尤其值得重视。徐梦莘的《三朝北盟会编》250卷，记自徽宗政和七年至宋高宗绍兴三十二年（1162 年）完颜亮失败这一段时间的宋金关系，"取诸家之说及诏、敕、制、诰、书、疏、奏议、记传、行实、碑志、文集、杂著，事涉北盟者，悉取诠次"。[①] 这部书有很高的史料价值，表达了徐梦莘的见识。此外宋人杂史、笔记中有很多内容是记载辽、金、西夏的历史材料。

南方民族，旧史称为"蛮"，包含南方许多民族，《宋史》有"蛮夷"4 卷，大致为今天的湖北、湖南、四川、贵州、广西相毗连的苗、瑶、羌、壮、土家等民族地区，《宋史》的"蛮夷"4 卷是关于当时南方民族比较详细的记载。范成大的《桂海虞衡志》等著作记录了南方民族活动、风习文化等。

元好问、刘祁等都是有重要成就的史学家。署名宇文懋昭的《大金国志》及刘祁的《归潜志》等突出了历史兴亡总结的意识。

蒙古族建立了蒙古汗国，后建立了四大汗国。除后来明人修的《元史》外，关于蒙古族活动的史书有《元朝秘史》(*Mongqol-un Nihuča Tobčiyan*)一般认为，这本书原文是畏兀儿体的蒙古文。《秘史》是研究 12 到 13 世纪上半期蒙古族社会历史的最重要的文献。《元典章》《通制条格》和《经世大典》收录了元朝的典章制度、法令以及工程技艺等内容的文献。记述蒙古历史有《蒙鞑备录》《黑鞑事略》。《蒙鞑备录》的作者是南宋赵珙；《黑鞑事略》作者是南宋彭大雅，徐霆作疏。李志常写有《长春真人西游记》2 卷。长春真人丘处机带领 18 个门人，于 1220 年从山东出发，经蒙古草原、天山到大雪山谒见成吉思汗，1224 年他回到燕京。李志常是随行门人。这本书记载沿途见闻，是研究当时我国西北、北方的社会文化风习的重要著作。《圣武亲征录》是关于成吉思汗、窝阔台时期的重要史书。

波斯人写的蒙古历史，如《史集》《世界征服者史》等，都是有名的著作。

吐蕃的历史文献有《红史》《佛教史大宝藏论》等。

这一时期民族史撰述更为全面地反映出我国各族人民在国土开发上，在生产科学技术活动中，共同创造中国历史，各族人民为创造中国的灿烂文化做出了自己的贡献。这一时期民族史的撰述同样展示了各民族的关系有友好，又有斗争，民族的关系是曲折的。但总的说来，友好关系是民族关系的主流。民族史的撰述也反映出各种民族思想的分歧和对立。有的史家以开阔的眼光看待中国历史，在史书中记载各民族共同创造出的业绩。有的史家表现出的民族情绪，应当做具体分析，不能一概当作狭隘的民族

---

① 《三朝北盟会编·自序》。

情感。中国历史是中国各族人民创造出来的，历史学要反映出这样的真实。史学史要认真研究民族史的撰述。民族史的撰述是中国史学史的优良传统，民族史撰述的成就是中国史学史的有机组成部分。过去这方面研究得很不充分，今天我们要努力做好总结民族史撰述的工作。

宋代方志学的发展到了新的阶段。宋以前的地方志不出地理书的范畴。到了宋代，方志开始由"地理"扩充到人文、历史方面，人物志和艺文志在地方志中开始占有重要的地位。在体例方面，上承《史》《汉》的余绪，下为方志学的编纂学打下良好的基础。① 地方志的编纂是史学发展的一个重要方面。地方志是地方史，同时又是有重要价值的史料。元人修的正史中，有一些材料就是来自地方志的。研究宋代以后的历史，地方志是不可或缺的材料。

宋人编写的地方志流传下来的有 30 多部，有较高的质量。北宋宋敏求的《长安志》20 卷是最早的一部。梁克家的《淳熙三山志》42 卷，范成大的《吴郡志》50 卷，罗愿的《新安志》10 卷，罗浚的《宝庆四明志》21 卷，元代潜说友的《咸淳临安志》100 卷，袁桷的《延祐四明志》17 卷等是地区性质的志书。

《吴郡志》《新安志》等志书，内容包括山川、分野、道路、水利、沿革、古迹、人物、户口、租税、土贡、风俗、物产以及仙事、异闻、神秘等。有的志书的作者，是长于文字的老手，写得有条款。清人章学诚说："范氏之《吴郡志》、罗氏之《新安志》，其尤善也。……《罗志》意存著述，《范志》笔具剪裁。"②但二《志》也有选材不精、事有阙略的毛病。从内容到体裁、体例，宋代志书确是一大发展，地方志具有地方史的性质，把方志看成只是地理性质的著作，是不够全面的看法。

乐史《太平寰宇记》200 卷、王存等《元丰九域志》10 卷，欧阳忞的《舆地广记》38 卷，以及《大元大一统志》1 300 余卷，是总志性质的著作。

《太平寰宇记》增添"人物"，又涉及"艺文"内容，这和唐以前的志书主要记载自然地理方面的内容相比，是一大变化，对后来地方志编修体例产生影响。《大元大一统志》始修于至元二十二年（1285 年），至元三十一年（1294 年）修成，以后又作了补充修订，元成宗大德七年（1303 年）成书。全

----

① 朱士嘉：《中国地方志的起源、特征及其史料价值》，载北京师范大学编印：《史学史资料》，1979(2)。

② 《文史通义》卷八，《外篇三·为张吉甫司马撰大名县志序》。

书 1 300 卷，文字外还有彩画地图。这部书"备载天下路府州县古今建置沿革，及山川、土产、风俗、里至、宦迹、人物"。元末刊行，不久散佚。近代学者辑录成书。这是全国性质的志书。李京写的《云南志略》1 卷，是省志性质的著作。

关于中外交通、域外史事的书，比较著名的有徐兢的《宣和奉使高丽图经》40 卷，周去非的《岭外代答》10 卷，赵汝适的《诸蕃志》2 卷，周达观的《真腊风土记》1 卷和汪大渊的《岛夷志略》1 卷等书。《真腊风土记》详载真腊的山川城池、人情风俗、语言、信仰、社会生活、经济物产等。《岛夷志略》根据汪大渊的见闻，记载几十个地方、国家的山川险要，方域疆里，文化风俗。作者随海外贸易船只至各地，书中内容都是亲见亲闻，因此，它对研究元朝的中外交通、中国和毗邻国家、地区的关系，很有价值。《岭外代答》书中节录了范成大的《桂海虞衡志》的很多内容，但仍有重要的史料价值。

民族史、地方史、域外史反映中国中古时期边疆地区历史的发展。显示出边疆地区在封建化过程中又有不平衡的情形。有些书记载中外联系、交通，反映出中国历史不是孤立的进行。我们应该从中外联系的角度看中国历史的发展。书中对社会文化风习记载的重视，是一个重要特点。史学从不同的方面开拓自己的领域。

三、宋元史学发展的三个阶段

宋元时期的史学发展可以分成三个阶段。第一阶段为北宋时期。北宋时期经济发展，地主和农民封建身份的印记趋向淡化。为缓和社会危机，品官地主、富豪地主等各个地主阶层又联系又斗争，政治上出现改革和反对改革的斗争。政治经济的变化引起学术思想的变化。旧经学的烦琐注疏之学，严重地束缚了人们的思想。唐朝啖助、赵匡开始的疑古辨伪思潮，到宋仁宗庆历年间出现前所未有的新势头，成为一种学术风气，思想家根据自己的见解重新解说儒家经典，打破了学术上专己守残的弊病。这股疑古辨伪思潮是旧的传统的思想文化的危机，它为新的思想理论产生开拓了道路。理学在这样背景下兴起了。全祖望说"庆历之际，学统四起"[①]，是指理学发展的迅猛。仁宗庆历前后，文化发展引人注目。

---

① 《宋元学案》卷六，《士刘诸儒学案》。

北宋史学的变化表现在以下几个方面：一、理学家关于《春秋》严名分等级和伦理道德观点的发挥，在史学领域内有反映。北宋时期的史学著作突出的是名教思想，主要是强调"君尊臣卑"的教条。欧阳修的史论和司马光在《资治通鉴》中写的"臣光曰"文字，都反映了这一点。二、史学求通观点得到发展。这里有不同情形，一种是以理、气说解释历史，贯通天人，打通天人间隔。另一种是贯通史事，思考历史盛衰问题。三、史书体裁的变化，比较明显的是编年体体裁史书的崛起。两汉以后，纪传体史书成为主要的史书体裁，编年体史书减少，呈现衰微的趋向。唐后期至宋代，一些史家辩论纪传体、编年体的优劣问题。北宋纪传体史书还在发展，而司马光《资治通鉴》是编年体的巨制，它的出现，标志着编年体史书进入一个新的发展阶段。

第二阶段是南宋时期。北宋灭亡，宋代原有的社会矛盾一个也没有解决。民族之间矛盾激化，上升成为当时的主要矛盾之一。理学经过一个阶段发展，更加系统化了。朱熹是理学的集大成者。孝宗乾淳之际是宋代文化发展又一个引人注目的时期。理学形成朱学、吕学、陆学鼎立的局面；史学出现众多大家与流派。

南宋时期史学反映这个时代的特征。当代史和民族关系史无论在数量上、体裁上，还是在内容上，都比北宋有较大的发展。记载宋金关系的史书很有特点。仅《建炎以来系年要录》所引的书籍，除《日历》《实录》以及《会要》以外，还有 200 多种，史学关心社稷存亡，关心历史前途，显示出史家的时代感。在史学思想上，思想家对历史、社会、人伦问题的思考，提高到哲学高度上。朱熹和陈亮的争论，朱熹和吕祖谦观点的分歧，反映出他们对历史过程认识上的差异，反映他们在对史学和社会关系、经和史关系看法上的区别。他们在对历史盛衰总结以寻求治理社会的途径上，意见不一致。同时，在如何治史上，各家的观点也不一样。历史文献学上，南宋在北宋历史文献学的基础上又有所发展，这种发展表现在"博"和"洽"两个方面。史书体裁体例有一个较大的发展，纪事本末体史书、纲目体史书都在这个时期出现。史家很讲究书法、义例。最后，史学流派产生。南宋在一些地区，与理学发展相联系，出现了一些具有特点的史学流派。如蜀中文献掌故之学，重文献收集、考证。浙东史学渊源关系可追溯到吕祖谦的"婺学"。这派学风除重文献外，特殊的是重史事、制度的研究，以为经世之用。其他如江西等地区史学家在治史上也有自己的特点。

宋元史学在南宋时期多姿多彩，表现出开阔、雄浑、深邃的气象，在中国中古史学上以其生动的景象留下它的印迹。

宋元史学发展的第三阶段是元代。元代留下的史著，除宋末元初人马端临的《文献通考》外，没有开一代风气的史著。总的说来，史学领域比起前两个阶段相对冷落。但是某些方面，元代史学还是有发展的，前面我们已经作了说明。一是民族史书的编写比以前有发展，特别是用少数民族文字撰写的民族史著作。域外史的著述也值得重视。二是全国性的志书和省志的编修。三是典制体的官修著作也相当可观。四是前代史学巨著的刊刻。郑樵的《通志》、马端临的《文献通考》等卷帙浩繁著作在元代刊刻流传，是史学史上的大事。最后，元人修的《宋史》《辽史》《金史》三部正史，在史学史上是有地位的。这三部史书在史料考订方面，在取材方面有缺点，受到后人的批评。三史作者的历史观点有消极、糟粕的东西，也有积极的因素，要具体分析。

元代的理学是朱学占主导地位，元代史学思想也是朱熹的观点占支配地位。但陆学在一些史学家思想上也有反映。刘因、吴澄以及欧阳玄等人的史学思想有待我们进一步总结。

第二节　宋元时期史学思想和历史文献学的发展

一、理学对宋元史学思想的影响

宋元时期史学思想的变化，是隋唐史学思想的继续和发展。史学家对历史和现实的思考，反映在史学思想上带有明显的时代特征。哲学上的变化，理学产生，对宋元的史学思想产生多方面的影响，使这个时期的史学思想打上又一个鲜明的时代印记。而史学思想的发展对理学体系的完成，在一定程度上起了促进的作用。史学思想的斗争同当时的理学和反理学的斗争，同理学内部的分歧和斗争有密切的联系。

宋代理学家关于历史的认识是当时史学思想的一个组成部分。很多宋代史学家在理学发展史上占有重要的地位，或者和理学有某种联系。这种既是史学家，又是理学家或者和理学有一定关联的二重属性，为宋代史学的变化带来不同的效应。欧阳修、司马光、范祖禹、苏辙、朱熹、吕祖谦、王应麟、黄震、金履祥等人的学术特征，在理学史上的地位，在《宋元学案》中说得清清楚楚。马端临师承朱学的传人。郑樵有反理学的观点，同时又和理学有一定的联系，后人把有关的资料补收在《玉山学案》中，不很恰当，但他和一些理学家有联系，也是事实。

理学关于天人问题的探究，影响宋代史学求通的观点。邵雍说：“学不际天人，不足以谓之学。”①他著的《皇极经世书》把自然发展史和人类社会历史，作为宇宙发展总过程的组成部分，编排出从“开物”到“闭物”的具体行程。在这个宇宙变动的周期中，人类历史只占极小的区段。周敦颐作《太极图说》，王夫之认为这本书是“究天人合一之原”。② 张载以气化流行观点，说明人与生物同源，天人统一。二程认为理为宇宙根本，理支配自然变化，也支配社会历史变动。理的流行成为历史变动的原因，促使历史发生变化。朱熹进一步发挥这样的观点，并运用这样的思想指导写史书。

宋代修的许多古史，把人类历史记载大大提前。有的从盘古开辟天地写起；有的在历史“邃古之初”，首先论述理气的流行，再叙人类产生；有的古史首篇就是《太极篇》。贯通天人古今去写历史，成为一种风气，以天理名分思考历史的变动，是贯通古今的一种做法。

笼统说理学家轻视史学，这样的看法不妥当。理学反对先史后经，反对废经治史，反对把史学作为“记诵之学”。他们把史学作为“格物穷理”的一种手段，求历史盛衰之理，以为修身齐家治国平天下之用。程颐说：

> 凡读史，不徒要记事迹，须要识治乱安危兴废存亡之理。且如读高帝一《纪》，便须识得汉家四百年终始治乱当如何，是亦学也。③

历史兴废存亡之“理”，在程颐看来是支配社会盛衰变动的普遍法则，物极则反，事极则变，是万事万物变化法则，也是人类历史变化的法则。④

理学家说的历史盛衰之理，是先验的天理，这种天理体现为封建纲常道德名分的教条，维系这种天理，社会才可以长治久安。二程说：“父子君臣，天下之定理，无所逃于天地之间。”⑤“大纲不正，万目即紊。”⑥“名分正

---

① 《皇极经世》卷一二下，《观物外篇下》。
② 《张子正蒙注》卷九，《乾称篇》。
③ 《河南程氏遗书》卷一八。
④ 《周易程氏易传》卷一，“泰·九三”。
⑤ 《河南程氏遗书》卷一。
⑥ 《河南程氏遗书》卷一五。

则天下定。"①朱熹说："纲常千万年磨灭不得，只是盛衰消长之势，自不可已，盛了又衰，衰了又盛，其势如此。"②人间君王适应变化，对一些制度可以作变通损益，但天理纲常是不能变动的。二程说稽古而不泥常，是指古代的东西可以为借鉴，但不能死守着框框不作任何变动。

关于历史过程的见解，理学家一般都是美化三代，宣称三代是天理流行的时代。二程说先王三代之世以道治天下，后世是以法把持天下，以智力把持天下③，历史的发展是后世不如前世。程颐说："若举大运而言，则三王不如五帝之盛，两汉不如三王之盛，又其下不如汉之盛，至其中间，又有多少盛衰。"邵雍编造出历史循环说。他以元、会、运、世作为时间单位，一世三十年，十二世为一运（每运三百六十年），三十运为一会（每会一万又八百年），十二会为一元（每元十二万九千六百年）。元、会、运、世是四个层次的大小不同的周期，历史就在这些大小层次不同周期里循环着。中国历史在这个周期里的运动是向后倒退。他把中国历史分成皇、帝、王、伯（霸）四种情况，以皇、帝、王、伯（霸）和一年四季的春、夏、秋、冬相比附，说：

> 三皇，春也；五帝，夏也；三王，秋也；五伯，冬也。七国，冬之余冽也。汉，王而不足。晋，伯而有余；三国，伯之雄者也。十六国，伯之丛者也；南五代，伯之借乘也；北五朝，伯之传舍也。隋，晋之子也。唐，汉之弟也。隋季诸郡之伯，江汉之余波也。唐季诸藩镇之伯，日月之余光也。后五代之伯，日未出之星也。④

邵雍的皇帝王霸说，从趋势上看历史在倒退。一个周期结束后，接着是新的周期开始。但历史不是简单地循环，三代而后，基本是伯（霸）道，但其中汉、唐有些异样。汉是"王而不足"，唐为"汉之弟"，比汉更逊色，可也不是"伯"。

邵雍把皇、帝、王、霸作为统治的一种特征。他认为，三皇以道行事，五帝以德行事，三王以功行事，五伯以力行事。皇帝王伯和道德功力相配

---

① 《河南程氏遗书》卷二一下。
② 《朱子语类》卷二四。
③ 《河南程氏遗书》卷一八。
④ 《皇极经世书》卷十，《观物内篇之十》。

合，构成一个系统。邵雍的这一套编造出来的理论，在北宋理学中显示出自己的特点，对宋代史学产生影响。胡宏、朱熹、张栻、黄震一直到马端临的父亲马廷鸾，他们编修史书，都程度不等地受到邵雍的影响。朱熹对历史过程的看法是直接继承、发挥了二程的见解。

理学家关于《春秋》褒贬义例的各自见解以及关于正统看法的分歧，直接影响史书的编纂。有的史家称辨正统，是"直欲还天理人心之正"。① 有的人称朱熹写的《资治通鉴纲目》的凡例，是"合天理之正，人心之安"。② 一些史评著作以理学的观点评判历史是非功过，讨论历史盛衰兴亡。范祖禹在《唐鉴》中的议论，受到程颐的称赞，称范祖禹的议论是三代以下的好文字，原因是范祖禹以"纯正"的天理来评论唐朝的史事与人物。

二、宋元时期史学思想的发展

从史学思想上看，宋元史学表现出它的深邃性、丰富性。北宋时期，宋元史学思想的几个主要问题提出来了，围绕这些问题不同的观点展开了争论。南宋时期史家思考深入了一步，把历史问题和社会问题的思考在哲理的高度上进行更加系统的讨论。元代的史学思想是承南宋的余绪而有所变化。

宋元时期的史学思想发展可以归结为：

——历史变化的原因是什么。

——历史变化的过程是怎样的，怎样看待历史的王道时期和霸道时期。

——史学的意义是什么。这又涉及经和史关系的问题。历史研究的目的是什么，史学通过什么样的途径对社会产生作用。

北宋时期史学思想突出的是名教思想，强调名分等级，认为这是历史和社会的根本问题。司马光说："夫礼，辨贵贱，序亲疏，裁群物，制庶事，非名不著，非器不形；名以命之，器以别之，然后上下粲然有伦，此礼之大经也。名器既亡，则礼安得独在哉！"③名分紊乱，礼制即崩溃，则天下大乱。这是司马光思考历史兴衰的主要观点。

和司马光不同的是王安石。王安石的思想还是要维护封建统治，但他

---

① 萧常：《进续后汉书表》。

② 李方子：《资治通鉴纲目·后序》。

③ 《资治通鉴》卷一，"臣光曰"。

不认为祖宗规定的一套等级制不能作变动,先王的法规是可以改变的。他赞成"三不足"的话。这"三不足"的内容是:天变不足畏,祖宗不足法,人言不足恤。对先王之政,只能"法其意"。王安石提倡《周礼》,不过借《周礼》之名,以行更革制度之实,他指出不能死守先王的礼制,说:"以所观乎今,考所学乎古,所谓见而知之者。"①

王安石反对灾异论,说:

> 然则世之言灾异者,非乎?曰:人君固辅相天地以理万物者也;天地万物不得其常,则恐惧修省,固亦其宜也。今或以为天有是变必由我有是罪以致之;或以为灾异自天事耳,何豫于我?我知修人事而已。盖由前之说,则蔽而葸;由后之说,则固而怠。不蔽不葸、不固不怠者,亦以天变为己惧,不曰天之有某变必以我为某事而至也,亦以天下之正理考吾之失而已矣。此亦"念用庶证"之意也。②

他认为灾异发生不是人事引起的,只有这样的认识,才是"正理"。用历史事实附会灾异现象,是"妄诞"的做法,他说:"臣等伏观晋武帝五年彗实出轸,十年轸又出孛,而其在位二十八年,与《乙己占》所期不合,盖天道远,先王虽有官占,而所信者,人事而已。天文之变无穷,人事之变无已,上下傅会,或远或近,岂无偶合?此其所以不足信也。……裨灶言火而验,及欲禳之,国侨不听,则曰:不用吾言,郑又将火。侨终不听,郑亦不火。有如裨灶,未免妄诞,况今星工,岂足道哉?所传占书,又世所禁,眷写讹误,尤不可知。"③王安石以"天文之变无穷,人事之变无已"的道理驳斥灾异论的"傅会"之讹误。这是宋代的史学思想一个大发展。

王安石主张学习各个方面的知识,说:"故某自百家诸子之书,至于《难经》《素问》《本草》、诸小说,无所不读;农夫女工,无所不问,然后于经为能知其大体而无疑。盖后世学者与先王之时异矣,不如是不足以尽圣人故也。"④王安石说过自己从史书中,总结真宗澶州之战的教训,体会到在

---

① 《周礼义·序》。

② 《临川先生文集》卷六五,《洪范传》。

③ 《续资治通鉴长编》卷二六九,"熙宁八年十月戊戌"条。

④ 《临川先生文集》卷七三,《答曾子固书》。

边事斗争上要果断坚决。① 有一种观点认为王安石轻视史学，这至少是不全面的看法。王安石对知识的理解，和宋代主张史学致用的观点，从根本上说，在精神上是相通的。

南宋朱熹和陈亮关于王霸义利之辨，从天理、人欲的角度谈历史过程问题。朱熹认为是"道"支配历史，贯穿历史，对汉唐之君以存天理的要求去衡量，是不纯正，弥漫在整个社会中的是"利"与"欲"，只是有时"暗合"义理。就整个社会中的历史来看，"三代专以天理行，汉唐专以人欲行"。朱熹认为"义"和"利"两者不能两立。陈亮反驳朱熹，说：

> 自孟、荀论义理王霸，汉唐诸儒未能深明其说。本朝伊洛诸公，辨析天理人欲，而王霸义利之说于是大明。然谓三代以道治天下，汉唐以智力把持天下，其说固已不能使人心服；而近世诸儒遂谓三代专以天理行，汉唐专以人欲行，其间有与天理暗合者，是以亦能久长。信斯言也，千五百年之间，天地亦是架漏过时，而人心亦是牵补度日，万物何以阜蕃，而道何以常存乎？故亮以为：汉唐之君本领非不洪大开廓，故能以其国与天地并立，而人物赖以生息。②

陈亮对"伊洛诸公"至朱熹的理学家的历史观点提出批评，认为二程的关于三代以道治天下、汉唐以智力把持天下的观点，已经不能使人心服；朱熹进而说"三代专以天理行，汉唐专以人欲行"，更是错误的。陈亮指出，治理社会，可以"王霸并用，义利双行"。其一，在这场辩论中，陈亮坚持世界和历史的客观性质，论说历史过程发展是一贯的，不能把历史打成两截。其二，不能认为后代都不如古代，后代汉唐之君"本领非不洪大开廓，故能以其国与天地并立"。历史是向前发展的。其三，义、利不是绝对对立的，王道、霸道可以并用。陈亮虽然没有否认"天理"，但他说的"道"已经不是理学的"天理"概念所能涵盖。他坚持历史过程前后联系的认识，坚持历史进步的观点，坚持义与利双行的思想，在宋代史学思想的领域里，显示出具有战斗性的品格。

郑樵提出"会通"观点，反对把历史过程割裂开来，但是历史究竟是怎样的过程，他没有说明。马端临把古今制度变化作为一个连续过程看待，

---

① 《续资治通鉴长编》卷二四八，"熙宁六年十一月戊午"条。
② 《陈亮集》卷二八，《又甲辰秋书》。

指出"反古实难"，在这一方面，他的思考更深入了一步。

宋元时期关于史学工作作用的看法，可以概括为三种观点。第一种看法认为从历史的兴衰变化上，总结出可以借鉴的治道来，这可以称为"资鉴"的观点。第二种主要是理学家的看法，认为要从历史盛衰中总结盛衰之"理"，以历史证明天理万古常存；以"理"去"格君心之非"，使人君排除不合天理的杂念，按天理行事。史学是格物致知、认识天理的手段。第三种是从历史盛衰大势中，从历代典章制度得失中，总结认识，作为经世之用。陈亮的事功之学，叶适的经制之学，在史学致用上显示出自己的特色。吕祖谦集合事功、经制之学，在这个问题上有自己的看法。吕祖谦认为，学习历史最重要的是寻求历史变化的原因，说："看史须看一半便掩卷，料其成败如何。其大要有六：择善、警戒、阃范，治体，议论，处事。"①史学的作用很大，他说："文武周公之泽既竭，仲尼之圣未生，是数百年间，中国所以不沦丧者，皆史官扶持之力也。""春秋之时，未有史官司公议于其间，则胥戕胥虐，人类已灭，岂能复待仲尼之出乎？"②吕祖谦重视史学，抬高史官的地位，反映出吕祖谦学术的特点之一。他对史官作用的评价太过分了。但是程朱贬抑史学为理学之附从，吕祖谦和他们相比较，是一个鲜明对照。

吕祖谦写《大事记》，不纠缠于凡例，兴趣在议论历史盛衰大势。他的《历代制度详说》和其他作品，对历代的选举、学校、赋役、漕运、盐法、酒禁、钱币、荒政、治河、田制、屯田、兵制、马政、刑法及政事等制度作考察。吕祖谦兼有事功之学与经制之学的特点，加上中原文献之学的家学传统，形成他独具特色的经世致用的史学。由吕祖谦等人开创的这种学风为后人继承、发扬，形成一种流派，即浙东史学。浙东史学重文献、重史学的经世致用，溯其源流，吕祖谦的学术当是一个源头。

欧阳修、司马光、郑樵、马端临等两宋史学家的史学思想和他们的治史实践结合在一起，他们的史学思想当作专篇论述。

三、宋元时期历史文献学的发展

宋元时期历史文献学比前一时期有显著的发展，可以归结为两个方面，一是历史文献学各个方面的成就，二是历史文献学工作的方法和理论。

---

① 《东莱文集》卷二〇，《杂说》。
② 《东莱博议·曹刿谏观社》。

历史文献学的发展表现在各个方面。第一，文献研究的范围扩大了。宋人重视金石材料的整理、收集。金石材料开始被运用到考订历史事实上，金石学出现了。欧阳修的《集古录》和赵明诚的《金石录》是这方面的代表著作。古代考古文物的研究也出现新的局面。第二，目录学分成两派。一派是对书籍进行分类、注录书名、作者姓名和卷数，有时还注出存、佚。这是《汉书·艺文志》《隋书·经籍志》延续下来的传统。《旧唐书·经籍志》和《新唐书·艺文志》是按照这个传统编写的。《通志·艺文略》简单著录书名等。但分类上跟过去不同。另一派是对注录各书的内容加以论述。汉刘向的《别录》使用的就是这种方法。宋人使用这样的方法写出目录方面的著作较多。晁公武的《郡斋读书志》、陈振孙的《直斋书录解题》、马端临的《文献通考·经籍考》，都是这样写的。第三，类书和丛书的编纂。类书前代就有，它是抄辑有关书籍中的材料，按照拟定的门类（或按类，或按字或按韵）加以编次，便于后人查阅。宋代大型类书很多。如《太平广记》《太平御览》《册府元龟》和王应麟的《玉海》等。丛书是按照一定要求，将前人的有关著作汇集刊刻，供人研究。丛书是宋代才开始出现的，如俞鼎孙俞经的《儒学警悟》，左圭的《百川学海》。大型文集的编辑是我们要注意的，如《文苑英华》1 000 卷，姚铉《唐文粹》100 卷、吕祖谦《宋文鉴》150 卷，还有元苏天爵的《元文类》等。

以上就文献的收集、整理的方面谈宋元历史文献学的成就。

在考订、辨讹文献方面，宋元历史文献学在这方面的成就也相当突出。第一，刊误和纠谬的专书出现。刊误，主要指订正书籍中的讹误。刘敞作《两汉书刊误》，吴仁杰作《两汉书刊误补遗》。纠谬，是纠正史事记载中的错误或指出记载中的矛盾。如吴缜的《新唐书纠谬》和《五代史记纂误》。这两部书是纠正欧阳修、宋祁等人写的《新唐书》和欧阳修写的《五代史记》中的文字错误或史事记载上的错误。李心传的《旧闻证误》和洪迈的《容斋随笔》、王若虚的《史记辨惑》《新唐书辨》及沈括的《梦溪笔谈》中都有刊误、纠谬的内容。第二，考异的专书也出现了。考异是参考多种记载，辨正谬误，择其可信，专为一书，以明去取之故。著名的作品是司马光的《资治通鉴考异》。朱熹有《楚辞考异》《韩文考异》在校订异文，比勘版本等方面，很有特点。第三是辨伪形成一种风气。王应麟引陆游的话，说明当时辨伪的情况："唐及国初，学者不敢议孔安国、郑康成，说圣人乎！自庆历后，诸儒发明经旨，非前人所及，然排《系辞》、毁《周礼》、疑《孟子》、讥《书》之《胤征》、黜《诗》之《序》。不难于议经,况传注乎!"①疑《易》之《系辞》及《文言》《序卦》《说卦》《杂卦》非孔子所作有欧阳修。疑《周礼》并非"周公致太平之书",说这本书系后人伪作,持这类观点的有苏轼、苏辙、胡宏及洪迈等。疑《左传》,以为左氏非丘明者,乃六国时人,王安石等是这样认识《左传》的。疑《孟子》、非难孟子之言,有李觏、司马光。疑《诗序》的有晁说之、欧阳修、王柏、郑樵、朱熹。疑《孔传》始于吴才老(吴棫),继之者为朱熹。刘敞《七经小传》一直至元人吴澄,疑经惑古形成一种风趋。这些可以说是开了清人考辨文献的先声。此外,汪应辰不信《孝经》,叶适不信《管子》《晏子》。欧阳修、朱熹在辨伪上做了突出的成绩。

辨伪的情形不一样,要具体分析。有的是求实精神在治学中的反映;有的疑经却是为尊经,认为经书有的内容或者后儒解经的内容中,有的不合天理的原则,因此便论定这些不是圣人之作。但总的说来,宋代辨伪的规模是以前不曾有的,是历史文献学的发展。

第四,古籍的注释。宋代前期文献注疏,基本还保留了汉人章句训诂的经学疏解形式,南宋光宗时合刊本《十三经注疏》,实际是在宋仁宗以前完成的。宋代邢昺、孙奭的注疏再加上前人的工作,《十三经注疏》各个部分都完成了。文献注释工作在庆历年间发生一大变化,打破了"疏不破注"的教条。南宋朱熹的《四书集注》,着重在阐发义理,一改烦琐的学风。胡三省的《资治通鉴注》是史注中有成就的代表作。

胡三省(1230—1302年)字身之,又字景参。有人说他"释《通鉴》三十年"。事实上,他父子两代都从事这一工作。胡三省去世前,还在对《通鉴注》加工、修改。他注《通鉴》,把训解名物制度,考订史事,补充阙遗,训释文字,评论历史和抒发情感,结合为一。

最后是历史考据的成就。在这方面,王应麟的《困学纪闻》20卷是很有成就的著作。书中考史的占7卷,其余部分和考史都有一定的关系。此外他还著有《汉书艺文志考证》《汉制考》《通鉴地理考》《通鉴答问》《通鉴地理通释》及《玉海》等著作。他继承吕祖谦的学术传统又有发展。章学诚说王应麟,"搜罗摘抉,穷幽极微,其于经传子史、名物制数,贯穿旁骛,实能讨先儒所未备"。②梁启超说:"宋王应麟《困学纪闻》,为清代考证学先导,故

① 《困学纪闻》卷八。
② 《文史通义》卷二,《博约中》。

清儒甚重之。"①有人把讲义理的学问叫"宋学"，把讲考据的学问叫作"汉学"，这是不确切的。其实，汉朝人何尝不讲义理，宋朝人又何尝不讲考据。宋人的考证之学与清代考据学有着直接的联系。

这个时期历史文献学贡献较大的，要推郑樵和朱熹。《通志》中的《艺文略》《校雠略》《金石略》和《图谱略》四略，集中反映出郑樵历史文献学的成就。《艺文略》提出新的图书分类方法，《金石略》和《图谱略》对图谱和金石材料的价值作了论述。《通志》卷七一的《校雠略》中有《编次必谨类例论》《书有名亡实不亡论》《见名不见书论》《阙书备于后世论》《亡书出于后世论》《求书遣使校书久任论》《求书之道有八论》《不类书而类人论》《编次有叙论》等69篇。这些篇目，说明搜求文献的方法、搜求文献的组织和保存文献的相互关系，特别是他提出"类例"的方法，对后世很有影响。他说：

> 善为学者，如持军治狱，若无部伍之法，何以得书之纪；若无核实之法，何以得书之情。②
>
> 类书，犹持军也。若有条理，虽多而治，若无条理，虽寡而纷。……类例既分，学术自明，以其先后本末具在。③

郑樵所说的"类例"，不是形式上简单分类，要在明"本末""源流"的基础上，即从学术自身联系上区分条理，也就是章学诚说的："郑樵氏兴，始为辨章学术，考镜源流。"④类例也不是粗疏分类，郑樵说："凡编书惟细分难，非用心精微则不能也。"⑤"类例不患其多也，患处多之无术耳"。⑥

朱熹在历史文献的研究和整理上，有求实的精神。他把《周易》经、传，区分为伏羲之易、文王之易和孔子之易，这推论并不符合历史实际，但区分的方法是有历史观点的。对于《尚书》，他看出古文和今文的不同，觉察到有可疑之处。他认为《诗经》中有许多是情诗。《诗序》作者编造各种臆说，曲解《诗》，以宣扬纲常伦理教条，进行美刺褒贬。郑樵对这些进行揭露，

---

① 《中国近三百年学术史·十四·清代学者整理旧学之总成绩》。

② 《图谱略·明用》。

③ 《校雠略·编次必谨类例论》。

④ 《校雠通义》卷二。

⑤ 《通志》，卷七一，《校雠略·编书不明分类论》。

⑥ 《通志》，卷七一，《校雠略·编次必谨类例论》。

说《诗序》的话信不得,《诗序》是村野妄夫所作。朱熹肯定郑樵的见解。

总之,宋代历史文献学的发展上承隋唐,开启明、清。在这方面,宋代学者的成就既是独到的,又是开阔的。

第三节 欧阳修多方面的史学成就

一、《新五代史》和《新唐书》

欧阳修生活在北宋政局动荡年代里,处在中国中古学术风气大变化的时代,他是宋代开风气的一位大史学家,在史书编纂学、历史文献学等领域内,都有开拓性的成就。欧阳修是宋代大文学家,他的文学主张和文学风格在历史文学领域内显示出独有的魅力。对他的学术思想,苏轼有一段话,说:"其学推韩愈、孟子以达于孔氏,著礼乐仁义之实以合于大道。其言简而明,信而通,引物连类,折之于至理,以服人心。"①"合于大道""折之于至理",在欧阳修对历史的议论上,可以清晰地看出来。

欧阳修字永叔,吉州永丰(今江西)人,生于宋真宗景德四年(1007年),卒于宋神宗熙宁五年(1072年)。欧阳修家境贫寒,《宋史》本传说他,"四岁而孤,母郑守节自誓,亲诲之学,家贫,至以荻画地学书"。他早年立下了发展儒说的志愿。其交游中有尹洙、梅尧臣、吕夏卿等。这样一批人有共同的志趣,形成一个派别,主张革新政治。在文化上,他们是宋代古文运动中坚力量,不少人尤长于史,如尹洙之于五代史,吕夏卿之于唐史。欧阳修因为支持范仲淹改革,同宋朝权臣抗争而遭受打击,先后贬至夷陵、滁州、扬州、应天府、青州、颍州、蔡州等地为地方官。欧阳修一生政坛上的沉浮,学术上的争议,是社会矛盾的折光。

欧阳修晚年退居颍州,自述生平,说:"吾生本寒儒,老尚把书卷。眼力虽已疲,心意殊未倦。正经首唐虞,伪说起秦汉。篇章异句读,解诂及笺传。是非自相攻,去取在勇断。初如两军交,乘胜方酣战。当其旗鼓催,不觉人马汗。至哉天下乐,终日在几案。""自从中年来,人事攻百箭……买书载舟归,筑室颍水岸。平生颇论述,铨次加点窜。庶几垂后世,不默死

① 《居士集序》。

刍豢。"①这形象地说明他的学术风格与追求。

《新五代史》74 卷，开始编修时间，当在欧阳修被贬为夷陵县令之前。完稿大约在嘉祐五年（1060 年）。《新五代史》是欧阳修私人修的一部正史，但尹洙对这部书的撰修也有贡献，只是尹洙早逝，未及完篇。尹洙曾与欧阳修编写《十国志》，讨论修《五代史》事，他所作的《五代春秋》保存在他的文集《河南先生文集》中。

由刘昫奏上的《唐书》前半部大抵抄实录，穆宗以后的部分史料缺乏，因此很多是采野史传说而修，这部书缺失很多，"纪次无法，详略失中，文采不明，事实零落"。② 庆历五年，仁宗诏修《唐书》，王尧臣、张方平、余靖、宋祁为同刊修官，曾公亮、范镇、宋敏求为编修官。皇祐元年，宋祁为刊修官。至和元年（1054 年）欧阳修任刊修官。嘉祐五年《新唐书》225 卷修成。《新唐书》的列传 150 卷是宋祁写的。本纪和志、表的序文出自欧阳修的手笔。

在史料的考订、选择上，在史书编纂上，《新唐书》《新五代史》和《旧唐书》《旧五代史》相比有很多优点。第一，《新五代史》和《新唐书》晚出，有关五代、唐代的史书、文献显著增多，因此在材料上，新书有条件胜过旧书，加之欧阳修有见识，是文字高手，新书删削旧书的浮词和不实的材料，行文简严，篇幅大大节省，但这方面的成绩不能夸大。新书有的地方文字精简了，但文意不明，史事经过叙述不详。司马光的《资治通鉴》的唐代部分多取《旧唐书》就是一个很好的说明。二书在史实上，仍有不少错误，吴缜作《五代史记纂误》《新唐书纠缪》是为刊正二书中错讹与不当。

第二，在史书编纂上，首先，欧阳修恢复表谱的传统。《史》《汉》以后，纪传体史书中立志谱的传统中断了。欧阳修在《新五代史》立《十国世家年谱》，在《新唐书》中立了《宰相表》《方镇表》《宗室世系表》。有的表的序文写出历史发展大势，如《新唐书·方镇表》的序文说到方镇之患：

　　始也各专其地以自世，既则迫于利害之谋，故其喜则连衡而叛上，怒则以力而相并，又其甚则起而弱王室。唐自中世以后，收功弭乱，虽常倚镇兵，而其亡也亦终以此，可不戒哉！

---

① 《居士集》卷九，《古诗》。
② 《新唐书·进唐书表》。

这就把方镇的问题和整个唐王室的兴衰存亡相联系起来，写出"其弊有渐，驯而致之，势有不得而然"的趋向。

其次，《新唐书》中增加了《仪卫志》《选举志》《兵志》。《地理志》尤重沿革、物产和水利的记述。《食货志》《天文志》《历志》《艺文志》与旧志相比，内容更丰满了。《新五代史》中的《司天考》《职方考》不拘成例，《司天考》为志书，《职方考》实为表志合一的体例。

再次，《新五代史》合五代十国为一书，实为通史性质之著作。十国入《世家》是一种见解，也是处理材料的一种手段。欧阳修大量采用专传的办法来记载这一历史时期中的人物事迹，专传于归纳中有贯通。《新五代史》把头绪纷繁的纷争年代的史事，错落有致地反映出来，很有章法。欧阳修写的《新五代史》问世后，薛居正的《旧五代史》不久散佚了。现在的《旧五代史》是四库馆臣从《永乐大典》中辑佚出来的。

当然，欧阳修的表、志中也有未可人意的地方，如《新唐书》的《宰相世系表》多取家谱的材料，其中有不实的地方，而且这种史表除突出了家族传承世系外，于国家大事关涉不多。

最后，《新五代史》中有三卷《四夷附录》，其中二卷记契丹的兴起史，反映欧阳修重视民族史的记载，但也反映出欧阳修民族思想上有偏见的地方。在论契丹等少数民族的兴衰，论战争变化屈伸之机要，并且通过契丹对胡峤说的话，说明后晋失败原因是"主暗而臣不忠"，这些观察历史的地方有可取之处。

欧阳修写史事，着重于总结盛衰，讲惩恶劝善，但并非搞字字褒贬。徐无党注《新五代史》，发明其中字字褒贬的义例。应该说，这不完全符合欧阳修的思想，不能把徐无党的观点等同于欧阳修的观点。欧阳修认为搞字字褒贬的春秋笔法，是"妄意圣人而惑学者"。[①] 在欧阳修看来，《春秋》是"正名以定分，求情而责实，别是非，明善恶，此《春秋》之所以作也"。"《春秋》辞有同异，尤谨严而简约，所以别嫌明微，慎重而取信。"后儒解说《春秋》，"皆以名字氏族与夺为轻重，故曰一字为褒贬"[②]，是不合实情；有些义例也是荒谬的。有人就《春秋》始于鲁隐公元年、终于获麟史书断限问题，问欧阳修：

---

① 《居士集》卷一八，《春秋论上》。
② 《居士集》卷一八，《春秋论中》。

　　或问：《春秋》何为始于隐公而终于获麟？

　　曰：吾不知也。

　　问者曰：此学者之所尽心焉，不知，何也？

　　曰：《春秋》起止，吾所知也。子所问者，始终之义，吾不知也，吾无所用心乎此。①

　　可见，欧阳修对于《春秋》中的所谓"义"，对所谓字字褒贬的义例并无兴趣。《新五代史》用词谨严，也是求情责实，但不完全像徐无党说的那样，欧阳修修史，字字有用心，搞出称王、称爵、称名等一大串义例来的。同样，吕夏卿在《唐书直笔》中发明史"例"，也与欧阳修的认识相左。

　　编修《新五代史》涉及对正统的看法。薛居正写《旧五代史》的同时，宋仁宗又命李昉等编次前世年号。李昉等以梁为"伪"，既是"伪"，作史当然不能为梁帝作《本纪》，所谓"五代"亦无从说起。这直接影响到史书的结构。

　　欧阳修总的看法是：不能把梁看作"伪"政权，但梁也不是正统。在他看来，正统的争议不断，有三个方面问题造成的，一是作史者出于私心。南北朝，修史者各有私心，论其朝代必列入"统"。二是以五行运转来解说哪些朝代为正统。这也是私心，不过是带上神秘的色彩。三是认为"统"是续而无断，正统是前后相接，中间不能有中断的时候。欧阳修认为，"正统"是"王者，所以一民而临天下"。② 修史应当"其实尝为君矣，书其为君。其实篡也，书其篡"。"不没其实"③才能深得《春秋》之意。正统有几种情况，有居天下之正，合天下于一，如尧舜夏商周秦汉唐；有不得其正，卒能合天下于一，如晋、隋。即使在乱世，但能奋力而起，有功有德者又能合天下于一，虽然是大且弱者，也可以说是正统，这在道理上能说得过去。正统有续有绝。欧阳修认为宋以前的中国历史的正统三绝而复续。自尧舜，历夏商周秦汉后是一绝，晋以后是二绝，隋唐后是三绝。因此，梁虽不得为正统，但其国不能视为"伪"。基于这种看法，《新五代史》依旧为五代之君立本纪。欧阳修认为正统是"王者，所以一民而临天下"，同时对正统的接续提出灵活的看法，在宋代正统的争议中，他的意见较为平实、变通。

　　在天人关系的认识上，欧阳修的史学思想具有折中主义的特点，批评

---

　　① 《居士集》卷一八，《春秋或问》。

　　② 《居士集》卷一六，《正统论·序论》。

　　③ 《新五代史》卷二。

了灾祥理论、谶纬学说，又不完全否定天人感应说。他在《新唐书·五行志》中，对灾异说进行批评，说：

> 至为灾异之学者不然，莫不指事以为应，及其难合，则旁引曲取而迁就其说。盖自汉儒董仲舒、刘向及其子（刘）歆之徒，皆以《春秋》、《洪范》为学，而失圣人之本意。至其不通也，父子之言自相戾，可胜叹哉！

但是，欧阳修不是否定灾祥理论，而是千方百计弥合其漏洞，提出"两存说"，肯定天人相通，但又认为天人之间没有联系，天道不能支配人事。两种观点都应当保留，即"两存"。说：

> 盖圣人不绝天于人，亦不以天参人。绝天于人，则天道废；以天参人则人事惑。故常存而不究也。

折中主义的逻辑最终还是回到天人感应说上去。《新五代史·司天考第二》序文说："未有人心悦于下，而天意怒于上者；未有人理逆于下，而天道顺于上者。"

欧阳修在《新五代史》《新唐书》中，开始用"天理""人理"解释历史变化的原因，《新五代史·晋家人传》把"三纲五常"称之为"人理"。天理、天道支配历史变化，而天理、天道又是人理的反映。《伶官传序》说："盛衰之理，虽曰天命，岂非人事哉。"用"理"总结历史盛衰，在欧阳修那里还只是开始，但却预示宋代史学思想要发生变化。

二、开风气的历史文献学工作

欧阳修在历史文献学领域内成就是多方面的，有些工作对转变学术风气至关重要，有些工作开拓了文献学的领域。在疑古辨伪上，欧阳修既有勇气、信心，又是在扎实的基地上发难。在金石学上，他沉潜金石文物，开拓金石考史的路数。在修史中，欧阳修对历史事实考订有其独到之处。他参加《崇文总目》的编修。《崇文总目》是朝廷组织编修的书目，欧阳修为《总目》写的《叙释》，反映了他的文献学见解。欧阳修在文献学上做出了自己的贡献。

（一）疑古辨伪。《周易》有两部分，一部分是所谓"经"，指卦辞，包括卦形、卦名和爻辞，包括爻题。另一部分是所谓的"传"，被认为是解"经"的。《易传》共有 10 篇，即象上，象下，象上，象下，文言，系辞上，系辞下，说卦，序卦，杂卦。这 10 篇汉人认为是《易经》的羽翼，因而称为"十翼"。传统的看法认为它是孔子写的。

欧阳修写《易·童子问》3 卷，指出《系辞》以下的《易传》不是孔子写的。《系辞》的解说"繁衍丛脞而乖戾"，不可能出于孔子一人之手。有的解释前后矛盾，有的二三种说法自相抵牾，有的阐释不合人情事理，有的地方明显是后世学者为尊崇这本书说的话，"务为其说以神之，至其自相乖戾，则曲为牵合而不能通也"。《文言》等的"子曰"，不是孔子说的话，是后代经师解《易》的语言。《系辞》等是解释"经"的，自不成问题，但不可以说它是圣人所作。

《周礼》一书，后代学者批评很多，认为这本书是周代典章制度的材料，是不能相信的。欧阳修赞成这种看法。《周礼》规定那样繁杂的条文。如何执行，古时治理的办法怎么会烦琐到这样地步？秦建立后，去除古制。汉朝基本上沿袭秦制，只对其中作了一些损益。那么，《周礼》一套为什么没有传承下来呢？王莽行《周礼》，导致社会大乱，为什么反不如秦制？因此，《周礼》值得怀疑。这些是欧阳修在《问进士策》中提出来的问题。欧阳修对于《诗》的毛亨、郑康成解说有疑问，认为二家的解说有许多失误，对《诗序》也提出怀疑。

欧阳修认为《孟子》中有些记载不可信。如关于舜的"涂廪浚井"一事的记载，"不载于六经，不道于孔子之徒"，只有孟子之徒谈论。其初，这些记载没有人追究，时间一久，当成是事实了。①

关于《史记》的世系，欧阳修将它和《尚书》《孟子》、孔安国、皇甫谧诸书作比较，得出结论："参考其寿数长短，而尤乖戾不能合也。"②

在这些辨伪中，欧阳修考之于史实，参之以他书，论以情理，辨其谬妄，他的辨伪方法有很多值得肯定的东西。

欧阳修较为客观地对儒家经籍进行分析，指出后儒解释中的错谬，批评了那些曲解臆说。这对当时学术风气的转变起了重要的作用。

（二）金石学。欧阳修对三代以后的金石铭刻的收集与研究，是他的学

---

① 《居士集》卷一八，《易或问》。
② 《居士集》卷四三，《帝王世次图后序》。

术事业一个十分重要的方面。他自述治金石的经历，说：

> 罗在河溯，不能自闲，尝集录前世金石之遗文，自三代以来古文奇字，莫不皆有。中间虽罪戾摈斥，水陆奔走，颠危困踣，兼之人事，吉凶忧患，悲愁无聊，仓卒未尝一日忘也。盖自庆历乙酉逮嘉祐壬寅，十有八年，而得千卷。顾其勤至矣。然亦可谓富哉！①

在治金石学上，欧阳修首先是网罗广泛，兼收并蓄。上自周穆王以来，下更秦汉隋唐五代，外至四海九州名山大泽，穷崖绝谷、荒林破冢、神仙鬼物和诡怪所传，都在搜集之列。其次，搜集、整理与研究结合为一个整体。搜集金石，随得而录，撮其大要别为录目，"载夫可与史传正其阙谬者，以传后学"。②

欧阳修治金石的旨趣在以金石与史传相参验，证史家的阙失。金石学成为史学的一个部门。《集古录跋尾》一书表明欧阳修以金石与史文参验，以金石证史取得了重要的成绩。以史书中史文记载，考鼎铭碑刻的作者、制作年代与内容，也以金石文字补史传缺漏，订正史文中的讹谬。历史上的典制说明不清楚的地方，有关金石文字成了阐释的根据。前世风俗文化、人物姓氏名字，在史书中交待不全者，碑刻往往有很好的说明。欧阳修深感"史官之失以惑后世者"，要以金石上的记载纠正"史家阙缪"，其考订有成效，他说："余于《集录》正前史之阙缪者，多矣。"③金石成为专门学问，欧阳修的贡献是很大的。

（三）目录校勘。宋仁宗景祐元年，欧阳修任馆阁校勘，预四部书目。康定元年（1040 年）由夷陵返京后，充馆阁校勘，修《崇文总目》。《崇文总目》是宋仁宗时朝廷组织编修的书目。景祐元年诏张观、宋祁审录修订三馆及秘阁藏书，后命王尧臣、欧阳修写成书目，赐名《崇文总目》。收录在《欧阳修全集》中的《崇文总目叙释》反映欧阳修的文献学思想。

《叙释》对二十九类文献著作作了解说，是提要性质的文字。这二十九类是："易类""书类""诗类""礼类""乐类""春秋类""论语类""小学类""正史类""编年类""实录类""杂史类""伪史类""职官类""仪注类""刑法类""地理

---

① 《居士外集》卷一九，《与蔡君谟求书集古录序书》。
② 《居士集》卷四一，《集古录自序》。
③ 《集古录跋尾》卷四，《魏受禅碑》《大代修华岳庙碑》卷五，《隋尒朱敞碑》等。

类""氏族类""岁时类""传记类""儒家类""道家类""法家类""名家类""墨家类""纵横家类""杂家类""农家类""小说类""兵家类"。其中"兵家类"和"小说类"编次或有错乱，"岁时类""氏族类"的分录，为作者的一种见解。

《叙释》叙学术渊源流变，《易》《论语》分为三，《诗》分为四，《礼》分为二，《春秋》分为五家，各派学术兴衰变动、至宋尤有影响者的来龙去脉，缕述清晰。论述各家之说，较其短长，尤有所见，如论《周易》之作，指出"时更三圣，世历三古，虽说者各自名家，而圣人法天地之缊则具存焉"。论《诗》学四家，说：

> 三家并立学官，而毛以后出，至平（一作章）帝时，始列于学。其后马融、贾逵、郑康成之徒，皆发明毛氏，其学遂盛。魏晋之间，《齐》《鲁》之诗废绝，《韩》诗虽在而益微，故毛氏独行，遂传至今。韩婴之书，至唐犹在，今其存者，十篇而已。……至于考《风》《雅》之变正，以知王政之兴衰，其善恶美刺，不可不察焉。

《叙释》论诸子，儒家自孔、孟、扬、荀之后，"历世诸子，转相祖述，自名一家；异端其言，或破碎于大道。然订其作者之意，要之孔氏，不有殊焉"。论道家，认为圣人南面之术，"不可易也。至或不究其本，弃去仁义而归之自然，以因循为用，则儒者病之"。法家"辨职分，辅礼制，于王治不为无益。然或狃细苛，持刻深，不可不察者也"。论名、墨、纵横、农、小说、兵，各有见解。

《崇文总目叙释》继承《汉志》的辨章学术、考镜源流的传统，又得《庄子·天下篇》、司马谈《论六家要旨》的精义；较之于同时代的书目，虽有不少缺失，受到学者批评，但确有其长。

欧阳修重视版本校雠。他自谓对《韩昌黎先生文集》潜心研究，搜罗各种版本，三十年间，孜孜以求。少时得其六卷本，仕进前后，研读得其所得；中进士后"出所藏《昌黎集》而补缀之，求人家所有旧本而校定之"。他又说："《集本》出于蜀，文字刻画，颇精于今世俗本，而脱缪尤多。凡三十年间，闻人有善本者，必求而改正之。"①求众本以校雠，论刻本而注重文字内容，以雠校所得，为倡道之需要。可见在校雠上，他也不同于学无所归的从事校雠的学者。

---

① 《居士外集》卷二三，《记旧本韩文后》。

　　欧阳修修《新五代史》《新唐书》，在材料的考订上同样做了很多工作，论及后唐的世系姓氏，看到"世久而失其传者多矣"①，这样失误，原因很多，不仅仅是史官的责任。有些史料一时无法断其真伪，只能存疑。他说："史之阙文，可不慎哉，其疑以传疑，则信者信矣。"②存疑与传信，是一个事情的两个方面。

三、历史文学上的主张和成就

　　苏轼在《居士集序》中说欧阳修"论大道似韩愈，论事似陆贽，记事似司马迁，诗赋似李白，此非予言也，天下之言也"。这段话包括了对欧阳修在历史文学方面的肯定。"记事似司马迁"的评语，指明欧阳修在史传文学上的风格与特点。

　　欧阳修在《代人上王枢密求先集序书》中谈到三个方面问题：事信、言文、载大。这三者的内容、相互关系和史传文重视这三者的意义，欧阳修解释说："言之无文，行而不远。君子之所学也，言以载事，而文以饰言。事信言文，乃能表见于后世。""故其言之所载者大且文，则其传也章；言之所载者不文而又小，则其传也不章。"③

　　《论尹师鲁墓志》④可以看作欧阳修论史传文学的重要作品之一。《居士集》中的《尹师鲁墓志铭》⑤一文，从史的角度，评价传主尹洙。在《论尹师鲁墓志》文章中，欧阳修解释自己写作的立意，进而提出史传文写作的"意特深而语简"要求，主张叙传主行历，要有重点，"其事不可遍举，故举其要者一两事以取信"。这与刘知幾说的"尚简""用晦"含意相类似。

　　清人赵翼比较新旧《唐书》与新旧《五代史》后说："不阅《旧唐书》，不知《新唐书》之综核也。不阅薛《史》，不知欧《史》之简严也。"⑥这也是从史文上对欧阳修的肯定。赵翼仔细对《新五代史》的传赞议论文字作了一番分析，说："欧《史》纪传各赞，皆有深意。"又说："欧《史》无一字苟作。"⑦

---

① 《新五代史》卷四，《庄宗本纪上》。
② 《新五代史》卷一八，《汉家人传》。
③ 《居士外集》卷一七。
④ 《居士外集》卷二三。
⑤ 《居士集》卷二八。
⑥ 《廿二史劄记》卷二一，《欧史书法谨严》。
⑦ 《廿二史劄记》卷二一，《欧史传赞不苟作》。

《新五代史》中有些篇目，如《伶官传序》等成为人们传诵的佳作。《新五代史》增添一些细节，看似无关宏旨，细细分析则知其文笔之妙。如《王彦章传》，《新五代史》基本采旧史素材，但写得很有章法，层次分明。其间又增写几件事，却是意在文外。一是增写王彦章无文，却是一腔热血。后唐庄宗"赐药以封其创"，欲诱王彦章。《新唐书》增一情节："彦章武人不知书，常为俚语谓人曰：'豹死留皮，人死留名'。其于忠义，盖天性也。"武夫作俚语，合乎人物身份，而言词所及，忠气侠骨跃然纸上，欧阳修于序事中又有深旨。二是改写《旧五代史》中的文字。唐庄宗欲全活王彦章，王彦章有一段对话。

旧书是：

> 比是匹夫，本朝擢居方面，与皇帝十五年抗衡，今日兵败力穷，死有常分，皇帝纵垂矜宥，何面目见人！岂有为臣为将，朝事梁而暮死晋乎！得死幸矣。

新书是：

> 臣与陛下血战十余年，今兵败力穷，不死何待？且臣受梁恩，非死不能报，岂有朝事梁而暮事晋，生何面目见天下之人乎？

两书相比较，见欧阳修文字简洁、明白易晓，一扫旧书中雕凿痕迹，且文如其人，合乎粗犷武将的身份。

三是，王彦章临死前情节。旧书描述：

> 时，彦章以重伤不能兴，（李）嗣源至卧内以见之，谓嗣源曰："汝非邀佶烈乎？"邀佶烈，盖嗣源小字也，彦章素轻嗣源，故以小字呼之……遂遇害，年六十一。

新书描述是：

> 庄宗又遣明宗往谕之，彦章病创，卧不能起，仰顾明宗，呼其小字，曰："汝非邀佶烈乎？我岂苟活者？"遂见杀，年六十一。

欧阳修文简而有法，遣字造句，颇费匠心，其中"仰顾明宗，呼其小字"，一"仰"字，一"呼"字，见其神态，又显示出对李嗣源的蔑视。所以史家于史传文当用气力，历史文学，不能看成是小事。"言而无文，其行不远"，今天我们应当发扬史学史上重视历史文学的好传统。

第四节　司马光和《资治通鉴》

一、《资治通鉴》的编修

司马光，字君实，号迂叟，陕州夏县（今属山西）涑水乡人，生于宋真宗天禧三年（1019 年），卒于宋哲宗元祐元年（1086 年），时年 68 岁。

司马光一生经历大致可分为五个时期。20 岁以前，是读书求学时期。司马光自幼年起，爱读史书，据《三朝名臣言行录》记载，司马光 7 岁听《左传》，咏其文，思其义。

第二个时期从 20 岁至 45 岁，即从仁宗宝元元年至仁宗嘉祐八年（1038—1063 年），司马光入仕途，开始修史活动。20 岁中进士甲科，以奉礼部郎为华州推官。为事亲，改签苏州判官事。父母相继去世，司马光服丧 5 年，闭户读书，著有《十哲论》《四豪论》《贾生论》《机权论》《才德论》《廉颇论》《龚君实论》《河间献王赞》等及史评 18 首。后来《资治通鉴》中"臣光曰"，不少是吸收了这些议论文字。

宋仁宗庆历四年（1044 年）服除，任武成军判官，改大理评事，补国子直讲，被荐为馆阁校勘，同知礼院，后改直秘阁，开封府推官，修《起居注》。立宋英宗有功，为天章阁待制兼侍讲，知谏院。

仁宗庆历年间，宋代学术风气发生变化。司马光写《疑孟》不是否定《孟子》，从根本上说还是为推崇《孟子》。他也反对章句之学，时代思潮在他思想上打下了烙印。

司马光出身官宦世家，其父司马池任地方官，后累迁尚书兵部员外郎，擢天章阁待制。司马光的仕途较为坦荡。在宋代品官地主阶层中，司马光的身份有其特异的地位，强调名门等级的观念是他思想上的一大特征。

第三个时期是司马光 45 岁至 49 岁，即英宗治平元年至英宗治平四年（1064—1067 年），可以说这是司马光修《资治通鉴》的准备时期。他作《历年图》5 卷，上起战国，下迄五代的大事年表。又作《通志》8 卷，起周威烈王，迄秦二世三年。治平元年进《历年图》，今佚。治平三年（1067 年）四月，司马光在进《通志》后，受诏编辑《历代君臣事迹》。次年，宋神宗即位，司马光进读《通志》。宋神宗认为这部书是"鉴于往事，有资于治道"，赐名为《资治通鉴》，并且为这本书作序。

可以看出，《资治通鉴》的轮廓规模及指导思想已经确立。

第四个时期是司马光 50 岁至 67 岁，即宋神宗熙宁元年至元丰八年（1068—1085 年）。司马光反对王安石变法。熙宁三年（1070 年），他被拜为枢密副使，但六上札子，固辞。同年秋，司马光以端明殿学士知永兴军，徙许州。次年，改判西京御史台，归洛阳。这是闲差事，司马光"自到洛以来，专以修《资治通鉴》为事"《资治通鉴》编写还是和他对新法的态度有关系。书中不少议论也是司马光的政治主张。

元丰七年（1084 年），《资治通鉴》完稿。

第五个时期，是司马光最后八个月任宰相时期，哲宗元祐元年（1086 年），拜尚书左仆射兼门下侍郎，废新法。这一年的九月，司马光逝世。在这八个月的政治舞台上，他是不光彩的角色，王安石赞成"天变不足畏，祖宗不足法，人言不足恤"，推行新法。司马光认为"天地不易"，"治乱之道，古今同体"，反对新法。司马光的学术思想、史学思想和他的政治思想有联系。

协助司马光写《资治通鉴》的主要助手有刘攽、刘恕、范祖禹。刘恕（1032—1078 年），字道原，筠州（今属山西）人。他治学谨严，自历数、地理、族谱至前代公府案牍，在严格考订后才加以采择；尤喜爱史学，不远数百里求书借读。道原曾经就亳州宋次道家借读，口诵手抄，昼夜不停；旬日之间读遍宋次道家中藏书，但眼睛损伤严重，"目为之翳"。司马光召刘恕为修《通鉴》的局僚，遇到史事头绪纷繁难治的，则请刘恕解决。司马光判西京御史台，刘恕赴洛阳，留数月而归，途中受风寒，"右手足废"，但未中断修史。病逝时，年仅 47 岁，他另著有《五代十国纪年》《通鉴外纪》等。

刘攽（1023—1089 年），字贡父，临江新喻（今属江西）人。刘攽著书百余卷，尤精于史学，所作《东汉刊误》为时人推崇。他同其兄刘敞，其侄刘奉世，精于考订，号称"三刘"。刘攽年龄比刘恕大。范祖禹（1041—1098 年），字淳甫，一字梦得，三人中年龄最轻。为助修《资治通鉴》，在洛阳 15 年，"不事进取"。他著有《唐鉴》《帝学》《仁皇政典》等。特别是《唐鉴》"深明唐三百年治乱"，时人称他为"唐鉴公"。

　　司马光和刘攽、刘恕、范祖禹的史学思想存在差异，对正统的看法，对唐代人物评价上都有一些分歧，但总体上能保持一致。三人承担的任务，历来学者说法不一样，大致是刘攽担任两汉部分的编修，范祖禹修唐代部分。刘恕是全局副手，具体的任务，或说是专修三国两晋南北朝，或说是专修五代部分，或说是三国至隋；也有说刘恕在住洛阳期间和这以后，担任的工作有变动。司马光总其成。所以，这样的集体修史，是集"私家修史"与"众手修书"的长处，而避免其弊病。《资治通鉴》是众手修书的成果，又是司马光"一家之言"的作品。

　　《资治通鉴》编修的步骤，第一步是将收集的史料，按照年月顺序，标明事目，剪粘排列。只要是与事件相关的材料，即注之，虽然多一点也无妨，这叫"丛目"；第二步是整理丛目，对材料加以选择，重新组织编排，润饰文字，考订的材料作为附注，原则是"宁失于繁，毋失于略"。这样写出来的文字，叫"长编"。丛目与长编，主要是协修人员承担的。第三步是定稿，司马光参与整个修史过程，从最初收集材料到最后定编，司马光都做出了贡献。从编次草卷到成书，中间要经过"删""细删"多层次的加工，不断地修改、润饰，司马光匠心独运。

　　《资治通鉴》编撰引用了丰富的材料，除采正史外，引用大量的杂史诸书。《通鉴》引用文献的种类，各家说法不一样，但总数当在300种以上。

　　司马光对材料考订的方法，是他的"考异"法。《资治通鉴考异》书名，标明考史的方法特征。这种方法的基本精神是司马光说的"抉摘幽隐，校计毫厘"，"参考群书，评其同异，俾归一途"。① 在选材上，他有两个标准。一是"求实"，比较各种记载，择其可信者而录之；有不同的说法，一时难以断定的，则并存。诸说不足信，则不采用；有出入的材料，而又无法断定真伪，则作为存疑。《通鉴考异》是说明《通鉴》对材料甄别的专书，有的材料在《通鉴》中没有采用，《考异》加以收录。当然司马光在考史上也有失当处，有些"理校"更属臆断。后人对《通鉴》中某些史实不确的地方，重加考订。选材的第二个标准是"专取关国家盛衰，系生民休戚，善可为法，恶可为戒"。这是史料学中政治的、伦理道德的标准。

　　司马光还写了许多和《资治通鉴》相关的著作，其中有《通鉴目录》30卷、《通鉴考异》20卷、《历年图》5卷、《稽古录》20卷。另外，还有《百官公卿表》10卷和《涑水纪闻》，记载宋代的职官和闻见事实等，可以看成是《通鉴》

---

① 《进〈资治通鉴〉表》。

延伸的内容。把这些著作作为一个相互联系的整体看待，司马光的《通鉴》反映出他是在通古今的基础上，思考周威烈王以后至五代历史的兴衰问题。

《资治通鉴》问世后，对于史书的编撰工作起了推动作用。一、续、补《通鉴》。补《通鉴》的史书有刘恕的《通鉴外纪》、金履祥《资治通鉴前编》等。续《通鉴》的史著，有李焘的《资治通鉴长编》和李心传的《建炎以来系年要录》等。李焘和李心传的书是两部大书。李焘称自己的书为《长编》，是谦辞，表示自己的书不能和司马光的书相提并论。明清两代在这方面的著作数量不小。二、用新的体裁改编《资治通鉴》。袁枢立若干事目，把每个事目的相关材料集中在一起，按史事发生的次序加以编排。他编的《通鉴纪事本末》，创立了本末体史书体裁，跟编年体、纪传体鼎立而三，成为史书编写的重要体裁。这种体裁的优点是"文省于纪传，事豁于编年"。另外一种是朱熹和他的学生共同完成的《资治通鉴纲目》。这本书是朱熹署名，是否全出自朱熹之手，学术界有不同看法，但《纲目》反映朱熹的观点，与朱熹有密切的关系，是可以肯定的。纲目体是编年体的一种特殊形式，用很简短的文字把一些事实概括起来，放在史书突出的地方，称作"纲"，在"纲"的下面是比较详细的记载，称为"目"。其目的是使史书更好地"明道"。这书因为篇幅少，有纲有目，便于检读，经统治者提倡，纲目体史书流传相当广泛。

《资治通鉴》的考订、注释工作的进展也是值得注意的。重要的作品是胡三省的《资治通鉴音注》和《释文辨误》。《音注》与《通鉴》原来是分开来的，后来把《音注》分别放在《通鉴》有关内容下面，成为一个整体。

总之，《资治通鉴》的编撰是编年体史书的一个发展。在《通鉴》的影响下，本末体史书、纲目体史书都出现了。注释《通鉴》工作使文献注释达到一个新的境界。

二、"资治"的指导思想

《资治通鉴》294 卷，是编年体通史巨制。它记叙从战国时期周威烈王二十三年（前 402 年），至后周世宗显德六年（959 年）的 1 362 年历史。《通鉴》编撰的指导思想是"资治"二字。就是说希望人主从历史的往事中，看到历史治乱盛衰的道理，以为借鉴，治理国家。司马光说《通鉴》写作的意图是：

　　　　每患迁、固以来，文字繁多，自布衣之士，读之不遍，况于人主，

日有万机，何暇周览！臣常不自揆，欲删削冗长，举撮机要，专取关
国家盛衰，系生民休戚，善可为法，恶可为戒者，为编年一书。①

人主读了这部书，以"监前世之兴衰，考当今之得失，嘉善矜恶，取是舍
非，足以懋稽古之德，跻无前之至治"。

"资治"的思想要求，第一，是总结历史的盛衰。第二，是人主借鉴历
史经验教训，治理社会达到古代盛世的境界，即"跻无前之至治"。第三，
是人主的自身要求和治理的手段。

司马光认为名分等级礼制的维持，是封建统治能够长治久安的关键，
他说的纪纲，也是指名分。《资治通鉴》开篇写出对历史盛衰的根本看
法，说：

> 天子之职莫大于礼，礼莫大于分，分莫大于名。何谓礼？纪纲是
> 也。何谓分？君臣是也。何谓名？公、侯、卿、大夫是也。夫以四海
> 之广，兆民之众，受制于一人，虽有绝伦之力，高世之智，莫不奔走
> 而服役者，岂非以礼为之纪纲哉！是故天子统三公，三公率诸侯，诸
> 侯制卿、大夫，卿、大夫治士、庶人。贵以临贱，贱以承贵，上之使
> 下犹心腹之运手足，根本之制支叶，下之事上犹手足之卫心腹，支叶
> 之庇本根，然后能上下相保而国家治安。②

司马光强调的名分，重点在尊君。君尊臣卑，君君臣臣一整套等级的制度
维持好，就可以上下相保而国家治安。这是《资治通鉴》要说明的基本观点。

司马光说"跻无前之至治"，不过是"至君尧舜上"的意思，没有新的内
容。他说："臣闻史者，今之所以知古，后之所以知先，故人主不可以不观
史。善者可以为法，不善者可以为戒。自生民以来，帝王之盛者，无如尧
舜。《书》称其德，皆曰：稽古。然则治天下者，安可以不师古哉！"③上下相
保，国家治安，是一种境界，而生民以来，治理最好的社会，司马光认为
是尧、舜的天下。"资治"和"稽古"是二位一体。

司马光认为，人君的修养、素质、才干对历史的盛衰起着直接的作用。

---

① 《进〈资治通鉴〉表》。
② 《资治通鉴》卷一，《周纪一》"臣光曰"。
③ 《温国文正司马公文集》卷五一，《乞令校定资治通鉴所写稽古录札子》。

这种素质、修养是三个方面，"一曰仁，二曰明，三曰武"。"三者兼备则国治强，阙一焉则衰，阙二焉则危，三者无一焉，则亡。自生民以来，未之有也。治国之要亦有三：一曰官人，二曰信赏，三曰必罚。"①仁、明、武和官人、信赏、必罚是一个问题的两个方面，司马光解释说："夫治乱安危存亡之本源，皆在人君之心。仁、明、武，所出于内者也；用人、赏功、罚罪，所施于外者也。"②君心内在体现，是仁、明、武；外化为手段，是用人、赏功、罚罪。两者相结合，影响、作用历史的变动。在他看来，这是不可改变的法则。这就是司马光的君心决定历史盛衰论的内涵。

用人、赏功、罚罪再具体化，就是"王之八柄"，这八柄是：爵、禄、废、置、生、杀、予、夺。人君以此来驾驭臣下，控制臣民。《通鉴》多处发挥这样的观点。这是从"君"的角度说的。从"臣"的角度说，就是"忠"。"君臣之分，当守节伏死而已矣。"③"忠臣忧公如家，见危致命，君有过则强谏力争，国败亡则竭节致死。"④君臣关系是纪纲，是名分，是礼。"何谓礼？纪纲是也。何谓分？君臣是也。何谓名？公、侯、卿、大夫是也。"礼成了封建统治者维护已经形成的等级统治的思想和准则。而礼制维持又为"君心"的状态所支配。《通鉴》中的"臣光曰"的思想就是"君心"决定历史盛衰论的具体发挥。

官人、信赏、必罚的落脚点是"用人"。司马光强调在人君主宰下，用人是关系社稷兴衰至关重要的事。用人不能讲门第、阀阅，举荐用人应当不论亲疏，考察臣僚以实绩进行升黜。敌国的材臣可用。从历史上看，秦国用由余霸西戎，吴国得伍员而克楚，刘邦得陈平诛项羽，曹操得许攸破袁绍。用人是治国的头等大事，"为治之要，莫先于用人"。⑤ 这些方面是司马光历史观中的重人事的思想成分。

司马光没有否定天意的观念，说："天者，万物之父也。"⑥但是在司马光的思想上，天命史观很淡薄。首先，他着重从人事的作用上谈历史盛衰，从中总结治国平天下的道理。其次，他明确反对谶纬说和迷信思想，认为

①　《文集》卷三六，《作中丞初上殿札子》。
②　《文集》卷四六，《进修心治国之要札子》。
③　《资治通鉴》卷一，《周纪一》"臣光曰"。
④　《资治通鉴》卷二九一，《后周纪二》"臣光曰"。
⑤　《资治通鉴》卷七三，《魏纪五》"臣光曰"。
⑥　《文集》卷七四，《迂书·士则》。

借自然现象说祥瑞，讨好皇帝，这是"上诬于天，下侮其君"。① 最后，在讨论具体历史兴亡大事时，只是在无法用名分等级的礼教标准判断是非时，才乞助于天命。如赵匡胤夺取后周政权，用纲常礼教的尺子来评判，是不忠、不仁、不义。陈桥兵变是不光彩的事，但赵匡胤到底还是黄袍加身，后周灭亡了。司马光只好说："盖太平之业，天将启圣人而授之，固非人谋之所及也。"②这只能用天命观点说明北宋兴起的合理性。但在总体上看，在司马光的史学思想里，重人事的思想是主要的。

三、历史文学的成就

《资治通鉴》的高度文学成就，表现在几个方面。一是写战争、写人物、写场面，《通鉴》是相当成功的。二是评论历史，折中至当，思绪明晰。三是史材剪接，浑然一体。

《资治通鉴》记赤壁之战、淝水之战、刘裕伐南燕、韦孝宽守玉璧、李朔雪夜入蔡州等，都是长期传诵的名篇。《通鉴》写赤壁之战，以六分之五的文字写战争的决策。首先，写面临曹操率领大军南下的严重局势下，鲁肃向孙权说明联刘抗曹的重要性和迫切性："如其克谐，天下可定，今不速往，恐为操所先。"然后写诸葛亮会见孙权，先以"激将法"试探其意向所在，继而述说刘备虽然新败，但还有一定的战斗力。曹操兵力虽众，却存在远来疲惫、北人不习水战、荆州民众附曹而心不服等三大致命弱点，以此坚定孙权联合抗曹的决心。再写在曹操致书进行恫吓后，孙权集团主战、主和的不同态度，着重写主战派首领周瑜对孙、曹双方政治、军事力量的分析，断言"将军（孙权）禽操，宜在今日"。于是孙权下定决心，"拔刀斫前奏案曰：'诸将吏敢复有言当迎操者，与此案同。'"文章精彩之处，正是在上述写决策的过程中，通过对诸葛亮、周瑜的分析，已透露出胜负之结局。最后，绘声绘色地写出赤壁江面上大败曹军的情景：

> ……（黄盖）先以书遗操，诈云欲降。时东南风急，（黄）盖以十舰最著前，中江举帆，余船以次俱进。操军吏士皆出营立观，指言盖降。去北军二里余，同时发火，火烈风猛，船往如箭，烧尽北船，延及岸

---

① 《资治通鉴》卷二一一，《唐纪二十七》"臣光曰"。

② 《稽古录》卷一五，"臣光曰"。

上营落。顷之，烟炎张天，人马烧溺死者甚众。瑜等率轻锐继其后，雷鼓大震，北军大坏。操引军从华容道步走，遇泥泞，道不通，天又大风，悉使羸兵负草填之，骑乃得过。羸兵为人马所蹈藉，死者甚众。①

这样，前面深入的军事、政治条件的分析，跟后面紧张生动的战争画面相配合，构成了完整、精彩的篇章。

《通鉴》善于用对话表现人物的性格特点。书中写赤壁大战前夜，刘备到樊口迎接东吴统帅周瑜的场面：

> （刘备）日遣逻吏于水次候望权军。吏望见瑜船，驰往白备，备遣人慰劳之。瑜曰："有军任，不可得委署；倘能屈威，诚副其所望。"备乃乘单舸往见瑜，曰："今拒曹公，深为得计。战卒有几？"瑜曰："三万人。"备曰："恨少。"瑜曰："此自足用，豫州（指刘备）但观瑜破之。"备欲呼鲁肃等共会语，瑜曰："受命不得忘委署；若欲见子敬，可别过之。"备深愧喜。

这里简短的对话，写出了刘备对实现联合抗曹的急切期盼而又信心不足的复杂心理；写出了周瑜的锐气、自负和严于职守，表现出这个青年统帅雄姿英发的风貌。

《通鉴》有些细节描写值得重视。淝水之战一节，在前秦军大溃败之后，末尾加了一个小插曲：

> 谢安得驿书，知秦兵已败，时方与客围棋，摄书置床上，了无喜色，围棋如故。客问之，徐答曰："小儿辈遂已破贼。"既罢，还内，过户限，不觉屐齿之折。②

这里写谢安接读前方胜利的战报之后，因极度欢喜而"不觉屐齿之折"的细节，生动地揭示出他在外表平淡掩饰下，内心里对前方战事的关切和紧张，说明此役对东晋存亡攸关的重大意义，同时也表现出谢安的个性和风度。在

---

① 《资治通鉴》卷六五，《汉纪五十七》。
② 《资治通鉴》卷一〇五，《晋纪二十七》。

记述一场鏖战之后，添上了这一细节，文章就耐人寻味，富有情趣。

司马光在《通鉴》中的议论，主要是"臣光曰"的文字。除此之外，司马光在叙事中有议论，有的议论是点睛之笔。如《通鉴》记刘邦死"葬于长陵"后，司马光以扼要的文字述评刘邦一生的行事，说：

> 初，高祖不修文学，而性明达，好谋，能听，自监门、戍卒，见之如旧。初顺民心，作三章之约。天下既定，命萧何次律、令，韩信申军法，张苍定章程，叔孙通制礼仪；又与功臣剖符作誓，丹书、铁契、金匮、石室，藏之宗庙。虽日不暇给，规摹弘远矣。①

这一段简洁文字，首先写出刘邦的经历，交代了个性特征以及才能修养。接着详论刘邦定天下之前和既定天下之后的业绩。"顺民心，作三章之约"的"顺民心"三字蕴含着对刘邦的积极评价。开国后的制礼、次律令，同刘邦重用人才有关，所以行文中点出为刘邦安邦治天下的儒臣战将的贡献。温公未明说汉朝兴盛的原因，而叙事中足见论旨，最后的结语"虽日不暇给，规摹弘远矣"，既是叙事自然结论，又是对高祖统治的中肯评语。这段行文对刘邦一生业绩的评述，使读者对刘邦有一个总体的认识，避免了编年体史书不能集中完整记述人物行事的缺陷。司马光对刘邦的评价不同于司马迁，也不同于班固。《通鉴》叙事论史相结合，叙事中有论断，见论旨。这又是我国历史文学的一个好传统。

《资治通鉴》是我国历史文学中的一块瑰宝。其中有不少优秀的篇章一直为后人讽诵、学习。

第五节　郑樵和《通志》

一、《通志》的编修

《通志》200卷是郑樵修撰的。郑樵，字渔仲，宋兴化军莆田（今属福建省）人，生于宋徽宗崇宁三年（1104年），卒于南宋高宗绍兴三十二年（1162年）。其父郑国器是太学生，宋徽宗宣和元年（1119年）卒于姑苏。16岁的

---

① 《资治通鉴》卷一二，《汉纪四》。

郑樵护丧回莆田。这以后，郑樵在家乡的夹漈山筑室励志自学。

郑樵家境贫寒，在学习上却是"寸阴未尝虚度，风晨雪夜，执笔不休；厨无烟火，而诵记不绝"。① 他的学习有两个突出的地方，一是读书、治学兴趣广泛，通百家之学，对经籍、礼乐、文字、音韵、天文、地理、目录、校雠及虫鱼草木各类学问，都一一探求。二是注意把书本知识的学习和实际的观察结合起来。他学天文知识，一面读《步天歌》，一面按照书中的记载，观察星象。为了了解虫鱼草木的情性，他深入到夜鹤晓猿的出没处，与田夫野老往来，向他们讨教。

宋钦宗靖康二年(1127年)北宋灭亡，宋室南渡，郑樵和他的从兄郑厚联合上书给宇文枢密，申述抗金的志向，但这次上书没有受到重视。此后，郑樵把自己的民族情思寄托在学术事业中。

郑樵在夹漈山读书时，就立志修史，筑了"修史堂"作为读书的地方，以明修史之志。他身处山林数十年，搜奇访古，到藏书丰富的人家借读，为修史积累大量的资料。他推崇司马迁，立志写一部"上自羲皇，下逮五代"的大通史。秦桧专权，不准私人修史，以"私史案"为由打击、迫害士人。郑樵修史是冒着风险的。不幸的是，他的妻子和长子先后去世，这对郑樵打击很大。在这样艰难困苦的环境下，郑樵继续从事学术工作，两度风尘仆仆去临安献书。绍兴二十六年(1156年)秦桧死。绍兴二十八年，郑樵因为朝臣的推荐，得到高宗召对。高宗"诏给笔札，归抄《通志》"。绍兴三十一年(1161年)冬郑樵带着《通志》至临安，次年春病逝，终年59岁。

郑樵的著述很多。除《通志》外，现在能见到的有《夹漈遗稿》《尔雅注》和近人顾颉刚先生辑录出来的《诗辨妄》。《通志》200卷，可以说是他的学问总汇。

《通志》是一部纪传体的通史巨著。《通志》的编纂在史书体裁上，是一个发展。第一是，把《表》提到相当高的地位。《表》在《通志》中称作"年谱"。郑樵认为"年谱"在全书中地位很重要。他说："《史记》一书，功在十表，犹衣裳之有冠冕，木水之有本原。"② 又说："夫纪者，袭编年之遗风。传者，记一身之行事。修史之家，莫易于纪传，莫难于表志。太史公括囊一书，

① 《夹漈遗稿》卷二，《献皇帝书》。各种版本《夹漈遗稿》有错讹，吴怀祺重新整理、辑补为《郑樵文集(校补)》，北京，书目文献出版社，1992，以下引称《文集》。

② 《通志·总序》。

尽在十表。"①《通志》中有《年谱》4卷,作《年谱》的用意,如《年谱序》所说的:"为《谱》所以洞察古今。"司马迁作《表》是观盛衰,郑樵作《谱》是为洞察古今,基本思想是一致的。可以说,《通志·年谱》是对司马迁史学的一种自觉继承。

第二,从致用的角度,重视史志。他说:

> 夫史者,国之大典也,而当职之人不知留意于宪章,徒相尚于言语,正犹当家之妇不事饔飧,专鼓唇舌,纵然得胜,岂能肥家? 此臣之所深耻也。江淹有言:"修史之难,无出于《志》。"诚以《志》者,宪章之所系,非老于典故者,不能为也。②

郑樵认为只有写好志书,才能使史书成为国之大典。不注意典志的史书,是没有多大用处的。

《通志》把《志》改称为《略》,一共是20《略》。《二十略》是全书的精华,是郑樵学术的总汇。他说:"臣今总天下之大学术而条其纲目,名之曰'略',凡二十《略》,百代之宪章,学者之能事,尽于此矣。"③《二十略》中,郑樵用力最勤的部分是会通各种学术。《氏族略》《六书略》《七音略》《谥略》《艺文略》《校雠略》《金石略》《图谱略》等是有关学术的专篇。《昆虫草木略》记载有关动植物种类情况,是以前史书中所没有的。《天文略》《灾祥略》与旧史的《天文志》《祥瑞志》相比,旨趣不一样。《地理略》与旧志《地理志》区划地域的标准不同。《都邑略》是新增名目,郑樵作此略,意在说明宋之都城当在北方,"南阳可为中原之新宅",可以看出他的政治主张。《礼略》《职官略》《器服略》《刑法略》等,抄录《通典》材料,粗陋得很;《食货略》过于单薄。

各《略》之前的序文集中表达了郑樵的见解。这种编纂形式是继承《通典》的传统,而又有所发展。

第三,纪传篇目的重新安排。《通志》纪传部分在全书中篇幅最多,与《谱》《略》相比较,它未可人意。其中材料几乎全是移录旧史相关的内容。从《史记》到《南史》《北史》各史的见解不一,文字风格迥异,稍加删削,连

---

① 《通志》卷二一,《年谱第一·年谱序》。

② 《通志·总序》。

③ 《通志·总序》。

缀在一起，不只是斧凿痕迹可见，而且很不统一，因此是一种"复合"的"半成品"。但是，《通志》的纪传不能一概加以否定。从材料上说，他增补了《三皇本纪》、春秋时期大批人物列传等，把《三国志》的裴松之注的重要材料，补入正文或立新传。这些也都花费了心力。

在编纂上，郑樵安排篇目颇费斟酌。其中包含他的创造。首先，保留司马迁创设的《游侠列传》《货殖列传》《滑稽列传》三种专传。《汉书》只保存《游侠列传》《货殖列传》，后世史书不再有此三种专传。郑樵的安排是恰当的。其次，《通志》保留《宦者传》，废《阉宦传》。《南史》立《贼臣传》《宋书》立《索虏传》，《北史》立《僭伪传》，郑樵对此给予批评。最后，《通志》的南北朝部分录《南史》《北史》的材料，但抛弃了李延寿以子孙附传的家传形式，没采用家传的体系，而是参照断代正史，按照历史时代先后，编次人物传记。在不影响一代史事的情况下，又不完全抛弃家传的形式，透露出那个时代的社会特征。宋代品官地主反对身份性世袭特权的思想，在郑樵历史编纂学上得到反映。

《通志》保留"载记"篇目。

总之，《通志》的体例有它创新之处，特别是"略"与"年谱"。纪传中也有可取之处，不可以一概抹杀。

二、郑樵的史学批评和史学思想

在《通志》中，郑樵对前代的大史学家几乎都有批评。他推崇孔子、司马迁，但也有不满意的地方。对班固写的《汉书》的批评最多。对董仲舒、刘向、刘歆、范晔、陈寿、刘知幾，一直到宋代的欧阳修、司马光，郑樵从不同的角度，提出批评意见。这些批评就主要方面来说是不错的，要求也相当严苛。为此，郑樵招来不少非难和指责，用章学诚的话来说，是"纷纷攻击，势若不共戴天"。[①]

郑樵学术批评的用心，是相当明确的，他说：

> 臣今论此，非好攻古人也。正欲凭此开学者见识之门户，使是非不杂揉其间，故所得则精，所见则明。[②]

---

① 《文史通义》卷五，《申郑》。
② 《通志》卷四九，《乐略第一·琴操五七曲·一二操》"按"。

这里说的"非好攻古人也,正欲凭此开学者见识之门户",很能表明郑樵史学批评具有学术上的清醒意识。《通志·总序》中说到当时学术界的状况,是"经既苟且,史又荒唐",郑樵的批评的意图是要打破这种"经既苟且,史又荒唐"的局面。

郑樵史学批评反映了他对客观历史和史学工作的看法。郑樵的史学思想是丰富的,也是具有批判的性质。

第一,"会通"思想。《通志·总序》开篇说:

> 百川异趋,必会于海,然后九州无浸淫之患;万国殊途必通诸夏,然后八荒无壅滞之忧。会通之义大矣哉!

"会通"思想是对客观历史的一种看法,讲历史的贯通,同时又是历史编纂的方法论。首先,历史的贯通,在郑樵的论述中有三种情形。一是社会的外部条件古今一样,没有变化。《通志·总序》说:"天文者,千古不易之象。""九州有时而移,山川千古不易。"二是历史事件前后相因。三是各代的制度相因,也有损益。从这三个方面说明写通史的重要。由第一个方面说,写通史,可避免重复。由后面两个方面看,通史可以恰当地反映历史的相因与损益。班固著《汉书》,断汉为代,割断历史的因依联系,以后各家正史仿效班固,所以班固是开了一个不好的先例。郑樵批评班固的着眼点在此。

其次,"会通"思想是史书编撰的方法。郑樵认为孔子、司马迁修史的方法是"会通"之法。"会"是说史家修史要"会天下之书而为一书",要网罗尽可能多的文献。"通"是"贯二帝三王而为一家","极古今之变"[1];孔子修史"上通于尧舜,旁通于秦鲁"。司马迁写《史记》"上通乎黄帝,旁通乎列国,使天下无遗书,百代无绝绪,然后为成书"。[2] 因此"通",一是上下的纵通,二是旁通。这是"修书之本"。[3] 但是古今的贯通,是否今胜于昔?郑樵没有说明。这里说的"通"有很大的局限性。

第二,反对灾祥学说,认为灾祥说是"欺天"的"妖学",郑樵说:

---

① 《通志·总序》。
② 《文集(校补)》卷三,《上宰相书》。
③ 《文集(校补)》卷三,《上宰相书》。

　　董仲舒以阴阳之学倡为此说，本于《春秋》牵合附会，历世史官自愚其心目，俛首以受笼罩而欺天下。①

　　说《洪范》者，皆谓箕子本《河图》、《洛书》以明五行之旨。刘向创释其《传》于前，诸史因之而为《志》于后，析天下灾祥之变，而推之于金、木、水、火、土之域，乃以时事之吉凶而曲为之配，此之谓欺天之学。②

郑樵的批判，说明灾祥说产生的历史渊源，论说灾祥学说与史学相互的影响。这种学说在理论形态上的特征，用五行作为理论根基，以曲解的历史史实作为应验的证明。郑樵也从这两个方面对灾祥说进行反驳。"万物之理不离五行，而五行之理其变无方"，五行说不能说明灾祥应验有根据。再者，他们所说的应验的事实没有普遍的意义。郑樵的批判是全面的，但也有弱点，没有摆脱直觉的特性，甚至以"人间祸福冥不可知"去否定灾祥说，就显得软弱。

　　第三，反对任情褒贬的所谓"春秋笔法"。《春秋》这部书是纪实事的书，《春秋》字字有褒贬的说法，在郑樵看来，是后儒附会出来的。《春秋》重褒贬的说法是一种"欺人"的"妄说"。他说："凡说《春秋》者，皆谓孔子寓褒贬于一字间，以阴中时人，使人不可晓解，《三传》唱之于前，诸儒从之于后，尽推己意而诬以圣人之意，此之谓欺人之说。"《通志·总序》列举了大量的事例，说明任情褒贬的做法造成各种混乱和谬误。曹魏指吴、蜀是"寇"，北朝指东晋为"僭"。北方的政权称南方的朝廷是"岛夷"。南方的史书称北方的统治是"索虏"。有许多史官出于私心，有意在一些人的列传中说好话。由于修史的人处在不同的政权统治下，他们各自根据一姓政权的要求，确立的"忠""叛""义""逆"等，没有什么意义，也造成许多错谬。他说："噫，天日在上，安可如斯。似此之类，历世有之，伤风败义，莫大乎此！"

　　郑樵主张史家的责任是准确记载事实，让事实说话，不需要史家行褒贬美刺。史书中的褒贬一类的论赞没有必要。史家应当"平心直道"，在记载事迹上，要"不为智而增，不为愚而减"。

　　在中世纪，超脱于阶级之外的纯客观的史著是不会有的，问题在于褒

①　《通志·总序》。
②　《通志》卷七四，《灾祥略第一·灾祥序》。

什么，贬什么，以什么眼光、标准行褒贬。《通志》删去论赞，但郑樵的史学批评也是行褒贬。郑樵反对"春秋笔法"的积极意义在于揭露了封建社会史学"欺人"的实质，而要求恢复历史的真相。

和上面相关的另一个问题，是史书可不可以把女主写在《本纪》中。郑樵认为应该从实际出发，他说："臣谨按，汉吕、唐武之后立《纪》，议者纷纭不已。殊不知，《纪》者，编年之书也。若吕后之《纪》不立，则八年正朔所系何朝？武后之《纪》不立，则二十年行事，所著何君？不察实义，徒事虚言，史家之大患也。"①

第四，实学的治史主张。在史学功能上，郑樵强调史书的实用性。史书中要注重历史典章经制的记载，史书中要有图，有谱。《通志》的编撰反映宋代求致用的学术思想的发展。

郑樵把实学作为和空谈义理性命之学的对立面提出来，他说：

> 义理之学尚攻击，辞章之学务雕搜。耽义理者，则以辞章之士为不达渊源，玩辞章者，则以义理之士为无文彩。要之，辞章虽富，如朝霞晚照，徒焜耀人耳目；义理虽深，如空谷寻声，靡所底止。二者殊途而同归，是皆从事于语言之末，而非为实学也。②

在另一个地方，他指出宋儒解经，是"操穷理尽性之说，以虚无为宗，实学置而不问"。③ 从这些地方可以看出，郑樵的实学思想反对理学"蹈空"的弊病。

三、历史文献学的主张

郑樵在历史文献学上有很多建树。在第二节中，郑樵的类例主张已有详细的论述。在他看来，类例是明学术、治学的要津；类例得当，有利于保存文献，使文献能流传后世。他说："书籍之亡者，由类例之法不分也。类例分，则百家九流各有条理，虽亡而不能亡也。"④就是说，百家九流渊源

---

① 《通志》卷五，《前汉纪五上·"按"》。
② 《通志》卷七二，《图谱略第一·原学》。
③ 《通志》卷七五，《昆虫草木略·序》。
④ 《通志》卷七一，《校雠略第一·编次必谨类例论》。

明了，有些书籍虽然亡佚，但从根本上说，其学术根本的东西会流传到后世。这是对书籍存佚的又一种看法。

对金石文献的重视。宋代金石学很发达，欧阳修、赵明诚在这方面做出过重要的贡献。郑樵在《通志》中立《金石略》，著录上古至唐的金石文献，其中包括模刻、钱谱、鼎铭、碑刻等。对模刻的上古文字作了记录；其他的材料仅注明年代、出处及发现的地点及作者的字体书法，内容则阙略。

金石文献的价值，首先是保存了文献的原貌，这可以和书面文献相参稽。郑樵说："方册所载，经数千万传，款识所勒，犹存其旧。盖金石之功，寒暑不变，以兹稽古，庶不失真。"①这可以说是金石考证的理论说明。

另外，金石文献在教化上产生的功效，往往是文字书册起不到的。郑樵认为："方册者，古人之言语；款识者，古人之面貌。以后学跂慕古人之心，使得亲见其面而闻其言，何患不与之俱化乎！""且观晋人字画，可以见晋人之风猷；观唐人书跋，可见唐人之典则，此道后学安得而舍诸？"②金石作为一种实物、一种书体，和当时的社会文化风尚有关系，各种钟铭碑刻实物可以引发对时代的历史的追思，能产生一定的教化作用。当然这种效用不能过分夸大。

金石文献也有自身发展的历史，《金石略·金石序》说："三代而上惟勒鼎彝。秦人始大其制，而用石鼓，始皇欲详其文而用丰碑。自秦迄今，惟用石刻。"③金石从秦以后，发生了很大变化。郑樵重视金石文献，说明了金石文献的作用以及金石学发展的过程。《通志》的《金石略》在中国金石学发展史上的地位很重要。

图谱文献的重视。《通志》中的《图谱略》有《索象》《原学》《明用》《记有》《记无》几篇文字。前三篇是议论，后两篇是著录存、佚的金石文献。郑樵从实学的观点说明图谱的重要意义。

第一，文字与图应当相配合。图是经，书是纬，一经一纬相错才能成"文"。

第二，文字与图配合，便于学习。郑樵说：

> 图，至约也；书，至博也。即图而求，易；即书而求，难。古之

---

① 《通志·总序》。
② 《通志》卷七三，《金石略第一·金石序》。
③ 《通志》卷七三，《金石略第一·金石序》。

学者，为学有要，置图于左，置书于右。索象于图，索理于书，故人亦易为学，学亦易为功，举而措之，如执左契。后之学者，离图即书，尚辞务说，故人亦难为学，学亦难为功。①

郑樵认为书与图相配合，方便求学。图谱失传，只从文字上去认识事物与历史，是很困难的。他认为天下有16种学问，离开图谱则无法掌握。这16种学问是："天文、地理、宫室、器用、车旗、衣裳、坛兆、都邑、城筑、田里、会计、法制、班爵、古今、名物、书。"凡此十六种，可以类举。为学者而不知此，则章句无所用；为治者而不知此，则纪纲文物无所施。"②图、谱（即表）在文献中的地位很重要，但是刘歆作《七略》，只收书，不收图。此后，图谱专门之学渐渐失传了，"至今虞、夏、商、周、秦、汉、上代之书具存，而图无传焉"。③

第三，图谱是治理国家的重要参考文献。秦人虽然弃儒学，但不废弃图书。萧何入咸阳首先取秦之图书。这对汉人定律令、章程，申军法，制礼仪给了很大的帮助。所以郑樵说："天下之事，不务行而务说，不用图谱可也。若欲成天下之事业，未有无图谱而可行于世者。"④又说："图谱之学不传，则实学尽化为虚文矣。"⑤中国古代文献缺少图与表，给后人学习造成很大困难，政府想从这些文献里了解各种典制等详情细节，也难办得到。这些批评有道理。

文献注释工作上，郑樵有不少独到的意见。他认为注释名物、草木虫鱼、天文地理等，应当具备这些方面的实际知识。以前的儒生注释经籍，只注"此草也"，"此木也"，等，而不说是何草、何木，是不能让读者明了书中所说的内容。有些注释是儒生臆断。这些注解疏释是"因疑而求，求而迷，因迷而妄，指南为北，俾日作月，欣欣然以为自得之学，其实沉沦转徙可哀也哉"。⑥后儒注释经书，制造出许多迷惘之说，令人愤慨。

郑樵认为文献注释除要具备实际知识外，还要明训诂之学，明六书、

---

① 《通志》卷七二，《图谱略第一·索象》。
② 《通志》卷七二，《图谱略第一·明用》。
③ 《通志》卷七二，《图谱略第一·索象》。
④ 《通志》卷七二，《略谱略第一·索象》。
⑤ 《通志》卷七二，《图谱略第一·原学》。
⑥ 《尔雅注·序》。

七音的文字、音韵学方面的知识。文字音韵方面知识，统称之为小学。郑樵说："经术之不明，由小学之不振；小学之不振，由六书之无传。"①这其中文字之义又是最为重要的。小学知识缺乏，则"经旨不明，穿凿蜂起"。②同样，注释之学不能以虚无为宗的"义理之学"去解说经文。

注释文献还有一个重要方面，是应当考虑词语古与今意义上的差别。《尔雅》是一本训诂方面重要的书。但《尔雅》时的语言文字与后代的语言文字有差异，使用《尔雅》要注意到这种差异。另外，注释要言简易晓。杜预解《左传》，颜师古注《汉书》，是好的例子，传注之学，这两家值得称道。最后，注释要发挥有专门之学的人所长。杜预明天文地理，是其所长，但不识虫鱼鸟兽草木之名；颜师古通训诂，但不识天文地理，所以两人的注释各有所长，也各有所短。"杜氏于星历地理之言，无不极其致，至于虫鱼鸟兽草木之名，则引《尔雅》以释之。颜氏于训诂之言甚畅，至于天文地理，则阔略焉。"③由此可见，专门之学在注释文献中的意义，是十分重要的。

在疑古辨伪上，郑樵写的《诗辨妄》对后世影响很大。朱熹说过，郑樵认为《诗序》是村野妄人所作，这种说法还是有道理的。郑樵对儒家经籍有一个重要的看法，他说："《诗》、《书》可信，然不必字字可信。"④这在他那个时代，确是有胆识的议论，这比一般疑古辨伪的工作，站得更高。

宋代在历史文献学取得重大成就的人，当推郑樵和朱熹。我们要进一步总结郑樵在这方面的思想和他做的工作。

第六节　朱熹的历史哲学和史学

一、朱熹的历史哲学

北宋理学家认为"理"支配天下事，支配人事历史，认识理，需要格物。格物穷理的一个方面，是研究古今。二程回答门人有关问题，谈到对史学的看法。

---

①　《通志》卷三一，《六书略第一·六书序》。
②　《通志·总序》。
③　《通志》卷六三，《艺文略第一·经类第一·春秋》"按"。
④　《铅斋蠹刀编》卷三一，引郑樵《诗辨妄》。

　　或问：学必穷理，物散万殊，何由而尽穷其理？

　　子曰：诵《诗》、《书》，考古今，察物情，揆人事，反复研究而思索之，求止于至善，盖非一端而已也。①

察古今是穷理的途径之一，求理是求支配历史变化的"理"。理学家是要把史学纳入理学体系中去。朱熹是理学的集大成者，这个思想体系包括了他的历史哲学。

朱熹生于宋高宗建炎四年（1130年），卒于宋宁宗庆元元年（1200年），字元晦，一字仲晦，晚号晦翁等。他一生仕宦的时间不长，先后任同安主簿、知南康军、提举浙东常平茶盐公事、知潭州荆湖南路安抚使。后除焕章阁待制、侍讲。给宁宗讲经史，时间只有46天。他被解除职务，重新聚徒讲学也不能安宁。宋宁宗时统治阶级的内部斗争很激烈。朱熹等59人正式著于"伪学逆党籍"，史称"庆元党禁"。朱熹和他的学生以及其他一些学者遭到打击。朱熹死后，直到宋理宗时，他的学术被重新尊崇，朱熹及北宋的周敦颐、张载及二程列入孔庙从祀，理学被承认为官方的正宗思想。

朱熹做地方官只有9年，其余大部分时间是从事学术和教育活动。他从小就受到正统的儒家教育的熏陶。其父朱松跟从理学家罗从彦学。父亲死后，他先后师事儒者胡宪、刘勉之、刘子翚。朱熹18岁举乡贡，19岁登仕士，20岁授左迪功郎、泉州同安县主簿。24岁到任。朱熹数见李侗，其中三次是在任同安县主簿期间内求见受教的。

李侗（1093—1163年），字愿中，人称为延平先生。李侗师从罗从彦（豫章先生）学，罗从彦从杨时（龟山先生）学，杨时为程颐的弟子。朱熹师事李侗，立下了理学的根基。李侗称赞朱熹是："进学甚力，乐善畏义，吾党鲜有。"李侗于宋孝宗隆兴二年（1163年）病逝。朱熹继续研究，"始知太极精蕴"。

从孝宗乾道四年（1168年）至淳熙十六年（1189年），在朱熹学术经历上是一个重要阶段。这一阶段可分两个小阶段。乾道四年至淳熙元年（1168—1174年），朱熹完成重要的几本理学著作，可以说是朱熹学术初具规模的时期。这一阶段编和著的著作有十余种，其中有《程氏遗书》25卷，《语孟精义》30卷，《资治通鉴纲目》59卷，《八朝名臣言行录》前集10卷、后集14卷

---

① 《粹言》卷一，《论学篇》。

以及《太极图说解》《通书解》《程氏外书》《伊洛渊源录》等。他的几本主要史学著作《资治通鉴纲目》及《伊洛渊源录》和《八朝名臣言行录》等是在这个时期写成的。他的史学是理学体系的有机组成部分。

淳熙二年（1175 年）至淳熙十六年（1189 年）是朱熹理学的传播发展时期。他与吕祖谦共编《近思录》，时为淳熙二年。淳熙四年《诗集传》《周易本义》成。朱熹讲学白鹿洞书院等处，广聚门徒，对传播理学起了重要作用。淳熙二年，朱、陆相互辩难，是为"鹅湖之会"之争。淳熙九年（1182 年）以后五年之间，朱熹和陈亮展开皇帝王霸方面的辩论。通过这些辩论，朱学影响进一步扩大。

光宗绍熙元年至宁宗庆元四年（1190—1200 年），朱熹理学进一步发展，形成体系。他在竹林精舍（后改为沧州精舍）等处继续讲学，《大学》《中庸》《论语》《孟子》四书刊成。《四书》以后成为官定的士子必修之书。

朱熹融会北宋理学家的历史观点，提出对历史的看法。他说：

> 气运从来一盛了又一衰，一衰了又一盛。只管恁地循环去，无有衰而不盛者。所以降非常之祸于世，定是生出非常之人。邵尧夫（雍）《经世吟》云："羲轩尧舜，汤武桓文，皇王帝霸，父子君臣，四者之道，理限于秦。降及两汉，又历三分，东西愀扰，南北纷纭。五胡十姓，天纪几梦，非唐不济，非宋不存，千世万世，中原有人！"盖一治必又一乱，一乱必又一治。①

可以看出，朱熹的历史哲学是宋代理学家历史观点的集大成者。第一，他以气运来解释历史的盛衰的变动，历史盛衰是一种必然的变化，没有盛而不衰的道理。这里，他综合二程和张载的见解，是明显可见的。

第二，历史盛衰的变化是一种治与乱的循环。从理的角度看，是"理限于秦"，天理流行的下限在秦，他的三代天理流行，汉唐人欲横流是由这个总体看法引而申之，自秦汉以后"千五百年之间，正坐如此，所以只是架漏牵补，过了时日。其间虽或不无小康，而尧、舜、三王、周公、孔子所传之道，未尝一日得行于天地之间也"。② 他引邵雍的话，说明历史运动是循环的，而在秦汉以后的后世只有各种纷纷扰扰；世事浮沉，缺少天理，没

---

① 《朱子语类》卷一，《太极天地上》。
② 《朱文公文集》卷三六，《答陈同甫》。

有尧舜三王周公孔子所传之道，因此历史又是今世不如三王之世，表现出皇王帝霸的不同。

第三，历史的理，体现在"父子君臣"上的等级名分，是封建纲常的内在东西。朱熹从古今过程中"格"出理来，就是要维护三纲五常的不变。

在承认理是万世不变的前提下，朱熹指出历史过程有"忠""质""文"之变，这种变化形成"势"。所谓"忠""质""文"是后人对历史过程的概括，他说："忠、质、文。忠，只是朴实头白直做将去；质，则渐有形质制度，而未及于文采；文，则就制度上事事加文采。然亦天下之势自有此三者，非圣人欲尚忠、尚质、尚文也。夏不得不忠，商不得不质，周不得不文。彼时亦无此名字，后人见得如此，故命此名。"①一方面指出理支配历史，理万世不变，另一方面说明历史的忠质文之变是客观的趋势，是一种必然，不是哪一个圣人所能决定的，忠、质、文是对相应的历史阶段某种特征的概括。

朱熹认为在历史过程中，纲常天理不变与制度的损益是统一的，历史变化，制度有所变化，同样是一种必然。古代的好制度是有条件的，条件变化，原来制度也不能适应。他说到封建制，有这样一段话：

> 封建实是不可行。若论三代之世，则封建好处，便是君民之情相亲，可以久安而无患，不似后世郡县，一、二年辄易，虽有贤者，善政亦做不成。

又说：

> 因言："封建只是历代循袭，势不容已。"柳子厚亦说得是。贾生谓"树国必相疑之势"，甚然。封建后来自然有尾大不掉之势。成周盛时，能得几时！到春秋列国强盛，周之势亦浸微矣。后来到战国，东、西周分治，赧王但寄于西周公耳。虽是圣人法，岂有无弊者！"大率先生之意，以为封建井田皆易得致弊。②

一种制度，即使是圣王制定的制度，条件变化了，原封不动搬用也是不行

---

① 《朱子语类》卷二四，《论语六·为政篇下·子张问十世可知章》。

② 《朱子语类》卷一○八，《论治道》。

的，应当有所变通。封建井田是好，但到了宋代如果强行推广，只会坏事。朱熹说："封建井田，乃圣王之制，公天下之法，岂敢以为不然！但在今日恐难下手。设使强做得成，亦恐意外别生弊病，反不如前，则难收拾耳。"①这些看法和二程、张载所论不同。朱熹把变通观点作为他的历史哲学的一个方面，是积极的因素。

万物一理，有理便有气，但理是本。气之运转生出万物，呈现盛衰之变，"气运从来一盛了又一衰，一衰了又一盛，只管恁地循环去，无有衰而不盛者"②。这就是朱熹的历史盛衰论。理气论是历史过程论的基础，朱熹又通过宣扬盛衰循环之理，论证纲常名教的永恒性。世有治乱兴衰，而纲常是永恒的，"无所逃于天地之间"。君王之学，"当以明理为先"。③ 对朱熹历史观中的这些论述，应当作具体分析。

朱熹在读史、治史上，主张先经后史，认为求学当把经书放在主要位置上，先读《论语》《孟子》，次及诸经，然后看史，这种次序不能搞乱。④ 他反对离经求史，认为治史不求理的害处是很大的，他说：

> 今人读书未多，义理未至融会处，若便去看史书，考古今治乱，理会制度典章，譬如作陂塘以溉田，须是陂塘中水已满，然后决之，则可以流注滋殖田中禾稼。若是陂塘中水方有一勺之多，遽决之以溉田，则非徒无益于田，而一勺之水亦复无有矣。读书既多，义理已融会，胸中尺度一一已分明，而不看史书，考治乱，理会制度典章，则是犹陂塘之水已满，而不决以溉田。若是读书未多，义理未有融会处，而汲汲焉以看史为先务，是犹决陂塘一勺之水以溉田也，其涸也可立而待也。⑤

这段话形象地说出经史关系。在朱熹看来，读经书是首要的，要融会义理以后再去读史，同样，读书既多，义理也融会了，如果不读史，不去考治乱、理会制度典章，就如同陂塘中水已满，不用于灌田，也是没有用的。

---

① 《朱子语类》卷一〇八，《论治道》。
② 《朱子语类》卷一，《太极天地上》。
③ 《文集》卷一三，《垂拱奏札二》。
④ 《文集》卷三五，《答吕伯恭》。
⑤ 《朱子语类》卷一一，《学五·读书法下》。

朱熹把天理作为先验的东西，是不变的教条，这就颠倒了事情的始末。他说考治乱，理会制度典章，是说在义理融会之后，读史就更可体察天理以用于治世。

朱熹和吕祖谦的争论集中在经史关系的问题上。朱熹认为先经后史，经为本，史为末。吕祖谦则主张既重视经，也要重视史，而且对史的兴趣很浓厚，重视史学在社会日用中的意义，这和朱熹先经后史，由史返经、返理的观点有分歧。朱熹主张史学要"会归于理之纯粹"，在他看来，吕祖谦的学问是粗，是浅，也是这层道理。

二、《资治通鉴纲目》和《伊洛渊源录》

司马光写的《资治通鉴》突出等级名分礼制在历史兴衰中的作用，同样鼓吹纲常不变的思想。朱熹对《资治通鉴》有所肯定，但又对这本书不满意。归结起来是两个方面。一是《资治通鉴》在具体论及史事变动时，不能正名分，明纲常天理。他说："臣旧读《资治通鉴》，窃见其间周末诸侯僭称王号而不正其名。汉丞相（诸葛）亮出师讨贼，而反书'入寇'。此类非一，殊不可晓。"①"温公论东汉名节处，觉得有未尽处，但知党锢诸贤趋死不避，为光武、明、章之烈，而不知建安以后中州士大夫只知有曹氏，不知有汉室，却是党锢杀戮之祸有以殴之也。"②就是说，《通鉴》义例不明，正朔有颠倒处，表彰节义而不明理。一句话，不能达到理的纯粹的境界。其二，《通鉴》在体裁上编年系事，读者不容易了解事情的完整过程，"凡事之首尾详略，一用平文书写，虽有目录，亦难寻检"。③ 史书这样处理材料不利于表达理学的观念。

朱熹和他的学生把《资治通鉴》改成《资治通鉴纲目》，其用意是使"义例益精密，上下千有余年，乱臣贼子真无所匿其形"。④《纲目》的大经大法"莫不系于三纲五常之大"，"皆所以遏人欲于横流，存天理于既灭"。⑤

《资治通鉴纲目》与《资治通鉴》不同，重要的方面是"义例精密"，它的

---

① 《文集》卷二二，《辞免江东提刑奏状三》。
② 《文集》卷三五，《答刘子澄》。
③ 《文集》卷二二，《辞免江东提刑奏状三》。
④ 《文集》卷三五，《答刘子澄》。
⑤ 李方子：《资治通鉴纲目后序》。

编写凡例有统系、岁年、名号、即位、改元、尊立、崩葬、篡贼、废徙、祭祀、行幸、恩泽、朝会、封拜、征伐、废黜、罢免、人事、灾祥等。各类有关的史事记载，行文有讲究，连文字上的造句遣词都是微词奥义。通过这种办法达到辨名分、正纲常、示劝诫的目的。

在编纂形式，《资治通鉴纲目》有纲、有目，创立了史书中纲目体。这种体裁的特点和写法，朱熹有解释。他说：

> 盖表岁以首年（逐年之上行，外书某甲子，遇"甲"字、"子"字，则朱书以别之。虽无事，依《举要》以备岁年），而因年以著统（凡正统之年岁下大书，非正统者两行分注），大书以提要（凡大书有正例，有变例。正例如始终、兴废、灾祥、沿革及号令、征伐、杀生、除拜之大者；变例如不在此例而善可为法，恶可为戒者，皆特书之也）。而分注以备言（凡分注有追原其始者，有遂言其终者，有详陈其事者，有备载其言者，有因始终而见者，有因拜罢而见者，有因事类而见者，有因家世而见者，有温公所立之言、所取之论，有胡氏所收之说、所著之评，而两公所遗，与夫近世大儒先生折衷之语，今亦颇采以附于其间云）。使夫岁年之久近，国统之离合，辞事之详略，议论之同异，贯通晓析如指诸掌。①

简明晓析，贯通详备，是编纂的优点，这种体裁便于突出纲常伦理的旨意，朱熹说："岁周于上而天道明矣，统正于下而人道定矣，大纲概举而监戒昭矣，众目毕张而几微著矣，是则凡为致知格物之学者亦将慨然有感于斯。"②《资治通鉴纲目》不是简单地对《资治通鉴》的改编，从《通鉴》到《通鉴纲目》是历史编纂学上的一步重要发展。

《伊洛渊源录》全书 14 卷。卷一至卷六是濂洛关学的部分，是全书的主体，分别记载周敦颐、程颢、程颐、邵雍、张载所谓"北宋五子"的事迹，兼收言论及门人朋友叙述。事迹或为事状，或为行状，或为年谱、墓志铭等有关材料，带有资料的性质。卷七至卷十三，为门人传学之人的有关内容，卷十四是："身列程门而言行无所表见，甚若邢恕之反相挤害者，亦具录其姓氏以备考。"《伊洛渊源录》在编纂上的重要特点体现在"渊源"两字上，

---

① 《资治通鉴纲目序》。
② 《资治通鉴纲目序》。

也就是展示学派的学术渊源流变。它对以后史书中的道学传以及学案体作品有直接的影响。

《伊洛渊源录》从宋人笔记、野史、金石碑帖、诗话、语录、目录、行状、年谱、文集的见闻中辑录出原始资料，是这本书的编纂上值得注意的地方。《伊洛渊源录》编著的思想是"著明上承孔孟之统，下启关洛之传"。①

另外，朱熹编《宋名臣言行录》，立意是从当代人物言行中寻找"有补世教"的材料，用来宣传他的理学观点。

总之，史学在朱熹那里成为理学的一个部分。朱熹史学上反映出强烈的理学性质，讲究凡例的严整以行褒贬劝诫，表明天理纲常为著史之宗旨。这些对后世中国史学的发展产生了多方面的影响。

三、历史文献学上的贡献

朱熹在历史文献整理上，在辨伪书，在文献考订上都是很有成就的，在宋代历史文献学上有较大的贡献。

朱熹在历史文献的整理上是有见解的。《诗经》原是儒家尊崇的一部经典，朱熹的《诗集传》认为《诗经》的《国风》，大部分是男女的情诗，这和过去的解说有很大的差别。

《大学中庸章句》《论语孟子集注》合在一起称为《四书章句集注》，是朱熹倾毕生精力完成的。据他说，对《论语》《孟子》，自30岁便下功夫，经过40多年的整理注释而成，在71岁临死前还在修改有关的章节。他通过注解，阐述他的理学思想。朱熹写《集注》表明宋代的二程理学是接孔孟之传，以阐明道统；儒者格物致知，而后诚意正心修身齐家达到国治天下平的目的。朱熹注释中文字训诂，名物典制考释，简而有要。他在整体上把握全书要旨进行解说，又分段阐明其要点，细注以诸家论说与训诂考订。《中庸章句序》说：此书之旨，"支分节解，脉络贯通，详略相因，巨细毕举；而凡诸说之同异得失，亦得以曲畅旁通，而各极其趣"。这段话说明了他注释文献上的风格，这和烦琐的注释经书的办法，显然不同。在文字上，朱熹一再推敲、修饰。《四书》在后世广泛流传，产生很大的影响。

朱熹注释文献，在辑补材料上也有主观的地方，在音韵上提出的协音说，不十分准确。但总的说来，朱熹的文献整理在历史文献学上是一个重

---

① 黄仲明：《伊洛渊源录新增序》。

要发展。

关于《周易》一书，朱熹认为伏羲以上没有文字，只有图，图是当时的《易》。文王以下有文字，产生后世所说的《周易》，但要把文王的《易》和孔子的《易》分开来。《易》有伏羲的《易》，有文王的《易》，有孔子的《易》，应分别看待，不能混为一谈。他对古书的看法持有一定的历史态度。朱熹关于《易》本是卜筮之书的论述，对人们认识《周易》这本书有重要的意义。他写的《周易本义》在易学发展史上有重要的地位。

在辨伪书上，朱熹的成就相当多。朱熹推崇吴棫对《尚书》的辨伪工作，并且继续揭发古文《尚书》可疑之处，认为孔安国作的传是魏晋间人所为，托孔安国之名。序文也不像汉人的文章。古文《尚书》平易，今文《尚书》多艰涩，古文《尚书》当是后人的伪作。

关于《诗》的《序》，朱熹揭出其伪作的痕迹。他说：

> 《诗序》实不足信。向见郑渔仲有《诗辨妄》力诋《诗序》。其间言语太甚，以为皆是村野妄人所作。始亦疑之，后，来子细看一两篇，因质之《史记》、《国语》，然后知《诗序》之果不足信。①

朱熹疑《诗序》是继续前人的辨伪工作。他又说："看来《诗序》当时只是个山东学究等人做，不是个老师宿儒之言，故所言都无一事是当。"②这样的看法和郑樵的观点相近。

在朱熹看来，《左传》是后来人做的，文字是秦时的文字；《春秋繁露》不是董仲舒写的。《孝经》中传文固多附会，而经文也不免有离析增加之失，这本书是后人缀辑编成的。《孔丛子》是伪书。此外，他指出一些子书及释、道等作品中是伪书。

朱熹辨伪书的方法，有两条，一是以其"义理之当否"，来判定是否为伪书。二是"以其左验之异同而质之"。③

所谓"义理之当否"是理论的标准。这其中他以事物的常则和常识来判断的观点应当肯定。比如古文《尚书》的文字反而比今文《尚书》平易，这就不合情理。又如说管仲作《管子》就不可靠。管子事情那样多，生活上又有

---

① 《朱子语类》卷八〇，《诗一·纲领》。
② 《朱子语类》卷八〇，《诗一·纲领》。
③ 《文集》卷三八，《答袁机仲》。

各种嗜好，不会有闲功夫写书的。当然，如把"义理"归之于"圣人之言"，并以是否合乎义理来考订文献，就很不妥当而失之于武断。这也表现出理学家的文献学工作方面的局限。

"左验之异同"，是根据有关的事实，考订伪书，方法是：由确知作伪者是谁，而知其书为伪书；由书的内容与历史上的事实不符，而知其为伪书；由书中之思想与其所依托的人的思想不符，而知其为伪书；从文章气象上断定是否为伪作；从一书的用语及文章体制特点断定该书的真伪。[①]

《韩文考异》《楚辞集注》是关于文献考订的著作。"考异"的方法重视版本校订。《韩文考异》10卷在这方面的特色很明显。韩愈的《韩昌黎文集》在宋代流行版本不少，方崧卿作《举正》，虽然参校众本，但实则是以馆阁本为主，有些地方是不合理的。朱熹重新考订，对其中有相异的文字，大书一二字，将其考订夹注写在下面，体例同唐朝陆德明的《经典释文》。朱熹谈到"考异"的方法时说：

> 悉考众本之同异，而一以文势义理及他书可验者决之。苟是矣，则虽民间近出小本不敢违；有所未安，则虽官本、古本、石本不敢信。又各详著其所以然者，以为《考异》十卷，庶几去取之未善者，览者得以参伍而笔削焉。[②]

考异方法的要点是：第一，"唯是为从"，官本、古本不妥当的地方，不能一味依之，民间近出小本，如果是文字准确的，也应当以此为准。第二，以"文势义理及他书之可验者决之"。这里有两重标准，一是从整体上的文势义理上讨论，二是要有他书参证。第三，考异书应当写明取舍的理由。自己认为不妥当而要删去的部分，要写明，使后来的人可以进一步讨论。

此外朱熹还写有《阴符经考异》《周易参同契考异》等。其中是正文字，参考诸本，更相雠正等，都很有值得总结的地方。

《楚辞集注》是朱熹文献考订、整理上又一部重要著作。王逸为《楚辞》作《章句》，洪兴祖作《补注》，但都详于训诂，不得其中的旨意。朱熹重加编次，以屈原写的25篇为《离骚》，宋玉以下的16篇为《续离骚》。《楚辞集注》8卷，另有《辨证》2卷，《后语》6卷，《辨证》是订正前人注释上的谬误。

---

① 白寿彝：《朱熹辨伪书语》，北京，1933。

② 《文集》卷七六，《书韩文考异前》。

此外，朱熹的《记〈易〉误》《记永嘉仪礼误字》《记乡射误字》等，都是刊误的作品。《孝经刊误》中以义理是正文句，表现出他的"理校"的观念。

朱熹注释、校勘、考订从大处着眼，重文字训诂，在音韵、名物地理制度的考订方面用力甚深，但不沉溺于琐碎的笺注、考订之中。他说："读书玩理外，考证又是一种工夫，所得无几，而费力不少。向来偶自好之，固是一病，然亦不可谓无助也。"①他指出文献考订的意义，说明文献工作所处的地位，这种文献学的见解要进一步总结。

第七节　马端临和《文献通考》

一、《文献通考》的编修

马端临字贵与，饶州路乐平（今属江西）人。生于宋理宗宝祐二年（1254年），卒年不详，只知道元英宗至治二年（1322年），饶州路以《文献通考》刊刻时，马端临还健在，时年69岁。

马端临的著作除《文献通考》348卷外，还有《多识录》153卷、《义根守墨》3卷及《大学集注》等。但这些书都失传了。

其父马廷鸾于宋理宗淳祐七年登进士第，后进参知政事兼同知枢密院事，又进右丞相兼枢密使，因和贾似道不合，辞官。马廷鸾是个博学的人，曾任过国史院编修官和实录院检讨官。他的作品很多，但都散佚了。清朝四库馆臣自《永乐大典》中辑录出《碧梧玩芳集》24卷。其中诗文23卷，《读史旬编》1卷。

马端临的史学工作，在资料的搜集和对史事的见解上，都受马廷鸾不少的影响。马廷鸾著《读史旬编》，以十年为一旬，起帝尧，迄后周世宗显德七年，共38帙。马廷鸾说这部史著是"集诸儒之说，以订其得失"，分332旬"类而编之"。在体裁上，《文献通考》和《读史旬编》不同，但在贯通古今，类编资料上，有类似之处。《文献通考》里有不少地方引的"先公曰"，都是马廷鸾的意见。

《文献通考》是一部典制体的通史。它是继杜佑《通典》以后，在典章制度方面的大书。马端临说他写这部书的目的，是"庶有志于经邦稽古者，或

① 《文集》卷五四，《答孙季和》。

可考焉"。① 元人评价马端临,说他和他的治史是"济世之儒,有用之学"。②

《文献通考》的《自序》说这部书的编撰旨趣和特点是:

> 凡叙事,则本之经史,而参之以历代会要,以及百家传记之书。信而有证者从之,乖异传疑者不录,所谓文也。凡论事,则先取当时臣僚之奏疏,次及近代诸儒之评论,以至名流之燕谈、稗官之纪录,凡一话一言可以订典故之得失,证史传之是非者,则采而录之,所谓献也。其载诸史传之纪录而可疑、稽诸先儒之论辨而未当者,研精覃思,悠然有得,则窃著己意附其后焉。

这是马端临对于《文献通考》命名的意义和取舍标准的说明。他的兴趣在于从文献考证方面贯通古今,思考历史。③

《文献通考》348 卷,计有:《田赋考》7 卷,《钱币考》2 卷,《户口考》2卷,《职役考》2 卷,《征榷考》6 卷,《市籴考》2 卷,《土贡考》1 卷,《国用考》5 卷,这 8 考 27 卷是关于经济制度方面的内容。

《选举考》12 卷,《学校考》7 卷,《职官考》21 卷,这 3 考 40 卷,是关于政权机构,主要是关于封建专制主义国家的政权机构的内容。

《郊社考》23 卷,《宗庙考》15 卷,《王礼考》22 卷,《乐考》21 卷,这四考 81 卷,其中 60 卷是关于表达等级形式的礼制,包含有神化皇权的宗教形式的礼制。另外的 21 卷是关于和礼制密切联系的乐制。

《兵考》13 卷,《刑考》12 卷,这 2 考 25 卷是关于国家镇压武器的。《经籍考》76 卷是关于意识形态的。

《帝系考》10 卷,《封建考》18 卷,这 2 考 28 卷是全书综合性质的内容,是关于历代纪元和国家组织形式的变迁的。

《象纬考》17 卷,《物异考》20 卷,《舆地考》9 卷,以上 3 考 46 卷,是关于天象及各种变异现象和地理的内容。

《四裔考》25 卷是关于汉族以外的民族和国家的。

从《通典》到《文献通考》,典制体史书有了重大发展。马端临写的 24 考

---

① 《文献通考·自序》。

② 《文献通考·至治二年抄白》。

③ 本节一、二两部分参考白寿彝:《元代马端临进步的史学思想》,原载侯外庐主编:《中国思想通史》,第 4 卷(下),北京,人民出版社,1960。

纠正了《通典》"节目之间未为明备"的缺失。可以看出马端临对于中国古代中世纪社会，主要是对于封建社会的一个横剖面的看法，这种看法把封建制社会的主要组成方面都列出来了，并且从经济制度谈到政权机构、表达等级制度的礼制、镇压武器以至意识形态，这是按照社会现象和事物发展中本末先后的地位列出来了。虽然马端临勾画出封建制社会的素描的图景，但还不能说出其间相互的内在联系。

和杜佑《通典》、郑樵《通志》的《二十略》相比较，马端临的《通考》增加了食货经济部分的材料，《通典》以"食货典"开篇，反映出他的独到的史识，但在 200 卷中却只有 12 卷，而礼的内容却占 100 卷，这又是他认识上的局限性。郑樵的《通志》把"食货"压缩为 2 卷，突出了学术的内容。《通考》中与食货有关的材料是 27 卷，同时也增添了"经籍"等学术文化的内容。通过比较，可以看出马端临的兴趣和历史眼光。

二、马端临的史学思想

马端临史学思想的第一个重要方面，是他继郑樵以后大大发展了"会通"的观点。《通考·自序》说：

> 《诗》、《书》、《春秋》之后，惟太史公号称良史，作为纪、传、书、表。纪、传以述理乱兴衰，八书以述典章经制。后之执笔操简牍者，卒不易其体。然自班孟坚而后，断代为史，无"会通""因仍"之道，读者病之。

这是对于郑樵论点的概括。《文献通考》，自远古叙至南宋末叶，总分为 24 考，每考又各另有子目，无论在议论上还是在实践上都体现出会通的观点。

马端临的会通思想是一种研究历史的方法，和仅在历史记载中注意时代相续与类例贯通不同，他的思想更前进一步，也更深刻。第一，注意研究历史变化的阶段。从《文献通考》中马端临的议论看，他是把中国历史分成三个大阶段。第一个大阶段是唐虞以前，第二个大阶段是夏、商、周三代，第三个大阶段是秦灭六国以后。

马端临以人心是"公"还是"私"来划分历史阶段，认为唐虞以前是"公"天下；夏以后是家天下，也就是私天下。秦始皇灭六国以后，"尺土一民，皆视为己有"，就是说"私"得更厉害。在论述公和私时，马端临对历史阶段划分和朱熹的历史观相通，但又夹杂心学的特点，反映出南宋末理学的走向。

马端临还提出另外三个标志论述历史的变革。第一个是光岳之分。光是三光，岳是五岳，三光五岳指天地。第二个是职官之别。第三个标志是人的才智之殊。马端临所说的不同历史时代的特点，概括起来，就是：

唐虞以前是公天下，光岳未分，社会等级的分别还没有形成，人皆才智之士，疆域观念缺乏。尧以前设官治天事，舜开始设官治民事。

夏、商、周三代，是家天下（而犹有公的遗意），光岳已分，才乏智劣，封疆划界。原来治天事的官变为治民事的官，而实际治天事的官，职位下降到属吏的地位。

秦始皇灭六国以后，"尺土一民，皆视为己有"，则是另外一个时代。

马端临在研究具体的有关经济制度时，也从不同的角度提出划分阶段的标志。在《田赋考》中把商鞅变法和杨炎变法的法典作为田赋制度变革的历史标志。《钱币考》以九府圜法为金属货币（即铸币）制度的标志。以飞券、交子、会子作为纸币制度的标志。《职役考》以唐宋户役为职役制度之阶段的标志，而差役、雇役和义役又是户役出现以后之小的阶段的标志。在《文献通考》各考中，这样的论述还很多。

马端临的会通观点中值得注意的第二点，是他在《自序》中提到的，要推寻"变通张弛之故"。他在论述史事时，有时说到"古今异宜"，有时说到"不容不然"，"不容不如此"，都是指必然性。

马端临说的"变通张弛之故"中的"故"，是要研究历史发展的客观形势，是要根据历史发展的客观条件看社会问题，如"封建""职役"的变化。这是马端临追寻客观历史发展规律的意图。造成历史发展"不容不然""不容不如此"的根据，马端临一方面以"圣人之心"来说明，另一方面又从"利"的角度来说明。他说到封建只可行于古代，后世不宜行封建时，其理由是：

> 然必有公天下之心，然后能行封建，否则莫如郡县。无公天下之心而欲行封建，是授之以作乱之具也。①

公心是指什么呢？马端临说："公心者何？昔文武成康之众建诸侯也。有德

---

① 《文献通考》卷二六五，《封建六》"按"。

有功者则界之，初未尝专以私其宗亲。"①就是说圣贤如文武成康这些人有公心，可以行封建，后世君王没有这种圣贤，强行封建，只能招来祸乱。

在另一处，谈到后世不能行封建时，马端临的着眼点不同，他说：

> 今其公心良法，一不复存，而顾强希其美名以行之，上则不利于君，中则不利于臣，下则不利于民，而方追咎其不能力行，此书生之论，所以不能通古今之变也。②

这是从"利"的角度谈"古今之变"的必然，是很可宝贵的。

马端临对历史发展必然的看法，把"心"和"利"都作为必然的依据，反映出他史学思想上的折中主义色彩。马端临从典章经制总结历史，不满足于盛衰现象的说明，能从深层次上做出思考，明白地提出追求历史的必然，寻求历史发展的"不容不然"，这是中国史学思想的一个重要发展，也是对司马迁的"通古今之变"思想的发展。

马端临在学术上的凭借，无论从先行者的学术遗产或从家学来说，都相当深厚。理学家关于古今过程的理的认识，已经影响到史学。马端临曾从受朱子学的曹泾为师。他是南宋宰相的故家子弟，处在宋亡之时，对历史变化的感受特别深刻。同时，宋亡之痛，也使他和广大汉族人民有着情感上的紧密联系。这些影响了马端临对历史的观察与总结。

反对神秘主义的五行说，是马端临史学思想的第二个重要方面。《通考·自序》说：

> 《记》曰："国家将兴，必有祯祥；国家将亡，必有妖孽。"盖天地之间，有妖必有祥，因其气之所感，而证应随之。自伏胜作《五行传》，班孟坚而下踵其说，附以各代证应，为《五行志》，始言妖而不言祥。然则阴阳五行之气，独能为妖孽而不能为祯祥乎？其亦不达理矣。
>
> 虽然，妖祥之说固未易言也。治世则凤凰见，故有虞之时，有来仪之祥。然汉桓帝元嘉之初，灵帝光和之际，凤凰亦屡见矣，而桓、灵非治安之时也。诛杀过当其应为恒寒，故秦始皇时有四月雨雪之异。然汉文帝之四年，亦以六月雨雪矣，而汉文帝非淫刑之主也。斩蛇夜

---

① 《文献通考》卷二七五，《封建十六》"按"。
② 《文献通考》卷二七五，《封建十六》"按"。

哭，在秦则为妖，在汉则为祥，而概谓之龙蛇之孽，可乎？僵树虫文，
在汉昭帝则为妖，在宣帝则为祥，而概谓之木不曲直，可乎？前史于
此不得其说，于是穿凿附会，强求证应，而采有所不通。

马端临叙述了传统的说法，并从历史事实上分析这种说法的矛盾。关于"物
异"的含义，马端临作了说明："物之反常者，异也。"历代史志中所说的
"祥"与"妖"的种种现象都是"反常而罕见者，均谓之异，可也"。他以反常
现象来解释"物异"，并以"物异"代替灾祥，把一切所谓灾祥都归之于不常
见的自然存在，其态度很明朗。

《通考·物异考》20卷，用了很多子目记录各种物异现象。尽管在这些
材料中，可靠的记录和附会传说相掺杂，但马端临只是保留许多反常现象
的资料，是一种对待自然历史的客观态度，和五行学家的态度有根本的区
别。有些子目，如赤眚赤祥、青眚青祥、服妖等，都还是五行学说体系的
概念，马端临在没有找到更合适的用语以前，对这些现象要解释清楚很困
难，只能把它们作为"物异"来加以记录。另外，《物异考》没有把关于证应
的部分删去，反而把它们保留下来，也保留了董仲舒、刘向等的一些说法，
这不是马端临观点的自相矛盾，因为他已在《自序》中阐述了自己的看法，
因此不妨编次旧闻，留给读者判别。

马端临还有一种想法，就是尽管五行说不可信，但它对于在敬天畏神
的精神体系下的皇家统治者，也未尝不可以起到一些约束的作用。《物异
考》开篇节录了《汉书·五行志》内容，又引苏洵、郑樵反对五行的说法，马
端临加上按语，说：

按，古今言灾异者，始于《五行传》，而历代史氏所述灾异因之。
然必曰某事召某灾、证合某应，如医师之脉诀，占书之繇辞，则其说
大牵强而拘泥。老泉（苏洵）之论足以正其牵强之失。夹漈（郑樵）之论
足以破其拘泥之见。然郑论一归之妖妄，而以为本无其事应，则矫枉
而至于过正矣，是谓天变不足畏也，不如苏论之正大。

这段话指出五行说是始于《汉书·五行传》，他同意前人的看法，这种学说
是牵强拘泥的，但认为郑樵把五行说归之为"妖妄"，是太过分了，这反映
了他对灾异论的一定程度的保留。

马端临反对《春秋》主褒贬的说法，这同郑樵的思想相通。他认为《春

秋》经是汉朝以后的人编出来的，一些称之为经的文字是从中摘出来的。三传经文记载却有很多不同的地方，有什么根据可以判断哪一个是正经呢？三传的记载中有许多违背常理，或相互抵牾，因此，所谓《春秋》主褒贬说，也就没有根据了。马端临指出，三传的作者"以当时口耳所传授者各自为传，又以其意之所欲增益者搀入之；后世诸儒复据其见于三子之书者，互有所左右而发明之，而以为得圣人笔削之意于千载之上，吾未之能信也"。①他举出确凿的证据，证明《春秋》经文可信的程度很低，进而指出《春秋》有圣人笔削之意的说法不可信，这就表明褒贬说的依据站不住脚了。

马端临对历史过程的认识、对灾异和主观主义《春秋》褒贬说的看法，以及前面论述的他在史书编撰上反映出来的思想，构成了马端临丰富的史学思想，在宋元历史转变之际，他的史学思想达到一个新的高度。

马端临对秦汉以后封建制度提出自己的观点。第一，从秦汉建国的过程论述封建制的形成和变化。《通考·自序》说明秦取消封侯建国制度，汉因秦制，但开国初，曾行封建。景帝平定"七国之乱"后，诸侯王国受到极大的限制。这以后的封建和西汉初期所谓"封建"有明显的区别。

第二，以两汉至隋唐的选举和官制的变化，论述封建专制的逐步强化。在这一历史过程中，选举的权力由地方政权和地方世族转移到中央政府手里。《职官考》记载这样的情形，皇帝和他的近臣实际上控制了朝廷各个机构和任免官员的大权。这就强化了皇权专制主义的集权统治。同样，封建专制主义也注意集中经济的权力。

第三，《通考》揭露封建政权的内部矛盾，暴露了封建政权的腐朽性。

第四，马端临肯定历史上的进步事物，从历史发展的趋势上肯定商鞅变法和杨炎的两税法。商鞅变法和杨炎的两税法虽然"君子所羞称"，但历史发展到一定阶段，这些变革对社会发展和百姓有利，如果不进行变革，国家与百姓要受到损害。②对于北宋王安石的变法，马端临认为有的新法，如助役法等也是良法，王安石变法的动机是"主于理财"③；有的法实行时，"初，民皆乐从"。王安石变法最终是流产了，马端临总结出三条原因。一是王安石不知时适变。在他看来，青苗法等"可行之于封建之时，而不可行

---

① 《文献通考》卷一八二，《经籍九》"按"。

② 《文献通考·自序》。

③ 《文献通考》卷一二，《职役一》"按"。

之于郡县之后",他说:"必知时适变者而后可以语通经学古之说也。"①二是王安石兴利而不善言利。有些制度立意未尝不好,但制度中有漏洞,奸人从中作祟。也有的是"刻核亟疾之意多,惨怛忠利之意少"。这是说王安石推行新法,苛刻行事,"故助役虽良法,保甲虽古法,而皆足以病民"。② 推行市易法,结果是"物价腾踊,商贾怨读言"。③ 三是,新法在推行过程中,逐渐变了样,新法之弊越来越严重。应该看到,马端临从变法的意义上肯定王安石的变法,说:"盖介甫之行新法,其意勇于任怨,而不为毁誉所动。"④

三、马端临的文献学

马端临对文献学的见解,表现在对"文""献"二字的解说上。《通考·自序》说:"凡叙事,则本之经史,而参之以历代会要,以及百家传记之书,信而有证者从之,乖异传疑者不录,所谓文也。凡论事,则先取当时臣僚之奏疏,次及近代诸儒之评论,以至名流之燕谈,稗官之纪录,凡一话一言,可以订典故之得失,证史传之是非者,则采而录之,所谓献也。"文,是侧重在史料汇编考订上;献,是侧重在类辑前人的议论上。两者都包括文献的收集、采录、甄别、考订几个方面。这表达了他对文献学工作方法的看法。

《文献通考》辑录材料以求史事贯通是一个重要的特色。这部史书是典制体史书,类编典制材料,看出制度沿革因依是主干部分。《帝系考》《封建考》是全书的综合部分,"二者盖历代之统纪、典章录焉"。以典章录史事,由史而求贯通。

马端临在《封建考》中补写春秋战国时期的世家 60 余篇,又作《春秋列国传授本末事迹》以及秦至唐的王侯、功臣等内容。他对《史记》的《世家》的内容有看法,说:

> 春秋十二列国,战国七雄,太史公作《史记》有各国《世家》,叙述

---

① 《文献通考》卷一八〇,《经籍七》"按"。
② 《文献通考》卷一五三,《兵五》"按"。
③ 《文献通考》卷二〇,《市籴考一》。
④ 《文献通考》卷一二,《职役一》"按"。

已为详备，兹不复具录。姑略叙各国得封之由，与传授之世系而已。至于邾、莒、许、滕、薛、郳以下诸国，其事实之见于《春秋》、《左氏》内、外传及传记诸书者，颇详。《史记》以其国小，不复作《世家》，后来无述焉。故撮各国事实之可考者，仿《世家》之例，备述于后，至其世系之传授，得封分地、受姓、受爵之源委，苟有可考者，则书之；难书者，阙之。所叙述一依史传原文，而不敢有所去取删润，避不敏也。①

这里说到他辑补的目的，和对辑补材料所作的处理。通过这样的处理，历史的纵通横通得到了加强。

删削荒诞的文献材料。宋代一些史学家贯通天人写史，这些书中有很多材料是不可信的传说。马端临有自己的看法，他说：

按，古书之流传于今者，惟六经。六经之前则三坟、五典、八索、九邱是已。周官外史掌三皇五帝之书，则国家之所职掌者，此也；楚左史倚相能读三坟、五典、八索、九邱，则学士大夫之所诵习者，此也。今其书亡而其义则略见于孔氏《尚书》之《序》，故录之以为《经籍》（考）之始。

《索隐·史记·三皇纪》言《春秋纬》称，自开辟至于获麟，凡二百二十六万七千岁，分为十纪，凡世七万六百年。一曰九头纪，二曰五龙纪，三曰摄提纪，四曰合雒纪，五曰连通纪，六曰序命纪，七曰循蜚纪，八曰因提纪，九曰禅通纪，十曰疏仡纪，则上古之书盖不可胜计。然其说荒诞，故无取焉。②

这段话说明马端临对文献材料的取舍的基本观点。

在两种文献材料记载有抵牾处，而又无法断定是非者，马端临的做法是：并存而录之。在记载幽州至辽的中京、上京间隔里程上，《三朝国史》的《契丹传》《五代史·四夷附录》与胡峤的所述有差别，马端临写《四裔考》是"并录之，以俟参考"。③ 关于天文的二十八宿度的解说，《中兴天文志》中

①　《文献通考》卷二六二，《封建三》"按"。
②　《文献通考》卷一七四，《经籍一》"按"。
③　《文献通考》卷三四六，《四裔二十二》。

记录王奕的说法，沈括在《梦溪笔谈》中也有记载，马端临说："按，《中兴志》所载王奕之说，即沈括之说也。王、沈二公，不知其孰先孰后、孰倡孰袭？然王说详而明，沈说简而当，故不嫌并著之云。"①

在文献的考异上，马端临的考索有特色，有关天文的记载，李延寿《南史》《北史》中没有相关的志，于是后来读史的人以《隋书》和《晋书》相接。这就太疏略了。《隋书》中的《志》记载南方的只及梁、陈，未载宋、齐的事。北方只载齐、周，而不及北魏。魏收、沈约、萧子显的有关作品，世人很难看得到。所以宋、齐、魏时的事无法考察。《通志·天文略》记日食事也是依《隋书》之《志》，以梁武帝天监十年上接宋恭帝元熙元年，同样疏略。马端临写《象纬考》时，参考各史的《帝纪》中有关天文现象的记录，作了补充。当然，由于各史中有的记载存在缺漏或互相矛盾的地方，马端临做出合乎情理的分析，但不妄自改动原有记载。②

马端临注意订正前人之错误。《资治通鉴》记载唐天宝六载登科情形：李林甫怕草野之士在对策中"言其奸恶"，采用各种卑劣手段从中作梗，终至"无一人及第，林甫乃上表贺野无遗贤"。马端临说："按，温公载此事于天宝六载，然以唐《登科记》考之，是年进士二十三人，风雅古调科一人。不知何以言无一人及第也，当考。"③此外关于北魏户口数等，马端临都有精当考辨。关于宋代墨书贴义的式样，他还以亲见的实物作了说明。④ 马端临的考订的范围广泛，考年、考地、考事、考制度、文化，涉及各个方面。有些在《通考》中虽未作说明，但仍然能看出他在材料考订上下的功夫。

《文献通考》的"考"内容相当广泛，有对问题的评论，有史书考异，有史实考订，有新意的发挥。

① 《文献通考》卷二七九，《象纬二》"按"。
② 《文献通考》卷二八三，《象纬六》"按"。
③ 《文献通考》卷二九，《选举二》"按"。
④ 《文献通考》卷三一，《选举三》"按"。

第五章　明清时期：中国封建社会衰老时期的史学

第一节　明清时期史学领域的变化

一、明清时期的史学特点

明清时期是中国封建社会的衰老时期。在这一时期里，封建社会固有的各种社会矛盾都呈现激化的趋势，农民和地主阶级内部各种集团的冲突空前加强。生产力在继续发展，而生产关系却阻碍了生产力的发展。新生产力的发展还不能突破封建生产关系的桎梏。

明清统治者在文化学术方面，采取专制政策。明朝，学校的学习内容是皇帝发布的诏令、法律和《四书》《五经》等书。选任官吏通过科举制。科举考试，采用八股文。明初，为了更严厉地进行思想控制，制造了不少的文字狱。成祖时，命胡广等修《五经大全》《四书大全》《性理大全》，宣扬程朱学派的理学，还命解缙等编《永乐大典》，网罗不少读书人做这种汇抄资料的工作。清朝，对学术文化采取各种办法进行控制。第一，继续提倡八股文、尊崇孔子和程朱，以限制人民的思想。第二，查禁对于清朝不利的书籍。第三，兴文字狱。第四，寓禁书于修书。雍正、乾隆时，先后官修了《古今图书集成》《四库全书》两部大书。在编修《四库全书》的过程中，通过普遍征书而进行对书籍的销毁，通过对书籍的收录而进行删削窜改，主要目的就是寓禁于修。

这种时代特点与背景反映在史学上，一方面是因循保守气息的充斥，另一方面是反映时代抗议精神的优秀作品不断地问世。

　　自明代初年到清代乾嘉年代的史学，受时代的影响，呈现波浪式的变化，大致可分明代、明末清初、清代三个阶段。最后，有龚自珍的史学。①

二、明代的史学

　　明代的史籍很多，但抄书成风，无甚大建树。

　　顾炎武曾批评明代的不良学风。他说，少时受祖父告语："凡作书者，莫病乎其以前人之书改窜而为自作也。班孟坚之改《史记》，必不如《史记》也。宋景文之改《旧唐书》，必不如《旧唐书》也。朱子之改《通鉴》，必不如《通鉴》也。至于今代，而著书之人几满天下，则有盗前人之书而为己作者矣，故得明人书百卷，不若得宋人书一卷也。"②炎武与人书说："尝谓今人纂辑之书，正如今人之铸钱。古人采铜于山，今人则买旧钱，名之曰废铜，以充铸而已。所铸之钱既已粗恶，而又将古人传世之宝春剉碎散，岂不两失之乎！"③他又说："汉人好以自作之书而托为古人，张霸百二《尚书》、卫宏《诗序》之类是也。晋以下人，则有以他人之书而窃为己作，郭象《庄子注》、何法盛《晋中兴书》之类是也。若有明一代之人，其所著书，无非窃盗而已。"④从顾炎武的这些话里可以看出当时流行的学风，这种学风反映出一种虚伪和萎靡不振的积习。明初的文化高压政策和官方提倡的抄袭成书的办法，都跟这种学风有关。永乐年间，官修《五经大全》《四书大全》，这是经注的官方标准本，基本上都是抄袭宋元人的成说。《永乐大典》有 22 937 卷之多。今人多把这书推崇为世界上最大的类书，实际上这是一部按韵目排列的书，往往是一部书一部书地抄写进去，它的类书性质并不显著。只因它保存了很多的史料而为后人推崇。但从史学的角度来看，这书只是抄录而成，在史学发展上并没有什么地位。像以上所说官方提倡的抄袭成风的办法，不能说对历史撰述没有影响。在嘉靖、万历以前，我们还没有发现明代有值得注意的历史撰述。如果说，从明初到嘉靖以前，也可算作一个历史阶段，那么，这时是明清史学的一段比较苍白的阶段。

---

　　① 白寿彝：《中国史学史》（第一册），第二章第五节，上海，上海人民出版社，1984。

　　② 《亭林诗文集》卷二，《钞书自序》，《四部丛刊本》。

　　③ 《亭林诗文集》卷四，《与人书十》，《四部丛刊本》。

　　④ 《日知录集释》卷一八，《窃书》，《四部备要》排印本。

三、明末清初的史学和经世致用

　　嘉靖、万历以后，社会矛盾日益复杂和尖锐，思想领域也显得活跃起来。这在东南地区要更显著一些。明清之际，是学术思想特别活跃的年代，当时出现一些著名的学者和大师，讲求经世致用，有不少名著问世，在学术史上有重要的地位和意义。

　　郑晓、王世贞、李贽、焦竑，都是嘉靖、万历年间博学的人，写出了有一定分量的史书。郑晓是以纪传体记载明代史事的开创者，写有很多史学价值很高的著作。王世贞是当时的大文学家。他的史学成就为他的文名所掩，所著《弇山堂别集》一百卷，是《明史》问世以前关于明代史事的重要撰述。他自视甚高，曾说：“吾读书万卷而未尝从《六经》入。”①这句话在强调学者要有独立见解这一点上，在当时是可贵的思想。李贽，是著名的有战斗性格的思想家。他敢于公开反对儒学正宗的偶像，不以孔子之是非为是非，所著《藏书》《续藏书》，对史事有不少独立的见解。他的《焚书》《续焚书》，是理论性的著作，也包含有关于历史的理论，如主张经史相为表里：

　　　　经、史一物也。史而不经，则为秽史矣，何以垂戒鉴乎？经而不史，则为说白话矣，何以彰事实乎？故《春秋》一经，春秋一时之史也。《诗经》、《书经》，二帝三王以来之史也。而《易经》则又示人以经之所自出，史之所从来，为道屡迁，变易匪常，不可以一定执也。故谓《六经》皆史可也。②

这是对经史关系新的看法。汉人把史附在经的下面，魏晋以来把史从经中分裂出来。李贽却要经史平起平坐，甚至要把经放在史的下面了。李贽在《童心说》里又说：

　　　　苟童心常存，则道理不行，闻见不立，无时不文，无人不文，无一样创制体格文字而非文者。诗何必古选，文何必先秦。降而为六朝，变而为近体；又变而为传奇，变而为院本，为杂剧，为《西厢曲》，为

① 李贽：《续藏书》卷二六，《尚书王公世贞》，北京，中华书局排印本。
② 李贽：《焚书》卷五，《经史相为表里》条，北京，中华书局排印本。

《水浒传》，为今之举子业，皆古今至文，不可得而时势先后论也。故吾因是而有感于童心者之自文也，更说甚么《六经》，更说甚么《语》、《孟》乎？夫《六经》、《语》、《孟》，非其史官过为褒崇之词，则其臣子极为赞美之语。又不然，则其迂阔门徒，懵懂弟子，记忆师说，有头无尾，得后遗前，随其所见，笔之于书。后学不察，便谓出自圣人之口也，决定目之为经矣，孰知其大半非圣人之言乎？纵出自圣人，要亦有为而发，不过因病发药，随时处方，以救此一等懵懂弟子、迂阔门徒云耳。药医假病，方难定执，是岂可遽以为万世之至论乎？然则《六经》、《语》、《孟》，乃道学之口实，假人之渊薮也，断断乎其不可语于童心之言明矣。①

从史料学的角度来看，这些话对史料的分析和评论，都是很有意义的。李贽的史学理论、史书编撰和史料论，都值得作进一步研究。焦竑，是一位笃信李贽之学的人，说李贽未必是圣人，但可坐圣门第二席。② 他著有《国朝献征录》120卷、《国史经籍志》5卷附录1卷。

明末，茅元仪、谈迁、陈子龙等人的撰述，在编撰上各有其特点。茅元仪的《武备志》，全书240卷，汇集历代军事理论、战略战术、军用物资等方面的史料。这实际上是一部资料丰富的军事学史，是以前的史书中所没有的。谈迁的《国榷》，是一部编年的明史，100卷，这在中国史学史上，是编年体断代史中的巨著。陈子龙等的《明经世文编》508卷，书中汇集明初以来有关国家大计的论著，是有关明代政治经济的资料汇编，所选资料在当时都有代表性。这书不是一般的资料书可比。

黄宗羲、顾炎武、王夫之，是明清之际学术界的大师。他们学术思想有丰富的成就，而经世致用是他们思想中共同的特点。顾祖禹在学术上也有一定的成就，也讲求经世致用。下文将对他们作较详的介绍。唐甄所著《潜书》，是一部政论，也是一部史论。他在其著作中，对封建专制严厉斥责，说："自秦以来，凡为帝王者，皆贼也。"他控诉说："今也有负数匹布或担数斗粟而行于途者，或杀之而有其布粟，是贼乎？非贼乎？……杀一人而取其匹布斗粟，犹谓之贼，杀天下之人而尽有其布粟之富，乃反不谓之贼乎！"又说："过里而墟其里，过市而宰其市，入城而屠其城"，"大将杀

① 李贽：《焚书》卷三。
② 《明儒学案》卷三五，"文端焦澹园先生竑"。

人，非大将杀之，天子实杀之"；"官吏杀人，非官吏杀之，天子实杀之"。
"天下既定，非攻非战，百姓死于兵与因兵而死者十五六。暴骨未收，哭声
未绝，目眦未干，于是乃服衮冕，乘法驾，坐前殿，受朝贺，高宫室，广
苑囿，以贵其妻妾，以肥其子孙。"①他倡言民为立国之本，"封疆，民固之；
府库，民充之；朝廷，民尊之；官职，民养之。"他说："国无民，岂有四
政？"②唐甄已见到当时的封建君主专制必须改变，但他跟其他的进步学者一
样，看不清未来的社会究竟会是什么样子。

从嘉靖、万历年间的"六经皆史"到明末清初的"经世致用"，这是明清
时期史学的第二阶段。"六经皆史"，是要抹去作为封建统治的思想工具的
灵光。"经世致用"，是要消除封建君主专制的淫威。这反映了封建社会晚
期"穷则思变"的要求。但这时新生力量毕竟还微弱，还没有能冲破封建桎
梏的能力。在封建的文化高压政策之下，到了乾嘉年代，史学的大量工作
便向历史文献学和考据史学的方面转化，明清时期的史学从而进入第三个
阶段。

四、清代学术和乾嘉考据

清代学术包括的范围很广，其中乾嘉考据颇为突出。

章炳麟在其所著《检论》卷四《清儒》篇中，对清代学术有比较全面的论
述。他指出，清代学术有经学，有浙东史学，有所谓"桐城义法"，有常州
学派。他所谓"经学"，是乾嘉考据所开始经营的范围，后来范围扩大了。
章氏说："清世，理学之言竭而无余华。多忌，故歌诗文史楛。愚民，故经
世先生之志衰。家有智慧，大凑于说经，亦以纾死，而其术近工眇踔善
矣。"这是说清代学术，于理学、文史和经世之学均已衰落，才智之士为了
避免迫害，大致走入说经之一途。章氏又说："始，故明职方郎昆山顾炎武
为《唐韵正》、《易》、《诗本音》，古韵始明，其后言声音训诂者禀焉。太原
阎若璩撰《古文尚书疏证》，定东晋晚书为作伪，学者宗之。济阳张尔歧始
明《仪礼》；而德清胡渭审地望，系之《禹贡》。皆为硕儒。"他认为这些人"草
创未精博，时糅杂元明谰言"。实际上，顾炎武、阎若璩、胡渭等人的音
韵、训诂、辨伪、经解，只能是乾嘉考据的先行者，他们的考据之学在清

---

① 唐甄：《潜书》，下篇下，《室语》。
② 唐甄：《潜书》，下篇上，《明鉴》。

初学术上并没有多大地位。顾炎武的考据只是经世之学的手段，跟乾嘉考据有很大的区别。乾嘉考据只是继承顾炎武学术之技术性的一面，而舍弃了他的精髓。

关于乾嘉考据，章炳麟认为："一自吴，一自皖南。吴始惠栋，其学好博而尊闻。皖南始江永、戴震，综形名，任裁断。此其所异也。"

所谓吴学，章炳麟说："先栋时有何焯、陈景云、沈德潜，皆尚洽通，杂治经史文辞。至栋，承其父士奇学，揖志经术，撰《九经古义》、《周易述》、《明堂大道录》、《古文尚书考》、《左传补注》，始精眇，不惑于谀闻，然亦泛滥百家，尝注《后汉书》及王士禛诗，其余笔语尤众。栋弟子有江声、余萧客。声为《尚书集注音疏》，萧客为《古经解钩沉》，大共笃于尊信，缀次古义，鲜下己见。而王鸣盛、钱大昕亦被其风，稍益发舒。教于扬州，则汪中、刘台拱、李惇、贾田祖以次兴起。萧客子弟甘泉江藩，复缵续《周易述》。皆陈义《尔雅》，渊乎古训是则者也。"

所谓皖学，章炳麟说："震生休宁，受学婺源江永，治小学、礼经、算术、舆地，皆深通。其乡里同学有金榜、程瑶田，后有凌廷堪、三胡。三胡者，匡衷、承珙、培翚也。皆善治《礼》。而瑶田并通水地、声律、工艺、谷食之学。震又教于京师，任大椿、卢文弨、孔广森皆从问业。弟子最知名者，金坛段玉裁、高邮王念孙。玉裁为《六书音均表》以解《说文》，《说文》明。念孙疏《广雅》，以经传、诸子转相证明，诸古书文义诘诎者皆理解。授子引之，为《经传释词》，明三古辞气，汉儒所不能理绎。其小学训诂，自魏以来，未尝有也。近世德清俞樾，瑞安孙诒让，皆承念孙之学。樾为《古书疑义举例》，辨古人称名抵牾者，各从条列，使人无从疑眩，尤微至。世多以段、王、俞、孙为经儒，卒最精者乃在小学，往往得名家支流，非汉世《凡将》、《急就》之俦也。凡戴学数家，分析条理，皆参密严瑮，上溯古义，而断以己之律令，与苏州诸学殊矣。"

这些话说出了乾嘉考据之概貌，而考据的范围包括了音韵、训诂、算术、舆地、声律、工艺、谷食之学，于经传之外，旁及子史。这些学者确实下了功夫，在古籍整理上取得了相当大的成绩，使一向难以通解的书得以通解，一向真伪难辨的书得以正确的理解，沉没已久的古音古义得以复现。但所有这些成绩，仅限于很小的天地内，对于明清之际以经世致用为目标的史学来说，是无从比拟的。作为皖派领袖的戴震，本来既是考据学家，又是哲学家。但他在哲学方面的学术表现不只为其考据学上的成就所掩，而且为其后学者所讳言。风习的移入，于此更可值得注意。

　　关于浙东史学，章炳麟说："自明末有浙东之学。万斯大、斯同兄弟，皆鄞人，师事余姚黄宗羲，称说《礼经》，杂陈汉、宋，而斯同独尊史法。其后余姚邵晋涵、鄞全祖望继之，尤善言明末遗事。会稽章学诚为《文史》、《校雠》诸通义，以复歆、固之学，其卓约近《史通》。而说《礼》者羁縻不绝。定海黄式三传浙东学，始与皖南交通。其子以周作《礼书通故》，三代制度大定。唯浙江上下诸学说，亦至是完集云。"万斯同、全祖望对明史的工作，其兴趣在于保存明代文献，他们也还有清初学者那样的民族思想。他们的工作是跟考据家的古籍考订不同的。章学诚是乾嘉年代的史学大家，他的代表作《文史通义》及方志学，很值得重视和研究。

　　历史文献学和乾嘉考据史学，在清代学术上占据重要的地位。对此，下文将作专门介绍。

　　对于乾嘉年代的撰述，也还值得一提的。秦蕙田的《五礼通考》，是典章制度方面的通史。毕沅的《续资治通鉴》，是紧接《资治通鉴》的编年体宋元史，两者都为史书中有分量的作品。

　　最后，还要提到龚自珍的史学。龚自珍是思想家，也是历史学家。他提出尊史说，治西北舆地，提倡经世之学，愤恨封建的黑暗，憧憬未来社会的曙光。只是由于当时社会和文化旧的方面还很深厚，尚无光明前景，故他思想上新与旧、传统与异端的矛盾交织，显示出新的不免稚弱，而旧的尚很沉重。龚自珍的史学，是明清史学也是封建史学的殿军。

　　总之，明清史学的纷繁现象，是社会变革的矛盾运动在史学领域里的反映，有的反映得明显，有的反映得曲折，有的为封建桎梏所紧紧掌握，有的是要挣脱封建桎梏而又苦于力量不足。至于龚自珍的史学，则透露出一定的近代启蒙思想。

第二节　明代的史学成就

一、明代官修史籍

　　明初，文坛上盛行的是为统治者歌功颂德的台阁体，史学受到极大的限制，除了几部官修史籍外，几乎谈不上什么成就。

　　明初史学难于发展的原因同朝廷的高压政策密切相关。朱元璋是托庇于韩林儿的龙凤政权起家的，羽毛逐渐丰满后，削平群雄，推翻元朝，建立了大明帝国。作为开国皇帝，他讳言自己出身于"红巾贼"，元朝和逐鹿中原的豪杰先后覆败又给他留下极深的印象。于是，他一方面以天命论相标榜，尊元朝为正统，宣称胡运已终，天命在己，把韩林儿、刘福通等斥为"犯上作乱"的"贼"。另一方面，极力加强政治、军事、文化等领域的控制，稍有连逆，严谴立至。读书人吓得不敢做官，朱元璋又制定"士不为君用律"，驱迫出仕，有如赴市，以至士大夫以读书识字为讳。在这种条件下，根本不可能出现包括史学在内的学术著作。朱棣以藩王身份借口"清君侧"篡夺了帝位，同样不光彩，又继承了其父的文化专制政策。这样，整个明前期士大夫箝口束笔，学术空气异常沉闷。也许可以说，史在官府是明中期以前的特点。值得一提的只有《元史》、逐朝修撰的实录以及《永乐大典》中收入不少前代史著，起了保存古代文化遗产的作用。

关于《元史》的撰修，朱元璋的意图完全是出于政治考虑。他急不可待地以颁布《元史》来宣告元朝已经结束，借以抹煞北元的正统地位，同时确立自己建立的明朝的合法性。奉命纂修的史臣只好夜以继晷，敷衍成篇。洪武二年（1369年）和三年（1370年）两次开局，都只用了半年左右时间。后来许多史学家批评《元史》修得草率，错误甚多。实际上，《元史》的成书大体上是元朝留下的本朝国史。[①] 由元入明的危素是当时著名的史学家，他在元顺帝时参与了宋、辽、金三史的编纂工作，明军进入元大都时又是他把元代累朝积累的史册保护下来。朱元璋命儒臣修《元史》，不过是按本朝观点对元代史册稍加笔削整理，连历代正史每篇之后照例应写的"论赞"都付之阙如。[②] 至于为撰修元史起了关键作用的危素则被视为变节二臣，谪往和州，屈辱而死。可见，《元史》的价值在于保存了元朝国史，明朝廷的贡献是十分有限的。

《明实录》的修撰给后世留下了明代最系统、最详细的史料，功不可没。特别是由于明代档案在明亡之际焚毁殆尽，《明实录》的史料价值更为学者所推崇。据史籍记载，明代历朝实录是在老皇帝去世后，由继位者指定大

---

① 《元史》附李善长洪武二年八月《进元史表》云："上自太祖下迄宁宗，据《十三朝实录》之文，成百余卷粗完之史。"次年，补顺帝一朝事。

② 《元史》附《纂修元史凡例》云："今修元史，不作论赞，但据事直书，具文见意，使其善恶自见，准《春秋》及钦奉圣旨事意。"说效法《春秋》显系借朱熹之语："圣人作《春秋》不过直书其事，善恶自见。"不过是一种托辞，实际上是秉承了朱元璋力求速成的旨意。

臣为总裁和监修官，组织翰林院官员纂修前朝实录，所收军国大事的标准均见历朝实录前面的《修纂凡例》。纂成后誊清正本进呈，草稿全部烧掉。如郑晓所说："我朝虽设修撰、编修、检讨为史官，特有其名耳。《实录》进呈，焚草液池，一字不传。"[①]有明一代，共修成 13 朝实录，合计 3 045 卷。其中建文一朝因靖难革除，没有撰修实录；景泰帝在位期间史事列入英宗实录；崇祯十七年（1644 年）明朝覆亡，这一朝史事自然没有按例修撰实录。现存《明实录》中的《怀宗实录》是清初明史馆人士依据残缺邸报等资料草率编成，挂一漏百，勉强充数而已。此外，熹宗实录因为记载了大学士冯铨投身魏忠贤阉党的劣迹，顺治初年冯铨出仕清朝，利用职权把天启四年（1624 年）和天启七年（1627 年）六月实录 13 卷偷出销毁。由于上述各种原因，《明实录》本来就不足以覆盖整个明代史事；明亡之际，实录正本毁于兵燹，现存各种抄本难免脱漏和讹误。

　　在明中期以前，各朝实录是中秘之书，民间无从看到。后来管理制度逐渐松懈，内阁和翰林院官员利用工作之便，私自抄出，这样在少数官宦之家才藏有实录。由于明代除实录外没有其他体裁的国史，士大夫习惯上称实录为国史。然而，编纂实录凭借的原始材料相当有限，即如王圻所说：

　　　　前代修史，左史记言，右史记动，宫中有起居注，如晋董狐、齐南史皆以是守职；司马迁、班固皆世史官，欲通知典故、亲见在廷君臣言动而书之。后世读之，如亲见当时之事。我朝翰林皆史官，立班虽近螭头，亦远在殿下。成化以来，人君不复与臣下接，朝事亦无可记。凡修史则取诸司前后奏牍，分为吏、户、礼、兵、刑、工为六馆，事繁者为二馆，分派诸人以年月编次，杂合成之。副总裁删削之，内阁大臣总裁润色。其三品以上乃得立传，亦多纪出身、官阶、迁擢而已，间有褒贬，亦未必尽公。后世将焉所取信乎？[②]

这段话比较透彻地说明了实录所用资料的局限性，尽管它们是依据档案按年月日编纂而成，内容比较准确，毕竟不能取代国史。何况最高统治者的意志又必然影响到实录。以明前期史事而言，洪武三十一年（1398 年）朱元璋病逝，建文四年（1402 年）已经修成《太祖实录》。靖难之役以后，燕王朱

---

① 郑晓：《今言》卷二。
② 王圻：《续文献通考》卷一七二，《经籍考·内府书》。

棣当了皇帝，不仅把建文帝在位四年的绝大部分档案焚毁一空（只留下有关田赋之类的册籍奏疏），革除建文年号，使建文一朝的历史变成了他起兵"靖难"的征战录；而且对《太祖实录》两次进行重修，塞进了一些朱元璋有意立自己为嗣之类的私货。"靖难之役"中公侯伯爵、文武百官有一个政治向背问题，再修、三修《太祖实录》时自然也会在相关文字上进行删改。洪武、建文两朝史事就成了问题。万历年间沈德符写道："本朝无国史，以列帝实录为史，已属纰漏。乃太祖录凡经三修，当时开国功臣，壮猷伟略，稍不为靖难归伏诸公所喜者，俱被划削。建文帝一朝四年，荡灭无遗，后人搜括捃拾，百千之一二耳。"①

正是因为明前期史在官府，加以明初文字祸深，士大夫极少涉及本朝史事。元末明初，文坛不乏人才，留下的野史笔记却颇为罕见。叶子奇在洪武十一年（1378年）因区区小事罣误下狱，撰写了《草木子》，现存四卷本仅涉及元末史事；另有《草木子余编》载有洪武年间政治之暴虐，始终未能刊行，仅散见某些明清学者引文之中，可见原书秘藏之深。大约从英宗时期开始，朝廷的控制有所放松，私家撰述的野史逐渐增多。这类野史主要有两种形式：一是经历某一事件的官员依据亲身见闻写的专题性记录，如李贤《天顺日录》之类；另一种是涉及面较广的笔记，如叶盛《水东日记》之类。郑晓说："国朝小说书数十种中，亦有浪传不足信者。"②又说："近记时事小说书数十种，大抵可信者多。"③这里所谓"小说"并不是文学作品，而是私家野史。嘉靖时，郑晓所见到的已有几十种，这以后更如雨后春笋，层出不穷。

由于明前期史事隐晦缺略，所谓"仁宣致治"的太平盛世不过11年，接着是英宗继位，王振弄权，导致土木之变，南宫复辟，皇室内部矛盾再次加剧。国史（实录）既难秉笔直书，野史笔记又多道听途说。经过这样100多年的大变迭起，明中期以后的文人很自然地想要把本朝史事弄个水落石出，加上明中期以后内忧外患连绵不断，士大夫经世致用的思想开始萌发，治当代史成了明朝史学一个极其显著的特点，这在中国史学史上也是比较罕见的。

---

① 沈德符：《万历野获编》卷二，《实录难据》条。
② 郑晓：《今言》卷二。
③ 郑晓：《今言》卷四。

二、郑晓、王世贞、李贽、焦竑等人的史学

郑晓（1499—1566年）是明代杰出的史学家，浙江海盐人，自幼爱读史籍，嘉靖元年（1522年）乡试解元，次年中进士，任兵部职方司主事。他一直非常关心本朝典故，在兵部时就撰写了《九边图志》30卷。此后宦海浮沉，历仕刑部、吏部等衙门，"手不释书，人谓其偏嗜坟索，而以文学取名天下"。[①] 郑晓的史学兴趣相当广泛，他的著作原本包括了明以前的历代史事和明兴以来的本朝国史，数量相当庞大。嘉靖三十五年（1556年），他已经大体完成了明朝开国以来的纪传体巨著，本纪（郑晓命名为大政记）下限至武宗正德，典章制度叙述到嘉靖，国家大事甚至记载到嘉靖二十九年（1550年）蒙古族军队攻至北京城下的"庚戌之变"。[②] 不料正在全书告成的时候，发生了吏部尚书李默的文字狱。李默对史学也很关注，目前所见的只是他搜集明代野史摘编而成的《孤树裒谈》。李默对大学士严嵩的谄谀弄权非常不满，准备把严嵩的亲信赵文华革职。赵文华感到前途难保，上疏揭发李默文章中论述汉武帝、唐宪宗用人不当致使国势衰微是影射当今皇帝。嘉靖帝刚愎自用，性喜告讦，果然大怒，把李默革职交刑部治罪，刑部引子骂父律拟绞，嘉靖帝认为以臣谤君罪过更重，改定处斩，李默终于冤死狱中。郑晓当时任吏部侍郎，正好是李默的副手。李默的因论史贾祸，使他大为震惊，立即叫儿子郑履淳把自己写的全部史稿烧掉。郑履淳唯恐父亲的一生心血化作灰烬，又不敢完全违背老人意志，就用一个小匣子把一部分史稿偷偷收藏起来。保存部分自然是经过挑选的，主要是具有开创性的明代史著，这就是后来的《吾学编》。至于"述古"的明以前史著差不多全被销毁，所存《古言》二卷"盖千百之一"。[③] 郑晓的明以前史学著作当在百卷以上，既遭厄运，后人难以全面了解他的史学功力和观点。直到穆宗隆庆改元，郑履淳才把《吾学编》刻版流传，全书共69卷，"其女后、乐律、仪制、

---

① 戚元佐：《刑部尚书端简公晓传》，见焦竑：《国朝献征录》卷四五。

② 郑晓：《吾学编》卷六九，《皇朝北房考》。按：郑晓为此考作序在嘉靖三十一年九月九日，可证他的当代史一直记载到全书告成之时；此后仍在不断补充，如直文渊阁表记至嘉靖三十八年五月。

③ 郑履淳为《吾学编》所作《序略》。

兵略、茶马、盐粮、运法、水利、艺文、隐逸、酷佞、方伎等编竟废"①，已非全璧。但"上下二百年间旧章成宪大要毕具。忠臣持以事君，志士怀以筹务，咸此依循，免面墙矣"。② 可见，直到明世宗在位期间，著书论史仍要冒政治风险。郑晓除《吾学编》以外，还写了笔记体明代史著《今言》四卷，史学价值也很高。

比郑晓稍晚的有明代著名史学家王世贞(1526—1590 年)。

王世贞，字元美，号凤洲，又号弇州山人，江苏太仓人。祖父王倬、父亲王忬和他自己都历任高官，家学渊源，交游甚广，为他熟悉朝廷掌故提供了非常有利的条件。王世贞以文学著称于世，当时被尊为文坛盟主。他对本朝国史怀有极大的热情，自幼立志要写一部当代信史。他多次谈到自己在这方面的愿望：

> 老人束发入朝行，而尝窃有志矣。故上自列朝之汇言、累朝之副草，旁及六曹、九镇、畿省之便利要害，大家委巷之旧闻，文学掌故之私记，皆网搜札录。有志而未成，而惜乎予老矣!③

> 王子弱冠登朝，即好访问朝家故典与阀阅琬琰之详，盖三十年一日矣。晚而从故相徐公(指徐阶)所得尽窥金匮石室之藏，窃亦欲藉薜萝之日一从事于龙门、兰台遗响，庶几昭代之盛不至忞忞尔④。

王世贞在史学上的功力和才华无论在他生前或是身后都得到广泛的承认。嘉靖时大学士徐阶曾说："此君他日必操史权，能以毛锥杀人"，因而对他加意笼络。⑤ 明末享有盛名的文人陈继儒颇为惋惜地写道："予尝谓吾朝有两大恨"，其中之一就是"王弇州负两司马之才，若置之天禄、石渠，而以伯玉(汪道昆字)诸子为副，其史必可观，而老为文人以殁。皆本朝大恨事也。"可见，王世贞不仅在文学上的地位早有定评，史学上的造诣也是独步一时。

---

① 天启：《海盐县图经·郑晓传》。
② 郑履淳为《吾学编》所作《序略》。
③ 王世贞：《弇州史料》，陈继儒所作叙中引世贞语。
④ 王世贞：《弇山堂别集小序》。
⑤ 沈德符：《万历野获编》卷八，《严相处王弇州》条。

　　为了撰述当代国史，王世贞不遗余力地收集史料，做了大量扎实的准备工作。据他自己的记载，编的资料书就有《明野史汇》100 卷；《皇明名臣琬琰录》搜罗了许多官僚的家乘，连"武弁、中珰之贵者与布衣之贤者"也细大不捐，数量是"人以千计，卷亦过百"；《天言汇录》收集了明代历朝皇帝的手诏和口谕。此外还作了大量的笔记如《国朝丛记》《札记》《觚不觚录》《阉寺小纪》《少阳丛谈》《戚武棑杭》《丁戊小识》（此书增补后改名为《弇山堂识小录》）等。在占有丰厚史料的基础上，王世贞对明代史实进行了严格细致的考核，写成《史乘考误》11 卷，前 8 卷是考实录和野史之失，后 3 卷考家乘之误。经过这样周密的准备，王世贞才着手撰写纪传体的当代史。到万历十六年（1588 年）左右，他已经年过 60，感到要完成这样一个庞大的任务力不从心，只好把自己在史学方面的著作加以整理，编成《弇山堂别集》100 卷，交给南京书贾刊刻成书。但是，他亲手编定的《别集》并没有包括他的全部史学著作，甚至没有包括他最有价值的史学著作，如已经写成的世家、列传、志的手稿和《国朝丛记》之类重要的笔记。原因是这些著作对统治集团指斥的地方很多，公开刊行不能不有所顾忌。在他去世以后，门生好友担心遗稿散失，都主张汇集发刊问世。经董复表整理，于万历四十二年（1614 年）刻成《弇州史料》100 卷，其中大部分是《别集》中没有刊行过的。

　　王世贞著述当代史，成一家之言的抱负虽然没有完全实现，但他几十年辛勤劳动的成果堪称洋洋大观，在明代众多的史学家中无人能望其项背。直到现在，他的史学著作仍为治明史者列为必读书目。

　　郑晓和王世贞的史学思想在许多方面非常接近。他们几乎以毕生精力致力于当代史学，一是为了"通今"，即总结本朝历史经验，达到"经世"的目的；二是"求实"，即通过考证诸史，写出一部当代信史。

　　郑晓非常厌恶八股取士，认为这种官员选拔制度必然导致"士乏通今之学。其于政体得失、人才优劣且不论，只历朝纪年及后姓、陵名，知者亦鲜。近 20 年来，士大夫始以通今学古为高矣。"①他又说："夫聚人莫急于理财，宜民莫大于通变。"②可见，他继承了司马迁"通古今之变"的进步史学思想。王世贞在文学思想上是以复古主义著称的，对于历代史家他最推崇的就是司马迁，范晔以下"一解不如一解"，大有不屑一顾的神气。然而，这只是就史笔而言，绝不意味着王世贞在政治上也主张复古。王世贞认为博

---

　　①　郑晓：《今言》卷一。
　　②　郑晓：《吾学编·同姓诸王表传序》。

古是为了通今，反对那些食古不化的腐儒。他说："夫士能博古固善，其弗通于今也，古则何有？我以古而诮人，人亦以今而诮我，其失究同也。今夫夏敦商彝、牺尊兽罍，瑑识奥奇，文画深巧，天下之瑰器也，以烹以盛，则不若敝釜瓦缶之便。何者？适于用也。由古道无变今俗，然则通今之士可少哉！"①通今达变的思想在王世贞的著作中常有体现。例如，他研究了明初至嘉靖末宗室的蕃衍，"虽尽大农之赋不足以养"，成了国家财政和社会不堪负荷的难题，引用《易经》"穷则变，变则通，通则久"的话主张因势改革，"庶几可以辗转而支百年"。② 这些都说明郑晓、王世贞治当代史的出发点，是为了替"积重难返"的明皇朝寻求长治久安之道。

在"求实"上，郑晓和王世贞更是如出一辙，致力于去诬考信。郑晓撰《吾学编》正是看到实录和野史都存在隐晦失实，不足以传世。其序中说："实录果可传信乎？前贤论喻详矣。野史散杂无统，又未足尽凭也。"③王世贞则说得更透彻：

> 夫明兴，其治统政化人才卓然越百世，而于史抑何湮略弗振也？夫金匮石室之闳，度非草茅所与闻，然往往传之荐绅云。革除靖难之际，其笔不能无曲与讳也。输款而美其知义，抗节而诬其乞哀。乃至英、宪、孝之际，秉如椽者陈庐陵（陈文）、刘博野（刘健）、焦泌阳（焦芳）之辈，往往鸱张其臆，一人而代各贤否，一事而人各是非，甚或贵阙供于仁孝之里，诋掠金于戡定之臣，将何所取衷哉？野史亡虑数十百家，其在朝者修隙而灭其公是，逞己而欺其独非；在野者剽一时之耳而遂为目，信它人之舌而用为笔，则又不可信也。家乘稍具生卒世系、迁转履历而已，要之罔非谀墓者，改事之非而称是，略人之美而归己，则又不可信也。④

在指出这种史籍的缺点之后，王世贞也肯定了它们的作用："国史人恣而善蔽真，其叙典章、述文献不可废也；野史人臆而善失真，其征是非、削讳

① 王世贞：《弇州史料》。
② 王世贞：《弇山堂别集》卷三二，《同姓诸王表》序。
③ 郑晓：《吾学编》，郑履淳《序略》。
④ 王世贞：《国史对策》卷二三五，见《明经世文编》。

忌不可废也；家史人谀而善溢真，其赞宗阀、表官绩不可废也。"①只要抱着实事求是的态度进行认真的甄别，取长避短，就可以弄清历史的真相。由此可见，郑晓和王世贞的功绩并不是仅限于开创纪传体明史的修撰，而突出地表现为史贵直笔，力求考信。他们的许多成果和严肃的治史精神为后人所继承，这以后出现的许多不同体裁的明史巨著显然都受了他们的影响。

为了说明郑晓、王世贞治当代史的直笔精神，可以用明朝开国以来的许多重大事变为例。郑晓对明初至明中期的诸大狱，表示很大的怀疑。他写道："国初，李太师（善长）、胡丞相（惟庸）、凉国公（蓝玉）诸狱未可知。若于少保（谦）、石总兵（亨）诸狱词，恐未为无枉，即刘瑾、钱宁、江彬亦未必有反谋，坐奸党可也。"②郑晓身为朝廷大臣，却不按钦定文献（如太祖所颁奸臣录、历朝实录）的口径鹦鹉学舌，而以"未可知"之类的语言婉转地表达了其中冤屈。王世贞则更进了一步说："呜乎，休哉！李韩公之功大矣，而不终也！其人非反也，不善避功也。"③郑晓对成祖篡位划除建文一朝史事深为不满，在《吾学编》中给予建文史事以特殊地位。他在太祖至武宗的《大政纪》（即本纪）之后写了《逊国记》1卷记载建文朝事；又在《名臣记》30卷后作《逊国臣记》8卷。为弥补建文一朝史事作了极为可贵的努力。《逊国记》后面论曰："余好问先达建文时事，皆为余言：建文君宽仁慈厚，少好文章礼乐，不喜任律法操切人。……余至建业，闻之江上老人曰：成祖乃天授，建文君何尤。"④郑晓生当明中期，建文年号未复之时，不得不在《大政纪》外另列《逊国记》，值得注意的是他大书建文年号，仅在建文元年下面用小字注"革除称洪武三十二年"。清修《明史》虽然把建文朝正式列入本纪（本纪第四《恭闵帝》），就收入的史实而言远不如郑晓的《逊国记》详细。王世贞则利用任职南京刑部尚书的方便，从南京法司和教坊司把永乐年间大批屠戮建文忠臣的圣旨抄录出来，如吩咐把练子宁的亲属500余人内"亲近的拣出来便凌迟了，远亲的尽发去四散充军；若远亲不肯把亲近的说出来，也都凌迟了"。又如茅大芳妻"张氏发教坊司病故……奉钦依：著锦衣卫分付上元县抬去门外，著狗吃了"。⑤ 对这类"上谕"，王世贞采取述而不作的

---

① 王世贞：《弇山堂别集》卷二〇，《史乘考误》前言。
② 郑晓：《今言》卷二。
③ 王世贞：《札记》，见《弇州史料》。
④ 郑晓：《吾学编》卷一一，《逊国记》。
⑤ 王世贞：《国朝丛记》，见《弇州史料》。

方法不加任何评论，就使朱棣的凶残面目暴露于世。在他的另一些著作里，还把批判的矛头直接指向朱棣，如《跋黄太常墓序》中写道："当建文朝太常卿黄公子澄首用智囊故策，以救宁宗社，不遂而死，以至参夷五宗，天下为之饮泣而不敢言，然固有笔之稗官者矣。……盖匹夫有必伸，而万乘有不能屈者，死是也。当公之于壬午也，知一死而已，知死而死则不死也。夫以人主之威，能寸析公之躯而不能夺公之志，能致辱于公之戚属而不能卒辱公之名。"在一则笔记里又说到永乐年间严令禁止收藏方孝孺的手迹，规定收藏者与方同罪。从那时到王世贞生活的年代已经过了一个多世纪，士大夫对方的手迹一直"宝若拱璧"。王世贞指出："然则人主之威有不能尽伸于天下之贤者，可慨也！"这类记载充分体现了郑晓、王世贞对太祖、成祖时期专制主义淫威所持的批判态度。

王世贞对封建专制主义的揭露和批判比郑晓更为激进。明代自英宗以来宦官专权的局面时有发生，把朝政弄得污浊不堪。郑晓的著作中很少触及这个问题。王世贞专门写了《中官考》《阉寺小纪》《锦衣卫志》等著作，用大量事实说明了宦官、厂、卫在明代政治中的地位和演变。在《阉寺小纪》序文中有这样一段话："今夫司礼，阁辅也；内官，冢宰也；御马，司马也；御用，司空也。总营务、备留守则先公侯、填守巨藩并抚帅行事而加重焉。蟒玉珍珥蚁列而不异，甚或骑禁中郎勋之首，天子体貌于素者列署必让。处则如鼠，出则类虎，黔首哀癃，有司谁何？夫使獭哺鱼、鹯卫雀为利鱼雀哉！"在《锦衣卫志》中也说："呜呼，锦衣一禁校耳。其领宿卫则光禄勋也，刺奸则司隶也；至炳（指陆炳）而分将相任，极矣！一重于纪纲、再重于钱宁、三重于陆炳。其究乃位师保，参纶绰，不亦殆哉！"王世贞针对明太祖把一切大权集中于己，后来的继位者又不能励精图治，朝廷大权因而落入皇帝身边的亲信宦官和锦衣校尉手中，展开了严肃的批判。指出司礼监太监实际上相当于内阁大学士，内官监太监相当于吏部尚书，御马监太监相当于兵部尚书，御用监太监相当于工部尚书，锦衣卫头目则相当于刑部尚书，提督京营或出镇地方的太监权力比公侯抚帅还要大。军国大政在很大程度上掌握在一批不学无术的诸佞之徒手里，明皇朝的前途真可谓是"不亦殆哉"。王世贞去世以后，矿监税使四出掠夺，接着是魏忠贤乱政，终于导致明朝覆亡。无情的事实证明了王世贞以史为鉴具有强烈的现实意义。

李贽（1527—1602年），福建泉州人，是明代后期的思想家、史学家和文学批评家。他在嘉靖三十一年（1552年）中举，仕宦生活21年。在任南京户部时，跟泰州学派人物交好，并师事泰州学派创始人王艮之子王襞，这种交游环境为他以后的大量撰述准备了一个重要条件。

李贽的撰述，主要有《焚书》6卷，万历十八年（1590年）刊于麻城。《续焚书》5卷，是他去世16年后刊印的。《藏书》68卷，万历二十七年（1599年）刊于南京。《续藏书》27卷，也是在他逝后刊印的。《焚书》《续焚书》是理论性的著作，反映了李贽的哲学思想、社会思想、史学思想和文学批评，是李贽的代表作。《藏书》和《续藏书》，都是历史人物的传记，后者是明兴以后的传记。这两部书主要是材料的汇集，也反映他的历史观点。由于他的"异端"思想，所有已刊各书均被禁毁。但实际上，他的著作一直在民间流行不衰。

李贽在学术上的特点，是社会观方面有反对封建传统的进步思想。他的史学上的见解也是与众不同的，如"六经皆史"等，这在上一节已有所论述，这里就从略了。总之，由于他所处的时期，正是封建社会衰老时期，封建生产关系正处于退化阶段，新的生产力已经出现，但仍很微弱。李贽的社会观在某些具体的社会现象上表现出一种战斗的精神，但并不能摆脱封建体系的束缚。他在思想上的这种特点，正是那个时代的特点之曲折的反映。

焦竑（1540—1620年），万历十七年（1589年）状元。他"博极群书自经史至稗官、杂说，无不淹通"，对当代典章尤为注意。[1] 万历二十二年（1594年），大学士陈于陛建议修国史，让他专司其事。他除纂成《国朝经籍志》外，还收集了大量素材。不久，国史馆停办，他因正直敢言，又同李贽等人相善，被视为异端，受排挤返回老家南京，从此专心著述。万历四十四年（1616年），他编成《国朝献征录》120卷，网罗了明宗室、勋戚、内阁以下文武百官以及没有出仕的隐逸之士、宦官的碑传材料，兼及少数民族和周边国家的记述。焦竑搜集这样庞大的明代人物资料不仅是为撰写明史列传作准备，更重要的是总结成败的经验，寻求长治久安之道。黄汝亨在序言中对焦竑的用意说得很清楚："慨夫士大夫戋戋者趣富贵如鹜，安事诗书。即有逸伦之姿，爱奇矜博，往往高视千古之上，迂谈六合之外，而问以当代行事与人物材品高下，代谢之数，则舌举目眣，莫能置对。"焦竑有见及此，在史馆"殚日夜之力，取累朝训录及海内碑铭志状表传之属尽录之"；"大而国体，隐而民瘼，赜而世务，敛而材品，当时治乱兴衰得失之

---

① 《明史》卷二八八，《焦竑传》。

林，诫覆辙，标芳轨，于之乎在"。①

除《国朝献征录》外，焦竑还著有《国史经籍志》5 卷，附录 1 卷。

三、明末史学

明朝后期随着内忧外患的加深，经世致用思想有了进一步的发展。这在史学领域中表现为研究当代史的风气愈加浓厚。许多士大夫眼见江河日下，企图通过总结本朝历史经验救亡图存，重新稳定明朝统治。在这种情况下，一批大部头的当代史著相继问世。其中有代表性的除上述焦竑的《国朝献征录》外，还有茅元仪的《武备志》、谈迁的《国榷》、陈子龙等编辑的《皇明经世文编》等。其他的还有何乔远的《名山藏》、陈仁锡的《皇明世法录》、张萱的《西园见闻录》、朱国祯的《皇明史概》、王圻的《续文献通考》等。由于这些皇皇巨制少则近百卷，多则 500 余卷，只能就其内容和编撰方法作一点简单叙述。

茅元仪，明末国子监生，其祖父为著名文人茅坤。他自幼好学，生当明朝风雨飘摇之时，科举虽不第，用世之志却不稍减。他遍游南北，结识焦竑、徐光启、李之藻、孙承宗等一大批名重一时的人物，开阔了眼界。天启元年(1621 年)即编成《武备志》240 卷，全书分《兵诀评》《战略考》《阵练制》《军资乘》《占度载》五门，内容包罗了历代史书中的战例和各类兵书摘要，可谓是至明朝末年为止的一部军事百科全书。在《军资乘》中不仅记述了至明代我国研制使用的各种冷、热兵器，还介绍了西方传入的"红夷炮"等新式武器；在《占度载》中收有《郑和航海图》。书前序中说："其所采之书二千余种，而秘图写本不与焉"②，确非虚语。这实际上是一部资料丰富的军事学史，是以前的史书中所没有的。

谈迁的《国榷》，是一部编年的明史，104 卷，这在中国史学史上，是编年体断代史中的巨著。

陈子龙、宋徵璧、徐孚远主持编辑的《皇明经世文编》，508 卷。这部书，是从明初以来名卿巨公的文集中选择有关国计民生的奏疏等文献编辑而成，所选资料在当时都具有代表性，不是一般资料书可比。从崇祯十一

---

① 焦竑：《国朝献征录》前序。
② 茅元仪：《武备志》，宋献作序。

年(1638 年)二月开手，同年十一月即刊刻发行，"远近叹咤，以为神速"。①
陈子龙等人以极大的热情投入这部书的编辑工作，是因为明皇朝已经日薄
西山。正如顾炎武着手收集材料编辑《肇域志》和《天下郡国利病书》时发出
的慨叹一样，"感四国之多虞，耻经生之寡术"，他们以经世致用思想为指
导，力图为各方面的当事官员提供本朝治理的成功经验或对策。尽管事与
愿违，《经世文编》并没有挽救明朝灭亡的命运，但是这部书的编辑过程却
反映了经世致用思想的深入人心。陈子龙等人的编辑工作得到了许多东
林——复社人士的支持，有的帮助搜集文献，有的参与讨论，有的担任校
雠，仅列名鉴定的 184 人已包括了当时全国著名的复社人士，其阵容之庞
大，除历代官修书局外无与伦比。这实际上表示明末学风已经发生极大转
变，预示着清代实学的兴起。

何乔远，万历十四年(1586 年)进士，官至户部右侍郎，著《名山藏》109
卷。这是一部自明初至穆宗隆庆六年(1572 年)的纪传体明代通史。内容包
括 37 纪，其中《典谟记》实际上是本纪，《坤则记》是后妃传，《开圣记》是朱
元璋的祖、父以及世宗之父的传记，其他各纪相当于志和列传。值得注意
的是，作者把韩林儿、郭子兴的传称之为《天因记》，明确点出了朱元璋赖
以开国的凭借。这在当时是难能可贵的。

陈仁锡，天启二年(1622 年)探花。因得罪魏忠贤削籍归里。他"讲求经
济，有志天下事"②，著《皇明世法录》92 卷。作者非常推崇真德秀《大学衍
义》和丘濬《大学衍义补》，"犹恨昭代之典故未详，使人证于古而略于今"，
"贸贸于三百年来朝廷官府之务"。因此，仿二氏之意，收集明代有关国计
的文献，撰成此书。目的在于使任事官员法祖求治，达到富国强兵。

王圻，嘉靖四十四年(1565 年)进士，著述甚多，代表作为《续文献通
考》254 卷。这部书是为了继承马端临《文献通考》而作，上接宋宁宗嘉定年
间，下至明神宗万历年间。除补续了宋、辽、金、元的内容外，重点放在
明代经济、社会、典章制度、文献等方面。作者自称为撰写此书收集材料
即花去 40 年时间。

张萱，万历二十六年(1598 年)进士。当时正值朝廷开史局，他参加了
修史工作，"视草之暇，即觅书佣节略累朝实录，自洪武迄隆庆凡三百卷，
私名之曰《西省日钞》"，又"以己意诠次之，凡十之三，卷凡一百，亦名之

---

① 《明经世文编》，宋徵璧作凡例。
② 《明史》卷二八八，《陈仁锡传》。

曰《西省识小录》"。这两部摘编实录而成的资料在火灾中焚毁，但作者对明代史实已有坚实基础，又利用家中藏书"复采掇前言、往行，自洪武以迄天启，为《西园闻见录》"。① 这部书分专题按前言、往行二类编排，颇具特色，收罗史实也比较广泛。

朱国祯，天启年间任大学士，政务之余致力于国史。即如作者自云："半生精神，一生事业"，尽在于此。原稿大约已经接近完成，自序中说："先后三十余年，不觉已数百卷矣。"②明亡以前刊刻成书的仅《皇明史概》109卷，包括《皇明大政记》《大训记》《大事记》《开国臣传》《逊国臣传》5 种及卷首1 卷。其余未刊手稿，清初朱家子孙因衰败贫困卖给同邑庄氏，酿成庄氏史案大祸。就《皇明史概》五种而言，作者继承了郑晓、王世贞的求实作风，利用自己曾"备翰苑、参黄扉、窥金匮石室之藏"的条件，尽量弄清史实真相。对野史所载讹传，用"存疑"方式进行辩证。如不少书中说正德时抄没刘瑾家产多达"金二十四万锭又五万七千八百两，银元宝五百万锭又一百五十八万三千六百两"，作者指出"此皆小说中甚而张之之词，殊不足信"。表明了作者不盲从、实事求是的态度。

总的来说，明代史学成就不是很高，特别是同经历了 277 年这样一个比较稳定的朝代显得很不相称。然而，明代在我国古代社会中处于一个大变革的时期，各方面的矛盾错综复杂，新生事物层出不穷，留下的文化积累极为庞大。过去人们常说明人尚空谈，好著书，似乎没有多大研究价值。这多少反映了清代儒学大师们的一种偏见。实际上，从明代中期开始，官僚士大夫往往把自己经手的文书或亲身见闻、读书心得汇编成书；文集、方志、家谱、笔记、杂著较之往代都有长足的发展，从而保存了极为丰富的反映国家社会生活各个方面的第一手资料。这些浩如烟海的文献不仅是当代人驾驭不了的，直到现在仍像一座蕴藏着金脉的大山一样有待于人们发掘淘簸。从这个意义上说，明代史学的最大特点是没有出现多少光芒四射的巨星，而是像夏夜的天空布满了繁星，它们也许不那么夺目，甚至使人眼花缭乱，但对于认识中国古代一个重要朝代的社会状况却提供了大史学家不可能留下的遗产。

---

① 张萱：《西园闻见录·缘起》。
② 朱国祯：《皇明史概》，卷首。

第三节 黄宗羲、王夫之的史学

一、黄宗羲著《明夷待访录》

黄宗羲，字太冲，号南雷，学者尊称黎洲先生，浙江余姚人。生于明万历三十八年(1610年)，卒于清康熙三十四年(1695年)，享年86岁。宗羲身处"天崩地解"的时代，深感明朝政治腐败，社会动乱，又受明朝的统治与压迫，青年时代便从事于反对黑暗势力的斗争。其父尊素，为明末东林名士，官至御史，因反对宦官魏忠贤为非作歹，而遭迫害，冤死狱中。宗羲深受其父影响，"尽知朝局清流浊流之分"①，19岁时草疏为父申冤，显名于世。遵父遗嘱，师事刘宗周，学习理学；又牢记其父"学者不可不通知史事"②之教，通读明代历朝《实录》，及二十一史。崇祯三年(1630年)，加入复社。崇祯十一年(1638年)，南京太学诸生陈贞慧、吴应箕等写出《南都防乱揭》，抨击魏党余孽阮大铖为恶，宗羲名列于首，惹得阮大铖嫉恨，几遭杀害。清兵南下，明鲁王监国，宗羲纠合同志抗清，设世忠营。兵败，入四明山结寨防守。明朝既亡，乃归里著书。总结历史经验教训，抒发政治思想，著成《明夷待访录》。宗羲晚年，不从事政治活动，屡辞清廷征召，著成《明儒学案》，整理明代文献等。

宗羲提倡经世之学。他反对"以语录为究竟"，反对空谈"阔论"，认定"儒者之学，经纬天地"。③ 又说："古者儒墨诸家，其所著书，大者以治天下，小者以为民用，盖未有空言无事实者也。后世流为词章之学，始修饰字句，流为光景，高文巨册，徒充污惑之声而已。"④意思是，经世致用是古代学术的优良传统，后世流为词章之学是误为支流。其学术经世的思想溢于言表。同时，宗羲以为，我国传统史学也寓有经世之学。他说："夫二十一史所载，凡经世之业，亦无不备矣。"⑤故他提倡读经研史，提倡为经世而

---

① 全祖望：《鲒埼亭集》卷一一，《黎洲先生神道碑文》。
② 全祖望：《鲒埼亭集》卷一一，《黎洲先生神道碑文》。
③ 《南雷文定后集》卷三，《赠编修弁玉吴君墓志铭》。
④ 《今水经序》。
⑤ 《南雷文约》卷四，《补历代史表序》。

著述。

《明夷待访录》是黄宗羲经世之学的代表作。他言著述的旨趣是："昔王冕仿《周礼》著书一卷，自谓'吾未即死，持此以遇明主，伊、吕事业不难致也'，终不得少试以死。冕之书未得见，其可致治与否，固未可知；然乱运未终，亦何能为'大壮'之交。吾虽老矣，如箕子之见访，或庶几焉；岂因夷之初旦，明而未融，遂秘其言也！"①此中经世致用之意，十分明显。顾炎武见到此书，读之再三，体味其意，说："于是知天下之未尝无人，百王之敝可以复起，而三代之盛可以徐还也。……古之君子所以著书待后，有王者起，得而师之。然而《易》'穷则变，变则通，通则久'，圣人复起而不易吾言，可预信于今日也。"②一贯提倡经世之学的顾炎武，对黄宗羲此书的理解，真可谓灵犀相通。

《明夷待访录》是政论与史论结合的杰作。学术界一般认定它是政论著作，这是无疑的，只是有点片面，应当说它是政论与史论结合。翻阅其中各篇，可以察觉它无处不谈古今历史，尽管其中有的"古"是作者托古之词，不尽符合历史；但多数的"古"，是据史实，指实事，往往举出汉、唐、宋、明等历代具有典型意义的史例而发论。例如，《原君》篇，论古之首领"不以一己之利为利，而使天下受其利，不以一己之害为害，而使天下释其害；此其人之勤劳必千万于天下之人"，"古者天下之人爱戴其君，比之如父，拟之如天"，此为托古之词，但所说与原始社会首领为群体谋利、受群体拥戴的史实，确也有些相符。而论后世之君主，"以为天下利害之权皆出于我"，"视天下为莫大的产业"，"今也天下之人怨恶其君，视之如寇仇，名之为独夫"，这是符合事实的；且言"汉高帝所谓'某业所就，孰与仲多'者，其逐利之情不觉溢之于辞矣"，更是言之有据。又如，《取士》上、下篇，先是论古今取士制度之利弊，皆据汉之选举制和唐、宋、明之科举制发论，史论性质至为明显；再是讥"今"科举制之弊及论改进取士之法，这才从史论引出政论。先后所论有机联系，密切结合，忽视或否认其中任何一面，都是欠妥的。

《待访录》今本 21 篇。全祖望说："原本不止于此，以多嫌讳弗尽出。"③今发现有《文质》《封建》两篇残稿，《封建》篇中有"三代以后，乱天下者无如

① 黄宗羲：《明夷待访录序》。
② 顾炎武：《与黄宗羲书》，见《南雷文定·附录》。
③ 全祖望：《鲒埼亭集·外编》，卷三一，《书明夷待访录后》。

夷狄"语，这牵涉清朝满洲贵族之"嫌讳"，其书"弗尽出"，想必经过他人删削。①

二、《明夷待访录》的思想倾向

《明夷待访录》集中反映了黄宗羲政治、经济、文化教育的思想，其中具有一些批判封建制度的内容，十分引人注目。

宗羲在此书中突出地反对封建君主专制，指出：

> 今也以君为主，天下为客，凡天下之无地而得安宁者，为君也。是以其未得之也，屠毒天下之肝脑，离散天下之子女，以博我一人之产业，曾不惨然，曰："我固为子孙创业也。"其既得之也，敲剥天下之骨髓，离散天下之子女，以奉我一人之淫乐，视为当然，曰："此我产业之花息也。"然则为天下之大害者，君而已矣。……今也天下之人怨恶其君，视之如寇仇，名之为独夫，固其所也。而小儒规规焉以君臣之义无所逃于天地之间，……岂天地之大，于兆人万姓之中，独私其一人一姓乎！②

这既指出封建社会君主以天下为私产，剥削和压迫广大人民，又谈到人民视君主为寇仇、独夫，还批判俗儒津津乐道的"君臣之义"。论者尽管尚无意于否定君主制，然而对君主专制是厌恶和批判的。

在批判封建君主专制时，宗羲既指斥君为主子，也谴责臣为奴才。他认为，为臣之道应当是"为天下，非为君也；为万民，非为一姓也"，而今之为臣则不然。他指出：

> 世之为臣者昧于此义，以为臣为君而设也；君分吾以天下而后治之，君授吾以人民而后牧之，视天下人民为人君橐中之私物。今以四方之劳扰，民生之憔悴，足以危吾君也，不得不讲治之牧之之术；苟无系于社稷之存亡，则四方之劳扰，民生之憔悴，虽有诚臣，亦以为

---

① 邱汉生：《读〈明夷待访录〉札记》，载《史学史研究》，1987(2)。
② 黄宗羲：《明夷待访录·原君》。

纤芥之疾也。①

君以天下为私产，臣则为君治私产，以尽其剥削压迫人民而为君主"奔走服役"之职责，甚至"跻之仆妾之间而以为当然"②，这是十足的奴才。

在封建君主专制之下所产生的"法"，自然是极不合理的。宗羲指出：

> 后之人主，既得天下，唯恐其祚命之不长也，子孙之不能保有也，思患于未然以为之法。然则其所为法者，一家之法而非天下之法也。是故秦变封建而为郡县，以郡县得私于我也；汉建庶孽，以其可以藩屏于我也；宋解方镇之兵，以方镇之不利于我也；此其法何曾有一毫为天下之心哉，而亦可谓之法乎？③

这里批判封建制度下的法，尽管缺乏历史的分析，但指出其法为君主之私法，而非天下之公法，是可以肯定的。其批判封建之法，"利不欲其遗于下，福必欲其敛于上"，"桎梏天下人之手足"④，实已一针见血地指出封建之法的实质。

宗羲在《明夷待访录》中表述了一定的经济思想。他主张"工商皆本"，也较为突出。我国自战国以来，传统的"崇本抑末"之说，是指重农抑商，即以工商为末。宗羲却一反此说，而论工商为本：

> 今夫通都之市肆，十室而九，有为佛而货者，有为巫而货者，有为倡优而货者，有为奇技淫巧而货者，皆不切于民用；一概痛绝之，亦庶乎救弊之一端也。此古圣王崇本抑末之道。世儒不察，以工商为末，妄议抑之；夫工固圣王之所欲来，商又使其愿出于途者，盖皆本也。⑤

为了生产，为了民用，而论工商皆本；又主张"投巫驱佛"，要求杜绝一切

---

① 黄宗羲：《明夷待访录·原臣》。
② 黄宗羲：《明夷待访录·原臣》。
③ 《明夷待访录·原法》。
④ 《明夷待访录·原法》。
⑤ 《明夷待访录·财计三》。

"不切于民用"的旧习陋俗，无疑是进步的。

　　同时，宗羲论财计，还参考古今货币史，鉴于明代使用金银之弊病，主张废金银①；又鉴于宋、元、明三代钱钞之利弊，主张改进钱钞法。他认为：

> 　　钱币所以为利也，唯无一时之利，而后有久远之利。以三四钱之费得十钱之息，以尺寸之楮当金银之用，此一时之利也。使封域之内，常有千万财用流转无穷，此久远之利也。……且诚废金银，则谷帛钱缯，不便行远，而囊括尺寸之钞，随地可以变易，在仕宦商贾又不得不行。②

此论考虑改进钱钞，既有一时之利，还有长远之利，既便于货币流通，又便于商业交往，从而可以促进商品经济。

　　在土地制度问题上，宗羲有"田土均之"③的平均土地思想；又有"授田于民，以什一为则"，和"任土所宜，出百谷者赋百谷，出桑麻者赋布帛"④的减轻田赋和征收实物的主张。问题几乎与李自成农民起义所提的均田免赋口号相等，实际缺乏解决办法；但在土地兼并和赋税繁重的当时，提出如此问题确有现实意义。

　　宗羲在文化教育问题上，突出的表现是反对八股制艺。他说：

> 　　取士之弊，至今日制科而极矣。……未有若时文，空疏不学之人皆可为之也。⑤

他还尖锐地指出："举业盛而圣学亡。举业之士亦知其非圣学也，第以仕宦之途寄迹焉尔！而世之庸妄者遂执其成说以裁量古今之学术。……于是六经之传注，历代之治乱，人物之臧否，莫不各有一定之说。此一定之说者

---

① 黄宗羲：《明夷待访录·财计一》。
② 黄宗羲：《明夷待访录·财计二》。
③ 黄宗羲：《明夷待访录·田制二》。
④ 黄宗羲：《明夷待访录·田制三》。
⑤ 黄宗羲：《明夷待访录·取士上》。

皆肤论瞽言，未尝深求其故，取证于心。"①在宗羲看来，举业之士只是为了混入仕途，时文只是陈言套话，科举制实难取得博学有识之士。故他主张改革科举之制，改进取士之法，其原则是："宽于取""严于用"。其办法是："宽取士之法，有科举，有荐举，有太学，有任子，有郡邑佐，有辟召，有绝学，有上书，而用之之严附见焉。"②还提到注意"绝学"之"果有发明"，"著书"之"足以传世"③，通过多种途径与办法，以争取得到真正有用的人才。

在批判封建制度时，宗羲提出了加强宰相权力，要与天子"同议可否"，并设"政事堂"，以分君权④；还提出扩大学校作用，不仅"必使治天下之具皆出于学校"，而且要求"天子临幸太学，宰相、六卿、谏议皆从之。祭酒南面讲学，天子亦就弟子之列。政有缺失，祭酒直言无讳"。甚至还说："天子之所是未必是，天子之所非未必非，天子亦遂不敢自为非是而公其非是于学校。"⑤意思是，学校可以左右天子之是非。这种议论和主张，简直有点像近代内阁制和议会制的味道，显示出宗羲思想具有民主思想的倾向。

在批判封建君主专制时，宗羲继承和发扬了孟子"民贵君轻"的思想，抨击封建君主以天下为私产，反复表述：为君者，当"为天下"⑥；为臣者，"为天下，非为君也；为万民，非为一姓也"⑦；"盖天下之治乱，不在一姓之兴亡，而在万民之忧乐"⑧；古代之法为天下，"固未尝为一己而立"⑨。因此，可以说《明夷待访录》是中国封建衰老时期的"人权宣言书"⑩。它对近世民主运动还有一定的思想影响。

---

① 《南雷文案》卷一，《恽仲升文集序》。
② 黄宗羲：《明夷待访录·取士下》。
③ 黄宗羲：《明夷待访录·取士下》。
④ 《明夷待访录·置相》。
⑤ 《明夷待访录·学校》。
⑥ 《明夷待访录·原君》。
⑦ 《明夷待访录·原臣》。
⑧ 《明夷待访录·原臣》。
⑨ 《明夷待访录·原法》。
⑩ 侯外庐：《中国早期启蒙思想史》，155页；白寿彝：《中国通史纲要》，338页，上海，上海人民出版社，1980。

三、有关明代文献和《明儒学案》

宗羲既以二十一史为经世之书，又言治学"必证明于史籍，而后足以应务"①，自然很重视史学。他除了著《明夷待访录》外，还注意明代文献，撰著《明儒学案》等，对史学做出很大贡献。

宗羲晚年深痛明朝之亡，拳拳于故国之史。他为万斯同所作《历代史表序》中有云：

> 嗟乎！元之亡也，危素趋报恩寺，将入井中。僧大梓云："国史非公莫知，公死是死国之史也。"素是以不死，后修《元史》，不闻素有一词之赞。及明之亡，朝之任史事者众矣，顾独藉一草野之万季野以留之，不亦可慨也夫！②

此中引言"国史非公莫知，公死是死国之史"，反映了宗羲的自负与心声。

自反清失败后，宗羲致力于搜集有关南明的人物与事迹的材料，据亲见所闻，写成《行朝录》九种，记述南明的抗清活动、内部矛盾、失败过程等，间有评论，颇有参考价值。《弘光实录钞》据弘光朝邸报编成，不在九种《行朝录》之列。还写有《张玄箸先生事略》，记述张煌言简历；《海外恸哭记》，记叙一时流离愁苦之事；《思旧录》则是记载宗羲与友好的交往情谊。宗羲的文集多记明季忠烈之事，予以表彰，保存史事，材料极为珍贵。

宗羲有意撰写明史，为时人所共知。有说他"闭户著述，从事国史，将成一代金石之业"。③ 宗羲确已编《明史案》240卷，惜已散佚。

清朝设馆修明史，召宗羲参修。宗羲以母老己病为辞。清廷乃下诏抄录宗羲素所论著与见闻，有资于明史者，宣付史馆。同时，其子百家参史局，其门生万斯同以布衣参与修史；而他自己或解答修史中的一些难题，或审正《历志》，或其所著《今水经》多为《地理志》所参用。故可以说，宗羲实际上对清修明史予以支持，有所贡献。

宗羲所著《明儒学案》62卷，是学术思想史的创举，对史学也是一大贡

---

① 《鲒埼亭集·外编》卷一六，《甬上证人书院记》。

② 《南雷文约》卷四。

③ 李逊之：《与黄宗羲书》，见《南雷文定·附录》。

献。他在此书《凡例》中，明确规定了编撰的原则和方法。首先，注意各家各派。他说：

> 学问之道，以各人自用得著者为真。凡倚门傍户，依样葫芦者，非流俗之士，则经生之业也。此编所列，有一偏之见，有相反之论，学者于其不同处，正宜着眼理会，所谓一本而万殊也。以水济水，岂是学问？①

这既指出了学贵自得，又说明了容纳各学派之意。次之，注意各学派的宗旨。他说：

> 大凡学有宗旨，是其人之得力处，亦是学者之入门处，苟非定以一二字，如何约之使其在我？故讲学而无宗旨，即有嘉言，是无头绪之乱丝也。学者而不能得其人之宗旨，即读其书，亦犹张骞初至大夏，不能得月氏要领也。是编分别宗旨，如灯取影。……每见抄先儒语录者，荟撮数条，不知去取之意谓何；其人一生之精神未尝透露，如何见其学术？②

这既指出了学有宗旨之重要，又说明了撰写学术史的要领。宗羲著《明儒学案》，正是把握这两点进行撰写的。

宗羲博览明代学者的文集、语录等材料，分析各家的宗旨与流派。其书按学术传授系统，把200多名学者分成不同的学派，立了19个学案，大致分为三个时期。初期叙程朱之学和陆学，立了《崇仁》《河东》《白沙》《三原》等学案。中期重点叙述王学，先立《姚江》，叙述这个学派的开创者王守仁的学术思想，认为他是明代学术的"大宗"，接着立《浙中》《江右》《南中》《楚中》《北方》《粤闽》各个"王门"的学案；还立了《止修》《泰州》《甘泉》三学案，以其虽出于王学但别有宗旨，故不标"王门"二字。末期立《东林》《蕺山》。《蕺山学案》仅叙刘宗周一人，写得很丰满，因作者推崇乃师宗周"慎独"之旨之故。另有《诸儒学案》，叙述不属于任何学派的方孝孺等43人。

《明儒学案》对明代各个学派和每个学者，较客观地作了学术宗旨和学

---

① 黄宗羲：《明儒学案·凡例》。
② 黄宗羲：《明儒学案·凡例》。

术传授的介绍，反映出了明代学术的特点和各个学者的思想。书中的小序和按语，对各学派有所评论，反映出作者的学术思想倾向。这确是一部学术思想史专著，远胜于以往出现的周汝登《圣学宗传》、孙钟元《理学宗传》等不注意各家宗旨、杂收而不甄别之书。但其所叙仅限于理学各派，没有写王世贞、李贽等人的学术，未免有局限性。

宗羲还着手撰《宋元学案》，未成而卒。这部宋元学术史专著，是先后由黄百家、全祖望、王梓材等续撰修补而成的。

四、王夫之著《读通鉴论》

王夫之，字而农，号姜斋，湖南衡阳人。因晚年隐居于衡水西岸石船山，学者称船山先生。生于明万历四十七年（1619 年），卒于清康熙三十一年（1692 年），享年 70 岁。夫之幼承家学，留心世务。崇祯十五年（1642 年）中举。在赴京应试途中，因交通受阻而返，不愿参与农民起义张献忠部的活动。崇祯十七年（1644 年）三月，明朝灭亡，夫之吟诗致哀。清兵南犯至于湖广，夫之于顺治五年（1648 年）乘西南抗清大势，举义兵于衡山。是年冬奔赴肇庆，投身桂王的永历政权，在其内部矛盾中遭奸党打击，时又闻母丧，遂返归故里。拒不服从清朝的"薙发"令，改易姓名，遁迹于草野，常匿于徭洞。晚年归衡山，自康熙十四年（1675 年）始，在石船山筑"湘西草堂"隐居，发奋著述，以至于殁。

夫之隐居期间，"启瓮牖，秉孤灯，读十三经、二十一史及张（载）、朱（熹）遗书，玩索研究，虽饥寒交迫，生死当前而不变"，暮年"体羸多病，腕不胜砚，指不胜笔，犹时置楮墨于卧榻之旁，力疾而纂注"①。他满怀爱国主义精神，为总结我国历史史实和政治生活的经验教训，写下《读通鉴论》《周易外传》《张子正蒙注》《船山诗文集》等著作。他一生著作百余种，凡三百余卷，包括哲学、史学、文学、政治等各个方面。

《读通鉴论》，就《资治通鉴》所载自战国至五代 1300 余年的历史进行评论，可谓史论专著，是夫之史论的代表作。全书 60 余万字，分为 30 卷，每卷以朝代为别，每代以帝王之号为目，每目下分若干条，共 85 目，约 900条；另在卷末附《叙论》四篇。

我国史论源远流长。对历史人物或历史事件予以评论，早已有之，《左

①　王敔：《姜斋公行述》。

传》的"君子曰"就是明显的例证。是后，贾谊的《过秦论》、司马迁的"太史公曰"等史论继踵问世。自《史记》"太史公曰"起，凡正史多有"论"或"赞"这种形式的史论。自《过秦论》起，单篇的史论，如曹冏的《六代论》、陆机的《辨亡论》等也多了起来。至于史论专著，诸葛亮的《论前汉事》①可能是其早者，惜已亡佚。自唐宋以来此种书多了起来，如范祖禹的《唐鉴》、胡寅的《读史管见》、张溥的《历代史论》等。

宋明之际的史论著作，总的说来，水平不一，参差不齐；但多是随便发议，泛泛而论。《四库总目提要》说："品骘旧闻，抨弹往迹，则才翻史略，即可成文。此是彼非，互滋簧鼓。故其书动至汗牛。又文士立言，务求相胜。或至凿空生义，僻谬不情，如胡寅《读史管见》讥晋元帝不复牛姓者，更往往而有。故瑕颣丛生，亦唯此一类为甚。"②此论似有一概之嫌，应该说《唐鉴》《东莱博议》等书还有可取之处；但它确已察觉到宋明史论的一般风气。就以与《通鉴》记事相关的胡寅《读史管见》为例，清人指摘其论"不近人情，不揆事势"，"但就一事诋斥，不究其事之始终"，甚至评桑维翰投靠契丹，有"虽因契丹而相，其意特欲兴晋"的谬论③，是言之有据而可信的。

《读通鉴论》，无论是史论方法，还是史学思想，都与胡书大异其趣。夫之声明己论"所由与胡致堂（胡寅号致堂）诸子之有以异"④，是自信而实在的。

五、王夫之的史论方法

夫之的《读通鉴论》之所以是一部史论名著，就在于其论有进步的史学思想和史论方法。

这里先谈夫之的史论方法。《读通鉴论》末尾有这么一段话：

> 引而伸之，是以有论；浚而求之，是以有论；博而证之，是以有论；协而一之，是以有论；心得而可以资人之通，是以有论。道无方，

---

① 参见《隋书·经籍志》。
② 《四库总目提要》卷八八，《史评类·序》。
③ 《四库总目提要》卷八九，《史评类存目》。
④ 《读通鉴论》卷末，《叙论二》。以下省略书名。

以位物于有方；道无体，以成事之有体。鉴之者明，通之也广，资之
也深，人自取之，而治身治世、肆应而不穷。抑岂曰此所论者立一成
之例（形），而终古不易也哉！

这主要是说明两点：（1）所发史论，是借史发挥，探索历史，广博论证，综
合比较，发人深思。（2）理论以史实为根据，以供借鉴取资，可借以提高自
身素养，可用以治理客观世界；但所论只是供人参考的历史分析法，并不
是规定始终不变的固定框子。夫之史论这两点原则与要求，不仅在当时具
有进步意义，就是今天仍有其参考价值。

夫之对胡寅、张溥等人老生常谈、泛泛而论的学风，非常讨厌。他强
调不随流俗喋喋而议、繁词累说，不愿与"道听途说者同其纷呶"，而有自
己的论史原则。他说："就事论法，因其时而酌其宜，即一代而各有弛张，
均一事而互有伸诎，宁为无定之言，不敢执一以贼道。"①意思是，依据史实
而作具体分析，不以主观强加于客观。这很符合于今天具体问题具体分析
的历史分析法原则。

夫之不仅提出了很高又有新意的史论原则和要求，而且还明确地交代
了他的史论方法，即：

> 推其所以然之由，辨其不尽然之实，均于善而醇疵分，均于恶而
> 轻重别，因其时，度其势，察其心，穷其效，所由与胡致堂诸子之有
> 以异也。②

我们认为，这是夫之较完整的史论方法，需要加以分析；并要取《读通鉴
论》中的材料，加以参证说明。

关于"推其所以然之由，辨其不尽然之实"——即探索原由，辨明真伪。
治史与论史，只是摆史实，铺摊子，是不行的。需要由此及彼，由表及里，
辨真伪，探原由，才能明其实质，了解至深，以期于用。"溢词""侈谈"或
"艳称"，更不可取。③ 夫之正是按此而论史的。如论唐朝灭亡的原因，说唐
懿宗时发生庞勋起义，一时难平，但唐朝尚不至于瓦解，这时招讨使康承

---

① 《叙论四》。
② 《叙论二》。
③ 卷七"汉明帝"七、卷一八"陈宣帝"九。

训奏请朝廷借用沙陀兵以讨庞勋。于是沙陀贵族了解唐朝虚实，横行中原，轻视唐朝，从而产生"可取而代"之心，以至逐渐酿成唐亡之祸。"然则承训召寇以入，为灭唐之戎首，罪其可逭乎？"故说唐亡"自康承训奏使朱邪赤心率沙陀三部落讨庞勋始"，也就是说，康承训之谋是唐亡之"祸原"。① 此论不同于欧阳修"唐亡于黄巢，而祸基于桂林"②之说，虽然两者都未揭示深刻的阶级矛盾的根因，但应承认各有一定的见地。

又如论辨唐宣宗之政美恶，夫之指出《通鉴》所书有问题。他以为，司马光取小说之材料，记载于史册，"若有余美焉"；而明白人观之，"则皆亡国之符也"。他就"鸡山贼"一事而展开分辨："大中六年，鸡山贼乃掠蓬、果、三川，言辞悖慢，民心之离，于是始矣。"当时无严重的内忧外患，无严重的天灾，而百姓何以迫于饥寒"而遽走险以自求斩艾（刈）乎"？问题很显然，促使百姓铤而走险者，"非有司之虐而谁邪？"从而进一步分析："君愈疑，臣愈诈，治象愈饰，奸蔽愈滋，小节愈严，大贪愈纵，天子以综核御大臣，大臣以综核御有司，有司以综核御百姓，而弄法饰非者骄以玩，朴愿自保者罹于凶，民安得不饥寒而攘臂以起哉！""小昭而大聋，官欺而民敝，智攫而愚危，含怨不能言，而蹶起不可制。……驱民以冻馁，其已久矣。"③夫之以具体的分析说明，统治者对被统治者剥削和压迫是"鸡山贼"之起因，唐宣宗为政不美，司马光记事不实。这种历史之辨，大可肯定。

关于"均于善而醇疵分，均于恶而轻重别"——即区分善恶的不同程度。善有醇疵，恶有轻重，不可一概而论，而要仔细分析，作对比研究。夫之以为，历史人物千差万别，绝不等同。如他将朱温、李克用与曹操三人作了对比分析，说："以曹操拟桓、文，杜蘅之于细辛也；以朱温、李克用拟曹操，瓦砾之于碔砆也。此其不可强而同者也。"④

在分析研究历史人物方面，夫之对唐代二王八司马之论，尤可注意。二王革新失败遭难，"恶声一播，史氏极其贬消，若将与赵高、宇文化及同其凶逆者"。夫之说："平心以考其所为，亦何至此哉！"他认为："自其执政以后，罢进奉、宫市、五坊小儿，贬李实，召陆贽、阳城，以范希朝、韩泰夺宦官之兵权，革德宗末年之乱政，以快人心，清国纪，亦云善矣。顺

---

① 卷二七"唐懿宗"四。
② 《新唐书》卷二二二《南诏传》。
③ 卷二六"唐宣宗"六。
④ 卷二七"唐昭宗"八。

宗抱笃疾，以不定之国储嗣立，诸人以意扶持而冀求安定，亦人臣之可为者。"只是由于宦官弄权为奸而兴大狱，二王等人自身也有缺点，"因是而激盈廷之怨，寡不敌众，谤毁腾于天下，遂若有包藏祸心为神人所共怒者，要亦何至此哉！"故夫之断言，谓二王八司马为千古之败类，"则亦诬矣"。①这可以说是夫之区分善之醇疵、恶之轻重，具有代表性的高论。

关于"因其时，度其势"——即审时度势。论史不可超过时空，不能形而上学，应当强调历史主义。《通鉴》载牛、李维州之辩，司马光不顾历史是非，伸牛而诎李。夫之指出，牛僧孺放弃维州的主张，并不是"崇信以服远，审势以图宁"，而是欲败李德裕收复维州之功，竟然不顾"国家之大利，夷夏之大防"，"以快其私怨"。同时指出，司马光的"德裕所言者利也，僧孺所言者义也"之说，不切史实，而是"惩熙丰之执政用兵生事，敝中国而启边衅，故崇奖处镎之说，以戒时君"。严格说来，这是借史论政，而非真正的史论。故夫之严肃地指出："夫古今异时，强弱异势，战守异宜，利害异趣，据一时之可否，定千秋之是非，此立言之大病，而温公（司马光）以之矣。"②这是接近历史辩证法之论，难能可贵。

关于"察其心，穷其效"——即考察主观动机和客观效果。人们的主观动机与客观效果，或相符，或不符，或似符，这是了解和评论历史人物的一个极为复杂而需要探讨的问题。古人评论历史人物，虽然早已接触到这个问题；但作为一个史论方法，明确地提出，又切实地运用，当数王夫之领先。如对秦朝废封建制立郡县制，夫之说："秦以私天下之心而罢侯置守，而天假其私以行其大公，存乎神者之不测，有如是夫！"③意思是，秦朝废封建立郡县，秦始皇本是"私天下之心"，主观动机是私；但实际上虽未利于秦朝延长寿命，却有利于天下统一，客观效果是公；这种"心"与"效"，"公"与"私"不统一的现象，实非人所预料。

夫之因坚持其史论方法，故对史书要求真实可信，表彰"存直笔于天壤"④，反对"挟私以成史"⑤。他之所以往往分辨史家之公私正邪，史书之曲直真伪，就在于要求史论建立在信史的基础之上。同时，夫之反对论史

---

① 卷二五"唐顺宗"。
② 卷二六"唐文宗"四。
③ 卷一"秦始皇"一。
④ 卷一五"宋文帝"一九。
⑤ 卷三"汉武帝"三〇。

之"二弊",即"浅中无当之失","纤曲鬼琐之说"①,不浮言,不诡辩,要求达到他自己提出的论史原则和要求,以期"求安于心,求顺于理,求适于用"。②

六、王夫之的史学思想

夫之的《读通鉴论》具有丰富的史学思想。其历史、政治、民族、史学几方面的思想与观点,尤为突出。

在历史观方面,夫之不信"正统"论、"五德终始说"等传统的历史观,反对复古论,往往予以批判。如说,古今之天下,只有治乱离合之变,而无所谓"正统",正统论乃有的统治者"强相缀系以掩篡夺之迹,抑假邹衍五德之邪说与刘歆历家之绪论,文其诐辞;要岂事理之实然哉?""若邹衍五德之说,尤妖妄而不经。"③"鉴古酌今,以通天下之志而成其务,非循名责实泥已迹者之所与知久矣。"④

在批判旧的谬论,继承以往历史观优秀成果的基础上,夫之提出了历史演变的观点。他说:

> 唐虞以前,无得而详考也,然衣裳未正,五品未清,婚姻未别,丧祭未修,狉狉獉獉,人之异于禽兽无几也。……若夫三代之季,尤历历可征焉。当纣之世,朝歌之沈酗,南国之淫奔,亦孔丑矣。……至于春秋之世,弑君者三十三,弑父者三,卿大夫之父子相夷、兄弟相杀、姻党相灭,无国无岁而无之,蒸报无忌,黩货无厌,日盛于朝野,孔子成《春秋》而乱贼始惧,删《诗》、《书》,定《礼》、《乐》,而道术始明。然则治唐虞三代之民难,而治后世之民易,亦较然矣。⑤

意思是说,自古以来,无论是风俗、文化,还是经济、政治,都在演变,

---

① 《叙论三》。
② 《叙论三》。
③ 《叙论一》。
④ 卷二〇"唐高祖"八。
⑤ 卷二〇"唐高祖"八。

今胜于古。故他反对"泥古过高，而菲薄方今"。①

夫之讲历来治乱离合，也是历史演变论。他多次讲到天下之势"一离一合"，"一治一乱"，不免受了传统的循环论的影响；但却承认历来治乱有所变化，《叙论一》就提到"数千年中国之治乱以迄于今，凡三变矣"。此中尽管没有突变的理论，没有质的移行的说明，但还是说明天下在变，不是简单的重复。他讲历来的离合，更承认历史演变，如说：

> 古之天下，人自为君，君自为国，百里而外，若异域焉，治异政，教异尚，刑异法，赋敛惟其轻重，人民惟其刑杀，好则相昵，恶则相攻，万其国者万其心，而生民之困极矣。尧舜禹汤勿能易也；至殷之末，殆穷则必变之时，而犹未可骤革于一朝；故周大封同姓，而益展其疆域，割天下之半而归之姬氏之子孙，则渐有合一之势。而后世郡县一王，亦缘此以渐统一于大同，然后风教日趋于画一，而生民之困亦以少衰。②

这是说，随着历史的发展，我国由分裂逐渐趋于统一，风俗文化也日益进步。说明人类社会是由野蛮而趋向文明的。

同时，夫之又把他的"理依于气""气无非理"的朴素唯物主义的自然观用来考察社会历史，提出了"理势合一"的历史理论。《读通鉴论》首篇就提到：

> 郡县之制，垂二千年而弗能改矣，合古今上下皆安之，势之所趋，岂非理而能然哉？……封建毁而选举行，守令席诸侯之权，刺史牧督司方伯之任，虽有元德显功，而无所庇其不令之子孙。势相激而理随以易，意者其天乎！

这里论者就分封制发展到郡县制的史实，说明"理势合一"的道理。夫之谈理、势之处很多，如"顺必然之势者，理也。理之自然者，天也。……天

---

① 卷二〇"唐太宗"八。
② 卷二〇"唐太宗"二。

者，理而已矣。理者，势之顺而已矣"。①"势既然不得不然，则即此为理矣。"②"势因乎时，理因乎势。"③可见，所谓"势"，就是历史发展"必然"的趋势；所谓"理"，就是"顺必然之势"的历史发展规律。"理势合一"，就是历史发展趋势和历史发展规律的一致性。这个历史思想，贯穿于他对人类社会历史的一系列具体看法之中。夫之对正统论、复古论等的批判，对历史演变论的阐述，都与这个思想指导有一定的关系。

在政治观方面，夫之弹的老调不少，但也有些新的思想。他提出了"事随势迁，而法必变"④，"就事论法，因其时而酌其宜"⑤的理论，主张"趋时更新"，反对泥古不变。他说：

> 以古之制，治古之天下，而不可概之今日者，君子不以立事；以今之宜，治今之天下，而非可必之后日者，君子不以垂法。⑥

就是说，历史发展了，社会各项制度应当随之而变。这是夫之政治观的指导思想。

夫之虽有"天子者，以绝乎臣民而尊者也"之说，但不鼓吹君主专制。他所说"以天子统乎天下，则天下乱"，"上统之则乱，分统之则治"⑦，即反对君主操持一切，专制独断，主张各级政权各专其职。他以为，天下"非一姓之私"，反对"以天下私一人"，主张"公天下"，凡事以"大公"为原则。他认为，天下之财利、土地，以至于用人、爵禄，都应当按"大公"原则行事。如说："王者能臣天下之人，不能擅天下之土。……若夫土，则天地之固有矣。王者代兴代废，而山川原隰不改其旧；其生百谷卉木金石以养人，王者亦待养焉，无所待于王者也，而王者固不得而擅之。"⑧其意是要对君权加以限制，有点民主思想的倾向。

夫之主张通商，开关交易。他说："天下交相灌输而后生人之用全，立

---

① 卷七"宋论"，"宋哲宗"一。
② 卷九"读四书大全说"。
③ 卷一二"晋愍帝"一。
④ 卷五"汉成帝"八。
⑤ 《叙论四》。
⑥ 《叙论四》。
⑦ 卷一六"齐高帝"一。
⑧ 卷一四"东晋孝武帝"四。

国之备裕。"他认为如果不开关通商，则民困国穷。而想闭关，事实上闭也
闭不了，禁也禁不了。只有通商，互通有无，才能提高生产力，促进经济
发展，"民给而赋税以充，耕者劝耕，织者勤织"，才能"利于国，惠于
民"。① 这有点像近代开关自由通商的思想。

夫之主张"严以治吏，宽以养民"②，对于官场中的贪污腐败现象，特别
强调"严之于上官"③。以为严惩大官，才能使下级官吏恐惧而喙息。对于设
制科以取士，以为"惟其言以登用之，则国是乱，佞人进，治道之大蠹
也"。④ 这些都有一定的见识，都有一定的进步性。

在民族观方面，夫之主张"夷夏之防"。他具有强烈的民族主义思想，
把民族大义视为高于一切，说"天下之大防"的首要问题是"夷狄、华夏"之
辨。⑤ 并说：

> 为天下共奉之君，君令而臣供，义也；而夷夏者，义之尤严者也。
> 五帝、三王，劳其神明，殚其智勇，为天分气，为地分理，以绝夷于
> 夏，即以绝禽与人，万世守之而不可易，义之确乎不拔而无可徙
> 者也。⑥

意思是，夷夏之防高于君臣之义，这是自古以来天经地义之事，是"古今之
通义"，万世而不易。"如其不可两全矣，则先君之义犹私也；中国之义，
人禽之界，天下古今之义也。不以私害公，不以小害大。"⑦把夷狄视为禽
兽，是民族歧视；而把夷夏之防视为"公"而"大"之事，是其身处清朝满洲
贵族肆虐之时强烈的民族主义精神之闪光。

为何提出"夷夏之防"？夫之说："夷狄之于华夏，所生异地，其地异，
其气异矣；气异而习异，习异而所知所行蔑不异焉。乃于其中亦自有其贵
贱焉，特地界分、天气殊，而不可乱；乱则人极毁，华夏之生民亦受其吞

---

① 卷二七"唐昭宗"五。
② 卷八"汉桓帝"二。
③ 卷二八"五代上"一七。
④ 卷二五"五代上""唐宪宗"三。
⑤ 卷一四"东晋哀帝"三。
⑥ 卷一五"宋明帝"二。
⑦ 卷一四"东晋安帝"一四。

噬而憔悴。防之于早，所以定人极而保人之生，因乎天也。"①就是说，夷夏之防，首先是考虑到各族之区域、气质、习俗等都不相同，故不可共处；再就是考虑到夷狄侵犯华夏，使中原人民受害不浅，不可不防。

所谓"防"，乃防御之意，其中无侵犯或退让的含义。夫之说："夷狄非我族类者也，蟊贼我而捕诛之，则多杀而不伤吾仁；如其困穷而依我，远之防之，犹必矜而全其生；非可乘约肆淫、役之残之、而规为利也。"②又说："王者之于戎狄，暴则惩之，顺者远之，各安其所，我不尔侵，而后尔不我虐。"③意思是，来犯则严惩不贷，来依则远处安抚，而不可乘机肆虐而奴役之，以各安其所、互不侵犯为原则。这是夫之对待民族关系问题基本的指导思想。

夫之正是以这种民族思想，臧否历史人物和评论史事得失的。对于秦始皇、汉武帝抵御匈奴，夫之予以肯定，说其虽有过错，然不在此，"非筑城治障斥远匈奴之害也"，"非扫漠南之王庭以翦艾匈奴之害也"。④对于郭钦言"风尘之警"，江统著《徙戎论》，夫之允其"早识"，说："汉魏之际，羌、胡、鲜卑杂居塞内，渐为民患，徙之出塞，万世之利也。"⑤对于正统论者升晋于正统，黜宋于分争，夫之说，这是"崇势而抑道"，晋宋相比，晋失中原于夷狄，宋伐中原之夷狄，宋胜过晋，"未见其劣"。"举晋人坐失之中原，责宋之不荡平，没其挞伐之功而黜之，亦大不平矣。"⑥对于桑维翰劝石敬瑭屈节以事契丹，夫之评其为"万世之罪人"⑦。对于数千年来我国各族的往来与同化，夫之以为不妥，说各族隔绝而"相忘"，才是"各安其所之道"。⑧

由此可以看出，夫之的民族观，虽有狭隘的民族主义因素，但爱国主义精神和民族大节是其主要成分。

在史学观方面，夫之以为史学乃经世之学。他说司马光之书以"资治通鉴"四字为名，用意很深，于是加以解释和发挥。夫之说：

① 卷一四"东晋哀帝"三。
② 卷一二"晋怀帝"三。
③ 卷七"汉安帝"四。
④ 卷五"王莽"二。
⑤ 卷一一"晋"一四。
⑥ 卷一五"宋武帝"一。
⑦ 卷二九"五代中"一六。
⑧ 卷二八"五代上"一二。

曰"资治"者，非知治知乱而已也，所以为力行求治之资也。

这是说，所谓"资治"，不是了解历史知识，而是为力行求治之资。因此，要求学历史不能盲目取用，而要用心思考，设身进入历史，真正认清其得失利弊，才能"变通以成乎可久"。

所谓"鉴"，不是为了看形貌，整衣冠；而是要对历史认真研究。夫之说：

故论鉴者，于其得也，而必推其所以得；于其失也，而必推其所以失。其得也，必思易其迹而何以亦得；其失也，必思就其偏而何以救失；乃可为治之资，而不仅如鉴之徒悬于室，无与照之者也。

意思是，对历史的得失和经验教训，需要推究之，总结之。

所谓"通"，就是要求"通识"和善于运用丰富的历史。夫之说：

其曰"通"者，何也？君道在焉，国是在焉，民情在焉，边防在焉，臣谊在焉，臣节在焉，士之行己以无辱者在焉，学之守正而不陂者在焉。虽拘穷独处，而可以自淑，可以诲人，可以知道而乐，故曰"通"也。①

此中包含这些意思：历史的内容非常丰富，包罗万象，可以有选择地了解，还当有总体的认识；可以"自淑"，即可以提高自身的素养；可以"诲人"，即可用以进行社会教育；可以"知道而乐"，意思是可以了解历史法则，对历史前途充满信心。夫之对"资治通鉴"全面的解释，就是古为今用。

在古为今用问题上，夫之有几点要求：第一，师古之"精意"，不能仿古之"成法"②，反对"泥古而不知通"③。"就今日而必法尧舜也，即有娓娓

---

① 《叙论四》。
② 卷二二"唐玄宗"一五。
③ 卷二十"唐太宗"一四。

长言为委曲因时之论者，不可听也。"①后世只能"通古人之意而推以立法"。②第二，不可以古概今，只能鉴古酌今。"因时随土以立一切之法者，固可变通以行其化裁者也"。③"鉴古酌今，以通天下之志而成其务，非循名质实泥已迹者之所与知久矣"。④"以古之制，治古之天下，而未可概之于今日者，君子不以立事；以今日之宜，治今之天下，而未必之后世者，君子不以垂法"。⑤第三，不可把史鉴当作万灵药膏，关键还在立政修教。"立国无深仁厚泽之基，而预教不修，子孙昏暴，扑火于原，而焰发于娃灶，虽厚戒之无救也。"⑥第四，不能以历史为教条，应当结合实际。"读古人之书，以揣当世之务，得其精意"，不可"偏据"⑦于古。"因其时，就其地，以抚其人民，而国民交利"⑧。第五，尽管世局混乱，但"极重而必返"。⑨天下之治，"以俟之来哲"⑩，期待于"醇儒"⑪。可见夫之在古为今用问题上，颇具辩证法思想。但也有局限性，如提不出新的社会方案，未找到创造历史的主人等。

基于古为今用的思想，夫之对历史著述提出了一些要求，主要是三点：一要明确述往思来之宗旨。他说："史者，垂于来今以作则者也"⑫；"所贵乎史，述往以为来者师也"⑬。意谓史学担负着记述历史和促进历史的重大使命。二要记载"经世之大略"。他说："为史者，记载徒繁，而经世之大略不著，后人欲得其得失之枢机以效法之无由也，则恶用史为？"⑭故他讨厌连篇累牍的空文，反对花里胡哨的"藻悦之文"⑮。三要切实有用而可供鉴

---

① 卷二四"唐德宗"三三。
② 卷二八"五代上"五。
③ 卷二二"唐玄宗"一五。
④ 卷二十"唐高祖"八。
⑤ 《叙论四》。
⑥ 卷十"三国"一。
⑦ 卷二一"唐高宗"八。
⑧ 卷二八"五代上"一五。
⑨ 卷八"汉灵帝"一六。
⑩ 卷二二"唐玄宗"一九。
⑪ 卷二"汉文帝"一一。
⑫ 卷二〇"唐太宗"二二。
⑬ 卷六"东汉光武"一〇。
⑭ 卷六"东汉光武"一〇。
⑮ 卷六"东汉光武"一〇。

戒。他说："史之为书，见诸行事之征也。则必推之而可行，战而克，守而固，行法而民以为便，进谏而君听以从，无取于似仁似义之浮谈，只以致悔咎而无成者也。则智有所尚，谋有所详，人情有所必近，时势有所必因，以成与得为期，而败与失为戒，所固然矣。"①夫之批评宋元以来的"浮谈"学风，坚持其"求适于用"的要求。同时，他反对执迷"较订"而傲人，认为其学"无益"于世。②

夫之论史，往往说古道今，抒情言志，充分表达出他对时政的关注。夫之守民族的大节，有爱国主义的精神，史学思想闪烁异常的光辉。王夫之、黄宗羲二人在史论与政论方面各有千秋。在政治思想上，夫之显然稍逊于宗羲一筹；而在史论建树上，夫之却比宗羲进步。

第四节　顾炎武、顾祖禹和马骕的史学

一、顾炎武著《日知录》

顾炎武，字宁人，初名绛，曾自署蒋山佣，学者称亭林先生。江苏昆山人。生于明万历四十一年（1613 年），卒于清康熙二十一年（1682 年），享年 70 岁。炎武自崇祯十二年（1639 年）秋乡试被摈，乃弃帖括之学，注意读书与实学。顺治初年，清兵南下，炎武自此十多年间从事结社讲学和抗清活动。昆山沦陷，死难者数万人，炎武之母王氏绝食而亡，遗嘱炎武不仕清朝。炎武因杀了仇人陆恩而难容身于家乡，于顺治十四年（1657 年）只身北上，活动于北方各地，从事调查、交游、实业等活动。清朝设置明史馆，特开博学鸿辞科，笼络名儒，炎武一再拒绝而不就。康熙十八年（1679 年），炎武年迈，卜居于陕西华阴。二年后即终。

炎武一生，注意读书，重视社会调查，勤于札记著述。他的著述甚富，今可考见者，几近 50 种。其中有不少是史学著作。《天下郡国利病书》《肇域志》两书所辑社会政治、经济、地理等方面的资料非常丰富。两书虽系长编而未定稿，但对于研究明代历史极有参考价值。

《日知录》是顾炎武的代表作。炎武读书时勤于札记，将心得写成条文，

---

① 《叙论四》。
② 卷一七"梁元帝"二。

积数十年之心力，至晚年才写成《日知录》32 卷，1000 余条。① 编次不分门目，以类相从。内容很多，考证较精，主要是社会历史诸问题。

炎武曾多次自言著述《日知录》的宗旨，如：

> 若其所欲明学术，正人心，拨乱世，以兴太平之事，则有不尽于是刻者，须绝笔之后，藏之名山，以待抚世宰物者之求。②

> 别著《日知录》，上篇经术，中篇治道，下篇博闻，共 30 余卷。有王者起，将以见诸行事，以跻斯世于治古之隆，而未敢为今人道也。③

> 《日知录》之刻……意在拨乱涤污，法古用夏，启多闻于来学，待一治于后王，自信其书之必传，而未敢以示人也。④

可见其意在经世致用。这与黄宗羲《明夷待访录》的著述旨趣相同，有些内容也近于一致。炎武对宗羲谈起两书时，曾说："窃自幸其中所论，同于先生者十之六七。"⑤ 这是诚实之言。故潘耒为《日知录》作序，盛称其经世之学，并明确地指出："如第以考证之精详，文辞之博辩，叹服而称述焉，则非先生所以著此书之意也。"⑥《四库全书总目》一反此说，曰："潘耒作是书序，乃盛称其经济，而以考证精详为末务，殆非笃论矣。"⑦ 这是有意讥贬炎武经世之学，过分强调考证，实是主次颠倒。

炎武深感明末文人空言心性而误国，故加严肃批判："不习六艺之文，不考百王之典，不综当代之务……以明心见性之空言，代修己治人之实学。"⑧ 而明确地提出"文须有益于天下"。⑨ 他往往借用经典或古训以表述自己的思想。如说：

---

① 赵俪生说："《日知录》成型条段，总不超出 1020 条之数。"见《〈日知录〉导读》导言》，载《文史哲》，1989(3)。

② 初刻本，《日知录·自序》。

③ 《亭林文集》卷四，《与人书二十五首》。

④ 《亭林文集》卷六，《与杨雪臣》。

⑤ 顾炎武：《与黄太冲书》，《顾亭林诗文集》，北京，中华书局。

⑥ 潘耒：《日知录序》。

⑦ 《四库全书总目》卷一一九，子部杂家类。

⑧ 《日知录》卷七，《夫子之言性与天道》条。

⑨ 《日知录》卷一九，《文须有益于天下》条。

　　　　愚所谓圣人之道者如之何？曰"博学于文"，曰"行己有耻"，自一身以至于天下国家，皆学之事也；自子臣弟友以至出入往来辞受取与之间，皆有耻之事也。耻之于人大矣，不耻恶衣恶食，而耻匹夫匹妇之不被其泽。……呜乎！士而不先言耻，则为无本之人；非好古而多闻，则为空虚之学。以无本之人而讲空虚之学，吾见其日从事于圣人而去之弥远也。①

经炎武解释，所谓"博学于文"，即"研究古今变革，化成天下的有益学问"之意，所谓"行己有耻"，即"不为旧文人，而为新文人"。② 意在力辟言心言性之虚妄，而强调面对天下国家之实学。这种经世之学，是明清之际史学大家的共同点。

二、顾炎武治史特点

　　炎武的史学，就是经世之学。具体说来，有以下几个显著的特点：

　　首先，重视史学及"引古筹今"。炎武推崇韩愈"人不通古今，马牛而襟裾"之诗句③，并讥刺当时轻视史学者为"俗佞"④，足见其重视史学。他强调古为今用，说："引古筹今，亦吾儒经世之用。"⑤"夫史书之作，鉴往所以训今。"⑥《日知录》确是如此。如论古今之地方长官，有说："削考功之繁科，循久任之成效，必得其人而与之以权，庶乎守令贤而民事理，此今日之急务也。"⑦此谈古说今，至为明显。

　　其次，注意古今源流与近世国情。潘耒《日知录序》说，炎武"综贯百家，上下千载，详考其得失之故"，凡经义史学，"一一疏通其源流，考正其谬误"。《日知录》许多条文，如《帝王名号》《郡县》《都邑》等条，都是考古今源流及其异同离合的。如其以鲁哀公奔亡至苏秦为合纵长的 133 年（公元前 467—前 334 年）为转折，论春秋战国间"风俗"之流变，所谓"春秋时犹宗

---

① 《亭林文集》卷三，《与友人论学书》。
② 参考侯外庐著：《中国早期启蒙思想史》，第四章第一节。
③ 《日知录》卷一九，《文人之多》条。
④ 《日知录》卷一六，《史学》条。
⑤ 《亭林文集》卷四，《与人书八》。
⑥ 《亭林文集》卷六，《答徐甥公肃书》。
⑦ 《日知录》卷八，《守令》条。

周王，而七国则绝不言王矣"；"春秋时犹论宗姓氏族，而七国则无一言及之矣"；"邦无定交，士无定主"等①，恰好道出了春秋战国时期社会大变革的某些特点，大有助于人们对历史的理解。

炎武慨叹明代史学"废失"，野史盛而多谬，"天下之士，于是乎不知今"。② 故注意收集有关明代史料，准备著述。只因他将珍贵的史料借给修纂明史的吴炎和潘柽章，不幸毁于史狱，使其难以再专治明史。③ 但他仍然关心明史的修撰，还论修明史之法，如言存"两造异同之论"④，强调"据事直书"⑤等。

同时，炎武通贯古今，多结合近世国情，而论史谈政。如论古今之度量衡，"今代之大于古者，量为最，权次之，度又次之"。⑥ 又如论国家财用，揭露明朝搜刮民财，"外库之虚，民力之匮"，由来已久，以至于亡。⑦例多而不胜枚举。

再次，偏重于政治、经济、风俗、学术文化等历史问题。《日知录》内容丰富，涉及面很广，《四库全书总目》曾列举其各卷重点。如今看来，主要是政治、经济、文化、风俗等方面的内容。这样的要点，一来是要抓历史的重要问题，二来便于表达经世思想。如谈政治问题时说："人主之所患，莫大于唯言而莫予违。"⑧这就针砭及封建君主专制问题。又如说到政风时言："司马迁作《史记·货殖传》，谓自廊庙朝廷岩穴之士，无不归于富厚；等而下之，至于吏士舞文弄法，刻章伪书，不避刀锯之诛者，没于赂遗。……乃以今观之，则无官不赂遗，而人人皆吏士之为矣；无守不盗窃，而人人皆僮竖之为矣。自其束发读书之时所以劝之者，不过所谓千钟粟、黄金屋，而一旦服官，即求其所大欲，君臣上下怀利以相接，遂成风流，不可复制。"⑨这是批判旧社会以权谋私的问题。

最后，注重证据与调查。潘耒《日知录序》说炎武"有一独见，援古证

---

① 《日知录》卷一三，《周末风俗》条。
② 《亭林文集》卷一八，《秘书国史》条。
③ 《亭林文集》卷五，《书吴潘二子事》；卷四，《与次耕书》。
④ 《亭林文集》卷五，《书吴潘二子事》；卷四，《与次耕书》。
⑤ 《日知录》卷一八，《三朝要典》条。
⑥ 《日知录》卷一一，《权量》条。
⑦ 《日知录》卷一二，《财用》条。
⑧ 《日知录》卷九，《人材》条。
⑨ 《日知录》卷一三，《名教》条。

今"。这是说炎武治史注重证据。他勤于抄书，"有所得辄记之"①，广泛收集材料，加以归纳，注明出处，写成《日知录》条文。所用材料，必经选择，犹如"采铜于山"而铸钱，不似"今人则买旧钱名之曰废铜以充铸"。②

炎武注重调查。潘耒《日知录序》说炎武"足迹半天下，所至交其贤豪长者，考其山川风俗疾苦利病，如指诸掌"。因而《日知录》中有些材料或论据，不是本之书本，而是调查所得。如《河渠》条说："予行山东巨野、寿张诸邑，古时潴水之地，无尺寸不耕，而忘其昔日之为川浸矣。"③因为亲历其境调查，故能如此言之凿凿。

炎武治史的特点，在清初史学经世的潮流中最具有代表性。

三、顾炎武的史学思想

炎武治学，志在治国平天下，故其史学思想突出地表现在社会政治、经济思想等方面。他有句名言："保国者，其君、其相、肉食者谋之。保天下者，匹夫之贱与有责焉耳。"④意思是，保守政权，是君、相等统治者最关心之事，而维持整个社会，民众则有天责。这种意在削弱君权、呼吁民权的言论，显然是反对封建君主专制。如谓此说还不大明确，那就再看炎武这个言论：

> 所谓天子者，执天下之大权者也。其执大权奈何？以天下之权寄之天下之人，而权乃归之天子。自公卿大夫至于百里之宰、一命之官，莫不分天子之权，以各治其事，而天子之权乃益尊。⑤

此说之意有三：第一，承认君权，但要分散其权力，即削弱君权。第二，"以天下之权寄之天下之人"，原则上就是天下之人都有一定的权利。第三，分君权者，主要是朝廷公卿和地方长官。

地方自治论是炎武主要的政治观点。他觉得在君主专制制度下，地方

---

① 《日知录·自序》。
② 《亭林文集》卷四，《与人书十》。
③ 《日知录》卷一二。
④ 《日知录》卷一三，《正始》条。
⑤ 《日知录》卷九，《守令》条。

有官而无自治权。当官者为君而不为民，百姓治生而难发挥积极性。这种情况必须改变。他主张，辟官、莅政、理财、治军四权，"一归于郡县"。① 并作《郡县论》详论之。如说：

> 方今郡县之敝已极，而无圣人出焉，尚一一仍其故事，此民生之所以日贫，中国之所以日弱而益趋于乱也。何则？封建之失，其专在下；郡县之失，其专在上。古之圣人以公心待天下之人，胙其土而分其国；今之君人者，尽四海之内为我郡县犹不足也。人人而疑之，事事而制之，科条文簿日多于一日；而又设之监司，设之督抚，以为如此，守令不得以残害其民矣。不知有司之官凛凛然救过之不给，以得代为幸，而无肯为其民兴一日之利者，民乌得而不穷，国乌得而不弱？率此不变，虽千百年而吾知其与乱同事，日甚一日者矣。然则尊令长之秩，而予之以生财治人之权，罢监司之任，设世官之奖，行辟属之法，所谓寓封建之意于郡县之中，而二千年以来之敝可以复振。后之君苟欲厚民生，强国势，则必用吾言矣。②

意思是，针对封建君主专制之弊，应当在维持统一的前提下，加强地方自治之权，以发挥地方长官施政治民的积极性，以达到地方治、民生厚、国势强之目的。并说这是政治改革的一个方向。

同时，炎武注意官吏问题。他在《日知录》中多处谈到封建官吏制度和官吏素质问题，在谈地方自治时也强调"守令必称其职"。③ 官吏是否称职，这是有关政治成败及政风好坏的大问题。炎武察觉到封建吏治之腐败："使治官府则盗窃，守城则倍畔；使断狱则不中，分财则不均。"④炎武以为生员制度是繁衍官僚、苦害百姓的不良之制，败坏了士风，污染了政治。他曾指出当时生员约数十万人，学的是八股文，不懂得世务，"通经知古今可为天子用者，数千人不得一也，而嚣讼逋顽以病有司者，比比皆是"。这种生员在社会上不受欢迎，但有些读书人趋之若鹜，走门子，"行关节"，无所

---

① 《日知录》卷九，《守令》条。
② 《亭林文集》卷一，《郡县论》一。
③ 《日知录》卷九，《守令》条。
④ 《日知录》卷九，《人材》条。

不为；① 既为生员，仗势作恶，蠹政害民，立党倾轧。故炎武认为，废天下之生员，则"官府之政清"，"百姓之困苏"，"门户之习除"，"用世之材出"。② 他主张人才的选举，"略用古人乡举里选之意"，③ 并提出具体的选举办法：

> 用辟举之法，而并存生儒之制，天下之人……皆得举而荐之于朝廷。……略仿唐人郡县之等，小郡十人，等而上之，大郡四十人而止。小县三人，等而上之，大县二十人而止。约其户口之多寡，人材之高下，而差次之，有阙则补，而罢岁贡举人之法。其为诸生者，选其通隽，皆得就试于礼部。④

这是按地方政区人口而推举人才的选举法，另加诸生经考试而录用。可谓具有民主性的创议。

在经济思想上，炎武以为调动人人为私的积极性，才能利国利民。他说："天下之人各怀其家，各私其子，其常情也。为天子为百姓之心，必不如其自为。……圣人者因而用之，用天下之私，以成一人之公而天下治。"⑤ 意思是，人人为私是常情，调动其"自为"的积极性，有利于民，也有利于国家。基于这个思想，炎武首先主张"藏富于民"⑥；同时强调发展地方经济。他说：

> 夫使县令得私其百里之地，则县之人民皆其子姓，县之土地皆其田畴，……县之仓廪皆其帑。为子姓，则必爱之而勿伤；为田畴，则必治之而勿弃；为藩垣囷帑，则必缮之而勿损。自令言之，私也；自天子言之，所求乎治天下者，如是焉止矣。⑦

这是主张以县为单位发展地方经济的思想。意在调动县官与县民发展私产

---

① 《亭林文集》卷一，《生员论》上。
② 《亭林文集》卷一，《生员论》中。
③ 《亭林文集》卷一，《郡县论》九。
④ 《亭林文集》卷一，《生员论》下。
⑤ 《亭林文集》卷一，《郡县论》五。
⑥ 《日知录》卷一二，《财用》条。
⑦ 《亭林文集》卷一，《郡县论》五。

的积极性，以发展地方经济，保证地方稳定，从而有利于封建统一。这与其地方自治思想一致，在当时是有进步意义的。

炎武还主张改进赋税之制。反对官府苛捐杂税，"兴利"而"害民"①，揭露"借火耗之名，为巧取之术"，② 指责"青苗钱"乃超前征税之"食苗之政"③。还反对田赋征银之法，主张"天下税粮，当一切尽征本色"。④ "本色"，是指实物田赋。这说明炎武反对官府巧取豪夺，希望减轻人民的负担。

炎武富有爱国思想，注意社会问题，积极主张变革。他说："法不变，不可以救今。已居不得不变之势，而犹讳其变其实，而姑守其不变之名，必至于大弊。"⑤意思是，只有变革，才能解救社会危机，才能促使社会前进。这是革新的思想。而炎武那个"保天下者，匹夫有责"之论，更具有民主主义的启蒙精神。在这方面，炎武与黄宗羲、王夫之等共领时代之风骚，并影响于后世。

四、顾祖禹著《读史方舆纪要》

顾祖禹，字瑞五，一字复初，号景范，江苏无锡人。生于明崇祯四年（1631 年），卒于清康熙三十一年（1692 年），享年 62 岁。其父柔谦年轻时入赘谭氏，故祖禹出生于常熟，又自称常熟人。后迁居于无锡城东宛溪，学者称其为宛溪先生。祖禹的高祖大栋，嘉靖时为光禄丞，"好谈边徼利病"，曾与兵部尚书许论合撰《九边图说》，论述明代北部边防。曾祖文耀万历中以光禄大官正"奉使九边，还对，条奏甚悉"⑥，受到皇帝的称赞。其父柔谦好学卓识，"精于史学"⑦，慨叹当时科举制度无益于世，"慨然欲举一朝之典故，讨论成书"。于明亡之后，带着祖禹"耕于虞山之野"，临终而对祖禹遗嘱：

> 士君子遭时不幸，无可表见于世，亦惟有掇拾遗言，网罗旧典，

---

① 《日知录》卷一二，《兴利之臣》条。
② 《亭林文集》卷一，《钱粮论》下。
③ 《日知录》卷一〇，《预借》条。
④ 《日知录》卷一一，《以钱为赋》条。
⑤ 《亭林文集》卷六，《军制论》。
⑥ 《读史方舆纪要·总叙一》该书以下简称《纪要》。
⑦ 江藩：《国朝汉学师承记》卷一。

发舒志意，昭示来兹耳！尝怪我明《一统志》，先达推为善本，然于古今战守攻取之要，类皆不详，于山川条列，又复割裂失伦，源流不备。夫以一代之全力，聚诸名臣为之讨论，而所存仅仅若此。何怪今之学者，语以封疆形势，惘惘莫知，一旦出而从政，举关河天险，委而去之，曾不若藩篱之限、门庭之阻哉！……及余之身，而四海陆沉，九州腾沸，仅获保首领，具衣冠，以从祖父于地下耳。呜乎！园陵宫阙，城郭山河，俨然在望，而十五国（指二直隶、十三布政使司）之幅员，三百年之图籍，泯焉沦没，文献莫征，能无悼叹乎！余死，汝其志之矣。①

柔谦慨叹《明一统志》于历史大势和地理形势不详不细，又深感亡国之痛，要求祖禹继承家学，发展历史地理学，对历史做出贡献。这对祖禹为人治学有很大影响。

祖禹自幼好学，熟读经史。年轻时因家穷困，教书于乡塾，苦度生活。不交官府，不求名于时。他好学不倦，继承家学，秉承父命，年29岁时着手编著《纪要》，定出计划，辛勤著述，自题门联"夜眠人静后，早起鸟啼先"②，勤奋如此。自康熙十三年（1674年）起，祖禹游于闽、浙，旋又馆于昆山徐乾学家，继又参与徐乾学主持的《清一统志》编纂工作。但他不受清朝一官半职，也不愿列名编纂者之列，不求闻达，继续著述。因他有阅览徐氏传是楼丰富的藏书之便，又能常与先后在志局的阎若璩、胡渭、黄仪、刘献廷等专家学者共事与讨论学术，自然受益良多，学业大进。50岁时始成《纪要》。

彭士望谈到祖禹编纂《纪要》情况时说："祖禹之创是书也，年29，秉厥考之遗言，及先祖所为之地志，九边之《图说》，僻处宛溪，不交州府，间借资于馆谷，游历所至，惟有借书，随即抄纂，睹记所及，更获新胜，即改窜增益之，虽十易草所不惮。经二十年，始成是书。"③这里有三点值得注意：一、祖禹遵其父柔谦遗言，继承家学，艰苦著述。二、"经二十年，始成此书"，所谓"始成"是指草就，即初稿，往后不可能不修改。三、"改窜增益之"，"十易草所不惮"之说，透露了祖禹晚年学业专精和反复修补其书

① 《纪要·总叙一》。
② 黄卬：《锡金识小录》卷七。
③ 《纪要·彭叙》。

的消息。《纪要·凡例》尝言"要未敢自信为已成之书也"。总之，《纪要》一书，荟萃了顾氏家学，竭尽了祖禹毕生精力。

为了撰写《纪要》，祖禹翻阅群书，广泛地搜集材料。他参考了很多史书和一百多种地志。而"杜、郑、马三家之书"即《通典》《通志》《文献通考》，以及《通鉴音注》《通鉴地理通释》《玉海》等，是其主要参考书。① 祖禹治学严谨，取材广而审核严，深明"寡陋之过小，缪戾之罪大"的道理，故不敢"漫为附会"，不取"无稽之记载"，"俾有所见，误则正之，甚则削之"。② 其书订讹较多，如西汉在长安西南开凿的昆明池，本是仿照昆明国叶榆泽(今云南洱海)的形状，但自晋代臣瓒在《汉书音义》中将洱海误作滇池以来，1000多年来以讹传讹，直到祖禹著《纪要》才澄清了其事。故有人称其"考核精"。③ 但由于祖禹野外考察不多，亲身涉历有限，只是"按之图画，索之图籍"④，不可能完全了解全国地理，是以其书也难免失误。

在中国史学史上，《纪要》在同类书中，既胜过以往的《寰宇通志》《明一统志》等，也不逊于稍后出现的官修《清一统志》。故它至今仍为历史地理研究者所参考。

五、顾祖禹提倡经世之学

明清之际著名学者黄宗羲、王夫之、顾炎武等讲究经世之学，顾祖禹也是如此。

祖禹著《纪要》，"以俟来者"⑤，就是为了经世致用。他自信其书大有用于世。首先，可供军事的参考。祖禹说：

> 孙子之言，固言地利者，行军之本；而乡(向)导者，地利之助也。先知地利，而后可以行军；以地利行军，而复取资于乡(向)导，夫然后可以动无不胜。

---

① 《纪要·凡例》。
② 《纪要·凡例》。
③ 《纪要·熊序》。
④ 《纪要·总叙二》。
⑤ 《纪要·总叙三》。

意思是，地理是行军的基本知识，不懂得地理，而完全依赖向导是不行的。他说："平日未尝于九州之形胜，四方之险易，一一辨其大纲，识其条贯，而欲取信于临时之乡（向）导，安在不为敌所愚也？"他谈到历史上马陵之战、井陉之战等著名战役，曹操、诸葛亮等著名军事家，在用兵上都是先了解地理，才能运筹帷幄。"攻则攻敌之不能守，守则守敌之不能攻。辨要害之处，审缓急之机，奇正断于胸中，死生变于掌上，因地利之所在，而为权衡焉。"①

次之，更可供君臣四民治国谋生的参考。祖禹说：

> 天子内抚万国，外莅四夷，枝干强弱之分，边腹重轻之势，不可以不知也；宰相佐天子以经邦，凡边方利病之处，兵戎措置之宜，皆不可以不知也；百司庶府，为天子总理民物，则财赋之所出，军国之所资，皆不可以不知也；监司守令，受天子民社之寄，则疆域之盘错，山泽之薮匿，与夫耕桑水泉之利，民情风俗之理，皆不可以不知也；四民行役往来，凡水陆之所经，险夷趋避之实，皆不可不知也。世乱，则由此而佐折冲，锄强暴；时平，则以此而经邦国，理人民，皆将于吾书有取焉耳！②

这说明祖禹著书的目的，既要求有助于君臣官府开展政治、军事、经济等活动，施政治理，也要求有利于四民进行各项活动，谋生求利；既于战乱时期可资兵谋，又于和平时期可用以经国治民。

祖禹自信其书有用于世，是有感于明朝统治者失败丧国之痛，希望来者吸取历史教训。他情深意长地说：

> 凡吾所以为此书者，亦重望夫世之先知之也。不先知之，而以惘然无所适从者任天下之事，举宗庙社稷之重，一旦束手而畀之他人，此先君子所为愤痛呼号，扼腕以至于死也。予小子既已奉遗命采旧闻，旁搜记载，规之正史，稍成一家之言，……藏之家塾，以俟来者。③

---

① 《纪要·总叙三》。
② 《纪要·总叙三》。
③ 《纪要·总叙三》。

此中丧国隐痛溢于言表，有否反清复明之意难以猜测。无论如何，他要求经世致用是正确的。

历史地理学之中还有个古与今的关系问题。祖禹对此有明确的看法：

> 夫古不参之以今，则古实难用；今不考之于古，则今安恃？自世庙（明世宗朱厚熜）以来，黄河决塞，朝暮不常，边塞震惊，出入无候。至于倭夷突犯，流毒纵横，盗贼乘衅，播恶未已。其间城堡之覆败，亭障之消亡，村落之涂炭，留心民社者不忍委于不知也。知之亦必考前人之方略，审从来之要害，因时而发，择利而行，弭灾消患，不虞无术耳！然则真能知古而知今，正不难矣。①

此言知今与知古的关系十分深刻：一、知今十分重要。这里的"今"，是指明朝，尤其是明朝后期。在古今轻重关系上，祖禹是重今的。二、知今必知古。历史包括古今，只知今而不知古，或只知古而不知今，则不明历史的联系，算不上懂得历史，自然也不能以史为鉴。三、考前人之方略，审从来之要害，"因时而发，择利而行"，意思是以史为鉴当从实际出发，不能生搬硬套。祖禹这里提倡的是古为今用。他还相信，只要善于古为今用，"弭灾消患，不虞无术"，总有办法解决矛盾。明清之际谈古为今用者不少，但像祖禹这样说得明确的，为数并不多。

祖禹之书及其经世思想，颇为时人称道。吴兴祚誉为"诚古今之龟鉴，治平之药石"。② 魏禧认为"其深思远识，有在言语文字之外"③。这都是知人明理之论。近世梁启超认为《纪要》"盖偏于军事地理，殆遗老谋匡复所将有事耶？"④乃推测之词，难成结论。《纪要》至今仍有参考价值，证明祖禹经世的思想与实践是经得起历史检验的。

六、《读史方舆纪要》著述特点

《纪要》正文凡130卷，280多万字。卷一至卷九，"历代州域形势"，以

---

① 《纪要·凡例》。
② 《纪要·吴叙》。
③ 《纪要·魏叙》。
④ 梁启超：《中国近三百年学术史》八。

历来朝代分卷，依次叙述古来各代政区及沿革，考古今，综原委，4000余年之历史地理贯串一气。卷十至卷一百二十三，分省方舆纪要，以明末政区分卷，依次叙述各省（两直隶十三布政使司）的形势、疆域、沿革、山川等，以至下属府州县的疆域、沿革、城镇、山川、关塞等。各县记载有编户里数。有关史事附述于各类地名之下。有条不紊，材料丰富。各省卷首皆冠有一篇概论形势的总叙，把握全局，论述清晰。卷一百二十四至卷一百二十九，"川渎"，采录与考辨古来历史地理有关记载，叙述水道变迁。卷一百三十，天文"分野"，叙述春秋以来历代地志有关星宿分野之说。附有《方舆图说》5卷，是15省与九边、黄河、海运、漕运，以及朝鲜、安南、海夷、沙漠等地图（百里为方）和沿革建制简表。全书始终统一，井然有序。正文前，有魏禧、彭士望、熊开元、吴兴祚等的序，有祖禹的《总叙》3篇、《凡例》26则。读之，可以了解作者著述的旨趣，《纪要》的体制与要点，以及时人友好的称誉。

《纪要》采朱子纲目之法，自撰纲要，自为之注。正文顶格，注文低于正文，注中小注则小字双行串文。纲举目张，至为清晰。

此书与其他著作比较，有鲜明的著述特点：

第一，历史与地理的结合。

《纪要》的"历代州域形势"，以朝代为经，地理为纬；而"分省方舆纪要"则以地理为经，朝代为纬，历史与地理浑然一体，时间与空间有机结合。祖禹说：

> 地道静而有恒，故曰方。博而职载，故曰舆。……是书以古今之方舆衷之于史，即以古今之史质之于方舆。史之方舆之乡（向）导乎；方舆其史之图籍乎！苟无当于史，史之所载不尽合于方舆者，不敢滥登也。故曰《读史方舆纪要》。①

意思是，大地的形状称为"方"，大地上生成万物称为"舆"。此书是以古今之地理，表述历史；又以古今的历史，说明地理。历史是了解地理的向导，地理是认识历史的图籍。对于一些与历史关系不大，或历史记载与地理不符的，则不写于此书。可以说，历史与地理有机结合，是《纪要》的一大本色。

---

① 《纪要·凡例》。

第二，军事与其他的轻重。

祖禹很重视地理与军事的关系。他说：

> 管子曰：不知地利者，不能行军。孙子曰：地形者，兵之助。晁错曰：用兵临战，合刃之急者三，一曰得地形。何承天曰：山陵水泉，地阵也。盖地利之于兵，如养生者必藉于饮食，远行者必资于舟车也。《孙子》十三篇，大都推明地利……①

这里引了历史上著名人物或著作有关地理与军事密切关系的议论，从而肯定古来军事家注重地理的传统，断言地理对于军事"如养生者必藉于饮食，远行者必资于舟车"的关系。因此，祖禹无论谈历代州域形势，或谈各省地理形势，都认真地分析地理形势与军事得失。如《纪要》卷九《历代州域形势（九）》谈明太祖统一天下，共发五论：一论首定金陵"据吭背而绝要膂"之战略，二论"善于用因"之谋略，三论"攻瑕捣虚"的用兵之法，四论两京十三司，是"分州建牧之义"，有别于元之分省，五论忽于"驭边远略"，有"功倦于垂成"的缺点。其中有四个论，皆论明太祖的军事得失。又如《纪要》卷十之末，总论直隶的地理形势，首先提到："直隶雄峙东北，关山险阻，所以隔阂奥戎，藩屏中夏。"有其地形、军事、经济方面的优势，只要掌握武装，便能取得防守与治理天下的主动权。接着是谈京师置于直隶，有其"藩篱疏薄，肩背单寒"的弱点，还要虑及"上游"（指九原、云中地区）的直接威胁，"山左"的潜在危机，"引弓之徒"的觊觎。末了，还引了宋代富弼、吕中之说，寇准之意，以及靖康之难的历史经验教训。足见其着重论的是京师防卫问题，是以军事地理为重点。

但《纪要》不只写军事地理。祖禹说："《方舆》所该，郡邑、河渠、食货、屯田、马政、盐铁、职贡、分野之属是也。"②他也注意一些有关国计民生的重大问题。如《纪要》中"川渎"六卷，着重谈的是河患、漕运、海运等。祖禹深知江河与国计民生的利害关系，对河患尤为关切，曾说："河之患，萌于周季，而浸淫于汉，横溃于宋。自宋以来，淮、济南北数千里间，岌岌乎皆有其鱼之惧也。神禹不生，河患未已，国计民生靡所止定矣。"③为了

---

① 《纪要·凡例》。

② 《纪要·凡例》。

③ 《纪要》卷一二五。

未来的治河事业，他在《纪要》中辑录了大量的古人治水之策，尤其是潘季训的治河之论，以供后人取鉴。然而，以其言河患漕运比之言军事地理，显然薄弱和逊色。

第三，地利与人为的衡量。

《纪要》于两京十三司、各府州的总序与结论中，大讲地理条件，讲究形胜，说明作者对此问题十分重视，承认地理条件起着一定的客观作用，然而又不绝对化，而认为关键在于人为或其他社会因素。祖禹说：

> 且夫地利亦何常之有哉！函（谷）关、剑阁，天下之险也。秦人用函关，却六国而有余；迨其末也，拒群盗而不足。诸葛武侯出剑阁，震秦陇，规三辅；刘禅有剑阁，而成都不能保也。故金城汤池，不得其人以守之，曾不及培塿之丘，泛滥之水；得其人，即枯木朽株，皆可以为敌难。……不变之体，而为至变之用；一定之形，而为无定之准。阴阳无常位，寒暑无常时，险易无常处：知此义者，而后可以论方舆；使铢铢而度之，寸寸而比之，所失必多矣。[1]

论者承认地利是客观的存在，但利用如何全在于人为，用之得当，就可得可成；用之无术，则必失必败。这里说清了人与地的辩证关系，地是客观的条件，人是决定的因素；迷信地利，不明人为，就不可能充分调动人的主观能动性，也就不可能真正利用地理。基于这个思想，《纪要》处处评论人为在地理上的得失。如论明成祖朱棣兴师夺取政权，"处既形便，势有地利"，有成功的客观条件；而南国君臣本也可有所作为，但不以"出奇制胜，选将训兵为先务"，而在"丧败日闻"之际忙于"更张"太祖制度，以至丧失时机而告终。"吁！此实人事之不臧。论者概谓之天道，岂其然乎。"[2]这是论者的结论。《纪要》中论历史条件，论明朝败亡，论河患，论漕运，等等，大都既说地利，又论人为。另外，《纪要》有时还提到其他社会因素的作用，但这种观点并不突出。

这三个著述特点，与经世思想密切相关，可以说是在经世思想指导下，具体表现出来的经世之学。

---

① 《纪要·总叙二》。

② 《纪要》卷九。

七、马骕的史学成就

马骕，字宛斯，一字骢御，山东邹平人。生于明天启元年（1621 年），卒于清康熙十二年（1673 年），享年 53 岁。39 岁考中进士，初仕淮安推官，终于灵璧知县。博雅好古，专笃《左传》，撰有《左传事纬》《绎史》等书。他以为编年体的《左传》不便于读者了解史事原委，乃把它改编为纪事本末体，按事为篇，事具始末，分为 108 篇，名曰《左传事纬》，又附录左丘明小传、辨例、图表、览《左》随笔、名氏谱、《左传》字奇等，共 20 卷。此书内容翔实，体例有所创新，主干是纪事本末体。他又"推而广之"，"取三代以来诸书、汇集周秦以上事"①，编撰《绎史》。

《绎史》是马骕的史学代表作。全书共 160 卷，分为五部：一为"太古"部（10 卷），有关三皇五帝的远古传说；二为"三代"部（20 卷），夏、商、西周的史事；三为"春秋"部（70 卷），春秋时期史事；四为"战国"部（50 卷），战国至秦亡的史事；五为"外录"（10 卷），纪天官、地纪、名物、制度等。书前冠有世系图和年表。马骕因撰此书，"时人称为马三代"。

此书内容颇为丰富。马骕自言其书："纪事则详其本末，纪人则备其始终，十有二代之间，君臣之迹，理乱之由，名、法、儒、墨之殊途，纵横分合之异势，了然具焉。"②今观其书内容，自远古传说时代至于秦朝灭亡，凡历史大事、著名人物以及理乱兴衰、统一趋势、典制名物，包括古代几千年的文明，基本上都有所叙述或反映。

取材广博，是《绎史》内容丰富的重要原因。马骕自言其取材用心：

> 除列在学官四子书（按：指《论语》、《大学》、《中庸》、《孟子》）不录，经传子史文献攸存者，靡不毕载，传疑而文极高古者，亦复勿遗。真赝错杂者，取其强半；附托全伪者，仅存要略而已。汉魏以还，称述故事，兼为采缀，以观异同。若乃全书阙佚，其名仅见，纬谶诸号，尤为繁多，则取诸笺注之言。类萃之帙，虽非全璧，聊窥一斑。又百家所记，或事同文异，或文同人异，互见叠出，不敢偏废，所谓疑则

---

① 《绎史·原书征言》。

② 《绎史·原书征言》。

传疑，广见闻也。①

今检其书，便知它对先秦时代的经传、史、子诸书几乎囊括无遗（按：只是未录四子书）；两汉魏晋南北朝时期的历史、诸子、文集（部分）以及经传、史、子诸书的笺注，也广为搜罗，甚至唐宋时期的《十三经注疏》及《史记》《汉书》《后汉书》《文选》等书的注，《三通》及一些类书的有关材料，也有所采集，真可谓广收博引。其取材虽广，然选择则慎。对于附托伪书，如《三坟》《六韬》等，"取其强半"；对于"真赝杂错者"，如《孔子家语》《孔丛子》等，"仅存要略"；对于经史笺注和类书，"略窥一斑"；对于诸书文字异同及内容矛盾，可考则考明，难断则存疑，"疑则传疑"。这是根据其自定"载籍浩博，贵约束以刊其烦；群言异同，宜胪陈以观其备"②的旨趣，对诸书严加辨析，而采取或全录或节钞、或取其事或摘其文等多种取材的办法，以达到"广见闻"之目的。其处理先秦史料的办法及其成果，对于后世学者有一定的启示和影响。

马骕谨慎地谈道："舍《诗》《书》六艺之文而妄信诸子谶纬之杂说，未能悉三代之世及，而远求洪荒以上之氏号，此好奇者之过也。尚论者断自庖牺氏可矣。"③但他也不免好奇。如引《礼含文嘉》："三皇：伏戏（即庖牺）、燧人、神农。'伏'者，别也，变也。'戏'者，献也，法也。伏羲始别八卦，以变化天下，天下法则，咸伏贡献，故曰伏羲也。"④这种神话与解说，离奇而难信。

其书每卷末尾的附论，是马骕在取材引文之后，以自己的语言针对历史内容所发的史论。其论，每篇少者几十字，多者几千字，一般是三五百字。书中卷一至卷一百每卷均附议论（只是卷二十三、二十四两卷无论），即对远古传说时代至春秋末世的史事和人物发表评论；自卷一百零一至一百六十全无，即对战国至秦亡的史事和人物未曾置评，想必因故未能写出来。可见此书虽主体部分已经完成，然附论未完，惜功亏一篑。

马骕的史论，接受了一些陈旧的观点，如《绎史》卷二十一附论云："郡县不足恃，而封建为可久也。"又如卷九十三附论云："亡陈者楚，亡齐者

① 《绎史·原书征言》。
② 《绎史·原书征言》。
③ 《绎史》，卷一《开辟原始》末论。
④ 《绎史》卷二。

陈，信乎其有天道也。"竟然推崇分封制和天道观。这比之同时代黄宗羲、王夫之等人进步的历史观点较为逊色。但他在掌握较为丰富的史料，又弄清了历史纵横的大势之前提下，大多具体分析，切实而论，颇有实事求是的特点。其论春秋时期诸侯错综复杂的关系、各国势力的消长以及历史发展的趋势，颇为明晰，并有一定的深度。如论郑子产为相，谈到了背景、条件、人缘以及"子产为政，正郑国化弱为强之时"。① 又如论鲁与周王朝及诸侯的关系厚薄，从"鲁诸公之朝齐、晋与楚者三十有三，而朝周仅三；诸大夫之聘于列国者五十有六，而聘周仅五"的史实，断言王命日益渎惰，"周之衰"已是必然。② 再如，论晋三卿势力发展及其历史影响，指出：

> 知氏灭，而三晋之势成；三晋分，而七国之形立。读《春秋》之终，而知战国之始。③

认为三家分晋标志着春秋和战国的分界。这些都颇具史识，同时反映了论者的历史变化观。

体裁创新，是《绎史》显著的特点。我国传统的史书体裁，主要是编年体、纪传体、纪事本末体三种；另外还有一些或写人物、或写典制、或写学案等不一的体例。可谓多种多样。专就一部书而言，往往使用一种体裁，对于丰富的历史内容之记述，不免难以囊括或衣不适体之局限。纪传体发轫之时，本来有编年、载事、传人、年表等集多角度写史于一体的特点，如《史记》《汉书》有纪、表、书志、列传等，实际上是一种综合体；但它沿袭日久，陈陈相因，成了老套旧框，就难以适应记述和编写发展着的更为丰富的历史之需要。马骕编纂《绎史》，在体裁方面，既继承传统，又加以创新，首先以纪事本末体为主，以大量卷帙编述历史大事；又吸取纪传、编年、图谱等传统的体裁之养料，撰写一些人物，于书前编制年表和世系，于"外录"中记载典制和名物，还有不少图谱，实际上集纪事本末、纪传、编年、图谱、学案等诸体于一身，而蔚然形成新的综合体。清代四库馆臣赞叹其"自成一家之体"④，并非虚誉。然在当时以至近世，重视和发扬其体

① 《绎史》卷七四，《子产相郑》。
② 《绎史》卷九七，《王朝交鲁》。
③ 《绎史》卷八七，《晋卿废兴》。
④ 《四库全书总目》，卷四九，《纪事本末类》。

者甚少，章学诚的《湖北通志检存稿》分纪、图、表、考、传等体，似与《绎史》同调；夏曾佑的《中国古代史》吸收了传统的纪事本末、纪传等体裁的养料，而袭用的则是近世的章节体。直到近年，马骕的综合体才引起了有识之士的重视，他们认为有加以发扬和发展的必要性。

第五节　历史文献学的发展和乾嘉考据史学

一、明清时期历史文献学的发展①

历史文献学在明清时期大有发展，主要表现在以下几个方面：

文献目录学　明清时期官私藏书甚富，故著录图书的目录著作亦多。明代除了官修的《文渊阁书目》（杨士奇撰）外，尚有私家目录书《古今书刻》（周弘祖撰）、《千顷堂书目》（黄虞稷撰）等十余种之多。另有明代官修的《宋史·艺文志》，这是史志目录。清代的目录著作，官修的有《四库全书总目提要》（纪昀撰）、《天禄琳琅书目》正、续编（敕撰）；私撰的有《也是园藏书目》（钱曾撰）、《汲古阁珍藏秘本书目》（毛扆撰）等近十种；史志书目则有《明史·艺文志》，以及卢文弨撰《补宋史艺文志》《补辽金元艺文志》、钱大昕撰《补元史艺文志》，等等。

《四库提要》是明清时期目录著作的代表作，也是古代目录学之集大成者。清乾隆间，在修《四库全书》的同时，分别为著录及存目的 1 万多部书籍撰写提要，其中包括作者介绍、本书内容和流传情况，并论述书中得失，辨订文字增删、篇帙分合。初由馆臣分别撰写各书提要，后由总纂官纪昀修改定稿，汇集为《四库提要》200 卷，按经史子集四部分类。经部有《易》《诗》《书》《礼》《春秋》《孝经》《五经正义》《四书》、乐、小学 10 类。史部有正史、编年、纪事本末、别史、杂史、诏令奏议、传记、史钞、载记、时令、地理、职官、政书、目录、史评 15 类。子部有儒家、兵家、法家、农家、医家、天文算法、术数、艺术、谱录、杂家、类书、小说家、释家、道家 14 类。集部有楚辞、别集、总集、诗文评、词曲 5 类。四部之下列类，类之中有子目。各部有总序，各类有小序，类后有跋语，子目有案语，论述

---

① 梁启超：《中国近三百年学术史》，第十四章；白寿彝主编：《史学概论》，第三章，银川，宁夏人民出版社，1983。

学术流变及分类旨趣。这部目录学史上的空前巨著，在区分类别及论述学术源流、评价各书优劣等方面，条目分明，间有新意；而尊经崇儒，或有粗糙之作。近人余嘉锡《四库提要辨证》，对《四库提要》多所补正。

清末张之洞在缪荃孙协助下，编撰了一部《书目答问》，共著录图书2 200余种，约为《四库提要》的五分之一；但"此编所录，其原书为修四库时所未有者十之三四"。① 此书著录，注重实用，吸收新的研究成果，又重视通行的版本。它为读者从浩瀚的文献中了解若干种基本读物，提供方便，便于参考，故流传较广。近人范希曾继之，撰有《书目答问补正》。

章学诚撰《校雠通义》，对我国目录学的传统进行总结。他说："校雠之义，盖自刘向（歆）父子，部次条别，将以辨章学术，考镜源流，非深明于道术精微、群言得失之故者，不足与此。后世部次甲乙、纪录经史者，代有其人，而求能推阐大义，条别学术异同，使人由委溯源，以想见于坟籍之初者，千百之中，不十一焉。"②这就是说，目录学的任务，不只是甲乙丙丁地排列书目，更重要的是辨章学术，考镜源流，起到指导读书治学的作用。他对编目的体例，也有论列。《校雠通义》在目录学上很有创见，值得重视和研究。

版本与校勘　自印刷术发明后，书之版本日益增多，校勘工作大有进展，于是版本与校勘两门学科随之发展起来。

对版本的著录与研究，南宋尤袤撰《遂初堂书目》已发其端，到了清代有所发展。清代学者治学多重视版本，校勘古籍时，尽力搜集古本、旧本、善本作为校勘的依据。《天禄琳琅书目》正、续编，著录古籍1 000余部，以版本时代分类，将宋版、明版、影宋版、抄本分列，并对刊刻时代、地点、收藏者和印章题记作了考证。于是，版本的研究兴起，版本目录著作日多，版本学中的版本源流、传抄经过、纸地墨色、字体刀法、藏书印记、装潢式样等问题都提了出来，并有所争论。但明清时期始终未有系统性的版本学著作问世。

对于校勘，宋人有一定成就，明人则无显著成绩。清代校勘大盛，超越前代。惠栋、戴震、王念孙，段玉裁、阮元、孙星衍等都是校勘名家。钱大昕的《廿二史考异》、卢文弨的《群书拾补》、王念孙的《读书杂志》、王引之的《经义述闻》、阮元的《十三经注疏校勘记》，都是校勘名作。清代有

---

① 《书目答问·略例》。
② 《校雠通义·叙》。

许多专门从事校勘的学者，在校勘工作上取得很大成绩，还因工作重点与理论观点的不同而形成两种流派。卢文弨、黄丕烈、顾广圻等一派，注重版本依据，强调保持原貌，主张说明异文正误而不更改。戴震、段玉裁、王念孙、王引之等一派，主张广泛搜集各种版本及其他异文材料，加以分析考证，勇于订正刊误，改正误字。前者重版本，侧重对校，后者重义理，侧重理校，各有所长，可以互补，对校勘学做出了贡献。

辨伪与辑佚 辨伪与辑佚，都是为了揭示或恢复原书的面貌。这种工作，明代以前已有之，至于明清更为发展。

明代的辨伪，以宋濂和胡应麟为大家。宋濂的《朱子辨》，继承了宋元学者的辨伪之学，以年代的先后、思想与事实的异同、文体的风格三方面来考辨古书的真伪和时代，辨别了周秦以来 40 部子书的真伪，是一部以辨识伪书为内容的现存最早的专著。胡应麟的《四部正讹》，所论遍及经史子集四部，辨伪书 70 余种，他在叙论中分析伪书的情况，把造成伪书的原因归纳为"掇拾古人之事而伪者""袭取于人而伪者""本非伪，人托之而伪者"等 20 类。又在卷末提出审核伪书的八条方法，即："核之《七略》，以观其源"，"核之群志，以观其绪"，"核之并世之言，以观其称"，"核之异世之言，以观其述"，"核之文，以观其体"，"核之事，以观其时"，"核之撰者，以观其托"，"核之传者，以观其人"。这书把辨伪的方法和经验条理化，对辨伪工作大有促进作用。

清代的辨伪，大家辈出，名著继踵。万斯同撰《群书疑辨》，对《易传》《周礼》《仪礼》《左传》等书都作疑辨。姚际恒著《古今伪书考》，共辨经史子三类书八九十种，书后还附"有真书杂以伪者"，"有书非伪而书名伪者"等五例。阎若璩著《古文尚书疏证》，引经据典，揭出《古文尚书》的种种矛盾，列出 128 条证据，确切而有力地证明晋梅赜所献《古文尚书》是一部伪书，判明了长期以来的一大疑案。胡渭著《易图明辨》，有力地考证了宋代道学家所宣传的《太极图》《河图》《洛书》是宋初佛道教中人拼凑出来的，跟周公、孔子全无关系。这样辨伪的工作，不仅关系到一两部书的真伪，而且还直接动摇了儒家和道学家所崇奉的经典读物的神圣性。

辑佚工作，清代以前成绩不大，至于清代才有显著的成就。清初，余萧客的《古经解钩沉》、姚之骃的《后汉书补逸》等都是辑佚之作。乾隆时，采取朱筠的建议，自《永乐大典》中辑出佚书 512 种。仅《四库全书总目》著录（不包括存目）的就有 385 种，计经部 66 种，史部 41 种，子部 103 种，集部 175 种，共计 4 926 卷。《四库总目》著录之书总共 3 000 多种，辑佚书却占了十分之一以上。其中史部著录的辑佚书，如东汉刘珍等撰的《东观汉纪》24卷，宋熊克《中兴小纪》40卷，李焘《续资治通鉴长编》520卷，李心传《建炎以来系年要录》200卷，王益之《西汉年纪》30卷，吴缜《五代史记纂误》3卷，都是很重要的史书。薛居正的《旧五代史》，也主要辑自《永乐大典》。至于嘉庆，徐松自《永乐大典》中辑出《宋会要》(1936年影印出版题为《宋会要辑稿》)，共366卷，分17类，是宋朝典制史的重要资料，内中多有《宋史》及其他宋代史书所未采录的材料。

清人还从唐宋大型类书及各种古籍中搜找材料，做辑佚工作，成绩也很可观。严可均辑《全上古三代秦汉三国六朝文》，雷学淇等辑《世本》，朱右曾等辑《竹书纪年》，汪文台等辑众家《后汉书》，汤球辑《汉晋春秋》，都有益学林。黄奭的《汉学堂丛书》和马国翰的《玉函山房辑佚书》，都是辑佚的巨编。《汉学堂丛书》收入经解86种，通纬56种，子史钩沉74种。《玉函山房辑佚书》收入经部444种，史部8种，子部178种。但这两丛书所收书，一部分是转录别人已有的成果，有些是两三条数十字就算一种。

注解和考证　注解和考证，是为了使读者了解古籍或弄清史事。学者对此也很重视，并有很大成就。

古代注家多注解儒家经典。汉时说经者多。唐代有《十三经注疏》及陆德明《经典释文》。宋元至明，注经者尚空谈，佳本很少。清人经解甚富。《清经解》和《清经解续编》接近700册之多。清人经解之单行者，孙诒让的《周礼正义》、洪亮吉的《春秋左传诂》、陈立的《公羊义疏》、焦循的《孟子正义》、刘宝楠的《论语正义》、郝懿行的《尔雅郭注义疏》，都是佳注。段玉裁的《说文解字注》，是长期以来附属于经部的《说文解字》注解中的一部名著。

清人注解，还有赵一清的《水经注释》、孙诒让的《墨子间诂》、王先谦的《汉书补注》等，也可称为名作。

清代学者对文字、音韵、训诂颇有研究，又有考证的功力，故其注解多翔实可靠，解决了不少疑难问题，但也不免有烦琐之失。

考证(又称考据)，是文献学中不可或缺的方法。古时早已有之，明代有尚考证者，但到清代才突出起来。清初，顾炎武著《日知录》，注意考证史实，但旨趣在经世致用。而乾嘉学者崇尚考证，一方面有学术发展的必然性及个人治学旨趣的因素，另一方面是由于封建专制统治的高压，学者为了保身免祸，于是为考证而考证，脱离了实际生活。但他们通过考证，对于古籍的整理，对于旧史的补表、补志、补注，以及对于史料的搜集、考订、辑佚、辨伪、编纂等工作，做出了不少成绩，有益于后人对古籍的整理与研究。

对于清代的乾嘉考据，郭沫若是这样评价的："乾嘉时代，考据之学虽或趋于繁琐，有逃避现实之嫌，但罪不在学者，而在清廷政治的绝顶专制。聪明才智之士既无所用其力，乃逃避于考证古籍。此较之于埋头八股文或饱食终日无所用心者，不可同日而语，欲尚论古人或研讨古史，而不从事考据，或利用清儒成绩，是舍路而不由。就稽古而言，为考据。就一般而言，为调查研究。未有不调查研究而能言之有物者。"①这个评论，对前人是公允的，但也说明考证对于治学虽有必要，却不应搞逃避现实的烦琐考证。

二、以钱大昕、崔述为代表的乾嘉考据史学

清代乾嘉时期，考据史学盛极一时，名家甚多。钱大昕、崔述是其中的杰出代表。

钱大昕，字晓徵，又字辛楣，号竹汀，清代江苏嘉定（今上海市嘉定县）人。生于雍正六年（1728 年），卒于嘉庆九年（1804 年），享年 77 岁。乾隆十六年（1751 年），大昕经皇帝面试诗赋，特赐举人，授内阁中书学习行走。乾隆十九年（1754 年），举进士，进入翰林院，任庶吉士、编修。后来历任右春坊右赞善、翰林院侍读、侍讲学士、侍读学士、詹事府少詹事等官。先后奉旨参修《热河志》《续文献通考》《一统志》《续通志》等书。累次出为山东、湖南、浙江、河南等地乡试的正副主考官，又充会试同考官，还奉命提督广东学政。乾隆四十年（1775 年），因父丧还乡，停住苏州，再不出仕，先后主讲江宁钟山、太仓州娄东、苏州紫阳等书院。大昕一生，主要从事于文化教育工作，专心治学和著述。

大昕结交很广，学问渊博，著述甚多，有《十驾斋养新录》《潜研堂文集》等著作，后辑成《潜研堂全集》。《廿二史考异》（以下简称《考异》）是其史学代表作。他反对"陋史而荣经"的看法，认为史与经同样重要，故他毕生的主要精力是治史，主要成就也在史学方面。《考异》100 卷，是考证自《史记》至《元史》22 部正史（不包括二十四史中的《旧五代史》和《明史》）的文字和内容的正误。列出原书纪、表、志、传的标题，于标题下写出所考的原文，然后进行考证。

关于《考异》的著述旨趣，大昕于《考异序》作了这样的交代：

---

① 郭沫若：《读随园诗话札记》。

廿二家之书（按指廿二史），文字烦多，义例纷纠，舆地则今昔异名，侨置殊所，职官则沿革迭代，冗要逐时，欲其条理贯穿，了如指掌，良非易事。……且夫史非一家之书，实千载之书，祛其疑乃能坚其信，指其瑕益以见其善。拾遗规过，匪为龂龂前人，实以开导后学。而世之考古者，拾班、范之一言，摘沈、萧之数简，兼有竹素烂脱、豕虎传讹，易斗分作升分，更予琳为惠琳，乃出校书之陋，本非作者之愆，而皆文致小疵，目为大创，驰骋笔墨，夸曜凡庸，予所不能效也。更有空疏措大，辄以褒贬自任，强作聪明，妄生疵病，不叶年代，不揆时势，强人以所难行，责人以所难受，陈义甚高，居心过刻，予尤不敢效也。……惟有实事求是。

此中有几点意思：第一，廿二史参差不齐，义例不一，所载历史内容多有矛盾，需要对史文与史事加以考证。第二，对廿二史祛疑指瑕，拾遗规过，意在去伪存真，求得信史，嘉惠后学。第三，反对驰骋笔墨，吹毛求疵，反对"不叶年代，不揆时势"而"强作聪明"的夸夸之谈。第四，总的要求是"实事求是"，注意时代背景，即尊重历史。这最后一点明确起来，加以实践，在史学上具有反空谈而务实学的历史意义。

大昕考证之法，主要是三点：一是取证。汇集和考辨大量的材料，主要是"正史"的记载，加之以谱牒家乘、稗官野史作为参考，还运用一些金石文字作为佐证。二是比较。对于众多的取证材料，先排比其现象，继计较彼此的异同，再观察先后的联系，以求历史的真实。然后断定史籍记载的正误与是非。三是专题考索。把材料整理出头绪，弄清所考的问题有无价值，再按所考问题的大小与价值写成一条专文，有的条文实是专题研究，如《侯国考》①即是。

查《考异》内容，除一些考文字正误的条文外，主要是考证官制、地理、氏族等方面的问题。大昕自言："予尝论史家先通官制，次精舆地，次辨氏族。否则，涉笔便误。"②又说："予好读乙部书，涉猎四十年，窃谓史家所当讨论者有三端：曰舆地，曰官制，曰氏族。"③这是明确交待他的历史考证

① 《廿二史考异》卷九，该书以下简称《考异》。
② 《考异》卷四〇，《北史·外戚传》条。
③ 《潜研堂文集》卷二四，《廿四史同姓名录序》。

是以官制、地理、氏族等为重点。

在官制的考证方面，大昕知道"沿革迭代，冗要逐时"的职官制度，考证起来有一定的难度，但他对秦汉的尚书与中书，唐朝的三部六省，宋辽金元复杂的朝廷与地方的官制，都作过探讨。有的记于《考异》，有的载于《养新录》和《文集》。① 如言元朝之蒙古、色目、汉人、南人与中书省任职之关系问题，《考异》卷九十九《元史·程巨夫传》条，谈得较为简略，而《文集》卷三四《答袁简斋第三书》所谈就具体些。

在地理的考证方面，大昕很注意"今昔异名，侨置殊所"的难题，对秦汉的郡国、晋宋的侨置州郡、唐宋元的地方建置，都有所探讨。如《考异》以两卷之数（卷八十八、八十九），列举《元史·地理志》之谬误疏漏，考证元代一些地理问题，指责"明初修史诸臣，昧于地理"。② 又如《考异》卷十九《晋书·地理志上》条，指出《晋志》"叙江左侨置州郡，多不可信"。因《晋志》往往于晋时侨置州郡上加"南"字，而大昕经过考证，指出"晋时侨置郡县，皆无'南'字"，侨置州郡的"南"字，"皆永初以后所加"③，即刘裕称帝之后的事。

在氏族的考证方面，大昕对魏晋南北朝的门阀与谱系，对辽金元的族、姓，乃至对一些历史人物的姓字、籍贯、年龄等，都有过研讨。他对元朝氏族尤为注意，曾作《元史氏族表》。元朝尊重蒙古、色目人，平时称名而不带姓氏，故史籍中同名者多而姓氏不明。大昕广泛地搜集有关元人族姓材料，加以考证分析，著成《元史氏族表》，使读者得以了解蒙古、色目人的族姓与支系。后来《元史新编》《新元史》多承袭之。

大昕于历史考据之中，偶发议论，对廿二史及其撰者多所批评，反映出一定的史学思想，但因力戒空发议论，故思想并不突出。

大昕在乾嘉历史考据学者中出类拔萃，赢得时人称誉。王昶对他称道："最熟于历代官制损益，地理沿革，以暨辽金国语，蒙古世系，故其考据精密，多有出于数君之外。"④ 这是言之有据的。大昕之所以考证精密而出众，我们以为，他在学术上有三点很突出：一是学问渊博，功底扎实。翻阅大昕的著作，就知他有多方面的学问，于文献学、经学、史学、金石学、历

---

① 《养新录》卷一〇，《文集》卷一二、一三，多为考证官制之文。

② 《养新录》卷九则有《元史不谙地理》条。

③ 《考异》卷二三，《宋书武帝纪下》条。

④ 《春融堂集》卷五五，《詹事府少詹事钱君墓志铭》。

算学，以及文字、音韵、训诂之学等，无不精通，都有成就。如：于文献学，发现了《元朝秘史》《长春真人西游记》《元典章》等著作之真正价值①；于经学，侧重于经部的小学，主要是校订经文，撰有《唐石经考异》和《经典文字考异》，有"无经不通"之誉②；于金石学，著有《金石文跋尾》，往往以金石文佐证史实；于历算学，著有《三统术衍》《四史朔闰考》，对中国历史上的天文、岁时、历法多有考证；于文字、音韵、训诂之学，编撰有《声类》《恒言录》，考订了邾、郤二字之别③，认识到"声音与时变易"的规律④，提出了"古无轻唇音""古无舌上音"的卓越见解，指出"秃发"即"拓跋""勃勃"即"佛佛"。⑤ 故段玉裁称大昕是古来难得的"合众艺而精之"的学者。⑥ 二是好学不倦，学兼中西。大昕勤学，数十年如一日。不但发奋于中国传统之学，而且还在极有限的条件下研习西方之学。他研习过历算家梅文鼎和西方传教士利玛窦、汤若望等人的西学著作、御制的《数理精蕴》和欧洲测量弧三角诸法，以此知识治古来天文历法，从而掌握了古今推步之理。曾指出我国古时浑天、盖天之说与近代欧洲天文学说有某些相似之处。⑦ 还曾奉旨与何国宗共同对法国人蒋友仁进献的地图，进行润色译文，名曰《天球图》。故阮元称他"天算之学，实能兼中西之长，通古今之奥"。⑧ 三是重点深入，开拓元史研究。大昕博学而有所侧重，重点是在元史，"生平于《元史》用功最深"。⑨ 他以为廿二史中《元史》最陋，《考异》以十五卷的篇幅加以考证纠误，《考史拾遗》《养新录》和《文集》也多有考证元史之文。所著《元史艺文志》和《元史氏族表》，更是补《元史》之不足。他注意元史资料，搜罗元人诗文集、小说、笔记、金石、碑版，撰写《元史纪事》。他曾着手重修《元史》，据他的弟子黄钟说，"稿已数易，而尚未卒业"。⑩ 惜书稿已失传。但他对元史的官制、地理、氏族以及元代文献学的深入研究，实开元史研究

---

① 《文集》卷二八，《跋元秘史》《跋元圣政典章》，卷二九，《跋长春真人西游记》。

② 江藩：《汉学师承记》。

③ 《考异》卷二一，《养新录》，卷一二，《郤邾二姓相混》条。

④ 《养新余录》卷上，《古今音异》。

⑤ 《考异》卷二二，《养新录》，卷五，《古无轻唇音》条。

⑥ 段玉裁：《潜研堂文集序》。

⑦ 《考异》卷四〇，《北史艺术传上》条。

⑧ 阮元：《三统术衍序》。

⑨ 段玉裁：《潜研堂文集序》。

⑩ 《元史艺文志》序及后记。

的新天地，对近百年来元史学影响很大。

钱大昕确是"一位博学而又精专的考据学者"。①

崔述，字武承，号东壁，直隶大名（今属河北）人。生于乾隆五年（1740年），卒于嘉庆二十一年（1816年），享年77岁。其父元森，考场失意，从事教书。崔述于乾隆二十七年（1762年）中举，后屡试不第，为衣食奔走。曾为福建罗源、上杭等县知县6年。投劾归，卜居彰德，以著述为务。

崔述继承家学，志于经史，颇有学识。他认为，中国上古史，几千年来越搞越糊涂，《六经》所载本来较为真实，但经过战国以来的传记注疏多次曲解误传，弄得面目模糊，必须推求本末，考其真伪，才能说清史实。于是，撰著《考信录》，其中有前录2种（《考信录提要》2卷，《补上古考信录》2卷）；正录5种（《唐虞考信录》4卷，《夏考信录》2卷，《商考信录》2卷，《丰镐考信录》8卷，《洙泗考信录》4卷）；后录5种（《丰镐考信别录》3卷，《洙泗考信余录》3卷，《孟子事实录》2卷，《考古续说》，《考信附录》2卷）；另有翼录4种（《王政三大典考》3卷，《读风偶识》4卷，《古文尚书辨伪》2卷，《论语余说》1卷）。还有其他著述。崔述的门人陈履和曾刊《考信录》。近人顾颉刚汇辑崔述著作，名曰《崔东壁遗书》，刊行于世。

我国学者治学，数千年来有其传统的学风，其中有这样两种倾向：一是尚博、好议，即喜于博学，好发议论；二是贵精、务实，即追求专精，致力实学。这在清代也有明显的表现。崔述对传统学风采取批判的态度。他说过：宋明以来，学者多为时文，或以记览为宏博，以诗赋为风雅，或喜尚新奇，以为奇货，或以道学自命，空谈心性。"世儒所谈心性之学，其言皆若甚高，而求之于用殊无所当。正如五色彩纸，为衣可以美观，如用之以御寒蔽体，则无益也。……述赋性愚钝，不敢言上达之事，惟期尽下学之功，故于古帝王圣贤之事，尝殚精力以分别其是非真伪，而从无一言及于心性者。"②又说："大抵文人学士多好议论古人得失，而不考其事之虚实。余独谓虚实明而后得失或可不爽。故今为《考信录》，专以辨其虚实为先务，而论得失者次之，亦正本清源之意也。"③他正是对尚博和好议的学风持批判态度，吸取了教训，而作《考信录》的。

同时，还对专精、务实的学风予以批判继承。司马迁述上古事，考信

---

① 白寿彝主编：《中国通史纲要》，同前引书，354页。

② 《考信录提要》卷下。

③ 《考信录提要》卷上。

于《六艺》，扬弃"不雅驯"之言。崔述肯定之，说："司马氏曰：'学者载籍极博，犹考信于《六艺》。'是余之志也夫！"①故其书取名"考信"。刘知幾著《史通》，有《申左》篇以尊《左传》，不信汉以后的诸子杂言，而以《左传》证实春秋之事。崔述颇受启发，说自己著《考信录》，"于殷周以前事但以《诗》、《书》为据，而不敢以秦汉之书遂为实录，亦推广《史通》之意也。"②宋人洪迈等考证，失于多为细事。崔述肯定他们从事考证，批评其考细事之失，说其"独于古帝王圣贤之行事之关于世道人心者，乃反相与听之而不别其真赝"；而自信所著《考信录》"拾前人之遗，补前人之缺"③，有用于世。可见崔述对待学术传统，采取了正确的批判态度，故其治学才有所继承与发展。

崔述治史的考信态度是："平心考核"，"打破砂锅纹（问）到底"。他对于"附会"曲解、"以今度古""先有成见""心粗气浮"等错误的治学态度，严肃批评，引以为戒。自言"平心考核，辨其真伪"，"平心以求其一是"④。他说：

> 谚云："打破砂锅纹到底。"……"纹"与"问"同音，故假借以讥人之过细而问多也。然余所见所闻，大抵皆由含糊轻信而不深问以致偾事，未见有细为推求而偾事者。……况于《考信》一录，取古人之事历历推求其是非真伪，以过细讥余者当更不知几许。嗟夫，嗟夫，此固难为世人道也。⑤

这是表明，反对粗心态度，主张"细为推求"。《考信录》就是对古人之事"历历推求其是非真伪"的。这是认真的历史考据精神，值得肯定。同时，崔述主张考证"贵于持平"⑥，求之适当，不可随意抑扬。

崔述的考信方法，很值得注意和研究。他考古史，辨古书，基本的方法是三点：一是具体分析，辨明真相。所谓"分别观之"，"考其原本，辨其

① 《考信录提要》卷下。
② 《考信录提要》卷上。
③ 《考信录提要》卷上。
④ 《考信录提要》卷上、下。
⑤ 《考信录提要》卷下。
⑥ 《考信录提要》卷上。

是非"，"究其本末，辨其同异，分别其事之虚实而去取之"；所谓"类而辑之，比而察之"，"参互考订而归于一是"。① 就是分类细析，比较研究，弄清源流，考明史实。如，他说：

> 先儒相传之说，往往有出于纬书者。盖汉自成、哀以后，谶纬之学方盛，说《经》之儒多采之以注《经》。其后相沿，不复考其所本，不但以为先儒之说如是，遂靡然而从之。……余幼时尝见先儒述孔子言云，"吾志在《春秋》，行在《孝经》"；稽之经传，并无此文，后始见何休《公羊传序》、唐明皇《孝经序》有此语，然不知此两序本之何书。最后检阅《正义》，始知其出于《孝经纬》之《钩命诀》也。②

这是抓住所谓孔子"（吾）行在《孝经》"之语，探究本末，考明真伪，终于揭露其不见于经传而出于纬书的真相。就是这样的具体分析，才考证出一些古代史事和古书之是非真伪的。二是考察文体文风的时代印记。所谓"文必因乎时"③，就是说文章著述必有时代烙印。崔述说：

> 唐虞有唐虞之文，三代有三代之文，春秋有春秋之文，战国秦汉以迄魏晋亦各有其文焉。……非但其文然也，其行事亦多有不相类者。是故战国之人称三代之事，战国之风气也；秦汉之人称述春秋之事，秦汉之语言也。《史记》有录《尚书》《春秋传》之文，而或不免杂秦汉之语，《伪尚书》极力摹唐虞三代之文，而终不能脱魏晋之气，无他，其平日所闻所见皆如是，习以为常而不自觉，则必有呈露于忽不经意之时者，少留心以察之，甚易知也。④

意谓文字、语言、文风必有时代特点，而且一定透露出来；抓住它们"呈露"的东西，仔细分辨，就可考定其书之真伪，记事之是非。崔述正是用这种办法，辨析《古文尚书》《论语》等书的真伪纯杂的。⑤ 三是进行合乎情理的

---

① 《考信录提要》卷上、下。
② 《考信录提要》卷上。
③ 《考信录提要》卷下。
④ 《考信录提要》卷下。
⑤ 《古文尚书辨伪》《洙泗考信录》及《余录》。

推测。所谓"凡事不见于《经》者，度其不类此人之事，则削之而辨之"①，就是对于一些传记注疏所说之事，既与《六经》无可考信，就只能依据传记或情理"度"（推测）其是非真伪。如《论语·阳货篇》记有"公山弗扰以费畔（叛），召，子欲往"之事。崔述疑无此事，举出不少理由论证之。其中，一点是，据《左传》，孔子曾命人伐败公山不狃率费人的叛乱，崔氏以为公山不狃即公山弗扰，推断"弗扰叛而孔子伐而败之耳，初无所为召孔子及孔子欲往之事也"；又一点是，据《左传》，费之叛在鲁定公十二年夏，这时孔子方为鲁司寇，听国政；从而推断"弗扰，季氏之家臣耳，何敢来召孔子！孔子方辅定公以行周公之道，乃弃国君而佐叛夫，舍方兴之业而图未成之事，岂近于人情耶！"②这种推断，入情入理。类似的推断，《考信录》多有之。

崔述这种考信方法，是一种尊重历史的朴素的治史之法，基本上可以肯定。

正因为崔述考信的方法较为得当，故其《考信录》依据经书，清理了一些关于古史的传说，澄清了一些古史上的事实，揭示出战国以后一些传记注疏的"传闻异词"及"沿讹踵谬"，揭露了一些伪书伪篇，说明了一些传说的演变，有利于进一步研治古史。

但崔述信《经》崇儒，卫护古圣贤，有其局限性。今治古史，《六经》仍可参考，然不能仅仅"考信于《六艺》"；既要尊重儒家的历史地位，也要采取分析批判的态度。

钱大昕、崔述等人的历史考据，对近代史学有一定的影响，至今仍然有之。

三、简说清代修史

清代修了不少史书，以官修史书居多，数量多而质量较差。

清朝于顺治二年（1645 年）设立明史馆，康熙十八年（1679 年）开始修史，经历曲折，雍正十三年（1735 年）大体完成，乾隆四年（1739 年）定稿刊行。起初，万斯同以私人资格参加修撰，贡献较大。《明史》记载了明朝自建国至灭亡将近 300 年的历史，共 332 卷，目录 4 卷，体例较为完整，材料较为丰富，谬误粗率时亦有之。以往已有的纪传体正史，加上此书，称谓"二十四史"。

乾隆年间敕撰成续三通（即《续通典》《续通志》《续文献通考》）和清三通

---

① 《考信录提要》卷上。

② 《洙泗考信录》卷二。

（《清通典》《清通志》《清文献通考》）共达 1560 卷，内容丰富庞杂，便于查阅材料，但多有重复，故有"屋下架屋""床上施床"之讥。原有三通，加上这六通，称为"九通"，如果再加上近人刘锦藻私撰的《清续文献通考》，就称"十通"。

毕沅撰《续资治通鉴》220 卷，夏燮撰《明通鉴》100 卷，都有其优点。这两部书，加上《资治通鉴》等书，编年体史书便贯通了古今。

纪事本末体、纲目体史书，也都有凑数之作，连同《通鉴纪事本末》《资治通鉴纲目》等书，而贯通古今。会要体史书也编有多种。

还有《纲鉴易知录》及《御批历代通鉴辑览》等，刊行量较大，读者较多，起了普及历史知识的作用。

总的说来，清代官修史书数量很多，而质量大多不高，不少是敷衍凑数之作。私人著作有些优点，但也不突出。清朝统治者费心撰修官史，以装潢"盛世"，实似泡沫现象。

第六节　章学诚著《文史通义》

一、史学经世思想的发展

章学诚，字实斋，浙江会稽（今浙江绍兴市）人。生于乾隆三年（1738 年），卒于嘉庆六年（1801 年）。他自幼爱好文史。26 岁肄业于国子监。28 岁从朱筠学，自此结识了戴震、钱大昕、邵晋涵等著名的学者，闻见加广，学识增长。35 岁始写《文史通义》，从此 20 余年间续写和修改不辍。36 岁应聘编修《和州志》，此后还编修了《永清县志》《亳州志》，参与修订《湖北通志》，等等。41 岁举进士，自知不合时好，不走仕宦道路，而往往寄人篱下，从事修志和著述。他一生著作很多，后人辑为《章氏遗书》，主要的代表作是《文史通义》。

《文史通义》研究的对象，不是史事，而是史文之义，即其研究不在于历史的本身，而在于史学。何谓史学？学诚有其独见。他说："世士以博稽言史，则史考也；以文笔言史，则史选也；以故实言史，则史纂也；以议论言史，则史评也；以体裁言史，则史例也。唐宋至今，积学之士，不过史纂、史考、史例；能文之士，不过史选、史评，古人所谓史学，则未之闻也。"①就是说，以博稽、文笔、故实、议论、体裁等言史，只可称史考、史选、史纂、史评、史例，而不可谓史学。学诚对史学的看法是：

> 史学所以经世，固非空言著述也。且如《六经》，同出于孔子，先儒以为其功莫大于《春秋》，正以切合当时人事耳。后之言著述者，舍今而求古，舍人事而言性天，则吾不得而知之矣。学者不知斯义，不足言史学也。②

就是说，"舍今而求古，舍人事而言性天"，皆不是史学；只有经世致用，"切合当时人事"，才可称为史学。他的"六经皆史"说，也主要是论《六经》之旨在于"经世"。③

所谓"舍今而求古"，是针对当时考据学风而言的。学诚说："学者昧于知时，动矜博古，譬如考西陵之蚕桑，讲神农之树艺，以谓可御饥寒而不需衣食也。"④又说："近日学者风气，征实太多，发挥太少，有如桑蚕食叶而不能抽丝。"⑤这些话，是对历史考据之博古而不通今、烦琐而不切实用的严肃批评。

学诚史学经世之说，主要是强调知时而实用。他说："君子苟有志于学，则必求当代典章以切于人伦日用，必求官司掌故而通于经术精微，则学为实事而文非空言，所谓有体必有用也。不知当代而言好古，不通掌故而言经术，则鼙悦之文，射覆之学，虽极精能，其无当于实用也审矣。"⑥意思是，治学必须博古而通今，考事而实用；否则，虽能考证琐细，然不算真正的学问。

对于当时奔趋考据的风气，学诚提出了徇风气还是持风气的问题。他说：

---

① 《文史通史》补遗《上朱大司马论文》。
② 《文史通义》内篇二，《浙东学术》。
③ 《文史通义》中的《易教上》《经解》上、下诸篇。
④ 《文史通义》内篇五，《史释》。
⑤ 《文史通义》外篇三，《与汪龙庄书。》
⑥ 《文史通义》内篇五，《史释》。

世儒之患，起于学而不思。……学博者长于考索，侈其富于山海，岂非道中之实积！而骛于博者，终身散精劳神以徇之，不思博之何所取也。才雄者健于属文，矜其艳于云霞，岂非道体之发挥！而擅于文者，终身苦心焦思以构之，不思文之何所用也。言义理者似能思矣，而不知义理虚悬而无薄，则义理亦无当于道矣。此皆知其然而不知所以然也。……天下不能无风气，风气不能无循环，一阴一阳之道见于气数者然也。所贵君子之学术，为能持世而救偏，一阴一阳之道宜于调剂者然也。风气之开也，必有所以取，学问文章与义理，所以不无偏重畸轻之故也；风气之盛也，必有所以敝，人情趋时而好名，徇末而不知本也。是故开者虽不免于偏，必取其精为新气之迎；敝者纵名虽正，必袭其伪者为末流之托，此亦自然之势也。而世之言学者，不知持风气而惟知徇风气，且谓非是不足邀誉焉，则亦弗思而已矣。①

这里提出的是对待风气的态度问题。所谓"徇风气"，是指"学而不思""趋时而好名"，跟着风跑的态度；所谓"持风气"，是要求为学深思，"持世而救偏"，挽救世弊的态度。论者以为，前者错误，后者正确。

"持世救偏"的具体运用，学诚以为应当把握适度。他说："风尚所趋，必有其弊；君子之言以救弊，归之中正而已矣。惧其不足夺时趋也而矫之或过，则是倍用偏枯之药而思起死人也；何取救弊而不推明斯道之全量，则是担薪去半而欲恤樵夫之力也。"②就是说，救弊纠偏，应当"中正"适度；矫枉过正，犹如加倍用药而想起死回生，运用不及，犹如担薪去半而想协助樵夫，不仅不能达到预期的目的，反而是帮倒忙。他还以治历适合客观规律为例，说明持世救偏必须适度：

学业将以经世也，如治历者，尽人功以求合于天行而已矣，初不自为意必也。其前人所略而后人详之，前人所无而后人创之，前人所习而后人更之，譬若《月令》中星不可同于《尧典》，太初历法不可同于《月令》，要于适当其宜而可矣。……故学业者，所以辟风气也。风气未开，学业有以开之。风气既弊，学业有以挽之。……因其弊而施补救，犹历家之因其差而议更改也。历法之差，非过则不及。风气之弊，

---

① 《文史通义》内篇二，《原学下》。
② 《文史通义》内篇四，《说林》。

非偏重则偏轻也。重轻过不及之偏，非因其极而反之，不能得中正之
宜也。①

意思是说，治历要求符合天时农事，而不能凭主观想象，有了误差，随即
纠正，适宜而可；对待学风也可如此，因其偏差而议更改，适中为宜。

在这里，学诚还提出了"所以持世者，存乎识"的问题。他以为，学者
的识见非常重要，无识则不能持世救偏；有识才能认清偏弊，把握适度，
"严于去伪"，"慎于治偏"。② 因此，他虽然说务考索的流弊"必有所偏"，需
要救弊纠偏，但并不矫枉过正而否定历史考据。曾说："且未尝不知诸通人
所得，亦自不易，不敢以时趋之中不无伪托，而并其真有得者亦忽之也。"③
又说："考索之学亦不易，大而礼辨郊社，细若雅注虫鱼，是亦专门之业，
不可忽也。"④看来，学诚对历史考据有个正确的看法和态度，不是以一种倾
向来代替另一种倾向。同时，学诚承认各人的天资、才具和条件不一，因
而个人治学必然"专其一则必缓其二"⑤，有其重必有其轻，不可能面面俱
到，样样精通。可见其救弊纠偏，是指整个学风中的某种倾向，而不是专
为攻击哪一位学者。

经世致用，是我国史学的一个传统。明清之际，黄宗羲、王夫之、顾
炎武、顾祖禹等大史学家都讲求经世致用，有其杰出的史学成就。此后，
考据学盛行，并由经学上的考据转到史学上的考据，出现了钱大昕、崔述
等历史考据的大家，有一定的学术成就，但其中有相当多的学者局限于名
物训诂的研究，视野比较狭小。他们有继承清初学者治学功力的一面，然
比之顾炎武等讲求经世致用则有很大区别。学诚强调史学所以经世，提倡
知时实用，要求持风气而反对徇风气，指出历史考据的偏弊，这是对史学
经世思想的继承和发展。但学诚所论，"没有直接接触政治问题和社会问
题，谈论基本不出学术文化的范围。"⑥

---

① 《文史通义》内篇六，《天喻》。
② 《文史通义》内篇四，《说林》。
③ 《文史通义》外篇三，《家书二》。
④ 《文史通义》外篇三，《答沈枫墀论学》。
⑤ 《文史通义》外篇三，《答沈枫墀论学》。
⑥ 白寿彝：《说六通》，载《史学史研究》，1983(4)。

二、重视"别识心裁"

《文史通义》多处提到"别识心裁"。所谓"别识心裁"，主要是谈两方面的内容：一是"圆神方智"，讲的是史书体例问题；一是撰述与记注（或曰著述与比次之书），讲的是史书编著问题。这两个方面，都是中国历史编纂学中重要问题。

学诚在体例问题上常谈"圆神方智"。他说："智以藏往，神以知来。""藏往欲其赅备无遗，故体有一定，而其德为方；知来欲其抉择去取，故例不拘常，而其德为圆。"意思是，史书记事应有一定的体例，所谓"方智"，是指记载赅备，有一定之体；所谓"圆神"，是指抉择去取，不为常例所拘。他举马、班二书为例，说：司马迁的《史记》"近于圆而神"，班固的《汉书》"近于方以智"。"左氏一变而为史迁之纪传，左氏依年月而迁书分类例，以搜逸也。迁书一变而为班氏之断代，迁书通变化，而班氏守绳墨，以示包括也。"意思是说，马、班二书都是纪传体，但又各有特点，迁书体例灵活，班书体例严整，但都能适应记事之需要。学诚接着说，马、班二书各有所长，影响很大；但后人"拘守成法"，而不思变通。故特指出：

> 宪法久则必差，推步后而愈密，前人所以论司天也；而史学亦复类此。《尚书》变而为《春秋》，则因事命篇，不为常例者，得从比事属辞为稍密矣。《左》《国》变而为纪传，则年经事纬不能旁通者，得从类别区分为益密矣。纪传行之千有余年，学者相承，殆如夏葛冬裘，渴饮饥食，无更易矣。然无别识心裁，可以传世行远之具，而斤斤如守科举之程式，不敢稍变，如治胥吏之簿书，繁不可删。以云方智，则冗复疏舛，难为典据；以云圆神，则芜滥浩瀚，不可诵识。盖族史但知求全于纪表志传之成规，而书为体例所拘；但欲方圆求备，不知纪传原本《春秋》，《春秋》原合《尚书》之初意也。《易》曰："穷则变，变则通，通则久。"纪传实为三代以后之良法，而演习既久，先王之大经大法，转为末世拘守之纪传所蒙，曷可不思所以变通之道钦！①

这里提出的"别识心裁"，与"方圆求备"是一对矛盾。学诚以为，史书体例，

---

① 《文史通义》内篇一，《书教下》。

应随时变通，随历史与史学的发展而发展，不能为体例所拘，只是"方圆求备"，而要"别识心裁"，想法变通，改进体例。

正因于此，学诚主张改进纪传体，申明"救纪传之极弊，非好为更张"，想出了增设"图谱"等法，并著《圆通》篇加以理论上的阐发，还想亲撰宋史而实践之①，惜未成功。

在这里，学诚提出："夫史为记事之书。事万变而不齐，史文屈曲而适如其事，则必因事命篇，不为常例所拘，而后能起讫自如，无一言之或遗而或溢也。"②这就提出了体例问题中形式与内容的关系问题。史书记事，形式是需要的，但形式是为了体现内容，必因事命篇，不为常例所拘，绝不能拘于形式而有损内容的体现。"别识心裁"在体例问题上的创新思想与理论意义，就在于此。

学诚在编著问题上，强调撰述与记注（或曰著述与比次之书）的区别。他说：

> 史之大原，本乎《春秋》，《春秋》之义，昭乎笔削。笔削之义，不仅事具始末，文成规矩已也；以夫子义则窃取之旨观之，固将纲纪天人，推明大道，所以通古今之变而成一家之言者，必有详人之所略，异人之所同，重人之所轻，而忽人之所谨，绳墨之所不可得而拘，类例之所不可得而泥，而后微茫秒忽之际有以独断于一心，及其书之成也，自然可以参天地而质鬼神，契前修而俟后圣，此家学之所以可贵也。陈、范以来，律以《春秋》之旨，则不敢谓无失矣；然其心裁别识，家学具存。纵使反唇相议，至谓迁书退处士而进奸雄，固书排忠节而饰主阙，要其离合变化，义无旁出，自足名家学而符经旨，初不尽如后代纂类之业，相与效子莫之执中，求乡愿之无刺，侈然自谓超迁轶固也。若夫君臣事迹，官司典章，王者易姓受命，综核前代，纂辑比类，以存一代之旧物，是则所谓整齐故事之业也。开局设监，集众修书，正当用其义例，守其绳墨，以待后人之论定则可矣，岂所语于专门著作之伦乎！③

---

① 《文史通义》内篇一，《书教下》、外篇三《与邵二云论修宋史书》。

② 《文史通义》，内篇一，《书教下》。

③ 《文史通义》内篇四，《答客问上》。

这里提出的"心裁别识"也就是上文所说的"别识心裁"，与"纂辑比类"不同，前者是指"专门著作"，后者是指"整齐故事"；前者是"独断于一心"的"一家之言"，后者只是"存一代之旧物"的"纂类之业"。学诚在《书教上》谈撰述与记注的区别，在《申郑》谈"别识心裁"与"徒在其事其文"之相异，在《答客问中》讲"独断之学"与"比次之书"之不同，都是这个意思。故他特别指出："守先待后之故事，与笔削独断之专家，其功用足以相资，而流别不能相混，则断如也。"①意思是，专门著作与纂辑比类，虽然在功用上互有关系，但在流别上不能混同。

当时区别撰述与记注，或著述与比次之书，是必要而有意义的。所谓撰述或著述，即今所谓著，要有创见，有新意，甚至要自立规模。所谓记注与比次之书，即今所谓编，是就现成的材料进行整理或适当加工，编辑成书。这两种书的性质不同，任务不同，学诚对它们加以区别，是为了提高认识，以促进史学。当时有一种轻言著作的风气，学诚以为很不利于学术发展。他指出："一世之士，不知度德量力，咸嚣嚣以作者自命，不肯为是筌蹄嚆矢之功程，刘歆所谓'挟恐见破之私意，而无从善服义之公心'者也。术业如何得当？而著作之道何由得正乎？"②著作固然重要，但不可妄作，需要在掌握材料的基础上运以别识心裁；不掌握材料，无别识心裁，而妄言著作，这是不利于史学发展的。

实际上，学诚重视"别识心裁"，就是强调"独断"与"成一家之言"，是在历史编纂学中提倡独创的思想与精神。

三、"史义"与"史德"

学诚以为史学只讲才、学、识是远远不够的，还当强调"史义"与"史德"。

所谓"史义"，是指历史著述的宗旨，或是指探索学术文化演变之法则。学诚说：

> 载笔之士，有志《春秋》之业，固将惟义之求，其事与文，所以藉为存义之资也。……作史贵知其意，非同于掌故，仅求事文之末也。

---

① 《文史通义》内篇四，《答客问下》。
② 《文史通义》内篇四，《答客问下》。

> 夫子曰："我欲托之空言，不如见诸行事之深切著明也。"此则史氏之宗旨也。①

意思是，著述历史之义，要在记事行文的基础上，总结历史，表述思想，以达到一定的宗旨。学诚又说：

> 笔削之义，不仅事具始末，文成规矩已也。以夫子"义则窃取"之旨观之，固将纲纪天人，推明大道，所以通古今之变，而成一家之言者。②

这里提出的"纲纪天人，推明大道，所以通古今之变，而成一家之言"，可谓"史义"之要旨。其高度概括，而言简意赅。据之推测，大意是说，著述历史，要对客观事实的演变，探明法则，或揭示要点。

学诚对于"史义"，尽管一再强调，但无具体阐述。只是他谈到著述儒林文苑列传之义时，透露了一点"史义"的大概。他说："儒林列传当明大道散著，师授渊源；文苑列传当明风会变迁、文人流别，此则所谓史家之书非徒记事，亦以明道也。如使儒林、文苑不能发明道要，但叙学人才士一二行事，已失古人命篇之义矣。"③就是说，写作儒林、文苑列传，不只是写学者文人的行事，而主要是对学术文化"发明道要"，即写出学术文化的演变及传授渊源派别，俾使后人可以得到启发。这里说的"道"或"义"，并非指仁义之道、伦理之义，而是指学术文化之道，著作之义。

所谓"史德"是指著述历史的写作态度，也就是讲求史学家的思想修养。刘知幾曾提出过史学须有才、学、识"三长"④，还谈到过修史的态度，只是《史通》中未有专论。学诚肯定刘氏的才、学、识之说，但又以为不够，于是提出"史德"论。他说：

> 能具史识者，必知史德。德者何？谓著书者之心术也。……盖欲为良史者，当慎辨于天人之际，尽其天而不益以人也。尽其天而不益

---

① 《文史通义》内篇四，《言公上》。
② 《文史通义》内篇四，《答客问上》。
③ 《章氏遗书》外编卷一二，《永清县志七·前志列传第十》。
④ 《旧唐书·刘子玄传》。

以人，虽未能至，苟允知之，亦足以称著书者之心术矣。而文史之儒，
竞言才、学、识，而不知辨心术，以议史德，乌乎可哉！①

意思是，著述历史要有史德，要做到"尽其天而不益以人"。这里的"天人之
际"实际上指的是历史著述过程中的主观和客观的关系问题。"天"是指客观
的历史，"尽其天"是要求著述符合史实；"人"是指人们的主观意识，"不益
以人"是要求人们对客观历史不掺杂主观偏见。

学诚深知史学过程中"有天有人""天与人参"，故要求"慎辨"。他以为，
记事行文之中，人们的"气""情"等主观情感必然存在，无法将它排除，这
里的慎辨就只能是："气合于理，天也；气能违理以自用，人也。情本于
性，天也；情能汩性以自恣，人也。"②意思是，史文之思想感情，合于事物
情理就是"天"，违反事物情理而任意发挥就是"人"。所谓"气合于理"，"情
本于性"，是强调主观要尊重客观，要受客观检验。他提出这个问题，目的
在防止"气胜而情偏"③；实是要求心术端正，"本于自然之公"。④

《文史通义》中的"文德"论，是与"史德"论一致的。学诚说，"文德"的
要求是"必敬以恕"。所谓"敬"，就是"气摄而不纵"，"心平而气有摄，自能
变化以适度"，即要求行文审慎而文如其事。所谓"恕"，是要求"能为古人
设身而处地"⑤，即要求论史必须设身处地具体分析。也就是说，对待客观
历史，既要尊重，又要具体分析。这是很有意思的见解，对"史德"论实是
补充。

学诚自言，《史德》篇"与《原道》《原学》诸篇足相表里"。⑥《原道》三篇探
究道的本原，强调"道原于天"，道器合一，论道是"万事万物之所以然"，
不以人的意志为转移。《原学》三篇探究学之根本，强调"下学而上达"，即
事以达道。这与《史德》篇强调"当慎辨于天人之际，尽其天而不益以人"，
可以互相发明；其中所谓"天""人"概念，基本上一致。

但应当指出，学诚不论是讲史学"经世""别识心裁"，还是讲"史义""史

① 《文史通义》内篇五，《史德》。
② 《文史通义》内篇五，《史德》。
③ 《文史通义》内篇五，《史德》。
④ 《文史通义》内篇四，《说林》。
⑤ 《文史通义》内篇二，《文德》。
⑥ 《文史通义》外篇三，《与史余村简》。

德"，都有其封建主义的思想烙印与"实用"意义。例如，学诚说：

> 夫学校必宗先圣，先圣之言具于《六艺》，作文当从制科中来，犹云立言折衷于《六艺》也。……马迁作史，犹不能不自制科中来；今人动曰发愤著书，遂可惟意所欲，岂知古人之谨严乎！……夫立言于不朽之三，苟大义不在君父，推阐不为世教，则虽斐如贝锦，绚若朝霞，亦何取乎！人知诽谤妖言之禁起于后世，岂知言伪而辨，为王法之所诛，辨言之乱旧章，为圣世之所绝钦！故读书之崇功令，文字当依制科，则文境醇而心术正，特不可如汪氏之直以时文而言古文尔。夫不由规矩绳尺，即无以为大匠，至于神而明之，固存乎其人。学者慎无私智穿凿，妄谓别有名山著述在庙堂律令之外也。①

据此分析，其意是，史学应为当时的治统和道统服务。史学经世，"则必求当代典章以切于人伦日用"，也就是要"贵时王之制度"，"达时王之制度"，才是"有体必有用"②；别识心裁，是欲推明其道，并不能"私智穿凿"；史义则离不开"规矩绳尺"；史德要求"心术正"，遵君父之大义，为世教而推阐，此与其言"史臣不必心术偏私，但为君父大义，则于理自不容无所避就，夫子之于《春秋》不容不为尊亲讳也"③，相互一致。这些说明，学诚史学思想的封建性还是浓厚的。正因于此，在对待学诚史学理论的态度上，有的学者持完全肯定态度，有的学者持基本否定态度；我们则主张一分为二，既肯定其独创性，也不否认其局限性。

四、地方志的理论与实践

学诚对于地方志，长期实践，从中积累了经验，形成了理论，并把修志当作史学实践，检验史学理论。正是由于理论与实践的结合，故在方志学上做出了杰出的贡献。突出之点是：

第一，提出了"志为史体"④的观点。我国地方志源远流长，起源甚早，

---

① 《文史通义》补遗，《与邵二云论文》。
② 《文史通义》内篇五，《史释》。
③ 《章氏遗书》外编卷三，《丙辰札记》。
④ 《章氏遗书》卷一五，《答甄秀才论修志第一书》。

至于清代大为发展。但长期以来，对于地方志的性质并不明确，往往以为属于地理。当时著名学者戴震认为，"夫志以考地理，但悉心于地理沿革，则志事已竟。侈言文献，岂所谓急务哉！"①官修的《四库全书总目》则将地方志列于史部地理类。学诚本着修志经验，提出了异议。他说：

> 方志如古国史，本非地理专门。如云但重沿革，而文献非其所急，则但作沿革考一篇足矣，何为集众启馆，敛费以数千金，卑辞厚币，邀君远赴，旷日持久，成书且累函哉！……若夫一方文献，及时不与搜罗，编次不得其法，去取或失其宜，则他日将有放失难稽，湮没无闻者矣。夫图事之要，莫若取后人所不得而救正者加之意也。然则如余所见，考古固宜详慎，不得已而势不两全，无宁重文献而轻沿革耳。……史部之书，详近略远，诸家类然，不独在方志也。太史公书，详于汉制。……夫修志者，非示观美，将以求实用也。时殊势异，旧志不能兼该，是以远或百年，近或三数十年，须更修也。若云但考沿革，而他非所重；则沿革明显，毋庸考订之州县，可无庸修志矣。②

意思是，地方志是地方史，"一方全史"，要求记载详备，"无所不载"。这样，它就可为国史所"取裁"。③ 今天看来，地方志不只是地方的地理与历史，包容量还要大，可说是综述性的地方大全。

第二，对于地方志体例有所创新。学诚提出了"必立三家之学"，分立"三书"之说：

> 凡欲经纪一方之文献，必立三家之学，而始可以通古人之遗意也。仿纪传正史之体而作"志"，仿律令典例之体而作"掌故"，仿文选文苑之体而作"文征"。三书相辅而行，缺一不可，合而为一，尤不可也。④

所谓"三家之学"或"三书"，即"志""掌故"和"文征"。大致说来，"志"是地方志的主体，"掌故"相当于典志，"文征"相当于文选，三者相辅而行，"互

① 《章氏遗书》卷一四，《记与戴东原论修志》。
② 《章氏遗书》卷一四，《记与戴东原论修志》。
③ 《章氏遗书》卷一四，《为张吉甫司马撰大名县志序》。
④ 《章氏遗书》卷一四，《方志立三书议》。

相资证"。这样做，继承和发展了古代史学的传统，显然是对地方志体例的革新。同时，学诚还主张于"三书"之外，另立"丛谈"一书，或称"余编"，"附稗野说部之流"①，仅供参考。

所谓"志"，效法纪传正史之体而略有变通。学诚力戒地方志"僭妄"而与国史体例雷同。纪传体正史一般分为纪、表、志、传，学诚则将地方志"变易名色"，分为外纪、年谱、考、传。外纪录"皇恩庆典"，年谱纪"官师铨除"，考著"典籍法制"，传列地方"人物名宦"。② 这个地方志体例，与纪传正史之体，声气相通而略有区别；明确了地方志之体，然于史体并无多大创新。

但学诚在长期修志实践中，根据实际和经验，不断改进，有所创新。他晚年拟定《湖北通志》体例时，将"志"的部分，分为纪、表、图、考、略、传，"所以备史裁也"；"掌故"部分，分吏、户、礼、兵、刑、工六门，"所以昭典例也"；"文征"部分，取传记、论说、诗赋、箴铭之属，"所以俟采风也"；还有"丛谈"，收编"考据轶事，琐语异闻"，以备参考。③ 其"志"中的纪、图、表、考、略、传，也有新的特点，有皇言、皇朝编年二纪，有方舆、沿革、水道三图，有职官、封建、选举、族望、人物五表，有府县、舆地、食货、水利、艺文、金石六考，有经济、循绩、捍御、师儒四略，有各种著名姓氏和各类人物的传记，多达五十三传。④ 足见其于地方志体例的探索与创新。

第三，对于修志工作作了总结，并提出了指导思想。学诚对修志简要地总结出了几点：有"二便：地近而易核，时近则迹真"，就是说地熟时近，容易调查了解；有"三长：识足以断凡例，明足以决去取，公足以绝请托"，就是说具备识见和公心，就可以定出条例而绝私情；有"五难：清晰天度难，考衷古界难，调剂众议难，广征藏书难，预杜是非难"，就是说掌握尺度、界域、众议、是非及图书资料有一定困难；有"八忌：忌条理混乱，忌详略失体，忌偏尚文辞，忌妆点名胜，忌擅翻旧案，忌浮记功绩，忌泥古不变，忌贪载传奇"，就是说修志工作中记事行文容易出现八种毛病；有"四体：皇恩庆典宜作纪，官师科甲宜作谱，典籍法制宜作考，名宦人物宜

---

① 《章氏遗书》卷一四，《方志立三书议》。
② 《章氏遗书》卷一四，《答甄秀才论修志第一书》。
③ 《章氏遗书》卷二四，《为毕制府撰湖北通志序》。
④ 《章氏遗书》卷二四，《通志目录》。

作传"，就是说地方志要立外纪、年谱、考、传四体；有"四要：要简，要严，要核，要雅"，就是说修志应达到简洁、谨严、真实、雅正四条标准。这是从修志工作诸方面总结出来的问题。所谓"二便""三长""五难"，是就修志的客观和主观的条件而言的；所谓"八忌"，是针对修志工作易犯的几种毛病而发的；所谓"四体"，是讲志书体裁；所谓"四要"，是讲修志要求或标准，这点最为重要。

在总结修志工作的基础上，学诚认为，应当"乘二便，尽三长，去五难，除八忌，而立四体，以归四要"，就是要凭借有利条件，克服不利因素，消除毛病，确立四体，达到"四要"。为此，他提出十点建议：

"一，议职掌"，要求明确各个修志工作人员的职责，"庶各不相侵，事有专责"。

"二，议考证"，要求广搜博采，考核精详，"庶能巨细无遗，永垂信史"。

"三，议征信"，要求传写人物"取舍贵辨真伪"，根据突出的事迹，做到真实可信。

"四，议征文"，要求稽考艺文，写明"著述目录，作者源流始末"；只取逝世者之作，在世者"例不入志"；学业卓著而有著作问世者，一概收录，"庶乎循名责实之意"。

"五，议传例"，要求传写人物，"例取盖棺论定，不为生人立传"；妇人守节者"统得破格录入"；去任之官，政绩突出者，可以立传；离任而现居本县，或"现升本省上官及有统辖者"，仍不立传，以免迎合之嫌；传记大节，不书怪诞，"庶免凫履羊鸣之诮"。

"六，议书法"，要求撰写典故、人物，"有体有要"，如"考体但重政教典礼、民风土俗，而浮夸形胜，附会人物者在所当略"；"列传亦以名宦乡贤、忠孝节义、儒林卓行为重，文苑、方技有长可见者次之，如职官而无可纪之迹，科目而无可记之业，于法均不得立传"；对于世俗不胜其烦地记载官师、邑绅之履历或琐事，"尤当首为厘定，一破俗例"。

"七，议援引"，要求"引用成文，期明事实，非尚文辞"；采用诗赋，尤当严格掌握。

"八，议裁制"，要求人物传中载文，从严裁制，或加注说明。

"九，议标题"，要求分清类目，防止"繁碎"和"抵牾牵强"。

"十，议外编"，为了"广收以备约取"，可以记取一些不可或遗的细事，"如一产三男，人寿百岁，神仙踪迹，科第盛事，一切新奇可喜之传"，用杂著体，零星记录，或名"外编"，或名"杂记"，此"正以厘清正载之体裁"。

于此可见，学诚对修志工作中的职责、取材、考信、体例、书法等，都提出了原则性的建议和一些具体的要求。学诚说，所在多有"俗例拘牵之病"，"故欲为是拔本塞源之论，而断行新定义例，初非好为更张耳"。① 可见其"十议"，有针对性和原则性，实是修志工作的指导思想。

第四，建议各州县设立志科。学诚觉得，当时修志之风虽盛，"而州县记载，曾无专人典守。间有好事者流，修辑志乘，率凭一时采访，人多庸猥，例罕完善，甚至挟私诬罔，贿赂行文"，于修志极为不利。因此，他认为需要设立志科，定出制度，负责搜集和保存地方史料。他建议："州县之志，不可取办于一时，平日当于诸典吏中，特立志科，金典吏之稍明于文法者以充其选。而且立为成法，俾如法以记载，略如案牒之有公式焉，则无妄作聪明之弊矣。积数十年之久，则访能文学而通史裁者，笔削以为成书，所谓待其人而后行也。如是又积而修之，于事不劳，而功效已为文史之儒所不能及。"②这个建议十分重要，如能做到，可为修撰地方志打下坚实的基础。但在当时封建统治，毫无法治而挟私行贿横行的情况下，实难行之。

总之，学诚在史学和方志学上是有贡献的。他对史学的贡献，主要表现在史学理论方面，对方志学的贡献，既有实践又有理论，尽管在其理论表述中，明显地流露出儒家的传统思想和道德，但其理论的战斗精神和创新意义也是十分突出的。当然，他的史学和方志学，尚属封建文化的范畴，而无新的突破。至于以近代的新史学批判封建的旧史学，自然是学诚身后之事，而不是生于乾嘉之世的他所能担当的历史任务。

第七节　龚自珍的史学③

一、提出"尊史"说

龚自珍，一名巩祚，字璱人，号定庵，浙江仁和（今杭州）人。生于乾隆五十七年（1792 年），卒于道光二十一年（1841 年），享年 50 岁。父、祖为

---

① 《章氏遗书》卷一五，《修志十议》及《自跋》。

② 《章氏遗书》卷一四，《州县请立志科议》。

③ 侯外庐：《中国早期启蒙思想史》第十七章，《龚自珍的思想》。

士人，都做过官。母是女诗人，有诗作。外祖父段玉裁著有《说文解字注》《经韵楼集》等，是当时杰出的语言文字学家。龚氏天资聪颖，从小就受到传统的儒家教育、文学和经学的熏陶，曾向段玉裁学文字学，向刘逢禄学《公羊春秋》，有深厚的学术文化基础。但他面临社会种种矛盾，并不着意于皓首穷经之路，而慨然有经世之志。他的仕途并不顺利，道光时才成进士，因为官卑职微，思想不免苦闷，甚至一度学佛。但他始终面对现实，发表己见，讥切时政，力主改革，憧憬未来。后来被迫南归，暴疾逝世于江苏丹阳。他生时是乾隆盛世之末，清朝已由盛转衰，社会矛盾重重，死前一年爆发鸦片战争，死后一年即订立不平等的《南京条约》，帝国主义侵入，故他是生活于清朝衰落时期，中国近代的前夜。他的学术思想，正是这个时代社会矛盾的一种反映。

龚自珍针对乾隆以来"号为治经则道尊，治史则道绌"的观点，提出"尊史"说，写了一组"尊史"的文章，强调史学的重要性。其说的要点是：

首先，提出"经子皆史"说。他认为古代唯有史官掌握文化，说："周之世官，史之外无有语言焉，史之外无有文字焉，史之外无人伦品目焉。"①故他认为"经子皆史"。先是说：

> 夫六经者，周史之宗子也。《易》也者，卜筮之书也；《书》也者，记言之史也；《春秋》也者，记动之史也；《风》也者，史所采于民，而编之竹帛，付之司乐者也；《雅》《颂》也者，史所采于士大夫也；《礼》也者，一代之律令，史职藏于故府，而时诏王者也；小学也者，外史达之四方，瞽史谕之宾客之所为也。……故曰：五经者，周史之大宗也。②

这个"五经皆史"说，是继承了前人的说法。接着，他又说："孔子殁，七十子不见用，衰世著书之徒，蜂出泉涌，汉氏校录，撮为诸子，诸子也者，周史之小宗也，"③并作了进一步的发挥：

> 老于祸福，熟于成败，絜万事之盈虚，窥至人之无竟，名曰任照

---

① 《龚自珍全集·古史钩沉论二》。以下凡引《龚自珍全集》只注篇名。
② 《古史钩沉论二》，亦题《尊史二》。
③ 《古史钩沉论二》。

之史，宜为道家祖。

综于天时，明于大政，考夏时之等，以定民天，名曰任天之史，宜为农家祖。

左执绳墨，右执规矩，笃信谦守，以待弹射，不使王枋驰，不使诸侯骄上，名曰任约剂之史，宜为法家祖。

博观群言，既迹其所终始，又迹其所出入，不蒙一物之讥，不受诸侯蹈抵，使王政不清，庶物奸生，名曰任名之史，宜为名家祖。

胪引群术，爱古聚道，谦让不敢删定，整齐以待能者，名曰任文之史，宜为杂家祖。

窥于道之大原，识于吉凶之端，明王事之贵因，一呼一吸，因事纳谏，比物假事，不辞矫诬之刑，史之任讳恶者，于材最为下也，宜为阴阳家祖。

近文章，眇语言，割荣以任简，养怒以积辨，名曰任喻之史，宜为纵横家祖。

抱大禹之训，矫周文之偏，守而不战，俭而不夺人，名曰任本之史，宜为墨家祖。

五庙以观怪，地天以观通，六合之际，无所不储，谓之任教之史，宜为小说家祖。……

故曰诸子也者，周史之支孽小宗也。①

照他所说，五经是史，诸子也是史。这种"经子皆史"说，不完全是空言而是有一定的历史根据。中国古代，学在官府，由史官掌握学术文化。周代的史官就是如此。当时及稍后产生的《易》《诗》《书》《礼》《春秋》等典籍，往往出自史官之手，或为史官所采集、收藏和使用。后来的诸子之学，按照《汉书·艺文志》的说法，是"六经之支与流裔"，都与古时王官有一定关系。在龚氏看来，古代的历史文化，只有"史"才能概括得了；"史"是古代历史文化的总称。故其尊史论乃泛史论，是总论历史文化的。现在看来，经、子类古代典籍对于研究古代历史与文化，无不具有重要的史料价值，从这个角度出发以其归属古代史学范畴也无不可；而且，人类社会以往发生的一切，无不属于历史范畴，无不统属于历史，故称昔日的历史文化为"史"也不无道理。

---

① 《古史钩沉论二》。

其次，认为"史"与人类前途和国家民族有一定关系。他说：

> 灭人之国，必先去其史；隳人之枋，败人之纲纪，必先去其史；绝人之材，湮塞人之教，必先去其史；夷人之祖宗，必先去其史。①

这就是说，"史"对于国家存亡，民族兴衰，文化荣枯，人格善恶，都有重大关系，故对"史"不得不尊。

最后，强调史职的重要。基于上述两点，龚氏认为必须提高史家的思想和认识，曾说：

> 史之尊，非其职语言、司谤誉之谓，尊其心也。心何如而尊？善入。何者善入？天下山川形势，人心风气，土所宜，姓所贵，皆知之；国之祖宗之令，下逮吏胥之所口守，皆知之。其于言礼，言兵，言政，言狱，言掌故，言文体，言人贤否，如其言家事，可谓入矣。又如何而尊？善出。何者善出？……如优人在堂下，号啕舞歌，哀乐万千，堂上观者，肃然踞坐，眈眈而指点焉，可谓出矣。……出乎史，入乎道。欲知大道，必先为史。②

这是说，史职之重要，不在于记事和褒贬，而在于心志和识见，既要做到"善入"，熟悉人类社会的历史和文化，如数家珍；又要做到"善出"，对所掌握的历史与文化，尽善尽美地表述出来，使人如观活剧，如临其境。同时，还要求史职"入乎道"，于治史中究明世变之道，使人们都懂得"欲知大道，必先为史"。

二、纵论历史变迁

龚氏在探讨世变、"通古今之故"时，往往对历史进行理性思考，表达了历史变化观和述往思来之志。

他曾谈到过关于人类社会的创造问题。他是这么说的：

---

① 《古史钩沉论二》。
② 《尊史一》。

天地，人所造，众人自造，非圣人所造。圣人也者，与众人对立，与众人为无尽。众人之宰，非道非极，自名曰我。我光造日月，我力造山川，我变造毛羽肖翘，我理造文字语言，我气造天地，我天地又造人，我分别造伦纪。众人也者，骈化而群生，无独始者。①

意思是，天地万物和历史文化，都是"众人自造"，是众人自身造就一切外部世界，而不是外在的神秘创造人类社会，也不是圣人创造历史。

他曾说过人类社会初级阶段的一些问题，如：

生民之故，上哉远矣，天谷没，地谷苗，始贵知贵力，有能以尺土出谷者，以为尺土主；有能以倍尺若十尺、伯尺出谷者，以为倍尺、十尺、伯尺主；号次主曰伯。帝若皇，其初尽农也，则周之主伯欤？古之辅相大臣尽农也，则周之庸次比耦之亚旅欤？土广而谷众，足以芘其子，力能有文质祭享报本之事，力能致其下之称名，名之曰礼，曰乐，曰刑法。儒者失其情，不究其本，乃曰天下大分，自上而下。吾则曰：先有下，而渐有上。下上以推之，而卒神其说于天。②

意思是，上古生民进行农业生产，能者主持其事，分为等次，维持和发展之，于是产生相应的政治和文化；这个历史事实说明，历史文化的发生发展，不像有的儒者所谓"天下大分，自上而下"，而是"先有下，而渐有上"。所谓"天下大分"云云，乃有君才有民即君主神圣之意；而"先有下"之说，则是群众活动中产生英雄，然后才有君主和政治文化之意。龚氏此论，实是一种群众和英雄创造物质文化和精神文明，先有经济基础而后才有上层建筑之朴素的历史辩证法。

龚氏了解历史，有感于历史变化；曾师事于刘逢禄，学过《公羊春秋》。他谈论历史，据"公羊"三世说，略事改造，认为"通古今可以为三世"③，从古至今的历史出现过治世、乱世、衰世，从而纵论历史变迁三期及师儒之学三世流变。他说：第一期是治世，古时道、学、治三者合一，师儒能尽其史职：

---

① 《壬癸之际胎观第一》。
② 《农宗》。
③ 《五经大义终始答问八》。

> 王、若宰、若大夫、若民，相与以有成者，谓之治，谓之道。若
> 士、若师儒，法则先王、先冢宰之书，以相讲究者，谓之学。师儒所
> 谓学，有载之文者，亦谓之书。是道也，是学也，是治也，则一而已
> 矣。乃若师儒有能兼通前代之法意，亦相戒语焉，则兼综之能也，博
> 闻之资也。①

这似是指春秋以前的历史时期。第二期是乱世，王政失，政教衰，诸子百
家自鸣其学，但他们尚能肄其业，发为言，即还能尽其史职：

> 师儒之替也，源一而流百焉，其书又百其流焉，其言又百其书焉。
> 各守所闻，各欲措之当世之君民，则政教之末失也。虽然，亦皆出于
> 其本朝之先王。……世之盛也，登于其朝，而习其揖让，闻其钟鼓。
> 行于其野，经于其庠序，而肄其豆笾，契其文字。……及其衰也，在
> 朝者自昧其祖宗之遗法，而在庠序者犹得据所肄习以为言，抱残守阙，
> 纂一家之言，犹是以保一邦、善一国。②

这似是指自春秋始的历史时期。第三期是衰世，君主专制，官吏腐败，"日
之将夕，悲风骤至"。此时的师儒是：

> 重于其君，君所以保民者则不知也；重于其民，民所以事君者则
> 不知也。生不荷糇锄，长不习吏事，故书雅记，十窥三四，昭代功德，
> 瞠目未睹。上不与君处，下不与民处。……昧王霸之殊统，文质之异
> 尚。其惑也，则且援古以刺今，嚣然有声气矣。……（是故）王治不下
> 究，民隐不上达，国有养士之资，士无报国之日，殆夫，殆夫！终必
> 有受其患者，而非士之谓夫！③

这种人，既不了解历史，又不认识现实，对国家无用，与人民隔阂，不仅
是白痴，还是绊脚石。

---

① 《乙丙之际箸议第六》。
② 《乙丙之际箸议第六》。
③ 《乙丙之际箸议第六》。

这个古今三世和师儒流变说，其主观构筑历史的成分很重，难免带有唯心主义的成分，但也有点历史根据，尤其是言现实的政治和士人，还是很深刻的，而且寓有论者呼吁救世的深意。

龚氏认为，乱世糟糕，势在必变。他说：

> 自古及今，法无不改，势无不积，事例无不变迁，风气无不移易。①

这种古今大势就是事物无不变迁的言论，显然是历史变易思想。

由此，龚氏引申出"更法""改图"的主张。他说：

> 拘一祖之法，惮千夫之议，听其自陊，以俟踵兴者之改图尔！一祖之法无不敝，千夫之议无不靡，与其赠来者以劲改革，孰若自改革？抑思我祖所以兴，岂非革前代之败耶？前代所以兴，又非革前代之败耶？何莽然其不一姓也？天何必不乐一姓耶？鬼何必不享一姓耶？奋之，奋之！将败则豫师来姓，又将败则豫师来姓！《易》曰："穷则变，变则通，通则久。"②

意思是，历代更替，都是在改革中进行的，改革是必然的，要从历史变革中悟出改革之理，明白"穷变通久"是世变之道。

于此可见，顺势应变，"更法""改图"，乃龚氏探讨世变的结论，是他历史观的基本点。如果仅从他"万物之数括于三"，"一而立，再而反，三而如初"，以及"初异中，中异终，终不异初"③的文字表达进行推论，其三世说似乎应属于历史循环论；但就其论世世都在变，代代都在改，乱世更得"更法""改图"的基本论点分析，其三世说实应属于历史变迁论，是一种历史变易思想。

---

① 《上大学士书》。
② 《乙丙之际箸议第七》。
③ 《壬癸之际胎观第五》。

三、建议西北建设

龚氏关于西北边疆建设问题的议论，是他留意边疆史地研究、关心国家命运的重要表现。

在清代国运趋于衰落，外国帝国主义侵略野心显露，中国边疆问题日益严重的形势下，龚氏便着手研究西北边疆史地。他协修《会典》时，曾负责"理藩院"一门及青海西藏各图。曾修《蒙古图志》，惜书稿未完而遭火毁。还曾参加过重修《一统志》。可见他对西北史地是有所研究的。

在他有感于外患严重，便结合西北边疆史地的情况，思想着防御外患而加强国家统一的问题。他的《东南罢番舶议》，想是谈东南沿海有关殖民主义者对华商品输出，而主张予以抵制的。惜其文已佚，难知其底细。他的《西域置行省议》《御试安边绥远疏》《上镇守吐鲁番领队大臣宝公书》等文，是谈西北边疆问题，其中前一篇是名作，建议于西域设置行省，颇具卓识和深意。他认为西北"不临海"，是内陆高原地区，在抵御外患方面有其特定的优势，故他建议加强西部建设：

> 有天下之道，则贵乎因之而已矣。……因功而加续之，所凭者益厚，所藉者益大，所加者益密。……欲因功而续加之，则莫若酌损益之道。何谓损益之道？曰：人则损中益西，财则损西益中，……以上各议，现在所费极厚，所建极繁，所更张极大，所收之效在二十年以后，利且万倍。夫二十年，非朝廷必不肯待之事，又非四海臣民望治者不及待之事，然则，一损一益之道，一出一入之政，国运盛益盛，国基固益固，民生风俗厚益厚，官事办益办，必由是也，无其次也。①

意思是，为国之道，在于因地因时制宜，对于当时的西北地区，应当投入一定的力量，尤其是人力，积极开发建设；如果做到这点，必将不久就能获利，大有利于国计民生。

龚氏明确地建议在西域设置行省，区别于汉唐时代"凿空""羁縻"的办法，而建立健全的行政系统，于行省之下设置各个府州和县，并加强经济和边防的建设。同时，他着重建议向西北移民：

---

① 《西域置行省议》。

今中国生齿日益繁，气象日益隘，黄河日益为患，……而不外乎开捐例、加赋、加盐价之议。譬如割臀以肥脑，自啖自肉，无受代者。自乾隆末年以来，官吏士民，狼艰狈蹶，不士、不农、不工、不商之人十将五六；又或飧烟草，习邪教，取诛戮，或冻馁以死；终不肯治一寸之丝、一粒之饭以益人。……人心惯于泰侈，风俗习于游荡，京师其尤甚者。自京师始，概乎四方……应请大募京师游食非土著之民，及直隶、山东、河南之民，陕西、甘肃之民，令西徙。除大江而南，筋力柔弱，道路险远，易以生怨，无庸议。……其余若江南省凤、颍、淮、徐之民，及山西大同、朔平之民，亦皆性情强武，敢于行路，未骄惯于食稻衣蚕，地尚不绝远，募之往，必愿往。江西、福建两省，种烟草之奸民最多，大为害于中国，宜尽行之无遗类。与其为内地无产之民，孰若为西边有产之民，以耕以牧，得长其子孙哉！……又各省驻防旗人，生齿日繁，南漕不给……苟有利天朝者，必无异心，无异议也。①

这是强调，应将京师浮游之民，中原众多之民，东南地区种烟草之奸民，以及一部分各省驻防旗人，迁移于西北，从事耕牧生产，这样就能以多补少或化害为利；还要将北方一些"性情强武"的人迁去，以增强那里的人口素质。这是大有利于西北地区的经济发展和国防建设的。

龚氏还谈到，今边区的屯田，效果不好。应将现有的屯田，"给与见在之屯丁"，"作为世业"，使得"公田变为私田，客丁变为编户，戍边变为土著；其遣犯毋庸释回，亦量予瘠地，一体耕种交纳"②。即将原来的屯田客和戍边者以及遣犯将释者编制为土著之民，以稳定人心和促进生产。他还谈到民族关系，谴责某些守边大臣的虐民暴行，要求他们留心于国家民族的安定和统一，取信于边民，争取"安益安，信亦信"。③

龚氏在西域设置行省和移民西北的建议，是对西北边疆史地之最好的历史总结，也是对西北地区未来发展切实可行具有深远意义的良策。我国近世在新的历史条件下，在西域置新疆省，往那里移民耕牧，这对于西部

---

① 《西域置行省议》。
② 《西域置行省议》。
③ 《上镇守吐鲁番领队大臣宝公书》。

地区经济文化建设和加强国防，具有重大意义。此也可证，龚氏对西北边疆问题的研究和建议，是何等高明的经世卓识和历史远见。

四、复兴经世之学

龚氏论"出乎史，入乎道"，既尊史，也议政。其尊史与议政密不可分。从学术思想渊源来看，他的尊史论是在新的历史条件下，复兴明清之际的经世之学。

针对明朝文化专制和理学喧嚣，李贽主张经史相为表里，要使经史平起平坐，甚至有把经归于史的味道。是后，随着社会矛盾日益复杂和尖锐，思想领域显得活跃起来。明清之际，黄宗羲、顾炎武、王夫之等学术界大师，学术思想上的共同特点是经世致用，顾祖禹、唐甄等亦然。他们痛诋理学空谈和八股空言以致误国害民，将学术转向于匡时救世，一时形成学术界的主要潮流。在清初统治者加强封建专制和文化高压政策的情势下，史学的大量工作转向历史文献学和考据史学，学术和社会现实完全脱节，乾隆时期此风尤甚；当时唯有章学诚提倡"史学经世"，然亦难以形成气候。

嘉道年间，清朝由盛转衰，社会痼疾频发，外患也将发生，危机四起，民生不宁。这时清朝思想文化专制也开始松弛，一些忧国忧民的有识之士，面向社会，主张经世之学，通古今，究利病，欲有所作为。有些讲求事功的官吏，如陶澍、林则徐、贺长龄等也注意世务，注重于当时某些重大社会现实问题的研究和改图。龚氏交往的一些友人，如魏源、汤鹏、包世臣、李兆洛等也都提倡和致力于经世之学。

龚氏得风气之先，探讨"天地东西南北之学"[①]，成为清朝嘉道时期复兴经世之学的先驱者和倡导者。他的"尊史"和一切议论，都是从时代需要出发，针对现实，而经世致用的。他批判封建黑暗和政治腐败，指出当时社会病已严重，无法自愈，必将大变。他说：

> 人有疥癣之疾，则终日抑搔之，其疮痏，则日夜抚摩之，犹惧未艾，手欲勿动不可得，而乃卧之以独木，缚之以长绳，俾四肢不可以屈伸，则虽甚痒且甚痛，而亦冥心息虑以置之耳。何也？无所措术故也。

---

① 吴昌绶：《定庵先生年谱》，见《龚自珍全集》。

律令者，吏胥之所守也；政道者，天子与百官之所图也。……为天子者，训迪其百官，使之共治吾天下，但责之以治天下之效，不必问其若之何以为治。……约束之，羁縻之，朝廷一二品之大臣，朝见而免冠，夕见而免冠，议处、察议之谕不绝于邸钞。部臣工于综核，吏部之议群臣，都察院之议吏部也，靡月不有。府州县官……大抵逆亿于所未然，而又绝不斟画其所已然。……官司之命，且倒悬于吏胥之手。彼上下其手，以处乎群臣之不合乎吏胥者，以为例如是。……夫聚大臣群臣而为吏，又使吏得以操切大臣群臣……犹不能以一日善其所为，而况以本无性情、本无学术之侪辈耶？……使奉公守法畏罪而遽可为治，何以今之天下尚有几微之未及于古也？天下无巨细，一束之于不可破之例，则虽以总督之尊，而实不能以行一谋，专一事！……权不重则气不振，气不振则偷，偷则散。权不重则民不畏，不畏则狎，狎则变。待其散且变，而急思所以救之，恐异日之破坏条例，将有甚焉者矣！①

这段话是说，社会之病严重，无法治疗，甚至束缚而使其越加病危，统治者无所举措，大臣照例办事，群臣忙于事务，吏胥也是按例，地方官亦然，天子则束之以例，如此腐朽必且变，如此条例必破坏。同时，他还据亲眼所见，描绘当时官吏贪污，剥削百姓，以及社会混乱现象，叹道："哀哉，谁为之而一至此极哉？"②他以为官吏腐败，主要是"一人为刚，万夫为柔"③的封建君主专制所造成。

龚氏一方面诅咒现实的黑暗，另一方面又憧憬未来的光明。他在《尊隐》一文中，以寓言式的语言，描写"夕时"的情景：京师失道，每况愈下，而山中或野鄙则是生机勃勃的另一番景象，祖宗和神灵都对京师的皇朝产生悲观，而期待于山中之民，然而统治者不思振作，但闻其鼾声。于是，"则山中之民，有大音声起，天地为之钟鼓，神人为之波涛矣！"④就是说，山中之民乘时奋起，当朝统治者便至于末路，将出现另一朝新天地。龚氏对"山中之民"认识并不清楚，不能作进一步的描述；但他有预感，故作了预言。他有这样的诗句：

---

① 《明良论四》。
② 《乙丙之际箸议第三》。
③ 《古史钩沉论一》。
④ 《尊隐》。

九州生气恃风雷，
万马齐喑究可哀。
我劝天公重抖擞，
不拘一格降人材！①

他在期待着风雷将起，快降人才而创造新历史。

龚氏以其"尊史"和一切议论提倡学术方向和风尚，从历史文化、学术传统、时代需要的高度阐发了经世之学的性质和路向，不仅以"更法""改图"的政治主张，而且还以憧憬未来的光明展示历史的必然之路和发展趋向，从而成为晚清学术思潮和政治思潮的先驱和代表。他说，"良史之忧忧天下"②，自谓"但开风气不为师"③。我们称许他是忧天下的开风气者，想必是很合适的。

---

① 《杂诗》。
② 《乙丙之际箸议第九》。
③ 《己亥杂诗》。

第六章　近代史学(上)

第一节　民族危机的紧迫感

一、魏源的爱国史学著述

自鸦片战争至"五四"运动以前，由于民族危机的刺激和时代的剧变，出现了救亡图强的爱国主义史学思潮，历史学成为人民反抗侵略伟大斗争的一个组成部分。在近代史开端时期①，史坛出现了新风气，有一批爱国史家撰写了反映御侮图强需要、与民族命运密切相关的史著，魏源是他们中的出色代表。

魏源(1794—1857 年)，字默深，湖南邵阳人。年 21 岁时，随父到京师，曾向公羊学家刘逢禄学习。道光九年(1829 年)中举人，捐赀获"内阁中书舍人候补"职衔。在京与龚自珍、林则徐等密切交往，议论国事。又与龚自珍学术志趣相投，共同讥议时政，时人称为"龚魏"。曾代江苏布政使贺长龄辑成《皇朝经世文编》，提倡经世学风。后入两江总督陶澍幕，参与筹议漕运、水利及盐法改革。鸦片战争时，魏源任两江总督裕谦幕僚，曾到浙江前线。道光二十四年(1844 年)中进士，时年已 51 岁，以知州用，权江

---

① 学术思潮的变迁无不前有酝酿后有延续，故"近代史开端时期"的史学所包括的时间，自比鸦片战争爆发至《南京条约》签订时间为长。当魏源于 1825 年编《皇朝经世文编》时，已经关注东南海防问题，他和龚自珍所写大量史论、政论，尤其表示了对社会危机的严重关切，实已开了近代史学转折的先声。魏源、姚莹、徐继畲、夏燮等人在战争期间酝酿完成的著作均完成于《南京条约》签订之后。如《海国图志》百卷本完成于 1852 年。以记述鸦片战争经过为主干部分的《中西纪事》，对初稿进行增订则在 1859 年。本节即把《中西纪事》也放在近代史开端时期的史学中一并考察。

苏高邮知州、兴化县知事，颇有政声。咸丰元年（1851年）授高邮州知州，组织团练对抗太平军，后因"迟误驿报"被清廷革职。晚年学佛，整理著述，病卒于杭州。著有《圣武记》《道光洋艘征抚记》《海国图志》以及《元史新编》《古微堂集》《诗古微》《书古微》《老子本义》《古微堂诗集》。

　　《圣武记》共14卷，是魏源在《南京条约》签订的同一月，满怀爱国义愤著成的。他为著此书早就着手搜集资料，1828年（道光八年）任"内阁中书舍人候补"时，便广泛阅读了内阁所藏大量档案、典籍，从那时起即为著述作了准备。鸦片战争时，魏源居住在扬州，目睹英国野蛮侵略、清廷昏庸战败这一重大事变，忧愤交加，遂在以往探索研究的基础上，率先完成《圣武记》，表达其爱国御侮的决心。此书主要内容一为记载清初军事上的节节胜利，一是论述乾隆末年后陷入的困境。由于明确地从历史的反思中为当前御侮斗争提供经验教训，因而就具有近代史学的意义。书一著成，即"索观者众，随作随刊"[1]，产生了广泛影响。此后又于1844年和1846年两次增订刊行，成为晚清史学的一部名著。魏源还于1842年12月完成《海国图志》50卷本。此书尤为鸦片战争时期抵抗路线在历史著述上的结晶，是由林则徐在1841年6月倡议编撰的。当时已被革职派到浙江军营效力的林则徐又再次遭到处罚，路过京口（今镇江）时，魏源从扬州赶来见面，两人"万感苍茫"[2]，彻夜长谈。就是在这次会见时，林则徐把《四洲志》等资料交给他，嘱他修撰《海国图志》。其后，魏源又于1846—1847年增订为60卷本，再于1852年增订为100卷本。全书大部分内容是介绍外国历史、地理和现状知识，而开篇两卷《筹海篇》（包括"议守"上下篇；"议战""议款"各一篇）则代表魏源呕心沥血总结鸦片战争的经验教训。他认真地分析战争中的胜败得失和前因后果，并提出反侵略的办法。《道光洋艘寇海记》成书和流传时间也都在鸦片战争结束不久。此书原名作《夷艘寇海记》，由于惧祸，当时没有署上作者魏源的姓名，但我们现在仍能找到多项直接记载证明作者是魏源无疑。[3] 至1893年（光

---

　　① 《圣武记序》。

　　② 《魏源集·江口晤林少穆制府》。

　　③ 中国社会科学院近代史研究所藏《夷艘寇海记》抄本，前有娄东福桥居士所写的一篇前记，说："道光丙午夏六月上旬，皖江邓君守之（完白山人之令子，申耆先生之高弟）触暑来访余于石墩馆舍，……行箧中携有邵阳魏氏所纂《夷艘寇海记》二卷。"此书是"邵阳魏氏纂"，说得明明白白。清末以前确认此书作者是魏源的记载，还有汤纪尚《槃薖文集》甲集《纪定海兵事》，又葛士濬编《皇朝经世文续编》、朱克敬编《边事续抄》两书均收入此篇并署名魏源。

绪四年)上海申报馆将之收入《圣武记》，正式确认并第一次公开作者是魏源，标题也改为今名。此书成书在 1843 年(道光二十三年)春以后①，当时人们即不怕触犯时忌，广为传抄，今天仍可见到几种内容相同而书名小异的抄本，如题为《夷艘入寇记》或《英夷入寇记》等②，就是当时受到社会重视的明证。此书虽然仅有二卷的篇幅，却被研究者誉为中国关于鸦片战争"最早"和"比较全面"的记述，"确是记载鸦片战争史的第一等著作"。③ 1845 年(道光二十五年)魏源致书友人讲他发愤著述的心情说："海艘迭警，不胜漆室之忧，托空言以征往事。"④他将著史与反抗侵略的紧迫事业结合起来，去反思清朝盛衰的历程，记载"当前的活的历史"，又撰成内容丰富的介绍外国史地的巨著。三部史书都在数年之内相继完成，因而为近代爱国史学树立了一座丰碑。

《圣武记》先记清代开国、平定三藩叛乱、康乾年间为巩固统一而进行的战争，后记苗民、白莲教、天理教等起义的发生和统治者的镇压。在记述史事的基础上，魏源对清代盛衰大势提出了一个总看法，认为"国家极盛于乾隆之六十年"，之后，苗民起义、白莲教起义事件接连发生，已使清朝难以收拾，几乎面临"川壅必溃"的局面。⑤ 这段话应视为《圣武记》全书的总纲。

这一看法，中肯地指出乾隆末年是清朝统治由盛到衰的转折点，说明魏源具有考据家们难以相比的、相当深刻的历史观察力。魏源做到把探索清朝统治的盛衰跟反侵略斗争密切结合起来。《圣武记序》中表达出他因对时局忧心如焚、对侵略者同仇敌忾而著史的心情："荆楚之南，有积感之民焉。……晚侨江淮，海警迭至，忾然触其中之积，乃尽发其椟藏，排比经

---

① 据北京图书馆藏抄本《夷艘入寇记》中记事下限是："二十三年春，伊里布卒于广东，诏者英往接办。"则成书当在此之后。又李瑚《魏源诗文系年》一书，据《征抚记》中有"英夷自去年夏困于三元里"的话，认为"成书时间当在道光二十二年"。此说也可参考。

② 如：题为《夷艘寇海记》，中国社会科学院近代史研究所藏；题为《夷艘入寇记》，北京图书馆、北京大学图书馆均有收藏；题为《夷舶入寇记》，北京图书馆藏；题为《英夷入寇记》，南京大学图书馆藏。还有一本《洋务权舆》，称："是书初名《英吉利入寇记》……改题之曰《洋务权舆》。"也是由魏源之书改头换面而来。

③ 姚薇元：《鸦片战争史实考》修订本《前言》，3 页，北京，新知识出版社，1955。

④ 《宝庆府志·艺文略三·致邓显鹤书》。

⑤ 《嘉庆川湖陕靖寇记》卷九。

纬，驰骋往复，先出其专涉兵事及尝所论议若干篇"，"告成于海夷就款江宁之月"。他特别重视从总结历史事实中吸取对当前御侮有益的教训，书中赞扬康熙在平定三藩和对噶尔丹作战中镇定指挥，就是针对道光在战争中忽战忽降、举棋不定而说的。魏源议论说："自古及今，或以殷忧启圣，或以道谋溃成，庙算不定，而大难克削者，未之前闻。"① 书的后半部写白莲教起义使清廷受到痛深创巨的打击，暴露官军的极度腐败，将领临阵逃脱，甚至残害无辜百姓以邀赏；以及各路将领互相掣肘，钩心斗角，侵吞军费腐化享乐，致使"各路官兵乡勇饷迟不发，至令枵腹无禈，牛皮裹足，跣行山谷"。② 这些论述实际上揭露了鸦片战争中统治集团腐败误国的根源。

魏源爱国史著的更大贡献，是及时、忠实地记述反抗侵略的正义斗争，揭露侵略者，斥责投降叛卖行为，歌颂爱国军民斗争的伟大力量。《道光洋艘征抚记》及时、系统地记载了鸦片战争的经过。魏源站在中华民族反抗侵略的正义立场上，把握了这场复杂事变的来龙去脉，"据实直书"，尖锐地揭露侵略者和投降派的罪行，表彰了爱国将领和人民大众的英勇气概。魏源揭露侵略军所到之处"掳掠焚烧惨甚"。三元里事件就是洋兵"时肆淫掠"而激起的。侵略军进入长江，"炮火震江岸，自瓜州至仪征之盐艘巨舶焚烧一空，火光百余里"。愤怒地声讨了侵略者犯下的滔天罪行。而清朝统治集团腐败无能，造成战争的失败，"升平恬嬉，不知修攘为何事，破一岛一省震，骚一省各省震，抱头鼠窜者胆裂之不暇，冯河暴虎者虚骄而无实"。书中又以鲜明态度赞扬林则徐等抵抗派人物的功绩，反映人民抗英斗争的巨大力量。魏源肯定了林则徐坚决禁烟、加强战备、严密防守等一系列坚决抗击侵略的行动，肯定了他在对外交涉中的识见。对于邓廷桢、关天培、姚莹等抵抗派也予以表彰。他在书中以充沛的感情歌颂三元里附近一百零三乡人民"倡义报复"，使凶恶的侵略者陷入重围。而南海等县义民自办团练，达数万人，"昼夜操练，义律侦知内河既有防备，竟不敢报复"。这些表现人民抗英力量的记载，今天读来仍然使人感奋。结尾指出：签约后鸦片祸害更加严重，侵略者盘踞中国门户，后患无穷，深沉地呼吁人们提高警惕。由于《征抚记》是一部信史，表达了当时正直人们共有的思想感情，而且比一般人了解得更多，观察得更深刻，符合时代的需要，加上它善于叙事，篇幅又短，所以人们不怕触犯时忌，广为传抄。进步的史学著作冲

① 《圣武记》卷二，《康熙戡定三藩记》。
② 《圣武记》卷九，《嘉庆川湖陕靖寇记》。

破了当权者的禁阻,产生了广泛影响。

魏源所著《海国图志》一书是近代倡导打破封闭状态、认识世界潮流的先驱名著。在鸦片战争前,魏源同龚自珍一样主张变革,呼吁学术"经世致用"。魏源发挥公羊学说阐发的变易思想,认为世界万物和社会历史都是变化的,"三代以上,天皆不同今日之天,地皆不同今日之地,人皆不同今日之人,物皆不同今日之物"。变革是历史的必然,变革得越彻底越好,"变古愈尽,便民愈甚"。① 他猛烈抨击统治集团的腐朽昏庸,对封建官僚营私谋利、腐朽透顶、祸害国家表示了极大的愤慨。他尖锐地批判考据末流烦琐主义的严重积弊,"争治训诂音声,瓜剖铢析","锢天下聪明智慧使尽出于无用之一途"。② 对于解决当时一些社会实际问题,他具有真知灼见,曾围绕水利、盐法等问题提出除弊措施。到鸦片战争爆发、民族危机尖锐时期,魏源便在原有思想基础上大大前进一步,由原先的"经世""除弊"上升到倡导了解外国和学习外国,成为近代向西方学习的先驱者。

《海国图志》提供了国人最迫切需要的外国知识,并且成为当时东方各国最详备的世界史地参考文献。魏源批判了两千年来视为"神圣古训"的"严夷夏之防"的迂腐观点,大声疾呼了解外国是当务之急。他尖锐地揭露统治集团对外国昏暗无知,是造成战争惨败的重要原因:"苟有议缮夷书、刺夷事者,则必曰多事(原注:嘉庆间,广东有将汉字、夷字对音刊成一书者,甚便于华人之译字,而粤吏禁之);及一旦有事,即或询英夷国都与俄罗斯国都相去远近,或询英夷何路可通回部……以通市二百年之国,竟莫知其方向,莫悉其离合,尚可谓留心边事者乎?"③同时他用英国以新加坡为基地,处处侦探中国情报作对照:"(英人)建英华书院,延华人为师,教汉文汉语,刊中国经史子集,图经地志,更无语言文字之隔,故洞悉中国情形虚实。而中国反无一人瞭彼情伪,无一事师彼长技,喟矣哉!"④总结双方的成败得失,结论就是:必须彻底抛弃闭目塞听,视外国为夷狄的旧意识,迅速了解外国情形。这是对付西方列强的先决条件。因此,魏源一再呼吁:"欲制外夷者,必先悉夷情始;欲悉夷情者,必先立译馆缮夷书始;欲造就

① 《魏源集·默觚·治篇五》,47、48 页,北京,中华书局,1983。
② 《魏源集·武进李申耆先生传》,358、359 页。
③ 《海国图志》卷二,《筹海篇三》。
④ 《海国图志》卷九,《暹罗东南属国今为英吉利新加坡沿革》。

边才者，必先用留心边事之督抚始。"①他还清醒地预料到，定然要经历与保守势力的严重斗争，要冒"罪以多事，甚至以通番"的风险，但他却置之度外。为了介绍外国知识，魏源把当时所能搜集到的材料全部汇辑进去，"钩稽贯串，创榛辟莽，前驱先路"，② 对于外国人的撰述，即所谓"西洋人谭西洋者"尤为重视，使内容更为可靠。除了采辑林则徐派人翻译的《四洲志》外，他如英国人马礼逊的《外国史略》、葡萄牙人马吉斯的《地理备考》、美国人高理文的《美理哥国志略》，都大量引用。全书收入各种地图75幅，图志配合，内容详博，同时具有实用性和直观性的特点。

魏源总结中国战败的又一原因是，列强船坚炮利，武器和技术远比中国先进，因此响亮地倡导"师夷之长技以制夷"。这一口号的提出成为近代先进的中国人向西方寻找真理的起点。当时他注目的重点固然在学习军事技术，即制造轮船枪炮、仿效西方练兵方法整顿军队等，但我们还应注意到魏源学习西方有更丰富的内容。他进而提出发展民用工业的主张："凡有关民用者，皆可于此建立"，如千里镜、火轮机、自转碓、千斤秤等，并允许私人设厂制造，"沿海商民，如有愿仿厂设局，以造船械，或自用，或出售，听之"，③ 并在书中介绍外国铁路、银行、保险等知识。这些在客观上都有有利于发展资本主义的意义。再者，魏源还表达了对资本主义制度的向往。他赞扬美国华盛顿开创的议会制度和"一变古今官家之局"的总统定期换选制度，具有"公"（与"私天下"相对立）和"周"（合理周全）的优越性④，远比封建专制进步得多。又称北美的制度"其章程可垂奕世而无弊"。⑤

可贵的是，魏源在呼吁了解西方情形的迫切性、承认落后的同时，呕心沥血地总结反侵略斗争的经验教训。这是魏源爱国主义史学思想的重要特色，也是他因具有朴素辩证态度而达到时代智慧高度的体现。《筹海篇》是全书的总纲，认真地总结了鸦片战争的历史教训。全篇通过引证和分析鸦片战争史实立论，魏源本人对此篇也特别重视，说："故悉其形势，必知其控驭，必有《筹海》之篇小用小效，大用大效，以震叠中国之声灵者焉。

① 《海国图志》卷二，《筹海篇三》。
② 《海国图志叙》。
③ 《海国图志》卷二，《筹海篇三》。
④ 《海国图志》卷五九，《外大西洋墨利加洲总叙》。
⑤ 《海国图志后叙》。

斯则夙夜所厚幸也夫！"①战后，统治集团错误地以为签订了不平等条约，便可求得与侵略者相安无事，魏源与之相反，他认识到签约以后侵略的危险依然存在。"既款之后，夷瞰我虚实，藐我废弛，其所以严武备、绝狡启者，尤当倍于未款之时。"第二次鸦片战争证明魏源对局势的估计是正确的。魏源清醒地认识到，清朝的腐败政策是对侵略者的鼓励，而更重要的是，他对英国殖民者侵略成性已有初步认识。他总结出英国的特点是："凡商舶所至之国，视其守御不严者，辄以兵压其境，破其城，或降服为属藩，或夺踞为分国。"②这已接触到英国到处侵略掠夺的本质。因此必须提高警惕，严密防守。魏源大声疾呼振奋人心，革除腐败，寻求御敌办法，"此凡有血气者所宜愤悱，凡有耳目心智者所宜讲画也"。③

魏源以大量史实证明：英国侵略者是可以打败的。敌船一到内河就失去优势。陆战中，沙角炮台之役和大宝山之役，我方都以少胜多；"三元里之战，以区区义兵，困夷酋，斩夷帅，歼夷兵，以款后开网纵之而逸，孰谓我兵陆战不如夷者！"只要有一条坚决抗战的路线，就能够战胜侵略者。他还总结出一套利用海口内河，出奇设伏，利用水勇攻击敌人的办法。对于中国人民能够取得反侵略战争胜利和在技术上赶上西方，他有强烈的信心，"因其所长而用之，即因其所长而制之，风气日开，智慧日出，方见东海之民，犹西海之民"。④ 书中对东方弱小民族缅甸、安南利用"以主待客"的策略，抗击英国侵略的经验，也高度重视，予以总结。

魏源在历史编纂和历史文学上也很有成就。梁启超说："魏默深有良史之才，《圣武记》……实罕见之名著也。"⑤"默深观察力颇敏锐，组织力颇精能，其书记载虽间有失实处，固不失为一杰作。"⑥《圣武记》《元史新编》均在运用纪事本末体上有新的创造。《海国图志》则在近代开创了运用典志体以介绍外国史地的先河。其编纂特点很值得重视。一是，全书以"志"为主体，如设置《东南洋海岸各国》、《东南洋海岛各国》、《西南洋及印度》、《大西洋欧罗巴各国》、《外大洋弥利坚》等志。同时，又以论、图、表与之互相配

---

① 《海国图志叙》。

② 《海国图志·大西洋·英吉利小记》。

③ 《海国图志叙》。

④ 《海国图志》卷二，《筹海篇三》。

⑤ 《国学入门书目及其读法》，见《饮冰室合集》，专集之七三，12 页，北京，中华书局，1989。

⑥ 《中国近三百年学术史》，见《饮冰室合集》，专集之七五，275、276 页。

合，形成一种独创的综合体裁，书前有《筹海篇》，是以总论统帅全书，又设有《各国沿革图》（有世界各国地图七十余幅），《西洋各国教门表》、《中国西洋纪年表》、《中国西方异同表》等，均提供了当前国人们急需的外国史地和现状的知识，而且全书形成了有机的联系。因素晚清即有学者高度评价其编纂特色：“实兼海国、舆图、历史为一也，其体例颇会近代著史之传。”①魏源又特别重视采用外国人的著述，自豪地申明本书的特色是，“彼皆以中土人谭西详，此则以西洋人谭西洋也”。②《海国图志》从五十卷本到增订为一百卷本，主要是大量增补及时搜求到的外国人著作。如，《平安通书》从 1850 年到 1853 年每年出版一册，完成于 1852 年的《海国图志》百卷本就有 12 处选择了其刚刚出版的部分内容。由于本书成功地贯穿了其“师夷长夷以制夷”的撰著宗旨，又有丰富、新鲜的内容和恰当的编纂体例，因而产生了极为深远的影响，诚如梁启超所言，“其论实支配百年来之人心，直至今日就未脱离净尽，则其在历史之的关系，不得谓细也。”③此书著成之后，又曾远传日本，并间接酿成维新变法之活剧。

二、《瀛环志略》《夷氛闻记》和《中西纪事》

徐继畲所撰《瀛环志略》，是近代史开端时期介绍外国史地的又一名著。徐继畲（1795—1873 年），字松龛，山西五台人。道光六年（1826 年）进士，选庶吉士，授编修。迁御史，颇勇于任事，曾疏劾忻州知州史梦蛟等，又疏请除大臣回护调停积习。后调署福建汀漳龙道。鸦片战争期间，都在闽、粤沿海任职，较多接触涉外事务。1842 年后，曾历任广东布政使、福建布政使，《瀛环志略》即在此期间撰成。后任福建巡抚，官至太仆寺少卿。另著有《退密斋诗文集》《两汉志沿边十郡考略》等。

《瀛环志略》为国人展示出一幅真实的世界图画。为撰著此书，徐氏从 1843 年起即为搜求资料殚精竭虑。他在福建先后结识美国传教士雅裨理、英国领事李太郭等，借阅外国史地资料，详细询问探究，“荟萃采择，得片纸亦存录勿弃。每晤泰西人，则披册子考证之”。至 1848 年完成，“五年之

---

① 刘成禺：《世载堂杂忆》，第 37 页。

② 《海国图志原叙》。

③ 梁启超：《中国近之百年学术史》，《饮冰室合集》专集之十五，第 323 页。

中，稿凡数十易，未尝一日或辍"。① 徐氏本来颇擅地理考证之学，在此书中，他把考证的严谨学风与介绍新鲜的世界史地知识相结合，形成论述集中、文字简洁的著述风格。开卷第一篇为《地球》，介绍南北极、赤道、各大洲、各大洋，概述亚细亚大陆之广袤，欧罗巴洲之诸国林立、犬牙交错，美洲新大陆的晚近发现，南冰海的探险……都是令人耳目一新的科学知识。徐氏把记述欧美国家作为重点。在卷四《欧罗巴总论》中，他颇为准确地勾勒出欧洲历史的轮廓，论述了欧洲古代的希腊罗马文明，近代欧洲国家在世界范围内的殖民活动，各国地理形势、版图、人口、兵力，以及技术、商业、宗教等。更有意义的，是他讲到西方文明在当时居于先进地位："欧人善于运思，长于制器，金木之工，精巧不可思议，运用水火犹为奇妙。火器创自中国，彼土仿而为之，益加精妙，铸造之工，施放之敏，殆所独擅。造船尤极奥妙，篷索器具，无一不精，测量海道，处处志其浅深，不失尺寸。越七万里而通于中国，非偶然也。""欧罗巴国之东来，先由大西洋至小西洋，建置埔头，渐及于南洋诸岛，然后内向而聚于粤东。萌芽于明中叶，滥觞于明季，至今日而往来七万里，遂如一苇之杭。天地之气，由西北而通于东南，倘亦运会使然耶！"②徐氏自然不理解资本主义在社会发展阶段上先进于封建主义的原理，但它显然已认识到东西方先进与落后发生了根本性的转折，并且把这个信息传递到国内。徐氏所论也有其迂腐之处，如他称赞瑞士"不立王侯"的制度是"西土桃花源"，却又惜其地"远在荒裔，无由渐以礼、乐、诗、书之雅化耳！"则又未能摆脱"夷夏之辨"的陈旧意识。

同魏源一样，徐继畬也重视论述欧洲殖民者东来的形势，反映东方民族反抗侵略的经验教训。他总结南洋各地地位的变化，昔年是中国的藩属，如今已成为西方列强统治的范围和从事殖民活动的基地。徐氏对英吉利奴役孟加拉和整个印度次大陆尤为扼腕叹息："英吉利渐于各海口建立炮台，调设兵戎，养精蓄锐，待时而动。迨孟加拉一发难端，遂以全力进攻，诸蛮部连鸡栖桀，等于摧枯拉朽，哀哉！"③这些论述显然寄托着对殖民者的阴谋要早加防备的深刻用意。他还对马辰、苏禄等地民众抗击侵略的斗争表示钦佩。

徐继畬认识到英国称雄于世界，是由于殖民掠夺，"盖四海之内，其帆

① 均据《瀛环志略·自叙》（作于道光戊申年八月）。
② 《瀛环志略》卷四，《欧罗巴总论》。
③ 《瀛环志略》卷三。

檐无所不到，凡有土有人之处，无不睥睨相度，思朘削其精华"。① 尤其赞扬华盛顿在领导美国取得独立之后，提出"得国而传子孙，是私也"，做到"不设王侯之号，不循世及之规，公器付之公论"，乃是"创古今未有之局"，所以华盛顿是西方第一伟人！这样的议论出于徐继畬这样一位清朝大员之口，是很难得的。

《海国图志》和《瀛环志略》两部著作是近代中国人了解世界的起点。它们突破了传统学术的范围，提供了具有近代意义的外国史地知识和历史发展趋势，使人们认识到外部世界的广阔和先进性。它们受到了社会各方面的欢迎，也遭到顽固派的忌恨，如徐氏著此书果然受到"言者抨击"②，书经付梓，即腾谤议。王韬曾评论说："近来说海外掌故者，当以徐松龛中丞之《瀛环志略》、魏默深司马之《海国图志》为嚆矢，后有作者弗可及也。"又说："此二者，各有所长，中丞以简胜，司马以博胜。"③就二书知识性特点而言，王韬的评论是恰当的。而就思想性而言，则《海国图志》反侵略的主旨更为鲜明。这两部书在近代有深远的影响，直至晚清时期，康有为和梁启超在青年时代仍以它们作为了解外国的主要参考书。

《夷氛闻记》作者梁廷枏（1796—1861 年），广东顺德人，字章冉，号藤花主人。曾于 1835 年入广东海防书局，此后即一直关注海防、外交问题。又曾与方东树同修《粤海关志》，汇辑了广东对外贸易的重要资料，书中还详载有关海防的图籍。鸦片战争时，梁廷枏任广东越华书院监院，林则徐到广州，驻节越华书院，曾向他询问禁烟、海防事宜。梁热心襄助，"为规画形势，绘海防图以进"④，大力支持禁烟。1849 年，在广州人民反对英人入城斗争中，曾亲与英领事交涉，迫英人暂停入城之议，因功被授予内阁中书加侍读衔。《夷氛闻记》即大约成书于此时，比较全面地记载了鸦片战争的经过，包括中英通商由来、禁烟经过、鸦片战争中沿海各省战事及广东人民的抗英斗争。

梁廷枏的爱国思想突出表现在两个方面。第一，他对英国的侵略性和中国人民反抗侵略的正义性，有正确认识。梁氏严正指出英国早已蓄谋对中国侵略，书中劈头即指出："英夷狡焉思逞志于内地久矣。"并且相当深刻

---

① 《瀛环志略》卷七，《欧罗巴英吉利国》。

② 《清史列传》卷七三，《徐继畬》。

③ 《瀛环志略跋》，《弢园文录外编》卷九。

④ 《清史列传》卷七三，《梁廷枏》。

地认识到其背后的经济动机，是英国依靠可耻的鸦片走私贸易获取了巨大的经济利益，"英夷自乾隆初年攻据孟阿腊，即古印度海口，驻守至今，凡租地开花取液出口，四征其税，所以资于鸦片者甚厚"。① 因此在战争一开始，侵略军头目就已"先定旷日持久之谋，不得志于粤，则肆毒于闽、浙"。② 梁氏已能从经济上对英国发动侵略战争作分析，这是对当时有人所持林则徐操之过切、引起英国报复的错误论调的有力驳斥。梁氏还总结出侵略者的本性是得寸进尺，包藏祸心，惯于实行欺骗恫吓："夷欲未厌"，"我愈退而彼愈进"，"其所求者大，声言报怨，皆虚作恫吓之长技耳"。③ 这些都是梁氏站在正确立场对事变做出的中肯总结，因而经受了时间的考验。第二，同样可贵的是，梁氏对三元里人民抗英斗争有完整的记述。他着重记载：三元里附近"九十余乡，率先齐出拒堵，对岸之三山等村，并闻声而起，老弱馈食，丁壮赴战，一时义愤同赴，不呼而集者数万人"。遂将侵略军包围在牛栏岗丛林之中，"及天明，入林内，搜杀几尽，逃者不识途径，亦多被截击。有叩首流血得免者……夷兵方舍命突围出，无奈人如山积，围开复合，各弃其鸟枪徒手引颈待戮，乞命之声震山谷"。"围既久，义律驰至，亦被围。"④生动地表现出人民群众奋起抗英的英勇精神及其威力！在鸦片战争期间，对人民抗英是赞扬还是反对，一直是抵抗派与投降派斗争的一个焦点。梁氏对人民抗英力量作如此高度评价，是极其难得的。由于梁氏经历了广东地区事变的前前后后，材料得自亲身见闻，所以此书具有很高的史料价值，对于三元里抗英事件的记载就比魏源《道光洋艘征抚记》更为完整。

不过，梁氏对于历史的大转折则显得相当隔膜，他还吹嘘清朝"国运方隆"处于"全盛之日"。认为学习外国，请外国人作教师，是"丧失国体"，"反求胜夷之道于夷，古今无是理"。⑤ 这说明，只有爱国心而缺乏辩证态度，就无法对历史转折关头的复杂课题做出正确回答。书中对琦善有所揭露，但又称耆英、伊里布"不得已为国受过"，为他们辩护。这些都反映出梁廷枏所属的绅士阶层的严重局限性。

---

① 《夷氛闻记》第 2 卷，北京，中华书局，1959。

② 《夷氛闻记》卷五。

③ 《夷氛闻记》卷四。

④ 《夷氛闻记》卷三。

⑤ 《夷氛闻记》卷五。

　　夏燮所著《中西纪事》，是一部记载鸦片战争及第二次鸦片战争的纪事本末体史书。夏燮(1800—1875年)，安徽当涂人，字季理，号嗛甫，亦作嗛父。又因慕全祖望之史学，别号谢山居士。笔名江上蹇叟。父銮，兄炘、炯，都有相当学问。《清儒学案》卷一五五专为他们父子兄弟四人立了"心伯学案"，称"当涂夏氏兄弟，自相师友，各有成就"。称夏燮本人"研音韵，兼深史学，留意时务，持论宏通"。道光元年(1821年)中举人，曾在安徽、直隶任职事，以后在江西任知县，卒于宜黄知县任上。主要著作有《中西纪事》24卷，《明通鉴》100卷，《粤氛记事》12卷。

　　夏燮撰著《中西纪事》的意图，是通过记载当前事变，唤醒国人认识侵略者正在步步进逼，民族前途日益危险。他这样做，在当时是处于巨大的政治压力之下。如他在《中西纪事原叙》所说："两相(指穆彰阿、耆英)枋国，防口綦严，珍此享帚之藏，窃怀挟书之惧。"这寥寥数语，正道出投降派钳制舆论的逼人气氛和当时一些作者惧祸的心情。夏燮著史不仅胆识过人，而且抱有极其严肃的态度，为搜集材料历尽艰辛。鸦片战争发生时，他正在直隶临城训导任上，中国战败的消息使他义愤填膺，"蒿目增伤，裂眦怀愤"。这一年冬天，《南京条约》条款刚刚传出，他就在致友人书中加以痛切的评论，认为：开放五口通商，使侵略者俨然成为主人，他们"得陇望蜀"，欲壑难填。"通商码头，东南四省联络一气，向则开门揖盗，今且入室操戈矣!"①列强对中国的威胁更严重更深入了。他还预见到，侵略者以后还将会要求开放更多的口岸，此也为后来事态的发展所证实。于是他立志著史，自次年起，即"搜邸抄文报及新闻纸之可据者，录而存之"②，开始从事编撰工作。1850年，道光帝死，咸丰帝登位，穆彰阿、耆英被革职，至此，夏燮把所藏资料整理成初稿，并写了《中西纪事原叙》。但当时还未敢刊行，遂秘藏起来。1859年，他对初稿作了增订，补充了"十年来所闻见者"，"分类记叙，厘为十六卷"。此后，在1860年和1863年夏燮又作了两次增订，才最后完成这部24卷的著作。他赤诚地表明自己的著史态度："沥血呕心，忧危入告，不避文字之忌，故今悉据实书之；不敢诬也不敢讳也。"③严酷的环境，更磨炼他高尚的史德和坚定的志向。经过他锲而不舍的苦心搜求，积20年左右的努力，才获得了以下几方面有价值的资料：一是

① 《中西纪事》卷九，《白门原约》。
② 《中西纪事原叙》。
③ 《中西纪事》卷一五，《庚申换约之役》。

邸抄、奏议；二是当时传抄的官员来往信札；三是当事人的笔记、书信，如姚莹《上闽督论斩夷囚书》《奉逮入都上浙抚刘韵珂书》，梁章钜《致刘中丞鸿翱书》。还有作者访问所得材料，如通过访问江西地方官员许应镂，获得许祥光在广东为义民团练阻止英人进城而写的致英国使臣的信；四是可以据信的西人月报，如卷六《粤东要抚》即录有西人月报十五则。全书就上述材料互相参校而写成，保证了史实上的可靠性。

夏燮记述的重点是鸦片战争长江之役、台湾抗英将领姚莹遭受诬陷的事件和广州人民反英人入城的斗争。他把批判的锋芒指向权奸穆彰阿乃至道光帝，指出：造成南京城下屈辱签约的结局，不仅是因为耆英、伊里布"预存一不敢战之心，而先入之言，方寸已乱"，早就作好了投降打算。而决策者更在朝廷："是时满首揆揽机务，谓：'兵兴三载糜师劳饷，无尺寸之效，剿之与抚功费正等，而劳逸已殊。靖难息民，于计为便。'上亦久厌兵，而几幸外夷之一悔祸也，爰排廷臣之议许之。"①显然，"抚夷""息民"只不过是自欺欺人的说法，夏燮的记述实已寓含着向穆彰阿和道光帝追究投降责任的深刻用意。书中还揭露：姚莹、达洪阿抗英有功反遭诬陷，这一冤狱是投降派头面人物秉承侵略者旨意罗织而成的，"台湾之狱，外则耆相主之，内则穆相主之。怡制使（怡良）之查办此案，竟以'莫须有'三字定谳，固由忌功，并奉政府枋臣指授也"。② 夏燮直书无隐，为爱国者伸了冤，让历史的是非曲直昭示于世。尤为可贵的是，夏燮对当权人物最忌恨的广东义民的斗争，却给以有力的肯定和赞扬。书中首尾完整地记述广东人民用"团练"的自发武装组织，进行反对英人进广州城的斗争。"团练"具有明确的反侵略目的，同仇敌忾，众志成城。"始自南海、番禺，而香山、新安等县继之，绅民喋血，丁壮荷戈，誓与英夷为不共之仇。"在群众高昂斗争情绪推动下，爱国士绅一再向地方官员表示："吾乡之民，愿为国家效剿力，不愿从抚也。""吾粤之耽耽者皆在夷，若明公投袂一呼，则免杖入保者皆至，何求而不克！"夏燮精心地记述这些掷地有声的话，表达出广东人民共同的反侵略、反投降的坚强决心。于是，在民众的支持下，取得了阻止英人入城斗争的胜利："省河两岸义勇呼声震天，夷酋大惧，乃以罢兵修好请。自此不言入城事。"夏燮还特意用两件事衬托这一胜利。一是写道光帝获报后，"方悟广东民情可用"。二是因此役朝廷对徐广缙、叶名琛封爵嘉

---

① 《中西纪事》卷八，《江上议款》。
② 《中西纪事》卷一〇，《台湾之狱》。

奖，夏燮则一再点明："然实粤民团练之师，先人而夺之也。"①这是郑重宣告，真正建立功勋的是广东人民！夏燮对民众斗争的力量有如此深刻的认识和生动的表现，确实为近代史学增添了光彩。书的末尾将自鸦片战争以来殉难的将士和平民凡可考者，不论官职高低或官民界限，都郑重记载，让他们的壮烈事迹彪炳史册，激励后代。

《明通鉴》是编年体裁，夏燮自称用 20 年精力，"参考群书，考其异同"而成。此书主要特点有三：一，史事翔实，考订精审，这是夏燮治史的一贯态度。二，总结明代兴衰治乱教训，作为针砭当时清统治内忧外困的药石。三，继承了全祖望的民族思想，大力表彰明季忠节之士。在清朝统治日益腐朽、外侮日亟的情况下，夏燮激扬民族气节，乃是借论述南明史表达其爱国思想。《粤氛纪事》记载太平天国起义及清朝统治者镇压太平军的作战过程。书中记事起于咸丰元年(1851 年)，止于咸丰十年。作者的意图是总结清朝统治者与太平军作战的经验教训，也反映出清朝政府残酷剥削人民和政治、军事上腐败不堪的事实。

三、边疆历史地理学的兴起

近代史开端时期还有两部边疆史地的名著《蒙古游牧记》和《朔方备乘》。它们的产生，同样标志着进步学者要求扭转考据末流的烦琐学风，注重探究与社会实际密切相关的课题。而边疆史地学的兴起，又有本身深刻的社会原因。清朝建立起空前版图的多民族国家，至今已有一二百年，学者们以前的智识范围大致只限于中原内地，至此很有必要将视野扩大，系统地研究西北的地理沿革、民族关系的变迁。这是国内方面巩固统一国家的需要。清中叶以后，出现了来自北方的沙俄和来自中亚的英国对我西北地区的威胁，至鸦片战争后边疆危机更加突出。这是对外关系方面紧迫形势的推动。嘉庆以后，祁韵士、徐松、龚自珍、魏源已开始注意研究边疆史地②，张穆、何秋涛在他们的基础上取得了更为可观的成就。

---

① 《中西纪事》卷一三，《粤民义师》。
② 祁韵士著：《西陲总统事略》《西域释地》《藩部要略》和《西陲要略》。所谓西陲指新疆，藩部指蒙古。徐松著有《西域水道记》《汉书西域传补注》，又受松筠委托，在祁韵士《西陲总统事略》的基础上，扩大补充撰成《新疆事略》。龚自珍著有《西域置行省议》等，又撰《蒙古图志》，未成而毁于火灾。魏源《圣武记》《海国图志》两书兼及西北边疆地理。

张穆(1805—1849年)字石州,山西平定人。道光十一年(1831年)优贡生。曾校订祁韵士所著《藩部要略》。另著有《顾亭林先生年谱》、《厂斋文集》。张穆的学术观点同他际遇的坎坷有直接关系。他于1839年应顺天乡试时,与监考人发生冲突,被逐出考场,并被处罚不准再应考,从此他愤然放弃仕进的努力,"益求经世之学"。①这种受压抑的社会地位,使他更容易感受到鸦片战争时期的社会矛盾和民族危机。他曾写信给御史陈庆镛,说:"当今天下多故,农桑盐铁、河工海防、民风士习,何事不当讲求",并且批评陈庆镛只满足于结纳名士,不肯认真思考如何救世的道理,见面时只会泛泛讲些不痛不痒的话,这样下去很危险。②说明张穆虽身为布衣却敢于直言,对于国家社会很有责任感。陈庆镛对此非但不生气,反而称赞张穆学问见识胜过自己。其后陈庆镛一疏劾琦善,伸张了正气,声震朝野。他所以能这样做有其思想基础。张穆关注鸦片战争以后的事变,认识到侵略者的凶恶本性和狡猾手段,"虎狼在户","挟兵威鼓其邪说"。主张坚决反抗侵略,相信"民心可恃"。他对《海国图志》和《瀛环志略》的著成很赞赏。正是从这种关心国家民族命运的思想出发,他著成《蒙古游牧记》16卷。此书以蒙古各盟的旗为单位,用史志体,自己作注,考证蒙古古今地域及山川城镇的沿革,本末分明,内容详博。而其最主要的特点,即在于贯串了经世致用的观点,"既陈古义又论今事"。自序中说:有清一代,各省、州、县都有方志,足以"考古镜今",独内外蒙古未有专书,"学者多懵其方隅,疲于考索,此穆《蒙古游牧记》所为作也"。因此他要做到"缀古通今",着重考察古代蒙古与近代蒙古之沿革变化。这种切于实用的观点,使张穆在当时即被誉为边疆史地的名家。

何秋涛(1824—1862年)字愿船,福建光泽人。道光进士,授刑部主事。另著有《校正元圣武亲征录》《一镫精舍甲部稿》。《蒙古游牧记》也经他整理补辑后行世。何氏因精于边疆史地之学,故与张穆、陈庆镛相友善。当时人评其学术的特点是:"于经史百家之词,事制之理,考证钩析,务穷其源委,校其异同,而要归于实用。"③何氏对中俄关系特别关注,因为"俄罗斯地居北徼,与我朝边卡相近",不能不对之高度重视。所著《朔方备乘》④一

---

① 祁寯藻:《厂斋文集序》。

② 《与陈颂南先生书》,《厂斋文集》,第3卷。

③ 黄彭年:《刑部员外郎何君墓表》,《续碑传集》,第二十卷。

④ 原成《北徼汇编》,第六卷,后扩充为八十卷,咸丰帝赐名为《朔方备乘》。

书突出地强调用意在于"备用"，即备国防之用。在《凡例》中，他列举"备用之处"共有八项，其中尤为重要者有："明曲直以示威信"；"惩前事以具法戒"；"志险要以昭边禁"；"详遐荒以备出奇"。前两项，强调总结历史，有理的一方在中国；后两项，则强调这部书在军事防守上有重要的用途。何氏把发扬史以致用的传统与忠实记载历史结合起来。书中卷十四《雅克萨城》、卷十五《尼布楚城考》，都载明这些地方原属中国领土，是后来康熙主动划给俄罗斯作"贸易栖托之地"。何秋涛于咸丰初年着重记载这些史实，正是为了昭示历史的鉴戒。当时有识之士如林则徐、魏源等都忧虑地指出沙俄对中国边疆的威胁。何秋涛的记载正表明中国是正义者、受威胁者，唤起人们警惕俄罗斯挑起新的纠纷。同时，书中对中俄在经济上、文化上的友好往来也如实记载，反映了历史学家全面的观点，史料价值很高。

第二节　近代维新派的史学成就

一、早期维新派王韬的史学思想

早期维新派产生于 19 世纪 70 年代，至甲午战后，维新运动达到高潮。70 年代以后，西方列强从自由资本主义开始向帝国主义过渡，展开在世界范围内分割殖民地的争夺。列强加剧对中国的政治、经济和军事侵略，中国日益面临被瓜分的危险，外贸赤字迅速上升，刺激进步知识分子寻找救亡图强的良策。19 世纪七八十年代起，沿海地区已经出现一批民办新式企业，标志着中国民族资产阶级已经产生，它虽然微小却是新生的社会物质力量，要求冲破封建势力和外国资本的压制，在经济上政治上得到发展。介绍西方知识的书籍、报纸在国内陆续发行。① 一批官员、知识分子先后被派到国外担任外交官或外出游学，大大开阔了眼界，并向国内传递西方的信息。19 世纪 70 年代起逐步形成的维新变法、发展资本主义、实现国家富强的思潮，是近代爱国救亡思想的新发展。近代维新派也利用宣传历史思想、撰写历史著作传播他们的主张，推动变法运动，其代表人物有王韬、

---

① 如江南造船厂所译书，除科技、兵制、船政、商学书籍外，还有史志、教育书籍，以及《西国近事汇编》等。早期的报纸，除传教士所办《万国公报》（上海）外，中国人先后创办的有《中外新报》《华字日报》《循环日报》（都在香港）。

黄遵宪、康有为。

王韬(1828—1897年),江苏丹徒人,字紫诠,号弢园老民、天南遁叟。22岁到上海,受雇于英人所办"墨海书馆"达13年之久。后因上书太平军,被清政府通缉,逃往香港,为英国传教士理雅各翻译中国经书。1867—1870年,由理雅各邀往英国译书,并游历英、法等国。1874年在香港创办《循环日报》,常在报上撰文宣传变法主张。晚年回到上海,主持格致书院。除著《普法战纪》《法国志略》外,还有《弢园文录外编》行世。

王韬曾亲到欧洲资本主义先进国家游历、考察,这跟他形成早期维新思想并撰著外国历史著作关系极大。比起魏源主要着眼于学习西方"船坚炮利"的武器技术,王韬的认识已明显前进了。他说:"至今日欲办天下事,必自欧洲始,以欧洲诸大国为富强之纲领,制作之枢纽。"①"今日我国之急务,其先在治民,其次在治兵。"②"治民之大者,在上下之交不至于隔阂。"③要求仿效西方实行君主立宪。他批评顽固派阻挠变法,"不知道贵乎因时制宜而已",并且说,即使孔子生乎今日,"其断不拘泥古昔,而不为变通有可知也"。④ 他认为学习西方富强之术,必须先富而后强,因而应广贸易、开煤矿、兴铁路、造轮船。主张允许民间自立公司,认为"官办不如民办"。⑤ 又说:"若开掘煤铁五金诸矿,皆许民间自立公司,视其所出繁旺与否,计分征抽,而不使官吏得掣其肘。"⑥中法战争发生,他力主抵抗,反对妥协。他说:"我国讲求武备,整顿边防,仿效西法,已二十余年矣!非出于一战,则果可用与否,未由见之。今者薄海臣民,忠义奋发,设非一战,则何以作士气?何以振人心?何以兴人才?一战不胜则再战,再战不胜则三战,但持之以坚忍不拔之志,则豪杰之士,必闻风而起。岂独制法人而已哉,将见欧洲诸雄国胥畏之矣!"⑦

《普法战纪》20卷,记叙1870—1871年普法战争事。系王韬在翻译人员帮助下,依据当时报纸所载资料及采集其他文献,依时间先后汇编而成。它基本上属资料汇辑性质,不是系统著作。但它撰辑得及时,战争结束时

---

① 《弢园文录外编·变法中》。

② 《弢园尺牍·代上丁大中丞》。

③ 《弢园文录外编·重民中》。

④ 《弢园文录外编·变法中》。

⑤ 《弢园文录外编·代上广州府冯太守书》。

⑥ 《弢园文录外编·重民中》。

⑦ 《弢园尺牍续钞·与伍秩庸观察》。

书已完成，对于东方国家了解这场重要战争事件的前因后果、了解世界形势大有用处。日本陆军文库曾刊印此书，说明当时日本明治维新虽已开始，但日本人对欧洲事务的了解，尚不及在香港的王韬①。《法国志略》24卷，价值较高。撰著时间也在1870—1871年，后来作重订补充。王韬撰书目的有二：一是把法国历史介绍给国内。他感到美、英、法三国，已有英国人慕维廉译《英吉利志》，美国人裨治文译《联邦志略》，唯独法国无史，而法兰西"素以文明称，制度文明之备、宫室文物之美，诸国莫能及焉，拿破仑出，更定法律，其精审为欧洲冠，其通中国也最先，文人学士，已自明季航海而来"，故撰写这样一部史书很必要。"谈远略者，即以先睹为快"，"俾二千年以来事迹，得以昭示海内"②，使国人增长知识，提供鉴戒。二是以法国的富强和进步激励国人觉醒，打破闭塞的陋习，对此他很有感触，说："方今泰西诸国，智术日开，穷性尽理，务以富强其国。而我民人固陋自安，曾不知天壤间有瑰伟绝特之事，则人何以自奋?! 国何以自立?!"③因此他在书中既载史实又重制度，并很注重介绍法国人在科学技术上的成就。资料来源，主要依据日本人冈千仞编译的《法兰西志》、冈本监辅编译的《万国史记》，此外就见闻所及，或采辑他书及报纸材料而成。

全书内容是把记载法国历史和记载社会制度、现状二者相结合，故其体裁形式也是把按事立篇的纪事本末体与按专题安排的典志体二者结合起来。前14卷记史事，包括开国纪元、王朝更迭、路易十八复位、法英姻盟和战、法英助土攻俄、法奥战和始末。这些记载第一次把法国历史兴衰比较系统地介绍过来。后10卷是专题记载，包括职官、国会、礼俗、学校、工艺技术，以及法国疆域、首都巴黎、地方都邑的地理知识。这一部分，更多地体现出王韬学习西方、寻求富强的见识。书中对发展资本主义生产和贸易的一套办法，如银行、商会、邮政、铁路都有评论，认为银行业的作用是"通有无，济缓急，便取携，盛贸易"，称"四民之中尤以通商为急务"。这是早期维新派对发展市场经济重要性的认识。总结邮政有三大优点：便利，妥当，费用低廉。讲铁路线"无不毕达，罔有阻塞"，大大便利

① 王韬也因此在日本赢得很大名声，曾应邀东游。此行撰成《扶桑游记》，收入岳麓书社出版《走向世界丛书》。
② 《法国志略·凡例》及《原序》。
③ 《重订法国志略·序言》。

国内联系和经济发展。① 对于法国文化、学术的发展也很重视。卷一七《志学术》，讲法国 300 年人才辈出，"于格致历数之理多所发明，详加究测"，有明显的实效。然后历述 15 世纪以来有关天文、地理、数学、物理、化学、航海、工艺、光学、电学等方面的成就，使人耳目一新。王韬对报纸的作用更重视，强调报纸在西方发挥的巨大的宣传舆论作用，对改善国家政治状况有直接的影响："通上下之情，达彼此之意，传之内外，无间遐迩。""欧洲各国，皆以此为亿兆公论之所寄，公道赖以常存于天地间，必如是然后君明臣良，上和下睦，人主不得逞其威福，官吏不得行于苛畏。"②还统计了当时五大洲已有 5 950 余家报纸，提供信息来促进国内重视这一近代事业。尤其有价值的是，书中《志国会》一章，详细记载国会根据公众的意志制订法律，选举统领、首辅，"一有不当，通国谢之"。并以"逸史氏王韬曰"发表评论，称"国会之设，惟其有公而无私，故民无不服也。欧洲诸国，类无不如是，即有雄才大略之主，崛起于其间，亦不能少有所更易新制、变乱旧章也。偶或强行于一时，亦必反正于后日。拿破仑一朝，即可援为殷鉴。夫如是则上下相安，君臣共治，用克垂之于久远，而不至于苛虐殃民，贪暴失众。"③强调由于有议会民主制度保障，法律不能随便更改，更不能随意破坏，国家可以避免长时间离开常轨，有效地防止腐败政治的发生。这些议论在当时明显地具有批评封建专制腐朽性的重要进步意义。

二、黄遵宪《日本国志》的成就

黄遵宪《日本国志》撰著时间稍后于《法国志略》，相比之下，具有更高的价值。它观点进步，体例严密，成一家之言，堪称继《海国图志》之后近代史学的又一部里程碑式的名著。

黄遵宪（1848—1905 年），广东嘉应（今梅州市）人，字公度，别号人境庐主人。他是近代史上一位有多方面贡献的人物，著有《日本杂事诗》《日本国志》《人境庐诗草》。举人出身。1877 年（光绪三年）被任命为清朝首任驻日公使参赞，历时 5 年，广交日本朝野人士。他悉心研究日本明治维新所经历的变革，于 1879 年着手撰《日本国志》，至 1882 年离开日本时已完成初稿，

① 以上见《法国志略》，第十六、十七、二十一卷。
② 《法国志略》，第二十一卷。
③ 《法国志略》，第十六卷。

后调任驻美国旧金山总领事，尽力保护华侨和华工的利益，同美国政府歧视政策作斗争。直至 20 世纪 50 年代，美洲爱国华侨领袖司徒美堂仍赞誉他是真正保护华侨利益的外交官。1885 年离美回国，正值中法战争结束，他思想上更受刺激，最大的心愿就是把此书完成，于是回嘉应故居，"闭门发箧，重事编纂"，补充他在美国亲身考察的新见解，使此书臻于新境地。1887 年 5 月全书完成。1889 年任驻英使馆二等参赞，曾为国内兴办铁厂进行考察，提出报告。1891 年任驻新加坡总领事，了解华侨的境况和要求。经他力争，清政府开始颁布几项保护归侨的规定。1894 年回国。他是维新派的骨干人物，1895 年在上海参加强学会，次年出资参与创办《时务报》。1897 年出任湖南长宝盐法道，署湖南按察使，协助巡抚陈宝箴推行新政，甚有成效，并亲到时务学堂讲学。1898 年，徐致靖向光绪帝推荐通达时务人才，特别赞誉他"器识远大，办事精细"。戊戌政变发生时，黄氏在上海，清军 200 人包围其住宅，后被"放归"回故里。晚年肆力于写诗、讲学。他在近代诗歌史上有很高的地位，被誉为"诗界革命的一面旗帜"。

《日本国志》共 40 卷，50 余万字，采书 200 余部。共分 12 篇"志"：国统、邻交、天文、地理、职官、食货、兵、刑法、学术、礼俗、物产、工艺。各卷中几乎都有序论或后论，不少是数千字的长篇议论。还有《中东年表》，是中国、日本纪元对照表。全书以"志"为主体，用"论"和"表"配合而成。此书著成之时，就被早期维新思想家薛福成称为"奇作"。它有下列三方面的出色成就：

第一，对明治维新"改从西法，革故取新"做出及时的总结，为中国维新变法提供了效法的榜样。

《日本国志》撰述时间与所记史实的发展几乎是相平行的。黄遵宪却能做到对于明治维新这一复杂而且正在变动中的"活的历史"做出总结，把握住其"改从西法革故取新"这一核心问题。他详细论述明治四年(1871 年)以来如何"锐意学习西法"，如四年十月，派遣大臣岩仓久视、木户孝允、大久保利通聘问欧美各国；五年三月，废亲兵，置近卫兵；六月，设邮政局；七月，定学制；八月，置裁判所，创银行等。黄遵宪赞美这些学习西方的新政说："布之令甲，称曰维新，美善之政，极纷纭矣！"①对于当时中国人最具警醒作用的是，书中明白宣告日本君主专制制度已经注定要完结，召开国会为期不远了。黄氏以赞扬的态度记述：在推翻德川幕府过程中，国

---

① 《日本杂事诗》，第一卷，明治维新诗纪事。

皇为了争取民心，下诏全国宣誓"万机决于公论"。幕府倒台后，政治形势继续发展，以至于"近日民心渐染西法，竟有倡民权自由之说者。……数年以来，叩阍求说促开国会者，纷然竞起，又有甚于前日尊王之说"。因此，"时会所迫"，"二千余岁君主之国，自今以往，或变而为共和，或变而为民主"，已是必然的历史趋势。① 黄遵宪明确赞成废除君主专制，是希望中国走日本式的道路，废除帝制以求自强，突出地表现了他的爱国民主思想。黄遵宪提出这样的问题：日本在地理上孤立大海之中，与天下万国无一邻接，却因重视学习外国，促成实现这一根本历史变局。"外舶迭来，海疆多事，当路者皆以知彼国情、取彼长技为当务之急"。其结果，已使日本"骎骎乎进开明之域，与诸大国争衡"！假若实行"闭关谢绝"政策，那么至今仍是"一洪荒草昧未开之国耳"！② 黄遵宪在书中反复论证"交邻果有大益"，目的是要让国内那班足己自封、排斥学习外国长处的守旧派醒悟过来。

《日本国志》对日本在经济、军事上如何增强国力，记述堪称详备。《职官志》中记开矿山、建铁路、置邮政，《食货志》中记税务、国计、货币、商务、新式产业和对外输出，《兵志》中讲采用征兵制的优点，都是著者记述的重点。书中还有各式各样的表，如邮政局表，官有矿山表，民有矿山表，铁道表，岁出岁入总计表等，说明黄氏对明治维新的研究深入到有关国计民生的各个领域。对于明治维新大力发展资本主义的重要措施，如兴办新式企业、奖励对外输出、开办国有企业、扶植民间专业性大企业、对国内产品实行免税鼓励出口、重视采择利于发展产业的各种建议，以及商人联合起来组织"会社"等，黄遵宪都以敏锐的眼光给以总结，及时向国内传播，恰恰反映了 19 世纪七八十年代国内民族资本主义发展的要求。书中还记载日本在教育、文化上，颁行新学制，在全国建立起西方式教育制度，因而"西学有蒸蒸向上之势"。

第二，结合日本的新政，进而介绍西方国家的先进制度，迫切希望中国赶上世界潮流。

黄遵宪所定的另一撰述要求，是要努力溯源介绍西方资本主义制度、文化，如《凡例》所说："今所撰录……凡牵涉西法，尤其详备，期适用也。"欧美各国为什么强盛？黄遵宪的回答主要是靠两条。一是他们建立起民主式制度。"其国大政事、大征伐，皆举国会议询谋，金同而后行。其荐贤授

---

① 《日本国志》，第二卷，《国统志二》，第三卷，《国统志三》。

② 《日本国志》，第三十二卷，《学术志一》。

能、拜爵叙官，皆以公选。君臣上下无甚差异，相维相系，而民气易固。"①
这是远远胜于专制制度的民主制度，欧美各国正在实现，日本正在实现。
他认为其他国家也应跟上这种世界潮流。二是西方国家通过竞争角逐，大
力发展产业，增强国力。他认为产业发展与否决定国力的强弱，遂从多方
面总结西方国家殚精竭虑增殖产业的办法。他论述西方国家把发展产业作
为根本国策："今海外各国汲汲求富，君臣上下，并力一心，期所以繁殖物
产。""泰西人有恒言：疆地之役，十战九败，不足虑也；若物力虚耗，国产
微薄，则一国之大命倾焉。彼益筹之精而虑之熟矣。"又总结西方取得技术
的进步来自举国精心的研求："其在国中也，则日讨国人，朝夕申儆，教以
务财、力农、蓄工。于己所有者，设法以保护之，加意以精之；于己所无
者，移种以植之，如法以效之。广开农工商诸学校以教人。有异种奇植，
新器妙术，则摹其形，绘其图，译其法以广传之。"并论述西方国家采用关
税保护、收集市场需求等手段发展本国产业，与外国激烈竞争。② 黄氏认
为，积弱的中国处在这样一个事变急剧、充满侵略危险的世界，而西方国
家在政治制度上居于先进、在产业上迅速发展，那么中国要跟上世界潮流、
谋求自立自强，就必须去掉头脑中以天朝上国自居的虚幻的世界，以清醒
的态度面对现实的世界。这就需要实现价值观念的转变。书中主要论述的
有：抛弃"用夏变夷"的陈腐之见，采取"互相师法"的学习态度；反对"喜谈
空理"，提倡注重实学；改变"讳言兴利"的陋规，讲求"理财之法"。

黄遵宪在书中又反复告诫：欧美各国的强盛，对于弱小落后的东方国
家来说，则又意味着侵略的威胁，对此必须保持高度的警惕。

第三，结合史实发表议论，直接提出救亡图强的主张。

黄遵宪在书中大量地运用序，后论，以及正文和小注中夹叙夹议的形
式，表达自己改革图强的进步要求。他尖锐地抨击封建专制的罪恶："盖自
封建之后，尊卑之分，上下悬绝，其列于平民者，不得与藩士通嫁，不得
骑马，不得衣丝，不得佩刀剑。而苛赋重敛，公七民三，富商豪农，别有
借派。间或罹罪，并无颁行一定之律，畸重畸轻，唯刑吏之意，小民任其
鱼肉，含辛茹苦，无可控诉。或越分而上请，奏疏未上，刀锯旋加，瞻仰
天门，如天如神，穷极高远。盖积威所压，上之而下，压制极矣！"③这段话

---

① 《日本国志》，第十卷，《地理志一》。
② 《日本国志》，第三十八卷，《物产志一》。
③ 《日本国志》，第一卷，《国统志一》。

概述日本封建专制在政治上、经济上对小民的压迫剥削，实际上也表达了他对中国封建压迫的抗议。书中表彰了明治维新爱国志士"一往无前""视死如归"的精神，评论"处士横议"在启开由幕府专权走向明治维新这一历史变局中起了关键性作用："幕府方且厉其威凌，大索严锢，而人心益奋，士气益张。伏萧斧、触密网者，不可胜数。前者骈戮，后者偶起，慨然伸攘夷尊王之说于天下，至于一往不顾，视死如归，何其烈也！"并论述明治四年以后改革的步骤加快，其主要原因是："故家世族，束之高阁，居要路者，多新进平民，益奋袂攘臂，以图事功，而维新之规模益拓矣！"①黄氏如此热情地赞扬日本"处士"一往无前的精神，其更深的寓意，是召唤中国也要产生勇于为革新事业献身的爱国志士。

1890 年，《日本国志》在广州富文斋付刊。甲午战争，中国战败。在全国一片公愤中，《日本国志》的价值也被大家看清楚了：书中所记日本经维新而崛起、预见日本争霸亚洲、主张学习西方变法图强，这一切与国家大局竟有这样密切的关系！当时有个官员感慨说："此书早流布，省币二万万两！"戊戌变法时期，正值光绪帝最后下决心变法和筹划变法具体步骤的关键时刻，曾两次急切地向翁同龢索取《日本国志》。百日维新中颁行的各项新政上谕固然主要是采纳康有为历陈的建议，但上谕中不少重要改革措施也明显地反映出《日本国志》中明治新政和黄遵宪议论的影响。黄遵宪继承了魏源史学的爱国精神、向西方学习的思想，并且在明确发展资本主义，介绍日本、欧美的制度、文化，批判封建专制等方面，又较魏源的思想大大向前发展了。在编撰上，由于黄遵宪多年担任驻日外交官，亲自了解、观察、访求，直接获得大量资料，熔铸成篇，因而此书较《海国图志》《法国志略》更有系统性。

三、康有为历史必变的思想和维新变法

19 世纪 90 年代中，中日战争爆发，其结果举国震惊。中国被一向所看不起的"蕞尔小国"日本打得惨败，被迫签订了丧权辱国的《马关条约》，割让辽东、台湾、澎湖，赔款白银二万万两，中国更加陷入半殖民地的灾难深渊。清朝统治极度腐朽的实质彻底暴露，亡国灭种的危险迫在眉睫。至此，酝酿多年的维新思潮正式登上政治舞台。以康有为为主要领袖的维新

---

① 《日本国志》，第三卷，《国统志三》。

派，发动了一场维新变法运动，它是资产阶级性质的有一定群众基础的爱国政治运动，同时也是"中国近代知识分子的一次思想解放"。[①] 康有为等维新派人物大力宣传历史必变的思想，与封建顽固派"祖宗之法不可变"的陈腐历史观相对立，产生了动员民众特别是爱国知识分子的巨大力量。

康有为（1858—1927年），广东南海人，字广厦，号长素，又称"南海先生"。初受业于名儒朱次琦，博通经史，注重以学术"经世"。1888年10月，他向清帝上第一书，指出列强环伺，危害我国。建议变成法、通下情、慎左右三事，较系统地提出改良政治的主张。以后在广州万木草堂讲学，培养维新力量，并撰著《新学伪经考》《孔子改制考》。《马关条约》签订时，他正在北京参加会试，奔走策划，联合各省举人千余人上书清帝，要求拒签和约、迁都抗战、变法图强。遂在京组织"强学会"，发行《中外纪闻》，推动各地广设学会、报馆，鼓吹变法维新。在这期间，他连续上书清帝，痛陈国家面临瓜分危险，不变法无法生存，并阐述变法具体措施。1898年春，在京成立"保国会"。在翁同龢等支持下，促成"百日维新"，受光绪帝召见。他迭上奏折，广泛提出改革建议，与梁启超、谭嗣同、杨深秀等全力策划推行新政。政变发生，他受清廷通缉，逃亡国外。之后，他组织保皇会，反对革命运动。1917年参与策划清帝复辟。还著有《日本变政考》（未刊）、《大同书》《戊戌奏稿》等。

康有为宣传维新变法的实质是要在中国实行资本主义，政治上以君主立宪代替封建专制。形成他变法思想的主要条件，一是因国家处于危急形势而激发的爱国思想，一是由于他获得较多西方知识，认识到资本主义的先进性。康氏出生于最早遭受外国侵略的广东，这里又是最先受到西方资本主义影响的地方。在青年时代，他便敏感到国内国外的激烈矛盾，忧心时局立志报国。1879年，他结识京官张鼎华，过从密切，从张的讲述中，"尽知京朝风气，近时人才及各种新书"，大开了眼界，了解到正在酝酿的维新思潮和新鲜知识，立下拯救国家民族于危难的大志。康有为又大力搜集当时传入的西学书籍，学习西方知识，了解世界潮流。他自述：光绪五年（1879年），"既而得《西国近事汇编》、李圭《环游地球新录》及西书数种览之。薄游香港，览西人宫室之瑰丽，道路之整洁，巡捕之严密，乃始知西人治国有法度，不得以古旧之夷狄视之。乃复阅《海国图志》《瀛环志略》等

---

① 范文澜：《戊戌变法的历史意义》，见《范文澜历史论文选集》，172页，北京，中国社会科学出版社，1979。

书，购地球图，渐收西学之书，为讲西学之基矣。"光绪八年，"道经上海之繁盛，益知西人治术之有本。舟车行路，大购西书以归讲求焉。十一月还家，自是大讲，始尽释故见。"光绪九年，"购《万国公报》，大攻西学书，声、光、化、电、重学及各国史志、诸人游记皆涉焉。于是欲辑《万国文献通考》，并及声律、韵学、地图学，是时绝意试事，专精问学，新识深思，妙悟精理，俯读仰思，日新大进。"①综合上述两项，使康有为成为近代向西方寻找真理、发动维新变法运动的代表人物。

康有为以激烈的语言宣传历史必变的思想，宣传"变"是古今中外的普遍规律，是决定民族存亡的紧迫问题。他说中国遇到了数千年未有之变局，唯一的解救办法就是变法图强。"观大地诸国，皆以变法而强，守旧而亡"，"观万国之势，能变则全，不变则亡，全变则强，小变则亡"。②他痛陈国内政治腐朽已极，造成危机四伏的局面："民日穷匮，乞丐遍地，群盗满山，即无外衅，精华已竭，将有他变"，"伏莽遍于山泽，教民遍于腹省，各地会党，发作待时，加以贿赂昏行，暴行于上，胥吏官差，蠲乱于下，乱机遍伏，即无强敌之逼，揭竿斩木，已可忧危"。③他又反复列举世界各国因勇于变革而富强、因墨守旧规而变弱的史实，强调变法乃是不可抗拒的"公理"："若夫日本地域，比我四川，人民仅吾十分之一，而赫然变法，遂歼吾大国之师，割我辽、台，偿二万万。若夫印度、突厥，岂非古有名万里大国哉？然今则夷为奴属，或割为病夫，听诸欧蹂躏焉。……况今者四海逮通，列强互竞，欧美之新政、新法、新学、新器，日出暮奏。欧人及挟其汽船、铁路，以贯通大地，囊括宙合，触之者靡，逆之者碎，采而用之，则与化同，乃能保全。突厥（指土耳其）至大国，守旧拒之则弱，日本小国，更新变用之则骤强。此其明效大验，公理正则，无可逃遁者矣。"④

康有为发动维新变法的理论根据，是他改造儒家经典中朴素的变易学说，同他所学到的西方知识相结合，创造了他的"公羊三世历史观"和"托古改制"学说。1890年至1891年春，他在广州与廖平晤面，受到廖平的启发，

① 《康南海自编年谱》，见中国近代史资料丛刊《戊戌变法》（Ⅳ），115、116页，上海，上海人民出版社，1957。

② 《上清帝第六书》，见中国近代史资料丛刊《戊戌变法》（Ⅱ），197页，上海，上海人民出版社，1957。

③ 《上清帝第二书》，见《戊戌变法》（Ⅱ），140页。

④ 《进呈〈日本明治变政考〉序》，《戊戌奏稿》。

康氏将公羊学家的变易观点大力推演。《春秋公羊传》是儒家今文经学派的主要典籍，专讲"微言大义"，具有政治性、可比附性的特点，在历史大转折的时代，曾一再被利用来在解经的名义下发挥新的思想。《公羊传》中已有"三世说"的雏形，称孔子修《春秋》，"所见异辞，所闻异辞，所传闻异辞"。① 董仲舒进而提出"张三世""通三统"之说。称："《春秋》今十二世为三等，有见、有闻、有传闻，有见三世，有闻四世，有传闻五世。"②"《春秋》当新王。""《春秋》当新王之事，变周之制，当正黑统。"③东汉何休注《公羊传》，进一步演变为"据乱世、升平世、太平世"的"三世说"④，成为一套朴素的社会发展阶段论的历史哲学。至龚自珍吸收了公羊三世说中变的观点，用"治世、衰世、乱世"来说明封建统治由兴盛走向衰落，"三世说"遂与讥评时政、变革现实的主张相结合。康有为在《孔子改制考》《春秋董氏学》《论语注》等书中一再阐发"公羊三世说"，把社会阶段进化学说与建立君主立宪的主张结合起来，形成具有资产阶级性质的历史进化理论。他是这样论述的："人类进化，皆有定位，自族制而部落，而成国家，而成大统；由独人而渐立酋长，由酋长而渐正君臣，由君主而渐至立宪，由立宪而渐为共和……盖自据乱进化升平，升平进为太平，进化有渐，因革有由，验之万国，莫不同风。……孔子之为《春秋》，张为三世……盖推进化之理而为之。"⑤可见康有为"三世说"的要义有二：第一，据乱—升平—太平三世，相当于君主专制—君主立宪—民主共和三个阶段，是天下万国共同的普遍规律。所以，变法维新是历史的必然，是达到太平盛世的必由之路。第二，既然两千年前孔子已据"进化之理"作过改制，那么现在仿效"圣人"实行变法，也就完全是正当的了。表面上，康有为是在发挥今文经学的"微言大义"，推演古奥的概念术语；而实质上，他是代表资产阶级维新派提出了反对封建专制、建立君主立宪、变法救国的时代要求。他面对着顽固派的抵抗，为了变革，必须找到像今文经学这样一种既对正统学说别树一帜，又具有儒家经典合法地位的思想武器，加以改造利用。

康有为的变法思想是在新的历史条件下对龚、魏的继承并大大发挥。

---

① 《春秋公羊传》隐公元年、桓公二年、哀公十四年传文。

② 《春秋繁露·楚庄王》。

③ 《春秋繁露·三代改制质文篇》。

④ 《春秋公羊解诂》隐公元年何休注。

⑤ 《论语注》。

龚、魏倡导变革，但还停留在议论阶段，康有为则把它变成实际的行动。龚、魏尖锐批判清朝的腐败，不愿听任民族危亡去讨好统治者，但他们的爱国思想跟希望清朝强盛的情感还分不开。康有为讲"太平"，提出民主共和的理想，是把清朝甩开了，在这一点上，他把爱国与对清朝统治的态度两者区分开来了。这说明中国社会阶级关系出现新变化，即民族资本主义在 19 世纪 90 年代获得初步发展，使维新运动有了一定的阶级基础。然而，这个阶级特别是维新派上层是极其软弱的，所以康有为的实质要求只限于对封建制度实行改良。他的三世说中每一世又分为小三世，再划为更小的三世，辗转可至无限。他借解释"王天下有三重焉"句，议论说："三重者，三世之统也；有拨乱世，有升平世，有太平世。……每世之中，又有三世焉。则据乱也有乱世之升平、太平焉，太平之世亦有其据乱、升平之别。……辗转三重，可至无量数，以待世运之变，而为进化之法。"①而历史就必须经由这种差异极小的层次缓慢地"循序渐进"，只主张渐变和改良，反对突变和革命。康有为阐发"三世说"历史观起到动摇顽固派旧教条的作用，推动了维新变法的发展。晚清公羊朴素进化论的流行还成为进步知识界接受西方进化论的基础。但是晚清公羊学说又具有粗疏原始、主观和神秘的致命弱点。它所讲的变易历史哲学，是靠阐释古代经典而得，在很大程度上，建立在主观推论和比附的基础上，未能摆脱封建学术的旧体系，而且很带争论性，使很多人感到怀疑甚至骇异。

康有为极其重视以各国变法与否的正反历史经验，推动光绪帝下决心实行新政。1898 年春，他进呈《日本变政考》《俄大彼得变政考》两书。6 月间，百日维新高潮之时，光绪帝又通过总理衙门大臣传令康有为："即将所著《日本变政考》、《波兰分灭记》、《法国变政考》、《德国变政考》、《英国变政考》，立即抄写进呈。"②其中，《日本变政考》③最重要。当时系采取分卷陆续进呈办法，故梁启超说："有为进呈之《日本变政考》，连日被促，一册甫上，阅日即催。"④可见变法期间光绪对此书的重视。原稿有 12 卷，计 10

①　康有为：《中庸注》，222、223 页，北京，中华书局，1987。

②　据《康南海自编年谱》，见《戊戌变法》(Ⅳ)，148 页。

③　此书进呈本藏故宫博物院。台湾学者黄彰健据台湾"中央研究院"所藏美国人 Dr. Mary C. Wright 1947 年所摄的《日本变政考》缩微胶片，整理编入《康有为戊戌真奏稿》一书中，台湾，"中央研究院"，1974。

④　梁启超：《戊戌政变记》，第一卷，见《饮冰室合集》专集之一，155 页。

余万字，以编年体的形式，按时间顺序，分条记载明治维新实行新政的大事。有时是大段摘译其法令、条例、章程或演说的原文，康氏另用案语发表议论。

书中记载和评论的重点，一是宣告实行新政时明治天皇的决心和新政规模；二是新政的措施，包括官制、经济措施和教育改革。康有为论述天皇"大誓群臣以定国是"是打开全国局面的关键事件："观其敕誓之言，兢兢乎忧国危亡，恶守旧之阻挠，发维新之大号，去尊重之积习，恶上下之相离，视国民皆一体，采良法于万国，言重意长，谆谆反复，诚心感动，百官动色，誓死相从，是皆在日主发愤之一心，而成今日富强之大业也。"而从下层人物中选拔人才是新政又一关键："维新首集，皆以处士而列朝班，参大议，盖值百事毕创，志在需才，而当时勋贵雄藩，率以搜罗人士为急，且出洋俊彦学成而归者，方遇维新，日廷则乐得贤才，诸士则喜展才艺，用能使将坠之邦，起于强劲；瞆腐之政，列乎文明。噫！岂非诠序破格之故耶？"又论日本当时新设制度局作为筹划新政的总机关："制度局撰叙仪制官职诸规则。专立此局，更新乃有头脑，尤为变法下手之法。"①诸如此类，都是拿日本变法的重大措施与中国应该实行的政策相对应，促使光绪帝加以仿效。康有为曾这样评论此书对戊戌新政所起的直接作用："每日本一新政，皆借发一义于案语中。凡中国变法之曲折条理，无不借此书发之……上以皆日本施行有效者，闻之甚喜。自官制、财政、宪法、海陆军，经营新疆，合汉满教男女，改元迁都，农、工、商、矿各事，上皆深然之。新政之旨，有自上特出者，每一旨下，多出奏折之外，枢臣及朝士皆茫不知所自来，于是上疑上谕皆我所议拟，然本朝安有是事？惟间日进书，上采案语，以为谕旨。"②

康有为领导的维新变法运动推动了近代中国的历史进程。康有为反对专制，要求参政，实行变法，但又与统治者相妥协，对下层群众运动怀有敌意，极端害怕民众起来革命。所以，当后来革命派坚决要求用暴力手段推翻清朝时，康有为立即抛掉他的历史进化观点，公开为封建专制辩护，站到历史潮流的对立面。他学风武断，有不少言论都属牵强附会。这些都反映出其严重的历史局限性。

---

① 均见黄彰健编：《康有为戊戌真奏稿》，102、104、105 页，台北，坤记印刷有限公司，1974。

② 《康南海自编年谱》，见《戊戌变法》（Ⅳ），150 页。

第三节　20世纪初"新史学"思潮和宣传革命的历史思想

一、"新史学"思潮及其代表梁启超

戊戌维新虽然被顽固派扼杀了，但戊戌运动又是中国近代史上第一次思想解放运动，由此开启的思想解放的潮流是阻挡不了的。至20世纪初，由于空前的民族危机的刺激，以及逐步形成的共和革命思想的推动，中国思想界出现了急剧变化的新局面，掀起了输入西方新思想、新学理，用以分析中国历史与现实问题，寻找救国道路的进步潮流。10年之间，雨后春笋般刊行了大量译著、杂志和报纸。梁启超对当时情况有过生动的概括："戊戌政变，继以庚子'拳祸'，清室衰微益暴露。青年学子，相率求学海外。……壬寅、癸卯间，译述之业特盛。定期出版之杂志不下数十种，日本每一新书出，译者动数家。新思想之输入，如火如荼矣。"①以梁启超相继发表的《中国史叙论》和《新史学》为标志，20世纪初形成的波澜壮阔而富有生气的新史学思潮，便是当时迅速涌起的进步思想潮流之重要组成部分。"新史学"倡导者如饥似渴地输入和传播西方近代史学理论和方法，对于封建时代为专制政治服务的旧史展开猛烈批判，呼吁实行"史界革命"，建立起具有崭新时代内容、唤起民众觉醒、适应救国需要的新史学。

中国20世纪初输入西方史学理论，主要是通过日本进行的。前此，在19世纪末，一些进步学者在开始注意介绍日本学者新著新译的历史书籍的同时，也有零星地介绍刚刚传入日本的某些西方近代史学理论。到了20世纪初，才开始稍有系统的介绍。1902年，留日学生汪荣宝在《译书汇编》"历史"专栏发表编译的《史学概论》，其书系以日本近代史学元老坪井九马三《史学研究法》为主要依据，并参考日本其他近代史家之论著辑译而成。汪氏自称"所采皆最近史学界之说，与本邦从来之习惯大异其趣，绍介于吾同嗜者，以为他日新史学界之先河"，预示今后中国史学所要走的是与旧史迥然不同的"新史学"的方向。另一著名的日本近代史学家浮田和民的著作《史学原论》，是一部更有系统地介绍西方近代史学方法论的著作，此书在1902

---

① 梁启超：《清代学术概论》，见《饮冰室合集》专集之三四，71页。

年至 1903 年间，更被我国留学生竞相翻译，先后共有 6 种译本之多。[1] 这也从一个侧面反映出当时新史学思潮的高涨。此书出版后，迅速产生了很大反响，有的评论认为，以此书所论述的主张，正好对照出中国旧史"不知考求民族进化之原则"等项严重弊病，"针膏肓而起废疾，必在于兹"。

这一时期翻译介绍的西方近代名著，有法国基佐《欧洲文明史》，此书在当时被认为是"史理学之嚆矢"。评论者认为，在基佐以前，欧洲对于自身文明的发展，"只知其然而不知其所以然"，以为文明乃是"从天而降"。在基佐书出以后，"始以为欧洲文明，其渊源启自日耳曼之封建政体与圣会，及罗马自由市邑之三者，而各处政道，因而并立互相竞争，是即为欧洲文明之精神，而欧洲人民，此后乃得知文明之原因。"[2]还有英国巴克尔《英国文明史》，此书当时的译本也多达 4 种。[3] 巴克尔这部著作的特点是，以很大篇幅论述史学理论和史学方法问题。巴克尔以革新的精神，冲破英国某些保守的史学观念，注意探索历史的因果关系和规律，试图把历史研究提高到科学的地位，其理论和方法，影响到西方国家、日本以至中国史学的发展。"20 世纪初中国出现的新史学思潮中，强调要注意文明史的研究，反对'君史'，重视'民史'，要研究历史中的因果关系，求得历史发展的'公理'或'公例'，开始提到历史和科学的关系问题，这些显然是直接或间接地受有巴克尔文明史学思想的影响。"[4]

西方新学理的输入，为当时激愤于时局危险和清廷腐败的进步学者提供了思想武器，他们大声疾呼对旧史实行根本改造，注入与时代潮流相适

---

① 这 6 种译本是：(1)《新史学》，侯士绾译，上海文明书局代印。(2)《史学通论》，李浩生译，上海作新社印刷。(3)《史学通论》，罗大维译，上海作新社印刷。以上三种均于 1903 年印行。(4)《史学原论》，刘崇杰译，"闽学会丛书"之一，闽学会出版。(5)《史学原论》，杨毓麟译，湖南编译社发行。(6)《史学原论》，东新社同人编译。后三种均在当时书刊上登载出新书出版广告。

② 见 1902 年广智书局出版的《泰西政治学者列传》(署名"中国广东青年"，系根据日本学者杉山藤次郎的著作编译)中《基率特传》。另据 1900 年留日学生在日本创办的《译书汇编》第 2 期载，《欧洲文明史》已经译出，译者为尼骚。

③ 这 4 种译本为：(1)由南洋公学译书院译刊，1903 年。(2)清末学部主办的《学部官报》"选择书报"专栏从 1906 年至 1907 年间(第 3 期至第 28 期)陆续译刊。(3)《政艺通报》新书广告所刊《文明史论》(1903 年)，系由日文译本转译，并有短篇评介。(4)据 1904 年作新出版社出版的《美国留学报告》中"留学生著述"报导，有番禺王建祖所译《英国文明史》。

④ 俞旦初：《20 世纪初的中国新史学思潮初考》，载《史学史研究》，1982(1)。

应的新内容，迎接"新史学"时代的到来。这一时期，邓实①、曾鲲化②、马叙伦③和汪荣宝等人都撰有热情提倡新史学的论著。而这一思潮的代表人物则是梁启超。他在 20 世纪初的主要贡献是：在理论上对封建旧史的严重弊病作了有力的廓清，并对建设近世史学的方向提出了初步的设想；在研究实践上，他对如何摆脱长久沿袭的旧格局、开创近代式的学术研究，做出了成功的示范。

梁启超(1873—1929 年)，字卓如，号任公，又号饮冰室主人。广东新会人。举人出身，和其师康有为一起，倡导变法维新，人称"康梁"。1896年在上海主编《时务报》，发表《变法通议》。1898 年入京，参与百日维新。戊戌政变后逃亡日本，先后主编《清议报》《新民丛报》，政治上持立宪、保皇的观点，而在思想文化上大量介绍西方近代学说，对国内思想界产生很大影响。辛亥革命以后，曾任袁世凯政府司法总长。1916 年策划组织护国军反袁。后曾任段祺瑞政府财政总长。1920 年以后全力从事著述，并在清华学校和其他大学讲学。其著作编为《饮冰室合集》。

梁启超在宣传维新变法时期，即重视史学启导民智、总结治国经验和认识国家积贫积弱根源的社会功用。《变法通议》的重要特点，即广泛引用国内外史实，论证变革是历史的必然。戊戌政变后，梁启超从顽固派残酷绞杀新政的惨痛教训中，更激起对封建专制势力的仇恨，同时因流亡日本阅读民权学说著作，进一步认识到进行思想启蒙、提高民众觉悟、灌输民权意识的重要性。正是从救亡和启蒙的时代需要出发，梁启超形成"史界革命"的强烈意识，自觉地担负起倡导"新史学"的时代使命。

---

① 邓实于 1902 年在《史学通论》中批判中国旧史"则朝史耳，而非国史；君史耳，而非民史；贵族史耳，而非社会史。统而言之，则一历朝之专制政治史耳"。并且满怀激情地憧憬中国"民史"时代的到来，希望新的历史学家"扬旗树帜，放一大光明于 20 世纪中国史学界上，以照耀东亚大陆。"

② 留日学生曾鲲化，署名"横阳翼天氏"，在《中国历史》(东新译社出版)首编第一章中，指出中国过去"所谓二十四史、《资治通鉴》等书，皆数千年王家年谱、军人战纪，非我国民全部历代竞争进化之国史也。今欲振国民精神，则必先破坏有史以来之万种腐败范围，别树光华雄美之新历史旗帜，以为我国民族主义之先锋。"在所写《中国历史出世辞》中，认为历史的天职，应该是"记录过去现在人群所表现于社会之生活运动，及其起源、发达、变迁之大势，而纪念国民之美德，指点评判帝王官吏之罪恶，使后人龟鉴之，圭臬之，而损益，而调剂，而破坏，而改造，而进化者。"

③ 马叙伦 1902 年在《新世界学报》发表《史学总论》，提出"中人而有志于兴起"，"诚宜于历史之学，人人辟新而讲求之"。

1901年，梁启超撰成《中国史叙论》，论述地理条件对中国历史的影响，古代民族都不是单纯血统，而由长期混合而成，划分中国历史为上世史、中世史和近世史三大段，这些在当时都是别开生面的新鲜见解。次年发表《新史学》这篇名文，即成为激烈批判封建旧史，宣告具有不同时代意义的"新史学"到来的宣言。

《新史学》开宗明义标明史学的地位和作用，认为史学应是"学问最博大而切要"的一门，是"国民之明镜"，"爱国心之源泉"。而造成旧史陈腐落后的根源，正在于完全违背国民意识和进化观念："盖从来作史者，皆为朝廷之君若臣而作，曾无有一书为国民而作者也。""夫所贵乎史者，贵其能叙述一群人相交涉、相竞争、相团结之道，能叙一群人所以休养生息、同体进化之状"，旧史界却"未闻一人之眼光能及于此者"。由此而造成旧史"四蔽""二病"："知有朝廷而不知有国家"；"知有个人而不知有群体"；"知有陈迹而不知有今务"；"知有事实而不知有理想"；"能铺叙而不能别裁"；"能因袭而不能创作"。致使旧史简直成为二十四姓之家谱，是墓志铭、相斫书、蜡人院的偶像。这些批评虽属过当，却打中要害。旧史是封建时代的产物，层层堆积，封建意识根深蒂固。近代史学要为自己开辟道路，就必须以凌厉的攻势，廓清其谬误，使人们猛醒过来，认清封建毒素的危害。

因此，梁启超大声疾呼要实行"史界革命"，即用国民意识和进化论哲学观为指导，对旧史实行彻底改造，创造出符合于"提倡民族主义，使我四万万同胞强立于此优胜劣败之世界"这一时代需要的新史学，发挥激励爱国心和团结合群之力的巨大作用。

在激烈批判旧史的基础上，梁启超贯彻以进化论学说为指导，进行理论创造，提出新史学的方向，从三个层次对"新史学"的性质、内容加以界定：

第一，阐述"历史者，叙述进化之现象也"，划清旧史一治一乱的循环史观与新史学认为历史的变化"有一定之次序，生长焉，发达焉"，即由低级到高级进化的界限。

第二，阐述"历史者，叙述人群进化之现象也"，划清旧史把史书变成孤立的人物传的做法，与"新史学"要求写出人类"藉群力之相接相较、相争相师、相摩相荡、相维相系、相传相嬗，而智慧日进焉"的界限。

第三，阐述"历史者，叙述人群进化之现象，而求得其公理公例者也"，提出史家应善于通过比较研究和纵贯联系考察，"内自乡邑之法团，外至五洲之全局；上自穹古之石史(按，即远古的石器时代)，下至昨今之新闻"，从人类活动的总背景中去求得人群进化的真相，并且重视史学与其他学科的关系，总结出历史进化的公理公例。最后总结出历史哲学的理论,"以过去之进化,导未来之进化",使后人循历史进化的公理公例,"以增幸福于无疆"。①

梁启超对"新史学"的规划虽嫌简单,但他的理论与正在酝酿的革命潮流相合拍,从此宣告在指导思想上、内容上跟以帝王将相为中心的旧史迥然不同的新史学时代的到来,其开辟创始之功是巨大的。梁启超还对旧史中因粉饰君权的需要而大肆渲染、严重歪曲历史真相的"正统"论和"书法"论痛加驳斥。他指出的史家宣扬"正统"的实质即是维护"君统","视国民为无物",确实切中肯綮。

同在 1902 年,梁启超撰成长篇论文《论中国学术思想变迁之大势》(约 8 万字),鲜明地贯彻了进化观和因果论的理论指导,体现出与以往学者全然不同的研究风格,堪称是"新史学"理论在研究实践上结出的第一个硕果。梁氏以开阔的视野和宏观的把握,第一次把中国学术作为发展进化的、前后有因果联系的对象来叙述,揭示其演进的脉络,并且中肯地总结出各个阶段的特点。如分析先秦时期古代思想的显著特点是:重视伦理关系,"凡先哲所经营想像,皆在人群国家之要务","专就寻常日用之问题,悉心研究,是以思想独倚于实际";与西方古代思想相比较,中国古代神权思想不发达,古代"天命""天意"是可以还原为民众意志;中国古代文明又重视"天人相与之际"等②,所持的见解的确是深刻的。《论大势》又深入地论述学术思想与社会条件的关系,论述不同学派和学者间的相互影响和推动,生动地呈现出学术变迁动态的、交互作用的格局。梁启超还做到以近代价值观作为评判标准,精到地阐释传统学术中符合理性的、具有近代科学精神的优秀部分,同时尖锐地批判其中为封建专制服务的腐朽部分。篇中的基本思想,以后发展成其晚年撰成的《先秦政治思想史》《清代学术概论》《中国近三百年学术史》等多部著作。

二、夏曾佑在通史撰著上的成就

在《新史学》发表稍后,夏曾佑撰成《中国古代史》③,它的产生是"新史

---

① 《新史学》引文,见《饮冰室合集》文集之九,1、3~5、7~10 页。
② 《饮冰室合集》文集之七,13~14、17、31~32 页。
③ 原名《最新中学中国历史教科书》,已完成上古至隋朝,于 1904 年至 1906 年在上海出版。至 1933 年由当时教育部定为《大学丛书》之一再版,改为今名。

学"思潮在通史撰著上取得的重要成果。

夏曾佑（1863—1924 年），号穗卿，浙江杭州人。光绪十六年（1890 年）中进士，入翰林院，旋改礼部主事。这一时期，在北京与梁启超、谭嗣同往来密切，共同探讨学术，热心于维新变法。1896 年到天津，时严复、沈曾植创办《国闻报》，夏氏参加办报，宣传变法图强。1900 年，任安徽祁门知县，在任三年甚有政绩，夏氏著史也开始于此时。辛亥革命后，曾任北京图书馆馆长。

夏曾佑早先深研公羊学，写有"璥人申受出方耕，孤绪微茫接董生"的诗句，概括清代今文学派的统绪颇为精到。到天津后与严复密切往还，通过严复的讲述，夏氏倾心于西方进化论学说，哲学观点由此实现了飞跃。又据夏循垍《夏先生穗卿传略》载，当时严复译《天演论》《原富》等，常"与先生反复商榷而成篇"。① 反复探究、互相切磋，使夏曾佑对进化论有更深刻的理解，故梁启超誉之为"晚清思想界革命的先驱者"。② 夏氏本来发宏愿要撰写阐述进化论哲学观的著作，但未能实现，却独力撰成《中国古代史》这部以进化观为主导思想的历史著作。

夏曾佑以进化发展的观点，高度概括了中国历史发展的总趋势，对自古到今几千年的中国历史，系统地提出了划分为各具特点的不同阶段的崭新看法。中国历代正史的编撰，均以朝代起迄定终始，体例沿用不变，编年体史书则按年代先后逐年编写，也一向无所改易。夏氏书出，才破天荒第一次以进化发展观点为指导，提出了一套划分中国历史发展阶段的自成体系的学说。他认为中国历史经历了三个大的阶段：自传说时代至周末，为上古之世；自秦至唐，为中古之世；自宋至今，为近古之世。上古之世又可分为二期：

> 自开辟至周初，为传疑之期。因此期之事，并无信史，均从群经与诸子中见之，往往寓言实事，两不可分，读者各信其所习惯而已，故谓传疑期。由周中叶至战国为化成期。因中国之文化，往往在此造成。此期之学问，达中国极端，后人不过实行其诸派中之一分，以各蒙其利害，故谓之化成期。

---

① 《史学年报》，第 3 卷，2 期。
② 《亡友夏穗卿先生》，见《饮冰室合集》文集之四四（上），18 页。

中古之世，又可分为三期：

> 自秦至三国，为极盛之期。此时中国人才极盛，国势极强，凡其兵事，皆同种相战，而别种人对稽颡于阙廷。此由实行第二期人之理想而得其良果者，故谓之极盛期。由晋至隋，为中衰之期。此时外族入侵，握其政权，而宗教也大受外教之变化，故谓之中衰期。唐室一代，为复盛之期。此期国力之强，略与汉等，而风俗不逮，然已胜其后矣，故谓之复盛期。

近古之世，也可再分为二期：

> 五季宋元为退化之期。因此期中，教殖荒芜，风俗陵替，兵力财力，逐渐摧颓，渐有不能独立之象。此由不附会第二期之理想，而得其恶果，故谓之退化期。清代二百六十一年为更化之期。此期前半叶，学问政治，集秦以来之大成；后半，世局人心，开秦以来所未有。此盖处秦人成局之既穷，而将转入他局者，故谓之更化期。①

夏氏这样划分历史阶段，所注重的是国势强弱、文化发展及民族关系（当时他尚未能做到重视经济的发展，仅是论国势强弱包含有经济因素）。他还特别重视"世运""变局"，即历史发展的转折时期。总之，由于他已站在进化发展和注重考察因果关系的哲学高度，故能高屋建瓴地概括历史发展的趋势，对于清末历史即将出现的转折，尤其具有真知灼见。

夏曾佑运用西方近代史学理论和社会学知识，对于中国历史的具体问题提出了一系列新颖的见解。他阐释了古代传说与信史的划分和联系。中国历代儒生，往往"嗜古"成癖，总想把中国历史往上拉得越远越好，大谈"盘古开天""三王五帝"之类，以此当作信史相夸耀。夏曾佑则以截断众流的勇气，指出儒生们所侈谈的大多是不能据信的传说、神话。他将具体区分的界限放在炎黄之际，认为：中国从黄帝以上，庖牺、女娲、神农诸帝，其人之形貌、事业、年寿，皆在半人半神之间，皆神话也。"故言中国信史

① 夏曾佑：《中国古代史》，第一篇第一章第四节《古今世变之大概》，5、6页，上海，商务印书馆，1933。

者，必从炎黄之际开始"。① 在 20 世纪初即已提出这样的见解，表明夏曾佑无愧为近代探索科学古史体系的先驱者之一。同样可贵的是，对于神话传说材料，夏曾佑并不是简单抛在一旁，而是认真抉剔，以人类社会进化的理论加以分析，找出其中所保留的上古初民社会生活的史影。此项在今日为普遍常识，但在当时却需要很高的见识。他根据庖牺氏"结绳而为网罟，以畋为渔。制以嫁娶之礼"的传说，用社会进化观点和西方社会学知识做出新鲜的解释："案庖牺之义，正为出渔猎社会，而进游牧社会之期。此为万国各族所必历，但为时有迟速，而我国之出渔猎社会为较早也。故制嫁娶，则离去知有母而不知有父之陋习，而变为家族，亦为进化必历之阶段。"②又根据神农氏斫木为耜，揉木为耒，播五谷，相土地，尝百草，察水泉的传说，用人类进化的共同规律做出解释，认为这正表明社会进入了更高一级的农业社会阶段，论述人类的生活需要如何促进生产的发展和文明的进步，婚姻和家庭关系如何变化，各种国家制度如何产生，社会又如何由低级阶段向高级阶段演进。这些全新的历史观念和科学知识，乃为传统学术之所未闻，包含着人类社会演进的基本原理，在当时确有开扩读者心胸和启迪智慧的巨大作用。同时，夏曾佑注重考察历史因果关系，对于历史上的转折时期每有独到的分析。如他认为春秋时代学术上的变化，已为战国的社会变革开辟了道路。他说："古今人群变化之例，必学说先开，而政治乃从其后。春秋之季，老子、孔子、墨子兴，新理大明，天下始晓然于旧俗之未善。至战国时，社会之一切情状，无不与古相离，而进入于今日之局矣。"这样强调新的学说具有转变旧的风气、解放人们思想的巨大作用，正是 20 世纪初先进的人们大力倡导并身体力行的观点，是一种极为宝贵的近代意识。又如阐述经济范畴之改革时，夏曾佑极具卓识地论及商鞅变法标志着由农奴制向私有土地制的转变。他认为西周至春秋，"土地为贵人所专有，而农夫皆附田之奴，此即民与百姓之分也。至秦商君，乃克去之，此亦为社会进化之一端"。"民得蓄私产之法，即起于此。"③继夏曾佑之后，经过学术界长时间反复探索，证明上述论断大致都符合于后人研究得出的结论。

　　夏曾佑在书中还激烈地批判专制主义的罪恶，反映了 20 世纪初进步思

---

① 夏曾佑：《中国古代史》，第一篇第一章第十节《神话的原因》，11 页。

② 夏曾佑：《中国古代史》，第一篇第一章第七节《庖牺氏》，8、9 页。

③ 夏曾佑：《中国古代史》，第一篇第二章第二十四节《战国之变古》，185 页。

想界要求结束专制的时代潮流。他不仅一再痛斥独夫民贼的虐民，而且尖锐地批评儒学为专制统治者提供了很便于利用的学说。书中论及东汉弊政更为耐人寻味，指出："终东汉之世，外立者四帝（安帝、质帝、桓帝、灵帝），临朝者六后（窦太后、邓太后、阎太后、梁太后、窦太后、何太后），莫不定策帷帘，委事父兄，贪孩童以久其政，抑明贤以专其威，任重道远，利深祸速，终于亡国而后已！"①夏曾佑著书时，不正同样是那拉氏专制，"定策帷帘"，"贪孩童以久其政，抑明贤以专其威"，造成行将亡国的危险局面吗！联系到其现实背景，我们更能感受到他的论述所具有的战斗意义。激烈地批判专制主义及其意识形态，是夏曾佑思想中民主性的精华。可惜，他只是一度激进，而晚年却鼓吹"孔教"，走到了本人前期思想的反面。

总之，由于夏曾佑掌握了进化论哲学观，接触了西方社会学知识，用来分析中国丰富的史料，使他在书中提出了系统的新见解，并且与当时的时代潮流相合拍。跟书中新鲜的内容相适应，他在编撰上也运用了新颖的形式，借鉴于当时刚刚传入的外国史书分章叙述的方法，同时吸收了中国纪事本末体的优点，将二者糅合起来。这样，《中国古代史》的出版，确实使人一新耳目，被评价为"上下千古，了然在目"，使人读之"有心开目朗之感"。20世纪初，《新史学》和《中国古代史》在新史学思潮中分别撰成，具有重要的意义，它们以史学理论和通史撰著的出色成就，成为近代史学正式产生的标志。此后几十年中，进步史家无不以"新史学"看待自己的事业和这门学科取得的进展。

三、20世纪初宣传革命的历史思想

以孙中山为代表的以武装斗争推翻清朝统治的革命路线，在19世纪末已经出现。至20世纪初，特别是1903年以后，国内革命思想迅速高涨，成为代表中国社会前进的时代主潮。戊戌变法的失败证明改良主义行不通，但在相当时间内，改良派还有很大影响。为什么一定要革命，一定要推翻清朝统治才能救中国，这些与民族生死前途攸关的大道理，必须通过宣传，通过与改良派论战，才能深入人心。革命派从事历史教育，是采用通俗读物或政治论文的形式，以大量中外历史知识作有力根据，揭露帝国主义企图灭亡中国的阴谋，揭露清朝对内残害人民，对外屈服投降的本质，动员

---

① 夏曾佑：《中国古代史》，第二篇第一章第二十八节《光武中兴》，280页。

人民用革命手段推翻清朝,实现民主共和国的理想,成效卓著地帮助民众提高思想觉悟。这一时期,用历史知识宣传革命的出色代表是邹容、陈天华、章炳麟。

邹容(1885—1905年)于1903年春撰成《革命军》一书,2万余字,署名"革命军之马前卒邹容",章炳麟为之作序。在上海出版后,随即行销各地,有如震天的号角,在全国范围引起强烈的反响。邹容把本书题曰"革命军",自信:"文字收功日,全球革命潮。"说明他认为宣传革命的思想具有全副武装的军队那样的威力,必能唤醒民众,将专制统治摧毁。他以火热的激情宣告,当前要摆脱腐败黑暗的封建专制统治,要挽救民族的危亡,唯一的出路就是革命,对此别无选择,绝对不能犹豫徘徊:"我中国今日不可不革命。我中国今日欲脱满洲人之羁缚,不可不革命。我中国欲独立,不可不革命。我中国欲与世界列强并雄,不可不革命。我中国欲长存于20世纪新世界上,不可不革命。""革命革命!得之则生,不得则死。毋退步,毋中立,毋徘徊,此其时也!此其时也!"邹容从社会前进的普遍规律的实质,论述革命的必然性、正义性:"革命者,天演之公例也。革命者,世界之公理也。革命者,争存争亡过渡时代之要义也。革命者,顺乎天而应乎人者也。革命者,去腐败而存良善者也。革命者,由野蛮而进文明者也。革命者,除奴隶而为主人者也。"他以充沛的热情,磅礴的气势,宣告革命是摧毁腐朽的封建势力、彻底改造社会、为民众造福的唯一手段,指明时代前进的方向,具有巨大的感染力量。《革命军》还专辟"革命之原因"一章,对清朝历史作鞭辟入里的分析,论证这一腐朽、专制、卖国的王朝必须用革命的手段推翻的理由。邹容怒斥清廷甘当洋人走狗:"'量中华之物力,结友邦之欢心',是岂非煌煌上谕之言哉?中国者中国人之中国也。割我同胞之土地,抢我同胞之财产,以买其一家一姓五百万家奴一日之安逸!"像这样反动、腐朽、卖国的专制政府,难道还不该用革命的手段把它推翻吗?邹容还从多方面论述革命的手段,指出他所号召的革命,"有破坏有建设,为建设而破坏,为国民购自由、平等、独立、自主之一切权利,为国民增幸福"。①《革命军》的问世,等于在政治上宣布清朝专制统治的死刑,从深刻总结历史经验中得出革命必然爆发的结论,为危机深重的中国指明了通向光明的前途。短时间内,它成为革命志士的必读书。上海《苏报》首先刊

---

① 《革命军》引文,均见中国近代史资料丛刊《辛亥革命》(一),337、338、339、340页,上海,上海人民出版社,1957。

载，主笔章士钊撰文盛赞"此诚今日国民教育之一教科书也"。清政府悍然下令封闭《苏报》馆，并将邹容、章炳麟列为要犯，两人先后被关进上海租界监狱，这就是轰动一时的《苏报》案。邹容在监狱折磨中毫不动摇，最后献出生命，病死狱中。《革命军》出版不久，全国各地竞相翻印，其销行数量，占清末书刊的第一位。鲁迅曾中肯地评价《革命军》的巨大教育作用："倘说影响，则别的千言万语，大概都抵不过浅近直截的'革命军的马前卒邹容'所作的《革命军》。"①孙中山在 1904 年和 1906 年，先后在美国旧金山、新加坡筹印数万册，在华侨中广为散发，华侨"不及半载，观念大新，齐唱革命"②。在国内，如湖北军学界，几乎人手一册，很多爱国志士，都是读了《革命军》后立志走上了革命道路。

陈天华(1875—1905 年)的《猛回头》和《警世钟》均撰于 1903 年。他从事革命历史教育的显著特点，是以炽热深沉的感情，叙述了大量确凿的史实，又运用通俗的唱本形式，生动形象地讲出不以革命的手段推翻清朝，中国就要亡国灭种的道理，为群众所乐于接受。发表后传遍城乡，震撼全国，学生读之"如同着迷"，士兵读之"都奉为至宝"，民间用作歌本，到处歌唱。《猛回头》以铁的史实，揭露清廷残酷榨取民脂民膏的腐败实质，斥责清廷对外妥协投降，屈辱苟安，"件件依了洋人"，造成列强合伙瓜分，中国面临灭亡的危险局面。陈天华又列举世界史上印度、波兰等亡国的教训，沉痛地呼吁民众猛醒奋起："怕只怕，做印度，广土不保；怕只怕，做越南，中兴无望；怕只怕，做波兰，飘零异域；怕只怕，做犹太，没有家乡！怕只怕，做非洲，沦为牛马；怕只怕，做南洋，服事犬羊。"③陈天华还撰有《中国革命史论》，从阐明历史发展规律的高度，说明革命是推动社会前进的伟大动力："革命者，救人救世之圣药。终古无革命，则终古成长夜矣。"④清政府对陈天华的革命宣传十分害怕，宣布《猛回头》是"逆书"，可是反动派越禁止，阅读"逆书"的人却越多，外省纷纷辗转向上海购买，以至重刊十余次之多。革命党人高度评价说："《警世钟》、《猛回头》等书，由于咸用白话文或通俗文，务使舆夫走卒都能了解，故……散播于长江沿岸各

---

① 《鲁迅全集》，第 1 卷，《坟·杂忆》，205 页，北京，人民文学出版社，1973。

② 陈健夫：《国父孙中山全传初稿》，转引自章开沅、林增平主编：《辛亥革命史》上册，第四章第二节。

③ 《陈天华集》，38、39、40 页，长沙，湖南人民出版社，1958。

④ 《陈天华集》，215 页。

省，最为盛行。"①

　　章炳麟作为辛亥革命时期著名的宣传家，他最被广泛传诵的名文是《驳康有为论革命书》(撰于 1903 年)，广引中外历史事实论证用革命手段推翻清朝的必要，驳斥康有为诋毁革命的谬论。他揭露清廷经济上"行其聚敛"，政治文化上屡兴文字狱，为害酷烈，"万国所未有"。针对康有为"革命之惨，流血成河，死人如麻，而其事卒不可就"的谬论，章炳麟引证西欧、日本历史说，不但革命要流血，立宪也要流血，上书奏请是得不来的，"使前日无此血战，则后之立宪也不能成"。进而指出，革命能开发民智，造就人才。美国发起独立战争时，事先并不知道有华盛顿；中国革命起来了，也能造就自己的杰出人物。他又以李自成为例，开始时，"迫于饥寒，揭竿而起，固无革命观念"，"然声势稍增，而革命之念起"，均田免赋等思想就是在革命过程中产生的。他响亮地喊出："公理之未明，即以革命明之；旧俗之俱在，则以革命去之。革命非天雄大黄之猛剂，而实补泻兼用之良药!"②这篇有力地阐发革命派历史观的文章，与《革命军》《猛回头》等同样产生了巨大影响。

　　章炳麟(1869—1936 年)字枚叔，号太炎，浙江余姚人。早年从古文经学家俞樾学习经史。后因参加维新宣传被清政府通缉，流亡日本。1900 年剪辫立志革命。1903 年因《苏报》案入狱，1906 年出狱后由孙中山迎至日本，参加同盟会，主编同盟会机关报《民报》，与改良派展开论战。1911 年上海光复后回国。1913 年因反对袁世凯，遭袁禁锢，袁死后被释放。五四运动后主要从事著述，"退居于宁静的学者"。他因受西方进化论和社会学的影响，在 1900 年曾提出修撰《中国通史》的计划，"约之百卷，熔冶哲理，以祛逐末之陋"③，要在书里贯穿进去自己的"新思想"，摒弃旧史学只会排比事实的陋习。这种"新思想"，一是"以发明社会政治进化衰微之原理为主"，一是"以鼓舞民气、启导方来为主"。④他设想的体裁，系由典、记、表、考记、别录五体综合而成。

――――――――――――

　　①　冯自由：《〈猛回头〉作者陈天华》，见《革命逸史》，第 2 集，119 页，北京，中华书局，1981。

　　②　《驳康有为论革命书》，见《章太炎政论选集》，上册，204 页，北京，中华书局，1977。

　　③　《訄书》第五十九《哀清史》附《中国通史略例》，见《章太炎全集》(三)，329 页，上海，上海人民出版社，1984。

　　④　《致梁任公信》，见《章太炎政论选集》，上册，167 页，北京，中华书局，1977。

　　章炳麟治学继承了清代考证学成就，且运用西方新学理加以阐释，对于学术史和制度史提出了新见解。《訄书，订孔》一文，较早地提出将孔子放到与诸子平等的地位，作客观的历史考察。以后，他撰有《驳建立孔教议》，一方面，精到地评价孔子是古代文化的集大成者："盖孔子所以为中国斗杓者，在制历史，布文籍，振学术，平阶级而已。"所谓平阶级，是指先前世卿垄断政治的局面，因孔子而开始动摇，此后开辟了平民参政、人才涌现的局面。另一方面，他明确地反对康有为等人企图把孔子奉为教主的复古迷信主张①。对于清初学者颜元学术的特点和清代朴学的源流，章氏的论述尤有卓识。颜元在清初提倡躬行实践，在 20 世纪初大受赞扬，被认为与现代教育思潮多有相通之处。章氏不附会此说，他指出颜元主张的片面性。颜元反对理学空谈，痛恨其贻祸，为救其弊，特提倡躬行实践，主张以习行德、行、艺三物为学，抨击著述讲学的毛病在于"所学得皮肤，而总揽之用微"。章氏分析说：离开物器而习符号，符号不可任。但是算学的数字、公式、定理等，都是从具体物器总结出来，通过计算，能解决物器问题，不差分毫。这是因为数字、公式等，是"总揽"而得，是总结、抽象出来的。以往读书人的毛病是拘泥于字句，刻板地理解，所以不得真正的"道"。关键要问书籍等是否正确，"非书者不可用，无良书则不可用"。② 不能因为反对理学家空谈而完全否定书本的作用。章氏的论述，正确地指出理论高于实践的道理。《检论·清儒》尤为总结清代学术史的名作。章氏概括清代学术的总特点是，由于理学衰落和清廷实行文化专制，造成考证学独盛的局面。考证学由清初顾炎武、阎若璩等开创，至乾隆朝形成系统。其极盛期，吴、皖两派各有特色。吴派以惠栋为代表，"治学好博而尊闻"，短处是拘泥旧说，缺乏创见。皖派以戴震为代表，治学"综形名，任裁断"，更具创造性。章氏的论述对近代学术界影响甚大。但他站在古文经学家立场，门户之见甚深，对清代今文学派龚自珍、魏源极力贬低，而不能正确认识龚、魏等人利用、改造公羊学说，猛烈批判封建专制、揭开近代思想解放序幕的历史性贡献。

　　20 世纪初运用史学宣扬革命思想，还表现在国粹学派的论著中。国粹学派是资产阶级革命派的一翼，他们从爱国救亡和排满革命出发，利用史学宣传保存固有文化，鼓吹民族主义。1905 年，邓实、黄节、刘师培等在

---

①　《驳建立孔教议》，见《章太炎全集》（四）《太炎文录初编》文录，第 2 卷，196 页。

②　《检论·正颜》，见《章太炎全集》（三），469 页。

上海成立"国粹保存会",出版《国粹学报》,编印丛书。章太炎在上海出狱,遄抵日本,就在东京留日学生欢迎会上提倡"用国粹激励种姓,增进爱国的热肠"。其后,在他主编的《民报》上连续发表宣扬"国粹"的文章,并在《民报》内设立"国学振起会",与国内的《国粹学报》相呼应。国粹学派这种颇大声势,一直保持到辛亥革命发生。

国粹派所阐扬的国粹,主要是指那些能够从中发挥民族主义和民主主义精神的传统文化。章炳麟说:"为甚要提倡国粹?不是要人尊信孔教,只是要人爱惜我们汉种的历史。这个历史,是就广义说的,其中可以分为三项:一是语言文字,二是典章制度,三是人物事迹。"①黄节在《国粹学报》第一期发表《黄史总叙》,以申论"种族大义"为著史的宗旨。刘师培的《攘书》和《中国民族志》,章炳麟的《序种姓》和《中华民国解》,都着重阐述汉族的起源和历史,以强化"光复汉种"的民族意识。黄节编《正气集》,著《宋遗儒略论》,陈去病辑《明遗民录》,大量搜集宋、明遗臣、志士的著作和事迹,表彰他们的民族气节。

国粹派又注意发掘具有民主主义精神的"国粹"。邓实论述从古代史学到近代史学的变迁,必然是"君史"的消亡和"民史"的渐兴,要求仿效西方近代史家著史,"一面以发明既往社会政治进化之原理,一面以启导人类光华美满之文明"。②邓实著《中国群治进退之大势》,着重批判专制制度严重阻遏中国历史发展。他又主张区分"君学"和"国学","在朝之学"和"在野之学",推崇旧文化中具有反抗性和民主性的部分。邓实还明确提出儒学是"利君不利民"的"君学"。③国粹派在批评历代帝王所利用的儒学的同时,尽力提高诸子这类"在野之学"的地位。章炳麟在《诸子学略说》中批评封建时代学术的弊端在于"一尊孔子",而赞扬先秦诸子"各为独立"的学术精神和"往复辩论"的自由学风。④刘师培则在《周末学术史论》中,通过比较儒、墨二家政治学说,批评儒家,表彰墨家:"儒家以德礼为本,以政刑为末,视法律为至轻。……故儒家所言之政治,不圆满之政治也。""墨家不重阶级,以众生平等为归,以为生民有欲无主则乱,由里长、乡长、国君以上同于

---

① 《东京留学生欢迎会演说辞》,见《章太炎政论选集》,276页,北京,中华书局,1975。

② 《史学通论》,载《政艺通报》1902年第12、13号。

③ 《国学会论》,载《国粹学报》1905年5月(4)。

④ 《诸子学略说》,载《国粹学报》1905年9、10月(8、9)。

天子，而为天子者又当公好恶，以达下情。……是墨子者以君权为有限者也，较之儒家，其说进矣。"①刘师培、林獬还搜集历史思想家论"民贵君轻"、批判专制的言论，成《中国民约精义》一书，广泛发行，刘师培当时也被誉为"东方卢梭"。

然而，国粹派人物大多有浓厚的封建性，他们在政治上、文化上有严重的保守以至复古的倾向。他们宣传最多的是排满，并且包含着强烈的大汉族主义情绪。章炳麟还认为中国的封建"纲纪"并不坏，坏的只是满人。他在后来写的《自述学术次第》中曾说："清之失道，在乎偏任皇族，贿赂公行，本不以法制不善失之。旧制或有拘牵琐碎，纲纪犹自肃然。"②黄节在《国粹学报序》则提出宣扬国粹的目的是光复周公孔子之学。至辛亥革命后，国粹派人物认为排满目的已经达到，于是国粹主义落后、甚至反动的一面更加突出了，而最终汇入民国初年的复古主义逆流中。

上述 20 世纪初的史学成就，特别是"新史学"思潮的蓬勃兴起，对中国史学的发展具有划时代的意义。从此以后，中国史学无论在理论指导上，或者在治史范围和治史方法上，都进入了一个新的时代。恰好在此时期内，甲骨卜辞、敦煌写卷、汉晋简牍和明清内库档案等新史料相继发现，大大开阔了史学家的视野，提出新的研究课题，有力地促进了"五四"时期及此后史学的发展。

---

① 《刘申叔先生遗书》，见《周末学术史序·政法学史序》。

② 《自述学术次第》，见汤志钧编：《章太炎年谱长编》，上册，378 页，北京，中华书局，1979。

第七章　近代史学(下)

第一节　中国史学的近代化①

一、史学近代化的特点

　　鸦片战争到辛亥革命前后救亡图强的爱国主义史学思潮，反映了旧民主主义革命时期的社会主要矛盾和时代要求，鼓舞人们反抗侵略、挽救危亡；20世纪初的新史学思潮对于封建史学进行了多方面的批判，从而为"五四"时期史学的近代化和马克思主义史学的建立准备了条件。

　　新文化运动和"五四"运动后，中国革命形势有了深刻的变化，旧民主主义革命转化为新民主主义革命，这在思想、文化领域里的反映是：政治思想的革命扩大到学术思想的革命，历史的批判深化到史学的批判，马克思主义的辩证唯物主义和历史唯物主义成为指导革命行动的指南针。

　　毛泽东说："五四运动是反帝国主义的运动，又是反封建的运动。五四运动的杰出的历史意义，在于它带着为辛亥革命还不曾有的姿态，这就是彻底地不妥协地反帝国主义和彻底地不妥协地反封建主义。五四运动所以具有这种性质，是在当时中国的资本主义经济已有进一步的发展，当时中国的革命知识分子眼见得俄、德、奥三大帝国主义国家已经瓦解，英、法两大帝国主义国家已经受伤，而俄国无产阶级已经建立了社会主义国家，德、奥(匈牙利)、意三国无产阶级在革命中，因而发生了中国民族解放的

---

　　①　本章有关部分参考白寿彝主编：《史学概论》，第八章第二节、第三节，银川，宁夏人民出版社，1983。

新希望。五四运动是在当时世界革命号召之下，是在俄国革命号召之下，是在列宁号召之下发生的。五四运动是当时无产阶级世界革命的一部分。"①在 20 世纪初这样一个国内条件和国际环境中出现的新文化运动和五四运动，是中国近代史上划阶段的飞跃。这反映在史学发展上也是一个飞跃。彻底地反对帝国主义和封建主义是此后 30 多年间中国史学的最大特色和主流，也就是中国史学近代化的最大特色和主流。在这以前，中国史学也有反帝国主义和封建主义的内容，但绝没有表现得这样鲜明和彻底。

在近代化过程中，史学界出现了引人注目的新情况，它一般表现为这样几点：

一是史学工作的主要内容变了。以前的史学工作是以帝王将相和其他方面历史上的大人物为主要的研究对象。现在注意力转移到所谓"文化史"方面，其中包括民族史、语言文字史、经济史、政治史、学术思想史、宗教史、文艺史、风俗史等，实际上就是要以社会的制度、社会生活及有关意识形态方面的历史为主要内容。这不只是在研究对象上大大恢廓了，更主要的是动摇以至撤除了帝王将相等历史人物在历史舞台上高踞一切的宝座，而代之以新的内容。

二是传统的某些历史观点受到了批判，研究中国遭受侵略的历史跟研究世界史、国际关系史得到一定的联系。历史传统的观点认为尧、舜、禹、汤以至神农、伏羲、黄帝，再远可以上推到盘古，都是客观存在的，而且他们的时代都是中国历史上的黄金时代。这些沿袭久远的传统观点经过批判后，相信的人很少了，而这些观点起源和演变本身的历史还受到了审查。以前，儒家的经书被尊为不可怀疑的圣典，现在不是那么尊贵了。原来所谓"今文尚书"，也被认为其中有不可轻易置信的东西，原来作为"五经"之一的《诗经》，被认为有不少是男女羡慕的篇章，经书的灵光失掉了它的光辉。中国遭受侵略历史的研究，不再是就事论事，而是被放在世界史、国际关系史中去考察，这也就比过去前进多了。

三是在史料方面，利用了古老的文化遗存，利用了出土的文献，还利用了佛教、道教的典籍和档案材料，利用了域外的材料和语言学的材料。其成绩好的，可以改变某一历史时期或某些历史重大问题的研究面貌。"五四"以后，在史料考证上的成绩，继承了乾嘉考据学的传统，而又大大发展

---

① 《新民主主义论》，见《毛泽东选集》第 2 卷，699 页，2 版，北京，人民出版社，1991。

了这个传统，是远非乾嘉考据学所能比的。我们可以称之为新考据学。

四是用新的有系统的形式写的中外交通史、各种专门史和有系统的长篇论文相继出现。专门性的历史刊物也相继出现。这都是以前所没有的。

像这样的情况，都是"五四"以前根本没有的，或很少有的。而"五四"之后它们的存在就相当普遍了。它们存在于马克思主义历史学者之间，也存在于资产阶级历史学者之间。

二、马克思主义史学对史学近代化过程的影响

在史学近代化的过程中，马克思主义历史学者发挥了主力军的作用，也只有他们是彻底地不妥协地反帝国主义和彻底地不妥协地反封建主义的主要力量。毛泽东在 1940 年说："由于中国政治生力军即中国无产阶级和中国共产党登上了中国的政治舞台，这个文化生力军，就以新的装束和新的武器，联合一切可能的同盟军，摆开了自己的阵势，向着帝国主义文化和封建文化展开了英勇的进攻。这支生力军在社会科学领域和文学艺术领域中，不论在哲学方面，在经济学方面，在政治学方面，在军事学方面，在历史学方面，在文学方面，在艺术方面（又不论是戏剧，是电影，是音乐，是雕刻，是绘画），都有了极大的发展。二十年来，这个文化新军的锋芒所向，从思想到形式（文字等），无不起了极大的革命。其声势之浩大，威力之猛烈，简直是所向无敌的。其动员之广大，超过中国任何历史时代。"①我们细细思索毛泽东的这段话，可以认识到"五四"以后，马克思主义史学在中国的发展之重大的历史意义。

"五四"以后的史学，无论在对历史发展过程的全面理解上，在问题探索的深度上，在观察问题的角度上，马克思主义史学家的成就都不是别人可比的。特别是在揭示历史规律、指出历史前途的问题上更是这样。但在具体史料的考订上，具体问题的认识上，资产阶级的历史学者及其他不接触不理解马克思主义的历史学者也有他们的成就，这是应受到尊重以至应有所继承的。在史学近代化过程中，有主流，有旁流，还有逆流，而逆流甚至有很大的影响，在后来也还继续有影响，这是应该注意的。马克思主义史学的发展并不是一帆风顺的，是在斗争中成长的。

因为关于马克思主义史学在中国的发展的情况在本书有关章节中作了

---

① 《新民主主义论》，见《毛泽东选集》，2 版，第 2 卷，697、698 页。

论述，这里只论说另外的史学流派，其中三个历史家——梁启超、胡适和顾颉刚在理论上有较大的影响，另外三个历史家——王国维和陈寅恪、陈垣在新考据学上有比较显著的成就。

第二节 "五四"后的梁启超史学

一、梁启超史学思想的变化

20 世纪初梁启超对封建史学展开猛烈的批判，张起资产阶级"新史学"的旗帜，提倡史学革命，认为史界革命是救国的头等大事。新史学理论的一个重要论点，是认为历史在不断进步，历史进化过程中有"公理公例"，因此史学要研究"公理公例"。随着历史的进一步发展，世界无产阶级革命风暴震撼西方，中国无产阶级壮大成长，梁启超在世界大动荡中，拾取西方的学术思想，他的史学思想发生了变化。他的多变而杂驳的史学思想从一个侧面反映了这个时代社会的变动。

20 世纪初年，梁启超从日本到欧洲，看到世界无产阶级革命高涨，他感到很恐惧，在《欧游心影录》中说："现在社会人心都陷入怀疑畏惧之中，好像失了罗针的海船，遇着风，遇着雾，不知前途怎生是好。"他的心情如他自己所说，是"无限悽惶失望"。他看到贫富两个阶级战争渐渐到了不能不发生的时代，梁启超在这样动荡的年代里，感受是"不寒而慄"。"五四"前后，中国的共产主义知识分子广泛传播马克思主义，梁启超认为思想界发生了巨大变化，"马克思差不多要和孔子争席"。①

梁启超在"五四"后写的《清代学术概论》(1920 年)、《中国近三百年学术史》(1923—1925 年)、《什么是文化》(1922 年)、《治国学的两条大路》(1922 年)以及 1922 年至 1927 年几年间在天津南开大学所作讲演等，后来辑成《中国历史研究法》和《中国历史研究法补编》，是梁启超在"五四"后的主要的史学著作，在中国近代史学史上占有重要的地位，较为集中地表达了梁启超的史学思想，也反映出他的史学思想发生的变化。

梁启超在《中国历史研究法》中抛开历史发展有公理公例的思想，集中论说历史联系的因果关系，说："史者何？记述人类社会赓续活动之体相，

---

① 《五十年中国进化概论》，见《饮冰室合集》文集之三九。

校其总成绩，求得其因果关系，以为现代一般人活动之资鉴者也。"①他进而又把这种因果关系视为与佛教因缘果报有相同的意思，说："果因之义，晰言之，当云因缘果报，一史迹之因缘果报，恒复杂幻变至不可思议，非深察而密勘之，则推论鲜有不谬误者。"

再往后倒退一步，梁启超连历史有"因果"关系也否定了。他认为历史是文化现象的"复写品"，自然科学中有因果关系，然而把自然科学所用的工具扯来装门面，不但是不必要的，而且也不可能。他忏悔自己谈历史因果律，是"病根"，是"矛盾不彻底的见解"，说"历史现象只是'一趟过'，自古及今，从没有同铸一型的史迹"。② 他用历史现象的一度性否定历史的必然性，以历史事件的个别性来否定个性中有共性，历史因此成了一笔糊涂账。因此，学习历史认识历史前途是不可能的，历史的趋向在他看来，"不惟旁人猜不着，乃至连他自己今天也猜不着明天怎么样，这一秒钟也猜不着后一秒钟怎么样，他是绝对不受任何因果律之束缚限制"。③

梁启超否认历史变化是不断进步的，他过去批判过的历史循环论，现在又重新加以肯定，梁启超说他过去信奉的是进化主义，很不喜欢孟子说的话："天下之生久矣，一治一乱。"并且写过文章批驳这种治乱循环的观点；但后来不敢坚持了，说："我们平心一看，几千年中国历史，是不是一治一乱的在那里循环？何止中国，全世界只怕也是如此。"④梁启超把整个历史都看成"一治一乱循环"的变化，不存在今胜于昔的可能。历史前途悲观的观点反映梁启超对历史变动的迷茫。

关于历史变化的另一个重要问题，究竟是英雄造时势呢，还是时势造英雄呢？梁启超认为历史是少数伟大人物活动的产物。英雄、豪杰是"历史的人格者"中的"首出的人格者"，而群众作为集团是"群众的人格者"。英雄的"首出的人格者"不能离开"群众的人格者"创造历史，但归根结底是英雄的作用，而且在他看来，"历史即英雄"的观念在古代表现得尤其明显。这种"历史人格"论的实质是"心力"造史的理论，是"人类心力发展之功能"在历史变化中起着主要的作用的。因此，研究历史是要揭示这其中的"秘密"，"史家最要之职务，在觑出此社会心理之实体，观其若何而蕴积，若何而发

① 《中国历史研究法》第一章，见《饮冰室合集》专集之七三。
② 《研究文化史的几个重要问题》，见《饮冰室合集》文集之四〇。
③ 《什么是文化》，见《饮冰室合集》文集之三九。
④ 《研究文化史的几个重要问题》，见《饮冰室合集》文集之四〇。

动，若何而变化，而更精察夫个人心理之所以作成之、表出之者，其道何由能致力于此，则史的因果之秘密藏，可以略睹矣"。①

梁启超否认中国有阶级存在的事实，认为全部西洋史，一言以蔽之，可以说是"阶级斗争史"，西方资本主义国家有种种的阶级分野；而中国没有这种阶级的分野。但是"五四"前后的历史是严酷的，梁启超在无法解释历史和现实时，采用新的办法来否认中国历史有阶级斗争的事实。他或者将阶级与等级、种族混为一谈；或者把阶级说成是时而出现、时而消失，而毫无规律；或者编造所谓"有枪阶级"与"无枪阶级"的理论。梁启超从根本上说反对马克思主义的阶级斗争的学说。

关于地理环境在历史发展中的作用，梁启超认为地理环境影响学术风气的形成等，影响民族性格，还有合理的因素，但进而断定民族性格遗传构成民族历史的原动力，则是错误的。

梁启超自称："保守性与进取性常交战于胸中，随感情而发，所以往往自相矛盾。尝自言曰：不惜以今日之我，难昔日之我。"他自述写《中国历史研究法》时，研究因果关系，为这个问题，"着实恼乱我的头脑。我对于史的因果很怀疑，我又不敢拨弃他"②。这可见梁启超对于自己史学主张，包括很重要的主张，并不一定是认真对待的，所以后来不惜一改再改。

梁启超称自己"可谓新思想界之陈涉"；又说自己在学术上是"务广而荒"；"'学问欲'极炽，其所嗜之种类亦繁杂"，这真是"有自知之明"③的按语。他的史学思想是复杂的，变化也大。

1923年，中国发生的"科学与玄学"之争，也称之为科学与人生观的论战。这实际上是资产阶级哲学思潮中不同的派别的斗争。无论是"科学派"的丁文江、胡适、吴稚辉，还是"玄学派"的张君劢、梁启超都反对马克思主义，在社会史观上反对唯物史观。中国共产主义知识分子陈独秀、瞿秋白对他们反对马克思主义的言论给予批判，促进了马克思主义的传播和发展。瞿秋白在《现代文明的问题与社会主义》中说："从根本否认社会现象之有规律起，到相对的承认社会现象之目的论的规律性为止，都是现代学者反对社会主义之策略。"他在《自由世界与必然世界》中以马克思的唯物史观

---

① 《中国历史研究法》第六章，见《饮冰室合集》专集之七三。

② 《研究文化史的几个重要问题·第二历史里头是否有因果律》，见《饮冰室合集》文集之四○。

③ 参见《清代学术概论·二十六》，见《饮冰室合集》专集之三四。

的原理对他们错误的历史观点，作了系统的批驳。瞿秋白指出，求社会现象的规律，不能以个人动机或群众动机作为社会现象的唯一因素，社会发展的最后动力是经济。社会现象确是有因果律、公律可寻，这种因果律不是随意的，而是一种客观的"必然"。知道因果律的"必然"，才能获得应用规律的"自由"。历史的"必然论"，而不是"宿命论"。人们根据因果律的"必然"，推测"将来之现实"，就是"现时之理想"。"人要克服社会的自生自灭性，必须知道社会律"。我们能应用这种社会律，达到共产社会。伟大的人物是历史发展的一因素，也是历史发展的一结果。这些科学的阐发是对当时形形色色唯心史观的深刻批判。

二、对清代学术的总结

《清代学术概论》和《中国近三百年学术史》是梁启超在"五四"后清代学术史研究的代表作品。《清代学术概论》本来是为一本叫作《欧洲文艺复兴史》所写的序言。他说："本书属稿之始，本为他书作序，非独立著一书也。"(第二自序)脱稿后独立构成书。《中国近三百年学术史》原来是梁启超在清华大学、南开大学编写的讲义。这本书概称三百年学术，是因为"晚明的二十多年，已经开清学的先河，民国十年来，也可算清学的结束和蜕化。"这本书也可以说是 17、18、19 三个世纪的中国学术史。《清代学术概论》的范围和这本书差不多，但材料和组织不同。两本书互为补充。

《清代学术概论》按照梁启超的说法，是以清前半期的"考证学"与后半期的"今文学"为两大主要潮流来概述清代学术的演变与成果，《中国近三百年学术史》论述 300 年清学的渊源流变及政治影响，对清人整理旧学的成就分门别类加以综述、评介。

梁启超总结清学，对学术发展前途寄予期望，希望中国的学术也能如欧洲资产阶级文化的文艺复兴那样得到新生。

这两部书以学术史的形式总结清学。梁启超吸收中国古代学术史总结的好传统，认为作学术史有四个必要条件[①]：第一，叙一个时代学术，须把那时代重要各学派全数网罗，不可以爱憎为去取；第二，叙某家学说，须将特点提挈出来，令读者有很清晰的观念；第三，要忠实传写各家真相，勿以主观上下其手；第四，要把各人的时代和他一生经历作大概的叙述，

---

① 《中国近三百年学术史·五》，见《饮冰室合集》专集之七五。

看出那人的全人格。梁启超称赞黄宗羲的《明儒学案》，因为这部书具备这四个条件。梁氏也是按照这四个方面去概括、叙述 300 年清学成就的。但应当重视的是他从学术流变与影响上、从学术思潮上把握学术的发展，做到"知人论世"；注意把学术成果总结和学者的人格精神、治学特点结合起来研究。对 300 年学术变化，了如指掌；学脉分析，成果评品，如数家珍，在中国近代学术著作中，是两部很有影响的作品。

梁启超对清学总结，体现对当代史研究的重视。他说："史事总是时代越近越重要，考证古史，虽不失为学问之一种，但以史学自任的人，对于和自己时代最接近的史事，资料较多，询访质正亦较便，不以其时做成几部宏博翔实的书以贻后人，致使后人对于这个时代的史迹永远在迷离徜徉中，又不知要费多少无谓之考，才能得其真相，那算史家对不起人了。"他指出研究和自己时代最接近的史事，是史家义不容辞的责任。

对清代的乾嘉考据学，梁启超从两个方面给以肯定的评价，一是在文献整理与编修上的业绩，在校注古籍、辨伪书、辑佚书、旧史补作、改作与史表的补修、前史的考订以及经学、小学、音韵学、金石学、目录学、校勘学、曲乐学、历算学等科学和方志学、地理学、谱牒学上取得的成果，其中以经学为中坚。二是乾嘉学者的研究精神和方法。他说："至于他们的研究精神和方法，确有一部分可以做我们模范的，我们不可看轻他们，他们所做过的工作，也确有一部分把我们所应该做的已经做去，或者替我们开出许多门路来，我们不能不感谢。"梁启超称赞乾嘉考据学有"实事求是"精神，其归纳的方法有科学精神。

乾嘉考证的学风可归结为：一、凡立一义，必凭证据；二、选择证据，以古为尚；三、孤证不为定说；四、隐匿证据或曲解证据，皆认为不道德；五、罗列同类事项，作比较研究；六、采用旧说，必说明出处；七、所见不同，则相辨诘；八、辨诘以本问题为范围，词旨务笃实温厚；九、喜欢专治一业，为"窄而深"的研究；十、文体贵朴实简洁，最忌"言有枝叶"。这也就是梁启超论考证学的实事求是之意和科学精神的方方面面。

清代考据学的缺点，梁启超认为，第一是脱离现实的静止的观察问题的方法。他说："吾侪可以看出乾嘉学派的缺点，彼辈最喜研究僵死的学问，不喜研究活变的学问。"在这方面，他们有罪。第二，研究内容琐屑无用，清初治学，一反明人空疏之学，但又专门从书本上钻研考索，因此很多工作是浪费气力。第三，研究范围狭小，十分之九的精力是在考证古典上，但这只是人文科学中的一小部分。

梁启超研究清学 300 年史，提倡学术应该创新，这种创新包括两个方面，一是对于旧学派"非持绝对严正的攻击态度，不足以摧故锋而张新军"。二是虽然启蒙时代学者，其造诣不必极精深，"但常规定研究之范围，创革研究之方法，而以新锐之精神贯注之"。① 顾炎武成为一代的开派的宗师，一是"贵创"，不是蹈袭古人、模仿古人、依傍他人。二是"博证"，乾嘉治学的优点是由顾炎武开其端绪。三是致用，"务使学问与社会关系增加密度"。这几点构成梁启超学术创新的内容。

300 年的清学发展到梁启超写的时候，已经非更革不可。梁启超说：

> 总而论之，清末三四十年间，清代特产之考证学，虽依然有相当的部分进步，而学界活力之中枢，已经转移到"外来思想之吸收"，一时元气虽极旺盛，然而有两种大毛病：一是混乱，二是肤浅，直到现在，还是一样。这种状态，或者为初解放时代所不能免，以后能否脱离这状态而有新建设，要看现时代新青年的努力如何了。②

梁启超对清学总结，看清学变革的必要性，看出 20 世纪前半期学术上中西文化交汇的情形，考证之学存在的问题的症结，一是"混杂"，二是"肤浅"。传统的考证之学向近代新考据学变化，成为学术史发展的必然，而彻底克服当时学术上的"混杂"与"肤浅"的弊病，只有用新的科学的理论即唯物史观指导研究，中国学术、中国的历史学才有可能走上康庄的大道。

三、历史研究法

《中国历史研究法》和《中国历史研究法补编》是梁启超的两本关于历史研究方法论的作品，在中国近代史学发展史上产生较为深远的影响。1923年 10 月他写了《研究文化史的几个重要问题》的文章，对《中国历史研究法》中的几个重要观点，又作了修正。梁启超在"五四"后，史学思想在反复变化中向后倒退，在这些作品中明显地反映出来。

关于历史统计、文献的辨伪等，梁启超也写有专门的作品。

《中国历史研究法》共有六章，就是"史之意义及其范围""过去之中国史

---

① 《清代学术概论·四》，见《饮冰室合集》专集之三四。
② 《中国近三百年学术史·四》，见《饮冰室合集》专集之七五。

学界""史之改造""说史料""史料之搜集与鉴别""史迹之论次"。这六章论述
史学方法的一些理论问题,具体介绍史料搜集、鉴别等方法,和对史书编
纂的见解。《中国历史研究法补编》由"绪论""总论"和五个"分论"组成。这
本书除了对"史的目的"和"史家的四长"作了叙述外,以大量的篇幅介绍各
种专史的研究方法。

《中国历史研究法》开篇对"史"作了定义说:"史者何?记述人类社会赓
续活动之体相,校其总成绩,求得其因果关系,以为现代一般人活动之资
鉴者也。"但在《研究文化史的几个重要问题》中,连历史有因果的关系也否
定了,历史联系只有"互缘",没有"因果"。这些我们在第一节中已作了
分析。

研究中国历史的主要目的,梁启超归纳为四点:"第一,说明中国民族
成立发展之迹而推求其所以能保存盛大之故,且察其有无衰败之征?第二,
说明历史上曾活动于中国境内者几何族?我族与他族调和冲突之迹何如?
其所产结果何如?第三,说明中国民族所产文化以何为基本;其与世界他
部分文化相互之影响何如?第四,说明中国民族在人类全体上之位置及其
特性,与其将来对于人类所应负之责。"这四点,强调中国历史研究的出发
点是认识探索中华民族的由来、组成、发展的趋向和中华民族在世界各民
族中的联系和地位。他表达出民族自强的愿望。

梁启超从史书体裁、史学思想、史著繁富及史学根底几个方面对中国
古代史学发展历史作了小结,提出改造史的主张。史家写史不应该只是供
帝王臣僚读。旧史的"贵族性","助成国民性之畸形发展"。写史应当是"养
成人类"的"种性",即发扬民族精神;要"以生人为本位的历史代死人本位
的历史,实史界改造一要义也"。在著史的出发点、史著的内容、范围、史
书编纂方法、观察历史的思维特征等方面,新史和旧史不同,梁启超希望
有史学兴味的学者联合起来,写出一部"理想的新史"。

《中国历史研究法》将史料分成两类,第一类"在文字记录以外"的,包
括现存之实迹,传述之口碑,遗下之古物。具体地说是:保存完好的实迹
及口碑,部分保存下来的实迹及口碑,已经湮没的史迹又突然发现的,珍
贵的文物宝藏或再度出现的,以及实物的模型和图影。第二类是"文字记录
的史料",包括:旧史、与史迹有关的文献(如档案文件、函牍、行状、家
传、墓文等),史部以外的群籍(如经、子、集部作品,乃至寻常百姓家中
的有关文字记录),古佚书和重新发现的已散失的文件,金石文献和外国
文献。

史料在搜集后要鉴别。鉴别是求真和正误、辨伪几个方面的结合。而辨伪又有辨伪书和辨伪事两个内容。伪有全部伪或部分伪。作者之伪的情况又有不同情形。从鉴别史料到史书编写,《中国历史研究法补编》中分析为几个方面:

甲、求得真事实,梁启超在这里把鉴别求真概括为钩沉法,即重新寻出沉没了的实事;正误法,改正前人记错的事实,对以前忽视的材料如诗歌等,给予新的注意。另外有搜集排比法、联络法等。

乙、予以新意义。这是对历史事实本身的意义重新发现。

丙、予以新价值。

丁、供吾人活动之资鉴。

梁启超说的这些,概括起来是两个方面,即搜集考证与研究得出独到的认识。

梁启超将史著分成专门史和普遍史两类。普遍史与专门史分为两途,而又相互联系。专门史研究成熟,作普遍史较为容易。普遍史不是专门史的"丛集而成",作普遍史尤其要具有通识。

专史有五类,一、人的专史,包括列传、年谱、专传、合传、人表。二、事的专史。三、文物的专史,包括政治专史、经济专史、文化专史、文物专史。四、地方的专史,五、断代的专史。

梁启超在《中国历史研究法补编》中提出建立史学史学科的设想。他说:"史学,若严格的分类,应是社会科学的一种。但在中国,史学的发达比其他学问更利害,有如附庸蔚为大国,很有独立做史的资格。""中国史书既然这么多,几千年的成绩,应该有专史去叙述他。"他设想中的中国史学至少有四部分:一、史官,二、史家,三、史学的成立及发展,四、最近的史学趋势。中国的史学渊远流长,史学以一种专门学问自成一家应当始于孔子作《春秋》。"中国史学的成立与发展,最有关系的有三个人:一、刘知幾;二、郑樵;三、章学诚。"梁启超关于中国史学史学科的见解,对史学史学科的建立产生了重要的影响。

梁启超在提出历史研究法的同时,指出史家应有"四长"。一是史德,即史家要端正心术。有完美史德的史家要铲除著史中的毛病,这些缺失包括夸大,附会,武断。二是史学,长于史学者贵专精不贵杂博。三是史识。史识是讲历史家的观察力,要养成正确精密的观察力,应当注意不为因袭传统的思想所蔽,也不为自己成见所蔽。四是史才。史才是专讲史家的文章技术。这种技术有两部分,一为作品的结构,即组织。这实际上是史书编纂方面的事。二为文采，这实际上是历史文学方面的事。梁启超认为文采有两条最重要的要求，即史文要简洁和飞动。培养史才的途径是多读，多作，多改。

梁启超的史家"四长"说，发挥了刘知幾的史家"三长"论和章学诚的史德论，对史家加强自身的修养有一定的意义。

在讲历史研究方法时，要强调史学理论、史学思想，史学见解。梁启超认为几千年中国史学发展过程中研究史家的义法，而能领会史学精神、心知其意者只有刘知幾、郑樵、章学诚三人。章学诚生在清乾嘉时代，而乾嘉的考证之学者没有同样见地，"以致有清一代史学仅以撷拾丛残自足"。史学和别的学问一样，要有理论，"先有经验，才可发现原则；有了原则，学问越加进步"。史家要重视理论总结，有了理论认识，又可促使史学向前发展。认识到这一真谛，可是他没有获得对历史正确的理论认识，他关于史学的理论有值得肯定的东西，由于没有进步的历史观，又受到西方不同史学思想的影响而不能有抉择，所以在总体上说，他的史学上的理论变幻不定，难以构成系统。

《中国历史研究法补编》对《中国历史研究法》作了检讨，其中值得重视的意见中，有一条是提倡大规模作史，反对把历史研究法当作琐屑的考订方法，他说："我从前著《中国历史研究法》，不免看重了史料的搜集和别择，以致有许多人跟着往捷径上去，我很忏悔，现在讲《中国历史研究法》，特别注重大规模的做史，就是想挽救已弊的风气之意。"他又说：

> 不过这种大规模做史的工作很难，因为尽管史料现存而且正确，要拉拢组织，并不容易。一般作小的考证和钩沉、辑侠、考古，就是避难趋易，想侥幸成名，我认为病的形态。真想治中国史，应该大刀阔斧，跟着从前大史家的作法，用心做出大部的整个历史来，才可使中国史学有光明、发展的希望。①

梁启超关于中国通史和中国文化史的设想和他的大规模作史的主张相通。谈梁启超历史研究法，而不注意他关于大规模作史的思想，是很不全面的。关于中国文化史，他写出了《社会组织篇》。关于中国通史，他有《太古及三代载记》《纪夏殷王业》《春秋载记》《战国载记》。这些作品，都表现了他写史的才华。

———————————

① 《中国历史研究法补编》分论三第四章，见《饮冰室合集》专集之九九。

第三节　胡适的学术研究方法论和顾颉刚的"古史辨"

一、胡适的实用主义

胡适，安徽绩溪人。1891 年 12 月出生。1910 年赴美留学，其先在美国康奈尔大学农科学习，不久转文科。1915 年，入哥伦比亚大学研究院，从杜威学哲学。1917 年 6 月回国，"五四"前后鼓吹文学革命。"五四"后反对马克思主义，发表《多研究些问题，少谈些主义》。以后又提出"整理国故"的口号，提出改良主义的政治主张反对中国人民革命。1962 年去世。

胡适的历史观点和哲学观点的影响相当广泛。在"五四"新文化运动中，他的工作对推动思想解放运动是有意义的；但他传播实验主义，反对马克思主义；在中西文化观上提出"全盘西化"论是错误的。其代表作有《中国哲学史大纲》上卷、《胡适文存》三卷和《胡适论学近著》。

胡适的哲学观点和历史观点是实用主义，他鼓吹的学术研究方法也明显地反映出实用主义的特征，这种实用主义的方法论在中国近代史学史上产生相当大的影响。

1915 年胡适在美国哥伦比亚大学研究院师从实验主义的代表人物杜威，接受实用主义的观点，并宣扬这种学术思想。他写了一篇《实验主义》的文章，全文长达三万字。所谓"实验主义"即"实用主义"的别译。这篇文章的中心论点是说："实验主义绝不承认我们所谓'真理'就是永远不变的天理，他只承认一切'真理'都是应用的假设，假设的真不真，全靠他能不能发生所应该发生的效果。"他认为 19 世纪以来的科学家们渐渐地知道了"科学上许多发明都是运用假设的效果，因此他们渐渐的觉悟，知道现在所有的科学体例不过是一些最适用的假设，不过是现在公认为解释自然现象最方便的假设"。他还举例来说：

> 譬如行星的运行，古人天天看见日出于东，落于西，并不觉得什么可怪。后来有人问日落之后到什么地方去了呢？有人说日并不落下，日挂在天上，跟着天旋转，转到西方又转向北方，离开远了，我们看不见他，便说日落了，其实不曾落，这是第一种假设的解释。后来有人说地不是平坦的，日月都从地下绕出；更进一步，说地是宇宙的中

心，日月星辰都绕地行动；再进一步，说日月绕地成圆圈的轨道，一切星辰也依着圆圈运行。这是第二种假设的解释，在当时都推为科学的律例。后来天文学格外进步了，于是哥白尼出来说日球是中心，地球和别种行星都绕日而行，并不是日月星辰绕地而行。这是第三个假设的解释，后来的科学家，如恺柏勒（Keppler），如牛敦（Newton），把哥白尼的假设说得格外周密。自此以后，人都觉得这种假设把行星的运行说的最圆满，没有别种假设比得上他，因此他便成了科学的律例了。即此一条律例看来，便可见这种律例原不过是人造的假设用来解释事物现象的，解释的满意，就是真的，解释的不满人意，便不是真的，便该寻别种假设来代他了。①

科学上的假设，是根据客观世界的有关现象归结出来的。假设，要经过实验或实践去验证它在多大范围和多大程度上具有真理性，从而确定它是否是科学的规律。如果经受不起验证，这个假设就不能成立。人们对于客观世界的认识有一个不断发展的过程，因而后人对于前人科学理论也有一个不断发展的过程。"任何过程，不是属于自然界的和属于社会的，由于内部的矛盾和斗争，都是向前推移向前发展的，人们的认识运动也应跟着推移和发展"②。胡适认为科学的假设是人们提出的科学的律例，是为了应付环境的需要，而客观的真理并不存在。他还有一句很露骨的话，说客观现实世界是一个任人摆布的女孩子，"百依百顺的由我们替他涂抹起来，装扮起来"③。很显然，他这种观点，是主观唯心主义的。只注意他所举的一些的例子，好像很有道理，实际上恰好说明科学认识是一个不断深化的过程，这些例子并不能支持他的论点。

二、实用主义的学术研究方法论

胡适说他治中国思想和中国的历史著作，都是围绕"方法"这一观念打转的。"方法"主宰了他40年来所有的著述，而"这一点实在得益于杜威的影

---

① 《实验主义》，见《胡适文存》，1集，第2卷，合肥，黄山书社，1996。
② 《实践论》，见《毛泽东选集》，2版，第1卷，294页，北京，人民出版社，1991。
③ 《实验主义》，见《胡适文存》，1集，第2卷，288页。

响".① 他研究诸子,考证《红楼梦》,写《中国哲学史大纲》以及研讨《水浒传》《醒世姻缘》,校勘《水经注》,都是显示他的研究方法,都可说是方法论的文章。②

胡适的学术方法论,最根本的是所谓"十字真言",即"大胆的假设,小心的求证"。③ 他又说"有几分证据,说几分话,有五分证据,只可说五分的话。有十分证据,才可说十分的话"。④ 他这些话的核心,在于"大胆",在于"小心求证"。所谓"证据"是在"大胆"的前提下找出来的,"小心"地"求"出来的。这个前提很难不是主观的。这是实用主义在史学方面的应用。他不是要研究历史真相和历史发展的规律,而是把史学作为自己应付环境的工具,按着自己的需要对历史进行任意的解释。正是他熟练地运用了这个工具,因而得以荒谬地宣扬他的民族虚无主义,说中国在历史上并无可爱之处,五千年来无时能够自立,近百年来就越来越不成了。

胡适的学术方法论的根本是实用主义的,其中又夹杂其他的西方学术思想,其中有一个因素,是进化的观念。这样就构成了所谓"历史演进的方法"。他说:"我曾用进化的方法去思想,而这种有进化性思想的习惯,就做了我此后在思想史及文学工作上的成功之钥。"⑤用变化、演进的观点看待历史现象,并进而探讨其中的原因。但历史有渐进,也有突变,有演进、变化,也有质的或部分质的变化,社会变化有性质的变化,这是"历史演进方法"包含不了的。胡适的"历史演进法"主要是文献前后版本比勘的方法,更重要的是,在"大胆的假设,小心的求证"的前提下,"历史演进"的进程也是事先"假设",然后"小心求证",这和历史实际的进步不是一回事,因此,胡适"研究"的一些结论也是荒唐的,如说王莽是社会主义者,等等。

胡适把中国传统的治史方法,用近代的逻辑方法作了概括,然后纳入到他的治史方法论的总体系中。胡适注意到先秦诸子、汉学、宋学,一直到近代章太炎的历代学者的治学方法。1916 年,胡适用《大英百科全书》第11 版的文献考证(Textual Critisim)的观点来"统摄"王念孙父子、段玉裁、

---

① 唐德刚译:《胡适口述自传》,105 页,北京,华文出版社,1992。

② 胡适:《治学方法》三讲,见《胡适选集》,381～421 页,天津,天津人民出版社,1992。

③ 《清代学者的治学方法》,见《胡适文存》,1 集,第 2 卷,298 页。

④ 《文史的引子》,载 1946 年 10 月 16 日天津《大公报·文史周刊》。

⑤ 《胡适自传》,97 页,合肥,黄山书社,1986。

孙诒让和诸家的训诂术，总结出例证之法。在《中国哲学史大纲》上册的"导论"中概括出史料审定的方法和整理史料的方法。说做一部中国哲学史必须用的方法是，第一步搜集史料，第二步审定史料的真假，第三步须把一切不可信的史料全行删除不用，第四步须把可靠的史料仔细整理一番：先把本子校勘定好，次把字句解释明白，最后又把各家的书贯穿领会，使一家一家的学说，都成为有条理有系统的哲学。

在审定史料和整理史料中，胡适提出辨别文献真伪、校勘，训诂及贯通等具体事项。

胡适又介绍了西方的学术方法论的著作，如 Windlband、C. V. Langlois 和 Ch. Seignobos 的有关著作。在胡适的支持下，何炳松讲授并先后译、著出有关历史研究方法方面的作品。

历史研究有一定的方法，把中国历代学者治史方法加以条理化是有意义的事，评介评述西方学术方法论的著作对于中国学者了解世界学术，并促进自己学术工作，也是有价值的。我们注意方法在研究中有意义的同时，要看到历史观点是起支配性的作用，各种方法都受一定的历史观点支配。如果历史观点错误，方法的使用并不能从根本上纠正对历史的错误见解，特别是关于历史过程上的见解。避开对历史根本问题的回答，单纯讲方法论是不行的。胡适一生提倡鼓吹方法论，在中国近代学术史上有较大的影响，但由于实用主义历史观和哲学观点的支配，也就不可能获得对历史过程的科学认识。历史研究方法成为验证先验观点的手段。

三、顾颉刚的"古史辨"

顾颉刚（1893—1980 年），江苏苏州人。1913 年，进入北京大学预科。1916 年夏，考入北大本科，入哲学门。在当时学术新思潮的影响下，顾颉刚原先接受的传统史学中的疑古辨伪思想得到了发展，"五四"新文化运动爆发，这些对他的思想产生了深刻的影响，他回忆说："五四"运动以后，西洋的科学的治史方法和新史观的输入，"过去人认为历史是退步的，愈古的愈好，愈到后世愈不行；到了新史观输入以后，人们才知道历史是进化的，后世的文明远过于古代，这整个改变了国人对于历史的观念"。[①] 顾颉刚的"古史辨"活动就是在这样基础上发展起来的。

---

① 《当代中国史学》，3 页，南京，胜利出版公司，1947。

顾颉刚辨古史活动受到胡适的影响，他辨古史的方法与胡适的"历史演进法"有密切的联系。他把《诗》《书》和《论语》的上古观念整理一下，比较一下"忽然发现了一个大疑窦，——尧、舜、禹的地位问题"。禹是西周时就有的，尧、舜是到春秋末年的文献中才有记载。"越是起得后，越是排在前面。等到有了伏羲、神农之后，尧、舜又成了晚辈，更不必说禹了。我就建立了一个假设：古史是层累地造成的，发生的次序和排列的系统恰是一个反背。"①

"古史层累地造成的"观点，主要有以下几个方面的内容：一、在古史记载中，"时代愈后，传说的古史期愈长"。周代人心目中最古的人是禹，到孔子时有尧、舜，到战国时有黄帝、神农，到秦有三皇，到汉以后有盘古。二、"时代愈后，传说中的中心人物愈放愈大。"如舜，在孔子时只是一个"无为而治的圣君"，到《尧典》就成了一个"家齐而后国治"的圣人，到孟子时就成了一个孝子的模范了。三、我们"不能知道某一件事的真确的状况，但可以知道某一件事在传说中的最早的状况。我们即不能知道东周时的东周史，也至少能知道战国时的东周史，我们即不能知道夏商时的夏商史，也至少能知道东周时的夏商史"。②

他按照这个观点，认为必须打破古史"人化"的观点。古人对于神和人，原没有界限，所谓历史差不多完全是神话。自春秋末期以后，诸子奋起，把神话中的古神都"人化"了。对于这些后出的附会，要一一地剥离下来。他认为，还要打破把古代看作黄金世界的观念。古代的神话中人物"人化"之极，把古代说成了黄金世界。其实关于古代的一些观念是春秋以前的人所没有的。所谓"王"，只有贵的意思，并无善的意思。从战国起，政治家要依托古王去压服今王，极力把"王功"与"圣道"合在一起，于是大家看古王的道德功业真是高到极顶，好到极处。要懂得五帝、三王的黄金世界，原来是战国后的学者造出来给当代君王看的。

顾颉刚对古史的这种基本观点，很接近胡适对于科学律例的说法。关于古史的传说是后人编造的，而且是不断地扩大编造，古史记载不可信。顾颉刚的观点受到胡适的影响，是显著的。但顾颉刚是要通过对传说的怀

---

① 《古史辨第一册·自序》，见《顾颉刚古史论文集》，第 1 册，50 页，北京，中华书局，1988。

② 《与钱玄同先生论古史书》，《古史辨》第 1 册中编，见《顾颉刚古史论文集》，第 1 册，102 页。

疑和剖析，去探索古史的真相，这跟胡适否认真理的存在是有差别的。

顾颉刚的基本观点对有关迷信古史传说起了廓清之功，而历代相传三皇五帝的神圣地位一下子也就失去了依托。这对于当时的学术界是一个很大的震动，对于古史研究的发展起了积极的作用。但在具体古史问题的处理上，他往往有"疑古"过头的地方。后来，他从对古史的"破坏"转到对古史的建设上来。他做出了成绩，但因没有正确的理论指导，他对于古史研究的工作基本上停留在文献整理阶段。所谓辨古史，到后来成为辨古书，他认为这是建设新古史的工作。

顾颉刚后来对唯物史观有了自己的认识，《古史辨》说："我自己决不反对唯物史观。我感觉到研究古史年代、人物事迹、书籍真伪，需用于唯物史观的甚少，毋宁说这种种正是唯物史观者所亟待于校勘和考证学的借助之为宜，至于研究古代思想及制度时，则我们不该不取唯物史观为基本观念。"晚年他回忆这段文字时，说："现在看来，这段话还有需要修正的地方，但是我不反对唯物史观和认为研究古代思想及制度要用唯物史观来指导的看法是非常明确的。"①这从一个侧面反映中国近代史学发展大趋势，也说明唯物史观的影响深入，也表明顾颉刚和胡适的不同的一个重要方面。

四、《禹贡》杂志与边疆地理研究

顾颉刚在开始古史考辨的时候，也开始了对历史地理的研究。中国当代历史地理这门学科，是在他的倡导下开展起来，在这中间又培养了一批历史地理研究者的队伍，为建立、发展这一科学立下根基。他的历史地理研究是从研究《禹贡》文献开始的。他感到《禹贡》的问题太多，牵涉中国古代全部地理，只有通过深入研究，才能把问题搞清楚，1934年，他创办了历史地理学的专业刊物《禹贡》半月刊。

"九·一八"以后，日本帝国主义的侵略更为猖獗，中国民族危机加深，边疆危机加深。《禹贡》杂志创办在这样的形势下，不久，杂志研究的重心从古代历史地理转向边疆地理。《禹贡》半月刊突出反映出爱国主义的史学思想。顾颉刚先生在治学道路上，由为学问而学问的客观主义态度，转向对国家民族前途的关切。《禹贡》是一个重要标志。

---

① 《我是怎样编写〈古史辨〉的?》，见《古史辨》，第1册，上海，上海古籍出版社影印本，1982。

　　《禹贡》一开始就张起爱国主义民族主义的旗帜。以《尚书·禹贡》的"禹贡"作为刊物的名称，是要人们看到古代的中华民族在文献中反映出来的广大地域的认识，"实为吾民族不灭之光荣"，今日谈及禹域，都会想到"华夏之不可侮与国土之不可裂"。①

　　《禹贡》的《古代地理专号·序言》说："自从东北四省失陷以来，我们的国家受外侮凌逼，可算到了极点，所以有血气的人们，大家都暂时放弃纯学术的研究而去从事于实际工作。至于留在学术界的人物，也渐渐转换了研究的方向。"②学术研究重心的转移，是爱国思想的体现。

　　《禹贡》的文章表达了维护领土完整、反对帝国主义侵占我国领土的思想。研究古代的地域，是要把我们祖先开发的土地作一个总结，今天被帝国主义侵占的土地是我们自己的家业，以这样的研究来激起海内外同胞的爱国的热诚，爱护我们的国土，维护领土完整。《禹贡》把边疆问题和民族、宗教问题结合起来作研究，主张全民族奋斗，共同抵抗帝国主义的侵略。杂志上的文章还提出加强边防，开发边疆的认识，"谋民族自救之方"。《禹贡》杂志的文章还揭露帝国主义对中国史地研究包藏的祸心。日本帝国主义的所谓史地研究以及社会历史与地理的调查，都是作为他们军事行动的先导。他们的史学、"东亚学"是侵略的史学，是蓄意为侵略我们而制造的种种舆论、口实。《禹贡》半月刊的爱国史学思想引起日本帝国主义者的恐慌。日本的《历史学杂志》发表文章攻击《禹贡》，《禹贡》杂志给予回击。《禹贡》半月刊的宗旨、研究工作的安排及内容反映出鲜明的爱国思想，在中国近代史学史上占有重要的地位。

　　顾颉刚对于民俗学特别是对民间文艺有浓厚的兴趣。他关于古史的基本观点，也是从民间文艺传说的演变情况中，得到启发后形成的。抗日军兴，他利用民间文艺的形式，把历史上英勇抗击敌人的故事和当时抗日斗争的事迹，编印成小册子，并且请艺人演唱这些内容，宣传抗日。这一类活动表明了这位史学家对祖国前途的信心。

　　顾颉刚在中国近代史学史上是一位有影响的史学家。他编著的《古史辨》，是考辨古史的名作。对于《尚书》的研究，他用力最勤，发表不少有重要学术价值的文章。在民间文学和民俗学两个领域里，顾颉刚都有开拓性的贡献。《吴歌甲集》和《孟姜女故事演变》是这方面的有代表性的作品。

――――――――――――

　　①　《禹贡》，第4卷，10期，《禹贡学会募集基金启事》。

　　②　《禹贡》，第7卷，6、7期《序言》。

第四节　王国维、陈寅恪、陈垣的史学

一、王国维的古史新证

王国维(1877—1927 年)在历史和历史文献的考据上有突出的成就,他考证的方法富有特色,开拓了很多的学术的新领域,对中国近代史学的发展有重大的影响。

19 世纪末 20 世纪初,中国近代考古的发掘和科学整理文物资料的工作得到进一步的发展,这一方面标志史学研究领域在扩大,而新材料的发现和整理的成果又为史学研究提供新的资料和手段。其中有重要意义的是甲骨的发现、整理和甲骨文字的释读。清光绪二十六年(1900 年)王懿荣发现了甲骨文。刘鹗继续收集,并作了整理,1903 年,《铁云藏龟》一书出版。这以后,甲骨文的研究成了专门学问,为中国古史研究开了一方新天地。罗振玉在甲骨文整理研究方面颇有发明。号称"三堂"的学者即王观堂(国维)、董彦堂(作宾)、郭鼎堂(沫若)在甲骨学的建立过程之中,有开山之功。此外,汉晋简牍的发现、整理,敦煌文书的发现、著录和内阁档案的整理、著录等,都为历史研究提供了丰富的资料。金石文献的研究也有进一步的发展。

王国维的历史研究的最大特点,是把新发现的材料跟古史记载结合起来,从而获得对古史的新解。在清华学校研究院的讲义《古史新证》中,王国维谈到他的学术工作和治学的方法,说:"吾辈生于今日,幸于纸上之材料外更得地下之新材料。由此种材料,我辈固得据以补正纸上之材料,亦得证明古书之某部分全为实录,即百家不雅驯之言,亦不无表示一面之事实。此二重证据法惟在今日始得为之。"①用二重证据法研究古史,把新发现的材料跟古史记载结合起来,这种古史新证,是王国维的学风和成就所在。

陈寅恪对王国维在古史新证上的方法特点和主要成就,作了概括,说王国维的研究是:

> 一曰取地下之实物与纸上之遗文互相释证。凡属于考古学及上古

---

① 清华学校研究院讲义:《古史新证》,第 1 章"总论"。

史之作，如《殷卜辞中所见先公先王考》及《鬼方昆夷玁狁考》等是也。
二曰取异族之故书与吾国之旧籍互相补正。凡属于辽金元史事及边疆
地理之作，如《萌古考》及《元朝秘史之主因亦儿坚考》等是也。三曰取
外来之观念，与固有之材料互相参证。凡属于文艺批评及小说戏曲之
作，如《〈红楼梦〉评论》及《宋元戏曲考》、《唐宋大曲考》等是也。此三
类之著作，其学术性质固有异同，所用方法亦不尽符会，要皆足以转
移一时之风气，而示来者以轨则。吾国他日文史考据之学，范围纵广，
途径纵多，恐亦无以远出三类之外。①

这样的评价是恰当的，说明王国维在近代新考据学上的重要地位。

王国维在甲骨学研究上成就是多方面的，在典制考订、历史地理研究、
辨析字形以及甲骨的断代与缀合研究都有创获。特别是把甲骨文材料应用
于古史研究上，获得前所未有的成绩。

1916 年王国维写的《殷卜辞中所见先公先王考》及《殷卜辞中所见先公先
王续考》是两篇重要的古史研究著作。他因卜辞中见王亥之名查出《山海经》
《竹书纪年》《世本》《楚辞》《吕氏春秋》的有关记载，证明王亥即《史记·殷本
纪》和《三代世表》中的亥、《汉书·古今人表》中的垓，是殷的先王。以此为
线索，逐步探索，得知卜辞中所见殷王室世系跟《史记·殷本纪》所记基本
相同。因而《殷本纪》作为历史资料的可靠性得到证实，而中国古代信史可
以上推到殷商之初。他又从卜辞中考出殷王室继承制度是兄终弟及，祀先
王之典有等差，而于兄弟之间，无论长幼及是否即王位，祀典及名号却没
有差别。这两篇文章对古史研究的发展有重大意义，是中国考据学史上从
没有过的大文章。

《殷周制度论》是王国维的另一篇有影响的文章，文章谈到殷周制度的
重大变化，一、周人王位是立子立嫡之制，以及由此而产生的宗法及丧服
之制和封建子弟之制。二、庙数之制。三、同姓不婚之制。文章开篇说：
"中国政治与文化之变革，莫剧于殷周之际"，以及说古代制度的建立都出
自圣人之心，"出万世治安之大计"，后世帝王所不能梦见的，这些论述显
然是不正确的。

在汉晋木简和敦煌写卷的研究上，王国维有开创之功。关于木简，他

---

① 《王静安先生遗书序》，见《金明馆丛稿二编》，219 页，上海，上海古籍出版社，
1980。

著有《流沙坠简考释》《坠简考释补正》《简牍检署考》。他在一封信中说，他同罗振玉考释《流沙坠简》"考释虽草草具稿，自谓于地理上裨益最多，其余关乎制度名物者亦颇有创获"。① 敦煌写卷方面，王国维和罗振玉合编的《敦煌石室遗书》等8种，共编辑敦煌遗书200余种。

王国维勤于金文之学，对鼎彝文字的诠释，具有通识，他说："自来释古器者，欲求无一字之不识，无一义之不通，而穿凿附会之说以生。穿凿附会者，非也。谓其字之不可识，义之不可通而遂置之者，亦非也。""苟考之史事与制度文物以知其时代之情状，本之《诗》、《书》以求其文之义例，考之古音以通其义之假借，参之彝器以验其文字之变化，由此而之彼，即甲以推乙，则于字之不可释、义之不可通者，必间有获焉。然后阙其不可知者以俟后之君子，则庶乎其近之矣"②。他写的《毛公鼎考释》《散氏盘考释》《生霸死霸考》《说商》《说殷》以及其他考释金文的文章，既通释了文字上的疑滞，也弄明白了古史上的一些问题。

王国维在古文字学、古音韵学及经学上的素养是深厚的，在这些领域内都有重大发现。而这些成就为他治史提供了重要的条件，他治金石、甲骨，训释文字音韵讨论版本、校勘古籍具有历史的眼光，而这些方面的研究和治史又是紧密结合在一起的，有的本身就是历史的具体研究。

王国维早年爱好文学，后来兴趣转移。在戏曲史、美学方面有重要的成就。《宋元戏曲史》《人间词话》为文学史和文学批评、美学领域内的名作。《人间词话》中有一段话，可以看作是他一生治学精神的概括。《词话》说："古今之成大事业、大学问者，必经过三种之境界。'昨夜西风凋碧树，独上高楼，望尽天涯路。'此第一境也。'衣带渐宽终不悔，为伊消得人憔悴。'此第二境也。'众里寻他千百度，蓦然回首，那人却在，灯火阑珊处。'此第三境也。"这当是王国维治学所得的体会，也是他治学进展的历程。《词话》又以"隔"与"不隔"来论词的意境，评论某人的词"虽格韵高绝，然如雾里看花，终隔一层"。这虽是论词，然可以移以论学。王国维所写学术文章，切实凝练，使读者很少"隔雾看花"之感，这也是他在学风上的优点。

王国维学术上的成果，为近代中国史学的发展提供了条件，中国马克

① 《致缪荃孙》(1914年7月17日)，见《王国维全集·书信集》，北京，中华书局，1984。
② 《观堂集林》，卷六，见《〈毛公鼎考释〉序》，第1册，294页，北京，中华书局，1984。

思主义史学的形成发展,从王国维的研究中吸收了有益的成果。"大抵在目前欲论中国的古学,欲清算中国的古代社会,我们是不能不以罗(振玉)、王(国维)二家之业绩为其出发点了。"①王国维在历史和历史文献考据方面的成就是大的,然终以考据自限,没有也不可能接受正确的理论指导。

王国维是浙江海宁人,22 岁至上海,入时务报任书记校对,并学习日文,1902 年留学日本,时间很短。1911 年的 11 月再次东渡,在日本近 5年。曾任教于北京大学研究所、清华学校国学研究院。1923 年 4 月任清废帝溥仪南书房行走。由于严重脱离现实,他一直背着前清遗老的包袱,面临着时代急剧的变化,无法解决思想激起的矛盾,终于在 1927 年,当北伐军胜利进军之际,自沉于颐和园的昆明湖。王国维留下遗书,说:"五十之年,只欠一死。经此世变,义无再辱。"这反映了他的心态。

《观堂集林》汇集了他的主要著作。

二、诗文笺证和"民族文化之史"

陈寅恪(1890—1969 年)通晓多种东方古代和欧洲的语言文字,熟习佛典,中年以后,致力于两晋南北朝史、隋唐史和明清间史事的研究。

陈寅恪在近代考据家中是最有史识的学者。无论在史料学上或对"民族文化之史"的论述上,他都有相当开阔的看法。

陈寅恪对史料有精到的见解。他认为今天我们看到的史料,仅是当时遗留下来的残余断片。必须立足于当时的历史条件之下,具有艺术家欣赏古代绘画、雕刻的眼光和精神,才能有真正的理解,不至于有隔阂、肤浅的毛病。他指出,不要穿凿附会,不要用现代人的思想和处境强加在古人的身上。史料中的"私家纂述易流于诬妄,而官修之书,其病又在多所讳饰"。如"能于官书及私著等量齐观,详辨而慎取之,则庶几得其真相,而无诬讳之失"了。

在史料学上,陈寅恪指出对史料,包括伪材料,要善于审定和利用。材料中有真,有伪,真材料中有可能有部分伪。他说:"以中国今日之考据学,已足辨别古书之真伪。然真伪者,不过相对问题,而最要在能审定伪材料之时代及作者,而利用之。盖伪材料亦有时与真材料同一可贵。如某

---

① 　郭沫若:《中国古代社会研究·自序》,见《郭沫若全集(历史编)》,第 1 册,8页,北京,人民出版社,1982。

种伪材料,若径认为其所依托之时代及作者之真产物,固不可也。但能考出其作伪时代及作者,即据以说明此时代及作者之思想,则变为一真材料矣。中国古代史之材料,如儒家及诸子等经典,皆非一时代一作者之产物。昔人笼统认为一人一时之作,其误固不俟论。今人能知其非一人一时之所作,而不知以纵贯之眼光,视为一种学术之丛书,或一宗传灯之语录,而断断致辩于其横切方面,此亦缺乏史学之通识所致。"①陈寅恪提出史料学的"通识",是近代新考证学史料学观点的重要特点。

诗词、小说,以及稗史、丛谈、笔记,也应加以利用作为研究历史的史料。如李复言的《续玄怪录》,它透露出永贞内禅及宪宗被弑的消息,而这些是正史中所不能得到的资料。

陈寅恪通晓多种文字语言,对史料有开阔的见解,因而他"比勘参考"的考证,在近代考据学中显示自己的特色,考定佛教典籍,重视语言比较考据,他和俄人钢泰和(Baron Ställ-Holstein)合作,能取古今中外有关此《经》之著述及乾隆时的满、蒙、藏文的译本参校推绎,又以梵文为准,看此《经》是否合乎梵文之文法及意义,以确定中文译本的价值。在语言比较考证材料的同时,进行中文与各种文本的比勘,陈寅恪注意把语言问题和社会历史的背景联系起来,说:"一时代之名词,有一时代之界说。其涵义之广狭,随政治社会之变迁而不同,往往钜大之纠纷讹谬,即因兹细故而起,此尤为治史学者所宜慎也。"

诗文笺证是以历史记载去笺证诗文。同时诗文又可用来证史,探讨史事的新线索,从而扩大视野,得到新解。他写的《读秦妇吟》,为"治唐五代史者之参究"。《元白诗笺证稿》是这方面的又一部成功的作品,以诗证史,开治学新途径。他晚年写《柳如是别传》,用了十多年的时间写成80万字的巨著。这部书以钱谦益和柳如是的故事为主线,引用大量的诗文,考订了明末清初一些重大事件,有许多情况是史书里没有的。其他如《桃花源记旁证》,文章从寓言文字里联系到西晋末年的屯聚堡坞。《读东城老父传》考订小说中所写的长安少年有胡心和长安风俗服装之渐染胡化。《读莺莺传》把《莺莺传》看作唐"贞元朝的良史料",由小说看当时有关的婚姻和男女关系间的礼俗。这些作品都很有新意。

"民族文化之史",是陈寅恪先生自己提出来的,内容很广泛,包括政

---

① 陈寅恪:《冯友兰〈中国哲学史〉上册审查报告》,见《金明馆丛稿二编》,248页,上海,上海古籍出版社,1980。

治制度、社会习俗、学术思想、文学艺术等，而没有经济。下列的几段话，比较集中地论述了他在这个问题上的观点。他说：

中国自秦以后，迄于今日，其思想演变之历程，至繁至久。要之，只为一大事因缘，即新儒学之产生，及其传衍而已。……儒者在古代本为典章学术所寄托之专家。李斯受荀卿之学，佐成秦治。秦之法制实儒家一派学说之所附系。

汉承秦业，其官制法律亦袭用前朝。遗传至晋以后，法律与礼经并称，儒家周官之学说悉采入法典。夫政治社会一切公私行动，莫不与法典相关。而法典为儒家学说具体之实现。故二千年来华夏民族所受儒家学说之影响，最深最巨者，实在制度、法律、公私生活之方面，而关于学说思想之方面，或转有不如佛道二教者。如六朝士大夫号称旷远，而夷考其实，往往笃孝义之行，严家讳之禁。此皆儒家之教训，固无预于佛老之玄风者也。

释迦之教义，无父无君，与吾国传统之学说，存在之制度，无一不相冲突。输入之后，若久不变易，则决难保持。是以佛教学说，能于吾国思想史上，发生重大久远之影响者，皆经国人吸收改造之过程。其忠实输入不改本来面目者，若玄奘唯识之学，虽震动一时之人心，而卒归于销沉歇绝。近虽有人焉，欲然其死灰，疑终不能复振。其故匪他，以性质与环境互相方圆凿枘，势不得不然也。

六朝以后之道教，包罗至广，演变至繁，不似儒教之偏重政治社会制度，故思想上尤易融贯吸收。凡新儒家之学说，几无不有道教，或与道教有关之佛教为之先导。……至道教对输入之思想，如佛教摩尼教等，无不尽量吸收，然仍不忘其本来民族之地位。既融成一家之说以后，则坚持夷夏之论，以排斥外来之教义。此种思想上之态度，自六朝时亦已如此。虽似相反，而实足以相成。后来新儒家即继承此种遗业而能大成者。①

这几段话，论述了先秦儒学逐渐演变而成新儒学及儒学与法典相结合而成为支配公私生活的力量；论述了佛教和道教在学说思想方面的影响比

① 陈寅恪：《冯友兰〈中国哲学史〉下册审查报告》，见《金明馆丛稿二编》，251、252 页。

儒学要大，而道教以善于吸收因而包罗很广，佛教以外来宗教在得到改造之后，才能在中国站住脚跟。陈寅恪这些论述的特点，在于纵观中国两千年的历史，阐述了民族文化传统力量的分配和演变，中外文化接触后互相影响的状况，这是近代考据学家作品中最精彩的论述。

陈寅恪着重以"相反相成"来说明民族文化上的变化，是具有明显的辩证法因素的。他写的两本著名的史论，《隋唐制度渊源略论稿》和《唐代政治史述论稿》，之所以能在烦琐考证中具有一定的吸引力，其原因即在于两书具有辩证法的因素。《隋唐制度渊源略论稿》研究问题的方法，陈寅恪称之为"论其源流""分析因子"。他说：

> 夫隋唐两朝为吾国中古极盛之世，其文物制度流传广播，北逾大漠，南暨交趾，东至日本，西极中亚，而迄鲜通论其渊源流变之专书，则吾国史学之缺憾也。兹综合旧籍所载及新出遗文之有关隋唐两朝制度者，分析其因子，推论其源流，成此一书。①

当世史家认为隋唐制度是继承西魏北周。陈寅恪先分析隋唐制度渊源有三个因素，一为北魏、北齐，二为梁、陈，三为西魏、周。从隋唐的礼仪及职官、刑律、音乐、兵制、财政的各种制度的渊源看，比较起来，这些受到西魏、周的影响不如其他两个来源重要。陈寅恪以联系、变化的观点讨论典章制度和政治文化生活的各种影响，典制在一定历史条件下变迁，其中某种、某些方面加入新的因素，有着新的形式和内容，表现出新的特点。有的因素消亡了。隋唐制度渊源的三个因素中以北魏北齐的情形最为复杂，它是中原、河南、江左三个方面的文化因素的总汇。因此，北魏、北齐制度通过各种渠道汇合汉魏以后的华夏文化的各种因素，构成隋唐制度中的主流。

《隋唐制度渊源略论稿》和《唐代政治史述论稿》两书，重视中国各个地区的政治文化的发展不平衡，实际上把魏晋以后的中国分成几个有差别的地区，第一是江南地区，即所谓的江左区域；第二是所谓的山东区域；第三是关中区域；第四是河湟一带的河西区域。在这样认识的基础上，提出关中本位和学术文化中心转移的理论。关中本位和关陇统治集团形成联系在一起。关中本位政策"范围颇广……要言之，阳傅周礼经典制度之文，阴

---

① 《隋唐制度渊源略论稿》，1页，北京，生活·读书·新知三联书店，1954。

适关陇胡汉现状之实而已"。① 关中本位的论述是陈寅恪魏晋南北朝隋至唐初的史论中的重要理论。

此外，陈寅恪提出各个民族、地区以及中原和周边地区、民族的盛衰相互关联的看法，这同样是历史通识。但是他认为有超时空的理性存在，脱离经济谈文化政治的变化，他所谓的民族文化，包罗甚广。但他不谈经济基础在历史上的作用；在分析文化政治问题时，把阶级和阶层混为一谈，这些是他认识上的局限性。

陈寅恪生于 1890 年，出生地是今湖南长沙市。祖父陈宝箴是清末的维新人士，任过直隶布政使、湖南巡抚，推行过新政。其父陈三立，字伯严，号散原，为维新爱国人士，清末民初的著名学人、诗人。陈寅恪在政治上是一个爱国的学者。他 13 岁随长兄赴日本学习，以后又至欧美留学多年。他说他的思想变化："余少喜临川（王安石）新法之新，而老同涑水（司马光）迂叟之迂。"②这句话对理解他的生平有一定的意义。解放后，他在学术上继续探索，受到国家的优遇，但也受到"左"的路线的冲击。

三、宗教史，文献学，"表微书"

陈垣（1880—1971 年）对于中国宗教史和历史文献学颇多贡献，晚年又有"表微"书之作。而重史源，讲类例，是他在学风上的特点。

从 1917 年到 1923 年，陈垣先生先后写成了《元也里可温教考》《开封一赐乐业教考》《火祆教入中国考》《摩尼教入中国考》，后来合称之为《古教四考》。这是他在宗教史上的重要著作，补上了中国古宗教研究的空白。同时，这也是关于中外关系史的著作。1923 年和 1927 年，他陆续发表了《元西域人华化考》，这是他在民族关系史和中外关系史方面的重要著作，也跟宗教史有关。"西域人"，是把新疆人以至葱岭以西广大地区都包含在内，这是袭用元人的提法，今天看来，是不妥当的。但这并不能减低这一著作在有关研究上的地位。

也里可温是基督教的一个宗派。《元也里可温教考》研究在中国已经消失了的这一教派，同时，这也是元史研究的重要成果。

---

① 《隋唐制度渊源略论稿》三，《职官》，91 页。

② 《寒柳堂集·读吴其昌撰梁启超传书后》，150 页，上海，上海古籍出版社，1980。

1927 年，陈垣写《回回教进中国的源流》，次年改名为《回回教入中国史略》，一直到现在，对中国伊斯兰教史的研究还是有影响的。他还想编写《中国回教志》，但没有成书。

关于佛教和道教的历史研究，陈垣著有《中国佛教史籍概论》《释氏疑年录》及《明季滇黔佛教考》《清初僧诤记》和《南宋初河北新道教考》。后三书合称"宗教三书"。《中国佛教史籍概论》论述了佛教重要史籍大概流传情况，并给予评价。《释氏疑年录》收录了清初以前 2 800 多名僧人，明确了许多历史上悬而未决的僧人生卒年问题。此外，他还搜集了道教碑文 1 300 余篇，编成《道教金石录》100 卷。

《明季滇黔佛教考》"此书作于抗日战争时，所言虽系明季滇黔佛教之盛，遗民逃禅之众，及僧徒拓殖本领，其实所欲表彰者乃明末遗民之爱国精神、民族气节，不徒佛教史迹而已"。《清初僧诤记》是宗教史著述，陈垣以宗教史的研究来揭露变节者，以此抨击卖国求荣的汉奸。《南宋初河北新道教考》同样是有为之作，他说："芦沟桥变起，河北各地相继沦陷，作者亦备受迫害，有感于宋金及宋元时事，觉此所谓道家者类皆抗节不仕之遗民，岂可以其为道教而忽之也。因发愤为著此书，阐明其隐。……诸人之所以值得表扬者，不仅消极方面有不甘事敌之操，其积极方面复有济人利物之行，固与明季遗民之逃禅者异曲同工也。"①宗教三书在当时的历史条件下，不仅在宗教史上有重要的学术价值，而且表现了陈垣爱国的民族情操。

在历史文献学方面，陈垣做了不少的工作，其中包含目录学、年代学、史讳学、校勘学等几个方面。下面分别叙说陈垣的重要贡献。

（一）目录学。陈垣详细研究《四库全书总目提要》，编写《文津阁四库全书册数、页数表》《四库书目考异》《四库全书纂修始末》《四库书名录》《四库撰人录》等。另外，《中国佛教史籍概论》《敦煌劫余录》都是这方面的专书。

（二）年代学。陈垣在这方面的著作有《二十史朔闰表》《中西回史日历》等。《二十史朔闰表》对中国旧历的著作作比较研究，"根据诸书，参以各史纪志，正其讹误，终于清宣统三年，为旧历作一总结"。同时吸收西历之长"又按西历四年一闰之月日，创为表格，然后考定之中历朔闰及回历月首，按表填入"。他的重要著作，如《书内学院新校慈恩传后》《大唐西域记撰人辩机》和《回回教入中国史略》等，都以善于利用年代学的方法，排难解纷，获得新解。

---

① 《南宋初河北新道教考·重印后记》，北京，科学出版社，1958。

　　(三)避讳学。中国历史上存在避讳的现象，为阅读古书增加了不少困难。但利用避讳，也可解释历史文献上的疑难问题。陈垣写成《史讳举例》一书，为避讳学做出了新的贡献。《史讳举例》举出82个例，前42例，讲避讳所用的方法，避讳的种类，避讳改动史实以及由避讳产生的讹误。后40例，讲避讳学知识的应用有关的问题，《史讳举例》一书"意欲为避讳史作一总结束，而使考史者多一门路，一钥匙也。"

　　(四)校勘学。陈垣以《元典章》的校勘为范例，用五种本子同沈刻本对勘，发现沈刻本伪、误、衍、脱、颠倒、妄改的地方很多。他进行校补，写成《元典章校补释例》一书。这本书后来改称为《校勘学释例》。在我国校勘学史上是一本带总结性的著作。

　　陈垣写的《旧五代史辑本发覆》，是运用校勘学方法校勘古籍获得的重要成果。他用《册府元龟》，欧阳修的《新五代史》《资治通鉴》等和清代馆臣辑出来的薛居正等编的《旧五代史》进行比勘，把辑本《旧五代史》的改窜字句校勘出来，并指出清馆臣改动，是对清朝统治的不满。

　　陈垣注意总结前人在历史文献学工作上的经验，并使之条理化、系统化，善于从个体看一般，从类例的探索中引导学生进窥问题的全貌，并总结出文献学工作的法则，给读史书，研究历史的人"以经济的时间得最高的效能"，这是陈垣高于一般文献学工作的思想境界和他的文献学工作的一个重要特点。

　　陈垣所讲的类例，是一种分类法。他在一个专题下搜集许多材料，区分类别，找出一定范围内的通例，然后组织成文。他的第一篇名著《元也里可温教考》就是用这种方法。他自己曾说这是"搜集关于也里可温之史料，分类说明之，以为研究元代基督教史者之助"。后来他写的《元西域人华化考》，用的是这种方法，晚年的代表作《通鉴胡注表微》也是用这种方法。陈寅恪为《元西域人华化考》刻本作序，说这本书"材料丰富，条理明辨"。这八个字说出了陈垣的学风和文风。"条理明辨"，是由于作者的渊博和谨严。但《元也里可温教考》等书虽运用了分类法而取得成果，但还不足以尽陈垣分类法之长，即这些作品却还是类集了具体的史事而没有说什么"例"来。陈垣运用类例之法，在历史文献学方面的工作中获得很大的成效。如《史讳举例》成书8卷，为例八十二。如《元典章校补释例》，于12 000多条的材料中，选取其十分之一，分类别属，加以疏解，成书6卷，为例五十。《旧五代史辑本发覆》也是属于校勘性质的专书，不以例称，但也是运用类例的方法的。全书5卷，收录材料194条，为例一十。陈垣的类例法，也有举其一端以例其余的意思。所以他在《元典章校补释例序》中说："将以通于元代诸书，及其他诸文，非仅为纠缠沈刻而作也。"但这种类例法，用在史学工作上，有很大的局限性，它往往平列一些事例，而很难在历史运动过程中观察问题，解决问题。

陈垣在史料学工作中，重视史料来源，这是陈垣治史的又一重要特点。过去的史书很少注明出处，找出它所记载的来源很不容易。在实践中认真作好这个工作的人不太多，即使名家作品，因为组织材料时不严格或理解上的错误，也往往有失实的地方。如果不认真对待史源，作品会因为依据不足而降低了学术价值。甚至因为引用的材料本身没有可信的依据，写出的作品就失去价值。陈垣特别重视这个问题，在高等学校里开设《史源学实习》的课程，对学生进行专门训练，这是他在历史教学上很突出的特点。在他的著作里，讲求史源的地方很多，近刊的《陈垣史源学杂文》是关于他指导实习的一些文章的集录。陈垣提出"史源"，和陈寅恪对待史料的认识相比较，在深度上有所不足。

抗日战争时期，陈垣写的《通鉴胡注表微》是他著作中最有代表性的作品，这本书集中反映出他在治史、文献学各个方面的成绩和见解。这本著作不仅是陈垣的治史的已有的成就的总汇，而且在原有基础上得到进一步的升华。《表微》言史法，是从整个史学工作的各个部分之间的关系上着眼，把考据放在一个恰当的位置上。同时这本书把校勘、目录、考证等各类的方法作为相互关联的内容，作为一个方法的整体来把握。《表微》言史法和言史事有机结合起来，把前人的"通经致用"的治史传统提高到一个新的高度，把研究历史和对中国近代社会现实的关注结合起来，表现出对历史前途和民族命运的思考。这部书是他的"学识记里碑"。

《通鉴胡注表微》总结的史学方法，符合中国史学自身的特点，陈垣提出具有民族特点的史学方法论，这部书体现出史家的时代感和历史感。《表微》和宗教三书、《旧五代史辑本发覆》都是"表微"性质的著述。所谓"微"，出于《左传》成公十四年和昭公三十七年"《春秋》之称微而显"语句中，意思是说用曲折婉转的言辞去表示讽刺或谴责。

陈垣在建国后致友人书中说：

> 九·一八以前，为同学讲嘉定钱氏之学；九·一八以后，世变日亟，乃改顾氏《日知录》，注意事功，以为经世之学在是矣。北京沦陷后，北方士气萎靡，乃讲全谢山之学以振之。谢山排斥降人，激发故

国思想。所有《辑覆》、《佛考》、《诤记》、《道考》、《表微》等，皆此时作品，以为振国之道止此矣。所著已刊者数十万言。言道，言僧，言史，言考据，皆托词，其实斥汉奸，斥日寇，责当政耳。①

这封信说出了他治学的历程，说出了他在抗战时期所写各书的时代意义。这些书具有重要的学术上的价值。陈垣在致这一友人书的结尾说："解放以后，得学毛泽东思想，始幡然悟前者之非，一切须从头学起。年力就衰，时感不及，为可恨耳。"②他在解放以后，努力学习毛泽东思想，虽已属高年，但在史学上对自己提出更高要求，有新的思考。他为培养新中国史学人才，做出了重要的贡献。

第五节　中国近代考古学对史学的影响

一、中国近代考古学

20世纪20年代，中国近代考古学在艰难的环境中成长起来。考古学在形成过程中不断取得的成果，对中国近代史学的变化产生重大的影响。

19世纪下半叶，一些西方学者开始注意收集石器。甲骨的发现，甲骨文字的释读、整理取得的进展又刺激发掘地下文物的活动。1903年，一个德国人带回一箱龙骨，经过鉴定，其中有一颗古人类的牙齿。日本人在东北、蒙古一带作考古的研究，以收集资料。

1923年，法国人德日进(Pierre Teihard de Chardin)和桑志华(Father Emile Licent)在宁夏、绥远等地考察地质，发现了旧石器遗址——这就是河套文化遗址。在此之前，中国地质调查所人员在辽宁、热河及河南等地采集了数百件石器。当时农商部矿业顾问安特生(J. G. Andersson)在辽宁沙锅屯、河南渑池仰韶村、甘肃等地作考古发掘。"仰韶文化"的新石器文化展现于世。1926年冬中国学者李济等主持山西夏县西阴村灰土岭遗址的发掘工作发现与仰韶文化相同的遗存。西阴村的发掘工作开创了中国学者自己用近代科学的方法从事考古研究的道路，它冲破了传统金石学的范围。考

---

① 见陈智超编注：《陈垣来往书信集》，216页，上海，上海古籍出版社，1990。
② 见陈智超编注：《陈垣来往书信集》，216页，上海，上海古籍出版社，1990。

古学成为新的学科。

1928 年，当时的中央研究院历史语言研究所成立，研究所把殷墟的发掘作为重要的研究工作之一。从 1928 年至 1937 年 10 年间，发掘工作共进行了 15 次，发现了商代帝王墓和商代宫殿遗址，发掘出丰富的青铜器、玉器、灰陶、白陶和釉陶及石、骨器等。特别是出土了甲骨 24 000 多片，这是重大的发现。

北京周口店的旧石器遗址及猿人化石的发现，随后的北京猿人完整头盖骨的发现，在考古学、史学上都是有着特别重要意义的事件。

东北地区、甘青地区、东南华南地区和西南地区的文化遗存发掘成就是很大的，使我们对中国历史有了更新的认识。

中国近代考古学的成就对史学的近代化有着特殊的意义，这体现在历史观点的更新上，也体现在史料学领域的拓宽、研究方法的发展和史书编纂等方面。

二、中国猿人的发现

1921 年、1923 年，澳人师丹斯基(O. Zdansky)与中国学者杨钟健、裴文中在周口店采集了许多化石。在这之前安特生已发现中国猿人化石地点。1926 年师丹斯基又有新的发现。当时地质调查所决定在周口店正式发掘。1927 年步林(B. Bohlin)又发现一个牙齿。经研究，定名为中国猿人北京种。1929 年 12 月 2 日，裴文中等发现一个完整的头盖骨及各种石器，这引起世界学者的注意。

采用不同的方法对北京人遗址的年代进行测定，其结果互有出入，但总的看法趋于一致，即北京人在周口店一带的生存年代距今 70 万年左右到 20 万年左右，这也就是说北京人堆积连续沉积长达 50 万年。①

北京人使用的旧石器分为砍砸器、尖状器、石锤、石砧、刮削器、两端刃器、斧状石器等。在遗址中，最早发现用火的遗迹是 1935 年出土的被火烧过的鹿角，后来又有用火的痕迹不断被发现。北京人洞穴从上到下有各个文化层，有许多层堆积着很厚的灰烬，沉积层次较分明，在层中还埋着烧石和烧骨。

北京人头盖骨显示其原始人的特征，从各种骨骼可以考察其人种的属

---

① 贾兰坡、黄慰文：《周口店发掘记》，210 页，天津，科学技术出版社，1984。

性。北京人是在艰难的环境中生产生活,过着狩猎与采集的生活。

解放前发现的中国猿人的头盖骨及资料在抗日战争时期弄得下落不明。解放后,1966年又在周口店发现一个头盖骨。据统计,北京人化石材料中,完整和比较完整的头盖骨有6个,头骨碎片(包括单独的面骨)共12块,额骨15块,牙齿157个。股骨断片7段,肱骨3段,胫骨1段,锁骨1根,月骨1块,共代表四十几个不同年龄、不同性别的个体。①

除中国猿人最早被发现外,1933年发现山顶洞人。1963年在陕西蓝田发现蓝田猿人化石。1965年5月,我国地质工作者在云南省元谋县发现两颗古人类牙齿化石,这是元谋人,是我国南方迄今发现最早的直立人的代表。元谋人牙龄属早更新世,距今170万年左右。②

以北京猿人为代表的猿人化石的发现在考古学、人类学上是重大的事件,对中国近代史学产生深刻的影响。第一,科学地证明劳动创造人的真理。猿人已经是人,他们和猿猴有着本质的区别。恩格斯说:

> 从攀树的猿群进化到人类社会之前,一定经过了几十万年——这在地球的历史上只不过是人的生命中的一秒钟。但是人类社会最后毕竟出现了。人类社会区别于猿群的特征在我们看来又是什么呢?是劳动。

他又说:

> (劳动)它是一切人类生活的第一个基本条件,而且达到这样的程度,以致我们在某种意义上不得不说:劳动创造了人本身。③

北京人会制造工具,进行劳动,使得我们的祖先得以生存繁衍下来,而且在劳动中,人的体质又在发展,从旧石器到新石器,猿人的社会生产、生

---

① 贾兰坡:《中国猿人及其文化》及《北京猿人第一个头盖骨发现五十周年论文选编》。

② 李普、钱方:《用古地磁的方法对元谋人化石年代的初步研究》,载《中国科学》,1976(6)。

③ 恩格斯:《自然辩证法》,见《马克思恩格斯选集》,2版,第4卷,373、374、378页,北京,人民出版社,1995。

活及组织也在发展。

第二，原始人遗址的发现，把中国的历史向前推进了 170 万年左右，相比之下，有文字的历史的几千年，只是一瞬间，中国的可信的历史大大向前延伸，所谓"史前期"的提法，只能限定在"有文字的历史以前的历史"这样的定义下。这远远地超出"疑古""信古"的争论，人们的历史观念得到更新。

第三，中国原始社会的历史得到科学的证明。旧石器、新石器遗址的发现，为原始社会历史的研究提供了直接的依据。20 世纪初期的一些史家在著作中有过"石刀期""铜刀期""铁刀期"历史的描述。但在猿人遗址发现以前，这些内容只能是一种推论，即使在国外有了说明，但在国内史界，这种看法没有有力的佐证，也只能是一种见解。

第四，史书编纂，特别是通史编纂发生根本性的变化，从原始社会开始写中国通史的做法已为史界普遍接受。

第五，有关远古传说的文献得到了考订的一种依据。有些本来认为是荒唐的传说，现在有了科学的阐释或赋予新的含义。这些材料也变成可利用的史料。

旧石器新石器遗址发掘，证明中国原始社会是一个由低级到高级的进步过程，表明中国远古历史文化的复杂性、传承性以及发展的不平衡性。没有这种考古的发掘，中国历史，特别是上古历史，只能是若明若暗。恩格斯说"摩尔根的伟大功绩，就在于他在主要特点上发现和恢复了我们成文史的这种史前的基础，并且在北美印第安人的血族团体中找到了一把解开古代希腊、罗马和德意志上古史上那些极为重要而至今尚未解决的哑谜的钥匙"①，而在中国正是考古发掘为解决这一哑谜，找到了一把钥匙，使我们发现和恢复了我们中国有文字记载以前历史的基础，使我们对中华民族祖先的历史有了科学的认识。

中国猿人的发现，打破西方某些人制造的言论，这些言论否定中国有悠久的历史文明。莫尔甘（M. J. de. Morgan）曾说："中国文化，只能追溯到公元前 7、8 世纪；至于史前时代我们则完全不知。"洛发尔（B. Lanfer）说中国无石器时代。② 以中国猿人为代表的中国原始社会遗址以及其他的旧石

---

① 《家庭、私有制和国家的起源·第一版序言》，见《马克思恩格斯选集》，2 版，第 4 卷，2、3 页，北京，人民出版社，1995。

② 裴文中：《史前考古学论文集》，62 页，北京，文物出版社，1987。

器、新石器遗址的发现、发掘，宣告了这些言论的破产。

三、甲骨学对近代史学的影响

甲骨文的发现是 19 世纪末年的事。1899 年山东福山王懿荣由商贾而得甲骨，并得识甲骨文字。这批甲骨以后又转到刘鹗的手里。甲骨的发现、甲骨文字的释读的成就，引起世人的注意，也刺激收集甲骨的活动进一步发展。罗振玉自 1906 年开始搜集。在早期甲骨文字的整理和释读中，罗振玉的贡献是突出的。他和历来的古董家不同，不仅搜集有文字的甲骨，也注意整理与研究甲骨文，并搜集与骨片同时出现的各种相关的地下文物。1911 年前后，他一个人搜集到的甲骨达到 3 万多片，先后编成著作有《殷墟书契》《殷墟书契菁华》《殷墟书契考释》《铁云藏龟之余》《殷墟书契后编》及《殷墟古器物图录》等。

1928 年至 1937 年，中央研究院历史语言研究所在安阳殷墟的系统发掘中，获得 24 000 多片甲骨。20 世纪 20 年代后，王国维、郭沫若在甲骨文的研究上取得重大的成果，使得研究甲骨成为一门专门的学问。关于王国维、郭沫若在甲骨文研究上的贡献，在相关的篇章中已经作了说明。

甲骨的卜辞是研究殷商历史的十分重要的材料。卜辞最长者有 50 余字。《卜辞通纂》第 529 片的刻辞是 54 字，《殷墟书契菁华》中最长的是 51 字。

卜辞通常是四个部分组成的。一、叙辞，记叙占卜的时间、地点及占卜者等。二、命辞，是命龟之辞，向龟陈述要贞问的事。三、占辞，即因兆而定吉凶。四、验辞，占卜之后记录应验的事实。

甲骨上卜辞涉及当时社会生活各个方面。胡厚宣先生将甲骨卜辞内容分类，其中有来源、气象、祭祀、神明、征伐、田猎、龟鱼、行止、卜占、营建、梦幻、疾病、死亡、吉凶、灾害、诸妇、多卜、家族、臣庶、命唤、成语、征数、杂项。郭沫若在《卜辞通纂》中将甲骨文内容分为干支、数字、世系、天象、食货、征伐、畋游等。当代的《甲骨文全集》将甲骨卜辞分成四个方面内容，一、阶级国家，二、社会生产，三、科学文化，四、其他。

甲骨文在研究中国古史，特别是殷商历史上起着十分重大的作用。王国维考商代的世系、研究殷周制度的特征，是凭借甲骨卜辞的材料。郭沫若的《中国古代社会研究》《奴隶制时代》等开风气的著作，也是建立在甲骨研究的基础之上。郭沫若说："得见甲骨文字以后，古代社会之真情实况灿然如在目前。得见甲骨文字以后，《诗》《书》《易》中的各种社会机构和意识才得到了它们的泉源,其为后人所粉饰或伪托者,都如拨云雾而见青天。我认定古物学研究在我们也是必要的一种课程,所以我现在即就诸家所已拓印之卜辞,以新兴科学的观点来研究中国社会的古代。"①所以甲骨学的形成及进展,对于中国历史研究的影响是深远的,对于中国史书的编纂,有着重要的意义。

甲骨学的成就对于古文献的认识、使用有重要价值,一是辨证古籍的史料的可信程度,二是纠正古籍记载中的舛误。王国维的《殷卜辞中所见先公先王考》及《续考》对殷代历史的探索,取得重大的成就。王国维以卜辞考古史,证实《史记》所载殷世系确为可信的同时,也表明了《山海经》《竹书纪年》等具有研究古史的重要价值。《先公先王考》《续考》等都证明了《史记》及其他古文献中也有记载不确实的地方。王国维古史研究勇于破旧说,信而有证,信中有破,这和仅在文献范围内的"疑古""信古"的研究相比,确实别有洞天。古史研究重大进展得力于甲骨学的成就,是明显的事实。

甲骨学的成就直接影响到史学研究的方法。王国维的古史新证、二重证据研究历史法为近代史学的重大发展的标志,这与甲骨文的成果相关。胡厚宣说:"中国古典之学,如所谓经史子书,因为古书词句语法的不同,和几千年辗转传抄的错误,有很多地方,我们已经难懂,惟有甲骨金文尚可据以比勘。近年来的学者,有所谓'新证'之学,如所谓《古史新证》、《古籍新证》、《群经新证》、《诸子新证》等都是根据甲骨金文等直接资料以印合古书的例证。"②"新证"之学的重要进展之一是研究方法的变化,这又是得力于甲骨文、金文及其他新发现的材料。

敦煌写卷、汉晋木牍等考古成果对历史研究同样有重大的意义。古代中世纪的墓葬发掘及其他文物的鉴定,应用于史学,为认识古代社会的生活、风习、阶级、制度,增添了新的内容。考证古代文献有了新的门径。近代中国史学展现出的新的面貌与这些方面的进展密不可分。

总之,中国近代考古学的成就,对史学产生了多方面的影响。半个多世纪以后,苏秉琦有一个总结,说:

　　　　在中国考古学出现之前和出现之初,情况就远不是这样的。那时,

---

① 《中国古代社会研究》第 3 篇《卜辞中的古代社会》,见《郭沫若全集》(历史编),第 1 册,195~196 页,北京,人民出版社,1982。

② 胡厚宣:《五十年甲骨文发现的总结》,北京,商务印书馆,1951。

不是有人对中国是五千年文明古国的提法表示怀疑吗？以后，直到安阳殷墟发掘之后，有人写《中国史纲》，才敢把商代列为信史而放在卷首。今天的情况就大不一样，我们打开任何一本新编的中国通史，都能找到距今几十万年的蓝田人、北京人等，而且内容也因利用考古资料而大大丰富起来。我们已经清楚地看到，考古学发展到今天，已经远远超出"证经补史"的范畴，而敢去独立地探讨一些重大的学术课题了。①

他又说：

> 现在史前考古已有了长足的发展，本身就可以大体复原远古时代的漫长历史，传说资料反而只起参照的作用。若从整理传说史料本身来说，史前考古资料则已成为不可忽视的最可靠的参照系。②

这就从不同角度说明考古学的进展对中国近代史学产生的重大影响。

---

① 《建国以来中国考古学的发展》，载《史学史研究》，1981(4)。
② 白寿彝总主编、苏秉琦主编：《中国通史》，第2卷《序言》，17页，上海，上海人民出版社，1994。

第八章　马克思主义史学在中国的
传播和发展

第一节　马克思主义史学在中国的初步建立

一、马克思主义史学在中国的逐步传播

在中国史学近代化过程中，各种不同的倾向几乎是齐流并进，而马克思主义史学的传播则是其中的主流。新中国成立后，这一主流更成为支配的力量。

1919—1949 年的 30 年间，是我国马克思主义史学初步建立的时期。这个时期可分为四个阶段，这是跟我国革命形势的发展相一致的。

1919—1927 年是第一个阶段。随着马克思主义在我国的传播，中国的马克思主义史学产生了。李大钊（1889—1927 年）是我国马克思主义史学的第一个奠基人。他的《史学要论》，是我国第一部系统地阐述历史唯物主义并把它跟一些具体的史学工作相结合的著作，是为我国马克思主义史学开辟道路的著作。蔡和森（1895—1931 年）的《社会进化史》，阐述有史以前人类演进之程序，家庭之起源与进化，财产之起源与进化，国家之起源与进化，是我国第一部用马克思主义唯物史观写成的社会发展史。

1927—1937 年是第二阶段。在这个阶段里，用马克思主义的历史理论观察整个中国历史的进程并跟当时的革命实践结合起来，是一个很突出的特点。这 10 年中，在全国范围内，思想界、学术界展开了关于中国社会性质、中国社会史分期和中国农村性质的三大论战。郭沫若（1892—1978 年）出版了《中国古代社会研究》，这是中国学者用马克思主义理论系统地阐述

中国历史的第一部书。此后，他又对金文、甲骨文进行了系统的搜集、考订和研究，在历史文献学领域里做出了优异的成就。吕振羽（1900—1980年）在这一阶段写出了《史前期中国社会研究》《殷周时代的中国社会》等著作。

抗日战争时期（1937—1945年）是第三阶段。解放战争时期（1946—1949年）是第四阶段。在这些战争的岁月里，我们的史学家们面对着民族的生死存亡和反动政权的残酷统治，以严肃的科学态度总结祖国的历史，发掘祖国的优秀文化传统，显示了中华民族对历史前途的信心，鼓舞了全国人民、特别是青年一代反对内外反动派的斗志。从科学水平来看，一般地说，这两个阶段的史学比以前两个阶段要成熟得多。进步的史学家们既努力运用马克思主义理论，又详细地占有必要的材料，从而得出了独立的学术见解，为我国马克思主义史学的发展创立了一代优良学风。在这些艰难的岁月里，马克思主义史学是富有成果的。郭沫若、范文澜（1893—1969年）、邓初民（1889—1981年）、翦伯赞（1898—1968年）、侯外庐（1903—1987年）、吕振羽等在这两个阶段都做出了成绩。

二、李大钊的贡献

李大钊是"五四"运动时期革命文化运动的组织者和领导者之一，他热情地传播马克思主义，并把马克思主义引进我国的史学领域。

1919年9月和11月，李大钊在《新青年》杂志上连续发表《我的马克思主义观》。[①] 从1920年起，他在北京大学等高等学校开设"唯物史观研究""史学思想史""史学要论"等课程[②]，并先后发表了《唯物史观在现代史学上的价值》《研究历史的任务》等论文和他的重要史学著作《史学要论》。

李大钊在他的论著中，第一，阐释了马克思主义唯物史观的基本原理，把马克思主义唯物史观概括为两个要点。"其一是说人类社会生产关系的总和，构成社会经济的构造。这是社会的基础构造。一切社会上政治的、法制的、伦理的、哲学的，简单说，凡是精神上的构造，都是随着经济的构造变化而变化。""其二是说生产力与社会组织有密切的关系，生产力一有变

---

① 《李大钊选集》，北京，人民出版社，1959。（下引本书，均同此版），第211页载明：此文发表于1919年5月和11月。本书系据《李大钊传》，255页，北京，人民出版社，1979。

② 详见《李大钊传》附录：《李大钊生平活动简表》，北京，人民出版社，1979。

动，社会组织必须随着它变动。"①他又阐述了马克思主义的阶级斗争学说，他说："历史的唯物论者，既把种种的社会现象不同的原因总约为经济的原因，更依社会学上竞争的法则，认为许多组成历史明显的社会事实，只是那直接，间接，或多，或少，各殊异阶级间团体竞争所表现的结果。他们所以牵入这竞争中的缘故，全由于他们自己特殊经济上的动机。"②

在宣传唯物史观的同时，李大钊还有力地批判了形形色色的错误的或反动的历史观，使马克思主义的唯物史观跟其他各种各样的史观划清了界限。特别应当提到的是，李大钊在《桑西门的历史观》(1923年)一文里，划清了空想社会主义和科学社会主义在历史观上的界限。他说：空想社会主义者"主张依人间理性的力量能以实现社会主义的社会。这是空想社会主义者的理想的历史观"；而"科学的社会主义把它的根据置在唯物史观的上面，依人类历史上发展的过程的研究，于其中发现历史的必然的法则；于此法则之上，主张社会主义的社会必然的到来"，即是说，社会主义社会不是"理性"的恩赐，而是"历史的命令"。③

李大钊在他的论著中，第二，指出了唯物史观对于史学和人生的重要意义。他认为："吾侪治史学于今日的中国，新史观的树立，对于旧史观的抗辩，其兴味正自深切，其责任正自重大。吾愿和治斯学者共策勉之。"④他说的"深切"的"兴味"和"重大"的"责任"是什么呢？一是对旧的史学体系的改造，二是对新的人生观念的培养，而前者也是为后者服务的。他认为，在历史的长河中，如一个人不明察历史的性质和趋向，前途渺渺，后顾茫茫，这就"有如荒海穷洋，孤舟泛泊，而失所归依"，这样的人生将毫无意义。因此，"历史观者，实为人生的准据，欲得一正确的人生观，必先得一正确的历史观"⑤。李大钊在《史学要论》里，以专章阐述"现代史学的研究及于人生态度的影响"。他认为，现代史学，即唯物史观指导下的史学，能够帮助人们建立起进步的世界观和积极的人生观。他说："过去、现在、未来是一线贯下来的。这一线贯下来的时间里的历史的人生，是一趟过的，是一直向前进的，不容我们徘徊审顾的。历史的进路纵然有一盛一衰、一衰

① 《李大钊选集》，185~186页。
② 《李大钊选集》，186~187页。
③ 《李大钊选集》，465页。
④ 《史学思想史讲义》，见《李大钊选集》，291页。
⑤ 《史学思想史讲义》，见《李大钊选集》，287页。

一盛的作螺旋状的运动，但此亦是循环着前进的，上升的，不是循环着停滞的，亦不是循环着逆返的，退落的，这样子给我们以一个进步的世界观。我们既认定世界是进步的，历史是进步的，我们在此进步的世界中，历史中，即不应该悲观，不应该拜古，只应该欢天喜地的在这只容一趟过的大路上向前行走，前途有我们的光明，将来有我们的黄金世界。这是现代史学给我们的乐天努进的人生观。"①他还说："研究历史的趣味的盛行，是一个时代正在生长、成熟，正在寻求聪明而且感奋的对于人生的大观的征兆。"②他的这些话，凝结着一个革命家、一个无产阶级理论家、一个马克思主义史学的先驱者对人生的热烈而坚定的信念，对人类前途的真挚的憧憬，以及对马克思主义史学的崇高的期望。

第三，李大钊提出了马克思主义的史学方法论。马克思主义的世界观和方法论是统一的。李大钊在阐释马克思主义的唯物史观的同时，还提出了马克思主义的史学方法论，而他讲方法论，又是跟讲研究历史的任务结合在一起的。《史学要论》一书，不仅贯穿着马克思主义的历史观，也处处体现出马克思主义的史学方法论。因此，可以认为，《史学要论》是我国第一部用马克思主义理论写成的史学概论。综观《史学要论》及李大钊的其他著作，他提出的史学方法，首先是要区别记述的历史和生活的历史。这就是要区别历史的记录和客观历史本身。其次，是要从经济关系上去说明历史。再次，考察个别事实要与研究一般理论相结合。最后，是重视史学与其相关学科的关系，并在《史学要论》里设专章阐述这个问题。他这四点看法，对于研究历史，一直到现在还是有指导意义的。

李大钊在史学上虽没有宏篇巨著，他所阐述的马克思主义的历史观和方法论也并非尽善尽美。但是，他为我国马克思主义史学发展所开辟的道路是广阔的，所指示的方向是正确的。

三、郭沫若的贡献

郭沫若在 1928 年旅居日本后，开始研究中国古代历史，至 1978 年逝世为止，整整半个世纪中，他为中国马克思主义史学的发展做出了重要的贡献。

---

① 《李大钊选集》，506 页。
② 《李大钊选集》，505 页。

郭沫若开辟了运用马克思主义理论研究中国历史的科学道路。他在1929年写成的《中国古代社会研究》，是中国史学史上第一部试图以马克思主义解释中国历史发展全过程的著作。

郭沫若在《中国古代社会研究·自序》里说："对于未来社会的待望逼迫着我们不能不生出清算过往社会的要求。古人说：'前事不忘，后事之师。'认清楚过往的来程也正好决定我们未来的去向。""目前虽然是'风雨如晦'之时，然而也正是我们'鸡鸣不已'的时候。"所谓"风雨如晦"，指的是1927年国民革命失败后蒋介石反动统治的年代。作者写这部书，正是要担负起"鸡鸣不已"的任务，揭示中国历史发展的客观规律，从而指出中国历史的必然的前途。他的这些话，表明了一个马克思主义史学家深刻的时代感和庄严的责任心。郭沫若在20世纪20年代初开始接受马克思主义。此后，他研究了《资本论》《家庭、私有制和国家的起源》，翻译了《政治经济学批判》《德意志意识形态》。这些马克思主义著作，使他的历史研究工作一开始就在马克思主义理论指导下进行。

《中国古代社会研究》论证了中国历史上有奴隶制的存在，而奴隶制是由原始公社制转化而来，奴隶制本身后来又转化为封建制。这一论点震动了当时国内外的史学界和思想界。它论证了马克思主义关于人类社会发展学说是一个普遍的规律，而中国历史的进程同样是受这个普遍规律所制约的。这是郭沫若对中国史学的重要贡献，也是有利于中国革命的重要论点。

《中国古代社会研究》一书出版的时候，正值当时思想界进行三大论战。这是一次历时长久的学术领域的论战，同时也是政治领域的论战。就其性质来说，是马克思主义和假马克思主义、反马克思主义的论战，主要任务是要解决中国社会是不是半殖民地半封建社会的问题。因为只有解决了这个问题，才能正确认识革命的性质、对象、动力、任务及前途等问题。社会史问题论战的焦点之一是中国究竟有没有奴隶制社会，这实际上就是说马克思主义关于人类社会发展学说是否适合于中国的国情。郭沫若肯定地回答了这个问题，有力地打击了帝国主义的一些御用学者和国民党反动文人对马克思主义的挑战，也澄清了不少史学家中的一些模糊认识。尽管后来郭沫若几经修改他对于奴隶制的上限和下限的看法，但是这无损于《中国古代社会研究》一书在当时和后来所产生的重大影响。

1945年，郭沫若出版了《青铜时代》和《十批判书》，这是研究先秦学术思想的姐妹篇，前者偏于考证，后者偏于批评。这表明他在对古代社会的面貌有所理解之后，把兴趣逐渐转移到意识形态方面来了。

郭沫若还为中国古史研究做出了文献学方面的卓越成就。他在古文字学、古器物学的研究上有很深的造诣。他根据形式、花纹、文体和字体，为中国青铜器的分期提出了权威性的看法。他关于甲骨文字和殷周青铜器铭文的一系列著述，包括《甲骨文字研究》(1931 年)、《卜辞通纂》(1933 年)和《殷契萃编》(1937 年)、《殷周青铜器铭文研究》(1931 年)、《两周金文辞大系考释》(1932 年)、《金文丛考》(1932 年)和《古代铭刻汇考》(1933 年)，都是在马克思主义指导下结出的丰盛的硕果。

郭沫若始终把史学作为无产阶级革命事业的一部分。他的"清算过往社会的要求"，是产生于"对未来社会的待望"。① 他是为着"未来"而研究"过往"的。他写《中国古代社会研究》，是为了打击那些高喊"我们的国情不同"从而抵制马克思主义、反对革命的人。举例来说，他写《甲申三百年祭》，是为了一方面揭露反动统治者的腐败，另一方面以李自成所领导的农民起义从胜利走向失败的史实为一面历史的镜子，提醒革命者在胜利的关头不要"纷纷然，昏昏然"，骄傲起来。毛泽东称这篇文章是有大益于中国人民的史论。

郭沫若说过："我自己的兴趣是在追求，只想把没有知道的东西弄得使自己知道。知道了，一旦写出过，我便不想再写了。"② 所谓"兴趣是在追求"，实际上就是他在学术上的创新精神。他始终是努力遵循马克思主义唯物史观的指导原则进行创新的。当时曾有一些人侈谈"国故"，他嘲笑他们说："你们除饱读戴东原、王念孙、章学诚之外，也应该知道还有马克思、恩格斯的著作，没有辩证唯物论的观念，连'国故'都不好让你们轻谈。"③ 他的甲骨文字研究和殷周彝铭研究，就是在继承前人积累的材料的基础上，独辟蹊径，自成体系的。

四、通史、社会史、思想史等方面的成就

在抗日战争和解放战争时期，我国马克思主义史学在通史、社会史和思想史等方面的研究都取得了显著的成就。

在社会史方面，吕振羽着手较早。他在 1934 年就出版了《史前期中国社

---

① 《中国古代社会研究·自序》。
② 《中国古代社会研究·后记》。
③ 《中国古代社会研究·自序》。

会研究》，1936 年又出版了《殷周时代的中国社会》。这两部书是运用马克思主义观点研究中国原始社会史的早期著作，距离郭沫若《中国古代社会研究》出版的时间最多只有 6 年。1942 年，吕振羽出版了《中国社会史诸问题》一书，这本书收入《关于中国社会史的诸问题》《"亚细亚生产方式"和所谓中国社会"停滞性"问题》《中国社会史上的奴隶制度问题》《创造民族新文化与文化遗产的继承问题》四篇论文，是对 20 世纪二三十年代关于中国社会史问题论战的较系统的总结。作者认为：这部书"反映了中国新史学在历史科学战线上的斗争过程中的若干情况，也反映了有关各派对中国史问题的基本立场、观点、方法及其在一定时期的发展过程，可作为中国马克思主义史学史的参考资料"。①

1940 年和 1942 年，邓初民先后出版了《社会史简明教程》（后改称《社会进化史纲》）和《中国社会史教程》。第一本书是论述一般的人类社会历史的发展过程及其规律，第二本书是讲中国的社会历史的发展过程及其规律。《社会史简明教程》是继蔡和森的《社会进化史》之后，又一部马克思主义的社会发展史著作。全书要回答的中心课题是："社会是怎样的构成着，社会又是怎样的变革着"。它论述的方法是："在竖的分期，是把社会进化分为原始共产社会、古代社会、封建社会、资本主义社会、社会主义社会各阶段，而叙述了由原始公社到社会主义时代的全系列；在横的内容，是把人类的主要社会生活分为经济的、政治的、精神的，由社会的经济结构进而考察政治的形式、精神的意识形态，以探求各个社会阶段的特征。"②《中国社会史教程》也是遵照这个方法进行论述的。作者指出："中国社会发展史的前途是光明灿烂的"；"中国社会发展史的伟大前途，决不能袖手坐待，需要我们努最后必死之力，加以争取"。③

侯外庐在 1947 年出版了《中国古代社会史》（1955 年再版时改名《中国古代社会史论》）一书。它由 14 篇论文集成，从时间上看，自殷迄秦；从内容上看，包括生产方式、政治结构、阶级关系、国家和法及道德起源等。这部书是中国古代社会史研究工作中富有创见的书，提出并阐述了不少有关的重大历史问题，是作者史学著作中的代表作，也可以说是我国马克思主义史学初步建立时，中国古代社会史研究工作趋向发展的一个标志。

---

① 《中国社会史诸问题·新版序》，北京，生活·读书·新知三联书店，1961。

② 《社会史简明教程·自序》。

③ 《中国社会史教程》，291 页，文化供应社，1949。

在通史方面，吕振羽、范文澜、翦伯赞等先后出版了有关的著作。

1941 年，吕振羽出版了《简明中国通史》上册。著者在初版序言里说这书"与从来的中国通史著作颇不同"，"主要是把中国历史作为一个发展过程在把握；并注重于历史的具体性，力避原理、原则式的叙述和抽象的论断；还尽可能照顾到中国各民族的历史及其相互作用"。1948 年，作者写出本书的下册，下限到鸦片战争。作者在跋语里强调其基本精神是"在把人民历史的面貌复现出来"。这是我国历史学家运用马克思主义理论作指导编撰中国通史的最早的尝试。作者在序、跋里提出的关于编撰中国通史的一些基本原则，尤其是关于中国各民族的历史及其相互作用的原则，对推动我国马克思主义史学的发展起了积极的作用。

范文澜于 1940 年 8 月至 1941 年年底，写成《中国通史简编》一书的上册（五代、十国以前）和中册（宋至鸦片战争前）。1942 年，《简编》全书在延安出版。它是我国第一部运用马克思主义观点系统地叙述中国古代历史的著作。它在历史思想和编撰方法上的主要成就是：第一，肯定了劳动人民是历史的主人，否定了旧史书以帝王将相为历史主人的传统观点。第二，按照社会发展规律划分中国历史的段落，改变了旧史书以朝代划分阶段的循环观点和静止观点。第三，指出中国历史走着大螺旋式和无数小螺旋式的发展路线，这是封建社会延续很久的一个基本原因。第四，对于历史上的阶级斗争的表述，着重讲腐化残暴的统治阶级如何压迫农民和农民如何被迫起义，对于民族间的矛盾，着重写了民族英雄和人民群众的英勇斗争。第五，注意写出生产斗争的具体面貌，对古代科学发明及有关农业、手工业的知识也写得不少。① 范文澜后来对他的《简编》作了多次修改，但本书初版的历史价值是仍然存在的。他在 1941 年 5 月为《简编》上册所撰的序言中写道："我们要了解整个人类社会的前途，我们必须了解人类社会过去的历史；我们要了解中华民族的前途，我们必须了解中华民族过去的历史；我们要了解中华民族与整个人类社会共同的前途，我们必须了解这两个历史的共同性与其特殊性。只有真正了解了共同性与特殊性，才能真正把握社会发展的基本法则，顺利地推动社会向一定目标前进。"他关于社会过去的历史和未来的前途的关系的见解，对今天的史学工作者仍有重要的指导意义。

---

① 《中国通史简编·绪言》，北京，人民出版社，1964；刘大年：《范文澜历史论文选集·序》，北京，中国社会科学出版社，1979。

1943 年和 1946 年，翦伯赞出版了《中国史纲》第一卷史前史与殷周史和第二卷秦汉史。《中国史纲》是一部未完成的通史著作，但它仍然能显示出自己的特点。这书在材料上，重视考古材料并注意历史文献和考古材料的结合。在观点上，这书注意把中国历史置于世界历史的总的环境中加以考察。这两点，一直到现在，还是对于史学工作有指导意义的。

在思想史方面，吕振羽于 1937 年出版了《中国政治思想史》（上下册）一书，这是我国第一部运用马克思主义理论论述中国政治思想和哲学思想的历史著作。这部书的断限，上起自殷代，下至鸦片战争前，共有 10 编，按社会性质及其发展阶段分别论述。作者说，本书是"首先把中国史全部过程划分为各个阶段，各个阶段又划分为其发展过程的各时期；从各个社会阶段和时期的阶级阶层的构成上及其相互关系的变化上去论究政治思想的各流派，又把每个派别中各思想家的思想，作为其自己的一个体系去论究"。[①]作者在解释"政治思想"的含义时写道："它并不是和经济思想相对立的东西，毋宁是人类各别阶级的阶级斗争思想的集中表现，而为其行动指导的原理。所以政治思想史，本质上系同于社会思想史，只有其范围大小的差异。"[②]作者还指出："在中国封建社会的全时期中，随着封建制的历史前行一步，封建统治阶级的哲学，也便随着变化，而予以多多少少的修正或改变"；"其次，在封建社会内部之渐变的过程中而引起了部分的突变，便相应产生哲学上的流派"；"在另一方面，随着社会内部敌对矛盾的发展，便反映到意识形态上之敌对矛盾的发展"。[③] 作者的这几段话，集中地表达了本书的指导思想。作者在 1937 年写的初版序言介绍并剖析了"五四"以来 20 年中国内外关于中国哲学史研究的各流派，揭露了思想领域里的尖锐斗争及其本质，指出"深入地开展对民族文化思想之史的研究，把研究的结果提供到实践上去，对中国马克思主义者来说是必要的课题"。

20 世纪 40 年代，侯外庐在思想史的研究和撰述方面，建树最多。这期间，他先后出版了《中国古代思想学说史》（1944 年）、《中国近世思想学说史》（1945 年）、《中国思想通史》第一卷（1947 年）。郭沫若于 1945 年去苏联报告《中国战时历史研究》时，盛赞侯外庐在思想史研究上"能力很强，成就

---

① 《中国政治思想史·初版序》，上海，上海黎明书店，1937。
② 《中国政治思想史》，6 页，北京，人民出版社，1955。
③ 《中国政治思想史》，8～9 页。

甚大"①，说明这些著作在当时思想界、学术界的影响是不小的。

《中国古代思想学说史》，跟《中国古代社会史论》是姐妹篇，是"历史与思想史相互一贯的自成体系"。②《中国古代思想学说史》共 13 章，起于殷代，迄于战国。它所着重探讨的问题是："社会历史的演进与社会思想的发展，关系何在？人类的新旧范畴与思想的具体变革，结合何存？人类思想自身的过程与一时代学说的个别形成，环链何系？学派同化与学派批判相反相成，其间吸收排斥，脉络何分？学说理想与思想术语，表面恒常掩蔽着内容，其间主观客观，背向何定？方法论犹剪尺，世界观犹灯塔，现实的裁成与远景的仰慕恒常相为矛盾，其间何者从属而何者主导？何以为断？"③作者为自己提出了一系列的深刻的问题，并且有深度地分别做出解答。

《中国近世思想学说史》，论述了 17 世纪至 20 世纪初的中国思想学说。全书三编 17 章，分别论述三个时期的思想学说。作者认为：17 世纪的启蒙思想，"气象博大深远"；18 世纪的汉学运动，"为学问而学问，正是乾（隆）嘉（庆）对外闭关、对内安定的学术暗流"；19 世纪中叶以至 20 世纪初叶"更接受了西洋学术的直接影响，内容殊为复杂多面"。可能是因为收入史料较多，作者曾经自谦地说，他的这部书"基本上是一种读书笔记"④，但它仍然是一部富有创见的书。

《中国思想通史》第一卷，是侯外庐主编，杜国庠、赵纪彬参加撰写的。全卷三篇，有《中国古代思想绪论》《孔墨显学》和《战国百家并鸣之学》。作者在初版序中指出："斯书注重之点，特在于阐明社会进化与思想变革的相应推移，人类新生与意识潜移的联系"；"斯书尤重在：一方面要全般地说明中国思想在世界文化中所扮演的角色，有时不能不做对称比较的研究；另一方面更要具体指出中国思想发展的特别传统与其运行的特别路向，以期掘发出我国数千年来智识宝藏的真面目，进而凭借这一遗产，以为所应批判地接受与发扬之明鉴"。本卷是在《中国古代思想学说史》的基础上进行修改、充实和整理的，在全卷结构和论点上更为严整，在《中国思想通史》全书中也是最有功力的一卷。但也有《中国古代思想学说史》中一些精到的论述未能在本卷中充分吸收的地方。

---

① 《中国古代思想学说史·再版序言》，上海，上海文风书局，1946。

② 《中国古代思想学说史·自序》。

③ 《中国古代思想学说史·自序》。

④ 《中国思想通史》，第 5 卷，《自序》，北京，人民出版社，1963。

在马克思主义史学初步建立时期，除了在通史和社会史、思想史的研究方面取得了显著成绩外，在其他专史研究方面也有所建树。胡绳在1949年出版的《帝国主义与中国政治》，是这时期的马克思主义的专史著作的代表作。这是一部通俗的政治读物，也是一部严肃的历史著作。全书共六章，上限起于1840年，下限断至1924年，包含85年史事。毛泽东曾说，帝国主义侵略中国的历史，就是中国的近代史。《帝国主义与中国政治》一书，正是突出地论述了中国近代史上的这一重大课题。但是，正如作者所说，帝国主义列强与半殖民地中国之间的政治关系，内容极其复杂。为了深入地揭示这一个重大课题的本质，作者在本书中着重阐明"帝国主义侵略者怎样在中国寻找和制造它们的政治工具"；"它们从中国统治者与中国人民中遇到了怎样不同的待遇"，"一切政治改良主义者对于帝国主义者的幻想曾怎样地损害了中国人民的革命事业"。① 所有这些，都表现了作者的马克思主义的历史见识。这本书篇幅不大，但长期拥有广大的读者，起着广泛的影响。

1946年8月，侯外庐在他的《中国古代思想学说史·再版序言》中说："中国学人已经超出了仅仅于仿效西欧的语言之阶段了，他们自己会活用自己的语言而讲解自己的历史与思潮了"；"他们在自己的土地上无所顾虑地能够自己使用新的方法，掘发自己民族的文化传统了。……同时我相信这一方面的研究会在业绩方面呈现于全世界的文坛，虽则说并不脱离其幼稚性，而安步总在学步之时可以看出来的"。这一段话，可以看作对于我国马克思主义史学初步建立时期的一个总结。所谓"使用新的方法，掘发自己民族的文化传统"，就是运用马克思主义理论来总结中国的历史遗产，亦即使马克思主义带上中国作风和中国气派。这无疑是中国史学史上的一次伟大的变革。在那些艰难的岁月里，我国马克思主义史学是富有成果的；而一批先进的史学家——马克思主义史学家，已逐渐在斗争中度过了"学步"阶段不断成熟起来，成为广泛传播马克思主义史学的中坚力量。

五、在斗争中建立起来

从20世纪20年代至40年代，中国马克思主义史学是在斗争中逐步建立起来的。这个斗争，一方面和马克思主义在中国的历史命运息息相关，

---

① 《帝国主义与中国政治》，初版《序言》，香港，生活书店，1948。

另一方面又与中国人民反帝反封建的革命斗争息息相关。

马克思主义唯物史观在中国的传播，并不是一帆风顺的。在它面前，存在着形形色色的唯心史观：有封建的，也有资产阶级的；有传统的，也有舶来的。只有对它们进行斗争，马克思主义唯物史观才能占领阵地。在这方面，李大钊做了艰苦的开辟工作。1919 年，胡适写文章宣扬"实验主义"，否认客观真理的存在，又宣扬"多研究些问题，少谈些'主义'"。他这些论点的矛头是指向马克思主义的。李大钊立即给予批驳。他著《再论问题与主义》，严正地指出："我们的社会运动，一方面固然要研究实际的问题，一方面也要宣传理想的主义"；"布尔什维主义的流行，实在是世界文化上的一大变动"。在文章中，作者着重阐明了唯物史观的基本原理：经济基础和上层建筑的关系，经济规律和阶级斗争的关系①。接着，他又发表了《我的马克思主义观》，详细地阐述了"马克思独特的唯物史观"。② "问题"与"主义"的论战，暴露了胡适的唯心史观，也促进了唯物史观的传播。1920 年，李大钊在《史学思想史》里，尖锐地批判了各种唯心史观。他写道："神权的、精神的、个人的、退落的或循环的历史观可称为旧史观，而人生的、物质的、社会的、进步的历史观可称为新史观"；"时至今日，循环的、退落的、精神的、'唯心的'历史观，犹有复活反动的倾势"，马克思主义史学的任务是在"抗辩"旧史观中树立新史观。③ 中国共产党成立后，资产阶级改良派更趋向保守。1923 年，李大钊指出："中国的思想界，退落的或循环的历史观，本来很盛，根深蒂固，不可拔除。至于今日，又有反动复活的趋势。"指出这些人在"行间字里，几全为悲观的论调所掩蔽，全为退落的历史观张目，而于进步的历史观深致其怀疑"。与此相反的，李大钊提出的马克思主义历史观是"奋兴鼓舞的历史观，乐天努力的人生观"。④

第二次国内革命战争时期，中国思想界、理论界展开的"三大论战"，对中国的马克思主义者和进步的史学家是一次严峻的考验。其中，关于中国社会史问题的论战对史学界的影响尤其重大。

中国社会史论战主要围绕这样三大问题：一、什么是"亚细亚生产方式"？中国历史上是否出现过这样的时代？二、中国历史上有没有奴隶制社

---

① 《李大钊选集》，228～234 页。
② 《李大钊选集》，181～186 页。
③ 《李大钊选集》，287～291 页。
④ 《李大钊选集》，488～489 页。

会？三、中国封建社会有什么特征？中国封建社会的发生、发展及其没落的情况怎样？[1] 论战是学术的，又是政治性的，就后者来看，当时关于第一、第二个问题的争论，本质上乃是是否承认马克思主义具有普遍指导意义的问题，亦即马克思主义是否适合中国国情的问题；关于第三个问题的争论，则与中国社会性质论战有直接联系，即关系到对当时中国革命的对象、任务、性质和前途作怎样的认识。因此，这些问题的论争，具有直接实践的意义，因而也就显得更加重要。当时，李季、陶希圣、王礼锡、胡秋原等人，从各个方面向马克思主义进行挑战。李季认为，中国历史上缺了一个奴隶经济时期，所以在原始社会与封建社会之间，缺了一个奴隶社会，而填补这个空格的则是"亚细亚生产方式时代"；认为周代是"封建的生产方法时代"，秦至鸦片战争前为"资本主义的生产时代"，鸦片战争以后是"资本主义时代"。陶希圣始而认为中国自有神话传说以来，至鸦片战争前，都是封建社会，继而又提出战国至后汉是奴隶社会；他一时说中国从来没有封建社会，一时又说中国自有史以来就是封建社会，同时又说秦汉以来的中国是"前资本主义社会"。胡秋原甚至宣称"不是奴隶社会先于封建社会，而是封建社会先于奴隶社会"，在中国则未曾有过奴隶社会，封建社会是氏族社会的继承者；秦至鸦片战争这一段历史是"专制主义时期"，在此之后则是资本主义社会。王礼锡同胡秋原一样，也认为在没落的氏族社会中，已孕育了封建社会的萌芽，不承认中国有奴隶社会的存在；鸦片战争以后是资本主义社会，而由此上溯至秦则是一个"谜的时代"。[2] 综观他们这些五花八门的"历史见解"，根本目的在于：第一，否认中国历史上存在过奴隶制社会，从而否认马克思主义是普遍真理；第二，否认鸦片战争前的中国社会是封建社会，从而否认西方殖民主义对中国的入侵；第三，否认鸦片战争后的中国社会是半殖民地半封建社会，从而否认近百年来、特别是中国共产党成立以来中国人民反帝反封建革命斗争的必要性。可见，如何运用马克思主义的世界观和方法论，阐明中国社会史分期问题，从历史上论证中国共产党所领导的反帝反封建的革命斗争的必然性和必要性，回击形形色色的假马克思主义者与反马克思主义者的挑战，是当时革命的和进步的史学家的庄严责任。这雄辩地说明了马克思主义史学对革命工作的深刻意义。在这个论战中，马克思主义取得了胜利，中国的马克思主义史

---

[1] 何干之：《中国社会史问题论战·前记》，北京师范大学史学研究所，1980。

[2] 何干之：《中国社会史问题论战》一书，第四章及第九章。

学由此得以建立在更加坚实的基础之上。此后，中国继续出现了一批马克思主义史学的早期著作，逐渐形成了一支马克思主义史学队伍。马克思主义史学的胜利，甚至连它的敌人也不得不承认。可以说，20 世纪 30 年代末至 40 年代问世的一些马克思主义史学著作，不少是在这次论战的推动下写出来的。

在抗日战争和解放战争年代，马克思主义史学队伍已成为中国共产党领导下的革命的科学文化大军的一支重要方面军。马克思主义史学在同一些非马克思主义史学和反马克思主义史学的思想体系的斗争中，进一步发展、壮大起来。

第二节　马克思主义史学在中国的广泛传播

一、新中国成立后学习马克思主义理论的高潮

1949 年 10 月 1 日，中华人民共和国诞生了。从整个中国的历史发展上看，这是从近代开始进入现代。从史学的发展上说，这是马克思主义史学在中国开始广泛传播的时期。

新中国建立后，全国掀起了学习马克思主义理论的高潮。在各种暑期学习会和短期政治学校，在大中学校，在机关、部队、工厂，学习马克思主义成为一个普遍的运动。1949 年 10 月创刊的《学习》杂志，是推动这个学习的重要刊物。《学习》创刊号上发表的艾思奇的《从头学起——学习马列主义的初步方法》一文指出：在国民党黑暗统治之下，学习马列主义就是死罪；解放之后，马列主义思想对许多人来说还是陌生的。同时，由于解放区长期处于艰苦斗争的环境，马列主义的学习也受到相当大的客观上的限制。这两种情况说明，"目前我们一般的学习运动还应该是一个从头学起的时期"。对于从旧中国过来的广大史学工作者来说，当然也是要"从头学起"。当时，许多地方的学习运动所采取的步骤，一般都是以社会发展史——历史唯物主义作为第一步学习的主要内容。这样的学习步骤和要求，对广大史学工作者来说，具有突出的重要意义，这既是改造自己的世界观，又是改造旧的学科体系。这是两个密不可分的环节。在有些大学的历史系里，把这两个环节互相衔接起来，收到了好的效果。在新中国成立前已有成就的一批马克思主义史学工作者，一面忙于宣传、阐释马克思主义的唯

物史观；一面深入实际，调查研究，把理论学习和学科的改造有机地结合起来，这对推动全国史学界的马克思主义学习运动发挥了重要的作用。

从20世纪50年代初开始，我国大量翻译、出版了马克思、恩格斯、列宁、斯大林和毛泽东的著作，其中包括《马克思恩格斯全集》《列宁全集》《斯大林全集》《毛泽东选集》，以及其他有关的选集和单行本。如此大规模地翻译、出版马克思主义经典著作，传播马克思主义，只有在新中国成立后才能做到。这是我国社会科学工作的基本建设，当然也是我国马克思主义史学工作的基本建设。

通过学习、讨论、批判，中国的马克思主义史学的领域扩大了，水平提高了。在旧中国被禁锢的、只能在各种隐蔽形式下活动的马克思主义史学工作，现在成为大力提倡的了。这样，就使中国的马克思主义史学有可能在新的历史条件下创造出新的成绩。

二、新中国成立后17年马克思主义史学的主要成就

从新中国成立到1966年"文化大革命"前的17年间，我国马克思主义史学所取得的成就是巨大的。这首先表现在高校历史系的改革、历史研究单位与历史博物馆的建立、全国性史学刊物的出版和一些史学家的研究工作受到高度重视。改变旧的课程设置和旧的教学内容，是改革高校历史系的两个方面的重要任务，而改革的关键则在于教师对马克思主义理论尤其是历史唯物论的学习和运用。改革的道路是曲折的，但确是卓有成效的。有不少史学工作者，就是在改革高校历史系的过程中自觉地接受马克思主义，成为忠诚的马克思主义史学家。历史研究单位的建立，在出人才、出成果两个方面，都推动了我国马克思主义史学的发展。中国历史博物馆和一些地方性的博物馆的建立，在宣传中华民族的优秀历史遗产和历史唯物主义方面，产生了广泛的社会影响。一些著名的历史学家进入党政领导机构，不仅说明我国的马克思主义史学为人民所需要、所重视，而且也为它的不断发展提供了政治上和组织上的有利条件。所有这些，都是旧中国无法做到的。

古籍与历史资料的整理和大规模社会历史调查的进行，是17年间马克思主义史学成就的又一个重要方面。新中国成立以后，我国史学工作者以马克思主义理论为指导，在古籍校点、资料汇集、档案整理方面也做出了突出的成绩。《资治通鉴》和《二十四史》的校点、出版，是古籍整理方面的重大工

程。《中国近代史料丛刊》《中国近代经济史资料丛刊》和《中国近代经济史参考资料丛刊》，都是历史资料汇集方面的巨制。20 世纪 50 年代，史学工作者和民族工作者在全国范围进行的大规模的民族社会历史的调查，是一项很有意义、很有成绩的工作。调查材料，所得数量很大，约在二万万字以上。如此丰富的材料，对我国民族历史研究工作的发展有着重要的意义。

各种重要历史问题的提出、讨论和有关论文集的出版，是这个时期史学上又一成就。从 20 世纪 50 年代初期至 60 年代中期，我国历史学界先后提出了不少重要的历史问题，进行了热烈的讨论。其中，影响比较大的问题有中国古代史分期问题、中国近代史分期问题、中国历代土地制度问题、中国封建社会农民战争问题、中国封建社会长期性问题、中国资本主义萌芽问题、汉民族形成问题、历史人物评价问题等。广大史学工作者就这些问题各抒己见，展开争鸣，使我国历史学界在整个学术界中显得格外生机勃勃。围绕着这些问题进行讨论、争鸣所获得的成果，大多收集在后来出版的有关论文集里。它们是：《中国的奴隶制与封建制分期问题论文选集》《中国古代史分期问题讨论集》《中国历代土地制度问题讨论集》《汉民族形成问题讨论集》《中国资本主义萌芽问题讨论集》《中国近代史分期问题讨论集》等。关于这些问题的讨论，虽然没有达到完全一致的认识，但是参加讨论的各方都提供了不少新材料，使问题深入了；而大多数史学工作者又都是力图运用马克思主义理论来说明问题，这就大大推动了我国历史学界的马克思主义理论水平的提高。

新中国成立后，我国著名历史学家纷纷拿出了新的研究成果。范文澜改写了他的《中国通史简编》（后改称《中国通史》），规模扩大了，观点和材料都比以前更扎实了。郭沫若主编的《中国史稿》，初稿在 20 世纪 60 年代初已经写成。他在新中国成立后还写了一批考古方面的文章，后来都收在《文史论集》（1960 年）和《出土文物二三事》（1972 年）。他主编的《甲骨文合集》共 13 个分册，80 年代已陆续出版。吕振羽修订了他的《简明中国通史》。翦伯赞主编了《中国史纲要》。侯外庐完成了《中国思想通史》五卷六册的巨著，编著了《中国封建社会史论》，主编了《中国近代哲学史》和《中国思想史纲》。胡绳出版了两卷本的《从鸦片战争到五四运动》，它和上面提到的几部通史和思想史著作，是现时期我国的马克思主义史学的代表作。[①]

---

① 为行文上的方便，也为了使有关内容比较集中，上面所举，有的已超出新中国成立后 17 年的范围。

1961年，全国文科教材会议召开了，这对于包括历史学科在内的大学文科教材的建设起了积极的作用。文科教材会议后，中国通史及参考资料、世界通史及参考资料、中国历史文选、中国史学名著选等一些历史学科方面的教材相继出版，显示了我国马克思主义史学在高校历史系教学领域的新进展。文科教材会议还推动了历史研究领域的不断扩大，许多新的史学课题越来越受到史学界的重视。例如，史学概论、中国史学史、西方史学史、中国近代革命史、断代史、国别史、经济史、文学史等，在60年代中期以前，都取得了不同程度的进展。

总的来看，新中国成立后17年间，我国马克思主义史学所取得的进展和成就是巨大的。但是，由于我们还不善于全面地认识和处理政治与业务的相互关系，因而不免在工作上出现某些偏差。例如，1957年的"反右派"斗争，出现了一些脱离马克思主义的提法，也伤害了一些有成就的史学工作者，其中包括有独立见解的专家。此后，有"红""专"的辩论、史论关系的辩论，对史料即史学的批判，"论从史出"的主张等。这些问题不是不可以讨论的，但以行政命令的方法和群众运动的形式，对持有某些学术论点的人施加压力，造成了不好的后果和影响。此外，还有"史学革命"的提法和"拔白旗"的出现，给一些专家、教师扣上政治帽子。针对这些混乱现象，我们的史学家是出来说了话的。如翦伯赞在1957年发表的《关于打破王朝体系问题》和《目前历史教学中的几个问题》，1962年发表的《目前史学研究中存在的几个问题》，就是针对当时的混乱情况，提出了一些正确的看法，批评了一些错误的东西。但是，在"反右"的扩大化及其影响下所形成的宁"左"勿右的思潮，不是史学家的几篇文章所能一下子扭转得了的。接着，在10年动乱中，林彪、"四人帮"反党集团打着历史学的旗号捏造历史，打着毛泽东思想的旗号篡改毛泽东思想，炮制影射史学，罗织别人罪名，造成了我国马克思主义史学发展史上前所未有的大破坏。马克思主义史学面临着严峻的历史考验。

三、马克思主义史学的历史考验

1965年11月，以吴晗的新编历史剧《海瑞罢官》遭到阴险的围攻开始，直到1976年10月，在这10年"文化大革命"中，我国的马克思主义史学经受了空前的历史考验。

在这10年里，马克思主义的历史理论受到恣意的曲解和破坏。"四人帮"一伙用他们编造的从春秋战国开始、"一直继续到现在"的"儒法斗争史",来代替这一时期的全部中国史。马克思主义的阶级斗争学说、国家学说、社会革命的理论、人民群众是历史的创造者的理论,都被他们当作套语和标签,用以点缀和装潢"儒法斗争史"。

在这 10 年里,马克思主义史学的目的和任务遭到篡改。"四人帮"一伙以反动的影射史学冒充"马克思主义史学"。影射史学的罪恶目的是把古人当作现实中人物的替身:或是无情地加以漫画化而"打倒",或是充分地加以理想化而讴歌。客观的历史,完全成了供他们随意使用的例证和插图的汇集。

在这 10 年里,马克思主义史学所要求的原则被彻底抛弃。影射史学既然把以往的历史当作现实的政治的隐语或注脚,就必然以其反动政治的需要去涂抹历史,就有所谓写历史可以"七真三假"的"理论"。在这种"理论"指导下,解释历史可以不以事实为依据,而是以主观意图为"依据"。

在这 10 年里,马克思主义关于批判继承人类优秀文化遗产的理论被虚无主义和复古主义所代替。虚无主义和复古主义是影射史学的两种表现形式,这在所谓"批儒评法"和注释"法家著作"的活动中,曾得到公开的鼓吹和肆意的泛滥。我国数千年文化遗产,被宣布为"封建主义毒草"或"儒家著作""儒家"思想的反映等,遭到否定和禁止;而对一些被"钦定"为"法家著作"的文献,则无限"拔高"而大加颂扬。

"四人帮"利用窃取的部分权力,通过各种宣传渠道所宣扬的种种谬论,曾经搅混了以至颠倒了马克思主义的大是大非,蛊惑了一些人,特别是毒害了青年一代。同时,跟这些谬论相配合的,是把许多有才能、有成就的马克思主义史学家诬陷为"反动学术权威",进行打击和迫害,把许多史学研究成果宣判为"封资修""大毒草",把史学研究机关解散,把史学刊物全部停办。在大学历史系的讲台上,一部中国史只剩下一些经过歪曲了的宫廷政变、农民起义、儒法斗争的故事。这是我国史学工作的一次灾难性的洗劫。

马克思主义是战无不胜的。马克思主义史学并没有被反马克思主义的史学所挫败、所消灭。真正的马克思主义史学家在艰难曲折的环境中,没有动摇自己的信念,没有玷污自己的史笔,而是表现出他们的深刻的史识和高洁的史德。这期间,范文澜仍然在组织和计划编写《中国通史》的工作,侯外庐主编了《中国近代哲学史》,胡绳的《从鸦片战争到五四运动》的大部分文稿,也是这时写成的。还有一些马克思主义史学家,在"文化大革命"

中经受着多方面的压力，酝酿并着手新的著作。马克思主义史学在中国这块土地上已经有了根基，任何反动势力都不能摧毁它；严峻的斗争的考验，只能使它更加发展、更加成熟。

四、马克思主义史学步入新的历史时期

1976 年 10 月，随着"四人帮"的垮台，给中国经济、政治、文化造成巨大破坏的"文化大革命"结束了。新的政治局面，为中国马克思主义史学的恢复和继续发展，提供了前所未有的社会环境。特别是 1978 年 12 月中国共产党十一届三中全会以后，马克思列宁主义和毛泽东思想的科学原理在新的条件下得到了恢复和发展，党和国家的各项工作步入正常轨道，蒸蒸日上，这为马克思主义史学的胜利前进打通了航道。我国的马克思主义史学从此又逐渐走上了健康发展的、充满希望的历程。

这个新的历程，是以理论上的拨乱反正作为起点的。1976 年 10 月以后，我国史学工作者对"四人帮"一伙精心炮制的影射史学给予无情的批判，从政治上揭露了它的反动性，从理论上清算了它的荒谬性，从史学上戳穿了它的虚伪性，逐步恢复了马克思主义历史科学的尊严。这对于我们进一步认识史学和政治的关系，正确地理解和运用马克思主义唯物史观的原理与方法，都是很重要的锻炼。

马克思主义历史科学的尊严，来自它的实事求是，来自史学工作者的敢于讲真话。实事求是，敢讲真话，这就要求广大的史学工作者解放思想。中国共产党十一届三中全会确定的解放思想、实事求是的方针，推动了全国各项工作的发展，也给史学领域带来了春天。史学工作者开始摆脱现代迷信、教条主义的精神枷锁，摈弃在 20 世纪 50 年代后期逐步发展起来的简单化、绝对化的形而上学的思想和方法。这是我国马克思主义史学在步入新的历史时期的一个显著标志。史学界不仅提出了一些多年遭到禁锢的老问题，而且还提出了不少新的研究课题。例如：历史发展动力问题，农民战争作用问题，中国古代史分期问题，历史上爱国主义和民族英雄问题，洋务运动、戊戌变法评价问题，义和团运动性质问题，以及孔子、洪秀全、陈独秀等各方面历史人物的评价问题等，都得到了广泛的注意和讨论。已经提出来的值得重视的新问题，有关于史学遗产的问题，而且已开始注意到对历史观点方面的遗产、历史文献方面的遗产、历史编纂方面的遗产和历史文学方面的遗产作比较具体的研究：研究它们的内涵是什么，它们在

史学史上的表现形式是什么，有什么规律可循，继承这些遗产跟我们开拓
历史研究的新局面有何关系。有关于封建社会内部分期问题，并充分注意
到从这一历史时代发展的诸因素来进行考虑，其中包括社会生产力的发展，
阶级关系的变化，阶级斗争的发展，少数民族地区的发展（特别是它的封建
化程度的加深）和中外关系的发展。还有，关于历史上民族关系的主流问
题，史学界提出了几种不同的看法，进行着热烈的讨论。其中有一种看法，
认为友好往来是民族关系史上的主流。第二种看法认为，在剥削阶级是统
治阶级的历史条件下，民族间的矛盾、斗争是相互关系中的主流。第三种
看法认为，对于这个问题，可以看得更开阔一些，不要只从一个历史阶段
来考察"主流"问题，而应着眼于整个历史发展的总的趋势。几千年的历史
证明：尽管民族之间好一段、坏一段，但总而言之，是许多民族共同创造
了我们国家的历史；各民族共同努力，不断地把中国历史推向前进。这是
民族关系中的主要内容，也可以说这就是主流。这时期提出来的新问题不
限于此。当然，上述这些问题的真正解决，尚有待于更多的史学工作者作
进一步的研究和讨论。但各方面的问题的提出，各种新看法的发表，确是
我国马克思主义史学走向繁荣的一个苗头。

　　跟许多新问题、新见解的提出相关联的，是不少"禁区"被打破了，一
些被封禁多年的科学论著陆续问世，一些有相当价值的新的研究成果不断
出现，从而大大开拓了历史研究的领域。举例说来，在通史和断代史的研
究方面，在清史、太平天国史、辛亥革命史和中华民国史的研究方面，在
中国共产党党史研究方面，都有新的成果；在经济史、宗教史等专史研究
方面，出现了一些大部头著作；在家庭史、家族史的研究方面，已经有了
很有成效的开端；在民族史的研究方面，出版了一批比 20 世纪五六十年代
有更高水平的著作；在历史地理研究方面，《中国历史地图集》八大册已经
出齐，同时也有高水平的论著问世；在甲骨文研究方面，《甲骨文合集》是
一部总结性的巨制；在中外关系史和国别史的研究方面，也获得了可喜的
进展。此外，在历史古籍的整理方面，在历史资料和档案的编集方面，也
有许多重要的成果。总的来看，史学界的学术活动空前活跃。中国史学会
的重建和各地史学会的恢复，以及历史学科各有关研究会、学会的建立，
对加强史学工作者之间的联系，推动学术活动的开展，活跃学术空气，发
挥着积极的作用。各种史学期刊的恢复和创办，许多史学研究会、学会编
集出版的会刊或论文集，为及时地发表史学研究中的新成果提供了广阔的
园地。所有这些，都反映了我国历史学界获得新生之后一派欣欣向荣的万

千气象。

我国马克思主义史学步入新的历史时期，还有一个重要标志：史学作为我国社会主义文化的一个组成部分，在建设现代化国家的伟大事业中，在建设社会主义物质文明和精神文明的伟大事业中，承担着越来越重要的历史任务。

第三节　毛泽东对马克思主义史学理论的杰出贡献

一、毛泽东关于史学工作的理论

毛泽东是伟大的马克思主义者，是伟大的无产阶级革命家、战略家和理论家。他在领导中国新民主主义革命、社会主义革命和社会主义建设的长期斗争中，一向十分重视史学工作。

毛泽东重视史学工作对指导革命实践活动的重要意义。早在抗日战争时期，毛泽东曾经这样说过："指导一个伟大的革命运动的政党，如果没有革命理论，没有历史知识，没有对于实际运动的深刻的了解，要取得胜利是不可能的。"因此，他向全党提出了学习历史、研究历史的任务，指出："学习我们的历史遗产，用马克思主义的方法给以批判的总结"。"我们这个民族有数千年的历史，有它的特点，有它的许多珍贵品。对于这些，我们还是小学生。今天的中国是历史的中国的一个发展；我们是马克思主义的历史主义者，我们不应当割断历史。从孔夫子到孙中山，我们应当给以总结，承继这一份珍贵的遗产。这对于指导当前的伟大的运动，是有重要的帮助的。"①这里，他把学习和研究历史、把史学工作提到革命政党能否指导当前的革命运动的高度上来看待，提到关乎革命运动成败的重要位置来看待。毛泽东之所以把史学工作摆在这样要紧的地位加以强调，是因为：第一，他认为，马克思主义的史学工作是一种能够正确地阐释人类社会历史发展的科学工作。对于指导一个伟大运动的政党来说，如果不能正确地认识人类社会历史的发展，就不能正确地说明历史的前途，就可能在当前的革命运动中迷失方向。他的这一思想，在《实践论》中是作了明确的阐述的。

---

① 《中国共产党在民族战争中的地位》，见《毛泽东选集》，第 2 卷，533、534 页，北京，人民出版社，1991。下引本书，均同此版。

他说："在很长的历史时期内，大家对于社会的历史只能限于片面的了解，这一方面是由于剥削阶级的偏见经常歪曲社会的历史，另一方面，则由于生产规模的狭小，限制了人们的眼界。人们能够对于社会历史的发展作全面的历史的了解，把对于社会的认识变成了科学，这只是到了伴随巨大生产力——大工业而出现近代无产阶级的时候，这就是马克思主义的科学。"① 这种对于社会历史的发展作全面的历史的了解，正是马克思主义史学工作的重要任务。第二，他认为，只有应用马克思主义的立场、观点和方法，认真地研究中国历史，认真地研究中国现状，才能做到把马克思主义和中国实际结合起来，"在各方面作出合乎中国需要的理论性的创造"。② 如果没有这种理论性的创造，无产阶级政党就不能胜利地指导革命运动。第三，他认为，史学工作可以给无产阶级政党提供许多有益的历史经验，作为指导当前革命运动的借鉴。他精辟地指出："人类的历史，就是一个不断地从必然王国向自由王国发展的历史。这个历史永远不会完结。……因此，人类总得不断地总结经验，有所发现，有所发明，有所创造，有所前进。"③我国新民主主义革命是无产阶级领导的新式农民革命。为了避免重蹈历史上农民战争的覆辙，毛泽东早在红军创建初期就指出："历史上黄巢、李闯式的流寇主义，已为今日的环境所不许可。"④他在 1944 年给郭沫若的信中写道："你的《甲申三百年祭》，我们把它当作整风文件看待。小胜即骄傲，大胜更骄傲，一次又一次吃亏，如何避免此种毛病，实在值得注意。倘能经过大手笔写一篇太平军经验，会是很有益的；……你的史论、史剧有大益于中国人民，只嫌其少，不嫌其多，精神决不会白费的，希望继续努力。"⑤这足见他对史学工作者所总结的历史经验教训十分重视。20 世纪 60 年代初，他读《新唐书·姚崇传》，把姚崇向唐玄宗的十条建议誉为"十条政治纲领"，认为"这十条政治纲领，简单明了，古今少见……有的对我们今天也还有一定的参考价值"。⑥ 这说明他自己读史，也是极注重于吸取历史经验的。

---

① 《毛泽东选集》，第 1 卷，283～284 页。

② 《整顿党的作风》，见《毛泽东选集》，第 3 卷，820 页。

③ 转引自周恩来：《在第三届全国人民代表大会第一次会议上的政府工作报告》，载《人民日报》，1964-12-31。

④ 《关于纠正党内的错误思想》，见《毛泽东选集》，第 1 卷，94 页。

⑤ 《毛泽东同志给文艺界人士的十五封信》，载《人民日报》，1982-5-23。

⑥ 忻中：《毛主席读书生活纪实》，载《社会科学战线》，1981(4)。

　　毛泽东重视史学工作对提高民族自信心的重要作用。史学工作不仅对于无产阶级政党来说是重要的，对全民族来说也是重要的。关于后者，主要是提高民族自信心的问题。毛泽东认为，批判继承古代文化遗产，"是发展民族新文化提高民族自信心的必要条件"。① 所谓"必要条件"，当然不是可有可无的。这话是很有分量的。他在讲到中华民族的历史传统时说："中国是世界文明发达最早的国家之一，中国已经有了将近四千年的有文字可考的历史"；"中华民族又是一个有光荣的革命传统和优秀的历史遗产的民族"。② 他在讲到1840年以来的中国历史时指出："中国人民，百年以来，不屈不挠、再接再厉的英勇斗争，使得帝国主义至今不能灭亡中国，也永远不能灭亡中国。"③1945年，他在总结北伐战争、土地革命战争和抗日战争的经验时写道："三次革命的经验，尤其是抗日战争的经验，给了我们和中国人民这样一种信心：没有中国共产党的努力，没有中国共产党人做中国人民的中流砥柱，中国的独立和解放是不可能的，中国的工业化和农业近代化也是不可能的。"④史学工作应当给人以启发，给人以信心，不是引导人们向后看，而是引导人们向前看。这是史学工作之所以重要的原因之一，也是马克思主义史学工作的一条基本原则。

　　毛泽东重视史学工作和端正学风的关系。毛泽东一贯认为：能否注重研究历史，是衡量主观主义的学习态度和马克思主义的学习态度的标志之一。他说：主观主义的学习态度，"就是割断历史，只懂得希腊；不懂得中国，对于中国昨天和前天的面目漆黑一团"；而马克思主义的学习态度则相反，"就是不要割断历史。不单是懂得希腊就行了，还要懂得中国；不但要懂得外国革命史，还要懂得中国革命史；不但要懂得中国的今天，还要懂得中国的昨天和前天"。⑤ 他批评有些人对自己的历史一点不懂或懂得甚少，不以为耻，反以为荣。⑥ 他号召："一切有相当研究能力的共产党员，都要研究马克思、恩格斯、列宁、斯大林的理论，都要研究我们民族的历史，都要研究当前运动的情况和趋势；并经过他们去教育那些文化水准较低的

---

① 《新民主主义论》，见《毛泽东选集》，第2卷，707～708页。
② 《中国革命和中国共产党》，见《毛泽东选集》，第2卷，623页。
③ 《中国革命和中国共产党》，见《毛泽东选集》，第2卷，632页。
④ 《论联合政府》，见《毛泽东选集》，第3卷，1097、1098页。
⑤ 《改造我们的学习》，见《毛泽东选集》，第3卷，799、801页。
⑥ 《改造我们的学习》，见《毛泽东选集》，第3卷，798页。

党员"，而"干部应当着重地研究这些，中央委员和高级干部尤其应当加紧研究"。① 他的这些话，都是在讲到党的作风和学习的问题时反复加以强调的。在这方面，毛泽东本人无疑就是一个很好的榜样。无论在革命战争年代，还是在社会主义建设时期，他都十分重视史学工作，对我国著名历史学家郭沫若、范文澜、吕振羽等都曾给予热情的关怀和具体的指示。新中国成立以后，毛泽东系统地阅读《二十四史》《资治通鉴》，并且作了许多批注、圈点、勾画，有的部分是一阅、再阅。他的这种勤奋读史的精神，证明他始终重视把马克思主义和中国历史及现状相结合的原则。他的这种严肃的科学的态度，正是他一贯提倡的理论联系实际的学风的表现。

毛泽东重视史学工作的重点和研究历史的方法。毛泽东对于史学工作的重点是有明确的看法的。他认为：中国历史和外国历史都应当研究，既要懂得外国历史，也不应忘记"自己的祖宗"。② 对于中国史的研究工作，他在 1942 年针对当时的情况指出："特别重要的是中国共产党的历史和鸦片战争以来的中国近百年史，真正懂得的很少。近百年的经济史，近百年的政治史，近百年的军事史，近百年的文化史，简直还没有人认真动手去研究。"③十分清楚，毛泽东是主张把史学工作的重点放在对近百年史的研究上的。这固然是由于近百年史的研究是当时史学工作的薄弱环节的缘故，但更重要的还是出于当时革命事业的迫切需要。1940 年秋天，毛泽东在写给范文澜的一封信上说：目前大地主大资产阶级的文化反动十分猖獗，思想斗争的第一个任务就是反对这种反动。讲经学史，要对近代一些代表人物进行批判。④ 稍后，他又建议吕振羽写一部《中国近现代革命史》⑤。这都说明毛泽东非常重视中国近百年史的研究工作。他还提出具体的建议："对于近百年的中国史，应聚集人才，分工合作地去做，克服无组织的状态。应先作经济史、政治史、军事史、文化史几个部门的分析的研究，然后才有可能作综合的研究。"⑥他的这些意见和指示，对推动中国近百年史的研究工作，明确史学工作的研究方向，具有重要的意义。

① 《中国共产党在民族战争中的地位》，见《毛泽东选集》，第 2 卷，532、533 页。
② 《改造我们的学习》，见《毛泽东选集》，第 3 卷，797 页。
③ 《改造我们的学习》，见《毛泽东选集》，第 3 卷，798 页。
④ 刘大年：《范文澜历史论文选集·序》，北京，社会科学出版社，1979。
⑤ 叶桂生、刘茂林：《吕振羽》，载《中国史研究动态》，1980(9)。
⑥ 《改造我们的学习》，见《毛泽东选集》，第 3 卷，802 页。

　　毛泽东在他的著作里，还提出了许多关于研究历史的方法的精辟见解。第一，关于理论、材料、结论。毛泽东在《改造我们的学习》里指出：研究历史和研究现状，应当"不凭主观想象，不凭一时的热情，不凭死的书本，而凭客观存在的事实，详细地占有材料，在马克思列宁主义一般原理的指导下，从这些材料中引出正确的结论"。① 他在《整顿党的作风》里又说："现在我们党的中央做了决定，号召我们的同志学会应用马克思列宁主义的立场、观点和方法，认真地研究中国的历史，研究中国的经济、政治、军事和文化，对每一问题要根据详细的材料加以具体的分析，然后引出理论性的结论来。这个责任是担在我们的身上。"②从史学工作的方法来看，这两段话的意思是：详细地占有史料，应用马克思列宁主义理论对其进行分析、研究，从中引出正确的结论。这是研究历史的科学方法。忽视理论的指导或轻视材料的作用，都不能获得正确的结论。第二，关于阶级斗争理论在历史研究中的运用。毛泽东强调说："阶级斗争，一些阶级胜利了，一些阶级消灭了。这就是历史，这就是几千年的文明史。拿这个观点解释历史的就叫做历史的唯物主义，站在这个观点的反面的是历史的唯心主义。"③他运用阶级斗争理论分析中国封建社会、半殖民地半封建社会的基本矛盾时，还有许多精辟的论断。第三，尊重历史的辩证法的发展。毛泽东认为，研究历史应当注意到古今的联系，揭示历史发展过程中的辩证关系。他指出："今天的中国是历史的中国的一个发展；我们是马克思主义的历史主义者，我们不应当割断历史。"④这里所说的"历史主义"，意即不要离开历史的观点去研究历史，注意把辩证法应用于历史研究的过程之中。他说："中国现时的新政治新经济是从古代的旧政治旧经济发展而来的，中国现时的新文化也是从古代的旧文化发展而来的，因此，我们必须尊重自己的历史，决不能割断历史。但是这种尊重，是给历史以一定的科学的地位，是尊重历史的辩证法的发展，而不是颂古非今，不是赞扬任何封建的毒素。"⑤割断历史固不足取，颂古非今也是错误的：它们都不符合历史发展的辩证法。第四，肯定人民是世界历史的创造者。毛泽东指出："人民，只有人民，才是创造

---

　　① 《改造我们的学习》，见《毛泽东选集》，第 3 卷，801 页。

　　② 《毛泽东选集》，第 3 卷，814～815 页。

　　③ 《丢掉幻想，准备斗争》，见《毛泽东选集》，第 4 卷，1487 页。

　　④ 《中国共产党在民族战争中的地位》，见《毛泽东选集》，第 2 卷，533 页。

　　⑤ 《新民主主义论》，见《毛泽东选集》，第 2 卷，708 页。

世界历史的动力。"①这个思想贯穿于他的许多重要著作,成为毛泽东关于历史理论和史学方法论的一个组成部分。他在论文学艺术的时候反复强调:"对于人民,这个人类世界历史的创造者,为什么不应该歌颂呢?"②"历史是人民创造的,但在旧戏舞台上(在一切离开人民的旧文学旧艺术上)人民却成了渣滓,由老爷太太少爷小姐统治着舞台,这种历史的颠倒,现在由你们再颠倒过来,恢复了历史的面目。"③这些话所反映的历史观和方法论,后来曾经引起过激烈的争论,但其基本精神,对史学工作者来说还是有重要启发的。

二、毛泽东关于中国历史的理论

毛泽东对于中国历史有很多精辟的论断。从时间上看,上自古代,下迄近现代。从内容上看,涉及经济、政治、军事、文化、民族关系、中外关系等各个方面和许多历史人物。他对中国近百年史的科学分析及革命经验的总结,对于指导中国革命有理论上和实践上的伟大意义。

毛泽东认为,"自从一八四〇年的鸦片战争以后,中国一步一步地变成了一个半殖民地半封建的社会"。他从十个方面分析了帝国主义列强通过一切经济、政治、军事和文化的压迫手段,"把一个封建的中国变为一个半封建、半殖民地和殖民地的中国的血迹斑斑的图画"。他指出,封建剥削同买办资本和高利贷剥削的结合,民族资本的某些发展及其软弱性,地主阶级和大资产阶级联盟的专政,帝国主义操纵了中国的财政、经济命脉和政治、军事力量,中国政治、经济和文化发展的极端不平衡,中国广大人民尤其是农民的贫困和不自由程度是世界上所少见的,是半殖民地、半封建的中国社会的特点。④ 因此,他得出这样的结论,即"帝国主义和中华民族的矛盾,封建主义和人民大众的矛盾,这些就是近代中国社会的主要矛盾。……伟大的近代和现代的中国革命,是在这些基本矛盾的基础之上发生和发展起来的。"⑤毛泽东还在《中国革命和中国共产党》这一名著的第二章《中国革命》

---

① 《论联合政府》,见《毛泽东选集》,第 3 卷,1031 页。
② 《在延安文艺座谈会上的讲话》,见《毛泽东选集》,873 页。
③ 《给杨绍萱、齐燕铭的信》(1944 年 1 月 9 日),《人民日报》,1982-5-23。
④ 《中国革命和中国共产党》,见《毛泽东选集》,第 2 卷,626～630 页。
⑤ 《中国革命和中国共产党》,见《毛泽东选集》,第 2 卷,631 页。

里，对近代中国革命的对象、任务、动力、性质和前途作了透彻的科学分析。① 正因为他正确地分析了百年以来的中国国情，明确了百年以来的中国社会性质是半殖民地半封建社会，这才能正确地分析了有关革命的一系列重大问题。明确了近代中国的社会性质，无论在理论上和革命实践上都是极为重要的头等大事。

毛泽东说："帝国主义侵略中国，反对中国独立，反对中国发展资本主义的历史，就是中国的近代史。"②换言之，亦即"帝国主义和中国封建主义相结合，把中国变为半殖民地和殖民地的过程，也就是中国人民反抗帝国主义及其走狗的过程"③；正是由于中国人民的英勇斗争，帝国主义始终不能灭亡中国。这是一条基本的历史经验。在整个近代中国革命过程中，"民族革命和民主革命这样两个基本任务，是互相区别，又互相统一的"。④ 从革命发展阶段来看，"其中最重要的区别就在于共产党出现以前及其以后"⑤。毛泽东曾多次指出，"五四"运动和中国共产党的成立，把中国反帝反封建的民主主义革命分为旧民主主义革命和新民主主义革命两个既相联系、又相区别的阶段。旧民主主义革命时期的历史教训是："旧的顽固的封建主义的思想武器"抵御不住帝国主义的侵略，中国人从"西方资产阶级革命时代的武器库中"学来各种"思想武器和政治方案"也抵御不住帝国主义的侵略，都宣告破产了，"中国人没有什么思想武器可以抵御帝国主义"⑥。由于"民族资产阶级是带两重性的阶级"，"从一方面说来，他们是革命的力量之一"，"但是又一方面，由于他们在经济上和政治上的软弱性，由于他们同帝国主义和封建主义并未完全断绝经济上的联系，所以，他们又没有彻底的反帝反封建的勇气"⑦；"这样，中国资产阶级民主革命的两个基本问题，两大基本任务，中国民族资产阶级都不能解决"⑧，这就必然地落在了无产阶级的肩上，落在了无产阶级政党的肩上。毛泽东的两个阶段的革命论，是指导新民主主义革命走向胜利并引导全国人民成功地建立了中华人

① 《中国革命和中国共产党》，见《毛泽东选集》，第 2 卷，632～650 页。
② 《新民主主义论》，见《毛泽东选集》，第 2 卷，679 页。
③ 《中国革命和中国共产党》，见《毛泽东选集》，第 2 卷，632 页。
④ 《中国革命和中国共产党》，见《毛泽东选集》，第 2 卷，637 页。
⑤ 《五四运动》，见《毛泽东选集》，第 2 卷，559 页。
⑥ 《唯心历史观的破产》，见《毛泽东选集》，4 卷，1514 页。
⑦ 《中国革命和中国共产党》，见《毛泽东选集》，第 2 卷，639～640 页。
⑧ 《新民主主义论》，见《毛泽东选集》，第 2 卷，674 页。

民共和国的光辉思想。

跟革命和建设的要求相结合，毛泽东重视民族传统和历史遗产。在民族传统方面，毛泽东重视民族文化传统和民族革命传统，重视全国各民族对祖国历史的共同贡献。关于历史遗产问题，毛泽东有一个总的评价。他说："我们这个民族有数千年的历史，有它的特点，有它的许多珍贵品。……从孔夫子到孙中山，我们应当给以总结，承继这一份珍贵的遗产"①；"中国的长期封建社会中，创造了灿烂的古代文化"②；"我们必须继承一切优秀的文学艺术遗产"。③ 他所说的"珍贵品""珍贵的遗产""优秀的文学艺术遗产"，都是指历史遗产而言，或者说都是包括在历史遗产范围里面。他对此是看得很重的，认为学习历史遗产，用马克思主义的理论和方法批判地总结历史遗产，同学习马克思主义理论、研究现状一样，都是我们在学习上的重要任务，都是不可偏废的。

关于总结历史遗产的方法，他认为：一是要"清理古代文化的发展过程"，二是要区别精华和糟粕，亦即"将古代封建统治阶级的一切腐朽的东西和古代优秀的人民文化即多少带有民主性和革命性的东西区别开来"；区别的目的是为了决定去取，做到"剔除其封建性的糟粕，吸收其民主性的精华"④，避免对于古代文化的"一概排斥"或"盲目搬用"。⑤

关于继承和借鉴历史遗产的重要性，毛泽东是反复加以强调的。首先，他认为"这对于指导当前的伟大的运动，是有重要的帮助的"。⑥ 这是从总的方面来说的，一切现实的和进步的政治活动、经济活动和文化活动，都是属于"当前的伟大运动"，都需要有历史的经验作为借鉴。其次，这是"提高民族自信心的必要条件"。这是就历史遗产、文化传统对全民族在思想上和精神上所能够产生的积极影响来说的。他在抗日战争年代指出这一点，是有很大的现实意义的。最后，这也是"发展民族新文化"的"必要条件"，这又可以从两个方面来看。一方面，"中国现时的新文化也是从古代的旧文化发展而来"，我们不应割断历史⑦；批判地接收古代文化，必定有利于"推进

---

① 《中国共产党在民族战争中的地位》，见《毛泽东选集》，第2卷，533页。
② 《新民主主义论》，见《毛泽东选集》，第2卷，706～708页。
③ 《在延安文艺座谈会上的讲话》，见《毛泽东选集》，第3卷，860页。
④ 《新民主主义论》，见《毛泽东选集》，第2卷，707页。
⑤ 《论联合政府》，见《毛泽东选集》，第3卷，1083页。
⑥ 《中国共产党在民族战争中的地位》，见《毛泽东选集》，第2卷，533页。
⑦ 《新民主主义论》，见《毛泽东选集》，第2卷，708页。

中国的新文化"①。另一方面，在创造新文化的过程中，"有这个借鉴和没有这个借鉴是不同的，这里有文野之分，粗细之分，高低之分，快慢之分"。②这两个方面，前者是着重于从新旧文化的固有联系来说的，而后者主要讲的是借鉴与否跟新文化的水平有直接的关系。

毛泽东关于中国历史的理论，内容很丰富，对研究中国历史具有重要的指导意义。这不仅表现在他对近代中国的论述方面，而且也表现在他对古代中国的论述方面。他说："在农民群众方面，几千年来都是个体经济，一家一户就是一个生产单位，这种分散的个体生产，就是封建统治的经济基础，而使农民自己陷于永远的穷苦"。③他又说："政权、族权、神权、夫权，代表了全部封建宗法的思想和制度，是束缚中国人民特别是农民的四条极大的绳索。"④这些论点揭示了我国封建社会经济基础、上层建筑和意识形态方面的特征与本质，对研究我国中世纪历史极为重要。特别应当强调的是，毛泽东关于中国历史的理论都是跟中国革命实际问题结合在一起的。他这种理论联系实际的学风，是每一个有历史责任感和时代使命感的史学工作者学习的典范。

---

① 《论联合政府》，见《毛泽东选集》，第 3 卷，1083 页。
② 《在延安文艺座谈会上的讲话》，见《毛泽东选集》，第 3 卷，860 页。
③ 《组织起来》，见《毛泽东选集》，第 3 卷，931 页。
④ 《湖南农民运动考察报告》，见《毛泽东选集》，第 1 卷，31 页。

重版后记

本书原名《中国史学史教本》，它自 2000 年 10 月出版以来，受到读者的广泛关注，并被一些高等院校历史学专业用作教材，至 2004 年已是第 3 次印刷了。现在，北京师范大学出版社把本书收入"新世纪高等学校教材"和"面向 21 世纪课程教材"系列，予以重版，为统一书名的体例，把原书名中的"教本"二字略去，并对全书作了进一步的校对。对此，我们表示理解和感谢。

这里，有必要说明的是：本书原来的名称《中国史学史教本》，是主编白寿彝先生在上个世纪 60 年代撰写中国史学史教材时所使用的名称。当时，这部教材的上编，曾由北京师范大学印刷厂印制成书，供校内使用，同时也向校外同行交流。上个世纪 80 年代初，在白寿彝先生主持下，几位中年同志参与撰写中国史学史教材的工作。记得我曾建议白寿彝先生把书名定为《中国史学史纲要》，意思是同他主编的《中国通史纲要》相呼应。但白寿彝先生并没有采纳我的建议，而仍旧用《中国史学史教本》作为书名。我想，这一方面表明他对撰写教材的重视，故要突出"教本"二字；另一方面，也表明他对历史的尊重，对学术工作、教学工作之连续性的尊重，故依旧使用三十多年前已经用过的书名。这两点，从一个方面反映了他的学术品格和做人准则。

白寿彝先生于 2000 年 3 月去世，未能亲自见到本书的正式出版。现在想起来，还使我们深深地感到遗憾。现趁本书改版重印之际，我就本书书名作一点说明，既是对历史的尊重，同时也藉以表达对白寿彝先生的怀念之情。

瞿林东　谨记

2004 年 9 月 8 日